여러분의 합격을 응원하는
해커스공무원의 특별 혜택

FREE 공무원 국제정치학 **동영상강의**

해커스공무원(gosi.Hackers.com) ...릭 ▶
[교재 두...

KB141459

🎟 해커스공무원 온라인 단과강의 **20% 할인쿠폰**

FC23FE583F24E435

해커스공무원(gosi.Hackers.com) 접속 후 로그인 ▶ 상단의 [나의 강의실] 클릭 ▶
좌측의 [쿠폰등록] 클릭 ▶ 위 쿠폰번호 입력 후 이용

* 등록 후 7일간 사용 가능(ID당 1회에 한해 등록 가능)

 합격예측 **모의고사 응시권 + 해설강의 수강권**

378799FC4855A7DY

해커스공무원(gosi.Hackers.com) 접속 후 로그인 ▶ 상단의 [나의 강의실] 클릭 ▶
좌측의 [쿠폰등록] 클릭 ▶ 위 쿠폰번호 입력 후 이용

* ID당 1회에 한해 등록 가능

단기 합격을 위한
해커스 커리큘럼

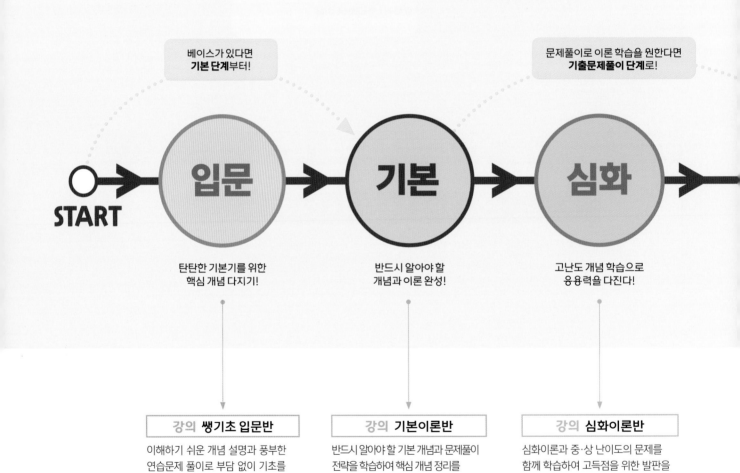

베이스가 있다면 **기본 단계부터!**

문제풀이로 이론 학습을 원한다면 **기출문제풀이 단계**로!

START

입문

탄탄한 기본기를 위한
핵심 개념 다지기!

기본

반드시 알아야 할
개념과 이론 완성!

심화

고난도 개념 학습으로
응용력을 다진다!

강의 **쌩기초 입문반**

이해하기 쉬운 개념 설명과 풍부한
연습문제 풀이로 부담 없이 기초를
다질 수 있는 강의

강의 **기본이론반**

반드시 알아야 할 기본 개념과 문제풀이
전략을 학습하여 핵심 개념 정리를
완성하는 강의

강의 **심화이론반**

심화이론과 중·상 난이도의 문제를
함께 학습하여 고득점을 위한 발판을
마련하는 강의

단계별 교재 확인 및
수강신청은 여기서!

gosi.Hackers.com

* 커리큘럼은 과목별·선생님별로 상이할 수 있으며, 자세한 내용은 해커스공무원 사이트에서 확인하세요.

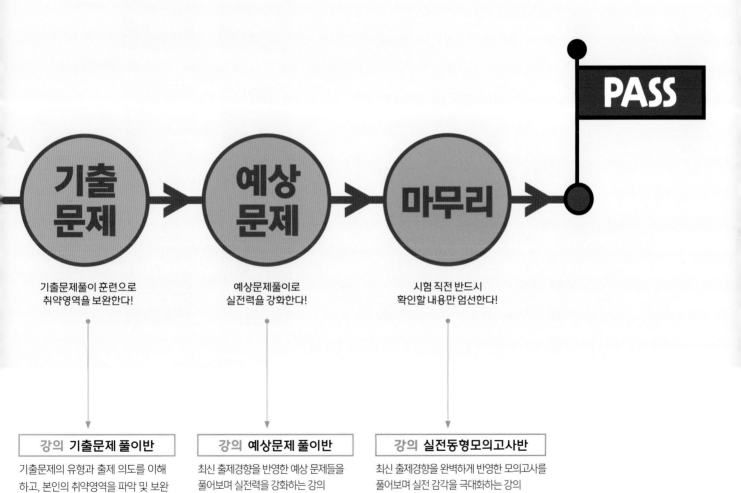

PASS

기출문제

기출문제풀이 훈련으로
취약영역을 보완한다!

예상문제

예상문제풀이로
실전력을 강화한다!

마무리

시험 직전 반드시
확인할 내용만 엄선한다!

강의 기출문제 풀이반

기출문제의 유형과 출제 의도를 이해
하고, 본인의 취약영역을 파악 및 보완
하는 강의

강의 예상문제 풀이반

최신 출제경향을 반영한 예상 문제들을
풀어보며 실전력을 강화하는 강의

강의 실전동형모의고사반

최신 출제경향을 완벽하게 반영한 모의고사를
풀어보며 실전 감각을 극대화하는 강의

강의 봉투모의고사반

시험 직전에 실제 시험과 동일한 형태의
모의고사를 풀어보며 실전력을 완성하는 강의

해커스공무원

패권

국제정치학

기본서 | 외교사

📕 해커스공무원

이상구

약력

성균관대학교 졸업
서울대학교 대학원 졸업

현 | 해커스공무원 국제법·국제정치학 강의
현 | 해커스 국립외교원 대비 국제법·국제정치학 강의
현 | 해커스 변호사시험 대비 국제법 강의
전 | 베리타스법학원 국제법·국제정치학 강의
전 | 합격의 법학원 국제법 강의

저서

해커스공무원 패권 국제정치학 기본서 사상 및 이론
해커스공무원 패권 국제정치학 기본서 외교사
해커스공무원 패권 국제정치학 기본서 이슈
해커스공무원 패권 국제정치학 핵심요약집
해커스공무원 패권 국제정치학 단원별 핵심지문 OX
해커스공무원 패권 국제정치학 기출+적중 1900제
해커스공무원 패권 국제정치학 실전동형모의고사
해커스공무원 패권 국제법 기본서 일반국제법
해커스공무원 패권 국제법 기본서 국제경제법
해커스공무원 패권 국제법 조약집
해커스공무원 패권 국제법 판례집
해커스공무원 패권 국제법 핵심요약집
해커스공무원 패권 국제법 단원별 핵심지문 OX
해커스공무원 패권 국제법 단원별 기출문제집
해커스공무원 패권 국제법 단원별 적중 1000제
해커스공무원 패권 국제법 실전동형모의고사
해커스공무원 패권 국제법개론 실전동형모의고사

공무원 시험
합격을 위한 필수 기본서!

『해커스공무원 패권 국제정치학 기본서 외교사』는 국가직 7급 외무영사직을 준비하는 수험생분들을 위한 책입니다. 25문제 중 외교사가 차지하는 비중은 약 10%로, 중요도는 낮은 편이지만 고득점을 위해서는 반드시 심도있게 학습하여야 합니다.

지금까지 출제된 외교사 내용을 보면 외교사에서의 주요 사건의 배경, 전개과정, 결과, 파급효과 등이 주류를 이루고 있으며, 특히 크리미아전쟁(1854), 보불전쟁(1870), 청일전쟁(1894), 러일전쟁(1904), 제1차 세계대전(1914), 제 2차 세계대전(1939), 태평양전쟁(1941) 등 주요 전쟁이 자주 출제됩니다. 냉전기도 외교사의 범위로 본다면 냉전 체제 형성기의 주요 사건들인 트루먼 독트린, 마셜플랜 등이나 쿠바 미사일 위기, 베트남전쟁, SALT, 헬싱키의정서, START, SDI 등도 빈번하게 출제되고 있으니 자주 출제 되는 내용들을 좀 더 꼼꼼하게 정리하시기 바랍니다.

『해커스공무원 패권 국제정치학 기본서 외교사』는 최근의 출제경향을 완벽하게 분석하여 수험생 여러분들이 '시험에 나오는' 국제정치학만을 효율적으로 학습할 수 있도록 다음과 같은 특징들을 가지고 있습니다.

첫째, 외교사의 주요 내용들을 체계적으로 정리하는 데 중점을 두었습니다. 외교사의 범위는 대체로 1815년 비엔나 회의로부터 1945년 제2차 세계대전이 종결된 시점까지이나 출제되는 시험범위를 고려하여 냉전기 역사 및 탈냉전 초기 역사적 사건까지 상세하게 정리하였습니다.
둘째, 동양 외교사를 중국, 일본, 조선으로 분류하여 정리하였습니다. 양국 또는 삼국에 공동으로 관련되는 주제는 함의가 상대적으로 큰 국가편에 분류하였습니다.
셋째, 미국의 중요도를 고려하여 미국 외교사를 별도의 편으로 구분하여 핵심 주제들을 요약해 두었습니다.
넷째, 단원별로 관련된 사건을 연도순으로 간략하게 정리하여 수록하였습니다.
다섯째, 외교사가 어렵게 느껴지는 이유 중 하나가 지명, 인명, 사건 등이 낯설기 때문입니다. 따라서 중요한 지명, 인명, 사건과 특히 중요한 외교사 인물, 그리고 좀 더 심화정리가 필요한 토픽은 '참고'에서 집중적으로 정리해서 수록하였습니다.
여섯째, 각 편별로 이론학습을 점검할 수 있도록 기출문제를 선별하여 수록하였습니다.
일곱째, 교재 부록으로 외교사 연표를 수록하여 한 눈에 외교사의 흐름을 파악할 수 있도록 하였습니다.

더불어, 공무원 시험 전문 사이트 해커스공무원(gosi.Hackers.com)에서 교재 학습 중 궁금한 점을 나누고 다양한 무료 학습 자료를 함께 이용하여 학습 효과를 극대화할 수 있습니다.

『해커스공무원 패권 국제정치학 기본서 외교사』를 통해 외무영사직 시험을 준비하시는 모든 수험생들의 빠른 합격을 기원합니다.

저자 **이상구**

목차

이 책의 **구성**

『해커스공무원 패권 국제정치학 기본서 외교사』는 수험생 여러분들이 국제정치학 과목을 효율적으로 정확하게 학습할 수 있도록 상세한 내용과 다양한 학습장치를 수록·구성하였습니다. 아래 내용을 참고하여 본인의 학습 과정에 맞게 체계적으로 학습 전략을 세워 학습하기 바랍니다.

01 시간의 흐름 순으로 이론의 내용을 정확하게 파악하기

기출분석을 통해 선별한 이론과 외교사 연표

1. 최신 출제경향을 반영하여 선별한 이론
철저한 기출분석으로 도출한 최신 출제경향을 바탕으로 출제가 예상되는 내용을 선별하여 이론에 반영·수록하였습니다. 이를 통해 출제 가능성이 있는 부분들을 빠짐없이 학습할 수 있습니다.

2. 효과적인 외교사 학습을 위한 연표
외교사와 관련된 주요 사건을 일어난 순서대로 간략하게 정리한 연표를 단원 처음에 수록하였습니다. 본격적인 학습 전 이를 활용한다면 대략적인 관련 개념과 사건, 발생 순서를 확인할 수 있습니다. 복습 시 이를 활용한다면 스스로 어느 정도 내용을 숙지하였는지 점검하여, 학습이 더 필요한 부분을 파악할 수 있습니다.

02 학습장치를 활용하여 이론 완성하기

폭넓은 이해를 위한 참고

비교해서 알아두면 좋을 개념이나 깊이 있는 학습을 위한 심화 내용과 주요 이론의 이해를 도와주는 관련 개념이나 사건 등을 정리하여 수록하였습니다. 이를 통해 복잡하고 방대한 국제정치학 이론에서 이해가 어려웠던 부분을 효과적으로 학습할 수 있습니다. 특히 외교사에서는 지명, 인명, 사건 등이 많이 등장하기 때문에 중요한 외교사와 관련된 개념과 인물, 좀 더 심화정리가 필요한 토픽들을 정리하여 수록하였으니 주의 깊게 학습하기 바랍니다.

03 기출문제를 통하여 학습한 이론 확인하기

실력 향상 및 학습 내용 이해를 위한 학습 점검 문제

1. 기출문제로 문제풀이 능력 키우기

7급 외무영사직의 주요 기출문제 중 재출제될 수 있는 우수한 퀄리티의 문제들을 선별하여 수록하였습니다. 이를 통해 학습한 내용을 정확하게 숙지하였는지 점검할 수 있으며, 어떤 내용이 문제로 출제되었는지 확인하여 응용력을 키울 수 있습니다.

2. 해설과 키워드를 통하여 다시 한 번 이론 확인하기

해설과 키워드를 통해 관련 단원과 정답 또는 오답인 이유를 확인하고 정확히 이해할 수 있습니다. 이를 통해 문제풀이 과정에서 실력을 한층 향상시킬 수 있으며, 복습을 하거나 회독을 할 때에도 내용을 바르게 이해할 수 있습니다.

04 부록의 연표를 통하여 외교사 흐름 최종 확인하기

한 눈에 보는 외교사 · 현대 국제정치사 연표

외교사와 현대 국제정치사의 관련된 주요 사건들을 한 눈에 파악하기 쉽도록 시간의 흐름에 따라 요약·정리하였습니다. 이를 통해 외교사 및 현대 국제정치사의 핵심 내용을 빠르고 쉽게 정리할 수 있으며, 시험 직전까지 이를 활용하여 주요 사건들을 놓치지 않고 학습할 수 있습니다.

공무원 **국제정치학** 길라잡이

시험분석

국제정치학 과목은 외무영사직 시험에 응시하고자 하는 수험생들이 선택하는 과목으로 국제법과 함께 전공과목에 해당됩니다. 외무영사직은 오직 국가직 7급 시험을 통해서만 선발하고 있으며, 하단에 국가직 외무영사직 시험에 대한 정보를 수록하였으니 학습 전략을 세우는 데 참고하기 바랍니다.

* 사이버국가고시센터(gosi.kr) 참고

1. 대표 직렬 안내

- 외무영사직에 합격하게 되면 3등 서기관으로서 초기에는 국내의 외교부 본부에서 근무하고, 이후에는 해외의 대한민국 대사관 등에서 근무하게 됩니다.

- 외무영사직 공무원의 업무는 크게 외교통상, 외무행정, 외무정보관리로 나눌 수 있습니다.
  - 외교통상은 주로 외교 정책 수립 및 시행, 외국과의 통상 업무, 경제 협력 및 조약 등의 업무를 진행합니다.
  - 외무행정은 재외국민 권익보호, 외교 의전, 여권 발급, 국제기구와 외교관계 유지 등의 업무를 진행합니다.
  - 외무정보관리는 전산관리, 통신기기 유지보수, 보안자재 관리 등의 업무를 진행합니다.

2. 합격선 안내

다음의 그래프는 지난 3년간의 국가직 7급 외무영사직의 필기시험 합격선을 나타낸 것입니다. 외무영사직 시험은 영어 과목을 제외한 과목의 평균 점수로 합격선을 결정하고 있으니 참고하여 그래프를 확인하기 바랍니다.

* 영어과목은 능력시험으로 대체됨

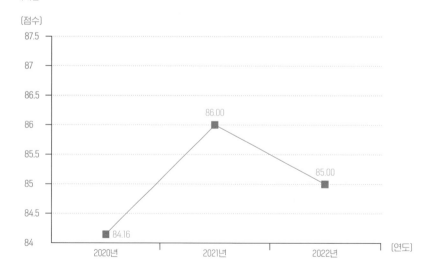

커리큘럼 *학습 기간은 개인의 학습 수준과 상황 및 시험 일정에 따라 조절하기 바랍니다.

탄탄한 기본 다지기

국제정치학의 기초를 잡고 큰 골격을 세운다는 느낌으로 접근하여, 국제정치학 외교사의 주요 개념 및 사건들과 익숙해지면서 탄탄하게 기본기를 다지는 단계입니다.

TIP 모든 개념을 암기하려고 하기보다는 전체적인 국제정치학 외교사의 흐름을 파악하고 이해하는 것을 목표로 삼고 학습하는 것이 좋습니다.

깊이 있는 이론 정립

탄탄한 기본기를 토대로 한층 깊이 있는 심화이론을 학습하여 고득점을 위한 발판을 마련하고, 이론에 대한 이해도를 높임으로써 실력을 확장시키는 단계입니다.

TIP 기본이 되는 주요 개념들의 복습과 함께 난도 높은 개념까지 연계하여 학습하고, 기본서를 단권화하는 등 스스로 이론을 정리하며, 회독을 통해 반복학습하는 것이 좋습니다.

단원별 기출문제 및 예상문제 풀이

철저한 국제정치학 출제경향 분석을 기반으로 빈출 포인트를 선정하고, 이를 바탕으로 재출제 가능성이 높은 기출문제와 퀄리티 좋은 예상문제를 통하여 주요 이론을 응용하며 문제 풀이 능력을 향상시키는 단계입니다.

TIP 기출문제를 풀어보며 학습한 이론이 어떻게 문제화 되는지 확인하고, 자주 출제되는 부분을 확실하게 정리하는 것이 좋습니다. 또한 다양한 유형의 예상문제를 풀어 보며 취약한 개념이나 유형을 확인하고 반복 학습하여 문제 풀이 기술을 늘리는 것이 좋습니다.

실전과 동일한 형태의 전 범위 모의고사 풀이

출제 가능성이 높은 개념과 유형의 문제만을 엄선한 예상문제를 실제와 가장 유사한 형태로 풀어보며, 마지막까지 부족한 부분을 점검하고 확인하여 실전감각을 기르는 단계입니다.

TIP 전 범위를 기출문제와 유사한 형태의 문제로 빠르게 점검하고, 실전처럼 시간 배분까지 연습합니다. 모의고사를 통해 본인의 실력을 마지막까지 확인해서, 자주 틀리거나 취약한 부분은 마무리 특강 등으로 보충하여 대비하는 것이 좋습니다.

학습 플랜

효율적인 학습을 위하여 DAY별로 권장 학습 분량을 제시하였으며, 이를 바탕으로 본인의 학습 진도나 수준에 따라 조절하여 학습하기 바랍니다. 또한 학습한 날은 표 우측의 각 회독 부분에 형광펜이나 색연필 등으로 표시하며 채워나가기 바랍니다.

* 1, 2회독 때에는 60일 학습 플랜을, 3회독 때에는 30일 학습 플랜을 활용하면 좋습니다.

60일 플랜	30일 플랜		학습 플랜	1회독	2회독	3회독
DAY 1	DAY 1		제1장 17세기 및 18세기 외교사 - 제1절 ~ 제2절	DAY 1	DAY 1	DAY 1
DAY 2			제1장 17세기 및 18세기 외교사 - 제3절 ~ 제4절	DAY 2	DAY 2	
DAY 3	DAY 2		제1장 복습	DAY 3	DAY 3	DAY 2
DAY 4			제2장 유럽협조체제 - 제1절 ~ 제3절	DAY 4	DAY 4	
DAY 5	DAY 3		제2장 유럽협조체제 - 제4절 ~ 제5절	DAY 5	DAY 5	DAY 3
DAY 6			제2장 유럽협조체제 - 제6절 ~ 제7절	DAY 6	DAY 6	
DAY 7	DAY 4		제2장 유럽협조체제 - 제1절 ~ 제7절 복습	DAY 7	DAY 7	DAY 4
DAY 8			제2장 유럽협조체제 - 제8절 ~ 제9절	DAY 8	DAY 8	
DAY 9	DAY 5		제2장 유럽협조체제 - 제10절	DAY 9	DAY 9	DAY 5
DAY 10			제2장 유럽협조체제 - 제11절	DAY 10	DAY 10	
DAY 11	DAY 6		제2장 유럽협조체제 - 제8절 ~ 제11절 복습	DAY 11	DAY 11	DAY 6
DAY 12			제2장 복습	DAY 12	DAY 12	
DAY 13	DAY 7		제1장 ~ 제2장 복습	DAY 13	DAY 13	DAY 7
DAY 14			제3장 비스마르크 동맹체제 - 제1절 ~ 제2절	DAY 14	DAY 14	
DAY 15	DAY 8	제1편 유럽 외교사	제3장 비스마르크 동맹체제 - 제3절	DAY 15	DAY 15	DAY 8
DAY 16			제3장 비스마르크 동맹체제 - 제4절 ~ 제6절	DAY 16	DAY 16	
DAY 17	DAY 9		제3장 복습	DAY 17	DAY 17	DAY 9
DAY 18			제4장 삼국동맹과 삼국협상의 대립 - 제1절 ~ 제2절	DAY 18	DAY 18	
DAY 19	DAY 10		제4장 삼국동맹과 삼국협상의 대립 - 제3절 ~ 제4절	DAY 19	DAY 19	DAY 10
DAY 20			제4장 삼국동맹과 삼국협상의 대립 - 제5절 ~ 제7절	DAY 20	DAY 20	
DAY 21	DAY 11		제4장 복습	DAY 21	DAY 21	DAY 11
DAY 22			제3장 ~ 제4장 복습	DAY 22	DAY 22	
DAY 23	DAY 12		제5장 베르사유체제 - 제1절 ~ 제2절	DAY 23	DAY 23	DAY 12
DAY 24			제5장 베르사유체제 - 제3절	DAY 24	DAY 24	
DAY 25	DAY 13		제5장 베르사유체제 - 제4절 ~ 제5절	DAY 25	DAY 25	DAY 13
DAY 26			제5장 베르사유체제 - 제6절	DAY 26	DAY 26	
DAY 27	DAY 14		제5장 베르사유체제 - 제7절 ~ 제8절	DAY 27	DAY 27	DAY 14
DAY 28			제5장 복습	DAY 28	DAY 28	
DAY 29	DAY 15		제1장 ~ 제2장 복습	DAY 29	DAY 29	DAY 15
DAY 30			제3장 ~ 제5장 복습, 학습 점검 문제	DAY 30	DAY 30	

➡ 1회독 때에는 처음부터 완벽하게 학습하려고 욕심을 내는 것보다는 전체적인 내용을 가볍게 익힌다는 생각으로 교재를 읽는 것이 좋습니다.

➡ 2회독 때에는 1회독 때 확실히 학습하지 못한 부분을 정독하면서 꼼꼼히 교재의 내용을 익힙니다.

➡ 3회독 때에는 기출 또는 예상 문제를 함께 풀어보며 본인의 취약점을 찾아 보완하면 좋습니다.

60일 플랜	30일 플랜	학습 플랜		1회독	2회독	3회독
DAY 31	DAY 16	제2편 냉전시대사	제1장 제2차 세계대전	DAY 31	DAY 31	DAY 16
DAY 32			제1장 복습	DAY 32	DAY 32	
DAY 33	DAY 17		제2장 냉전체제 - 제1절 **1** ~ **4**	DAY 33	DAY 33	DAY 17
DAY 34			제2장 냉전체제 - 제1절 **4** ~ 제2절 **5**	DAY 34	DAY 34	
DAY 35	DAY 18		제2장 냉전체제 - 제2절 **6** ~ 제3절	DAY 35	DAY 35	DAY 18
DAY 36			제2장 복습	DAY 36	DAY 36	
DAY 37	DAY 19		제1장 ~ 제2장 전체 복습, 학습 점검 문제	DAY 37	DAY 37	DAY 19
DAY 38		제3편 동양 외교사	제1장 중국 외교사 - 제1절 ~ 제2절	DAY 38	DAY 38	
DAY 39	DAY 20		제1장 중국 외교사 - 제3절 ~ 제4절	DAY 39	DAY 39	DAY 20
DAY 40			제1장 복습	DAY 40	DAY 40	
DAY 41	DAY 21		제2장 일본 외교사 - 제1절 ~ 제2절	DAY 41	DAY 41	DAY 21
DAY 42			제2장 일본 외교사 - 제3절 ~ 제4절	DAY 42	DAY 42	
DAY 43	DAY 22		제2장 일본 외교사 - 제5절 ~ 제6절	DAY 43	DAY 43	DAY 22
DAY 44			제2장 일본 외교사 - 제7절	DAY 44	DAY 44	
DAY 45	DAY 23		제3장 조선 외교사 - 제1절 ~ 제2절	DAY 45	DAY 45	DAY 23
DAY 46			제3장 조선 외교사 - 제3절 ~ 제5절	DAY 46	DAY 46	
DAY 47	DAY 24		제3장 복습	DAY 47	DAY 47	DAY 24
DAY 48			제1장 ~ 제3장 전체 복습, 학습 점검 문제	DAY 48	DAY 48	
DAY 49	DAY 25	제4편 미국 외교사	제4편 미국 외교사 - 제1절 ~ 제3절	DAY 49	DAY 49	DAY 25
DAY 50			제4편 미국 외교사 - 제4절 ~ 제5절	DAY 50	DAY 50	
DAY 51	DAY 26		제4편 미국 외교사 - 제6절 ~ 제7절	DAY 51	DAY 51	DAY 26
DAY 52			제4편 미국 외교사 - 제8절	DAY 52	DAY 52	
DAY 53	DAY 27		제4편 미국 외교사 전체 복습, 학습 점검 문제	DAY 53	DAY 53	DAY 27
DAY 54		제1편 유럽 외교사 제1장 ~ 제2장 복습		DAY 54	DAY 54	
DAY 55	DAY 28	제1편 유럽 외교사 제3장 ~ 제4장 복습		DAY 55	DAY 55	DAY 28
DAY 56		제1편 유럽 외교사 제5장 복습		DAY 56	DAY 56	
DAY 57	DAY 29	제2편 냉전시대사 복습		DAY 57	DAY 57	DAY 29
DAY 58		제3편 동양 외교사 제1장 ~ 제2장 복습		DAY 58	DAY 58	
DAY 59	DAY 30	제3편 동양 외교사 제3장, 제4편 미국 외교사 복습		DAY 59	DAY 59	DAY 30
DAY 60		전체 복습		DAY 60	DAY 60	

제 **1** 편

유럽 외교사

제1장 | 17세기 및 18세기 외교사

제1절 | 30년전쟁

1 서론

30년전쟁은 유럽에서, 로마 가톨릭교회를 따르는 국가들과 개신교를 따르는 국가들 사이에서 벌어진 종교전쟁이다. 1618년 신성 로마 제국의 페르디난트 2세가 보헤미아의 개신교도를 탄압한 것에 대해 개신교를 믿는 보헤미아의 귀족들이 반발하여 일어난 전쟁으로, 1648년 베스트팔렌조약으로 인해 전쟁이 끝나게 되었다. 당초 신성 로마 제국과 보헤미아 사이의 종교싸움이었으나 곧 덴마크, 스웨덴, 프랑스가 개신교도를 지원하기 시작하였고, 1630년대에 이르러서는 신성 로마 제국, 스페인, 프랑스, 스웨덴 등 여러 강대국의 이권 쟁탈전으로 성격이 변화되었다. 30년전쟁으로 네덜란드와 스위스는 각각 스페인과 오스트리아로부터 독립을 인정받았고, 프랑스와 스웨덴은 영토를 확장하였다. 30년전쟁으로 근대국제체제가 탄생하게 되었다.

2 배경

1. 네덜란드의 독립전쟁

1610년대 초에 유럽의 정세는 크게 바뀌고 있었다. 가장 큰 역사적 변화는 스페인 제국의 몰락이 가속화되기 시작하였다는 것이다. 오스만 제국을 레판토 해전에서 격파하고, 라틴아메리카 대부분을 자신의 식민지로 복속한 스페인은 16세기 중반까지 유럽의 최강대국 중 하나로 부상하게 되었다. 그러나 펠리페 2세의 지나친 강력한 왕권 전제화 및 종교 탄압은 네덜란드 신교도의 반발을 부추겼다. 1568년부터 스페인의 지배하에 있던 저지방 국가의 북부지역이 반란을 일으키면서 스페인은 이 반란을 진압하기 위해 자국의 경제력을 네덜란드 반란군에 쏟아부었다. 1588년 스페인 무적함대가 영국 - 네덜란드 연합군에 의해 격파당한 이후, 스페인의 위신은 바닥으로 추락하였다. 네덜란드 연방은 스페인에 대한 반격을 감행해 1609년 스페인령 네덜란드에 뼈아픈 타격을 입혔다. 이에 스페인령 네덜란드는 스페인에 의존하게 되었다. 이후 네덜란드는 마우리츠 공을 중심으로 스페인에 대항하였다.

2. 신흥 강대국의 등장

스페인 제국이 쇠퇴를 거듭할 무렵, 유럽에서는 새로운 세력들이 등장해 스페인 제국의 패권에 도전할 수 있게 되었다. 그중 가장 큰 성장 세력은 프랑스 왕국이었다. 100년전쟁 이래로 봉건제가 서서히 붕괴되기 시작한 프랑스 왕국은 앙리 4세의 훌륭한 통치로 중앙집권의 기틀을 마련하는 데 성공하였다. 한편, 유럽의 북쪽 지대에서도 강력한 중앙집권화를 이룩한 국가들이 등장하였으며, 이는 엘리자베스 1세의 잉글랜드 왕국, 스웨덴 제국, 덴마크 - 노르웨이이다. 먼저 잉글랜드 왕국은 엘리자베스 1세의 즉위 이후 신교도 국가로 확실히 자리매김하게 되었다. 이와 달리 스웨덴 제국과 덴마크 왕국은 같은 신교도 국가임에도 불구하고 서로 반목하는 사이였다. 스웨덴 제국의 경우, 당시 스웨덴의 왕이었던 구스타브 2세 아돌프는 부왕의 뜻을 기려 적극적인 발트해 공략작전을 개시하였다. 그는 잉그리안전쟁에서 러시아 제국의 군대를 격파하였으며, 폴란드 - 리투아니아 연방을 자주 침공하기도 하였다. 이 무렵 스웨덴은 해상무역이 발달하여 한자 동맹을 위협할 수준에 이르렀으며, 발트해의 세력권을 확보하여 강대국으로 성장할 수 있는 발판을 마련하였다.

3. 프랑스와 신성 로마 제국의 외교

유럽 내부에서 종교적 갈등이 심화됨에 따라 서로 앙숙이었던 프랑스와 합스부르크의 신성 로마 제국은 서로를 고립시키기 위해 더욱 강력한 동맹체제를 구축하고자 했다. 프랑스의 경우 교황, 베네치아 공화국 등과 동맹을 맺었으며, 당시의 교황인 바오로 5세는 이탈리아의 지배권이 신성 로마 제국 측에 넘어가는 것을 방지하기 위해 프랑스의 외교정책에 더 힘을 싣게 되었다.

4. 신성 로마 제국 내부

1517년 마르틴 루터가 독일에서 95개조 반박문을 통해 교황을 정면으로 공격한 이후, 1522년 마르틴 루터의 주장을 따르는 라인강 하류 지역의 기사들이 '형제단'을 세워 신성 로마 제국에 반기를 들었다. 이들이 진압당한 뒤에도 독일 곳곳에서는 로마 가톨릭 교회를 버리고 마르틴 루터의 주장을 따르는 루터 교회로 개종하는 도시들이 늘어났다. 특히 뮌스터에서는 재세례파 위원회가 결성되어 지역 주교의 군대에 저항하였다. 비록 뮌스터는 주교가 이끄는 군대에 함락당하였지만, 로마 가톨릭 교회를 버리면 기존의 로마 가톨릭 교회의 재산들을 압수할 수 있었기 때문에 루터 교회나 장 칼뱅의 개혁 교회로 개종하는 영주들은 늘어만 갔으며, 이어 기사들과 도시민들도 루터 교회나 개혁 교회로 개종하기 시작하였다. 결국 1526년에 열린 슈파이어 제국 의회에서, 오스만 제국 등과의 전쟁을 위해 영주들의 힘을 필요로 했던 신성 로마 제국은 영주들의 루터 교회의 신앙을 인정하였지만, 1529년 빈 공방전에서 신성 로마 제국이 승리한 이후 황제 카를 5세는 기존의 '보름스 칙령'을 다시 발표해 루터 교회를 탄압하려 하였다.

3 전개과정

1. 보헤미아 반란

아들이 없었던 마티아스 황제는 열렬한 가톨릭 지지자인 오스트리아의 페르디난트를 후계자로 염두에 두고 있었다. 1617년 페르디난트는 보헤미아 왕국의 실질적인 주인으로 선출되었고 마티아스가 죽자 자연스레 보헤미아의 왕이 되었다. 그러나 개신교도들은 반란을 도모하게 되었고, 그 결과 가톨릭 세력과 개신교 세력 간 내전이 시작되었다. 전황은 보헤미아인들에게 유리하게 돌아갔다.

2. 오스만 제국의 지원

트란실바니아의 공작이자, 헝가리 개신교도의 왕이었던 베슬렌 가블러는 오스만 제국의 술탄 오스만 2세의 지원을 받고 있었다. 페르디난트 2세의 가톨릭 공포 정치로 베슬렌 가블러는 오스만 2세에게 보호해달라고 부탁하였다. 오스만 제국은 이에 따라 합스부르크의 통치에 의해 반기를 일으키고 개신교도의 왕으로 프리드리히 5세를 선출한 이후 보헤미아 내 여러 국가들이 힘을 발휘할 수 있는 상황을 만들 수 있는 보헤미아의 유일한 동맹국이 되었다.

3. 덴마크의 참전

1625년 5월 덴마크의 왕 크리스티안 4세가 개신교 측에 참가하여 전쟁에 뛰어들었다. 크리스티안 4세는 개신교도였고, 바이센베르크전투(흰산전투)의 승리에 자신감을 가진 가톨릭 진영에 대항하기 위한 것이 표면상의 참전 이유였다. 그러나 신성 로마제국 니더작센의 구역장으로서 오랫동안 빈 자리로 남아있는 2개의 제국 내 사교직(司敎職)에 자신의 아들을 취임시켜줄 것을 요청하였으나, 황제 페르디난트 2세가 이를 거절하고 틸리 백작의 군대를 니더작센에 진군시켜 머무르게 한 것이 진정한 이유였다. 덴마크 왕 크리스티안 4세는 아들의 사교직 취임문제에 대한 페르디난트 2세의 노골적인 반대를 명분으로, 프랑스, 영국, 스웨덴의 동맹국들로부터 지원을 받아 1625년 5월에 전쟁에 참전하였다. 1626년 8월 크리스티안 4세는 믿고 있던 프랑스의 지원을 얻지 못해 루터전투에서 가톨릭 동맹군 사령관 틸리 백작에게 완패하였다. 크리스티안 4세는 스웨덴에게 지원을 요구하였고 곧 동맹이 성립되었다.

4. 스웨덴의 참전

1630년 7월 스웨덴의 왕 구스타브 2세 아돌프는 황제군의 발트해 진출에 대해서 위협을 느끼는 한편, 이를 대륙진출의 찬스라고 생각하였다. 그는 곧 개신교 옹호를 표방하고 프랑스 재상 리슐리외의 군사비 원조를 얻어 28척의 전함과 수송선에 기병 16개 부대, 강력한 포병이 배속된 보병 92개 중대, 합계 13,000명의 대군을 승선시키고 북부 독일의 우제돔에 상륙하였다. 구스타브 아돌프는 자신의 군을 새로운 군제(軍制), 장비, 전술로 탈바꿈시키고, 신 전술의 전투대형으로 배치하였다.
결과적으로, 신전술의 위력을 유감없이 발휘해 구체제의 테르시오로 조직된 틸리군에게 결정적인 패배를 안겨주었다. 이 전투로 인해 세력관계는 단숨에 역전되어, 황제 측이 수세로 몰리게 되었다.

5. 프랑스 및 스웨덴의 재참전

스웨덴과 독일 개신교 제후의 든든한 방패였던 프랑스는 스웨덴의 구스타브 왕이 전사한 후 재상 옥센셰르나가 이끄는 스웨덴군이 뇌르틀링겐전투에서 패배하여, 서부와 남부 독일 개신교 제후의 하이브론 동맹이 와해되면서 스웨덴이 고립되자, 전쟁의 무대에 등장하게 되었다. 프랑스는 1635년 5월 21일 스페인에게 선전포고를 하였고, 이로써 부르봉 왕가 대 합스부르크 왕가의 직접 대결이 시작되었다. 프랑스군은 주로 스페인군과, 스웨덴군은 황제군과 전투를 벌였다. 1642년 황제군은 브라이텐펠트에서 다시 스웨덴군과 맞붙었으나 패배하였다. 황제는 이 패배에 굴복해 화평의 길을 모색하기 시작하였다. 이 시기 제국 전체에서 전투를 기피하는 분위기가 만연해 있었다. 1642년 후반쯤 라인강의 양쪽 강변에서 화평회의가 설치되었으나 1644년이 되어서야 교섭이 시작되었다. 스웨덴은 30년전쟁의 승리를 확실하게 하기 위해 다시 보헤미아에 침공하였다. 1645년 프라하 근교의 얀카우전투에서 또다시 황제군은 대패하였고, 같은 해 바이에른군도 스웨덴군에게 패배해 바이에른 공작은 프랑스와 화해를 맺고, 고립된 작센 공작도 스웨덴군과 휴전조약을 체결하였다. 1648년 스웨덴 - 프랑스 연합군은 황제 - 바이에른 연합군을 격파하고 대세를 굳혔다.

4 강화조약(베스트팔렌조약)

베스트팔렌조약을 통해 30년전쟁은 종결되었다. 이는 오스나브뤼크(1648년 5월 15일)와 뮌스터(1648년 10월 24일)에서 체결되었으며, 주요 내용은 다음과 같다.

첫째, 모든 진영은 각 제후에 로마 가톨릭 교회, 루터 교회, 개혁 교회 중 자신의 종교를 결정할 권리를 부여한 1555년의 아우크스부르크회의를 인정한다.

둘째, 네덜란드, 스위스, 사부아, 밀라노, 제노바, 만토바, 토스카나, 루카, 모데나, 파르마가 신성 로마 제국에서 공식적으로 독립한다.

셋째, 프랑스는 메츠, 툴루즈, 로렌지방 근처의 베르의 주교령과 알사스의 열 개의 동맹 도시(Décapole)를 확보한다.

넷째, 스웨덴은 서부 포메른과 비스마르 및 브레멘과 베르덴의 주교령을 지배함과 동시에 배상금을 받는다.

다섯째, 선제후령은 새로 승인된 칼 루트비히 1세의 영토와 바이에른의 막시밀리안 선제후 공작의 영토로 나뉜다.

여섯째, 전란기에 생긴 무역 및 상업 장벽은 철폐되며, 라인강에서 제한적인 자유항행을 인정한다.

5 결과 및 영향

30년전쟁과 베스트팔렌조약을 통해 주권 개념에 기반을 둔 새로운 질서를 중부 유럽에 수립하였으며, 근대국제체제가 태동하게 되었다. 베스트팔렌조약을 통해 종교의 자유가 허용되면서 개신교 국가들이 로마 가톨릭 교회의 탄압에서 벗어나 생존의 발판을 마련하였으며, 역사에서 처음으로 프로이센(프러시아)이 왕국으로 등장하였다. 네덜란드와 스위스는 독립을 인정받았으며, 프랑스는 이 전쟁을 통해서 영토를 확장하였다.

제2절 | 스페인 왕위계승전쟁(1701 ~ 1714년)

1 의의

1700년, 스페인의 카를로스 2세(재위 1665 ~ 1700)가 사망하고 합스부르크 왕가인 그의 모든 영토를 스페인의 공주이자, 프랑스의 왕인 루이 14세(재위 1643 ~ 1715)의 아내인 오스트리아의 마리 테레즈의 요구에 따라 루이 14세의 손자 앙주 공작 필리프(Philip, duc d'Anjou)에게 물려주었다. 이에 따라, 부르봉 왕가의 필리프는 스페인의 펠리페 5세(재위 1700 ~ 1724, 1724 ~ 1746)가 되었다. 스페인 왕위계승전쟁은 스페인 왕위에 대한 합스부르크 왕가의 권리를 주장하기 위해 신성 로마 제국 황제의 레오폴트 1세(재위 1658 ~ 1705)가 스페인 왕위의 계승권을 주장하면서 서서히 시작되었다. 그러나 루이 14세가 그의 영토 확장을 위한 공세를 강화하였을 때 다른 유럽 국가(영국을 주도로, 포르투갈과 네덜란드 공화국) 역시 프랑스의 영토 확장을 제어하기 위해 신성 로마 제국 측에 참여하였으며, 다른 국가들도 새로운 영토를 확보하거나, 지금 소유하고 있는 영토를 지키기 위해 프랑스와 스페인에 대항하는 연합군에 참여하였다. 전쟁은 위트레흐트조약(1713)과 라슈타트(Rastatt)조약(1714)으로 종결되었다. 이 조약들로 펠리페 5세는 스페인의 왕좌를 지켰으나, 프랑스의 왕위는 계승할 수 없게 되었고, 따라서 두 왕국이 합쳐질 위험은 사라졌다. 오스트리아는 이탈리아와 네덜란드에서 스페인이 소유한 영토의 대부분을 확보하게 되었다.

2 배경

1. 스페인 카를로스 2세의 후계자문제

스페인의 카를로스 2세가 후계자를 낳지 못할 것이 확실하게 되자 스페인 왕위계승
문제가 쟁점으로 대두되었으며, 이에 대해 두 왕조가 스페인의 왕권을 주장하였다.
프랑스의 부르봉 왕가는 '루이'를 제안하였다. 그러나 루이가 프랑스 왕위를 계승할
것이 분명한 상황에서 스페인의 왕위까지 계승하는 것은 유럽의 세력균형을 파괴시
킬 수 있었다. 한편, 오스트리아 - 합스부르크 왕가는 '레오폴트 1세'를 제안하였다.
그러나, 레오폴트의 계승은 16세기의 강대한 스페인 - 오스트리아 합스부르크 제국의
재결합을 의미하는 것이어서 역시 세력균형을 파괴하는 문제가 제기되었다. 또한, 스
페인의 왕위에 대한 새로운 경쟁자는 1692년에 태어난 바이에른의 선제후 요제프 페
르디난트(1692 ~ 1699)였다. 요제프 페르디난트는 부르봉 왕가도 합스부르크 왕가도
아니었기 때문에 스페인이 프랑스나 오스트리아와 합병할 가능성은 낮았다. 따라서
그는 곧 영국과 네덜란드가 선호하는 계승자가 되었다.

2. 영국과 프랑스의 입장

대동맹전쟁(1688)이 1697년에 종결되었을 때, 스페인 왕위계승과 관련된 문제는 결정
적인 것이 되었다. 전투로 지친 영국과 프랑스는 스페인의 왕위를 요제프 페르디난트
가 계승하고, 이탈리아와 저지대의 스페인 영토를 프랑스와 오스트리아가 분할한다는
제1차 분할조약(First Partition Treaty, 1698)에 합의하였다. 이후 영국과 프랑스는
스페인의 왕권을 카를 대공에게 넘기고, 이탈리아 영토는 프랑스가 차지하고, 카를 대
공은 나머지 스페인 영토를 획득하는 내용의 제2차 분할조약(Second Partition
Treaty)을 체결하였다. 조약에 참여하지 않았던 오스트리아는 불쾌해 하였는데, 그들
은 전 스페인 영토에 대해 열린 상태에서 경쟁하여 그들이 가장 관심이 있는 이탈리아
영토를 차지하고 싶어 하였기 때문이다. 이러한 협정에 싫증을 내던 스페인은 더 심하
였는데, 국내의 사람들은 분할에 반대하는 데에는 통일되어 있었으나 왕위를 부르봉
이 계승할 것인가, 합스부르크가 계승할 것인가에 대해서는 분열되어 있었다. 그러나
프랑스를 지지하는 이들이 다수를 이루었다. 그리고 1700년 10월 카를로스 2세는 그
의 영토를 프랑스 왕세자의 둘째 아들 앙주 공작에게 물려주는 데에 동의하였다. 카를
로스 2세는 프랑스와 스페인이 합병되는 것을 막기 위해 앙주 공작이 프랑스의 왕위
를 계승할 경우, 스페인의 왕위는 앙주 공작의 동생 베리 공작(duc de Berri)에게 돌
아가야 한다고 주장하였다. 앙주와 그의 동생 이후에야 카를 대공은 왕위계승권자가
될 수 있었다.

3 전개과정

전쟁은 영국, 오스트리아, 네덜란드, 프로이센(프러시아)이 한편을 형성하여 스페인과 프랑스 연합군에 대항하는 양상으로 전개되었다. 프랑스 - 스페인동맹에 맞선 국가들은 해전에서 영국이 절대우위를 보이며 프랑스의 무역과 식민지를 위협하여 프랑스에 강한 압박을 가하였다. 국제적으로 프랑스를 압박하여 빠르게 굴복시키고 루이 14세의 팽창을 막고자 한 것이다. 그러나 초기 예상한 것과 달리 프랑스의 국력은 상상 외로 강대하여 오스트리아는 물론 주변국들이 모두 가담한 연합국의 공격을 프랑스가 잘 막아내면서 전쟁이 장기화되었고, 무엇보다 스페인 왕가의 후계자로 내세워진 카를이 1711년 형인 황제 요제프 1세의 서거로 인해 신성 로마 제국 황제이자 합스부르크 세습령의 통치자인 카를 6세로 즉위하자 명분이 사라져 버렸다. 영국조차 카를 5세 시대처럼 스페인 - 오스트리아 - 신성 로마 제국을 한 명의 군주가 다스리는 것을 수용할 수 없었기 때문에 결국 전쟁 명분의 소멸로 왕위계승전쟁은 끝나게 되었다.

4 강화조약 체결

영국과 네덜란드는 위트레흐트조약이 1713년에 체결되자 프랑스와 싸우는 것을 멈추었다. 1705년부터 스페인의 왕위를 주장하던 카를 대공과 동맹군의 지원을 받던 바르셀로나는 긴 교전 끝에 1714년 9월 11일에 최종적으로 항복하여 스페인에서의 전쟁은 종결되었다. 프랑스와 오스트리아의 적대관계는 라슈타트조약과 바덴조약(Treaties of Rastatt and Baden)이 체결된 1714년까지 계속되었고, 이 조약이 체결되어 두 나라의 적대행위가 종결되자 비로소 스페인 왕위계승전쟁이 종결되었다. 스페인은 좀 더 늦게 평화조약에 조인하였는데, 오스트리아와의 싸움은 4국 동맹 전쟁(War of the Quadruple Alliance, 1718)에서 열강들에게 패한 후 1720년에 공식적으로 끝났다.

5 영향

1. 스페인

위트레흐트의 평화 아래 필리프는 스페인의 펠리페 5세로 즉위하였으나, 그의 가문은 프랑스의 왕위계승권을 박탈당하였고, 이로 인해 프랑스와 스페인의 왕위가 한명에게 계승되는 위협은 사라졌다. 그는 스페인의 해외영토를 획득하였지만, 스페인령 네덜란드, 나폴리, 밀라노, 사르디니아를 오스트리아에게 양도하고, 시칠리아와 밀라노의 일부를 사보이아에게, 그리고 지브롤터와 미노르카를 영국에게 주어야만 하였다. 게다가, 그는 30년간 소위 아시엔토(asiento)라고 불린 스페인령 아메리카에서의 독점적인 노예무역권을 영국에게 양도해야만 하였다.

2. 프랑스

유럽에서의 프랑스 영토는 큰 변동이 없었다. 기고만장한 신성 로마 제국은 프랑스의 영토를 17세기 중반의 영토로 축소하여, 라인강이나 저지대에서의 프랑스 세력을 몰아내고자 하였으나 모두 실패하였다. 프랑스는 영국의 왕위를 노리는 스튜어트 왕가에 대한 지원을 하지 않는 데 동의하였고, 대신에 앤 여왕을 정당한 왕으로 인정하였다. 프랑스는 북아메리카의 다양한 식민지 영토를 잃었다. 루퍼스랜드(Rupert's Land)와 뉴펀들랜드에 대한 영국의 종주권을 인정하였고, 세인트 키츠(Saint Kitts) 섬의 반과 아르카디아를 양도하였다. 네덜란드는 스페인령 네덜란드의 많은 항구를 손에 넣었으며, 스페인령 헬데를란트(Guelders)를 합병하는 것이 허가되었다.

제3절 | 오스트리아 왕위계승전쟁(1740 ~ 1748년)

1 개요

오스트리아 왕위계승전쟁은 1740년대 중부 유럽 일대를 중심으로 유럽 열강 국가들이 참전한 대규모 전쟁이다. 이 전쟁으로 프로이센(프러시아)이 유럽의 강대국으로 급성장하게 되었으며, 이후 20세기 초반까지 이어지게 되는 유럽 주요 국가들의 구도가 형성된다. 또한 영국과 프랑스가 참전함으로써 이들의 식민지인 인도나 아메리카에서도 전쟁이 발발하게 되었다.

2 배경

1. 카를 6세의 사망과 살리카법

1740년 10월 20일, 신성 로마 제국 황제이자 합스부르크 오스트리아의 대공, 헝가리의 왕, 보헤미아의 왕, 크로아티아와 슬라보니아의 왕이던 카를 6세가 사망하였다. 그의 아들은 오래 전에 사망하였기에 장녀인 마리아 테레지아가 오스트리아의 여대공이 되었다. 문제는 프랑크 왕국에서부터 내려온 살리카법이었다. 살리카법에 의하면 여성은 왕위를 계승할 자격이 없었다. 옛 프랑크 왕국의 영토였던 곳들에서 살리카법은 철저하게 지켜졌다. 스페인 왕위계승전쟁을 경험하였던 카를 6세는 즉위 초일찍부터 왕위계승문제를 염려해서 살리카법의 여성 왕위승계금지 조항을 무력화하는 국사조칙을 내놓았다. 당시 이것을 내놓은 것은 자신이 아들을 얻지 못할 경우를 대비한 것이었다. 자신의 아들이 일찍 사망해 합스부르크 가문의 직계로는 여성만 남게 되자 분란을 방지하고 가문의 영속성을 이어 나가기 위해 합스부르크 세습영지에 대해서 살리카법과 상관없이 아들이 없는 경우 딸의 승계를 가능하게 하는 조치를 취하였다.

2. 오스트리아의 약화

1737 ~ 1738년의 폴란드 왕위계승전쟁에서 프랑스와 스페인에게 오스트리아와 러시아 연합군이 사실상 패하면서 나폴리, 시칠리아, 사르디니아를 스페인에게 빼앗겼고 외부 세력이 오스트리아를 얕보기 시작하였다. 그리고 같은 시기에 치러진 오스만 제국과의 전쟁에서도 참패하여 동부지역의 영토 상당수를 잃어야 하였다. 두 차례의 전쟁에서 오스트리아가 모두 크게 패하면서 오스트리아의 내부 결속력이 약해지는 모습이 보이자 주변국들은 오스트리아를 침략할 의사를 가지고 있었다. 그러던 차에 카를 6세가 죽고 마리아 테레지아가 오스트리아 여대공으로 즉위한 것이다.

3 전쟁의 발발

전쟁의 시작은 프로이센(프러시아)의 슐레지엔 침공이었다. 프리드리히 빌헬름 1세 시기의 부국강병책으로 프로이센은 중동부 유럽의 신흥 강자로 떠오르고 있었다. 국사조직을 별 조건 없이 승인한 프리드리히 빌헬름 1세가 카를 6세보다 약간 이른 1740년 5월 31일에 죽고, 프리드리히 2세가 즉위하면서 상황은 달라졌다. 야심과 명예욕에 가득 찬 젊은 프리드리히는 국사조칙 승인조건으로 오스트리아 세수의 22% 가량을 차지하는 슐레지엔을 넘겨줄 것을 요구하였고 오스트리아는 이를 거부하였다. 거의 동시에, 요제프 1세의 딸 마리아 아말리아 공주와 결혼한 바이에른 선제후 카를 알브레히트는 신성 로마 제국 제위만이 아니라 1546년에 있었던 계약을 토대로 오스트리아 대공 및 합스부르크 나머지 영토의 왕의 자리도 요구하기로 결정하였으며, 자신이 승인한 국사조칙을 거부하고 전쟁을 준비하였다. 부르봉 왕가 역시 이에 동조하며, 프랑스가 오스트리아령 네덜란드로 진공할 준비와 함께 바이에른에 원군을 파병하였다.

스페인과 나폴리 왕국의 군대는 이탈리아 북부로 진격하며 이탈리아의 오스트리아 세력을 밀어낼 기회를 노렸다. 스웨덴마저 프로이센에 동조하여, 오랜 숙적이자 오스트리아의 동맹국이었던 러시아와 전쟁을 개시하면서 러시아는 오스트리아를 지원할 수 없게 되었다. 다행히 오스트리아에게는 러시아 외에 전통적인 동맹국 영국이 있었고 영국은 프랑스의 참전 소식을 접하자 오스트리아를 도와서 참전하였다.

4 전개과정

1. 프로이센(프러시아)의 기습공격

선전포고도 없이 기습공격을 감행한 프로이센은 불과 개전 한 달여 만에 슐레지엔 일대를 장악하는데 성공하였다. 이는 프로이센이 상비군체제여서 국왕의 의지에 따른 병력 동원이 신속하였고, 오스트리아는 애초에 전쟁 준비가 미처 되어 있지 않아 병력 동원이 지연되어 슐레지엔 방어를 할 처지가 아니었던 것에 원인이 있었다.

2. 프랑스의 참전

프로이센의 승리에 크게 고무된 프랑스가 바이에른 선제후 카를 알브레히트의 신성 로마 제국 황제 즉위 지원을 약속하며 대규모 파병을 개시하여 보헤미아 지방(지금의 체코)을 침공하였다. 오스트리아는 프리드리히 2세와 비밀조약을 맺고 슐레지엔을 일시 포기한 다음, 보헤미아 방어에 주력하였다. 비밀조약에 의거하여 프로이센이 움직이지 않는 동안 프랑스 - 바이에른 동맹군이 일시적으로 승기를 잡고 1742년 1월에 카를 알브레히트가 신성 로마 제국 황제 카를 7세로 즉위하였다. 하지만, 오스트리아가 역으로 바이에른 왕국의 수도 뮌헨을 점령하자, 보헤미아의 동맹군도 패배 위기에 직면하였다. 그러나 1742년, 프랑스군이 도나우강 일대에 공세를 강화하고, 프로이센이 다시 비밀조약을 깨고 공세로 나서면서 오스트리아는 이내 위기에 처하였다. 결국 코츠시츠전투에서 프리드리히 2세에게 참패하며 마리아 테레지아는 슐레지엔을 프로이센에 양도하는 조약에 서명하고 프로이센과의 전쟁을 끝내야 하였다.

3. 영국의 참전

1743년 영국 왕 조지 2세가 직접 군대를 이끌고 대륙 전선에 참전하여 데팅엔에서 프랑스 군을 격퇴하자 평화조약은 깨지게 되었다. 프리드리히 2세는 전쟁의 균형이 무너지는 것에 위기를 느껴, 프랑스 국왕 루이 15세와 동맹을 맺고 1744년부터 다시 전면 공세로 나섰다. 1744년에는 오스트리아가 승기를 잡는 듯 하였으나, 1745년 프리드리히 2세의 인생에서 가장 빛나는 전투라고 불리는 호엔프리드베르크전투에서 오스트리아군을 완파하며 결국 최종적으로 슐레지엔을 확보하였다. 슐레지엔을 포기하였음에도 오스트리아의 전쟁은 끝나지 않았다. 영토를 포기하더라도 오스트리아로서는 마리아 테레지아의 오스트리아 대공, 헝가리 왕, 보헤미아의 왕, 크로아티아와 슬라보니아의 왕 자리를 확보해야 하였다. 이를 위해서는 신성 로마 제국의 제위까지 오스트리아가 가져야 하였으며, 이 때문에 이 전쟁은 실질적으로 마리아 테레지아의 제위계승전쟁이나 마찬가지였다.

4. 종전

1743 ~ 1745년 전역에서 바이에른 - 프랑스 동맹군을 연파하고, 이탈리아 전역에서도 제노바까지 점령하며 승기를 굳힌 오스트리아군은 때마침 카를 7세가 죽고 신성 로마 제국 제위가 다시 공석이 되자 프로이센과 강화를 맺어 슐레지엔을 할양하는 대신 차기 황제선거에서 프란츠 1세를 지지할 것을 조건으로 강화를 맺었다. 이를 통해 마리아 테레지아의 남편인 로트링겐 공작을 신성 로마 제국의 황제 프란츠 1세로 옹립하였다. 프란츠 1세의 즉위 이후 프로이센은 사실상 전쟁에서 이탈하였고, 네덜란드와 독일 일대에서 전개되던 프랑스와 영국 - 오스트리아 동맹군의 전쟁도 교착상태에 빠지자 결국 양측은 1748년 10월 아헨에서 평화조약(아헨조약 또는 엑스 라 샤펠 조약)을 체결하고 전쟁을 종식시켰다.

5 결과

1. 프로이센(프러시아)

신흥국 프로이센은 경제적으로 발달한 산업지역인 슐레지엔을 획득함으로써 강대국으로 성장하는 토대를 마련하였다.

2. 오스트리아

오스트리아는 비록 슐레지엔을 상실하였으나, 대신 마리아 테레지아의 오스트리아 왕위계승을 인정받아 헝가리의 왕, 보헤미아의 왕, 크로아티아와 슬라보니아의 왕으로 즉위하였다. 또한, 그녀의 남편인 프란츠 1세가 신성 로마 제국 황제로 즉위해 전쟁의 본질적 목적인 왕위승계를 이루어내고 주변국들로부터 국사조칙을 인정받았으며, 해체 위기에 놓였던 제국을 재통합시켰다.

제4절 | 7년전쟁

1 서설

7년전쟁은 1756년 5월부터 1763년 2월까지 벌어진 전쟁으로 오스트리아 왕위계승전쟁에서 프로이센(프러시아)에게 패배해 독일 동부의 비옥한 슐레지엔을 빼앗긴 오스트리아 합스부르크가가 그곳을 되찾기 위해 프로이센과 벌인 전쟁을 말한다. 이 전쟁에는 유럽의 거의 모든 열강이 참여하게 되어 유럽뿐 아니라 그들의 식민지가 있던 아메리카와 인도까지 퍼진 세계대전급의 대규모 전쟁이었다. 주로 오스트리아 - 프랑스 - 작센 - 스웨덴 - 러시아가 동맹을 맺어 프로이센 - 하노버 - 영국의 연합에 맞섰다. 유럽에서 벌어진 전쟁은 포메라니아전쟁으로도 불리며, 영국과 프랑스는 아메리카 대륙에서 벌어진 프렌치 인디언전쟁이라고 불렸다. 1756년 시작된 전쟁은 1763년 프랑스 - 스페인 - 영국 사이의 파리조약과 작센 - 오스트리아 - 프로이센 사이의 후베르투스부르크조약으로 종결되었다. 유럽에서는 영국의 지원을 받은 프로이센이 최종적으로 승리를 거두어 슐레지엔의 영유권을 확보하였으며, 식민지전쟁에서는 영국이 주요 승리를 거두어 북아메리카의 뉴프랑스(현재의 퀘벡주와 온타리오주)를 차지하여 북아메리카에서 프랑스 세력을 몰아냈고, 인도에서도 프랑스 세력을 몰아내어 대영제국의 기초를 닦았다.

2 배경

1. 오스트리아 왕위계승전쟁

1740년부터 1748년까지 지속된 오스트리아 왕위계승전쟁에서 프로이센(프러시아)의 왕 프리드리히 대왕(프리드리히 2세)은 오스트리아의 부유한 슐레지엔 지방을 탈취했다. 오스트리아의 여제 마리아 테레지아는 1748년에 군의 재건과 동맹을 맺기 위한 시간을 벌기 위해 '엑스 라 샤펠조약'에 서명하였다.

2. 오스트리아 - 러시아동맹

1756년 오스트리아는 프로이센과의 전쟁에 대비하여 군을 정비하였다. 10년 전인 1746년 6월 2일 오스트리아와 러시아는 방위동맹을 체결하여 공동으로 양국과 폴란드 - 리투아니아의 영토를 프로이센과 오스만 제국의 침공으로부터 보호하고자 하였다.

3. 오스트리아 - 프랑스동맹

오스트리아는 프로이센과의 전쟁을 위해 프랑스와 동맹을 형성하였다. 오스트리아의 슐레지엔 탈환을 프랑스가 지원하는 대신 오스트리아령 남네덜란드를 프랑스에 할양하기로 하였다. 1756년 5월 1일, 프랑스와 오스트리아는 '베르사유조약'을 체결하였다. 이 조약을 통해 프로이센과 영국으로부터 공격을 받을 경우 군대 2만 4천 명의 병력을 제공하기로 합의하였다.

4. 프로이센(프러시아) - 영국동맹

영국은 프로이센에 동맹을 제안하였다. 프로이센 국왕 프리드리히 2세는 오스트리아와 러시아의 침공이 두려워 영국 1756년 1월 15일 '웨스트민스터조약'을 체결하고 상호 원조를 약속하였다. 양국은 조약에 따라 유럽의 평화와 안정을 유지하려고 하였다.

5. 북아메리카의 상황

1750년경 북아메리카에서 영국과 프랑스가 대립하고 있었다. 당시 북아메리카에서 영국과 프랑스 식민지의 경계는 대부분 정해져 있지 않았다. 프랑스는 이전부터 미시시피강 유역의 영유를 주장하였지만 영국이 반발하였다. 1750년대 초에 프랑스는 오하이오강 유역에서 일련의 요새를 구축하고 실효 지배하려고 하였으며 원주민으로부터 영국의 영향을 배제하려고 하였다. 반면, 동해안에 자리를 잡은 영국 정착민은 프랑스군이 영국 식민지 서쪽 경계에 접근하는 것과 프랑스가 동맹을 맺고 있는 원주민을 선동하여 영국인을 공격하는 것을 우려하였다. 원주민과 프랑스 사이에 1754년 5월 28일 '주먼빌 글렌전투'와 1754년 7월 3일 '네세시티 요새전투'가 발발하여 7년전쟁의 촉발요인이 되었다. 두 전투 이후 영국과 프랑스는 상호전쟁을 개시하였다.

6. 북아메리카에서 영국과 프랑스의 갈등 고조

주먼빌 글렌전투와 네세시티 요새전투 이후 영국과 프랑스는 협상으로 식민지 세력권에 합의하려고 하였으나 실패하고, 양국은 교전하였으나 결정적 승리는 없었다. 1755년 8월 이후, 영국은 프랑스 해운을 방해하였고, 명목상 선전포고를 하지 않았음에도 불구하고 프랑스 상선 수백 척을 나포하여 상선의 선원 수천 명을 포로로 잡았다. 격노한 프랑스가 영국과 하노버를 공격하려 하자 영국은 프로이센과 협약을 맺었고, 프랑스는 이 협약에 대응하여 오랫동안 서로 싸웠던 오스트리아와 화해하여 동맹을 체결하였다.

3 각국의 전략

1. 프랑스

18세기 전반에 걸쳐 프랑스의 전략은 동일하였다. 식민지에서의 전투는 패배하는 전투로 간주하고 현지 주민에게 지키게 하여 최소한으로 증원과 미숙련 병사만 보내고 있었다. 이것은 프랑스의 지리적 문제와 영국 해군의 우위가 있었기 때문에 프랑스 해군이 식민지에 대규모의 보급과 증원을 하기 어려웠기 때문이었다. 프랑스 육군의 대부분을 대륙에 머물게 하여 본토 근처에서 승리를 얻으려고 하였다. 프랑스의 계획은 종전까지 전투를 이어가고, 강화협상에서 상실된 유럽 점령지를 해외식민지로 교환한다는 것이었다. 그러나 7년전쟁에서 이러한 전략은 통하지 않았다. 유럽의 육전은 비교적 성공하였지만, 해외식민지를 거의 상실하게 되었다.

2. 영국

영국은 유럽 대륙에 대규모 파병을 피하려고 하였다. 영국은 유럽 대륙에서 불리한 세를 이른바 '적의 적'인 대륙 국가와의 동맹으로 보충하려고 하였다. 대륙의 동맹국 군대에 자금을 지원하여 런던의 경제력을 군사적 우위로 바꿀 수 있었다. 1756년 영국은 오스트리아와의 오랜 동맹을 파기하고 프로이센과 동맹을 체결하였다. 이러한 전략으로 영국은 7년전쟁에서 당시 최강의 장군이었던 프로이센의 프리드리히 대왕을 거액의 지원금에 대한 대가로 프랑스와 싸우게 할 수 있었다. 영국은 프랑스와는 반대로 전쟁 수행의 중심을 식민지로 두고, 해군의 능력을 유감 없이 발휘하였다. 영국은 적국의 항구에 포격과 해상 봉쇄를 하고, 해상에서 병력을 수송하는 전략을 수행하였다. 적국의 운송을 방해하면서 그 식민지를 공격하였고, 때로는 근처의 영국 식민지 정착민의 힘도 빌렸다.

3. 러시아 및 오스트리아

러시아와 오스트리아는 새로운 위협으로 부상한 이웃 나라 프로이센의 약화를 도모하였다. 1756년에 프랑스와 방위동맹을 체결하고, 프랑스의 원조하에 오스트리아와 러시아가 프로이센을 공격하는 데에 동의하였다.

4 전개과정

1. 유럽전투

유럽전투는 프랑스, 오스트리아, 러시아, 스페인이 동맹을 형성하여 프로이센 및 영국, 포르투갈 동맹에 대항하여 전개되었다. 1763년 후베르투스부르크조약으로 강화가 성립되고, 글라츠가 프로이센에 반환되는 대신 프로이센은 작센에서 철수하고, 유럽 중부에서 전쟁을 끝냈다.

2. 식민지전투

식민지전투는 주로 프랑스와 영국 사이의 인도, 북미, 유럽, 카리브해의 섬, 필리핀, 아프리카 해안을 무대로 진행되었다. 전쟁이 진행되면서 영국은 광대한 영토를 점령하고, 프랑스의 세력을 점차 잠식해 갔다. 1762년 시그널힐 전투에서 프랑스는 영국군에 패했다. 이 전투가 북미에서 마지막 전투가 되었고, 프랑스군은 항복하였다.

3. 남미전투

1763년 포르투갈은 스페인으로부터 남미의 네그루강 유역의 대부분을 탈취하였다. 스페인에 의한 마투그로수에 대한 공격을 구아포레강에서 물리쳤다. 1763년 파리조약으로 스페인이 점령한 새크라멘토 식민지를 반환하도록 결정하였지만, 스페인이 이행하지 않자, 1763년부터 1777년까지의 선전포고 없는 스페인 - 포르투갈전쟁을 통해 포르투갈에 탈환되었다.

4. 인도전투

인도에서 7년전쟁의 발발은 프랑스와 영국의 동인도 회사 사이의 장기간에 걸친 항쟁을 재개시켰다. 프랑스는 영국의 팽창을 저지하기 위해 무굴 제국과 동맹을 맺었다. 전쟁은 인도 남부에서 시작되었지만, 이내 벵골로 확대되었고, 그곳에서 로버트 클라이브가 이끄는 영국군은 프랑스와 동맹한 벵골 태수 시라지 웃다울라로부터 캘커타를 재점령하고, 1757년의 플라시전투에서 그를 축출하였다. 1761년 프랑스의 본거지였던 폰디체리에서 프랑스 식민지들이 영국군에 항복하고, 카라이칼과 마에 같은 작은 프랑스 식민지도 항복하면서 인도 내 프랑스의 세력은 소멸하게 된다.

5. 서아프리카전투

1758년 미국 상인 토마스 커밍의 재촉으로, 윌리엄 피트는 프랑스 식민지 생 루이에 원정군을 파견하였다. 영국은 5월에 세네갈을 손쉽게 점령하였다.

5 종전 및 영향

1. 파리조약(1763)과 영국의 세력 강화

영국과 프랑스 사이의 전투는 1763년 파리조약으로 종결되었다. 조약에서 복잡한 영토 교환을 정리하였다. 프랑스가 루이지애나를 스페인에게 주고, 누벨프랑스의 영토 중 생피에르 미클롱을 제외하고 모두 영국에 할양하였다. 프랑스는 또한 미노르카섬도 영국에게 반환하였다. 스페인은 플로리다를 영국에 내주었지만, 프랑스로부터 오를레앙섬(현 뉴올리언스)과 미시시피강 서쪽의 모든 프랑스 영토를 얻었다. 영국은 누벨프랑스와 플로리다의 획득으로 미시시피강 동쪽에 있는 모든 북아메리카지역을 지배할 수 있게 되었다. 프랑스는 인도에서 세력을 거의 상실했으며, 영국이 인도에서 주도권을 잡고 인도 대륙 전체를 지배하게 되었다.

2. 후베르투스부르크조약과 오스트리아의 약화

후베르투스부르크조약은 오스트리아 - 프로이센 - 작센 간 체결된 강화조약으로 1763년 2월 15일에 정식으로 체결되었다. 이를 통해 슐레지엔과 글라츠는 프로이센에, 작센은 프리드리히 아우구스트 2세에게 반환되었으며 오스트리아는 슐레지엔 탈환에도 실패하였고, 별다른 영토도 획득하지 못하였다. 프로이센의 유럽 열강으로 생존은 프리드리히 2세와 프로이센 군대의 위신을 크게 끌어올렸고, 장기적으로는 독일에 대한 오스트리아의 영향력을 감소시켰다.

3. 프로이센의 부상

프로이센은 전쟁을 통해 더 이상 도전받지 않는 열강 세력으로 등장하였다. 또한, 폴란드에서 프랑스의 영향력을 완전히 배제시켰다.

4. 아우크스부르크동맹체제의 종식

7년전쟁은 유럽의 오래된 체제였던 아우크스부르크동맹체제, 즉 영국을 중심으로 하는 반부르봉 왕가의 틀의 종식을 가져왔다. 전후 샌드위치 경의 집권기에 영국은 이 체계의 재확립을 시도하였다. 그러나 영국을 프랑스보다 위협적인 세력으로 간주하여 유럽 국가들은 이에 반대하였다. 프로이센도 1762년에 영국이 단독으로 강화를 시도한 것을 배신으로 간주하였다. 영국은 고립되었고, 미국의 독립전쟁이 국제적 전쟁으로 확대된 1778년부터 1783년까지 영국은 유럽 국가들의 대동맹과 전투에 직면하게 되었다.

제2장 │ 유럽협조체제

제1절 │ 국제정치사와 국제체제

1 서론

근대 국제정치체제는 역사적으로 전쟁을 통해 이전의 체제가 붕괴되고, 전후처리과정에서 새로운 체제가 성립되었다. 즉, 나폴레옹전쟁을 통해 유럽협조체제가, 독일통일전쟁 이후 비스마르크 동맹체제가, 제1차 세계대전을 통해 베르사유체제, 로카르노체제, 워싱턴체제가, 제2차 세계대전을 통해 얄타체제 또는 냉전체제가 성립되었으며, 냉전의 평화적 종식 이후 새로운 국제질서가 형성되고 있다.

2 나폴레옹전쟁 이후 국제정치사의 전개과정

1. 나폴레옹전쟁과 유럽협조체제

유럽협조체제는 프랑스혁명 이후 유럽의 세력균형체제의 변경을 시도한 나폴레옹전쟁의 전후처리과정에서 형성되었다. 유럽협조체제는 빈체제, 신성동맹, 4국동맹, 회의외교방식이라는 기제를 통해 유럽 대륙의 세력균형을 유지하기 위한 국제체제였으며 세력균형원리 및 보수주의원리에 의해 유지되었다. 유럽협조체제는 자유주의혁명과 민족국가 형성문제에 대한 자유주의세력과 보수주의세력의 대립, 동방문제에 대한 프랑스와 러시아의 대립, 발칸반도에 대한 오스트리아와 러시아의 대립 등을 거치면서 협조체제는 붕괴되기 시작하였으며, 이탈리아와 독일의 통일을 통해 유럽협조체제는 비스마르크 동맹체제로 이행하게 된다.

2. 독일 통일전쟁과 비스마르크 동맹체제

소독일 중심 통일을 위해 독일은 오스트리아 및 프랑스와 통일전쟁을 하게 되고, 통일을 완성한 이후 변경된 세력관계를 유지하기 위해 비스마르크를 중심으로 형성된 체제를 비스마르크 동맹체제라고 한다. 프랑스를 고립시키는 것이 목표였으며, 이를 위해 특히 오스트리아와 러시아를 독일과의 동맹 또는 협상체제 속에 묶어두고자 하였다. 비스마르크 동맹체제는 비스마르크 퇴진 이후 독일이 적극적인 제국주의정책을 추진하면서 와해되기 시작하였으며, 러불협상의 성립에 따른 러시아의 동맹체제에서의 이탈과 이탈리아의 동맹에서의 사실상 이탈, 제1차 세계대전의 패전으로 붕괴되었다.

3. 제1차 세계대전과 베르사유체제

제1차 세계대전 이후 파리강화회의에서 체결된 베르사유조약에 의해 창설된 체제가 베르사유체제이다. 베르사유체제에서는 윌슨적 자유주의사상을 반영하여 세력균형과 동맹을 대체하는 안보유지기제로써 '집단안전보장제도'를 도입하였다. 집단안전보장제도는 회원국의 일방적 전쟁을 제한하고, 제도적 절차에 기초하지 않은 개전자에 대해서는 체제 내의 모든 국가들이 단결하여 침략자를 제어하기로 예정된 제도이다. 베르사유체제는 제도 자체의 모순, 주도국(미국)의 이탈, 현상타파국가에 대한 잘못된 대응, 체제 내 국가 간 대립 등으로 제 기능을 발휘하지 못하고 제2차 세계대전 발발로 붕괴되었다.

4. 로카르노체제

로카르노체제란 1925년 로카르노에서 체결된 일련의 조약에 의해 성립된 유럽의 집단안보제도를 의미한다. 영국과 미국 주도로 형성된 베르사유체제는 전통적으로 세력균형이나 동맹에 안보를 의존해 온 프랑스의 안보위협을 해소해 주지 못하였다. 로카르노체제는 독일의 서부 국경에 대해 독일이 라인란트 비무장을 약속하고 이를 영국과 이탈리아가 보장함으로써 프랑스의 안보위협을 완화하기 위한 체제였다. 로카르노체제는 불소불가침조약을 트집 잡은 히틀러의 라인란트 재무장, 이에 대한 영국의 유화정책, 체제보장국인 영국과 이탈리아 간의 갈등으로 붕괴되었다.

5. 워싱턴체제

로카르노체제가 유럽지역의 안보불안을 해소함으로써 베르사유체제를 보완한 체제라면, 워싱턴체제는 동아시아 지역질서를 구축한 체제이다. 1921년 미국 대통령 하딩이 주최한 워싱턴회담은 제1차 세계대전 이후 신흥강대국으로 부상한 미국이 자국의 전략적 기조인 문호개방정책과 현상유지정책에 대항하는 일본의 힘을 약화시키려는 의도를 가지고 있었다. 미국의 의도대로 중국의 현상유지와 영토보전, 일본에 우월한 해군력 보유, 영일동맹 해체라는 목적을 달성하였으나, 일본의 국내정치적 상황변화와 함께 일본을 현상타파 세력화하는 계기가 되기도 하였다.

6. 제2차 세계대전과 얄타체제

제2차 세계대전 이후 형성된 얄타체제는 이상주의적 집단안보체제를 기본으로 하면서도 국제연맹의 실패를 반면교사로 삼아 미국·영국·소련 3국의 지도체제의 성격과 바르샤바조약기구와 북대서양조약기구를 중심으로 공산진영과 자유진영의 동맹체제 성격을 같이 가지고 있었다. 냉전으로 인해 지도체제의 작동이 정지되기도 하였으나 얄타체제적 성격을 완전히 변형시키지는 못하였다. 동서 데탕트, 핵전력의 균형 등의 요인에 기초하여 강대국 간 협조적 지도체제가 복원되었다. 얄타체제는 독일의 통일로, 냉전체제는 구소련의 분열로 붕괴되었다.

7. 새로운 국제질서(몰타체제)

1989년 12월 몰타회담이 개최되었다. 미국 대통령 조지 H. W. 부시와 소련 공산당 서기장 고르바초프가 1989년 12월 2일과 3일 이틀 동안 지중해 몰타에서 정상회담을 가졌으며, 회담을 끝낸 두 정상은 공동기자회견에서 동서가 냉전체제에서 새로운 협력시대로 접어들고 있다고 선언하였다. 몰타선언 이후 탈냉전체제를 '몰타체제'라고 칭하기도 한다.

제2절 | 유럽협조체제(Concert of Europe)

1 의의

유럽협조체제란 나폴레옹전쟁의 전후처리과정에서 형성된 유럽의 안보질서를 유지하기 위한 안보제도를 의미한다. 유럽의 세력균형을 교란하는 행위자에 대해 유럽의 강대국들이 상호협의하여 공동대응함으로써 빈회의 결과 형성된 유럽질서를 보존하는 것을 목적으로 하였다. 보다 구체적인 목적은 4국동맹조약 제2조 및 제3조에 기술되었듯이, 프랑스가 강대국으로 재부상하여 유럽의 평화를 위협하고 프랑스의 국경이 변화하는 것을 막는 것이었다.

2 형성 원리

빈체제 및 유럽협조체제를 지배한 원리는 세력균형과 정통주의였다. 이는 나폴레옹전쟁 전의 유럽상황을 복원하는 의미를 담고 있었다. 즉, 나폴레옹전쟁으로 사라진 유럽의 국경을 재획정함에 있어서 유럽 대륙의 주요 세력 간 균형을 고려하였다.

1. 세력주의

세력균형정책은 영국에 의해 주도되었는바, 나폴레옹전쟁으로 해상에서의 패권을 장악할 수 있었던 영국은 유럽 대륙에서 다시 세력균형을 형성시켜, 프랑스와 러시아를 동시에 견제하고자 하였다.

2. 정통주의

정통주의원칙이란 프랑스 정복전쟁과정에서 점령지역에 파급된 자유주의나 민족자결주의를 인정하지 않고, 나폴레옹전쟁으로 퇴위당한 기존의 왕조들을 복귀시키는 것을 의미한다(왕정복고). 즉, 이는 전통적인 권리의 정통성을 승인하는 것으로서 국제질서의 안정을 확보하기 위한 것이었다. 정통주의원칙은 민족국가 형성의 기초가 되는 민족주의와 국민주의를 무시하여 진행되었고, 민족을 무시한 국경정책은 이후 빈체제에 직접적인 위협을 가하게 된다.

3 전개과정

1. 4국동맹

4국동맹은 나폴레옹에 대항한 영국, 러시아, 오스트리아, 프로이센 간 1815년 11월 20일에 체결된 4국동맹조약에 의해 형성되었으며, 1814년 3월 1일에 체결된 쇼몽조약을 모체로 한다. 쇼몽조약에서 유럽 4대 열강은 대프랑스 연합전선을 형성하고 단독강화하지 않으며, 전쟁 종식 이후에도 프랑스의 재침략이 있는 경우 공동전선을 형성하기로 합의하였다. 조약의 주요 내용은 프랑스의 재침략이 있는 경우 4국이 협조하여 필요한 조치를 취할 것과 회의외교를 정례화하는 것이었다. 4국동맹은 유럽협조체제의 물적 기반이 되었다.

쇼몽조약

제4차 연합전선 형성 이후 연합군에게 전세가 유리해진 상황에서 영국, 러시아, 오스트리아, 프로이센 4국 간 동맹관계를 공고화하기 위해 체결한 조약으로서 4국동맹의 모체가 되었다. 세력균형을 최초로 성문화하였으며, 전쟁 종결 이후 프랑스의 재침을 예방하기 위한 집단안보구상을 담고 있다. 단독강화를 금지하는 내용도 포함되어 있다.

2. 신성동맹

러시아의 알렉산더 1세의 주도로 1815년 9월 26일 러시아, 프로이센, 오스트리아 3국 간에 체결된 조약을 의미한다. 이후 영국, 터키, 법왕을 제외한 유럽의 주요국가들이 모두 가입하였다. 러시아, 오스트리아, 프로이센 3국이 기독교의 가르침에 따라 형제애로 결속하여 상호지원할 것을 선언하였다. 신성동맹은 유럽협조체제의 형성원리였던 '정통성의 원칙'을 강화하는 역할을 한 것으로 평가된다.

3. 회의외교

(1) 4국동맹조약 제6조에 의해 제도화된 회의외교는 최초로 연합군의 프랑스 주둔기간 만료에 따른 문제를 논의하기 위해 소집된 엑스 라 샤펠회의였다. 이 회의를 통해 연합군의 프랑스 주둔이 종료되어 나폴레옹전쟁의 전후처리가 완료되고 프랑스는 유럽의 강대국의 지위를 회복하였다.

(2) 유럽 열강들 간 관계가 정비된 이후의 회의외교는 빈체제의 세력균형원칙에 의해 희생된 약소국에서 강하게 일기 시작한 자유주의와 민족주의적 열망을 억압하는 데 초점이 모아졌다. 이탈리아 카르보나리를 중심으로 한 자유주의운동에 대응하기 위해 트로파우회의 및 라이바하회의가 개최되었으며, 그리스문제와 스페인혁명문제를 위해 베로나회의가 소집되었다.

(3) 회의외교의 전개과정에서 유럽협조체제 내에서 영국과 프랑스 등 자유주의세력과 신성동맹 3국의 보수주의세력의 갈등이 고조되었으며, 베로나회의는 좁은 의미의 유럽협조체제의 마지막 회의가 되었다.

4. 유럽협조체제의 위기

(1) 회의외교과정에서 고조된 유럽 열강들 간 갈등은 자유주의사상의 확산에 따른 민족국가 형성열망의 분출 및 빈체제에서 배제되어 있었던 동방문제 및 미주대륙문제(먼로주의)가 국제이슈로 등장하면서 더욱 고조되기 시작하였다.

(2) 쇠락한 오스만 제국 내의 약소국들의 독립문제(특히, 그리스 독립문제)를 놓고 영국과 러시아, 러시아와 오스트리아의 이익갈등이 고조되었다. 또한 1830년 7월 혁명의 영향으로 빈회의 당시 프랑스를 북부에서 견제하기 위해 네덜란드에 병합되어 있었던 벨기에의 독립이 열강에 의해 승인되었다. 벨기에의 독립은 빈체제를 합의에 의해 수정한 것이었으나, 그 과정에서 동유럽 3국과 서유럽 2국이 대립하게 되어 이후 유럽 외교사에 큰 영향을 미치게 되었다.

5. 유럽협조체제의 붕괴

유럽협조체제 성립 이래 유럽 열강 간 갈등이 고조되고 있었으나, 직접적인 무력충돌이 발생하지는 않았으며, 약소국문제에 대해서는 회의외교가 유지되었다. 그러나 1850년대 이후 강대국 간 회의외교를 통해 이익조정은 근본적인 한계에 봉착하게 되고 전쟁을 통해 이해관계를 조정하게 되면서 유럽협조체제는 붕괴되었다.
발칸의 현상 유지를 원하는 영국 및 프랑스와 현상 변경을 원하는 러시아의 대립이 크리미아전쟁으로 이어졌고, 이탈리아 통일과 독일 통일이라는 빈체제의 변경도 프랑스 - 오스트리아, 오스트리아 - 프로이센, 프로이센 - 프랑스 간 전쟁을 통해 달성되었다.

제3절 | 나폴레옹전쟁

1 나폴레옹의 등장과 대외정책

1. 프랑스혁명

일반적으로 프랑스혁명은 1789년 5월에 삼부회의 소집으로 시작하여 1799년 11월에 나폴레옹 보나파르트의 쿠데타로 끝나는 10년의 기간을 의미한다. 프랑스혁명은 반봉건·반귀족의 부르주아혁명이었다. 부르봉 왕조의 전제정치, 정부의 불합리한 운영, 무모한 전쟁 감행 등의 정치적 요인과 제3신분인 중산계급(the middle class)의 성장이라는 사회경제적 요인, 계몽사상 등의 사상적 요인으로 인해 프랑스혁명이 발생하였다. 그 결과 봉건적 유제를 청산하고 국민주권주의를 확립하게 되었다.

2. 나폴레옹의 등장

프랑스혁명이 제3단계로 들어서면서 제1·2단계에서 나타났던 개혁에 대한 열정은 사라지고 침체와 타락, 냉소의 시기로 반전되었다. 행정권을 담당하는 집정관위원회는 부패하였고, 일반 인민의 선거권도 박탈당하였다. 이런 상황에서 부르주아와 시민들은 정부의 무력과 정국의 불안정에 실망하여 그들의 재산과 권리를 지켜줄 강력한 지도자를 기대하게 되었고 1799년 나폴레옹의 쿠데타가 발발하였다.

3. 나폴레옹의 대외정책

1804년 황제에 등극한 나폴레옹은 민족주의적 팽창욕과 군대의 영광을 위한 자신의 야망에 기초하여 유럽 대륙, 나아가 영국에 대한 정복전쟁을 수행하였다.

나폴레옹전쟁

1797~1815년 프랑스혁명 당시 프랑스가 나폴레옹 1세(재위 1804~1814, 1815)의 지휘하에 유럽의 여러 나라와 싸운 전쟁의 총칭이다. 처음에는 프랑스혁명을 방위하는 전쟁의 성격을 띠었으나, 차츰 침략적인 것으로 변하여 나폴레옹은 유럽 제국과 60회나 되는 싸움을 벌였다. 세계지배를 꿈꾸던 나폴레옹의 시대착오적 야망은 전쟁의 실패로 무너졌으나, 그의 전쟁은 유럽질서에 중대한 결과를 초래하였다. 즉, 19세기 역사의 주류를 형성하는 자유주의·국민주의의 전파, 정복지의 구(舊)제도 폐지와 민주적 제도·입헌정치의 수립, 혁명의 영향을 받은 프랑스 군인들에 의한 자유·평등사상의 이식 등이 바로 그것이다. 결과적으로 자유주의의 확대는 민족의 독립과 통일을 요구하는 민족주의 운동으로 발전하였다.

2 나폴레옹전쟁의 전개과정

1. 유럽 열강의 공동대응 및 그 이유

프랑스혁명에 유럽 열강, 즉 영국, 오스트리아, 프로이센, 러시아가 공동대응하게 된 이유는 무엇보다 18세기 유럽 국제정치질서의 지배이념으로 인식되고 있었던 '세력균형원칙'에 위배된다고 보았기 때문이다. 또한, 프랑스혁명은 절대왕정과 봉건제를 타파하고 국민주권에 기초한 공화정의 수립으로 귀결되었는데, 이는 절대왕정을 유지하고 있던 프로이센, 오스트리아, 러시아에 위협이 되었다.

절대왕정(절대군주제)

절대군주제란 군주가 국가통치의 모든 권력을 장악하고 중앙집권적 관료기구·군·경찰을 지주(支柱)로 하여 전제지배를 강행하는 정치체제를 의미한다. 절대왕정이라고도 부른다. 루이 14세의 '짐(朕)은 곧 국가이다'라는 말이 보여 주듯 모든 것은 오로지 군주 한 사람의 결정에 맡겨져 있으므로, 국가기관은 군주의 권력집행기관에 지나지 않았다. 절대왕정은 군주의 독재적 권능이 신의(神意)에 바탕을 둔다고 하는 신정적(神政的) 군주제, 국가라는 큰 가족의 가장인 지위에 바탕을 둔다고 하는 가부장적(家父長的) 군주제, 영토 및 신민을 자기의 세습재산으로 보는 가산적(家産的) 군주제등으로 분류하기도 한다. 18세기 계몽사상의 영향을 받아 정치의 합리화, 국가의 개조를 꾀하여 절대왕정을 폈던 계몽전제군주제도 있었다.

2. 연합전선의 형성과 와해

연합전선은 4차례에 걸쳐서 형성 및 와해되었다. 제1차 연합전선은 오스트리아와 프로이센의 주도로 형성되었으나, 프랑스의 막강한 군사력 및 프랑스의 대외팽창을 묵인하는 대신 영토보상을 추구하는 외교전략으로 인해 와해되었다. 제2차 연합전선은 1798년 나폴레옹의 이집트 침공으로 오스만 제국에 이해관계를 가지고 있던 러시아와 충돌하게 되자 러시아를 중심으로 공동전선을 형성하였으나 역시 프랑스의 팽창정책을 저지하기엔 역부족이었다. 1805년 영러동맹에 기초하여 형성된 제3차 연합전선도 와해되었고, 1807년에는 틸지트조약이 체결되었다. 1812년 러시아와의 전쟁에서 나폴레옹이 패한 이후 1813년 제4차 연합전선이 형성되었다.

3. 바젤조약(1795년 4월 5일)

전쟁과정에서 프로이센이 먼저 연합에서 이탈하였다. 러시아가 폴란드 방면으로 진출하자 불안을 느낀 프로이센은 1795년 4월 5일 프랑스와 바젤조약을 체결해 프랑스와 화해하였다. 이 조약에 의해 프로이센은 라인 좌안을 프랑스에 양보하였고 그 대가로 라인 우안에 있는 교회영지가 세속화되자 보상을 받게 되었다. 프로이센은 이때부터 10년 동안 중립을 유지하였다.

4. 캄포 포르미오조약(1797년 10월 18일)

프랑스와 오스트리아가 체결한 조약이다. 프랑스는 1795년 10월부터 5집정관 정부시대에 접어들면서 영국과 오스트리아에 대한 전쟁에 더욱 박차를 가하였다. 영국을 직접 공격할 수 없던 나폴레옹은 오스트리아의 영향권에 있던 이탈리아로 진격하였다. 이탈리아 침공이 성공을 거두게 되자 오스트리아는 결국 1797년 10월 18일 프랑스와 캄포 포르미오조약을 체결해 양국의 전쟁상태가 종식되었다.

5. 루네빌조약(1801년 2월 9일)

영국, 러시아, 오스트리아 3국은 네덜란드, 독일 스위스, 이탈리아에서 수행할 전투계획을 수립하였고 처음에는 어느 정도 성과를 거두었다. 그러나 러시아가 오스트리아의 군사활동에 반발하고 모든 군사적인 부담을 러시아만이 떠맡고 있다고 판단해 1799년 10월 연합에서 이탈하였다. 오스트리아도 1800년 말 호헨린덴전투에서 패하게 되자 1801년 2월 9일 프랑스와 루네빌조약을 체결해 연합에서 이탈하였다. 나폴레옹의 형 조세프와 오스트리아 대표 코벤즐이 체결한 이 조약으로 신성 로마 제국은 사실상 붕괴되었다.

6. 아미앵조약(1802년 3월 27일)

영국과 프랑스가 체결한 조약이다. 프랑스와 단독으로 전쟁을 하고 있었던 영국은 나폴레옹이 포르투갈 공격을 결정하자 아미앵조약을 체결하여 프랑스와 화해를 모색하였다. 이 조약에서 영국은 트리니타드와 실론을 제외하고 모든 해외식민지를 프랑스 또는 프랑스 동맹국에게 양여하고 몰타로부터 군대를 철수하기로 하였다. 이 조약은 영국이 프랑스에게 양보할 수 있는 최대한의 내용을 담고 있었다. 그러나 프랑스는 이 조약을 계기로 더욱 팽창의 길을 걷게 되었다.

7. 틸지트조약(1807년 7월)

제3차 연합전선이 와해되고 나폴레옹은 유럽 전역을 실질적으로 지배하게 되자 러시아 및 프로이센과 틸지트조약을 체결한다. 나폴레옹이 수립한 위성국들인 바르샤바 대공국, 나폴리 왕국, 홀란드 왕국 등을 러시아가 승인하였으며, 프로이센은 라인강과 엘베강 사이에 위치한 지역을 프랑스가 자유롭게 사용하게 하는 한편, 대륙봉쇄 정책에 동의하였다.

8. 쇼몽조약(1814년 3월 1일)

제4차 연합전선 형성 이후 연합군에게 전세가 유리해진 상황에서 영국, 러시아, 오스트리아, 프로이센 4국 간 동맹관계를 공고화하기 위해 체결한 조약으로서 4국동맹의 모체가 되었다. 세력균형을 최초로 성문화한 것으로, 전쟁 종결 이후 프랑스의 재침을 예방하기 위한 집단안보구상을 담고 있으며, 단독강화를 금지하는 내용도 포함되어 있다.

9. 폰텐느블로협정(1814년 4월 11일)

1814년 3월 아레 - 슈르 - 오브전투에서 승리한 연합군은 파리로 진격을 개시해 3월 31일 파리 입성에 성공하였다. 이후 4월 11일 프랑스와 연합군 사이에 폰텐느블로협정이 체결되고 나폴레옹은 퇴위해 엘바섬으로 격리되었다.

10. 제1차 파리평화조약(1814년 5월 30일)

연합군이 파리에 입성한 이후 프랑스와 체결한 조약이다. 주요 내용으로는 ① 프랑스는 원칙적으로 1792년 국경선으로 돌아가고, ② 네덜란드 왕국을 창설하며, ③ 독일은 연방형태로 구성하고, ④ 이탈리아는 독립국가들로 구성하며, ⑤ 스위스는 독립시킨다는 것이 있다. 이는 영국의 구상이 반영된 것으로, 프랑스의 재침에 대한 봉쇄망의 형성을 목표로 하고 있다.

11. 제2차 파리평화조약(1815년 11월 20일)

엘바섬을 탈출한 나폴레옹이 워털루전투에서 패배한 이후 대프랑스 강화조건을 조정한 조약이다. 프랑스의 국경이 1790년의 국경선으로 후퇴함으로써 프랑스의 영토가 축소되었으며, 3 ~ 15년간 15만 명 연합군의 프랑스 점령이 결정되었다.

워털루전투(Battle of Waterloo)

1815년 6월 엘바섬에서 돌아온 나폴레옹 1세가 이끈 프랑스군이 영국, 프로이센 연합군과 벨기에 남동부 워털루(Waterloo)에서 벌인 전투로, 프랑스군이 패배하여 나폴레옹 1세의 지배가 끝나게 되었다.

나폴레옹(Napoleon Bonaparte I, 1769 ~ 1821)이 이끈 프랑스군은 1812년 러시아 원정에 실패한 이후 각 지역의 민족주의적 반란에 부딪히게 되었고, 마침내 1814년에는 프로이센, 오스트리아, 영국으로 구성된 연합군에게 파리를 점령당하였다. 나폴레옹은 퇴위되어 지중해의 작은 섬 엘바(Elva Island)로 유배되었다(1814.5.4.). 그리고 루이 16세(Louis XVI, 1754 ~ 1793)의 동생인 루이 18세(Louis XVIII, 1755 ~ 1824)가 황제로 즉위하여 왕정이 복고되었다. 그러나 프랑스 시민들은 무능한 루이 18세에 실망하였고 나폴레옹을 다시 옹립하자는 움직임이 있었다. 1815년 2월 나폴레옹은 엘바섬을 탈출하여 칸느(Cannès)에 상륙하였고 충직한 부하 1,000여 명과 함께 파리로 북상하였다. 루이 18세는 이를 대수롭지 않게 여겨 관군을 보내 진압하게 하였다. 하지만 관군은 오히려 나폴레옹에 합세하였다. 루이 18세의 왕정은 영국으로 도망가고 나폴레옹은 공화주의자와 농민들의 지지를 받으며 20여일 만에 파리에 입성해 다시 권력을 장악하였다.

하지만 당시 각국은 나폴레옹을 타도하기로 협약을 맺고 동맹국의 병사는 70만 명이 넘었다. 나폴레옹은 초전에 이들을 각개격파하면 정치적 이해가 다르기 때문에 동맹국들의 관계가 와해될 것으로 판단하였다. 그 해 6월, 나폴레옹은 12만 5,000명의 프랑스군을 이끌고 웰링턴(Arthur Wellesley Wellington, 1769 ~ 1852)이 지휘하는 약 9만 5,000명의 영국군과 블뤼허(Bluecher, 1742 ~ 1819)가 지휘하는 약 12만 명의 프로이센군을 격파하기로 결심하였다. 벨기에 남동쪽 워털루(Waterloo) 남방 교외에서 전투가 벌어졌는데 이 전투가 워털루전투(Battle of Waterloo)이다. 6월 16일 리니에서 프로이센군을 격파해 퇴각시키고, 6월 18일 워털루에서 영국군에 대한 총공격을 개시하였다. 전투는 프랑스군의 승리로 기우는 듯 하였지만, 퇴각했던 블뤼허의 프로이센군 6만 명이 다시 기습을 하여 전세가 역전되었다. 프랑스군은 결국 이 전투에서 프로이센·영국군의 공세에 의해 처참하게 패배하였다. 전투에서 패배한 나폴레옹은 6월 22일 영국 군함 벨레로폰(Bellerophon)호에 실려 대서양의 외딴 섬인 세인트헬레나(Saint Helena Island)로 유배되었다. 그리고 그 곳에서 영국군의 감시를 받으며 울분의 나날을 보내다 1821년 5월 5일 세상을 떠났다.

12. 4국동맹조약(1815년 11월 20일)

프랑스의 재침을 방지하기 위해 연합국 간 협조체제를 구축한 조약이다. <u>프랑스가 혁명을 기치로 타국의 평온을 위협하는 경우 4국은 서로 협조하여 필요한 조치를 강구하기로 하였고(제2조), 정기적인 회의를 개최하여 관련 문제를 협의하기로 하였다(제6조).</u> 또한 프랑스에 주둔하고 있는 연합군이 공격을 당하는 경우 각국은 6만 명의 병력을 투입하여 침략을 격퇴하기로 하였다. 4국동맹조약은 엑스 라 샤펠 회의 이후 프랑스가 유럽 강대국의 지위를 회복한 이후 존속에 대해 논란이 있었으나, 프랑스를 제6조의 회의에 참가시키되, 4국동맹은 비밀조약으로 유지시키기로 합의하였다.

참고

나폴레옹(1769년 8월 15일 ~ 1821년 5월 5일)

나폴레옹 보나파르트(Napoléon Bonaparte)는 지중해 코르시카섬 아작시오 출생으로, 카를로 보나파르테와 레티치아 라몰리노 사이에서 태어났다. 프랑스혁명의 사회적 격동기 후의 안정에 편승하여, 제1제정을 건설하였다. 군사·정치적 천재로서 세계사상 알렉산드로스대황·카이사르와 비견된다. 아버지가 지도자 파올리를 따라 프랑스에 대한 코르시카 독립운동에 가담하나, 싸움에서 진 뒤에는 도리어 프랑스 총독에게 접근하여 귀족의 대우를 받았다.

1779년, 아버지를 따라 프랑스에 건너가 10세 때 브리엔 유년학교에 입학하여 5년간 기숙사 생활을 하였다. 코르시카 방언으로 프랑스어 회화에 고민하며 혼자 도서실에서 역사책을 읽는 재미로 지냈으나, 수학만은 뛰어난 성적을 보였다. 1784년 파리육군사관학교에 입학하여 임관 뒤 포병 소위로 지방연대에 부임하였다. 1789년 프랑스혁명 때 코르시카로 귀향하여, 파올리 아래서 코르시카 국민군 부사령에 취임하였다. 프랑스 육군은 3회에 걸친 군대이탈과 2중군적에 대해 휴직을 명하였다.

1792년, 파올리와 결별하고 일가와 함께 프랑스로 이주하였다. 1793년 가을 툴롱항구 왕당파반란을 토벌하는 여단 부관으로 복귀하여, 최초의 무훈을 세웠다. F. 로베스피에르의 아우와 지우(知遇)를 갖게 되어 이탈리아 국경군의 지휘를 맡았다. 테르미도르(Thermidor)의 반동 쿠데타로 로베스피에르파(派)로 몰려 체포되어 다시 실각, 1년간 허송세월을 보냈다.

1795년 10월 5일(방데미에르 13일), 파리에 반란이 일어나 국민공회(國民公會)가 위기에 직면하자, 바라스로부터 구원을 요청받고, 포격으로 폭도들을 물리쳤다. 이 기민한 조치로 재기의 기회를 포착, 1796년 3월 바라스의 정부(情婦)이자 사교계의 꽃이던 조제핀과 결혼하였고, 총재정부로부터 이탈리아 원정군사령관으로 임명되었다. 이탈리아에서 오스트리아군을 격파하여 5월에 밀라노에 입성하였으며, 1797년 2월에는 만토바를 점령하는 전과를 올렸다. 10월에는 오스트리아와 캄포포르미오(Campoformio)조약을 체결하여, 이탈리아 각지에 프랑스혁명의 이상을 도입한 인민공화국을 건설하였다. 그의 명성은 프랑스에서도 한층 높아졌다. 하루 3시간만 잔다는 소문도 있었으나, 비서 브리센에 의하면 건강에 항상 신경을 써서 하루 8시간은 잤다고 한다.

1798년 5월, 5만여 명의 병력을 이끌고 이집트를 원정하여 결국 카이로에 입성하였다. 7월, 해군이 아부키르만(灣)에서 영국 함대에 패하여 본국과의 연락이 끊기자 혼자서 이집트를 탈출하여 10월에 프랑스로 귀국하였다. 곧 그를 통해 총재정부를 타도하려는 셰이에스·탈레랑 등의 음모에 말려들었다. 1799년 11월 9일(브뤼메르 18일), 군을 동원, 500인회를 해산시켜 원로원으로부터 제1통령으로 임명되고, 군사독재가 시작되었다.

그는 평생 코르시카인의 거칠고 솔직함을 잃지 않아, 농민출신 사병들로부터 신뢰를 받고 있었으나, 역사적 영웅으로 보면 인간성을 무시하고 도덕성이 결여된 행동의 주인공이었다. 광대한 구상력, 끝없는 현실파악의 지적 능력, 감상성 없는 행동력은 마치 마력적이라고 할 정도였다. 이처럼 사상 유례 없는 개성이 혁명 후의 안정을 지향하는 과도기의 사회상황에서 보나파르티즘이라는 나폴레옹의 정치방식이 확립되었다. 제1통령으로서 국정정비·법전편찬에 임하고, 대(對)오스트리아와의 결전을 서둘러 1800년 알프스를 넘어 마렝고에서 전승을 이룩하였다. 1802년에는 영국과 아미앵화약을 맺고, 1804년 12월 인민투표로 황제에 즉위하여 제1제정을 폈다. 즉위소식을 들은 L. 베토벤이 '영웅 교향곡'의 악보에서 펜을 던지고, '인민의 주권자도 역시 속물이었다'고 한탄하였다고 한다. 영국을 최대의 적으로 간주하던 그는 즉위하자, 곧 상륙작전을 계획하였다. 1805년 가을, 프랑스 함대는 트라팔가르 해전에서 H. 넬슨의 영국해군에 다시 격파되어, 그의 웅도(雄圖)는 끝내 이루어지지 않았다. 그러나 같은 해 12월 아우스터리츠전투에서 오스트리아·러시아군을 꺾은 이래, 프랑스 육군은 전유럽을 제압하여 위광을 전세계에 떨쳤다.

1809년, 조제핀과 이혼하였고 이듬해 오스트리아 황녀 마리 루이즈와 재혼하였다. 그러나 1812년, 러시아원정에 실패하면서 운세도 기울어져, 1814년 3월 영국·러시아·프러시아·오스트리아군에 의해 파리를 점령당하고, 그는 엘바섬으로 유배되었다. 이듬해 1815년 3월, 다시 파리로 들어가 황제에 즉위하였으나, 6월 워털루전투에서 패하여 영국에 항복하였다. 그 뒤 대서양의 세인트 헬레나섬에 유배, 그곳에서 죽었다.

제4절 | 빈회의(Congress of Wien)

1 서론

빈회의는 제1차 파리평화조약에서 개최가 예정되어 1814년 9월 오스트리아 빈에서 개최되었으며 나폴레옹전쟁을 공식적으로 종료하고 19세기 안보질서를 형성시킨 회의였다. 빈회의의 목표는 유럽의 국제정치를 전전의 질서(status quo ante bellum)로 복귀시키는 한편, 프랑스의 재흥을 방지하고 유럽의 세력균형을 모색하는 것이었다. 빈회의 결과 형성된 빈체제는 약소국의 민족주의적 열망을 무시한 채 강대국 간 세력균형을 위한 영토보상에 초점을 맞춤으로써 자유주의 열망의 강화에 따라 붕괴될 수밖에 없는 내재적 모순을 배태한 체제였다.

빈회의

1814년 9월~1815년 6월에 프랑스혁명과 나폴레옹전쟁에 대한 사후수습을 위하여 빈에서 개최한 유럽 여러 나라의 국제회의이다. 즉, 프랑스와의 강화회의가 아니라, 나폴레옹의 엘바섬 추방 후인 1814년 5월에 체결된 강화조약(제1차 파리조약)에 의하여 프랑스가 포기한 영토의 처분에 대한 것이다. 그러나 전유럽에 걸친 전쟁을 수습하기 위한 이 회의의 과제는 광범위하게 걸쳐 있고, 또 유럽 각국에서 군주와 지도적 정치가가 모인 대회였기 때문에, 실제상의 강화회의라 해도 무방하다. 회의의 발안자(發案者)는 오스트리아의 외무장관 메테르니히이며, 오스트리아 정부는 각국 대표의 접대에 거액을 투자하였다. 크고 작은 90개의 왕국과 53공국(公國)의 군주, 정치가들이 참가하였으나, 실제에는 대부분의 의사(議事)가 오스트리아·영국·러시아·프로이센의 4대국과 프랑스와의 5개국 위원회에 의해 운영되었다. 프랑스는 비록 패전국이긴 하였지만, 대표위원인 C. M. 탈레랑 페리고르의 책동에 의하여 4개국과 똑같은 지위를 얻었다. 그 밖에 에스파냐·포르투갈·스웨덴 등을 추가하여 8국 위원회, 그리고 문제의 관계국에 의한 위원회가 열렸으나, 참가국 전체가 한 자리에 모이는 전체회의는 한 번도 열리지 않았다. 폴란드와 작센의 처분문제로 의사진행이 지지부진하였을 뿐만 아니라 메테르니히는 회의가 난관에 부딪치면 향연과 무도회를 베풀어 국면의 타개만을 도모하였으므로 각국의 군주들은 사교(社交)에만 열중하여, "회의는 춤을 추나 회의 진척은 없다."라고 비평받기도 하였다. 1815년 3월 나폴레옹이 엘바섬을 탈출하여 프랑스 본토에 상륙하였기 때문에 회의는 한때 혼란스러웠으나, 워털루전투에서 나폴레옹이 패전되기 직전인 그해 6월 빈회의의 최종 의정서(議定書)가 조인되었다. 이것은 121개조로 성립되었으며, 프랑스혁명 이전의 왕조로 복귀시키는 정통주의와 강대국 간의 세력균형이라는 원칙에 의해 유럽의 지도를 바꾸어 놓았다.

2 기본원칙

빈체제 및 유럽협조체제를 지배한 원리는 세력균형원칙과 정통주의원칙이었다.

1. 세력균형원칙

나폴레옹전쟁 전의 유럽상황을 복원하는 의미로, 나폴레옹전쟁으로 사라진 유럽의 국경을 재획정함에 있어서 유럽 대륙의 주요 세력 간 균형을 고려하였다. 세력균형 정책은 나폴레옹전쟁으로 해상에서의 패권을 장악할 수 있었던 영국에 의해 주도된 바, 유럽 대륙에서 다시 세력균형을 형성시켜, 프랑스와 러시아를 동시에 견제하고자 하였다.

2. 정통주의원칙

프랑스 정복전쟁과정에서 점령지역에 파급된 자유주의나 민족자결주의를 인정하지 않고, 나폴레옹전쟁으로 퇴위당한 기존의 왕조들을 복귀시키는 것을 의미한다. 정통 주의원칙은 전통적인 권리의 정통성을 승인하는 것으로서 국제질서의 안정을 확보하기 위한 것이었다. 정통주의원칙은 민족국가 형성의 기초가 되는 민족주의와 국민주의를 무시하여 진행되었고, 민족을 무시한 국경정책은 이후 빈체제에 직접적인 위협을 가하게 된다.

3 빈회의와 유럽 열강의 입장

1. 러시아 - 팽창정책

나폴레옹전쟁 이후 유럽 대륙의 강자로 부상한 러시아는 적극적인 팽창정책을 시도하고자 하였다. 팽창의 방향은 중부유럽, 지중해, 북태평양으로, 빈회의에서 팽창에 유리한 지역을 자국의 영향력하에 두고자 하였다. 우선 첫째, 중부유럽 진출을 위해 폴란드 왕국을 부활시켜 자국의 속국으로 삼고자 하였다. 둘째, 지중해 진출을 위해 보스퍼러스해협과 다다넬스해협의 통과권을 획득하고자 하였다. 이 지역은 러시아에서 생산되는 밀의 수출이라는 경제적 이익과 러시아 해운의 지중해 진출이라는 전략적 이익의 관점에서 중요하였다. 터키문제는 빈회의 의제에서 제외되었으므로 이 문제가 쟁점이 되지는 않았다. 셋째, 북태평양 연안 진출을 위해 알래스카 해안에 거점을 확보하고 남부로 진출하여 캘리포니아 해안의 보데가만에 상업기지를 확보하였다.

2. 영국 - 이중장벽정책

영국은 산업에 필요한 원료를 수입하고, 유럽 내외에서 영국 시장을 확보하기 위해 해양항로를 확보하는 것이 가장 중요한 관심사였다. 이러한 정책에 최우선순위를 두기 위해서는 유럽 대륙에서 세력균형이 유지되어야 하였다. 당시 세력균형을 위협하는 세력은 프랑스와 러시아였으므로 빈체제를 통해 이 두 세력을 견제하기 위한 정책이 '이중장벽정책'이다. 이중장벽정책의 핵심은 중부유럽의 오스트리아와 프로이센을 강화시켜 프랑스의 재흥을 방지하는 동시에 러시아가 중부유럽으로 세력을 확장하는 것을 견제하자는 것이다. 19세기 외교사는 해양으로 진출하려는 러시아와 해양 패권을 수호하려는 영국 간의 외교사라고 해도 과언이 아니다.

3. 오스트리아 - 현상유지정책

오스트리아의 가장 중요한 국가이익은 다민족으로 구성된 오스트리아에서 자유주의
운동이나 민족주의운동이 발생하지 않도록 통제하여 오스트리아의 현 국경을 유지하
는 것이었다. 이를 위해서는 보수주의 왕정체제와 유럽 국가 간 세력균형이 유지되
어야 한다고 생각하였다. 프랑스가 재흥하는 경우 자유주의 사조가 자국 내에서 고
조될 수 있고, 왕정국가 간 공동개입이 쉬울 것이라고 판단하였기 때문이다.

4. 프로이센(프러시아)

상대적 약소국이었던 프로이센은 빈회의에서 적극적인 대외전략을 구사할 수 없었
다. 독일 연방 내부에서 오스트리아의 주도권을 인정할 수밖에 없었고, 최대한의 영
토보상을 획득하는 것을 목표로 하였다.

5. 프랑스

프랑스의 최대 과제는 나폴레옹과 함께 몰락한 프랑스의 국가적 지위와 위신을 회복
하고 대프랑스 연합동맹체제를 해체시키는 것이었다. 1차적으로는 빈회의에 다른 전
승국들과 동등한 자격으로 참가하는 데에 목표를 두었다.

4 주요 쟁점과 결정

1. 폴란드와 색스니

폴란드는 나폴레옹전쟁의 과정에서 바르샤바 대공국에 포함된 지역으로서 전쟁 이후
영국, 러시아, 오스트리아의 이해관계가 첨예하게 교차하던 지역이었다. 영국은 러시
아의 중부유럽 진출을 방지하기 위하여, 오스트리아는 자국과 러시아가 직접 부딪히
게 될 수도 있는 상황을 두려워하여 폴란드가 러시아의 영향권하에 들어가는 것에
반대하였다. 색스니는 1813년 칼리쉬조약을 통해 러시아는 폴란드를, 프로이센은 색
스니를 병합하기로 합의가 되어 있었다. 최종적으로 러시아는 폴란드 대부분 지역을
획득하였고, 프로이센은 색스니의 5분의 2 지역과 서부 프러시아, 포젠지방을 획득하
였다. 프로이센은 루르와 자르지방의 탄광지대도 보유하게 되었다.

바르샤바 대공국

나폴레옹이 세운 폴란드의 나라(1807 ~ 1815)로 나폴레옹이 프로이센을 물리치는 과정에
서 폴란드가 협조한 대가로서, 틸지트조약에 따라 프로이센이 폴란드 분할 시 빼앗은 지역에
세운 나라이다. 나폴레옹은 곧 자유주의적인 헌법을 만들게 하고, 심복인 작센왕 프리드리히
아우구스투스 3세를 대공으로 앉혔다. 처음에는 프로이센에 흡수된 폴란드 중부의 주요 지
방으로 이루어졌으나, 1809년 오스트리아가 3차 분할(1795)에서 차지한 지역이 더해짐으
로써 영토는 더욱 넓어졌다. 그러나 나폴레옹이 러시아에 패하자, 1813년 빈회의에서 다시
분할되었다. 대부분은 러시아 황제가 국왕을 겸하는 폴란드 왕국이 되어 사실상 러시아 제국
의 일부를 이루었다. 포즈난을 포함한 일부는 프로이센의 영토가 되고, 크라쿠프는 중립을
지키는 반(半)독립 공화국이 되었다.

2. 독일 연방의 구성

신성 로마 제국을 해체하고 34개의 군주와 4개의 자유시로 구성된 독일 연방을 창설하였다. 독일 연방 의회 의장은 오스트리아가 맡았으며 프로이센과 오스트리아의 발언권을 강화시켰다. 연방 구성국가들은 전시 단독강화 체결이 금지되었고 연방을 적대시하는 어떤 동맹에도 가입할 수 없었다.

신성 로마 제국

962년에 오토 1세가 황제로 대관한 때로부터 프란츠 2세가 제위(帝位)를 물러난 1808년 8월까지에 걸쳐 독일 국가 원수(元首)가 황제 칭호를 가졌던 시대의 독일 제국의 정식 명칭이다. 신성 로마 제국은 고대 로마 제국의 부활·연장이라고 여겨졌기 때문에 로마 제국이라 불렸고, 고대 로마의 전통 보존자인 그리스도 교회와 일체라는 뜻에서 신성(神聖)이라는 말을 붙였다. 그러나 실제로 신성 로마 제국의 호칭이 쓰이기 시작한 것은 15세기로서 그 이전은 단순히 제국 또는 로마 제국이라 불렸다.

3. 네덜란드 왕국과 덴마크

영국은 이중장벽건설정책의 일환으로 강력한 네덜란드 왕국을 건설하여 프랑스의 팽창을 북쪽에서 저지하고자 하였다. 오스트리아령 네덜란드와 홀란드 공화국을 합쳐서 오렌지가의 국왕이 통치하도록 하였다. 덴마크는 노르웨이와의 연합을 해체하고 노르웨이는 스웨덴에 병합되었으며 스웨덴은 핀란드를 러시아에 양보하였다.

오렌지가(家)

현재의 네덜란드 왕국 왕실의 가계(家系)이다. 오라녜가(Oranje家)라고도 하는데, 그 가명은 남프랑스의 오랑주에서 비롯된 것이다. 독일의 나사우 백작 가문이 15세기에 그 땅을 상속받아 오라녜 나사우가(家)라고 일컬었다. 이 가문은 합스부르크 왕가를 섬기고, 홀란트주(州) 등의 총독(군사지휘관)으로 활약하여, 네덜란드 귀족의 제1인자로 인정을 받았다. 또한, 네덜란드 독립전쟁 때에는 이 가문 출신의 오라녜공(公) 빌렘 1세(沈默公)와 그의 아들 마우리츠가 에스파냐에 대한 반란을 지도하여 7주(州) 해방에 공적이 있었으므로, 독립 후의 공화국에서는 이 가문을 주권자나 다름 없이 대하였다. 영국 왕실과 인척관계에 있었으므로, 명예혁명 때 빌렘 3세는 영국 왕위에도 올랐는데, 그가 죽은 뒤 독일 출신의 빌렘 4세가 뒤를 잇고, 1815년 빈회의에서 네덜란드 왕국이 성립되자 이 가문의 빌렘 6세가 빌렘 1세로 즉위하였다.

4. 오스트리아와 이탈리아

오스트리아는 이탈리아반도와 일리리아지방에서 보상을 받았는데, 롬바르디, 베네치아, 베니스 공화국을 흡수하였다. 일리리아지방도 오스트리아에 병합되었다. 이탈리아는 사르디니아 공화국, 모데나, 파르마, 루카, 투스카니, 법왕령, 나폴리 왕국, 산마리노 공화국, 모나코 등 9개 정치단위로 구성되었고, 투스카니, 파르마, 모데나 공국은 오스트리아가 통치하였다. 프랑스를 남쪽에서 견제하기 위해 사르디니아 왕국은 제노아, 사보이, 니스, 피에드몬테를 보유한 강력한 왕국으로 등장하였다.

사르디니아 왕국(공화국)(Regno di Sardegna)

토리노를 수도로 한 북이탈리아의 소왕국으로 이 왕국의 기초를 닦은 사보이가(家)의 비토리오 아메데오 2세는 스페인계승전쟁에 참가하여 위트레흐트조약에 의해 시칠리아와 롬바르디아의 일부를 획득하고 1713년 이후 시칠리아왕으로 불리었다. 1718년에는 시칠리아를 사르디니아와 교환하여 사보이 · 피에몬테와 롬바르디아의 일부, 그리고 사르디니아에 걸치는 사르디니아 왕국을 성립시켜, 외국 지배하에 있던 이탈리아 제국(諸國) 중에서 자립적(自立的) 국가의 지위를 굳혔다. 프랑스혁명과 나폴레옹의 침입으로 사르디니아를 제외한 모든 영토를 잃었으나, 빈회의의 결과로 구(舊)영토를 회복하고, 구(舊)제노바 공화국을 병합하였다. 1831년 카를로 알베르토가 즉위하여 이탈리아를 오스트리아의 지배에서 해방시키려는 사람들의 기대를 모았다. 1848~1849년 대(對)오스트리아전쟁은 실패하였으나, 그의 아들 비토리오 에마누엘레 2세와 수상(首相) 카부르의 지도 아래 이탈리아 통일의 중심이 되었다. 1861년에는 마침내 통일을 이룩하고 에마누엘레 2세가 이탈리아왕에 즉위함으로써 사르디니아 왕국은 소멸되었다.

5. 스위스

스위스는 1648년 뮌스터조약으로 독립국이 되어 중립을 고수해 왔으나 나폴레옹은 스위스를 점령하여 종속국으로 만들었다. 빈회의에서 스위스는 영세중립국으로 승인되었다.

뮌스터조약(베스트팔렌조약)

독일 30년전쟁을 끝마치기 위해 1648년에 체결된 평화조약으로, 베스트팔렌조약의 주요 내용 및 결과는 다음과 같다.

1. 프랑스가 알자스 대부분과 메스, 투르, 베르됭의 세 주교령을 얻어 라인강 유역까지 국경을 넓혔다. 스웨덴은 서(西)포메른과 브레멘대주교령, 페르덴주교령 등의 영토를 얻어 발틱해와 북해의 광대한 영토를 차지하였다. 그리고 제국 안에서 브란덴부르크가 동(東)포메른, 마크데부르크대주교령, 덴주교령 등의 영유를 인정받고, 바이에른과 작센 등도 약간의 영토와 선제후위를 인정받으며 새로운 열강으로 떠올랐다.

2. 스위스와 네덜란드가 독립국 지위를 승인받았다.

3. 1555년 아우크스부르크 종교화의(宗教和議)가 정식으로 승인되며, 칼뱅파에게도 루터파와 동등한 권리가 주어졌다. 또한 농노나 예속인들이 영주와 종교가 다를 경우에도 사적 또는 공적으로 종교 행사에 참가할 수 있는 권리가 인정되었다.

4. 독일의 영방(領邦) 제후와 제국도시들에 '황제와 제국(帝國)을 적대하지 않는 한에서'라는 조건으로 상호 또는 외국과 동맹할 권리가 인정되었다. 제후들에게 영토에 대한 완전한 주권과 외교권, 조약 체결권이 인정된 것이다.

5. 그 밖에 교회령에 대해서는 1624년의 상태로 되돌리기로 결정하였으며 베스트팔렌조약에 대한 반대나 거부는 어느 누가 표명하든지 간에 모두 백지화 · 무효화한다고 선언하여 독일문제에 교황이 개입하지 못하도록 하였다. 베스트팔렌조약은 유럽에서 로마 가톨릭 교회와 신성 로마 제국의 지배적 역할을 실질적으로 무너뜨리고 새로운 질서를 가져왔다. 조약은 제후들에게 완전한 영토적 주권과 통치권을 인정하고 가톨릭, 루터파, 칼뱅파에게 동등한 지위를 부여하였다. 이는 정신적으로는 교황이 주도하고 세속적으로는 황제가 주도하는 가톨릭 제국으로서의 신성 로마 제국이 실질적으로 붕괴된 것을 의미하였다.

황제와 교황의 권력은 약화되었으며, 정치는 종교의 영향에서 벗어나 세속화하여 국가 간의 세력 균형으로 질서를 유지하는 새로운 체제를 가져왔다. 이는 유럽의 근대화와 절대주의국가의 성립에 매우 커다란 영향을 끼쳤다.

5 빈회의에 대한 평가

1. 긍정적 측면

유럽 열강의 정치적 이해관계를 조정하여 유럽의 세력균형을 재건함으로써 유럽국제질서를 안정시켰고, 전쟁의 재발을 방지하기 위해 '협조체제'라는 원시적인 국제협력체제를 창출하였다는 점이다. 특히 유럽의 안정을 해칠 수 있는 국제문제를 사전에 열강 간의 정기적인 회의를 통해 해결하기로 한 점은 18세기 세력균형체제보다는 진일보한 안보공공재 공급 메커니즘이라 볼 수 있다.

2. 부정적 측면

당시 국제법 질서에서 약소국 영토의 보상을 통해 강대국 간 세력균형을 위한 조정이 정당화되었다고 하더라도, 이후 전개된 유럽질서를 약소국의 자유주의 · 민족주의 운동으로 불안정하게 만들었다는 점에서 빈회의의 결정이 바로 혁명을 잉태하고 있었다고 평가할 수 있다.

 참고

메테르니히(1773년 5월 15일 ~ 1859년 6월 11일)

오스트리아의 정치가로, 라인 지방의 유서 깊은 귀족가문 출신으로 1790년 마인츠대학교에 다니면서 마인츠 선거후(選擧侯)의 궁정에 드나들며, 당시 여기에 모여든 망명귀족들을 통하여 프랑스혁명을 알았다. 1792년 마인츠가 혁명군에게 점령당하자 부친이 있는 브뤼셀에 가서 부친을 도와 혁명의 파급을 막는 현실정치에 처음으로 참여하였다. 이러한 부친의 후광과 1795년 전(前) 재상인 카우니츠의 손녀와 결혼하여 정계에의 진출이 용이해졌다. 1801년 드레스덴 주재 공사와 1803년 베를린 주재 공사를 거쳐 1806년 파리 주재 공사가 되어 나폴레옹을 타도할 기회를 타진하였다. 1809년 오스트리아가 프랑스에 개전한 것도 그의 정세판단에 힘입은 바가 컸다. 그러나 이 전쟁은 패전으로 끝났다. 그 해 외무장관이 되었고, 프란츠 1세의 딸 루이즈와 나폴레옹의 결혼을 주선하기도 하여 프랑스와 우호관계를 유지하면서 그 사이에 국력의 회복을 도모하였다.
1813년 여름 심기일전하여 대(對)나폴레옹 해방전쟁에 참가하여 승리한 후, 빈회의 의장이되어 유럽의 질서를 회복하기 위한 외교상의 지도권을 장악하였다. 그 지도이념은 1815년에 만들어진 질서의 유지와 유럽 대국들의 세력균형이었다. 이를 위하여 독일에 대해서는 독일연방의회를 통하여, 또한 범(汎)유럽에 대해서는 신성동맹과 4국동맹을 이용하여 현상을 변혁하려는 모든 국민주의 · 자유주의 운동을 탄압하는 동시에 대국 간의 이해가 대립하여 전쟁으로 발전하는 일을 극력 피하려고 하였다. 이러한 그의 현상유지책은 단순한 신념이 아니라, 그렇게 함으로써 많은 민족국가의 모순을 내포하고 있는 오스트리아가 국가로서 유지될 수 있다는 현실주의에 입각한 것이었다. 그러나 1821년 재상이 된 그의 정책은 그리스의 독립과 7월혁명으로 파탄에 빠졌고, 1848년 3월혁명에 의하여 실각, 영국으로 망명하였다. 후에 귀국하여 황제 프란츠 요셉 1세의 정치고문으로 일했다.

제5절 | 신성동맹

1 의의

신성동맹은 1815년 9월 26일 러시아, 오스트리아, 프로이센 세 군주가 서명한 신성동맹조약 자체만을 지칭하기도 하고, 1815년 11월 20일에 체결된 4국동맹과 합쳐서 모두 신성동맹이라고 부르기도 한다. 또한, 이 두 조약을 포함하여 1815년에 체결된 모든 조약을 총칭하기도 한다. 신성동맹조약에 대해서는 카슬레이의 표현대로 '숭고한 신비주의와 넌센스'라는 의견이 지배적이지만, 유럽협조체제를 유지시키는 이념적 토대를 제공하였다는 점에서 의의를 가진다. 신성동맹조약은 영국, 터키, 법왕을 제외하고 유럽의 주요 국가들이 모두 가입하고 있었다.

2 형성요인

1. 국제체제적 요인 - 영국과 러시아의 패권경쟁

신성동맹조약은 당시 영국과 패권경쟁을 벌이고 있던 러시아가 자국의 영향력을 증가시키기 위한 수단으로서 체결하였다고 볼 수 있다. 영국의 이중장벽정책은 근본적으로 러시아의 세력증가와 팽창정책을 저지하는 성격을 띠고 있었고 양국 간 갈등은 빈체제를 형성하는 시기부터 지속되고 있었다. 러시아는 같은 군주국들인 프로이센과 오스트리아를 자국편에 묶어두기 위해 동 조약을 주도한 것이다.

2. 국가적 요인 - 왕권유지와 영토주권 수호

신성동맹체결의 배경을 세 군주국이 왕권유지와 영토주권 수호라는 국가이익 또는 군주의 이익을 수호하기 위한 것으로 보면 국가수준에서 파악한 신성동맹의 요인이 된다. 오스트리아의 경우 다민족국가로 형성되어 있어 자유주의운동에 대해서는 적극적으로 개입하지 않을 수 없었으며, 이를 위한 동맹은 자유주의에 반대하는 군주국들과 형성하는 것을 선호하고 있었다. 한편, 신성동맹에는 러시아의 야심이 개입된 것이라고 보는 견해도 있다. 즉, 기독교적 공동체라는 이름을 빙자하여 기독교국 군주들의 단결을 호소함으로써 유럽동맹에서 터키를 배제하였다. 이는 지중해의 출구인 터키해협으로 진출함으로써 외교적으로 유리한 입장을 확보하고자 의도한 것이다.

3. 개인적 요인 - 알렉산더 1세의 야심

신성동맹을 제안한 러시아 알렉산더 1세의 종교적 열정의 산물로 볼 수도 있다. 알렉산더 1세는 나폴레옹과의 전쟁과정에서 기독교를 받아들였으며 기독교의 평화사상에 심취해 있었다. 즉, 기독교 정신으로 단결함으로써 전쟁을 방지해야 한다는 소박한 생각을 가지고 있었던 것이다.

3 유럽 열강들의 반응과 신성동맹의 내용

1. 유럽 열강들의 반응

오스트리아나 프로이센은 알렉산더의 조약안에 대해 '종교의 외투 밑에 있는 박애에의 열망'이라고 생각하였으나, 전면적 거부 시 제2차 파리평화교섭에 미칠 부정적 영향을 고려하여 받아들이기로 하였다. 다만, 법적 구속력이 없음을 조약성립 이후 별도로 선언하였다. 영국은 러시아의 제안에 대해 동맹의 정신에는 원칙적으로 찬성하나 영국 헌정상의 전통을 이유로 서명하지 않았다.

2. 신성동맹조약의 내용

신성동맹조약은 전문과 3개 조항으로 구성되어 있다. 전문에서 유럽은 기독교의 가르침에 따라 지배되어야 한다고 강조하고 있으며, 제1조에서 세 군주들은 형제애로 결속되어 있음을 인정하고 어떤 경우라도 상호 원조할 것을 약속하였다. 제2조는 세 국가는 신이 통치하는 한 나라의 세 분파를 형성하고 있는 것임을 인정하고 신이 가르치는 원칙과 의무를 성실히 이행할 것을 선언하고 있다.

4 평가

1. 부정적 평가

신성동맹에 대한 부정적인 평가는 신성동맹조약은 아무런 법적 효력이 없는 선언에 불과하다는 점과 군주국의 이데올로기로서 혁명사상을 억압하고 정치적 자유와 신앙의 자유에 대한 탄압을 목적으로 하고 있었다는 것이다.

2. 긍정적 평가

신성동맹에 대한 긍정적인 평가도 있는바, 베르티에는 신성동맹은 반동적이지 않으며 오히려 타국에 대한 내정간섭을 규정한 4국동맹이 반동적이라고 주장한다. 알렉산더 1세가 스위스나 미국에게 신성동맹 가입을 요구한 것을 논거로 제시한다.

제6절 | 회의외교

1818.10.9. 엑스 라 샤펠회의	1820.12. 라이바하회의
1818.11.1. 4국동맹 갱신	1821.2. 오스트리아, 나폴리 진주
1820.1. 스페인 반란	1822.7. 스페인 우파, 북부에 세력권 형성
1820.10. ~ 11. 트로파우회의	1822.10. 베로나회의

1 서론

유럽협조체제가 성립된 이후 유럽의 평화와 안정을 해치는 문제가 발생하는 경우, 이른바 '회의외교'가 전개된다. 4국동맹조약 제6조에 의해 제도화된 것으로 영국의 입장에 따라 프랑스의 재흥을 막는 데에 초점을 두고 있었다. 회의외교가 전개되는 과정에서 유럽협조체제가 강화되기보다는 유럽 국가들 간의 갈등이 고조되었는데 이러한 갈등의 표면적인 이유는 유럽 내의 자유주의혁명에 대한 간섭 여부였다.

하지만, 보다 심층동인은 지중해, 터키, 남미 등 유럽 밖의 문제에 대해 단독개입을 추구하는 영국과 이 지역으로 자국의 영향력을 확대시키려는 러시아의 대립이라 볼 수 있다. 유럽 내부 문제를 다루었던 엑스 라 샤펠회의에서는 영러 양국의 갈등이 표면화되지는 않았으나, 남미와 관련된 스페인문제를 다루었던 베로나회의나 이탈리아 반도문제를 다루었던 트로파우 및 라이바하회의에서는 양자의 갈등이 고조되어 유럽협조체제는 근본적인 도전에 직면하게 된다.

2 엑스 라 샤펠회의(1818년 9 ~ 11월)

1. 배경

제2차 파리조약에 따라 프랑스 내에 주둔하고 있던 연합국 군대의 점령기간 종료에 따라 주둔군 철수문제가 대두되었다. 한편, 프랑스가 유럽협조체제에 가입을 요구하면서 이 문제를 논의하기 위해 4국동맹조약 제6조에 따라 회의가 개최되었다.

2. 쟁점

첫째, 프랑스가 국내사정을 이유로 외국 군대 철수문제를 강력하게 주장하였다. 리슐리외는 외국 군대 주둔 연장은 프랑스 국민의 민족주의를 고취시켜 혁명을 자극할 것이라고 주장하였다. 둘째, 유럽협조체제에 프랑스를 포함시키는 문제가 영국과 러시아 사이에 쟁점이 되었다. 러시아는 프랑스를 유럽협조체제에 가담시켜 영국과 오스트리아를 견제하고자 한 반면, 영국은 4국동맹을 유지시켜 프랑스가 러시아와 동맹을 맺는 것을 저지하고자 하였다. 이 문제는 러시아의 '일반동맹' 구상에 대한 대립으로 표출되었다.

참고

보장점령(guarantee occupation)

조약상의 일정조건의 이행을 상대국에 간접으로 강제하는 수단으로, 상대국 영역(領域)의 일부나 때로는 전부를 점령하는 것이며, 보증점령(保證占領)이라고도 한다. 전쟁과 연관되어 행해지는 경우가 많으며, 항복이나 휴전으로 강화조약이 체결되고 평시로 돌아온 뒤에도 그 조약상에 규정한 의무나 조건, 예컨대 전쟁배상금의 지불의무 등의 이행을 보장받을 목적으로 행해지는 경우도 자주 있다. 이것은 당사국 간에 체결한 조약에 근거를 두고 행해지므로 전시점령이 아닌 평시점령의 한 형태라 할 수 있다. 제1차 세계대전이 끝난 후, 베르사유조약(條約)의 이행보장을 위하여 연합국이 강화조약 발효 후 15년간 독일의 라인강 서쪽의 영역을 점령한 것이 그 대표적인 예이다.

3. 합의사항

연합군의 철군문제는 쉽게 합의되어 1818년 11월 30일까지 모든 연합군의 철수와 요새의 프랑스 반환을 완료하기로 하였다. 러시아의 일반동맹과 영국의 4국동맹에 대해서는 카슬레이의 타협안에 따라 4국동맹의 원조의무는 비밀조약으로 유지시키고 4국동맹조약 제6조의 회의에는 프랑스를 참여시키기로 하였다.

4. 의의

(1) 나폴레옹전쟁의 전후처리가 완료되고 패전국 프랑스는 다시 원상회복되어 강대국의 지위를 되찾게 되었고 연합군의 주둔이나 배상문제도 완전히 해결되었다. 그러나 4국동맹이 유지됨으로써 유럽 국제질서는 4국동맹과 오두정치(Pentarchy)가 동시에 병존하는 2중구조를 이루게 되었다.

(2) 알렉산더 1세의 신성동맹을 중심으로 한 이상과 영국의 현실적인 정책 기조였던 4국동맹이 일단 조화를 이루어, 유럽협조체제가 강화되는 듯 하였으나, 실제로 이는 영국과 러시아의 대립의 시작이었다. 유럽협조체제에 대한 영국 정책의 의도는 4국동맹을 그 윤곽으로 하여 단순히 프랑스만을 견제하여 상호 간의 외교적 협조체제를 진행시키려 한 데에 있었고, 유럽협조체제가 유럽 밖의 남미 식민지 제국이나 오스만 제국 문제를 간섭할 것을 두려워하였다.

3 트로파우회의(1820년 10월)와 라이바하회의(1821년 1월)

1. 배경

나폴리 반란으로 인한 빈체제의 위협에 대해 오스트리아의 제의로 열린 회담이다. 나폴레옹전쟁의 영향으로 이탈리아에서도 나폴리의 카르보나리를 중심으로 자유주의 운동이 강하게 일고 있었다. 이들은 페르디난트 1세의 반동정치에 대항하여 자유주의 헌법을 요구하였다. 나폴리의 반란이 이탈리아 전역으로 확산되자 오스트리아는 유럽협조체제의 발동을 요구하였다. 그러나 이 회의에는 신성동맹 3국만이 당사자로 참석하고, 영국과 프랑스는 옵저버로만 참가하였다. 트로파우회의에서 간섭원칙이 천명되고, 라이바하회의를 통해 구체적인 실천계획이 마련되었다.

나폴리 왕국(Kingdom of Naples)

중세부터 1860년까지 남부 이탈리아를 통치한 왕국으로, 1282년 구(舊)시칠리아 왕국이 남부 이탈리아 · 시칠리아섬으로 분리되면서 발족하였다. 14세기 전반 앙주가(家) 지배하에 번영하다가, 1443년 아라곤의 알폰소 5세에게 정복되어 시칠리아 왕국에 편입되었다. 16 ~ 17세기 스페인왕이 시칠리아왕을 겸하자, 그 속령(屬領)이 되었다. 1701 ~ 1714년의 스페인 왕위계승전쟁 결과 부르봉 왕조의 지배를 받았고, 1734년 스페인의 인척이 왕위에 오르자 다시 독립하였다. 페르디난트 4세(Ferdinand Ⅳ of Naples, 1751 ~ 1825, 재위 1759 ~ 1806)의 계몽주의정책 시행으로 문화적 부흥기를 맞이하였다. 그러나 반프랑스혁명 진영에 가담하였기 때문에 19세기 초 여러 차례 나폴레옹 군대의 공격을 받았고 한동안은 프랑스의 지배 아래 있기도 하였다. 나폴레옹 몰락 이후 1815년 다시 권력을 잡은 페르디난트 4세는 이탈리아 반도 남부와 시칠리아섬를 통합하여 양시칠리아 왕국(Kingdom of the Two Sicilies)이라는 새로운 왕국명을 사용하기 시작하였다. 그 자신 또한 1816년 12월 페르디난트 1세(Ferdinand Ⅰ of the Two Sicilies, 재위 1816 ~ 1825)라는 새 이름으로 양시칠리아의 왕위에 올랐다. 하지만 이후 1860년 G. 가리발디(Giuseppe Garibaldi, 1807 ~ 1882)에 의해 양(兩)시칠리아 왕국은 결국 해체되었다. 몰락한 왕국은 국민투표에 의하여 사르디니아 왕국(Kingdom of Sardinia)에 병합되었으며, 1861년에 이탈리아 왕국(Kingdom of Italy)이 탄생하였다.

2. 쟁점

신성동맹 3국의 간섭주장과 영국의 불간섭주장이 대립되었다. 오스트리아는 다민족국가로서 이탈리아혁명이 승리하고 이것이 독일의 자유주의운동과 연결되는 것은 자국의 존립자체를 위협하는 문제였으므로 간섭을 주장하였고, 프로이센과 러시아도 이에 동조하였다. 반면, 4국동맹을 대프랑스 연합으로 묶어두려는 영국은 불간섭주의를 고수하고자 하였다. 프랑스는 자유주의에 동정적이면서도 이탈리아의 자유주의운동에 대해서는 개입하지 않는 중립적 위치를 취하였다.

3. 합의사항

신성동맹 3국은 트로파우회의를 통해 정통주의원칙을 재확인하고 불법적 정체변혁에 대해서는 불승인하며, 변혁의 영향이 인접국으로 파급될 우려가 있는 경우 최종적으로 공동군사개입을 실시하기로 합의하였다. 라이바하회의에서는 이러한 원칙에 따라 오스트리아의 군사개입을 결정하였으며 오스트리아의 개입으로 나폴리 반란이 진압되고 전제군주제가 유지되었다.

4. 의의

(1) 유럽협조체제의 성격이 변화되었다. 본래 4국동맹의 목적은 빈체제를 보장하는 것이었고 타국 내정에 간섭할 수 있는 것은 프랑스 재흥의 경우에만 국한되었으나 트로파우회의 이후 혁명에 의해 설립된 모든 정부에 대항하여 정통정부를 지원하는 것이 목적이 되었다.

(2) 불간섭원칙을 둘러싸고 신성동맹 3국의 보수세력과 영국 및 프랑스의 자유주의 진영으로 양분되었다. 자유주의사조가 현상을 변경시킬 개연성이 커질수록 열강 간의 심각한 문제로 대두되었다.

4 베로나회의(1822년 10 ~ 11월)

1. 배경

베로나회의는 이탈리아문제 토의를 위해 소집되었으나 주요 의제는 스페인 내란에 대한 간섭문제였다. 당시 스페인에서는 우파세력들이 쿠데타를 시도하여 페르디난트 7세의 자유주의 탄압에 대항하고 있었다.

2. 쟁점

영국의 불간섭주의와 러시아의 간섭주의의 대립이 재현되었다. 러시아는 스페인을 통해 스페인의 남미 식민지에 개입하려는 의도를 가지고 있었으나, 우파 쿠데타는 이를 방해할 우려가 있었다. 영국이 불간섭주의를 주장한 이유는 열강의 협조체제가 남미의 스페인 식민지에까지 확대될 것을 방지하기 위한 것이다. 프랑스는 페르디난트왕을 복위시키는 것이 프랑스의 영예를 위해 좋을 것이라는 입장에서 간섭하고자 하였다.

3. 합의사항

오스트리아, 프로이센, 러시아 3국은 프랑스로 하여금 스페인 반란에 단독 개입하여 반란을 진압하도록 위임하였다. 프랑스 군대는 1823년 스페인에 진주하여 쉽게 왕위를 복위시키고 사태를 진압하였다. 다만, 프랑스는 스페인을 점령하지 않을 것과 스페인의 아메리카 식민지에 대해 아무런 요구도 하지 않을 것을 영국과 사전에 합의하였다.

4. 의의

베로나회의를 끝으로 회의외교라는 유럽협조체제의 방식은 일단 파탄을 보게 된다. 베로나회의에서 영국과 러시아의 결정적 대립으로 유럽협조체제 내부에서 국가 간 이익 조정은 한계에 봉착하였기 때문이다.

5 국제정치사적 영향

베로나회의를 끝으로 회의외교방식은 러시아와 영국의 대결체제로 전환된다. 즉, 유럽협조체제가 좌절되면서 지중해, 터키 그리고 스페인의 식민지인 남미에서 영국과 러시아 간 경쟁은 치열한 대립으로 전개되었다. 이러한 대립은 양국 간 크리미아전쟁의 배경이 되었다.

제7절 | 동방문제

1699. 카를로비츠조약	1829.3.22. 런던의정서(영국 · 러시아 · 프랑스)
1774. 쿠츠크카이나르지조약	1829.9.14. 아드리아노플조약
1814. 카포이스트리아(그리스), 비밀결사조직	1830.2.3. 런던의정서
1822.1.13. 그리스, 독립선언	1832.12. 이집트군, 코니아점령
1826.4. 영러의정서(러시아-터키)	1833.7.8. 웅키아르스켈레시조약
1826.10.7. 악케르만조약	

1 의의

트로파우회의와 베로나회의 이후 유럽 국가 간의 문제는 주로 쇠퇴되어 가는 오스만 제국과 관련된 문제들이었다. 16세기 유럽 열강이 강성해짐에 따라 오스만 제국의 상대적 힘이 약화되었고 그때까지 오스만 제국의 유럽 진출을 저지하고 있었던 오스트리아와 러시아가 침략적인 정책을 추구하게 되었다. 오스만 제국은 발칸반도를 비롯하여 오늘날 거의 모든 중동지역인 터키, 이라크, 아라비아, 리비아, 튀니지, 알제리까지 포함하는 광활한 지역에 걸쳐 존재하고 있었기 때문에 유럽 열강들의 이해관계가 첨예하게 대립될 수밖에 없었다.

2 동방문제에 대한 유럽 열강의 이해관계

1. 러시아

러시아는 이 지역에서 경제적 · 인종적 · 종교적 이해관계를 가지고 있었기 때문에 이 지역으로의 팽창을 사활적 이익이라 생각하고 있었다. 특히 발칸지역은 곡물 수출을 위해 필요하였으며 슬라브민족들의 거주지였고 그리스정교 신자들이 다수를 차지하고 있었다. 1699년 오스트리아와 '카를로비츠조약'을 체결하여 세력범위를 설정하였고, 1774년 터키와 쿠츠크카이나르지조약을 체결하여 흑해 자유항행권, 해협통과권, 콘스탄티노플에 그리스정교 교회 설립권을 획득하였다.

2. 오스트리아

오스트리아는 러시아와 함께 오스만 제국의 유럽 진출을 저지한 핵심세력이었다. 1699년 1월 카를로비츠조약을 통해 헝가리, 트란실바니아, 크로아티아, 슬로베니아를 획득하였다. 발칸지역은 러시아와의 경쟁대상 지역이었고, 발칸민족주의에 의해 오스트리아 영토 내에서 민족주의운동이 일어나고 이로 인해 오스트리아 국가가 붕괴되는 것을 두려워하였다. 즉, 영토적 이해관계와 정치적 이해관계가 주요한 관심사였다.

3. 영국

기본적으로 오스만 제국이 현상유지되는 것이 자국의 국가이익에 부합된다고 판단하였다. 즉, 유럽 대륙 이외의 지역에서 단독개입하고 이익을 독점하기 위해서는 유럽의 세력균형이 유지되고, 러시아의 팽창정책을 저지해야 하였다. 쇠약해진 오스만 제국에서 유럽 국가들이 영토를 획득하는 경우 세력에 변경을 초래하여 유럽의 불안과 독점적 이익을 저해할 수 있다고 생각하였다.

4. 프랑스

프랑스는 가톨릭 보호국으로서 러시아와 오스트리아 다음으로 이 지역에 관심을 가지고 있었다. 프랑스는 러시아의 해협 진출에 대해서는 영국과 공동보조를 취하고 있었으나, 그 밖의 문제에 대해서는 영국과 상호경쟁적인 입장에 있었다.

5. 프로이센(프러시아)

프로이센은 이 지역에 거의 관심을 가지지 않았으며, 비스마르크 퇴진 이후 관심을 가지게 되었다.

3 그리스 독립

1. 배경

4세기 동안 터키의 지배하에 있었던 그리스는 18세기 후반부터 러시아의 후원으로 독립운동을 지속하고 있었다. 그리스의 독립문제는 쇠락해가는 오스만 터키에 대한 유럽 열강들의 영향력 확장문제와 관련되어 있었으므로 유럽 전체의 문제였다.

2. 유럽 열강의 입장

영국은 심정적으로 그리스 독립을 지지하면서도 독립한 그리스가 러시아의 지배하에 들어가는 것을 우려하여 터키의 종속국화하되 자치권을 부여하고자 하였으나, 러시아와 터키가 반대하였다. 러시아는 그리스를 독립국화하거나 최소한 3등분하여 자국의 영향력하에 두려고 하였기 때문이다.

3. 그리스의 독립과정

그리스의 독립 움직임에 대해 터키는 강하게 반발하고 이집트와의 연합으로 반란을 진압하고자 하였다. 이에 영국, 프랑스, 러시아는 1827년 7월 6일 런던조약을 맺고 공동대응하기로 합의하였다. 1828년 4월 26일 러시아는 터키에 선전포고를 하였으며 러시아에 유리한 전세가 형성되고 결국 1829년 9월 14일 아드리아노플조약이 체결되었다. 이 조약은 러시아에게 해협의 자유통항권 등의 이권을 제공하는 것과 함께 터키가 그리스의 독립을 승인한 조약이다. 그리스의 완전한 독립은 1830년 2월 3일 런던의정서를 통해 완료되었다.

4. 의의

그리스의 독립은 오스만 터키라는 제국주의세력을 여타 신흥제국주의세력들이 타파한 예로서, 민족주의 승리의 기록이다. 이 과정에서 러시아와 영국의 제휴가 이루어졌다는 것은 역사의 아이러니이며 이로써 러시아의 발칸 진출이 가능해졌다. 그리스의 독립을 계기로 러시아와 오스트리아 간에는 균열이 생겼고 터키의 기대에 부응하지 못하였던 오스트리아의 고립을 초래하였다.

4 프랑스의 알제리 점령

알제리는 터키의 지배하에 있었으나 1708년 터키로부터 독립을 쟁취하였고 그 후 각국에 대해 해적행위를 자행하였다. 프랑스의 샤를 10세는 알제리의 해적행위를 소탕하고 왕정복고에 대한 불만을 해외로 돌리기 위해 알제리를 점령하였다. 프랑스의 알제리 점령에 대해 영국은 지중해에서 자국의 지위 약화를 우려하여 항의하였으나, 지브랄타 해협과 시실리 해협을 영국이 지배하고 튀니지와 모로코에 프랑스가 관여하지 않을 것을 조건으로 프랑스의 알제리 지배를 승인하였다.

5 이집트문제

1. 배경

그리스 독립과정에서 터키를 원조한 이집트가 터키에 대한 보상을 요구함으로써 이집트와 터키 간에 분쟁이 발생하였다. 모하메드 알리의 이집트가 터키에 대해 승리하자 유럽 열강들이 개입하게 되었다.

2. 제1차 위기(1832년 12월 ~ 1833년 7월)

이집트가 터키원조의 대가로 시리아에 대한 관할권을 요구하자 터키는 이집트와 전쟁을 하였으나 패하였다. 오스만 제국의 현상보존을 위해 러시아가 터키를 지원하자 영국과 프랑스도 개입하였다. 이집트의 시리아에 대한 관할권을 승인하였다. 러시아는 터키와 운키아르스켈레시조약을 체결하여 동맹관계를 형성하였고, 오스트리아와는 뮌헨그라츠합의를 통해 오스만 제국의 분할 시 사전합의하기로 하였다.

3. 제2차 위기

부국강병책을 추진한 터키가 이집트에 대한 패배를 설욕하기 위해 이집트가 관할하고 있던 시리아를 공격하였으나 다시 패배하였다. 이에 유럽 국가들이 개입하였으나 영국과 프랑스 간 갈등이 발생하였다. 프랑스는 시리아를 이집트에 주려는 입장이었으나 영국은 터키에 돌려주어야 한다고 주장하였다. 영국은 프랑스의 알제리 점령은 묵과할 수 있으나 알제리 - 나일 - 시리아로 연결되는 지역에서 프랑스의 영향력이 확대되는 것은 묵과할 수 없었다. 영국과 프랑스 간 전쟁의 위기까지 치달았으나 프랑스가 후퇴함으로써 위기를 모면하였다. 따라서, 영국의 주장대로 이집트는 터키에 시리아를 되돌려주었다.

참고

오스만 터키제국의 역사

1. 13세기 말 이후 셀주크 투르크에 대신하여 소아시아(아나톨리아)를 중심으로 형성된 투르크족의 이슬람 국가(1299~1922)로, 오스만 1세가 건국하였으므로 오스만 터키제국이라고 부른다. 부르사를 공략하여 소아시아 지방을 거의 통일하고(1326), 아드리아노플(에디르네)을 점령하고(1362), 코소보전투에서 발칸 여러 나라의 동맹군을 무찔렀으며(1389), 나아가 니코폴리스에서 유럽 여러 나라의 십자군을 격파하고(1396), 발칸의 대부분을 병합하였다. 그러나 서진(西進)하여 온 티무르군에게 앙카라에서 패하여(1402), 그 진격은 한때 멈추는 듯 하였으나 메메드 2세 때에 콘스탄티노플(이스탄불) 공략에 성공함으로써 비잔틴제국(동로마제국)을 멸망시키고 수도를 아드리아노플에서 이곳으로 이전하였다(1453).

2. 이후 셀림 1세는 이란·시리아·아라비아를 제압하고 이집트를 정복하여, 마지막 아바스 왕조로부터 칼리프 칭호를 물려받아 이슬람교의 종주권을 장악함으로써, 술탄 칼리프제를 확립하였다(1517). 쉴레이만 1세 치하(治下)에 극성기에 달하여, 영토는 아시아·아프리카·유럽 3대륙에 걸쳤으며, 그 군대는 한때 빈(오스트리아)까지 육박하였다(1529). 또한 국내에서는 군사적 봉건제에 입각한 국가체제를 확립하고, 법률·학예·건축·공예 등 각 분야에 걸쳐 눈부신 발전을 이룩하였으나, 17세기 이후로는 점점 쇠퇴하기 시작하였다.

3. 17세기 중기에 전체주의적 개혁에 의하여 질서를 회복하여, 강경한 외교정책을 펴서 한때 부흥하였으나, 제2차 빈 포위공격에 실패(1683)하고부터는 오스트리아·러시아·폴란드 등 열강의 진출이 활발하여 17세기 말에 헝가리의 대부분을 오스트리아에, 18세기 후반에는 흑해 북안을 러시아에 빼앗겼다. 19세기에 들어서자, 나폴레옹의 이집트 원정(1789~1801)을 계기로 열강의 압력은 더욱 격화되어 그리스의 독립, 이집트의 이탈, 프랑스의 알제리 점령, 영국의 아덴 점령 등이 잇달아 발생하였다. 아메드 2세(재위 1803~1839) 이후 19세기 중엽에 이르기까지의 '탄지마트'에는 근대화정책이 추진되어 신앙·출생의 구별없이 생명·재산을 보장하는 일, 과세의 공정화, 재판의 공개, 군제의 개혁 등이 공약되었다. 그러나 이것은 유럽의 표면적인 모방에 그쳤기 때문에 효과는 거두지 못하였고, 그 후 러시아 - 투르크전쟁에 대패함으로써 유럽 영토의 대부분을 상실하였다.

4. 이에 유럽 문명의 영향을 받은 지식인들은 전제군주 아브뒬 하미드 2세에게 강요하여 근대적·자유주의적 헌법을 발포하게 하였다(1876). 그러나 술탄이 이듬해 이 헌법을 정지시키고 절대주의적 전제정치를 강행하게 되자, 1908년 이에 반대하는 청년 장교들이 청년투르크당(黨)을 결성하고, 군대의 압력으로 술탄에게 헌법·의회정치의 부활에 동의하게 하였다. 이것이 청년투르크당의 혁명이다. 이후 청년투르크당 내각이 조직되었고, 그 정권하에서 제1차 세계대전에 참전하여 독일 측에 서서 싸웠으나 패하였으며, 그 결과로 가혹한 세브르조약에 조인하지 않을 수 없었다(1920). 그러나 이 조약은 오스만 투르크의 독립을 위태롭게 하는 것이었으므로 케말 아타튀르크는 터키 대국민의회를 소집하고, 1922년 11월 술탄 정부의 폐지를 선언함으로써 오스만 투르크제국은 멸망하였다.

제8절 | 프랑스혁명과 민족국가의 태동

1824. 프랑스, 샤를 10세 등장	1848.5.18. 프랑크푸르트 국민의회 개최
1829. 구교도 해방(영국)	1848.6. 파리 노동자 봉기
1830.7. 프랑스, 알제리 합병	1848.8. 말뫼강화조약
1830.7. 프랑스혁명	1848.11. 프랑스헌법 완성
1848.2.22. 파리데모	1848.11. 로마 폭동
1848.3.12. 비엔나혁명	1848.12. 프랑스, 대통령선거
1848.3. 밀라노 반란	1849.2. 로마 공화국 선포
1848.3.22. 사르디니아, 오에 선전포고	1850.11.29. 올뮈쯔의 굴욕
1848.4. 프랑스, 의회선거	1851.12. 루이 나폴레옹 쿠데타

1 서론

혁명의 진원지였던 프랑스는 1789년부터 여러 해에 걸친 혁명과정을 통해 1792년 제1공화국이 탄생하였으나, 1799년부터 나폴레옹이 집권함으로써 중단되었다. 1814년 나폴레옹이 몰락한 후에 루이 18세에 의한 왕정복고 후 샤를 10세로 이어졌고, 1824년까지 프랑스는 그에 의한 강력한 통제하에 놓여있었다. 그러나 프랑스 국내정치는 안정되지 못하였고 1830년과 1848년에 다시 혁명에 휩싸이게 된다. 프랑스혁명은 유럽전역의 자유주의운동 세력들의 영향력을 강화시켜 주었으며 자유주의운동은 빈체제하에서 억압되었던 민족국가의 형성의지로 표출되었다. 프랑스혁명과 자유주의 민족주의운동은 유럽협조체제를 와해시키고, 빈체제를 수정시킨 요인이 되어 이후 유럽의 국제질서 전개에 있어서 중요한 역할을 하게 되었다.

2 7월혁명(1830년 7월)

1. 원인

7월혁명은 부르봉 왕가가 복귀한 이래 겉으로는 입헌군주제를 표방하였으나 루이 18세의 정책은 보수주의로 회귀하고 있었던 데에서 발단되었다. 뒤를 이은 샤를 10세도 승려의 권한을 강화하고 망명귀족들의 입지를 강화시켜주는 반동정치를 시행하였다. 또한 폴리냑을 중용하여 언론을 탄압하고, 의회를 해산하였으며, 시민의 선거권을 제한하였다. 이에 대해 자유주의 역사가와 언론인, 파리 시민들이 혁명을 일으켜 신흥 부르주아의 지지를 받는 루이 필립이 집권하였다.

2. 열강의 태도

혁명에 의한 왕정의 전복은 빈체제의 지도원리인 '정통주의원칙'에 정면으로 반하는 것임에도 불구하고 4국동맹국들은 개입하지 않았다. 영국은 샤를 10세의 알제리정책에 반대하여 혁명정부를 즉각 승인하였고, 오스트리아는 재정상의 빈곤으로 간섭할 능력이 없었으며, 프로이센도 개입할 의사가 없었다. 러시아만이 공동개입을 주장하였으나 타국가들의 소극적인 태도로 단념하였다.

3. 영향

7월혁명은 벨기에, 폴란드, 이탈리아, 프로이센의 독립운동에 영향을 주었다. 벨기에의 독립운동은 성공하였으나 타국에서는 별다른 성과를 얻지 못하였다. 동유럽 지역에서의 독립운동이 결실을 얻지 못한 것은 자유주의의 이념이 민중 속에 깊이 뿌리내리지 못하고 단지 지식인이나 소수 엘리트의 소유물이 되었기 때문이다.

3 2월혁명(1848년 2월)

1. 원인과 결과

7월혁명으로 집권한 루이 필립은 부르주아지만 하층계급을 대변할 뿐 하층계급의 이익을 고려하지 못하여 다시 혁명에 직면하게 된다.

(1) 원인

① 민주주의에 대한 다수국민의 열망을 외면하였다.
② 루이 필립과 집권세력의 타락이 프랑스인들을 자극하였다.
③ 시민왕으로 자처한 루이 필립의 반승려주의정책이 가톨릭의 불만을 샀다.
④ 산업프롤레타리아에 사회주의이념이 널리 침투하였다.

(2) 결과

2월혁명으로 루이 필립이 영국으로 도망가고 공화파와 사회주의파에 의해 임시정부가 수립되었다. 이후 제2공화국 헌법이 제정되고 루이 나폴레옹이 대통령에 당선되었다.

2. 영향

2월혁명으로 자유주의 헌법에 대한 열망이 유럽 각국으로 확산되었다. 오스트리아에서는 3월혁명이 발발하여 보수적 탄압책을 강화해 왔던 메테르니히가 하야하고 영국으로 망명하였다. 헝가리의 독립운동은 러시아의 원조로 실패하였으나 독립에 가까운 지위가 인정되었다. 이탈리아에서도 자유주의운동이 고조되고 자유주의 헌법이 채택되었다.

4 프랑스혁명의 영향

1. 벨기에의 독립(1831년)

(1) 배경

빈회의에서 영국의 전략에 따라, 벨기에는 네덜란드에 병합되어 프랑스가 북유럽 쪽으로 팽창하지 못하도록 하는 방파제 역할을 하도록 하였다. 그러나 벨기에와 네덜란드는 언어, 종교, 산업, 역사에 있어서 서로 달랐다. 통합네덜란드의 국왕 윌리엄 1세는 네덜란드인 중심의 국정 운영으로 벨기에 국민들의 민족감정을 자극하였다. 7월혁명으로 벨기에에서 반란이 일어나 네덜란드 군대를 축출하고 임시정부를 수립하고 입헌군주제를 선포하였다.

(2) 열강의 입장

벨기에의 독립은 빈체제의 수정이었으나, 신성동맹국의 간섭주의와 영국과 프랑스의 불간섭주의가 대립하였다. 영국의 파머스턴은 벨기에의 독립에 우호적이었으며 이 지역에 프랑스의 영향력이 강화되는 것을 저지하는 데 역점을 두었다. 1830년 5개국회의에서 벨기에의 독립과 영구중립이 결정되었다. 벨기에 국왕선정문제로 영불이 대립하였으나, 영국의 입장이 관철되어 레오폴트가 국왕에 선출되었다.

(3) 의의

벨기에의 독립은 빈체제의 수정이었으나, 열강 간 합의로 달성됨으로써 유럽협조체제의 성과로 볼 수 있다. 벨기에의 독립은 폴란드문제로 동유럽 3국이 간섭할 여력이 없었고, 영국과 프랑스가 폴란드와 이탈리아문제에 신중히 대처하고 자제함으로써 동유럽 3국과의 마찰을 회피한 데에서 가능한 것이었다.

2. 폴란드의 반란(1831년)

빈체제에서 폴란드의 대부분 지역은 러시아에 할양되었으나 행정적인 자치가 인정되고 군대도 보유하고 있었다. 7월혁명으로 자유주의 분위기가 고조된 가운데, 러시아가 벨기에 개입에 폴란드 군대를 동원하려 하자 반란이 일어나 임시정부가 선포되었다. 폴란드군과 러시아는 9개월간 대치하였으나 결국 반란은 진압되고 폴란드의 러시아화가 시작되었다. 폴란드는 제1차 세계대전 이후 독립하였다.

3. 이탈리아의 민족주의운동

7월혁명의 영향으로 1831년 모데나와 파르마의 반란을 시작으로 이탈리아 각지에서 혁명이 일어났으나 오스트리아군이 개입하여 반란이 제압되었다. 2월혁명 이후에는 사르디니아가 오스트리아에 선전포고를 하였으나 패배하였고, 로마에서는 1849년 2월 공화국이 선포되고 법왕이 축출되었으나 프랑스군의 개입에 의해 원상회복되었다.

4. 프로이센(프러시아)의 민족주의운동

2월혁명으로 메테르니히가 실각하자 프로이센에서는 오스트리아 연방으로부터 분리 독립하려는 운동이 강하게 일어났다. 1848년 5월에 개최된 연방의회에서 프로이센의 소독일론이 승리하였으나 오스트리아의 반대로 분리독립은 실현되지 못하였다.

5 프랑스혁명의 국제정치사적 의의

프랑스혁명은 유럽 각국의 자유주의운동과 민족주의운동을 활성화시켰으나 벨기에의 독립을 제외하고는 민족국가의 형성노력이 성공하지는 못하였다. 그러나 자유주의에 대한 보수주의의 탄압으로 민족국가를 형성하려는 열망과 실천이 고조되었고 이로 인해 빈체제의 몰락을 가져온 이탈리아와 독일의 통일로 이어졌다. 한편, 자유주의운동에 대한 열강의 대응에 있어서 신성동맹 3국과 영국·프랑스의 대립이 더욱 분명해졌고, 양 진영은 회의외교에 의한 조정보다는 무력에 의한 조정을 보다 선호하게 되는 계기가 되었다.

제9절 | 크리미아전쟁

1853.5.4. 술탄칙령(성지보호권 분배)	1854.9. 영국·프랑스, 크리미아 상륙
1853.6. 러시아, 몰다비아와 왈라키아 불법점령	1854.12.2. 오스트리아·영국·프랑스 동맹
1853.7. 오스트리아, 비엔나각서 제의	1855.1.26. 사르디니아 참전
1853.10.4. 터키, 러시아에 선전포고	1855.9. 세바스토폴 함락
1854.3. 영국·프랑스, 러시아에 선전포고	1856.2.25. ~ 3.30. 파리강화회의
1854.8.8. 비엔나 4개 조항	

1 의의

크리미아전쟁은 1854년 3월 27일 영국과 프랑스가 러시아에 전쟁을 선포함으로써 발발한 전쟁으로서, 무너져가는 오스만 터키의 분할을 둘러싼 유럽 열강의 이해상충에서 비롯된 전쟁이었다. 동방문제를 놓고 영국과 러시아가 직접 대립한 크리미아전쟁에서 러시아가 패배함으로써 러시아의 남하정책이 좌절되고 영국의 패권적 지위는 더욱 강화되었다.

2 전쟁의 원인

1. 국제체제적 요인

19세기에 지속되어 온 영국과 러시아의 대립에서 전쟁의 원인을 찾을 수 있다. 나폴레옹전쟁과정에서 거대한 군대를 양성한 러시아는 이에 기초하여 지중해지역으로의 남하정책을 실시하였으나, 이는 영국의 해외식민지 경략을 위해 필수적인 지중해 루트를 위협할 뿐 아니라 해외식민지에서의 독점적 이익을 추구하였던 영국의 전략과도 배치되었다.

2. 경제적 요인

영국과 러시아의 터키에 대한 직접적인 경제적 이해관계의 충돌로 전쟁이 발발한 측면도 있다. 러시아는 오데사항구를 통하여 밀의 수출이 번창하고 있었으므로, 이 지역의 상업 활성화를 위해 터키에 대한 적극적인 정책을 펼치게 되었다. 한편, 영국은 1838년 터키와의 통상조약에 의해 터키는 영국의 수출상대국이었으며, 주요 식량 공급지였으므로 오스만 제국을 유지하는 것은 영국에게 중요한 이익이 되었다.

3. 종교적 요인

크리미아전쟁의 직접적인 요인은 성지관할권을 둘러싼 프랑스, 러시아, 터키 3국 간의 갈등이었다. 프랑스는 18세기 중엽 오스만 제국과 체결한 일련의 영사재판조약을 통해 오스만 제국 내 로마 가톨릭 시설에 대한 보호권과 팔레스타인에 있는 성지감독권을 보유하게 되었다. 한편, 러시아도 1774년 쿠츠크카이나르지조약을 통해 그리스정교에 대해 프랑스와 유사한 보호권을 획득하였고 사실상 팔레스타인 성지관할권을 보유하고 있었다. 1851년 프랑스가 터키에 대해 성지관할권을 요구하고 이를 터키가 승인하려 하자 러시아가 이에 반발하여 전쟁이 발생하였다고 볼 수 있다.

성지관할권의 문제

그리스도교 성지인 예루살렘은 오스만 투르크 영내에 있었으나 관리권은 16세기 이래 프랑스 국왕에게 있었다. 그러나 프랑스가 혁명의 와중에 있을 때, 러시아의 지지를 받은 동방정교회가 관리권을 장악하게 되었다. 1808년 러시아의 니콜라이 1세는 남하정책의 일환으로 터키령 내의 동방정교회의 보호권을 인정한 쿠츠크카이나르지조약(1774)을 근거로 하여 성지관리권과 그리스도교도 보호권을 동방정교회의 지배하에 독점시키려다가 로마 교회의 반발을 사게 되었다. 로마 가톨릭교도의 지원을 얻으려던 프랑스 황제 나폴레옹(3세)이 오스만 투르크와 교섭하여 1852년에 성지관리권을 획득하자, 이듬해 니콜라이(1세)는 오스만 투르크에 선전포고를 하였다.

4. 개인적 · 심리적 요인

프랑스의 나폴레옹 3세가 성지관할권 문제를 갑작스럽게 제기한 배경에는 자신의 국내정치적 기반이 가톨릭세력이었으므로 이들의 지지를 강화시키고자 하는 의도가 있었다. 또한 프랑스에 대항하여 형성되어 있던 빈체제를 붕괴시키고 국제질서를 변경시키려는 생각도 가지고 있었다. 즉, 나폴레옹 3세의 개인적 야망으로 전쟁이 발발하였다고 보는 것이다. 한편, 크리미아전쟁이 러시아에 대한 예방전쟁이라고 보는 학자들은 크리미아전쟁이 서유럽세력들이 가지고 있었던 러시아에 대한 공포로 인한 최초의 대러시아 봉쇄정책의 소산이라고 본다(심리적 요인).

3 유럽 열강의 입장

1. 러시아

터키가 프랑스의 성지관할권 요구를 수락하자 멘시코프를 특사로 파견하여 오스만 제국에서의 러시아 권리를 다시 확인하고, 프랑스에 허용한 양보를 취소하고 총주교의 선출 등 종교문제에 있어서 터키가 간섭하지 말 것을 요구하였다.

2. 영국

영국은 경제적 이익을 수호하고, 러시아의 팽창을 저지하기 위해서는 터키의 현상 유지가 중요하다고 보아 터키 정부에게 러시아의 요구를 거절할 것을 권고하였으며, 개전 시 터키를 원조할 것임을 약속하였다.

3. 프랑스

나폴레옹 3세는 빈체제를 전복하고 유럽에서의 프랑스 패권을 부활시키는 것을 국내정치적 슬로건으로 제시하였다. 이러한 배경에서 성지관할권문제를 제기한 프랑스는 영국과 공동보조를 취하고자 하였다.

4. 오스트리아

오스트리아의 최대목표는 오스만 제국의 현상 유지를 고수하면서 이탈리아와 독일연방에서 우월한 지위를 계속 유지하는 것이었다. 동방문제로 전쟁이 발발하는 경우 발칸이 주전장이 되어 전쟁의 참화를 입을 위험이 있었고, 발칸에서의 전쟁이 민족주의와 연결된다면 다민족국가인 오스트리아 제국의 존립 자체의 문제로 확산될 수 있었다. 오스트리아는 메테르니히의 조언에 따라 중립을 유지할 수밖에 없었다.

5. 프로이센(프러시아)

프로이센은 동방문제에 가장 이해관계가 적은 국가였다. 또한 프로이센은 오스트리아의 입장을 추종하는 정책을 펴고 있었다. 따라서 프로이센도 중립을 지켰다. 오스트리아가 너무 깊이 관련되어 중립을 견지하였다면 프로이센은 무관심하였기 때문에 중립을 지킬 수 있었다.

4 전개과정

1. 러시아 - 터키의 최후통첩과 프랑스의 중재노력

1853년 5월 31일 러시아의 최후통첩과 동년 7월 17일 터키의 최후통첩이 있은 후 프랑스는 러시아의 요청에 따라 중재안을 마련하였다. 7월 28일 비엔나각서(Wien Note)가 작성되었는바, 전체적으로 러시아에 유리한 내용을 담고 있었다. 그러나 중재는 성공하지 못하고 1853년 10월 4일 터키는 러시아에 전쟁을 선포하였다.

 참고

비엔나각서(Wien Note)
러시아의 니콜라이 1세의 요청에 따라 나폴레옹 3세가 만든 중재안에 기초하여 만들어진 합의서이다. 비엔나각서는 오스트리아 외상 부올이 소집한 대사회의에서 채택되었다. 이 각서의 전체적인 내용은 러시아에 호의적이었다. 즉, 러시아 황제는 오스만 제국의 그리스정교의 특권과 면제를 적극적으로 갈망해 왔으며 술탄은 이런 갈망을 거절하지 않았고 앞으로도 우호적인 태도를 견지할 것이라고 규정하였다. 또한 터키는 기독교 자유에 관한 쿠츠크카이나르지조약과 아드리아노플조약의 준수를 약속하고 이 문제에 관해서는 러시아와 프랑스의 사전 양해없이는 현상을 변경하지 않겠다고 약속하였다.

2. 시노페 사건(1853년 11월)

러시아의 흑해 함대는 처음에는 방어적인 태세를 취하였다. 이런 태세에 변경을 가져오게 한 것이 11월 30일에 있었던 시노페 사건이었다. 시노페는 세바스토폴 맞은편에 위치한 터키의 군항이다. 터키 함대가 코카시아전선에 군수물자를 보급하기 위해 흑해로 진출하자 러시아 함대가 이를 시노페항까지 추격해 터키 함대를 섬멸시키고 시노페항을 포격한 사건이다. 군사력에서 열세인 터키 함대가 흑해에 진출한 의도에 대해서는 해석이 분분하나, 결과적으로는 러시아 함대를 도발시킨 결과를 초래하였다. 이 사건을 계기로 영국의 여론은 반러시아화되었다. 1854년 1월 영국과 프랑스 해군은 흑해에 진입하게 되었고 이로써 러시아와 국교가 단절되었다. 1854년 3월에 영국과 프랑스가 터키와 동맹을 체결하자 러시아는 다뉴브강을 넘어 오스만 제국 영토에 진입하였다. 그리하여 영국과 프랑스는 러시아에 전쟁을 선포하게 되었다.

3. 오스트리아와 영국 · 프랑스의 동맹과 비엔나 4개 조항(1854년 8월 8일)

오스트리아는 실제로 참전하지는 않았으나, 발칸반도가 전장이 되는 것을 방지하기 위해 프랑스 및 영국과 동맹을 체결하였으며 그 전제조건으로 오스트리아와 프랑스 간에 비엔나 4개 조항이 합의되었다. 강화교섭의 골격이 된 4개 조항의 내용은 ① 세르비아와 다뉴브 공국에서 러시아의 특권 부인, ② 모든 국가 선박의 다뉴브 자유 항행, ③ 1841년 해협조약의 개정, ④ 오스만 제국 내 그리스정교에 대한 러시아의 보호권 부정과 기독교도에 대한 열강의 공동보장이었다. 러시아는 이를 11월 29일에 수락하였고, 오스트리아는 영국 · 프랑스와 12월 2일에 동맹을 체결하였다.

4. 프랑스 - 오스트리아 간의 평화예비안(1855년 11월 14일)

세바스토폴 함락 이후 프랑스는 평화조약의 체결을 구상하고 오스트리아와 함께 평화예비안을 작성하였다(부올 - 부르크네이 평화예비안). 주요 내용은 다음과 같다. ① 세르비아와 다뉴브 공국들에서 러시아의 특수 권리는 폐지되고 베사라비아지방에서 러시아, 터키 국경은 재조정된다. ② 다뉴브강과 그 흑해 입구에서 자유항행이 보장된다. ③ 흑해는 중립화되고 군함을 포함한 모든 국가의 선박에게 흑해는 개방된다. ④ 오스만 제국 내의 그리스정교에 대한 러시아의 보호권은 부정된다. ⑤ 교전국은 특수조건을 제기할 권리를 가진다. 영국은 아랜드의 비무장과 흑해 동부연안지역에 관하여 특정한 요구를 할 수 있는 권리를 인정받았다.

5 파리강화조약(1856년 3월 30일)

1. 흑해중립

모든 국가의 상선에 흑해는 개방되며 흑해 연안에 병기공장의 설치가 금지되었다. 러시아는 흑해 치안에 필요한 최소한의 함정 이외의 함대를 유지하거나 항해시킬 수 없게 되었다. 흑해중립화는 러시아가 지중해 및 발칸에 진출하는 것을 저지한 것으로서 영국 외교의 최대의 승리로 평가되었다.

2. 다뉴브 공국들의 지위

아드리아노플조약으로 러시아의 다뉴브 공국에 대한 지배권을 상실하였다. 터키의 세력하에 두되, 자치권을 인정하였고 열강의 집단적 보장하에 두기로 규정하였다.

 참고

왈라키아(Walachia)

루마니아 남부의 역사적인 지방명이다. 남서쪽과 남쪽 및 동쪽은 도나우강(江)을 사이에 두고 유고슬라비아 · 불가리아 · 도브루자와 접경하고, 북쪽은 트란실바니아알프스산맥이 솟아 있고, 북동쪽은 몰도바와 경계를 이룬다. 올트강(江)을 사이에 두고 동부의 문테니아와 서부의 올테니아로 양분된다. 대륙성 및 지중해성 기후의 비옥한 농업지대이며, 곡물 · 콩 · 과일 · 포도주 · 가축 등을 산출한다. 산지에서는 임업과 목양(牧羊)이 활발하며, 도나우강 유역에서는 수산업도 행해진다. 플로이에슈티 및 부쿠레슈티 주변에서는 풍부한 유전을 배경으로 공업이 발전하고 있다. 그 밖의 주요 도시로는 크라이오바 · 브러일라 · 지우르지우 등이 있다. 원주민은 라틴어 계통의 언어를 쓰는 다코로만인이 주체를 이룬다. 이곳은 고대 다키아의 일부였으며, 2세기부터는 로마 제국의 지배하에 들어가 로마인의 식민이 시작되었다. 그 후 민족대이동을 거쳐 6세기에는 슬라브인도 정착하였으며, 원주민과 혼혈하였다. 1325년에 바사라브 1세가 왈라키아 공국(公國)을 세워 마자르인의 지배에서 벗어나 독립하였다고 한다. 이후 인접 민족들의 잇단 침략을 받다가 16세기 초, 투르크의 보호하에 들어갔으며, 1714년부터는 왈라키아 공국의 선거제가 폐지되어 완전히 투르크의 지배를 받았다. 18~19세기에는 몇 차례의 러시아 - 투르크전쟁으로 자주 러시아에게 점령당하였으나, 아드리아노플화약(1829)과 파리조약(1856)에 따라, 투르크 주권하의 자치가 인정되었다. 그러는 동안 1821년의 블라디미레스크의 난이 있었고, 1848년의 혁명 때 독립하려는 움직임이 있었으나, 모두 투르크군이 진압하였다. 1859년에 몰도바와 동군연합(同君聯合)이 이루어졌으며, 1861년에 국호를 루마니아로 바꾸었다. 몰도바는 1891년 독립국이 되었다.

몰다비아(몰도바)

몰도바는 베사라비아지역의 서부, 즉 현재의 루마니아에 속하는 지방의 이름이었다. 14세기에 몰도바 공국이 베사라비아지방을 통치하면서 이 지역은 몰도바 공국의 일부가 되었으므로 당시 몰도바 공국은 현재 몰도바의 서부, 루마니아에 귀속되어 있었다. 그 후 베사라비아는 오랫동안 헝가리인의 지배를 받았고, 일시적으로 리투아니아의 영역에 속하기도 하였다. 오스만 터키의 융성에 따라 16세기 초부터 300여 년 동안 베사라비아는 터키의 통치하에 있었고, 1812년에 러시아에 병합되었다. 그러나 크리미아전쟁의 결과, 1856년 남부 베사라비아(현재 우크라이나 영역)가 루마니아 몰다비아(Romanian Moldavia)로 되었다가 1878년 다시 러시아의 영토로 편입되었다. 1918년 1월 제정러시아의 붕괴로 인하여 베사라비아는 공화국으로 독립하였으나, 2달 후 루마니아에의 귀속되었다. 그러나 1922년 12월 창건된 구소련은 베사라비아에 대한 루마니아의 주권을 인정하지 않았고, 우크라이나인이 많이 살고 있는 드네스트르강의 동쪽 지역에 1924년 10월 12일 몰다비아 자치 소비에트사회주의공화국을 탄생시켰다. 마침내 1939년 8월의 독소(獨蘇)불가침조약에 따라 1940년 6월 베사라비아가 구소련에 양도되었고, 같은 해 8월 베사라비아와 몰다비아 자치 소비에트사회주의공화국이 합쳐져서 몰다비아 소비에트사회주의공화국이 탄생하였다.

3. 터키의 영토보전과 독립 보장

쿠츠크카이나르지조약을 폐기하여 러시아는 터키 내정에 대한 간섭권과 터키 내의 그리스정교회에 대한 보호권을 상실하였다. 또한 오스만 제국의 문제를 유럽 전체의 문제화 하였으며, 터키와 유럽 국가의 관계는 국제법에 의해 규율하기로 하였다.

4. 다뉴브강의 자유항행

다뉴브강의 자유항행을 인정하고, 자유항행에 대한 문제를 다룰 국제위원회를 설치하였다. 각국은 다뉴브강의 흑해 입구에 2척 이하의 경군함을 유지할 수 있으며 터키가 이 함정의 해협 통과를 인정하도록 하였다.

5. 아랜드 비무장

스웨덴은 1855년 11월 21일 영국 및 프랑스와 동맹을 체결하였으나 참전은 하지 않았다. 다만, 전쟁 중 함대가 아랜드를 점령하였으므로 러시아가 장차 아랜드에 군사시설이나 요새의 건설을 금지할 것을 결정하였다. 아랜드를 비무장함으로써 영국은 언제든지 아랜드를 이용하여 러시아를 공격할 수 있었다.

파리강화조약의 주요 내용

1. 터키의 독립과 영토보전을 열국은 집단적으로 보장함으로써 터키를 다시 유럽의 일원으로 한다. 또한 러시아는 그리스정교회에 대한 러시아의 독점적 보호권을 폐기한다.
2. 터키는 내정을 개혁하고 열국의 내부간섭을 배제한다.
3. 흑해의 중립을 기한다.
4. 몰다비아, 왈라키아에 대한 오스트리아의 점령은 계속하되 이는 열국의 공동보호하에 둔다. 다만, 양 주에 대한 터키의 종주권은 인정한다.
5. 국제위원회를 설치하여 다뉴브강의 자유항행의 원칙을 지킨다.
6. 러시아의 해상권을 제한한다.

6 국제정치사적 의의

1. 영국

영국은 러시아의 남진정책을 저지하였을 뿐 아니라 영국의 세계정책 실현에 있어서 도전국으로 부상하고 있었던 러시아를 패퇴시킴으로써 영국의 세계적 지위에 대한 발판을 굳힐 수 있었다.

2. 러시아

1815년 나폴레옹이 몰락한 이후 프랑스 대신 대륙에서의 패자를 자처하던 러시아는 패전 이후 지중해와 발칸에 대한 영향력을 상실하고, 몰다비아와 왈라키아 두 주를 잃었으며, 베사라비아를 빼앗김으로써 러시아의 남진정책은 완전히 좌절되었을 뿐 아니라 국제적 위신도 실추되었다. 이후 러시아는 현상변경국가가 되어 현상타파에 앞장서게 되어 1871년 흑해중립조항을 무효화시켰으며, 1877년 터키와 전쟁을 통해 베사라비아지방을 되찾았다.

3. 프랑스

프랑스는 1815년 이후 열강에게 빼앗겼던 황제와 프랑스의 영광과 위신을 되찾을 수 있었고, 쿠데타와 인민투표에 의해 권력을 장악한 루이 나폴레옹의 국내정치적 기반을 강화시킬 수 있었다.

4. 오스만 제국

오스만 제국은 전쟁의 결과로 영국의 보호하에 자국의 영토보전과 독립을 확보할 수 있었고, 러시아에 대한 영국의 방파제 역할을 맡게 되었다.

5. 오스트리아

오스트리아는 국제적 위신이 저하되고 국제적으로 고립되었다. 러시아가 내놓은 몰다비아와 왈라키아를 점령함으로써 러시아를 배신하였고, 영국·프랑스와 동맹을 체결하였음에도 불구하고 참전하지 않아 영국·프랑스로부터 신뢰를 잃었다. 오스트리아는 1879년 독일과의 동맹 체결로 비로소 국제적 고립을 탈피할 수 있었다.

6. 이탈리아와 독일의 통일

이탈리아와 독일이 통일할 수 있는 국제적 환경이 조성되었다. 오스트리아의 상대적 세력 약화로 양국은 오스트리아의 영향력에서 벗어날 가능성이 높아졌다. 사르디니아는 참전을 통해 영국·프랑스와 우호적인 관계를 조성하였으며, 프로이센은 전쟁에 참전하지 않음으로써 러시아와 우호관계를 유지하여 통일전쟁과정에서 러시아의 우호적 중립을 유도하였다.

제10절 | 이탈리아 통일

```
1852. 카부르, 사르디니아 수상 취임          1859.7.11. 빌라프랑카 단독강화
1858.1. 오르시니 사건                      1860.3.24. 투린조약
1858.7.20. 카부르-나폴레옹 3세, 플롱비에르 밀약   1860.5.5. 가리발디, 시실리 원정
1859.1.26. 프랑스-사르디니아 동맹조약         1860.9. 가리발디, 나폴리 진격
1859.4.23. 오스트리아, 사르디니아에 최후통첩   1861.5.17. 이탈리아 왕국 탄생
1859.5. ~ 6. 파르마, 모데나, 투스카나 등 반란
```

1 의의

1. 빈체제와 이탈리아

빈회의에서 오스트리아는 이탈리아반도와 일리리아지방에서 보상을 받았는데, 롬바르디, 베네치아, 베니스 공화국을 흡수하였다. 일리리아지방도 오스트리아에 병합되었다. 이탈리아는 사르디니아 공화국, 모데나, 파르마, 루카, 투스카니, 법왕령, 나폴리 왕국, 산마리노 공화국, 모나코 등 9개 정치단위로 구성되었고, 투스카니, 파르마, 모데나 공국은 오스트리아가 통치하였다. 프랑스를 남쪽에서 견제하기 위해 사르디니아 왕국은 제노아, 사보이, 니스, 피에드몬테를 보유한 강력한 왕국으로 등장하였다.

2. 이탈리아의 통일방안

이탈리아의 통일의 목적은 안으로는 자유주의 헌법 채택을 위한 투쟁이면서도 밖으로는 오스트리아의 영향력을 배제하고 오스트리아에 할양된 실지를 회복하는 것이었다. 이를 구체적으로 실행하기 위한 세 가지 통일방안으로는 ① 연방국가를 건설하여 로마교황이 통할하는 방안, ② 기존국가를 모두 없애고 이탈리아라는 단일국가를 건설하는 방안, ③ 사르디니아를 중심으로 점진적으로 통일하는 방안이 있었으며, 세 번째 방안이 가장 실현가능한 대안으로 지지를 받았다.

2 통일요인

1. 민족주의이념

프랑스혁명의 영향으로 자유주의사상이 이탈리아에도 확산되었고, 이탈리아에서의 자유주의운동은 통일이탈리아를 건설하고자 하는 민족주의운동의 성격을 띠게 되었다. 열강의 개입으로 통일된 민족국가 형성을 위한 노력이 좌절되기도 하였으나, 민족국가 형성을 위한 열망 자체를 좌절시키지는 못하였다.

2. 국제정세

상대적 약소국이었던 사르디니아로서는 오스트리아와 독자적인 전쟁을 통해 통일을 달성할 수 없었으므로 열강의 도움을 받을 수밖에 없었다. 크리미아전쟁 당시 영국과 프랑스를 지원함으로써 우호적 국제정세를 조성하였다. 한편, 이탈리아 자유주의혁명 진압을 위해 개입하고 있었던 오스트리아와 프랑스의 대립관계를 적절히 활용하였다.

3. 강력한 리더십

사르디니아의 재상 카부르는 이탈리아 통일에 있어서 실현가능한 대안을 만들고 국제정세를 현실적으로 파악하여 실현가능한 수단을 선택하여, 결국 이탈리아의 통일을 이루었다. 독자적인 통일이 불가능하다고 판단하여 프랑스의 무력지원을 얻어냈고, 통일방안에 있어서도 사르디니아를 주축으로 하면서 이를 영토적 · 정치적으로 확대시켜 통일하는 것이 현실적인 방안이라 생각하였다.

3 통일에 대한 열강의 입장

1. 프랑스

이탈리아의 통일에 가장 적극적인 태도로 무력지원하였다. 프랑스의 영광을 재현하고자 하는 야망을 가진 나폴레옹 3세는 오스트리아를 약화시킴으로써 오스트리아의 지배하에 있는 국가들에 대한 프랑스의 영향력을 강화시킬 수 있다고 생각하였다. 벨기에 및 독일이 프랑스 산하에 들어올 것이며 영토보상을 획득할 수 있고, 이탈리아를 위성국화할 수 있다고 생각하였다. 다만, 이탈리아가 단일국가가 되는 경우 교황청의 영향력이 약화되고, 프랑스에 위협이 될 수 있기 때문에 연방국가로 형성하고자 하였다.

2. 영국

파머스턴 개인이나 여론은 이탈리아의 통일에 호의적이었으나 영국은 1856년 파리조약에 의한 유럽정치질서에 만족하고 있었고, 러시아 대신 프랑스의 강대국화를 저지하는 데 대외정책목표를 두고 있었다. 따라서 이탈리아가 프랑스의 영향으로 통일되어 이탈리아 반도가 프랑스의 영향권에 들어가는 것은 바람직하지 못하다고 판단하였다. 또한 오스트리아가 약화되는 것은 유럽의 세력균형과 프랑스 재흥방지정책에 반한다고 생각하였다. 인도차이나에서의 반란과 중국에 대한 영불연합작전으로 오스트리아를 지원할 군사적 여력도 없었다.

3. 러시아

크리미아전쟁 이후 러시아와 오스트리아의 관계는 적대적 관계가 되어 있었다. 따라서 러시아는 프랑스와 오스트리아가 개전하는 경우 중립을 지킬 것이며, 병력을 동원하여 독일 연방을 견제하겠다는 입장을 유지하였다.

4. 프로이센(프러시아)

프로이센은 독일 통일과정에서 오스트리아와 충돌이 있을 것이라고 생각하고, 프랑스가 호전적인 태도를 보이지 않는다면 중립을 지키겠다는 입장이었다.

4 통일과정

1. 오르시니(F. Orsini) 사건(1858년 1월)

오르시니 사건은 이탈리아인 오르시니가 나폴레옹 3세 부부를 암살하려다가 미수에 그친 사건이다. 나폴레옹 3세는 이 사건을 이탈리아문제에 개입할 수 있는 계기로 삼게 되었다. 1858년 1월 14일 이탈리아인 오르시니는 오페라 좌로 가던 나폴레옹 3세와 황후를 암살하려다 실패하였다. 두 사람은 무사하였으나 100명 정도가 부상당하였고 두 명이 사망한 폭탄 투척 사건이었다. 오르시니는 나폴레옹 3세를 배반자라고 여겨 암살하고자 하였다. 젊은 시절에는 이탈리아 통일에 적극적이었으나 황제가 된 후 태도가 변한 것에 격분하였다. 나폴레옹 3세는 오르시니를 영웅시하였고 이를 계기로 이탈리아문제에 관여하고자 하였다. 오르시니는 결국 처형당하였으나 이탈리아의 통일을 염원하는 마지막 서한을 나폴레옹 3세에게 보냈다. 나폴레옹 3세는 이 서한을 프랑스 신문은 물론이고 사르디니아 신문에도 게재하도록 하였다. 이를 통해 프랑스인들이 이탈리아문제에 우호적인 태도를 가지도록 하였다.

2. 플롱비에르협약(1859년 1월 19일)

프랑스와 사르디니아 간의 비밀동맹조약으로, 주요 내용은 다음과 같다.

(1) 사르디니아가 오스트리아에 개전하고 프랑스는 20만 명의 군대로 지원한다.

(2) 오스트리아세력을 이탈리아반도로부터 완전히 제거하기 전까지는 단독 강화하지 않는다.

(3) 프랑스는 사보이와 니스를 할양받는다.

(4) 전후 이탈리아는 사르디니아, 롬바르디아, 베네치아, 파르마, 모데나로 구성되는 북부이탈리아 왕국, 투스카니를 중심으로 하는 중부이탈리아 왕국, 로마와 주변지역으로 축소된 법왕령, 나폴리 왕국 네 개의 정치단위를 연방형태로 구성하고 법왕이 의장이 되나 실제로는 사르디니아가 지배한다.

3. 프랑스 - 러시아 비밀합의(1859년 3월 3일)

프랑스는 라인강과 롬바르디 평야에서 동시에 전쟁을 수행하는 남북 양면전쟁의 가능성을 우려하여 러시아 병력을 오스트리아 동부 국경에 집결시킴으로써 프로이센을 움직이지 못하게 하는 동시에 오스트리아가 모든 병력을 이탈리아전선에 투입하는 것을 저지하고자 하였다. 프랑스는 장차 흑해 중립조항 철폐를 지원한다는 조건으로 러시아의 우호적 중립약속을 받아냈다.

4. 개전과 빌라프랑카 휴전조약

(1) 배경

1859년 4월 23일 오스트리아의 최후통첩을 사르디니아가 거절하자 전쟁이 개시되었다. 프랑스와 사르디니아 연합군이 솔페리노전투에서 승리한 이후 단독강화금지 약속을 어기고 나폴레옹 3세는 빌라프랑카에서 오스트리아와 휴전조약을 체결한다.

(2) 휴전조약 체결의 이유

① 5월 투스카니, 모데나, 파르마 등에서 혁명이 발발하여 기존 지배자들이 축출되자 나폴레옹 자신이 통제할 수 없는 사태로 진전될지 모른다고 우려하였다.

② 프로이센이 오스트리아와 동맹을 맺을 우려가 있었고 이는 프랑스가 남북 양면전에 직면할 우려가 있었다.

③ 오스트리아가 4각지대 요새로 후퇴함으로써 전쟁이 장기화될 가능성이 있었다.

(3) 휴전조약의 내용

① 롬바르디아지방을 프랑스에 할양하고 이를 사르디니아에게 재할양한다.

② 오스트리아는 베네치아를 소유하나, 이는 이태리 연방에 속한다.

③ 투스카니, 파르마, 모데나왕을 복위시킨다.

④ 이탈리아는 교황을 명예장으로 하는 연방으로 한다.

빌라프랑카조약

1. 오스트리아는 롬바르디아를 프랑스에 넘겨주면 프랑스는 후에 이를 사르디니아에 반환한다.
2. 베네치아는 이탈리아 연방에 들어가나 오스트리아가 계속 영유한다.
3. 파르마, 모데나, 투스카니(토스카나)의 왕위가 복위된다.
4. 이탈리아가 법왕을 맹주로 하여 연방을 조직하는 것에 합의한다.

5. 북부이탈리아의 수복

오스트리아와의 전쟁을 통해 롬바르디아를 수복함으로써 사르디니아를 중심으로 북부이탈리아를 부분적으로 통일하였다.

6. 중부이탈리아의 통일

투스카니, 교황령, 모데나 등에서 자유주의혁명이 일어나고, 혁명세력들은 국민투표를 통해 사르디니아와의 병합을 결정하였다. 재상에 복귀한 카부르가 이를 수용함으로써 중부이탈리아가 통일되었다. 이로써 이탈리아를 연방국가로 약화시키려 했던 프랑스의 의도는 좌절되었고, 이탈리아의 통합기운을 더 이상 막을 수 없다고 판단한 나폴레옹 3세는 이후 플롱비에르합의에 따른 사보이와 니스 할양에 집중한다.

7. 남부이탈리아의 통일과 이탈리아 통일의 완성

마치니파들이 시실리에서 부르봉 왕조에 대한 반란을 일으켰으나 실패하자, 가리발디장군은 시실리섬에 진격하여 팔레르모를 점령하고 나폴리에 입성하였다. 이후 북진하여 로마와 베네치아로 진격하려 하자, 열강의 개입을 두려워한 카부르는 가리발디를 진압하고자 하였으나 가리발디가 북진을 포기하였다. 이로써 로마와 그 부근 및 베네치아를 제외하고 이탈리아는 통일을 대부분 완성하게 되었다.

마치니(Mazzini, Giuseppe, 1805년 6월 22일 ~ 1872년 3월 10일)

1827년 카르보나리당(黨)에 입당하는 한편, 낭만주의 문학을 연구하여 이탈리아의 도덕적 혁신의 필요성을 강조하였다. 1830년 카르보나리당의 비밀활동이 발각되어 체포되었다가 마르세유로 망명하였다. 사르디니아 왕국의 왕 카를로 알베르토에게 이탈리아 통일에 앞장서 줄 것을 요청하였고, 이 무렵에 카르보나리당을 탈당하였다. 1831년 청년이탈리아당을 결성하여 자유·독립·통일을 표방, 이탈리아를 공화정치로 통일할 것을 호소하였다. 제네바로 가서 사보이가에 대한 무력침입을 시도하였으나 실패하였다. 빈곤한 망명생활 속에서도 문필 활동을 계속하였고, 1834년 청년유럽당을 창설하여 유럽 각 국민에게 협력을 호소하였다. 1836년 스위스에서 추방되어 이듬해 런던으로 망명하였다. 1848년 밀라노의 독립운동에 참가하였으며 사르디니아 왕국에 의한 롬바르디아 합병에 반대, 끝까지 통일공화국을 추구하였다. 밀라노에서의 운동이 실패한 후 루카노로 망명하였다. 1849년 로마로 가서 로마 공화국 정부의 3인위원의 위원이 되었다. 프랑스군(軍)의 개입에 대한 저항운동을 지도하였으나 실패하고 다시 외국으로 망명하였다. 그 후로도 여러 차례 군사행동을 일으켰으나 전부 실패하였다. 불굴의 공화주의자로, 사르디니아 왕국에 의한 통일에는 끝까지 반대하였다. 그의 계획에는 구체성이 결여되어 있었지만, 순수한 정열을 지닌 인물로 국가통일기의 초창기 청년층에게 지대한 영향을 끼쳤다.

가리발디(Garibaldi, Giuseppe, 1807년 7월 4일 ~ 1882년 6월 2일)

니스에서 선원의 아들로 태어났다. 사르디니아 해군에 복무 중 청년 이탈리아당의 혁명운동에 가담하였다가 1834년 관헌에 쫓겨 프랑스로 피신하였다. 프랑스에서 남미로 건너간 후 리오그란데와 우루과이의 독립전쟁에 참가하여 공을 세웠다. 1848년 해방전쟁이 일어나자 귀국, 의용군을 조직하여 참가하였으나 패배한 후 로마의 혁명공화정부에 참가하여 나폴레옹 3세의 무력간섭에 대한 방어전을 지휘하였다. 이듬해 공화정부가 붕괴되자 뉴욕으로 망명하였다가 1854년 귀국하여 카프레라섬에서 살았다. 이 무렵부터 공화주의로부터 사르디니아 왕국에 의한 이탈리아 통일주의로 전향, 1859년의 해방전쟁에서는 알프스 의용대를 지휘하였고, 이듬해 5월에는 '붉은 셔츠대'를 조직하여 남이탈리아 왕국을 점령, 사르디니아왕에 바침으로써 이탈리아 통일에 기여하였다. 한때 카프레라섬으로 물러났으나, 로마 병합이 늦어지는 것을 못마땅하게 여겨 1862년과 1867년에 의용병의 로마 탈취를 시도하였다가 실패, 카프레라섬에 연금되었다. 1870년 L. 강베타의 모병에 호응하여 프랑스로 건너갔으며, 이듬해 보르도 국민의회에 선출되었으나, 프랑스인과의 관계도 좋지 않아 다시 카프레라섬으로 돌아와 사회사업 등을 하면서 여생을 보냈다. 이탈리아의 국민적 영웅으로 추앙받고 있다.

5 국제정치사적 의의

첫째, 이탈리아 통일은 1815년 비엔나 국제정치질서의 중대한 수정이자 오스트리아의 심각한 후퇴를 의미한다. 이탈리아 통일은 또한 민족주의의 승리로서 독일의 통일로 이어지게 되었다. 둘째, 이탈리아의 통일은 크리미아전쟁으로부터 시작된 1815년 유럽질서 해체의 완성이라 볼 수 있다. 메테르니히의 질서는 사실은 러시아가 그것을 보장한다는 전제에 입각하고 있었다. 그러나 크리미아전쟁으로써 러시아가 유럽질서의 변경을 목표로 삼게 되자 1815년의 질서는 더이상 유지될 수 없었다.

제11절 | 독일 통일

1834. 관세동맹 형성	1867.3. 네덜란드왕, 룩셈부르크 매각계획 발표
1858. 빌헬름 1세 등장	1867.5. 런던회의
1862.9. 비스마르크 등장	1868. 스페인혁명
1863.3. 프리드리히 7세, 슐레스비히 합병	1870.7.25. 비스마르크, 베네데티 초안 발표
1864.1. 보-오, 공동개입	1870.7.30. 엠스전보 사건
1865.8.14. 가쉬타인협정	1870.9.2. 세당전투
1865.10. 비스마르크 - 나폴레옹 3세, 비아	1870.10.20. 러시아, 파리조약의 흑해비무장조항
리츠 밀담	폐기
1866.6.17. 오스트리아, 프로이센에 선전포고	1871.8. 이탈리아, 로마 점령
1866.7.3. 쾨니히그래쯔전투	1871.1.18. 독일 제국 선포
1866.7.26. 니콜스부르크 예비조약	1871.5.10. 프랑크푸르트 강화조약
1866.8.23 프라하조약	

1 서론

빈체제에서 유럽 강대국들은 신성 로마 제국을 해체하고 34개의 군주와 4개의 자유시로 구성된 독일 연방을 창설하였다. 독일 연방 의회 의장은 오스트리아가 맡았으며 프로이센과 오스트리아의 발언권을 강화시켰다. 그러나 자유주의혁명의 영향을 받은 프로이센 국민들은 오스트리아와의 연방을 해체하고 프로이센을 중심으로 단일국가를 형성하고자 하는 열망을 품고 있었다. 이탈리아와 통일과정에서 오스트리아가 패하여 독일 연방에서 오스트리아의 영향력이 약화되고, 비스마르크의 등장으로 강력한 군비를 갖추게 됨에 따라 프로이센은 오스트리아, 프랑스와 전쟁을 통해 독일 통일의 과업을 완수하게 되었다.

2 독일의 통일요인

1. 민족주의이념

프랑스혁명 사상과 1848년 2월혁명은 독일의 민족주의에도 영향을 주어 오스트리아와의 연방을 해체하고 프로이센 중심으로 통일을 이루고자 하는 열망을 형성시켰다. 특히 1859년 9월에 결성된 '독일민족연합(Deutsche Nationalverein)'은 프로이센을 중심으로 한 통일운동을 전개하였다.

2. 관세동맹

프로이센은 자국주도로 1834년 관세동맹을 형성하여 정치적 통일의 경제적 기반을 마련하였다. 관세동맹에는 오스트리아를 제외한 거의 모든 독일 연방이 가입하고 있었고 이로 인해 높은 관세를 부담해야 했던 오스트리아 산업은 프로이센에 비해 상대적으로 쇠퇴하고 있었다.

참고

관세동맹(Zollverein)

1834년 프로이센 주도하에 결성된 관세동맹으로, 이는 그 후의 자본주의적 발전과 프로이센에 의한 독일의 정치적·군사적 통일의 중요한 전제(前提)가 되었다. 이 동맹으로 대내관세(對內關稅)가 철폐되고, 화폐·어음·도량형·교통제도 등의 국내적 경제영역의 통일이 이룩되었으며, 철도망의 발전과 더불어 광범한 국내시장의 형성을 보게 되었는데, 이것은 중공업을 중심으로 한 독일 자본주의의 본격적인 발전을 준비하게 하였다. 한편 대외공통관세(對外共通關稅)는 수입금지적인 고율의 육성관세까지는 이르지 않았으나, 국내산업의 성장을 크게 도울 수 있었다. 이 동맹은 1871년 독일 제국의 탄생과 함께 정치적으로 통일되었다.

3. 비스마르크의 철혈정책

직업군인인 윌리엄 1세는 국왕이 되자 군대를 개편하고자 하였으나 의회의 반발에 부딪히게 된다. 이를 해결하기 위한 인물로서 비스마르크가 수상이 되었으며 비스마르크는 이른바 '철혈정책'이라는 강력한 군비증강정책을 추진하였다. 이는 프로이센의 헌정분쟁 해결은 오직 군사력에 의해서만 가능하다고 판단하였기 때문이다.

 참고

철혈정책(鐵血政策, Blut und Eisen Politik)

비스마르크가 제창한 독일의 통일정책으로 1862년 프로이센 수상에 임명되자 최초의 하원(下院)에서의 의회연설 중 "작금의 대문제는 언론이나 다수결에 의해서가 아니라 오로지 철과 피(血), 곧 병기(兵器)와 병력에 의해서만 해결할 수 있다."라고 주장한 데에서 유래하였다. 이 연설은 프로이센 의회의 자유주의자에 대항하여 군비를 확장하고 무력을 통한 독일통일을 수행한 비스마르크의 정책을 특징지은 것으로 알려져 있으나, 이미 이탈리아의 카부르 수상이 언급하였다. 이 연설로 인하여 비스마르크를 철혈재상이라고도 하였다.

4. 국제정세

오스트리아 약화 이후 유럽의 국제정세는 프로이센의 통일전쟁에 유리하게 조성되고 있었다. 영국은 오스트리아 패전으로 약화된 중부 유럽을 강화하기 위해서는 독일통일이 필요하다고 생각하고 있었고, 러시아는 오스트리아에 대한 반감으로 프로이센의 통일전쟁에 우호적이었다.

3 프로이센(프러시아) - 오스트리아전쟁

1. 엘베 공국문제와 가슈타인협정(1865년 8월 14일)

엘베 공국인 슐레스비히와 홀슈타인은 중세 이래 덴마크의 세력권이었으나 빈체제에서 홀슈타인은 독일 연방에 포함되어 있었다. 덴마크는 계속해서 홀슈타인을 합병하고자 하였고 결국 독일 연방군과 전쟁을 하게 되었다. 그러나 독일 연방군이 승리하여 두 공국은 독일 연방에 편입되었고 프로이센과 오스트리아는 가슈타인협정을 체결하여 슐레스비히 공국은 프로이센이, 홀슈타인 공국은 오스트리아가 시정하도록 하였다. 가슈타인협정으로 인해 홀슈타인이 프로이센 영토 내에 존재하게 되었으며, 이는 프로이센과 오스트리아 간 분쟁의 씨앗이 되었다.

2. 폴란드 반란과 알벤스레벤협정(1863년 2월)

프로이센과 러시아 간 협정으로서 폴란드인의 행동에 대하여 서로 정보를 교환하고 필요한 경우 무력협력도 할 수 있으며, 프로이센 영토 내로 도피하는 폴란드인의 추격을 러시아에 허용한다는 것이 골자였다. 이 협정으로 러시아와 프로이센의 관계가 강화되어 통일전쟁과정에서 우호적 중립을 유도하였다.

3. 비아리츠회견(1865년 10월)

비스마르크는 오스트리아전쟁에서 프랑스의 중립을 유도하기 위해 나폴레옹 3세와 회동하였다. 나폴레옹 3세는 비스마르크에게 베네치아를 약속받는 대신 프로이센과 오스트리아의 전쟁에서 중립을 지켜주기로 약속하였다.

4. 프로이센(프러시아) - 이탈리아 공수동맹(1866년 4월 8일)

프로이센은 오스트리아가 남북 양면전을 하도록 하기 위해 이탈리아와 동맹을 체결하게 되었다. 이 동맹은 나폴레옹 3세의 제의로 이뤄졌는바, 나폴레옹 3세는 루마니아 문제로 이 동맹을 제의하였다. 루마니아는 몰다비아와 왈라키아의 통합에 의해 형성되었는데, 프랑스는 루마니아를 오스트리아가 보유하고 대신 베네치아는 이탈리아에게 돌려주라는 구상을 하고 있었다. 이것을 실현하기 위해 오스트리아를 위협하는 방편으로 이탈리아가 프로이센과 동맹을 맺도록 제안한 것이다. 동맹조약의 내용은 이탈리아가 프로이센 편에 가담하여 전쟁을 하고 대신 베네치아를 약속받는 것이었다.

5. 프랑스 - 오스트리아 비밀조약(1866년 6월 12일)

개전을 앞둔 오스트리아는 프랑스의 중립을 유도하기 위해 비밀조약을 체결하였다. 오스트리아는 전쟁의 승패와 상관없이 베네치아를 나폴레옹 3세에게 할양하고 나폴레옹 3세는 이를 이탈리아에게 돌려주기로 하였다. 또한 오스트리아가 전쟁에 승리하는 경우 오스트리아가 원하는 방향으로 독일 연방을 개편하고 그러한 개편으로 유럽의 세력균형이 변화하는 경우 나폴레옹 3세와 협의하기로 합의하였다.

6. 개전과 니콜스부르크 예비평화안(1866년 7월 26일)

비스마르크는 연방개편안을 제출하여 오스트리아를 자극하는 한편, 홀슈타인 의회가 홀슈타인 장래를 토의하자 이것이 가슈타인협정 위반이라고 하여 군대를 홀슈타인 (오스트리아 점령지역)에 진주시켜 전쟁이 시작되었다. 사도바전투에서 대패한 오스트리아는 나폴레옹 3세에게 휴전을 주선해 줄 것을 제의하여 예비 평화조건이 합의되었다. 하노버, 헤센, 나사우, 프랑크푸르트 자유시는 프로이센에 합병되고 마인강 이북의 독일 국가들은 북부독일 연방을 구성한다. 독일 연방은 해체하고 오스트리아는 독일 연방에서 제외된다.

사도바전투(쾨니히그래쯔전투)

1. 의의

1866년 프로이센 - 오스트리아전쟁 중 프로이센군이 보헤미아의 도시 쾨니히그래쯔(지금의 흐라데츠 크랄로베) 북서쪽의 사도바마을에서 벌인 전투로 사도바전투라고도 한다. 이전투에서 프로이센은 대승을 거두었고 오스트리아는 군대는 거의 괴멸되어 대패하였다.

2. 과정

1866년 6월 18일에 프로이센이 오스트리아에 선전포고함으로써, 프로이센 - 오스트리아전쟁을 일으킨 프로이센은 오스트리아로 진격하고 있었다. 보헤미아전선의 24만 1,000명의 오스트리아군을 이끌고 있던 사령관 루트비히 아우구스트 리터 폰 베네데크 장군은 갓 임명된 장군이라 전선의 지형을 잘 모를 뿐만 아니라 오스트리아군은 전장식 소총에다 총검 돌격전술에만 의존하여 구시대적인 전술을 펼쳤다. 이에 비해 프로이센군은 28만 5,000명을 이끄는 사령관 헬무트 폰 몰트케는 작센에서 슐레지엔까지 뻗은 434km의 3개의 부대를 나누고 새로운 전술과 전투 방법을 사용해보자고 하였다. 프로이센군은 비스마르크의 군비확장정책을 배경으로 후장식 소총으로 새로운 총을 앞세워 무장하고 유럽 역사상 최초로 철도수송의 이점을 충분히 살려 활용하였다. 몰트케는 7월 1일에 3개 부대를 하나로 모으고 7월 3일에 오스트리아군과 전투를 벌였다.

3. 결과

오스트리아군은 대패하여 약 4만 명의 군사를 잃고 절반 정도가 포로가 되었으나 프로이센군의 피해는 1만 5,000명도 채 되지 않았다. 베네데크 장군이 후퇴하여 빈 근처에서 전투 준비 중 7월 26일에 프라하에서 조약이 체결되어 전쟁은 프로이센의 대승으로 막을 내렸다.

7. 프라하조약(1866년 8월 23일)

오스트리아와 프로이센의 강화조약이다. 그 내용은 ① <u>오스트리아는 구독일 연방의 해산을 승인하고 오스트리아가 참가하지 않는 새로운 독일의 조직을 인정한다.</u> ② 오스트리아 황제는 라인강 이북으로 하는 북부독일 연방의 형성과 라인강 이남으로 하는 제독일 연방으로 하나의 연방을 형성할 것을 인정한다. ③ 슐레스비히, 홀슈타인, 프랑크푸르트 자유시는 프로이센에 병합된다.

프라하조약의 주요 내용

1. 베네치아를 제외한 오스트리아의 영토보전을 기한다.
2. 오스트리아는 독일 연방의 해체를 승인하고 독일의 개조에 이의를 제기하지 않고 작센을 비롯한 모든 덴마크 영유지에 대한 영유권을 포기한다.
3. 마인강 북쪽의 북부독일 연방의 형성과 프로이센의 맹주권을 인정하고 프로이센은 북부독일 연방의 군통수권을 행사한다.
4. 마인강 이남의 남부독일은 새로운 연방을 형성하고 남북독일 연방의 문제는 후일에 결정하기로 한다.
5. 프로이센은 홀스타인과 슐레스비히를 병합한다.
6. 이탈리아에게 베네치아를 귀속시킨다.
7. 오스트리아는 6,000만 크라운의 전쟁배상을 프로이센에게 지불한다.

4 프로이센(프러시아) - 프랑스전쟁

1. 전쟁이유

오스트리아와 전쟁을 통해 북부독일을 통일한 비스마르크는 남부독일을 통일하기 위해서는 프랑스와의 전쟁이 불가피하다고 보았다. 프랑스가 전쟁 중재의 대가로 라인 강(마인강) 좌안의 독일 영토를 강력하게 요구하였기 때문이다. 독일주재 프랑스 대사인 베네데티의 초안에 의하면 프랑스는 1814년 프랑스령이었던 라인 좌안의 영토를 회복하고, 라인 좌안에 있는 바이에른 왕 및 헤센 대공의 영토를 프랑스에게 할양할 것 등을 요구하고 있었다.

베네데티(V. Benedetti)의 초안(1866년 8월)

니콜스부르크 예비 평화조건이 타결되자 나폴레옹 3세는 보상을 요구하고 나섰다. 나폴레옹 3세는 1792년의 국경, 바바리아령 팔라티네이트 또는 라인란트의 헤세 또는 룩셈부르크를 요구하였다. 그러나 비스마르크는 이러한 과다한 요구에 응해줄 수는 없었다. 그 후 나폴레옹 3세는 독일 주재 대사 베네데티에게 훈령해 프랑스가 장차 벨기에를 획득하는 데 프로이센의 지원을 받게끔 하라고 훈령하였다. 비스마르크는 그런 요구를 문서로 작성해 줄 것을 제의하였다. 이에 베네데티는 프랑스가 벨기에와 룩셈부르크를 획득하는 데에 프로이센이 지원한다면 프랑스는 남북독일 연방이 서로 병합하는 것을 승인하고 프로이센과 동맹을 체결하겠다는 내용의 문서를 작성해 비스마르크에게 직접 전해 주었다. 이것을 베네데티의 초안이라고 부른다. 이후 비스마르크는 이 문서를 영국에 흘려 보내 1870년 프랑스·프로이센 전쟁 때에 영국의 여론이 프로이센쪽으로 기울도록 하였다.

2. 룩셈부르크 사건과 런던조약(1867년 5월 11일)

나폴레옹 3세의 보상외교과정에서 룩셈부르크 사건이 발생하였다. 룩셈부르크는 원래 독일 연방의 구성원이었으나 북부독일 연방 성립 시 제외되었으나, 프로이센군이 주둔하는 지역이었다. 나폴레옹 3세는 프로이센의 동의하에 룩셈부르크를 합병하고자 하였으나 프로이센의 반대로 뜻을 이루지 못하였다. 런던조약을 통해 룩셈부르크는 영세중립국이 되고 유럽 강대국이 중립을 보장하기로 하였다. 룩셈부르크 사건은 프로이센과 프랑스의 관계가 극도로 악화되는 계기가 되었다.

3. 러시아 - 프로이센(프러시아)합의

1868년 3월에 러시아는 프랑스와 프로이센 간에 전쟁이 발발하는 경우 군대를 오헝 국경에 집결시켜 오헝을 움직이지 못하도록 하겠다고 약속하였다.

4. 스페인 내란과 왕위계승문제(1868년 9월) 및 엠스전보 사건(1870년 7월 13일)

내란에 성공한 반란군은 정부를 수립하는 과정에서 호엔촐레른 가문의 레오폴드 왕자를 국왕으로 옹립하고자 하였으나 프랑스가 강력하게 반대하였다. 레오폴드가 국왕이 되길 바라는 프로이센과 이에 반대하는 프랑스의 외교전 과정에서 엠스전보 사건이 발생하여 양국 여론이 전쟁으로 기울게 되었다. 윌리엄 국왕과 프랑스 대사 베네데티의 대화가 비스마르크에 의해 변조된 사건이 엠스전보 사건이다. 프로이센 국민에게는 프랑스 대사의 국왕에 대한 결례가, 프랑스 국민에게는 프랑스의 레오폴트 국왕의 옹립 거절 요청을 윌리엄 국왕이 거절한 것이 부각되었다.

5. 개전과 강화의 성립

1870년 7월 19일 프랑스는 전쟁을 선포하였다. 전세는 신속한 군대배치와 이동, 우수한 작전계획 그리고 효율적인 참모본부의 활동으로 프로이센에 유리하게 전개되었다. 9월 1일 프랑스군은 세당전투에서 대패하고 프로이센에 항복을 선언하였다. 1871년 1월 28일 파리가 함락되었으며 2월 26일에 예비강화조약이 베르사유에서 체결되었고, 5월 10일 프랑크푸르트강화조약으로 종전되었다.

6. 프랑크푸르트강화조약의 체결

(1) 프랑스는 알사스의 전부와 로렌의 일부를 할양한다.

(2) 프랑스 정부는 50억 프랑의 배상금을 지급한다.

(3) 프랑스가 배상금을 지불하는 데에 따라 프로이센군은 점차 동부로 철수하며 지불이 5억 프랑에 달하면 점령을 종결한다.

 참고

프랑크푸르트강화조약의 주요 내용

1. 프랑스는 알사스의 전부와 로렌의 일부를 프로이센에게 할양한다.
2. 프랑스는 50억 프랑을 전쟁배상금으로 프로이센에게 지불한다.
3. 프로이센군은 파리 시내 세느 강 우안으로부터 철수한다.
4. 배상금의 지불이 5억 프랑에 이를 때까지 보장점령한다.
5. 파리 수비군 약 4만 명을 제외한 모든 프랑스군은 세느 강 이서로 철수한다.

5 국제정치사적 의의

첫째, 독일 통일로 이탈리아 통일과 함께 중부유럽이 강화되었으며, 이는 유럽 대륙 내부의 패권이 프랑스에서 독일로 교체됨을 의미하였다.

둘째, 보불전쟁이 진행되던 중 이탈리아는 로마로 진격하여 이를 장악함으로써 이탈리아의 통일을 완성하였다.

셋째, 러시아가 갈망하였던 흑해중립조항을 폐기하였다. 1856년 파리조약에서 흑해의 비무장중립조항은 러시아의 남진을 결정적으로 봉쇄하였기 때문에 이의 파기는 러시아의 숙원이었다. 러시아는 비스마르크의 지원 아래 1871년 1월의 런던회의에서 이를 타결짓는 데에 성공하였다.

넷째, 독일과 이탈리아가 통일국가가 됨으로써 강대국 간에는 완충지역이 사라지고 열강이 서로 국경을 맞대고 대치하게 되었다. 열강이 국경을 맞대고 있지 않은 지역은 발칸반도지역이었으며 따라서 이 지역이 열강들이 영향력을 행사하려는 각축장이 되었다.

다섯째, 빈체제의 근본적인 수정이 이루어지게 되고 유럽은 비스마르크 동맹체제로 전환되었다.

🔅 이탈리아 통일과 독일 통일 비교

구분	이탈리아 통일(1861년)	독일 통일(1871년)
통일문제	• 오스트리아 영향력 제거 및 영토 회복 • 군소정치단위체 통합	• 오스트리아와의 연방(연합) 해체 • 북부·남부독일의 군소공국들 통합
통일방안	단일국가 / 연방국가	소독일주의 / 연방
국제정세	• 1848년 2월혁명 • 1854년 크리미아전쟁에서 프랑스 승리	• 영국의 지지(프랑스·러시아 견제) • 오이전쟁과 이탈리아 승리 • 크리미아전쟁과 오스트리아 고립 • 엘베 공국문제 • 룩셈부르크 사건 • 엠스전보 사건
이념	민족주의	
지도력	카부르	비스마르크
국력	상대적 약소국 - 외세 활용 필수	사실상 강대국 - 독자적 통일
통일요인 (통일저해요인)	유리한 국제정세 활용	민족주의 열망에 기초한 군비증강

제3장 | 비스마르크 동맹체제

제1절 | 비스마르크 동맹체제

> 1873.10. 제1차 삼제협상
> 1878.3.3. 산 스테파노조약
> 1878.6.13. ~ 7.13. 베를린회담
> 1879.10.7. 독일-오스트리아, 동맹체결
> 1881.5. 바르도조약
> 1881.6.18. 제2차 삼제협상
> 1881.6.28. 오스트리아-세르비아, 동맹체결
> 1882.5.20. 삼국동맹체결
> 1883.10.30. 오스트리아-루마니아, 동맹체결
> 1885.11. 세르비아, 불가리아에 선전포고
>
> 1886.5. 블랑제 국방장관 취임
> 1886.11. 불가리아, 러시아와 관계 단절
> 1887.2.12. 제1차 지중해협정
> 1887.2.20. 제2차 삼국동맹
> 1887.6.18. 독일-러시아, 재보장조약 체결
> 1887.12.12. 제2차 지중해협정
> 1888.7. 빌헬름 2세 등장
> 1890.3. 비스마르크 사임
> 1890 독러재보장조약 파기
> 1891.5.6. 제3차 삼국동맹

1 의의

보불전쟁을 통해 독일의 통일을 완성한 비스마르크는 유럽정치질서의 현상유지와 프랑스 고립이라는 새로운 정책 노선을 제시하고 이에 따른 평화정책(Friedenspolitik)을 전개한다. 프랑스 고립을 추진한 이유는 프랑스의 독일에 대한 보복전쟁은 필연적일 수밖에 없으나 프랑스가 독자적으로 전쟁을 수행하기는 어렵다고 생각하였기 때문이다. 따라서 프랑스를 국제적으로 고립시키기 위해서는 영국, 러시아, 오스트리아, 이탈리아 등 유럽의 다른 열강들을 독일에 묶어두는 전략을 추구한 것이다. 즉, 비스마르크 동맹체제란 프랑스를 국제적으로 고립시키기 위해 비스마르크가 형성한 삼제협상, 삼국동맹, 방계동맹, 지중해협정 등을 의미한다.

2 구조

1. 삼제협상(1873년)

독일이 오스트리아 및 러시아와 함께 구축한 협상체제이다. 독러군사협정과 오스트리아 - 러시아 간 쇤부른협정으로 형성되었다. 독일은 러시아나 오스트리아가 프랑스와 동맹을 형성하는 것을 저지하고자 하였고, 러시아나 오스트리아는 발칸에서 유리한 입지를 구축함에 있어서 비스마르크의 지원을 기대하였다. 삼제협상은 예방전쟁 사건과 발칸위기를 거치면서 붕괴되었고, 1881년 제2차 삼제협상이 성립되었다. 1887년 독러재 보장조약이 체결되어 러시아는 계속해서 독일중심의 동맹체제 내에 존재하였으나, 독러재보장조약의 폐기로 삼제협상은 종료되었다.

2. 독오동맹(1879년)

러시아 - 터키전쟁 이후 베를린회의를 거치면서 러시아와 독일의 관계는 급속히 악화되었다. 러시아의 발칸 진출에 있어서 삼제협상 당사국인 독일은 러시아를 지원하기보다 다른 열강과 함께 발칸 진출을 저지하고자 하였기 때문이다. 한편, 오스트리아 내에서는 영국과 동맹체결 여론이 강화되고 있었다. <u>비스마르크는 오스트리아가 러시아의 공격을 받는 경우 원조한다는 조건으로 프랑스가 독일을 공격하는 경우 우호적 중립약속을 받아냈다. 독오동맹은 제1차 세계대전까지 유지되었다.</u>

독오동맹조약의 주요 내용

1. 러시아가 양국 중 어느 한쪽을 침공할 시, 타방은 전군을 동원하여 원조한다.
2. 타 세력(예컨대 프랑스)이 어느 한 쪽을 공격할 때 러시아가 가담하지 않는 한 오스트리아는 우호적 중립을 지킨다.
3. 조약은 비밀이며 5년간 유효하고 연장이 가능하다.

3. 삼국동맹(1882년)

<u>독일, 오스트리아, 이탈리아 3국 간에 형성된 동맹체제이다.</u> 독일은 이탈리아를 동맹체제에 끌어들여 프랑스와 전쟁에서 유리한 입지를 형성하고자 하였고, 이탈리아는 국제적 고립에서 탈피하고, 지중해에서 프랑스와 대결 시 독일의 지원을 기대하였다. 오스트리아는 이탈리아의 미수복운동의 종식을 꾀하고자 하였다. 삼국동맹은 프랑스를 겨냥한 것으로서 1915년까지 존속하였다.

이탈리아의 미수복운동(실지회복운동)

이탈리아 역사상의 용어로 '이탈리아 이레덴타(Italia irredenta: 미회수 이탈리아)'라는 말에서 유래한다. 미수복운동은 민족적 경계와 국경이 일치하지 않는 현상을 타파하려는 운동이다. 이탈리아의 경우 실지회복은 원래, 민족적 통일 내지는 해방을 목표로 하는 것이었지만 19세기 말부터 열강의 제국주의적 팽창에 따라 이탈리아 제국주의정책의 이데올로기로 전화하였다.

4. 방계동맹

<u>1881년 오스트리아와 세르비아 간 동맹이 체결되었고, 1883년에는 오스트리아와 루마니아 간 동맹이 체결되었다.</u> 독일과 오스트리아가 동맹관계에 있었으므로 이들 동맹은 독오동맹의 연장선상에 있었다고 볼 수 있다. 세르비아와 루마니아는 발칸반도에서 반러정책을 펴고 있었던 오스트리아와 이해관계가 일치하였다.

5. 지중해협정(1887년 2월)

영국, 이탈리아, 오형 간에 상호이해관계를 조정한 협정들을 의미한다. 제1차 지중해협정이 1887년 2월에 체결된 이후 1887년 12월에 제2차 협정 또는 근동앙땅뜨가 체결되었으며 1892년 로즈베리가 외상이 되면서 종료되었다. 영국과 이탈리아 간에는 지중해에서 현상을 유지하는 것에, 영국과 오스트리아 간에는 발칸에서 러시아의 남하정책을 저지하는 것에 이익이 합치되었다. 제1차 지중해협정은 프랑스, 제2차 지중해협정은 러시아에 대항하는 성격을 띠고 있었다. 지중해협정에 독일이 가입하지는 않았으나, 영국과 독일이 우호적인 관계를 유지하게 하는 기제로 작동하였다.

3 붕괴요인

독러재보장조약 파기 이전까지 유럽의 질서를 안정적으로 유지해 주었던 비스마르크 동맹체제는 독러재보장조약 파기 이후 러시아가 동맹체제에서 이탈하고, 1892년 지중해협정이 종료되면서 붕괴되기 시작하였다.

1. 독일의 세계전략

비스마르크 퇴임 이후 빌헬름 2세는 '새로운 코스'인 '세계정책(Weltpolitik)'의 추진을 선언하였고 1897년경부터 현실적으로 전개되기 시작하였다. 이는 영국과의 패권경쟁전략이자 해외식민지 획득을 위한 경쟁에 독일도 참여하는 정책이었다. 이러한 독일의 세계전략은 구체적으로 해군력확장정책으로 나타났다. 이로 인해 유럽 국가들은 독일의 위협에 대응하여 대독포위노선을 추구하게 된다. 프랑스를 고립화시키려 했던 독일의 전략과 반대로 오히려 독일이 고립되기 시작한 것이다.

2. 독일의 오판과 독러재보장조약 파기

1890년 독러재보장조약이 파기되면서 비스마르크 동맹체제는 구체적으로 붕괴되기 시작한다. 독러재보장조약의 파기는 독일의 오판이었음이 밝혀졌다. 독일은 러시아와 재보장조약을 파기하더라도 러시아와 프랑스는 결코 동맹을 맺지 못하리라 생각하였다. 양국은 공통 이해관계가 없었기 때문이다. 또한, 영국이 프랑스나 러시아 어느 국가와도 동맹을 맺을 수 없다고 생각하였다. 그러나 삼국협상의 성립으로 이 모든 판단이 그릇되었음이 입증되었다.

3. 제국주의와 비스마르크체제의 내재적 한계

비스마르크체제는 유럽중심적이며 비유럽지역에 대한 철저한 경시에 입각하고 있었다. 그러나 이러한 유럽중심은 유럽시장만으로 충족될 수 있는 자본주의 경제발전단계에서만 가능한 것이었다. 해외시장이 유럽경제에 필수적인 요소로 등장하는 단계에서 비스마르크체제는 더 이상 유지될 수 없었다.

1. 몰이념적 기술동맹

비스마르크 동맹체제 자체의 속성을 평가해 보면, 1871년 이래 비스마르크가 형성한 동맹체제는 프랑스를 제외하고 거의 모든 국가군을 거미줄같은 동맹의무들로 묶어 놓은 특유한 기술적 동맹이었다. '기술적'의 의미는 동맹들이 어떤 이념에 기초한 것이 아니고 오직 대응적인 동맹관계로서 단일체제를 구성하였다는 것을 나타낸다.

2. 집단안보제도적 성격

안보제도로서 비스마르크 동맹체제는 '집단안보제도'의 성격을 띠고 있었다. 프랑스의 복수전에 대비하기 위해 프랑스를 제외하고는 어떤 잠재적인 공격세력도 그의 동맹체제 내에 끌어들여 수용하고 있기 때문이다. 비스마르크 동맹체제는 가상적을 동맹체제 밖에만 둔 순수한 동맹체제가 아니라 잠재적인 침략세력도 그 체제 내에 안고 있었다.

3. 유럽 국가들의 제국주의전략 강화

비스마르크 동맹체제는 유럽의 안보유지에는 긍정적인 기능을 하였으나, 유럽 외부의 상대적 약소국의 입장에서 보면 역기능적이었다고 평가할 수 있다. 비스마르크 동맹체제에 의해 유럽 내부의 안보가 달성되자 열강은 해외식민지경략에 주력하였다. 비스마르크는 프랑스의 관심을 유럽 밖으로 전환하기 위해 프랑스가 해외식민지를 경략하는 것을 적극 지원하기도 하였다.

📁 **참고**

비스마르크(Bismarck, Otto Eduard Leopold von, 1815년 4월 1일 ~ 1898년 7월 30일)
독일 제국의 초대 총리로 독일 통일과 국가 발전에 공적이 있었다. 프로이센의 쇤하우젠에서 융커(지방귀족)의 아들로 태어나, 괴팅겐과 베를린 두 대학에서 공부한 후 프로이센의 관리가 되었다(1836~1839). 베를린의 3월혁명(1848) 때는 반혁명파로 활약했고 보수당 창립 멤버의 한 사람이었다. 혁명 후 프랑크푸르트에서 열린 독일 연방의회에 프로이센 대표(1851~1859)로 임명되어 프랑크푸르트에 부임하였다. 그는 독일의 통일방식에 대해 오스트리아와의 협조를 주장하였지만 결국 오스트리아가 프로이센을 동등하게 취급하지 않는다는 판단을 가지게 되어 오스트리아와 자주 대립하였다.
1848년 전후에 보수적인 정치가에 불과하였던 그는 러시아 주재대사(1859), 프랑스 주재대사(1862)가 되면서 안목이 넓어졌고, 1862년 국왕 빌헬름 1세가 군비확장문제로 의회와 충돌하였을 때 프로이센 총리로 임명되었다. 취임 첫 연설에서 이른바 '철혈정책(鐵血政策)', 즉 "현재의 큰 문제는 언론이나 다수결에 의해서가 아니라 철과 피에 의해서 결정된다."라고 하여 의회와 대립한 채 군비확장을 강행하였다. 결국 1864년, 1866년 전쟁에서 승리하여 북독일 연방을 결성하였고, 나아가 1870~1871년 전쟁에서 승리함으로써 독일 통일을 이룩하였다. 1871년 독일 제국 총리가 되어 1890년까지 이 지위를 독점하였다.
경제 면에서 그는 보호관세정책을 써서 독일의 자본주의 발전을 도왔으나, 정치면에서는 융커와 군부에 의한 전제적 제도를 그대로 남겨놓았다. 그는 통일 후 외교면에서 유럽의 평화유지에 진력하였으며, 삼제동맹, 독일 - 오스트리아동맹, 삼국동맹, 이중보호조약 등 동맹과 협상관계를 체결하여, 숙적이었던 프랑스의 고립화를 꾀하고 독일 지위를 튼튼하게 함으로써 국력을 충실히 하려 하였다. 그리고 러시아투르크전쟁(1877) 후에는, 베를린회의를 주재하여 '공정한 중재자'의 역할도 하였다.

그러나 국내에는 많은 반대세력이 있었는데, 특히 남독일을 중심으로 한 가톨릭교도를 억압하기 위하여 1872년 이후 '문화투쟁(Kulturkampf)'을 벌여 왔으나 실패하였고 사회주의세력에 대해서는, 사회주의자진압법(1878)을 제정하는 한편, 슈몰러 등의 강단(講壇)사회주의 사상을 도입하여 사고·질병·양로보험 등의 사회정책을 추진하였다. 그럼에도 사회주의세력은 증가하고 결국 소기의 목적을 충분히 달성하지 못하고 말았다.

그는 원래 현상유지론자였음에도 불구하고 식민지를 확장하여 아프리카에 토고·카메룬(1884), 독일령 동(東)아프리카(1885) 등을 경영하였다. 그의 집권 아래 독일 공업은 유럽에서 가장 발전하였으므로, 비스마르크시대 말기에는 그의 평화정책에 반대하는 제국주의자가 늘어갔다. 1888년 빌헬름 2세가 즉위하자 비스마르크는 곧 그와 충돌, 1890년에 사직하였다.

제2절 | 삼제협상(Dreikaiserbund)

1871. 오스트리아, 안드라시 등장	1873.6. 오-러, 정치협정
1872. 빌헬름 1세, 프란츠 요제프 방문	1873.10. 제1차 삼제협상
1872.9. 베를린 3자회담	1878.6.13. ~ 7.13. 베를린회담
1873.5. 독-러, 군사협정	1881.6.18. 제2차 삼제협상

1 의의

삼제협상은 유럽의 정치질서를 현상유지하고, 프랑스를 고립화시키겠다는 목표를 가진 비스마르크 동맹체제 구상의 최초의 산물이었다. 독일, 오스트리아, 러시아 간 협의체적 성격을 가진 동맹이었고 법적 구속력은 없었으나 각국의 이해관계 실현에 있어서 상호 원조에 대한 기대감으로 형성되었다. 1873년 최초로 형성된 삼제협상은 1881년과 1884년에 갱신되었으나 1887년에 붕괴되었다. 다만, 독러재보장조약을 통해 독일은 러시아를 보장체제 속에 묶어둘 수 있었다.

2 제1차 삼제협상(1873년 10월)

1. 국가들의 입장

(1) 독일

삼제협상을 통해 오스트리아와 러시아를 묶어둠으로써 그들이 프랑스와의 동맹관계에 들어가는 것을 막을 수 있고, 프랑스와 전쟁을 하는 경우 양국의 원조를 기대하였다.

(2) 러시아

발칸반도에 영향력을 확장하고자 하였던 러시아는 독일과 오스트리아가 동맹을 체결하여 독일이 오스트리아를 지원하는 것을 우려하였다. 러시아의 의도는 독일과 오스트리아 간의 동맹을 방해하고, 독일을 이용하여 발칸에서의 오스트리아를 제어하는 것이 그 목적이었다.

(3) 오스트리아

보이스트 재상과 안드라시 외상은 프랑스가 독일에 패하자 대독 복수전은 불가능하다고 보고 독일과의 동맹을 건의하였다. 이는 오형의 진로는 장차 유럽의 동남지역으로 나아가는 길밖에 없는데 이를 위해서는 러시아와 화해가 필요하고, 그 화해는 독일을 통해서만 가능하다고 판단하였기 때문이었다.

2. 독러군사협정(1873년 5월)

일방이 유럽의 어떤 열강으로부터 공격을 받는 경우 타방은 20만 명의 병력으로 지원한다는 내용을 담고 있다.

3. 러시아 - 오형 간 쇤브룬협정(1873년 6월)

러시아 황제 알렉산더와 오스트리아 황제 프란츠 요셉 간 개인적 협상으로서 양국 간 중요한 문제에 대해서는 상호 협의할 것을 약속하였다. 1873년 10월 독일 황제가 추가로 서명함으로써 삼제협상이 완성되었다.

4. 제1차 삼제협상의 성격

삼제협상은 확고한 동맹은 아니었고 느슨한 형태를 띠는 보수세력 간의 결합이었다. 발칸을 둘러싸고 경쟁상태에 있던 오스트리아와 러시아 간의 문제에 책임을 지지 않으려는 비스마르크의 태도와 서로 도울 의향이 없는 입장은 뚜렷하였다. 이렇게 불투명한 삼제협상도 군권, 보수주의세력을 옹호하며 진보세력을 억압하자는 데에는 공동의 이해를 가지고 있었다.

5. 제1차 삼제협상의 위기

(1) 예방전쟁 사건(1875년)

1873년 프랑스 외상에 드카즈(L. C. A. Decazes)가 취임한 이후 프랑스는 군비를 강화화고 국민개병제를 성립시켰으며 사관학교를 세우고 요새를 건설하는 등 군사력 강화에 박차를 가하였다. 프랑스의 급속한 회복에 불안을 느낀 독일이 예방전쟁론을 거론하면서 말 수출을 금지시켰고, 독불관계가 악화일로를 걷자 러시아가 개입하여 독일의 평화의도를 확인함으로써 일단락되었다. 예방전쟁 사건을 통해 독일은 프랑스와 전쟁에서 러시아의 지원을 받기가 어렵다고 판단하게 되고 삼제협상의 허약함을 인식하게 되었다.

(2) 발칸 위기

발칸반도에서 터키의 지배하에 있던 국가들이 반란을 일으키자 이에 터키가 무자비하게 탄압(불가리아의 공포)하자 러시아가 개입하였다. 러시아의 개입은 러시아 - 터키 간 전쟁으로 확대되었고, 그 결과 러시아가 승리하였다. 그러나 발칸의 현상유지를 원하는 영국·오스트리아·독일이 개입하여 대불가리아를 건설하고자 하는 러시아의 의도는 좌절되었다. 정직한 중재자로 자처하며 회의를 주재하였던 독일이 베를린회의에서 러시아의 입장을 지지해 주지 않자 러시아는 독일에 불만을 가지게 되었고, 이로 인해 제1차 삼제협상이 사실상 와해되었다.

3 제2차 삼제협상(1881년 6월 18일)

1. 국가들의 입장

(1) 독일

베를린회의 이후 관계가 악화된 러시아가 프랑스에 접근할 우려가 있었다. 따라서 러시아를 다시 자국에 묶어두기 위해 삼제협상을 체결하였다. 독일은 오스트리아와 동맹을 체결하고, 영국과 동맹교섭을 진행시킴으로써 러시아가 선제적으로 자국에 접근하도록 하는 전략을 구사하여 성공하였다.

(2) 오스트리아

오스트리아는 독오동맹(1879년)을 체결하고 있는 상황에서 별도로 삼제협상을 체결할 실익이 없고 오히려 발칸에서의 오스트리아의 행동의 자유에 제한을 가함으로써 국가이익을 침해한다고 판단하였다. '실지회복주의'에 대응하기 위해 이탈리아와의 동맹이 더욱 필요하다고 보았다. 그러나 비스마르크가 오형의 향후 위기는 러시아와의 조약을 거부한 결과라고 위협하자 결국 동의하였다.

(3) 러시아

베를린회의 이후 사부로프는 발칸 진출보다는 중앙아시아 방면으로 진출해야 하며, 러시아의 국제적 고립을 탈피하기 위해 독일과의 관계를 개선해야 한다고 생각하고 있었다. 따라서 독일과의 양국동맹을 추진하였으나 이미 독오동맹이 체결되어 있음을 알고 독오동맹과 양립하는 범위에서 삼제협상을 체결하게 되었다. 영국과 러시아 간 분쟁에서 독일과 오스트리아의 중립을 확보하는 것이 최대의 이해관심사였다.

2. 제2차 삼제협상의 주요 내용

(1) 체약국 중 일국이 제4국과 전쟁을 하는 경우 다른 체약국들은 우호적인 중립을 지킨다. 이는 터키와의 전쟁에도 적용한다.

(2) 러시아는 오형이 베를린조약에 따라 얻게 된 새로운 지위와 이익을 준수한다. 오스만 제국의 유럽 영토는 공동합의에 의해서만 현상을 변경한다.

(3) 다다넬스 - 보스포러스 해협 봉쇄원칙을 다시 확인한다. 터키는 어떤 국가에게도 해협에서 전투작전을 허용할 수 없다.

(4) 오형은 필요하다고 인정할 경우 보스니아 - 헤르체고비나를 병합할 수 있다.

(5) 터키가 동루멜리아를 병합하지 못하도록 한다.

(6) 러시아는 베를린회의에서 인정된 국경선의 범위 내에서 불가리아와 동루멜리아를 병합할 수 있다.

동루멜리아

불가리아의 스타라플라니나산맥(발칸산맥) 이남, 로도페산맥 이북의 마리차강(江) 유역의 역사적 명칭이다. 1878년 베를린회의에서 불가리아 공국(公國)의 자치를 승인하였을 때, 분리하여 자치행정주가 되었으나 터키의 술탄이 임명하는 총독이 통치하였다. 당시 주민의 수는 약 80만 명으로 대부분 불가리아인이었으므로, 불가리아와의 합병을 원하여 1885년 반란을 일으켰다. 불가리아공(公) 알렉산드르도 이에 호응해서 출병하였으나, 세르비아가 반대하여 전쟁이 일어나게 되었다. 전쟁 결과 불가리아가 승리를 거두고, 열강이 조정해서 터키도 승인하여 1886년 동루멜리아는 불가리아의 일부가 되었다.

3. 제2차 삼제협상의 의의

(1) 독일

프랑스 고립과 유럽 정치질서의 현상유지라는 목표를 재달성할 수 있게 되었고, 발칸에서 오형과 러시아가 대립하는 경우 우호적 중립을 지킬 수 있게 됨으로써 발칸분쟁에 연루될 위험을 감소시켰다.

(2) 러시아

베를린회의 이후의 국제적 고립을 탈피할 수 있었고, 산 스테파노조약에서 의도한 바를 부분적으로 성취할 수 있었다. 즉, 대불가리아 건설에는 실패하였으나, 불가리아와 동루멜리아 합병을 원칙적으로 승인받음으로써 산스테파노의 좌절을 부분적으로 만회하였다. 또한 영국과의 전쟁 시 독일과 오형의 우호적 중립도 확보하게 되었다.

(3) 오스트리아

발칸문제를 둘러싸고 일어날지도 모를 러시아와의 이해관계를 조절할 수 있는 외교적 장치를 확보하였고, 이탈리아와 전쟁 시 최소한 러시아의 중립을 확보하였다. 또한 베를린회의에서 이미 승인된 보스니아와 헤르체고비나의 병합을 재확인받음으로써 계획을 구체화시킬 수 있었다.

제1 · 2차 삼제협상

1. 제1차 삼제협상
   ① 3국의 이해가 서로 상반될 때 협의하여 해결한다.
   ② 제3국으로부터의 침략위협에 대해서는 공동으로 사전협의한다.
   ③ 군사행동이 필요할 때에는 특별협정을 체결한다.
   ④ 2년의 유예기간을 두고 폐기할 수 있다.

2. 제2차 삼제협상

① 3국 중 어느 하나가 제4국과 전쟁을 할 때 나머지 2국은 중립을 지키고, 전쟁을 국지화시키도록 노력한다.

② 러시아는 독일과의 합의하에 베를린조약에서 발생한 오스트리아의 권리를 확인한다.

③ 3국은 보스포러스와 다다넬스 해협 봉쇄의 원칙이 의무임을 확인한다.

④ 오스트리아는 적당한 시기에 보스니아와 헤르체고비나를 병합할 수 있다.

⑤ 3년간 유효하며 비밀로 한다.

4 평가

삼제협상은 3국 간의 공동목표 또는 공통이익 위에 구축된 동맹이라고 볼 수 없다. 다만, 발칸지역에서 전통적으로 대립하여 온 러시아와 오형 간의 잠정적인 화해에 입각하고 있는 것이었다. 따라서 이 조약은 러시아와 오형이 각각 발칸 이외의 지역에서 세력을 확장하고 있을 동안에만 작동할 수 있는 것이었다.

제3절 | 베를린회의

1875.7. 보스니아에서 반터키 반란
1875.12.30. 안드라시각서
1876.7.8. 오스트리아-러시아, 라이히슈타트협정
1877.1.15. 오스트리아-러시아, 부다페스트협정
1877.4. 터키, 런던공동의정서 거부

1877.4.24. 러시아, 터키에 선전포고
1878.2. 영국 함대, 콘스탄티노플 출현
1878.3.3. 러시아-터키, 산 스테파노조약
1878.6.13. ~ 7.13. 베를린회담

1 서론

크리미아전쟁 이후 발칸반도에서 한발 물러서 있던 러시아는 제1차 삼제협상의 체결 이후 발칸반도에서의 민족주의에 대한 탄압을 이유로 다시 발칸반도에 대한 영향력을 강화하고자 하였다. 러시아의 발칸 진출은 전통적인 남하정책의 달성이라는 이유 이외에 발칸에서 고조되고 있는 범슬라브주의를 정치적으로 활용하려는 의도도 있었다. 그러나 발칸과 터키의 현상유지를 우선시하고 있었던 유럽 열강의 개입으로 러시아의 발칸 진출은 또다시 좌절되었다.

2 배경 - 발칸의 위기

1. 발칸 국가들의 반란과 발칸전쟁

(1) 술탄이 재원 확보를 위해 조세를 증액한 것을 계기로 보스니아 - 헤르체고비나지방에서 반란이 일어났다. 세르비아와 러시아는 반란군을 지원하여 터키의 반발을 사게 되었다.

(2) 1876년 5월에는 불가리아에서도 반란이 일어났고 터키는 이에 대해 학살을 자행하였다. 터키의 불가리아인에 대한 학살을 계기로 세르비아와 몬테네그로가 터키에 선전포고하여 발칸전쟁이 발발하였다. 이 전쟁에서 세르비아가 패하자 러시아가 개입하였다.

2. 러시아 - 터키전쟁

러시아는 부다페스트협정과 런던의정서를 통해 유럽 국가들의 승인을 받은 후에 터키와 개전하였다. 오헝과의 부다페스트협정의 주요 내용은 오헝이 중립을 지키는 대신 보스니아 - 헤르체고비나를 병합한다는 것이다. 런던의정서는 러시아가 제시한 터키 개혁안을 영국이 승인한 것이었다. 전쟁은 러시아의 일방적 승리로 전개되었고 1878년 1월 31일 아드리아노플에서 휴전조약이 체결되었다.

3. 산 스테파노조약

러시아와 터키 간의 강화조약으로서 러시아는 카르스와 도부르쟈지방 등을 획득하고, 세르비아, 몬테네그로, 루마니아는 독립시키기로 하였다. 보스니아 - 헤르체고비나는 오헝의 감독을 받는 자치지역으로 만든다. 문제가 된 조항은 대불가리아조항으로서 불가리아는 흑해로부터 마케도니아를 거쳐 바르들을 지나 에게해의 살로니카까지 포함하는 광활한 지역을 보유하게 되었다. 이 지역을 러시아가 2년간 점령하기로 하였다.

산 스테파노
터키 이스탄불 서쪽 교외에 있는 마을로 러시아 - 투르크전쟁의 결과로 1878년 3월 3일에 이 곳에서 산 스테파노조약이 조인되어, 불가리아가 독립되고 발칸 민족들이 해방되는 등 러시아의 압도적 우위가 규정되었다. 그러나 이는 영국·프랑스·오스트리아의 반대에 봉착하였으며 비스마르크가 조정하는 베를린회의(1878)가 개최되기에 이르렀다.

3 유럽 열강들의 입장

1. 러시아

발칸 위기를 기회로 오스만 제국의 약화와 발칸에 있어서의 슬라브 주민에 대한 러시아의 영향력을 강화하고자 하였다. 국내적으로 단독으로 개입하자는 입장과 열강과의 협의하에 개입하자는 입장이 대립하고 있었으나 발칸에서의 러시아 위신의 실추를 우려하여 단독개입을 결정하였다.

2. 오헝

(1) 오헝은 1871년 이래 에게해 연안의 살로니카로 그 세력팽창을 기도하고 있었다 (동방으로의 돌진). 트리에스테항을 지배하고 있었으나, 이 지역은 이탈리아계 거주민에 의한 '실지회복주의'운동이 강하게 일고 있었으므로 오헝은 트리에스테 항구로 진출할 자신이 없었다.

(2) 러시아의 발칸 진출을 차단시키는 것도 중요한 정책목표로 삼고 있었다.

3. 영국

(1) 영국의 발칸에 대한 기본 목표는 오스만 제국의 분해를 저지하는 것이었으며, 이는 터키가 약화되어 러시아의 남하정책이 성공하게 되면 터키에 대한 영국의 상품수출에 타격을 줄 우려가 있었기 때문이었다.

(2) 1869년 수에즈 운하의 개통으로 페르시아만을 경유하여 인도로 가는 수로가 단축됨에 따라 이 지역에 대한 지배를 확고히 하는 것을 중요한 국가이익으로 생각하였고, 이를 침해할 수 있는 국가가 바로 러시아라고 생각하였다.

4 주요 결정

1. 불가리아의 3분할

(1) 불가리아를 불가리아, 동부 루멜리아, 마케도니아로 삼등분한다. 축소된 불가리아는 자치공국의 법적 지위를 가지며, 러시아군이 당분간 주둔한다.

(2) 동부 루멜리아지방은 터키의 통치하에 두되 독립국과 종속국의 중간 정도에 해당하는 법적 지위를 가진다.

(3) 마케도니아는 터키에 반환된다.

2. 보스니아 - 헤르체고비나

오헝이 점령하고 시정을 담당한다. 오헝은 노비바쟈르지방에 군대를 주둔시킬 수 있었으며 이로써 세르비아와 몬테네그로의 통합을 저지시킬 수 있었다. 또한 살로니카와 에게해로 진출할 수 있는 통로를 확보하게 되었다.

3. 영토보상

(1) 러시아는 바툼, 아르다한, 카르스를 획득하였고, 루마니아로부터 남부 베사라비아를 할양받았다.

(2) 영국은 터키와 합의하에 취득한 사이프러스 점령에 대해 국제적 승인을 받았다.

(3) 프랑스가 장차 튀니지를 점령하는 것이 묵인되었다.

베를린조약

1. 발칸반도나 터키 조정을 위압하는 대불가리아는 건설하지 않으며, 산 스테파노에서 약속한 바 불가리아를 3등분하여 발칸의 남쪽인 동부 루멜리아를 새로 창설한다. 이는 기독교 세력하에서 자치권을 향유하게 하며, 발칸산맥 이북의 작은 불가리아는 자치공국화하고, 남쪽 불가리아인 마케도니아는 계속 터키 치하에 둔다.

2. 보스니아와 헤르체고비아는 임시로 오스트리아에 의해 점령·통치되나 그 영유권은 계속 터키에 귀속된다. 몬테네그로와 세르비아의 독립을 인정하고 이들의 중간지대인 노비파자르의 산자크에는 오스트리아군이 주둔한다.

3. 세르비아는 니시와 피로를 얻고, 몬테네그로는 안티바리를 획득한다.

5 국제정치사적 의의

첫째, 오헝은 보스니아 - 헤르체고비나에 대한 시정권과 군대 주둔권을 획득하여 발칸반도 서부지역에서 지배적인 위치를 확립하게 되었다.

둘째, 영국은 오스만 제국의 붕괴를 막은 점에 만족하였다.

셋째, 러시아의 경우 예상보다 적은 이익을 획득하였다. 러시아는 오스만 제국을 동요시키고, 발칸의 슬라브민족들에게 보호자로서의 역할을 자처할 수는 있었다. 그러나 영국의 러시아 남하에 대한 저지정책이 성공하여 콘스탄티노플, 알렉산드리아로의 러시아 남하가 영국에 의해 완전히 봉쇄되었다. 이로 인해 러시아는 비스마르크에게 불만을 토로하였고 삼제협상이 붕괴되었다.

넷째, 독일은 동방문제에 구체적인 이해관계는 없었으나 동방문제를 둘러싸고 야기될 열강 간의 세력관계에 관심을 가지고 있었다. 러시아의 발칸 진출로 독일 동부 국경에서의 압력이 발칸으로 이동하는 것은 독일에게 바람직한 일이었으나 발칸에서 러시아와 오헝의 대립으로 삼제동맹이 붕괴되는 것을 우려하였다. 따라서 비스마르크는 동방문제에 개입하였으나 베를린회의 결과 영국과 오헝의 상대적 이익이 증가되자 러시아와 친선관계가 균열되고 결국 삼제협상의 붕괴로 이어졌다.

세르비아의 역사

1. 세르비아는 원래 일루리아 민족의 땅이었으나, 6~7세기에 슬라브족의 남슬라브계에 속하는 세르비아인이 이주하여 발칸반도의 주요 세력이 되었다. 9세기에 그리스도교를 받아들이고, 9~10세기에는 불가리아, 11~12세기에는 비잔틴 제국의 보호 아래 있었으나 12세기에 단독으로 세르비아 왕국을 세웠다. 그 후 오스만 투르크의 발흥에 맞서 1389년 세르비아와 불가리아가 연합군을 형성하여 대항하였으나 코소보 싸움에서 투르크군에 패하고, 1459년에는 오스만 투르크의 지배하에 들어갔다.

2. 19세기에 들어서면서 민족해방운동이 일어나, 1817년에 밀로시 오브레노비치공(公)이 자치국을 세웠다. 1876년 보스니아 - 헤르체고비나의 대투르크 반란을 계기로 투르크와 싸우고 다시 1877~1878년 일어난 러시아 - 투르크전쟁에서 러시아가 승리하자 불가리아 등과 함께 1878년의 베를린회의에서 국제적으로 독립을 승인받았다.

3. 1882년에 세르비아는 오브레노비치가(家)가 통치하는 왕국이 되었으나, 1903년에 알렉산드르 오브레노비치가 암살되고 카라게오르게비치가(家)에 의해 통치되었다. 제2차 발칸전쟁에서 승리하였으나, 이후 세르비아는 오스트리아 - 헝가리 제국의 제국주의 팽창 위협을 받아왔다. 그러던 중 보스니아의 사라예보에서 세르비아의 가브릴로 프린치프가 오스트리아의 황태자 페르디난트 부부를 사살한 사건을 계기로 제1차 세계대전이 발발하였다.

4. 제1차 세계대전에서 승리한 세르비아는 1918년에 세르비아 - 크로아티아 - 슬로베니아 왕국(일명 베오그라드 왕국)의 일원으로 편입되고, 1926년에는 유고슬라비아 왕국이 되었다. 1941년부터 1945년까지 나치 독일의 점령과 분할에 맞서 싸웠으나 내부의 다양한 민족과도 군사적 투쟁이 계속되었다. 독일과 크로아티아 분리주의자들이 제2차 세계대전에 패배하면서 티토가 이끄는 군사정치세력이 유고슬라비아를 장악하였다. 1946년에는 크로아티아 · 마케도니아 등과 함께 유고슬라비아 사회주의연방을 이루었다. 유고슬라비아는 남슬라브라는 뜻으로 슬라브민족의 유대를 나타내는 것이다.

5. 티토와 그의 추종자들은 바르샤바조약과 서방세계 사이를 45년간 넘나들면서 독자적인 길을 잘 걸어 왔다. 세르비아 민족주의를 견제하던 티토가 사망하고, 1989년 동유럽의 자유화 물결 속에 세르비아 공화국의 대통령이 된 슬로보단 밀로세비치는 세르비아 민족의 발칸 지배를 향한 초민족적인 선언을 함으로써 민족 분열을 야기하였다.

6. 1991년 구소련이 붕괴되면서 1991년 크로아티아 · 마케도니아 · 슬로베니아 · 마케도니아가 독립을 선언하여 연방체제가 붕괴되었고 1992년에는 보스니아마저 독립하였다. 세르비아는 이에 맞서 1992년 4월 같은 동방정교 문화권인 몬테네그로와 함께 신(新)유고연방(FRY)을 결성하였다. 밀로세비치 대통령은 이웃 국가에 있는 세르비아인에게 '대세르비아 결속'을 외치며 군사적 행동을 촉구하였다. 그는 보스니아 - 헤르체고비나 · 크로아티아 내전에 개입하여 각 지역의 세르비아인들에게 무기 등을 지원하였다.

7. 그러나 1992년 UN(국제연합) 안전보장이사회가 내전을 종식시키기 위해 세르비아에 대한 경제제재조치를 취하자 외교적으로 고립되고 경제난이 가중되었다. 1998년 코소보메토히야 자치주에서 신유고연방으로부터의 분리 · 독립을 요구하는 알바니아계 코소보 주민과 세르비아 정부군 사이에 코소보 사태가 일어나고, 이어 밀로세비치의 묵인 아래 알바니아계 주민에 대한 무자비한 인종청소작전을 펼치자 UN은 무기금수조치를 취하고 EU(유럽연합)도 경제제재를 결의하였다.

8. 국제사회에서 완전 고립된 세르비아는 1999년 2월부터 3월 말까지 서방 측과 코소보 평화협상을 시도하였으나 실패로 끝났다. 3월 24일 NATO(북대서양조약기구)는 신유고연방을 공습하였고 세르비아는 6월 3일 UN의 평화계획을 승인하였다. 이어 1999년 OSCE(유럽안보협력기구) 회원자격을 회복하고 UN에도 8년 만에 복귀하였다. 밀로세비치는 2001년 4월 전쟁범죄, 학살죄, 반인도적 범죄 혐의로 체포되어 전범재판을 받던 중 2006년 3월 11일 감옥에서 사망하였다.

9. 2003년에는 연방의 일원이었지만 독립을 요구해온 몬테네그로와 베오그라드협약을 맺고, 기존의 유고 연방에서 외교와 국방만을 묶는 느슨한 형태의 세르비아 - 몬테네그로 국가연합으로 전환하며 3년 후 독립선택권을 보장하는 데 합의하였다. 2006년 5월 21일 몬테네그로가 국민투표에서 분리독립을 결정하자 세르비아도 투표 결과에 승복하였으며, 이로써 몬테네그로가 공식적으로 독립하게 되었다.

10. 유고연방은 결성된 지 60년 만에 완전히 해체되었고, 원래의 6개 국가인 세르비아 공화국 · 몬테네그로 공화국 · 크로아티아 공화국 · 슬로베니아 공화국 · 보스니아 - 헤르체고비나 공화국 · 마케도니아 공화국으로 되돌아갔다. 2006년 10월 세르비아 의회는 국민투표에 의하여 확정된 새로운 공화국 헌법을 승인하였다.

11. 이 헌법에 의하면 세르비아의 행정구역은 크게 세르비아와 보이보디나 자치주 그리고 코소보메토히야 자치주로 나뉘었다. 그러나 2004년부터 UNMIK(유엔 코소보 임시행정부)와 NATO의 직할 통치를 받고 있는 코소보메토히야 자치주에서는 독립에 대한 요구가 더욱 거세져서 다수인 알바니아계 주민의 공격을 피하여 세르비아계 주민들이 대규모로 탈출하는 사태가 벌어지는 등 새로운 민족 갈등이 나타났다. 결국 코소보는 2008년 2월 17일 세르비아로부터 분리독립을 선언하였고 국제사회의 지지를 받았다.

제4절 | 삼국동맹

1877. 이탈리아 크리스피, 비스마르크에 접근	1896.5. 삼국동맹 기간연장
1881.5. 프랑스-튀니지, 바르도조약 체결	1902.6.28. 삼국동맹 기간연장
1882.5.20. 제1차 삼국동맹 체결	1913.6. 오스트리아-이탈리아, 해군협정
1887.2.20. 제2차 삼국동맹	1914.8.3. 이탈리아, 중립선언
1891.5.6. 제3차 삼국동맹	

1 서론

삼국동맹은 독일, 오스트리아, 이탈리아 3국 간의 동맹으로서 1882년에 체결되었고 1887년, 1891년, 1902년, 1912년에 일부 수정되면서 연장되었다. 삼국동맹은 중부유럽의 강대국들 간 결속을 가져왔으며 프랑스 배제정책을 강화하였다. 제1차 삼국동맹과 제2차 삼국동맹을 중심으로 정리한다.

2 제1차 삼국동맹(1822년 5월 20일)

1. 배경

(1) 바르도조약(1881년 5월)

베를린회의 이후 이탈리아의 외교목표는 실지회복과 해외식민지, 특히 튀니지에 진출하는 것이었다. 그러나 베를린회의에서 튀니지 획득을 약속받고 있었던 프랑스는 영국과 독일의 지지하에 튀니지의 보호통치를 위한 바르도조약을 체결하였다. 이로써 이탈리아의 해외식민지 경략은 좌절되었고, 국제적으로 고립되었다. 이에 이탈리아는 동맹을 구하게 되었다.

(2) 이탈리아의 실지회복주의

이탈리아가 통일을 이룩한 다음에도 탈환하지 못한 지역이 남아 있었다. 오스트리아가 점령한 남티롤, 고지리아, 이스트리아, 트리에스트, 달마치아와, 프랑스가 점령한 코르시카, 니스, 영국이 점령한 몰타 등이 대표적이다. 실지회복주의는 특히 오스트리아와의 관계를 급격히 악화시켰다.

(3) 감베타 내각의 적극주의 노선

1881년 프랑스에 감베타 내각이 등장하고, 감베타 내각은 영국, 러시아, 이탈리아와 접근을 시도하였다. 1882년 1월에는 러시아의 스코벨레프가 파리를 방문하여 러불동맹을 제의하기도 하였다. 이에 따라 삼국동맹에 소극적이었던 비스마르크가 입장을 변경하여 삼국동맹을 체결하게 되었다.

2. 각국의 이해관계

(1) 독일

프랑스에 대항하는 하나의 동맹으로서 가치를 두었다. 프랑스와의 전쟁에서 러시아와 오스트리아의 지원을 획득하고 있었으나 이탈리아를 가담시킨다면 알프스에서의 프랑스의 군사력을 약화시킬 수 있을 것으로 기대하였다.

(2) 오스트리아

이탈리아의 실지회복주의를 가라앉혀 이탈리아와 관계 악화나 전쟁을 방지하고자 하였다.

(3) 이탈리아

베를린회의 이후의 국제적 고립을 탈피하고, 로마문제로 프랑스와 갈등을 겪고 있어 지원국이 필요하였다. 로마문제란 보불전쟁과정에서 무력으로 교황청이 속한 로마를 이탈리아 지배에 편입시켜 프랑스와의 관계가 악화된 것을 의미한다. 한편, 오스트리아와는 실지회복문제에 있어서 갈등을 관리하고자 하였다.

3. 내용

(1) 체약국은 다른 체약국에게 적대하는 동맹에 가입하지 않는다.

(2) 이탈리아가 도발하지 않았음에도 불구하고 프랑스의 공격을 받는 경우 다른 체약국은 이탈리아를 원조한다. 독일이 프랑스의 공격을 받는 경우 이탈리아에게 같은 의무가 발생한다.

(3) 체약국 중 1국 또는 2국이 2개국 또는 그 이상의 비체약국으로부터 공격을 받는 경우 세 체약국에게 원조의무가 발생한다.

(4) 어떤 비체약국이 체약국 중 1국의 안전을 위협하여 그 체약국이 전쟁을 하게 되는 경우 다른 두 체약국은 우호적 중립을 지킨다.

 참고

제1·2차 삼국동맹조약

1. 제1차 삼국동맹조약(1881년 5월 20일)
   ① 3국은 상호 간에 평화와 우호를 약속하고 동맹관계를 맺는다. 또한 장래의 정치적·경제적 측면에서 자국의 이익이 허용하는 범위 내에서 상호 원조한다.
   ② 만약 이탈리아가 도발하지 않은 전쟁에서 프랑스로부터 공격을 받을 때 독일과 오스트리아는 전군을 동원하여 이탈리아를 원조한다.
   ③ 프랑스가 독일을 공격하는 경우 이탈리아에게 원조의무가 발생한다.

④ 3국 중 일국 또는 이국이 도발하지 않은 공격을 체약국 이외의 타 강대국으로부터 받을 때 조약당사국에게는 동시에 원조 의무가 발생한다.
⑤ 평화에 대한 위협이 있을 때 상호 협의하며 공동전쟁 시 단독강화는 금한다.
⑥ 조약은 비밀이며 5년의 기한으로 연장이 가능하다.

2. **제2차 삼국동맹조약(1887년 1월 25일)**
① 1882년 5월 20일에 맺어진 3국 간의 동맹조약을 1891년 5월 30일까지 연장한다.
② 오스트리아와 이탈리아는 동방에서의 영토상의 현상유지를 지지하고 이를 위한 정보를 교환한다. 단, 보스니아와 헤르체고비나는 제외한다.
③ 프랑스와 이탈리아의 전쟁 시 독일이 원조한다.

3 제2차 삼국동맹(1887년 2월 20일)

1. 배경

(1) 제1차 삼국동맹의 종료

유효기간이 5년인 제1차 삼국동맹조약의 만료기일이 다가오면서 독일, 오스트리아, 이탈리아는 갱신 여부를 논의하게 되었다. 불가리아 사건으로 독러관계 악화 및 삼제협상체제가 약화된 것과, 블랑제 사건으로 독불관계가 악화된 것이 갱신의 배경이 되었다.

(2) 불가리아 사건

불가리아의 알렉산더는 러시아의 지나친 간섭에 반대하여 반러정책을 펼치게 되었고, 동루멜리아와 불가리아를 통합하였다. 이에 위협을 느낀 세르비아가 불가리아를 선제공격하였으나 패하게 되자 오헝이 개입하였다. 이로 인해 세르비아와 불가리아는 모두 친오헝적이 되자 오헝과 러시아의 관계가 악화되었다. 러시아에서는 삼제협상이 친오헝적이라고 보고 대불동맹론이 제기됨으로써 삼제협상체제가 약화되었다.

(3) 블랑제 사건

프랑스의 블랑제 장군이 국방상에 임용된 이후 군사개혁에 착수하고 프랑스 내에서는 대독복수의 여론이 고조되었다. 대독복수를 위해 러불동맹의 여론도 높았다. 독일 관헌이 독불 국경수비를 담당하고 있던 슈네벨레를 체포한 슈네벨레 체포 사건 이후 양국 간 긴장은 더욱 고조되었다. 블랑제 사건은 비스마르크 동맹 체제의 취약성을 인식시켜준 사건이었다.

2. 각국의 이해관계

(1) 독일

동맹체제의 취약성을 보완하기 위해 삼국동맹의 갱신을 통해 이탈리아를 동맹체제에 묶어두고자 하였다.

(2) 오스트리아

발칸반도에서의 이해관계 조정문제는 동의하였으나, 지중해문제로 이탈리아가 프랑스와 겪을 전쟁에 연루되는 것은 회피하고자 하였다.

⇨ 이러한 각국의 이해관계로 인해 삼국동맹조약이 분할된다.

(3) 이탈리아

트리폴리 병합에 대해 독일과 오스트리아가 지원해 줄 것과 쇠락해 가는 오스만 터키의 유산 분배에 이탈리아도 참여하게 해 줄 것을 요구하였다.

3. 내용

(1) 1882년의 삼국동맹조약을 5년 연장하기로 하였다.

(2) 독일과 이탈리아 간 조약으로 북아프리카에서의 프랑스의 팽창에 대응하여 독일의 지원이 보장되었고, 프랑스가 패하는 경우 이탈리아가 영토를 획득하는 것을 승인하였다.

(3) 오헝과 이탈리아 간 조약에서는 오스만 제국을 현상유지하되, 현상유지가 불가능한 경우 상호보상원칙에 기초한 합의에 의해서만 영토를 획득하기로 약속하였다.

4. 의의

(1) 독일

이탈리아와 오스트리아를 보장기구 내에 묶어둠으로써 이탈리아의 러시아나 프랑스와의 동맹을 예방하였다.

(2) 이탈리아

북아프리카문제, 특히 트리폴리문제를 둘러싼 대프랑스전쟁에서 독일의 지원을 약속받았고, 발칸문제에 있어서는 오스트리아로부터 대상조건에 따른다는 약속을 받음으로써 명분상으로나 실질적으로 국제적 지위를 크게 향상시켰다.

(3) 오스트리아

삼국동맹조약 갱신을 통해 안전을 보장받았으나 아드리아해 및 에게해의 연안 및 도서에 있어서 현상유지를 약속하고, 발칸반도에서 이탈리아의 요구를 들어주어야 하는 입장에 처하게 되었다.

4 평가

삼국동맹은 삼제협상과 함께 비스마르크 동맹체제의 한 축으로서 프랑스 고립과 유럽정치질서의 현상유지에 중요한 역할을 하였다. 삼제협상이 1887년 6월에 종료된 것과 달리 삼국동맹조약은 형식적으로는 제1차 세계대전 전까지 존속하였다.

제5절 | 지중해협정

1 의의

지중해협정은 지중해에서 영국과 프랑스의 대립, 이탈리아와 프랑스의 대립, 영국과 러시아의 대립, 러시아와 오스트리아의 대립문제를 놓고 핵심 이해당사국인 영국과 이탈리아, 오스트리아 간의 협상체제를 형성시킨 조약을 의미한다. 지중해협정에 독일이 가입하지는 않았으나 특히 제1차 지중해협정이 대프랑스 봉쇄의 성격을 띠게 됨으로서 비스마르크 보장체제를 더욱 견고하게 만들어주는 역할을 하였다.

2 제1차 지중해협정(1887년 2월 12일)

1. 배경

영국과 프랑스는 이집트문제로 대립하고 있었고, 프랑스와 이탈리아는 프랑스의 튀니지 점령문제로 대립하고 있었다. 한편, 영국과 오스트리아는 러시아의 남하정책을 견제하는 데에 이해관계가 일치하고 있었다. 이에 대해 영국, 이탈리아, 오헝이 공동 대응하기 위해 지중해협정을 체결하였으며 스페인도 나중에 가입하였다.

2. 주요 내용

(1) 지중해의 아드리아해, 에게해, 흑해에서의 현상유지를 지원하고 현상을 변경시킬 필요가 있을 때에는 상호 협의한다.

(2) 이탈리아는 영국의 이집트 경영을 지지하고, 영국은 이탈리아의 북아프리카에서의 행동을 지지한다.

(3) 영국과 이탈리아는 제3국과의 분쟁 시 상호 원조한다.

3. 의의

지중해협상체제의 성립은 지중해에 대한 두 해양국인 영국과 이탈리아가 이해를 조정함으로써 실질적으로 프랑스와 러시아에 대항하는 공동전선을 형성시킨 점에 의미가 있다. 독일로서는 영국을 보장체제 속에 포함시킴으로써 프랑스 고립을 보다 더 확고히 할 수 있었다.

참고

지중해협정의 내용(영국 - 이탈리아)

1. 지중해의 아드리아해, 에게해, 흑해에서의 현상유지를 지원한다.
2. 현상을 변경시킬 필요가 있을 때 양국은 사전에 협의한다.
3. 이탈리아는 영국의 이집트 경영을 지지하고 대신 영국은 이탈리아의 북아프리카에서의 행동을 지지한다.
4. 양국은 제3국과의 분쟁 시 지중해에서 상호 원조한다.

3 제2차 지중해협정(1887년 12월 12일)

1. 배경

1887년 7월에 불가리아 의회는 러시아의 반대에도 불구하고 친오형 인물인 페르디난트를 불가리아공으로 임명하였다. 이에 대해 러시아가 강력하게 반발하였다. 이러한 러시아의 남하위협에 대비하여 이루어진 영국, 오형, 이탈리아 간의 각서 교환을 제2차 지중해협정 또는 근동앙땅트라 한다.

2. 주요 내용

(1) 동방의 현상유지를 보장하며 터키가 외국의 지배를 받는 것을 반대한다.

(2) 터키는 불가리아에서의 권리를 외국에 양여하거나 외국이 이 지역을 점령하는 것을 허용해서는 안 된다.

(3) 터키가 만일 외국의 이런 양여 요구에 반대할 경우 체약 3국은 그런 반대를 지원하는 데 필요한 조치에 관하여 상호 협의한다.

(4) 터키가 만일 그런 양여 요구에 반대하지 않을 경우 체약 3국은 공동으로 또는 개별적으로 필요하다고 인정되는 터키 영토를 점령할 수 있다.

4 평가

지중해협정은 영국을 비스마르크 보장체제에 간접적으로 끌어들임으로써 프랑스 고립과 유럽정치질서의 현상유지를 목표로 하는 보장체제를 보다 강화시켰고, 독일은 지중해협상체제에 직접 가입하지 않음으로써 러시아의 반발을 회피하면서 발칸에서 오형과 러시아의 이해관계를 조정하는 위치를 유지할 수 있었다. 발칸에 대한 러시아의 남하정책을 공동으로 대응함으로써 발칸의 현상을 유지하고 유럽세력 간 균형을 유지하는 데에 바람직한 역할을 하였다고 볼 수 있다.

제6절 | 독러재보장조약

1 의의

독러재보장조약이란 제2차 삼제협상을 종료시킨 독일과 러시아가 오스트리아를 배제하고 양자 간 독자적으로 이해관계를 조정한 조약이다. 1887년 6월 18일에 체결되었다. 불가리아 사태와 블랑제 사건으로 삼제협상은 사실상 와해되어 있었다. 독러재보장조약의 체결로 독일은 러시아를 비스마르크 보장체제에 묶어 둘 수 있었으나, 독일의 대외전략 노선 변경으로 인해 1890년에 폐기된다.

2 독일과 러시아의 이해관계

1. 독일

불가리아 사태와 블랑제 사건 이후 악화된 독러관계를 개선하여 러시아가 프랑스에 접근하는 것을 방지하고자 하였다. 또한 발칸에서 러시아와 오스트리아 간의 충돌을 방지하는 장치가 필요하였고 동시에 그 지역에서 범슬라브 민족주의의 확장을 저지시켜야만 하는 강한 필요성을 느끼고 있었다.

2. 러시아

삼제협상의 연장문제를 놓고 러시아 내에서는 연장론과 러불동맹론이 대립하고 있었다. 기에르스 외상의 타협안으로서 오헝을 제쳐놓고 독일과 단독으로 조약을 체결하기로 하였다. 불가리아 사태의 전개과정에서 러시아는 불가리아에 대한 영향력을 상당부분 상실하게 되었다. 러시아는 독일의 힘에 의존하여 발칸반도에서의 영향력을 다시 회복하고자 하였다.

3 내용

1. 중립

양국 중 일국이 제3국과 전쟁을 하는 경우 타국은 우호적 중립을 지킨다. 그러나 양국 중 일국이 프랑스나 오헝에 대하여 공격을 취함으로써 전쟁이 발생하는 경우에는 동 조항을 적용하지 않는다.

2. 발칸문제

발칸에서의 영토적 현상유지원칙을 지원하며 그 속에서 독일은 러시아의 발칸에서의 우위를 인정한다. 독일은 불가리아에서의 합법정부의 수립을 위하여 러시아에 협력한다.

3. 해협문제

보스포러스와 다다넬스 해협 폐쇄의 원칙을 승인한다. 러시아의 이익을 위해서 흑해 입구 해협의 방어에 대하여 독일은 우호적 중립과 외교적 지원을 한다.

 참고

독러재보장조약

1. 양국 중 1국이 제3국과 전쟁 시 타방은 우호적 중립을 지킨다. 단, 오스트리아에 대해 러시아가, 프랑스에 대해 독일이 각각 선제공격을 하는 경우에는 이를 적용하지 않는다.
2. 발칸에서의 영토적 현상유지원칙을 지원하며 그 속에서 독일은 러시아의 발칸에서의 우위를 인정한다.
3. 보스포러스와 다다넬스 해협 폐쇄원칙을 승인한다.
4. 3년 유효의 비밀조약으로 한다.
5. 러시아의 이익을 위해서 흑해입구의 방어에 대하여 독일은 호의적 중립과 외교적 지원을 한다.

4 평가

첫째, 독일은 러시아와 프랑스 간의 동맹을 방지하였다는 데에 그 첫 번째 의의를 찾을 수 있다.

둘째, 러시아는 발칸에서의 이익을 증강시키기 위해서 최소한 오스트리아 이외의 다른 이해관계국인 영국이나 터키와의 싸움에서 독일의 지지를 확보하였다. 특히 불가리아에 대한 러시아의 권익과 해협 폐쇄의 원칙에 대한 독일의 지지를 얻어낸 것은 큰 수확이었다.

제1절 │ 빌헬름시대 독일의 세계정책(Weltpolitik)

1 성립

1. 의의

독일의 세계정책이란 비스마르크 퇴임 이후 전개된 독일정책으로서 비스마르크 시기 독일의 대외정책 대상지역이었던 유럽지역을 넘어 전세계적으로 확대된 것을 의미한다. 이전의 비스마르크는 프랑스의 대독 복수전쟁을 막기 위한 프랑스 봉쇄를 목적으로 하는 강력한 유럽정책(Europapolitik)을 전개하였다.

2. 성립배경

세계정책의 성립은 독일 내외적 상황 변화와 관련이 있다.

(1) 1885년경부터 강대국들의 상대적 국력에 변화가 나타나기 시작하였고 유럽 강대국체제가 세계 강대국체제로 전환되었다. 오스트리아의 하강과 미국 및 일본의 상승이 두드러졌다. 독일 역시 강대국으로 부상하려는 위신정책의 일환으로 세계정책을 추진하였다.

(2) 독일이 경제적으로 팽창하면서 해외시장 개척의 필요성이 점차 강화되었고, 이로써 독일의 대외정책의 범위가 전 세계로 확대되었다.

(3) 세계정책이 명확히 추진된 계기는 1895년 청일전쟁과 삼국간섭, 1897년 독일의 중국 교주만 점령이었다. 1895년 청일전쟁 이후 독일은 러시아와 함께 삼국간섭을 실시하여 일본의 만주점령 의도를 좌절시켰고, 독일은 이를 계기로 유럽 이외의 지역의 사건과 분쟁들에 적극적으로 개입하기 시작하였다.

2 집행수단

1. 함대정책(Flottenpolitik)

(1) 의의

① 독일은 1895년경부터 함대정책을 본격적으로 추진하기 시작하였다. 청일전쟁 당시 독일 제국은 다른 유럽 열강들과 달리 동아시아에 해군기지를 보유하지 않고 있었다. 삼국간섭과정에서 독일은 일본과 관계가 악화되었고, 이로 인해 동아시아에서 해군력 증대가 필수불가결하다고 판단하였다.

② 세계정책을 펼쳐나감에 있어서 영국과의 대결이 불가피하다고 보고 있었으므로 영국에 열세인 해군력 증강이 필요하다고 보았다. 1897년 해군장관에 부임한 티르피츠는 순양함 대신 전함 위주의 건함정책을 제국 의회의 원조하에 적극적으로 추진하였다. 티르피츠의 순양함에서 전함으로의 이행은 독일 산업의 성장에 기초하고 있었지만, 기본적으로 세계대국으로 나아가려는 독일 제국의 야심과 결부된 것으로 파악할 수 있다.

(2) 영국의 대응

영국은 독일과 직접 군축 및 동맹협상을 전개하는 한편, 자국의 함대를 증강하고 일본과 동맹을 체결하는 것으로 대응하였다. 영국은 러시아와의 패권경쟁으로 독일에 대항할 여력이 부족하였으므로, 독일과 대러시아 동맹체결을 제의하였으나, 독일은 '중립정책'의 기조하에서 영국의 제의를 거절하였다. 이에 따라 영국은 동아시아에서 러시아를 견제하는 한편, 독일의 건함정책에 대응하기 위해 1902년 일본과 동맹을 체결하였다. 영일동맹을 통해 영국은 동아시아에서의 러시아의 남하정책을 저지하는 데 일본의 군사력을 이용할 수 있게 된 한편, 북해에서의 독일이 해군력 증가에 대비할 수 있는 예비전투력을 보유하게 되었다.

 참고

티르피츠(Tirpitz, Alfred von, 1849년 3월 19일 ~ 1930년 3월 6일)
독일의 군인·정치가이다. 프로이센 문관의 아들로 태어나 1865년 해군에 입대하여 어뢰정(魚雷艇)의 발전에 노력하였다. 1892년 해군 작전부장, 1897년 해군장관이 되면서 영국 해군에 대항하기 위하여 함대협회의 운동을 이용, 대함대의 계획적 건조를 추진하여 독일을 세계 제2위의 해군국으로 만들었다. 1914년 제1차 세계대전이 발발하자 처음부터 전 함대의 출격과 무제한잠수함작전을 주장하다가 온건파인 재상 B. 홀베크와의 의견충돌로 해군장관을 사임하였다. 1917년 W. 카프와 함께 독일조국당을 창립하였고, 1924~1928년 독일국가국민당의 국회의원으로 있으면서 1925년 P. 힌덴부르크가 대통령에 취임하는 데 큰 역할을 하였다.

2. 중립정책(Politik der freien Hand)

(1) 의의

1895년 세계정책의 수립 이후 독일은 영국과 러불동맹의 대립을 적절히 이용하기 위해 중립정책을 구사하였다. 독일은 영국과 러시아는 패권경쟁 및 정치체제의 이질성으로, 영국과 프랑스는 아프리카를 중심으로 한 식민지획득 경쟁으로 상호 협력이 불가능할 것으로 판단하였다. 독일은 영국과 러불동맹 사이에서 세력균형을 유지하기 위해 때로는 영국과 협력을, 때로는 러시아와 행동을 같이하였다.

(2) 영국의 동맹제의 거절

영국은 러시아의 위협에 독일과 공동대응하기 위해 1898년과 1901년 두 차례에 걸쳐 동맹을 제의하였다.

① **첫 번째 거절**: 1898년에는 러시아가 여순을 점령하여 중국 북부에서 러시아의 영향력이 강화되자, 영국은 러시아와 전쟁을 염두에 두게 되었고, 이에 따라 독일에 동맹을 제의하였다. 그러나 독일은 유럽 대륙 동쪽에서는 러시아와, 서쪽에서는 프랑스와 양면전을 전개하는 상황을 우려하는 한편, 러시아가 동아시아에서 영국의 압력에 굴복하고 발칸으로 진출방향을 돌리는 경우 러시아가 오스트리아와 분쟁을 유발하고 이에 따라 발칸문제에 개입해야 하는 상황을 우려하였다. 따라서 영국의 동맹제의를 거절하였다.

② **두 번째 거절**: 1901년 러시아가 의화단 사건을 계기로 만주를 점령하자, 영국은 제2차 대독 동맹제의를 하였다. 독일은 러시아와의 관계 악화가능성을 우려하는 한편, 세계정책의 대상으로서 영국을 제압해야 한다고 보고 있었기 때문에 두 번째 동맹제의도 거절하였다. 이에 따라 영국은 결국 일본과 동맹을 맺게 되었고, 영독관계가 악화되었다. 영국은 독일이 자신을 제압하고 세계패권을 쟁취하고자 한다는 사실도 인식하게 되었다.

(3) 중립정책의 폐기와 독러동맹 형성의 노력

① 1904년 영불협상(Entente cordiale) 성립 이후 독일은 러불동맹의 결속력을 약화 내지 와해시키기 위해 러일전쟁을 겪고 있던 러시아에 동맹제의를 하였다. 독일은 독러동맹 형성 시 프랑스는 결국 독러동맹에 굴복하여 대륙동맹에 참가할 것으로 기대하였으나, 러시아는 독일의 동맹제의를 거절하였다.

② 1905년 제2차 동맹제의에서는 러시아가 '뵈르쾨조약'에 동의하였으나, 러시아 황제가 비준을 거부하여 실패하였다.

3. 회담정책

(1) 의의

청일전쟁 이후 삼국간섭을 통해 자신의 지위를 상승시킨 독일은 세계 여러 곳에서의 분쟁을 자신이 주도하는 회담을 통해 해결함으로써 독일의 위신을 지속적으로 상승시킬 수 있을 것이라고 생각하였다. 회담정책의 이면에는 1878년 베를린회의에서의 성공이 계속될 것이라는 기대와, 세계적 패권국으로 부상함에 있어서 반드시 전쟁을 하지 않아도 가능하다는 계산이 깔려 있었다.

(2) 전개

① 청일전쟁 이후 독일은 일본의 요동반도 조차기도를 좌절시키기 위해 국제회의 소집을 추진하였으나, 일본이 영국의 의사를 받아들여 요동반도를 포기하기로 하자 회담소집은 무산되었다.

② 청일전쟁에 대한 제2차 배상금문제가 중국 측에서 제기되자, 영국과 러시아는 경쟁적으로 차관을 제공하고자 하였다. 그 과정에서 독일의 지원을 양국 모두 요청하여 독일의 입지가 강화되었다.

③ 의화단 사건 이후 영국과 러시아의 대립에 있어서도 영국이 독일에 지원을 요청하였으나, 독일은 중국과 관련된 문제들은 국제협상에 의해 해결되어야 한다는 원칙을 제시하며 거절하였다.

(3) 좌절

독일의 회담정책은 제1차 모로코 사태를 해결하기 위한 알헤시라스회의를 끝으로 폐기되었다. 그 이전까지 독일은 세계 여러 지역에서 분쟁을 자신이 주도하는 강대국 간 회담을 통해 해결할 수 있다는 자신감에 차있었으나, 알헤시라스회의에서 자국의 고립을 확인한 독일은 이후 회담정책을 포기하고 당사자 간 분쟁해결원칙에 입각하여 강경한 외교정책을 구사하게 되었다.

3 전개과정

1. 동아시아

독일의 동아시아 개입은 1895년 청일전쟁에 개입한 이후 본격화되었다. 독일의 우선적 목표는 중국 내에서 해군기지를 획득하는 문제였다. 삼국간섭에서 중국 측에 우호적 결과를 가져다 준 독일은 이를 계기로 중국으로부터 교주만(자오저우만)을 조차하기를 원하였으나, 중국은 쉽게 동의해 주지 않았다. 이에 따라 뷜로는 러시아의 동의를 구한 다음, 1897년 11월 14일 교주만을 강제 점령하였다.

2. 필리핀과 태평양지역

독일은 교주만 점령 이후 필리핀과 태평양지역에서 해군기지를 획득하고자 하였다. 당시 힘의 공백지대는 이전의 강대국인 스페인과 포르투갈의 식민지지역이었고, 이 지역의 재분할문제가 강대국들 사이에서 관심의 초점이 되고 있었다. 필리핀 점령에 있어서 독일은 영국의 도움을 받고자 하였으나, 영국의 거절로 수포로 돌아갔고, 필리핀은 결국 미국의 영향권하에 귀속되었다. 다만, 1899년 사모아와 카롤리나 군도의 영유를 통해 체면을 유지할 수 있었다. 독일에게 사모아 획득은 경제적 측면에서는 거의 유익이 없었으나 단지 독일의 정치적 지위의 승리(prestige victory)를 가져다주었을 뿐이었다.

3. 아프리카

독일은 포르투갈의 남아프리카 식민지인 앙골라와 모잠비크를 영국과 공동으로 분할 구매하고자 하였다. 그러나 영국은 남아프리카에서 자신의 이해관계를 위협하는 강대국은 없다고 보고 이를 거절하였다. 영국의 거절에는 독일이 영국의 동맹제의를 거절한 것도 영향을 주었다. 이로써 남아프리카에서 현상변경을 추구하였던 독일의 정책은 영국의 반대를 극복하지 못하고 좌절되었다.

4 실패

1. 의의

독일의 세계정책은 전 세계를 대상으로 독일의 정치적 지위를 강화하고, 영국을 넘어서는 세계패권국이 되는 것을 목표로 하였다. 이를 위해 전함정책, 중립정책 및 회담정책을 구사하였으며, 동아시아, 태평양 및 아프리카지역에서 해군기지와 식민지를 획득하고자 하였다. 이러한 독일의 세계정책은 독일의 군사력의 부족, 대외전략의 실패, 동맹전략의 실패 등으로 좌절되었다.

2. 실패요인

(1) 군사력의 열세

1900년 의화단 사건 이후 대규모 군사력을 파견하였던 독일은 이를 계기로 동아시아에서 정치적 · 군사적 영향력이 강화되었다. 영국과는 1900년 10월 양쯔강협정을 체결하여 양쯔강 유역에 독일이 진출할 수 있는 교두보를 마련하였다. 그러나 뷜로는 이후 유럽에서의 독일의 안전이 위태롭다고 보고 파견된 육군과 해군을 다시 본국으로 철수시켰다. 강력한 해군력이 없이는 동아시아에서 독일의 지위를 보장하거나 적극적인 외교정책을 수행하기가 어려웠다.

(2) 중립정책의 한계

독일은 영국과 러불동맹 사이에서 대립을 이용하는 중립정책을 통해 자신의 주도적 위치를 강화하고자 하였다. 영국의 동맹제의를 거절한 것도 같은 맥락이었다. 그러나 러시아로부터 위협에 대응하는 것이 사활적 이익이었던 영국은 동아시아에서 일본과 동맹을 체결하고, 1904년에는 프랑스와도 협상을 체결함으로써 오히려 독일이 외교적으로 고립되었다. 이후, 독일은 러시아와의 동맹정책으로 노선을 변경하였으나 러시아의 거절로 동맹을 얻는 데 실패하였다.

(3) 회담정책의 좌절

독일의 회담정책 역시 1906년 알헤시라스회담을 끝으로 좌절되었다. 영국이나 미국은 독일의 세계전략을 수용하기보다는 이에 적극적으로 대응하려는 의사를 대독일 전략에 반영하기 시작하였다. 이로써 독일은 당시의 주요 강대국들로부터 고립되고 포위되었다.

❖ 비스마르크와 빌헬름 2세의 대외정책 비교

구분	비스마르크	빌헬름 2세
목표	프랑스 봉쇄	세계패권(위신정책)
기조	현상유지(보장정책)	현상변경(세계정책)
가상적	프랑스	영국
힘	동맹	자강
동맹	독오동맹, 삼국동맹, 삼제협상	독오동맹, 삼국동맹
패권국과 관계	우호적	경쟁적·적대적
정책대상지역	유럽(대륙정책: Europapolitik)	전 세계(세계정책: Weltpolitik)
국내정치·경제상황	민족주의·산업화 초기(산업자본주의)	민족주의·산업화 고조(금융자본주의)
제국주의	소극적(프랑스 제국주의 지원)	적극적(위신정책)

빌헬름 2세(Wilhelm Ⅱ, 1859년 1월 27일 ~ 1941년 6월 4일)

1. 독일 황제 겸 프로이센 왕(재위 1888 ~ 1918)으로 포츠담 출생이며, 보통 카이저라고 한다. 프리드리히 3세의 장남이다. 1877 ~ 1879년 본대학에서 공부하였으며, 1879년 이후 육군에 근무하였다. 1888년 황제에 즉위하고, 얼마 안 되어 총리 비스마르크를 파면하였다. 그 뒤 정치의 실권을 장악하려고 노력하였고, 전제적인 경향이 짙어졌다. 비스마르크는 유럽 대륙에서 독일의 지위를 강화시킬 보장정책에 중점을 둔 반면, 그는 해외로 적극적 진출을 도모하는 세계정책을 취하였다. 해외시장의 획득과 아프리카 진출, 그리고 해군의 건설 등에 중점을 두었으나, 이러한 정책을 수행함에 있어 그가 취한 독선적·단견적(短見的)인 행동은 독일을 국제적으로 고립시켜, 제1차 세계대전으로 이끄는 대독 포위망을 만들게 하였다. 즉, 비스마르크 은퇴 후 곧 러시아 - 프랑스동맹이 성립되고, 또 1889년 틸피츠를 해군장관으로 등용하면서부터 영국과 독일은 군함건조 경쟁을 벌이기 시작하였으며, 결국 1898 ~ 1902년의 영국과 독일의 동맹교섭은 실패하였다.

2. 한편, 터키와 모로코에 관심을 가지고 바그다드 철도의 부설권을 획득하였으며, 모로코사건을 2회나 야기시켰다. 그리고 동아시아에서는 일본에 대한 삼국간섭을 하고, 또 중국의 자오저우만[膠州灣]을 점령하기도 하였다. 제1차 세계대전 때는 독일군의 최고권력자였으나 실권은 군수뇌부에 맡겨져, 1916년 8월 P. 힌덴부르크와 E. 루덴도르프가 국내의 독재자가 된 뒤로는 전혀 권력을 쥐지 못하였다. 패전 시에는 국내의 지배계급으로부터 퇴위 권유를 받았으나, 왕권신수설(王權神授說)의 신봉자인 그는 최후까지 자발적인 퇴위를 거부하였다. 1918년 11월 독일혁명이 일어나자 대전 말기에 국민의 원성을 샀기 때문에 더 이상 버티지 못하고, 퇴위하여 네덜란드로 망명하였다. 연합국 측은 제1차 세계대전의 개전책임을 그에게 물어, 네덜란드 정부에 그의 신병인도를 요구하였으나 거절되었다. 이후 그는 네덜란드에 정착하여 저술에 종사하였다. 저서에 『사건과 인물, 1878 ~ 1918』(1922)이 있다.

제2절 | 러불협상

1890.3. 독일-러시아, 재보장조약 파기
1890.7.1. 영독협정
1890.8.4. 솔즈베리-크리스피각서
1891.7.27. 루디니, 의회 연설

1891.8.27. 러시아-프랑스, 각서 교환
1892.8.17. 러시아-프랑스, 군사협정
1892.11. 독일, 군사력 증강법안 통과
1894.1.4. 러불동맹 효력 발생

1 배경

1. 독일의 세계정책

독일의 빌헬름 2세는 비스마르크 퇴진 이후 독일 외교노선을 보장정책에서 세계정책으로 변화시킨다. 즉, 기존의 정책은 프랑스의 대독복수전을 방지하기 위한 보장정책으로써 독일은 제국주의를 세력화하지 않고 유럽 열강의 제국주의를 지원함으로써 유럽 내부에서는 자국중심의 동맹과 협상체제를 유지한다는 것이었다. 그러나 세계정책은 독일의 영광을 전세계에서 고양시킨다는 기치하에 보장정책을 폐기하고 적극적인 제국주의전략을 전개하기 시작하였다.

2. 독러재보장조약 폐기

1887년에 체결된 독러재보장조약의 종료기간이 임박하였으나 독일은 아무런 조치도 취하지 않아 1890년 이 조약을 폐기시켰다. 이는 독러재보장조약이 독오동맹과 배치되므로 독오동맹관계를 손상시킬 수 있다는 점과 영국·프랑스·러시아는 동맹세력이 될 수 없다고 판단하였기 때문이었다. 당시 영국과 프랑스는 식민지쟁탈전을 전개하고 있었고, 영국과 러시아는 발칸에서 러시아의 남하정책을 사이에 두고 대치하고 있었다.

3. 삼국동맹의 갱신

1891년 5월 6일에 독일, 오헝 및 이탈리아 3국 간 체결되었던 삼국동맹이 갱신되었다. 북아프리카에서 가중된 이탈리아의 요구에 대해 독일이 보장하고, 영국의 승인을 획득하기 위해 노력한다는 내용을 담고 있다. 이탈리아 외상 루디니는 의회 연설에서 영국이 삼국동맹과 연결되어 있으며, 프랑스와 러시아 양국은 고립되어 있다고 언급함으로써 러시아와 프랑스가 가까워지도록 하였다.

2 러시아와 프랑스의 입장

1. 러시아

기에르스 외상은 근본적으로 독일과의 재결합을 희망하고 있었다. 프랑스와의 교섭을 시작한 것은 독일에 압력을 넣기 위한 수단이었다. 알렉산더 3세도 프랑스의 자유주의 정치제도를 혐오하고 있었다.

그러나 오브루체프로 대표되는 군부가 러불동맹을 강력히 주장하고, 프랑스가 무역협정 체결과 국채모집승인 등의 경제적인 지원을 하면서 러불동맹이 현실화되었다. 러시아는 오형과의 전쟁에서 프랑스의 지원받는 것이 중요한 목적이었다.

2. 프랑스

독일의 보장정책하에서의 국제적 고립을 타파하는 것이 러불동맹의 첫 번째 목표였으며, 제3차 삼국동맹의 성립으로 아프리카에서의 식민지 경략의 어려움이 가중되자 러시아의 지원이 절실하게 요청되었다.

3 성립

1. 정치협정(1891년 8월 27일)

정치협정은 군사협정 체결의 기초가 되었다.

(1) 유럽의 평화는 삼국동맹에 의해 위협받고 있다는 데에 합의하고 이에 필요한 조치를 강구한다.

(2) 양국 중 일국이 공격을 받을 때 즉각적이고 동시에 대처할 수 있는 방법을 강구하기 위해 협의한다.

2. 군사협정(1892년 8월 17일)

(1) 프랑스가 독일 또는 독일의 지원을 받는 이탈리아의 공격을 받는 경우, 러시아는 가능한 모든 병력을 사용하여 독일을 공격한다. 만일 러시아가 독일의 또는 독일의 지원을 받는 오형의 공격을 받는 경우 프랑스는 가능한 모든 병력을 사용하여 독일을 공격한다.

(2) 삼국동맹의 군대나 또는 그중 어떤 국가의 군대가 동원되는 경우 프랑스와 러시아는 사전의 협의를 거치지 않고 즉각적으로, 그리고 동시에 모든 군대를 동원하여 국경지대에 집결시킨다.

(3) 단독 강화하지 않으며 유효기간은 삼국동맹의 기간과 같이 하며 내용은 비밀로 한다.

4 의의

1. 유럽의 세력균형 부활

러불동맹의 체결로 독일은 국경에서 200만 명의 병력과 대치하게 되었다. 이로써 유럽은 삼국동맹, 러불동맹, 영국의 3대 세력권으로 분할되었다.

2. 프랑스의 고립 탈피

프랑스는 비스마르크에 의해 조작된 국제적 고립으로부터 벗어나게 되었고 이는 유럽의 세력균형질서가 회복된 것을 의미한다.

3. 러시아의 이익

러시아는 프랑스의 대독복수전쟁에 대한 지원의사가 없음을 분명히 한 상태에서 그의 독일, 오스트리아 그리고 영국에 대한 안전보장을 확보하게 되었다. 특히 오스트리아와의 전쟁 시 독일이 오스트리아를 지원하는 것을 억제할 수 있게 됨으로써 큰 수확을 거두게 되었다.

4. 독일의 군비증강

독일은 다시 비스마르크전략에 복귀하지 않으면 안 될 처지가 되었다. 독일은 처음에는 러불협정의 의미를 과소평가하였으나 차츰 동·서 양 전선에서 싸워야만 하는데 대한 대비를 필요로 하게 되었다. 카프리비는 프랑스의 위협과 더불어 러시아의 무력위협에 대처해야 할 수밖에 없었고 1892년 11월 군사법을 제정하여 군비증가에 박차를 가하게 된다.

제3절 | 영불협상

1898.8.30. 영독동맹 체결 실패
1899. 보어전쟁 시작
1899.12. 독일, 제2차 해군법안
1901.1. 영국, 에드워드 7세 등극

1902.1.30. 영일동맹
1902.8. 델카세, 대영 접촉 시작
1904.4.8. 영불협상 체결

1 배경

1. 보어전쟁(1899년 10월 ~ 1902년 5월)

영국이 트란스발지방과 오렌지 자유국가를 케이프콜로니에 병합시키려고 한 것에서 발발하였다. 3년간의 전쟁 끝에 영국은 결국 트란스발과 오렌지 자유국을 식민지로 만들었으나 영국군의 비능률성과 국제적 고립을 통감하는 계기가 되었다. 영국은 군사제도를 전반적으로 재편하는 한편, 고립정책에서 동맹정책으로 선회하게 된다.

트란스발

남아프리카공화국 북동부에 있는 주로 1836년 케이프주(州)로부터 이동해 온 보어인이 정착하고, 1838년 포체프스트룸시(市)를 중심으로 몇 개의 백인사회가 성립되었다. 1848년 프레토리우스를 정치적·군사적 지도자로 삼아 통일을 이루어 이듬해 헌법을 제정하고, 1852년 샌드리버조약에서 영국으로 하여금 남아프리카공화국의 독립을 승인하게 하였다. 1855년 수도 프리토리아가 건설되고, 1858년 남아프리카 헌법이 실시되었다. 1877년 영국에 합병되었으며, 발강(江) 내륙에 있기 때문에 트란스발이라 하였다. 1881년 영국 보호하의 자치국이 되었다. 금광이 발견됨으로써 1886년 요하네스버그시(市)가 건설되고, 1895년 이후 영국의 합병 시도와 이에 대항하는 대통령 크뤼거의 저항이 계속되어 1899 ~ 1902년 보어전쟁(남아프리카전쟁) 끝에 영국의 식민지가 되었다. 1907년 자치정부가 인정되어 1910년 남아프리카 연방 성립과 함께 그 주가 되었으며, 1961년 이래 남아프리카공화국의 주가 되었다.

오렌지 자유국가

남아프리카공화국의 중앙에 위치하였다. 1830년대에 영국의 자유주의적 식민정책을 기피하여 내륙으로 집단 이주한 보어 계통의 백인들이 1854년 독립을 선언한 '오라네 자유국(Oranje Vrystaat, 당시 백인 약 1만 5,000명)'을 모체로 하여 성립하였는데 보어전쟁에서 영국에 패하여 '오렌지강 식민지'라는 영국령이 되었고 그 후 1910년 남아연방의 1개 주로서 '오렌지 자유주'란 명칭을 되찾았다.

참고

케이프콜로니

1. 남아프리카공화국 남부에 있는 주(州)이다. 케이프주는 아프리카에서 가장 일찍 백인이 이주한 곳이다. 1652년 네덜란드 동인도회사가 아시아 무역의 보급기지로서 최초로 본격적인 이주를 시작하였다. 네덜란드계(系) 이민은 스스로를 보어(Boer: 네덜란드어로 농민을 의미)라고 하였다. 이들과 원주민 호텐토트와 부시먼 사이에 토지와 가축의 쟁탈을 둘러싸고 충돌이 계속되었다. 18세기에 보어인(人)은 내륙 침략을 시작하여 반투족(族)과 싸우면서 북쪽과 동쪽의 내륙에 영토를 넓혔다.

2. 아시아 항로의 보급기지로서 케이프 식민지 탈취를 계획한 영국은 1795~1803년과 1806~1814년에 이곳을 점령하여 1814년에 정식으로 영국 식민지로 삼았다. 케이프 식민지는 오렌지강(江) 남안까지 확장하여 아프리카인에게 토지소유권을 인정하고 언론·출판의 자유를 인정하였으며, 1834년에는 약 3만 5,000명의 노예를 해방하였다. 이러한 영국의 정책에 반대한 보어인들은 오렌지강 북쪽에 트란스발·오렌지 자유국의 두 공화국을 건설하여 저항하였다. 1842년 지금의 나탈주(州)도 영국이 점령하여 케이프 식민지에 병합되었다(1856년 나탈 식민지로서 분리). 1871년 다이아몬드를 산출하는 오렌지 자유국의 킴벌리 지구가 영국의 압력으로 케이프 식민지에 편입되었다. 1872년 케이프 식민지 정부가 성립되고 그 뒤 북방의 인접지를 병합하였다.

3. 1890년 케이프 식민지의 총리가 된 C. J. 로즈는 금광이 발견된 트란스발을 병합할 목적으로 보어(남아프리카)전쟁(1899~1902)을 일으켰다. 1910년 영연방 구성국으로서의 남아프리카공화국 연방이 성립하자 케이프 식민지는 그 주가 되었다.

2. 영독해군교섭의 결렬

비스마르크 퇴임 이후 독일은 세계정책(Weltpolitik)를 대외전략 노선으로 설정하고 해군상 티르피츠를 중심으로 해군력 확장에 주력하게 된다. 그러나 이는 영국의 '2개국 기준(Two - Power Standard)'정책에 정면으로 반하는 것이었다. 2개국 기준정책이란 가상적국 2개국의 해군력을 합친 정도의 해군력을 보유해야 한다는 정책이다. 영국의 제의로 영독해군교섭이 진행되었으나 독일의 지연전술과 소극적 태도로 결렬되었다.

3. 델카세의 외교노선

1898년 6월에 프랑스 외상에 취임한 델카세는 대독포위 노선을 적극적으로 전개하였다. 이탈리아를 삼국동맹에서 떼어내려고 하였고, 영국과의 우호증진에 노력하는 한편, 러시아와의 관계를 더욱 강화하는 데에 주력하였다.

4. 모로코문제

영국과 프랑스 간에는 이집트와 모로코의 문제가 현안으로 대두되어 있었다. 프랑스의 모로코 경영은 당연한 것으로 여겨지고 있었으나 열강의 승인을 받은 것은 아니었다. 프랑스는 이탈리아, 영국, 스페인으로부터 승인을 원하였으나 이탈리아 이외에는 승인을 받지 못하고 있었다.

파쇼다(현재 Kodok) 사건(1898년 9월)

1880년대부터 본격적으로 시작된 아프리카 식민지 쟁탈에 있어서 앞장섰던 영국과 프랑스 두 국가가 결국 정면으로 대립한 것이 바로 이 파쇼다 사건이었다. 이 사건은 이집트 경영을 위해 나일강의 지배가 절대적이었던 영국의 이해와 지부티 - 가봉을 동·서로 연결하는 프랑스의 이해가 충돌한 사건이었다. 양국은 오래 전부터 아프리카의 여러 곳에서 대립해 왔다. 프랑스는 영국의 이집트 경영을 아직 공식적으로 인정하지 않았으며 에티오피아문제로 양국이 대립하기도 하였다. 영국은 또 벨기에와 교섭해 콩고의 인접지역을 조차하려고 하였으나, 독일과 프랑스의 반대로 무산되었다. 이러한 분위기에서 프랑스는 나일강 상류에 원정대를 파견하려고 하였다. 이에 대해 그레이 영국 수상은 1895년 3월 이런 파견을 비우호적인 행동으로 간주하겠다고 선언하였다. 그러나 프랑스 아노토는 11월에 원정대 파견을 강행하기로 결정하였다. 그 후 2년 10개월이 지난 1898년 7월에 파쇼다에 도착하였다. 그곳에 프랑스 국기를 게양하였다. 한편 영국은 1896년 3월에 키치너 장군으로 하여금 수단을 정복하도록 하였다. 이런 결정은 에티오피아에서 이탈리아가 후퇴하게 되자 나일강 상류를 확보할 필요에서 나온 것이었다. 그는 1898년 9월에 파쇼다에 도착해 양국 군대가 대치하게 되었다. 영국의 키치너는 프랑스 원정대장 마르샹에게 후퇴할 것을 주장하였고 마르샹은 본국 정부의 명령 없이는 후퇴할 수 없다고 맞섰다. 양국은 19세기 후반의 최대위기에 직면하게 되었다. 영국은 나일 강을 반드시 지배해야 될 처지에 있었다. 따라서 프랑스는 싸우든지 후퇴하든지 선택해야만 되었다. 프랑스는 당시 드레퓌스 사건으로 정치적인 혼란을 겪고 있어서 파쇼다에서 영국과 군사적인 충돌을 감행할 수 없는 처지였다. 결국 델카세 외상은 후퇴하기로 하였다. 11월 3일 프랑스군이 철수해 양국의 위기는 사라졌다.

5. 러시아 - 일본 간 긴장 고조

양국을 결속시킨 결정적인 계기는 극동에서 러시아와 일본의 대립이었다. 의화단 사건 이후 만주에 주둔하고 있었던 러시아 군대의 철병을 놓고 양국 간 교섭이 진행되었으나 교착되고 전쟁 위기가 고조되고 있었다. 러일전쟁이 발발하는 경우 프랑스와 영국은 각각 동맹국으로서 전쟁에 개입될 우려가 있었다.

2 영국과 프랑스의 입장

1. 영국

독일과의 해군교섭을 실패하여 동맹체결 노선을 포기하고, 프랑스와의 동맹을 통해 유럽에서 고립을 탈피하고자 하였다. 이는 독일의 위협에 대한 적극적인 포위정책을 구사하겠다는 것을 의미한다. 한편, 극동에서 불필요한 러일전쟁에 연루되지 않으려고 했다.

2. 프랑스

모로코문제에 대해 아프리카에서 식민지 경합을 하고 있던 영국의 승인을 통해 스페인 등 핵심 이해당사국들의 승인을 이끌어내고자 하였다. 또한 러불동맹에 영국을 끌어들여 대독포위 노선을 강화하고자 하였다.

3 내용

1. 영국 - 프랑스 간 세력권 합의

프랑스는 영국의 이집트에 대한 정책에 간섭하지 않기로 하였으며, 영국은 모로코에서 프랑스의 권익을 승인하기로 하였다. 양국은 이집트 및 모로코에서 30년간 상업상의 자유를 인정하며 프랑스는 모로코문제에 있어서 스페인과 성립시킨 양해를 승인한다.

2. 외교적 지원 약속

프랑스가 독일로부터 공격을 받을 때 영국이 지원하기로 한 것은 일반적 양해사항이었으나, 영국의 지원은 외교적 지원에 국한하기로 하였다.

 참고

영불협상의 주요 내용
1. 영국은 이집트에 대한 정책을 변경할 의사가 없으며 프랑스는 이에 간섭하지 않는다.
2. 프랑스는 모로코에 대한 정책을 변경할 의사가 없으며 영국은 프랑스의 권익을 승인한다.
3. 양국은 이집트 및 모로코에서 30년간 상업상의 자유를 인정하며 프랑스는 모로코문제에 있어서 스페인과 성립시킨 양해를 승인한다.

4 평가

첫째, 영불협상으로 양국 간 관계가 개선되었다. 영불협상은 근본적으로 식민지문제에 있어서 양국 간의 이해를 조정한 것이지만, 제3국의 간섭에 대해 상호 외교적 지원을 공여할 것을 약속한 점에서 의미가 깊다.

둘째, 영불협상은 프랑스와 동맹관계에 있는 러시아의 이해관계를 침해하지 않는 유연한 협상체제였다. 이로 이해 영국·프랑스·러시아 3국 간 협상체제가 성립할 수 있었다. 영불협상의 성립은 이미 존재하고 있는 러불동맹과 간접적인 연계성을 가지게 되었다.

셋째, 영불협상의 성립으로 독일이 계속 추구하여 온 러불동맹과 영국 사이에서 중재역할을 추구하는 정책의 적실성이 사라지게 되었다.

넷째, 국제사회가 유럽에서 삼국동맹과 러불동맹의 대치, 극동에서 러불동맹과 영일동맹으로 대립하는 가운데 영불협상은 부분적으로 이들 세력들의 대치상태를 중화시키는 위치에 서게 되었다.

제4절 | 영러협상

1904. 영국, 북해 함대 재배치
1906. 독일, 해군증강법안 통과
1906.4. 러시아, 이즈볼스키 외상 등장
1907.1.1. 크로우보고서

1907.6.15. 제2차 헤이그회의
1907.7.30. 러일협정
1907.8.31. 영러협정 체결

1 배경

1. 영국과 독일의 대립

러불동맹과 영불협상으로 고립되고 있던 독일은 세계정책을 추진한다는 명분하에 해군력 증강에 박차를 가하고 있었고 영국의 해군군축 제의도 거절하였다. 한편, 뒤늦게 식민지 경쟁에 참가한 독일은 1905년 제1차 모로코 사건을 통해 영국과 일촉즉발의 위기까지 조성하게 되었다. 즉, <u>영국의 3C정책(Cape - Cairo - Calcutta)과 독일의 3B정책(Berlin - Byzantine - Bagdad)</u>은 심각한 갈등을 빚고 있었다. 영국은 독일의 위협에 대응하여 대독 포위망을 구축하기 위해 러시아와 협상체제를 형성하고자 하였다.

 참고

바그다드철도
1. 터키의 이스탄불과 페르시아만(灣)지역을 잇는 철도를 가리킨다. 넓은 의미로는 1889년의 아나톨리아(소아시아) 철도회사 설립 때부터 제1차 세계대전 때까지 독일 자본이 전개한 근동의 철도건설사업 전반을 가리킨다.
2. 이 철도선은 이스탄불에서 코니아에 이르는 아나톨리아선의 연장으로서 바그다드 철도회사(1903년 설립)가 계획하여 독일의 3B정책의 중심을 이루는 것이었는데, 열강의 반대와 투자 거부로 공사가 지연되어 1918년까지 3분의 2를 완성하는 데에 그쳤다.
3. 독일 제국주의의 진로를 나타내는 이 사업으로 독일의 터키에 대한 영향력을 증대시키는 데 큰 몫을 하였다.

2. 영국과 러시아의 식민지경쟁 조정

<u>1905년 러일전쟁에서 패배한 러시아는 극동에서 후퇴하고 다시 발칸반도에 진출을 적극적으로 모색하기 시작하였다.</u> 그러나 이를 위해서는 당시 패권국으로서 러시아의 남하정책에 반대하고 있던 영국의 양해가 있어야 한다고 판단하였다. 또한 영국과 갈등을 빚고 있던 아프가니스탄이나 티베트에서 이해관계를 조정하고자 하였다.

2 영국과 러시아의 입장

1. 영국

그레이 외상은 아시아문제에 관해서는 러시아와 타협노선을 견지하고 있었는데, 이는 무엇보다 인도방어의 부담이 급증하고 있었기 때문이다. 또한 러시아가 일본에 패한 후 약화되면서 일본이 급격히 팽창정책을 추진하려는 것을 저지할 필요가 있다고 보았으며 이를 위해서도 러시아와 연결은 중요한 문제라고 보았다.

2. 러시아

영국과 마찬가지로 러시아도 영국과의 교섭에 적극적이었다. 영국동맹론자였던 이즈볼스키는 독일의 바그다드 철도부설계획과 페르시아 진출에 큰 불안을 느끼고 있었다. 또한 러일전쟁에서 패한 이후 러시아 외교의 기본노선을 발칸과 해협에 두었고 이를 위해서는 아시아문제를 해결하는 것이 선결과제라고 보고 있었다.

3 내용

1. 페르시아문제

상호 간의 가장 중요한 문제는 페르시아에 대한 것이었다. 영국과 러시아는 1860년부터 일기 시작한 페르시아에서의 국내혁명을 기화로 무력으로 간섭하여 러시아는 페르시아 북부를 점령하고 영국은 남부를 점령하고 있었는데, 이를 기정사실화시킨 것이다. 페르시아 북부에서는 러시아의 권익을, 남부에서는 영국의 권익을 인정하고 중부지방은 중립으로 남겨두기로 하였다.

2. 아프가니스탄문제

러시아는 영국의 우월권을 인정하고 앞으로 모든 문제는 영국을 통해 해결할 것을 약속하였다. 러시아는 영국이 이 지역을 병합하지 않을 것을 조건으로 이 지역에서 러시아 군사력을 철수시키는 것에 동의하였다.

3. 티베트문제

영국과 러시아가 모두 이곳에 대한 청의 종주권을 인정하고 내정간섭이나 이권 획득을 하지 않을 것을 약속하였다. 다만 티베트의 대외관계에 있어서는 영국이 지니고 있는 현상을 유지하도록 양해함으로써 영국의 이익을 승인하였다.

4 평가

첫째, 러시아는 지속적으로 추구해 왔던 보스포러스와 다다넬스 해협문제를 놓고 영국과 이해를 조정할 수 있는 수단을 가지게 되었다. 러시아는 극동 및 중동에서의 식민 제국주의를 추구할 수 있는 기초를 형성하였다.

둘째, 영국은 독일의 계속적인 해군확장에 대해 협상체제를 구축함으로써 독일의 위협에 대응하는 수단을 마련하였다. 이로써 극동과 유럽에서 안정을 유지하고 식민지 경략에 집중할 수 있었다.

셋째, 영러협상으로 삼국협상체제가 완성되었으며 이는 세계적인 규모의 대독포위망을 구성하는 것으로 이후 유럽 국제정치에 중요한 영향을 주었다.

제5절 | 모로코문제

1880 마드리드협정	1906.1.4. 알헤시라스회의 개최
1905.3. 빌헬름 2세, 모로코 방문	1906.4.7. 알헤시라스 최종의정서 채택
1905.6.6. 델카세 사임	1911.5. 모로코 반란
1905.7.24. 독일-러시아, 비욜케회담	1911.7.1. 독일 군함 판터호, 아가딜 출현
1905.9.28. 루비에, 독일에 굴복	1911.12.4. 독불협정 체결

1 의의

모로코문제란 모로코에서 영국, 독일, 프랑스의 대립으로 발생한 유럽국 간 위기를 의미한다. 중세 이후 독립을 유지해 온 모슬렘 국가 모로코는 1880년 7월 마드리드 협정에 의해 열강에 개방되었다. 유럽 열강 및 미국이 참여한 동 협정에서 모로코의 독립과 영토보전이 확인되었으나 외국인의 특권이 규정되어 있어서 형식상의 주권만이 인정되고 있었다. 모로코문제에서 나타난 독일의 팽창주의적 성격으로 삼국협상의 결속력이 강화되고 대독일 포위망으로 작동하게 되었으며, 이는 또 다시 독일의 군비증강을 가속화시켜 제1차 세계대전으로 나아가게 되었다.

2 제1차 모로코 위기

1. 배경

독일은 비스마르크시대부터 모로코 자체에 대한 관심이나 이해보다는 다른 지역에서 이익을 얻을 수 있는 보상의 지역으로 간주해 왔다. 즉, 모로코를 특정 국가의 세력 범위로 인정해 주고 그 대가로 자신의 요구를 관철할 수 있을 것이라고 생각하였다. 한편, 1904년 영불협상이 체결되자 독일은 대독포위망이 형성되는 것에 위협을 느끼고 모로코문제를 통해 영불관계를 이간하고자 하는 의도도 있었다.

2. 열강의 입장

카이저가 모로코의 항구 탄지에르를 방문하여 독일의 이익을 주장하면서 마드리드조약 당사국회의 개최를 요구하였다. 프랑스는 자신이 고립되고 독일의 지위가 강화될 것이라고 예견하면서 국제회의 소집에 반대하였다. 영국은 모로코 연안에 독일이 진출하는 것을 반대하는 입장이었다. 모로코가 전략적으로 중요한 수로에 위치하고 있었기 때문이다. 미국 루스벨트의 중재로 알헤시라스협정(회의)이 개최되었다.

3. 알헤시라스협정(1906년 4월 7일)

(1) 모로코의 주권, 독립, 영토보전 및 무역자유와 평등을 확인한다.

(2) 경찰조직은 프랑스와 스페인이 담당한다. 알제리아 국경지역의 경찰조직은 프랑스가 독자적으로 담당한다.

(3) 국립은행을 설립하고 프랑스가 이 은행을 통제한다.

4. 의의

알헤시라스협정에서 모로코의 국제적인 성격과 문호개방이 규정되어 있어서 독일의 입장이 반영된 것 같으나 프랑스의 특수이익이 국제적으로 승인을 받은 것이었다. 독일은 영불협상을 붕괴시키기 위하여 모로코 사태를 야기하였으나 결과는 독일의 의도와는 정반대로 영불협상을 강화시켰고 독일의 고립을 자초하게 되었다.

3 제2차 모로코 위기

1. 배경 - 아가디르 사건(1911년 7월 1일)

제2차 모로코 위기는 모로코 내란 와중에 독일이 군함을 아가디르에 파견하여 프랑스에 대해 모로코 점령에 대한 구체적인 보상을 요구함으로써 촉발되었다. 내란이 일어나자 프랑스는 '모험주의 노선'으로 정책을 변경하고 모로코 영토를 군사점령하고 이에 대해 독일도 강경책으로 대응하게 된 것이었다.

2. 열강의 입장

독일은 프랑스가 모로코를 점령하는 대가로 프랑스령 콩고 전지역을 넘겨줄 것을 요청하였다. 프랑스는 반대하였고, 영불협정에 기초하여 영국도 프랑스령 콩고를 독일에 인도하는 것에 반대하였다. 이에 독일은 후퇴하였다.

3. 모로코협정(1911년 11월 4일)

독일과 프랑스 간에 모로코협정이 체결되어 프랑스는 자국령 콩고의 일부를 독일에게 양도하고 독일은 프랑스의 모로코에 대한 보호권을 공식적으로 인정하였다. 프랑스는 1912년 3월 보호통치를 선언하였다.

4. 의의

모로코 사건을 계기로 영불관계는 강화된 반면 독불 간의 감정의 대립은 격화되었다. 한편, 독일의 빌헬름 2세의 식민정책이 더욱 적극화되었고 영국과 대결하기 위해 해군력을 확장하는 데에 주력하게 되었다. 이에 대응하여 프랑스 - 러시아, 영국 - 프랑스 간에 해군협력이 강화되었다. 이탈리아는 모로코 사건 와중에 터키와 트리폴리 전쟁(1911년 11월 5일)을 유발하였고 트리폴리 병합에 성공하였다.

4 국제정치사적 의의

제1 · 2차 모로코 사건은 독일에 대한 포위망을 약화시키려는 의도에서 독일에 의해 유발된 사건이었다. 그러나 결과적으로 영국, 프랑스, 러시아에게 독일의 호전성을 각인시켜 독일에 대한 포위와 고립을 강화시키게 되었다. 고립을 확인한 독일은 당시 패권국인 영국에 대항하기 위해 해군력 강화에 박차를 가하게 되고 이로써 독일과 삼국협상국들 간의 안보딜레마(security dilemma)가 악화되기 시작하였다.

제6절 | 보스니아 – 헤르체고비나 병합

1906. 오스트리아에 아렌탈 등장 1908.7. 터키 헌법 공포 1908.9.15. 아렌탈-이즈볼스키, 부클라우회담	1908.10.5. 오스트리아, 보스니아-헤르체고비나 합병 선언 1909.3.30. 세르비아 정부 성명 1909.10. 라꼬니기협정

1 의의

보스니아 - 헤르체고비나는 1878년 베를린회의에서 오헝에게는 시정권만 부여하였고 두 지역에 대한 명분상의 주권은 술탄에게 있었다. 그럼에도 오헝은 이 지역을 병합함으로써 베를린회의의 합의사항을 어기고 발칸의 현상을 변경시킨 것이다. 이는 세르비아를 비롯해 터키 전역에서 일고 있는 범슬라브주의의 영향을 차단하여 오헝의 존립을 튼실하게 하고자 한 것이었다. 그러나 발칸의 중대한 현상변경으로 삼국동맹과 삼국협상 간 대립과 긴장이 고조되어 제1차 세계대전에 한층 더 가깝게 다가가는 계기가 되고 말았다.

2 배경

1. 러시아의 발칸 진출

1905년 러일전쟁에서 패한 러시아는 다시 발칸에서 남하정책을 시도하고자 하였다. 이를 위해 당시 발칸반도에서 강하게 일어나고 있었던 범슬라브 민족주의운동을 지렛대로 이용하고자 하였다.

2. 세르비아의 반오헝정책

기존에 친오헝정책을 추진해 왔던 밀란이 사망하고 피터 1세가 국왕으로 선출된 이후 세르비아는 반오헝정책으로 급선회하게 되었다. 이에 대해 오헝은 세르비아 수출품에 대해 관세인상조치를 단행하는 한편, 세르비아의 주요 수출품인 가축의 수입을 금지하였다. 이로 인해 오스트리아와 세르비아의 관계가 악화되었다.

3. 오스트리아 강경파의 등장

오헝에서는 아렌탈이 외상으로, 콘라드가 참모총장으로 임명되었다. 아렌탈은 야망과 교활성을 겸비한 외교관으로서 오헝제국의 명예를 다시 회복하려고 노력한 최후 사람 중의 하나였다. 한편, 콘라드도 아렌탈과 마찬가지로 제국의 명예를 되찾으려고 노력한 인물이며 예방전쟁의 신봉자였다. 강경파가 외교의 주도권을 잡게 되어 현상타파정책을 전개하였다.

3 열강들의 입장 및 보스니아 - 헤르체고비나 병합

1. 오스트리아의 입장

오스트리아는 강력한 범슬라브 민족주의가 일고 있던 이 시기를 선택하여 오랜 숙원이었던 보스니아와 헤르체고비나를 병합하기로 하였다. 이는 ① 러일전쟁에서 패배한 러시아는 발칸문제에 간섭하기가 어려울 것이고 ② 영국과 프랑스는 아프리카와 중동경략에 집중하고 있어 간섭하지 않을 것이라 생각하였기 때문이다.

2. 타 열강들의 입장

(1) 러시아는 1908년 9월 부흘라우회견에서 러시아 군함이 특정 조건하에서 해협을 통과하는 것을 반대하지 않는다면 보스니아와 헤르체고비나의 병합에 반대하지 않는다는 입장을 밝혔다.

(2) 영국은 해협의 지위 변경에 찬성하지는 않았으나 발칸에서 전쟁이 발발하는 것을 우려하여 세르비아를 설득하여 전쟁을 만류하고 오스트리아의 병합은 추인해 주었다.

(3) 독일은 오헝의 입장을 적극적으로 지지해 주었다.

3. 병합

오스트리아는 러시아가 해협지위 변경에 대해 강대국들의 승인을 구하는 순회외교를 전개하는 와중에 1908년 10월 5일 전격적으로 보스니아와 헤르체고비나의 병합을 단행하였고, 독일은 이를 지원하였다. 병합은 형식적으로 오헝과 터키 간의 합의로 타결되었고 오헝은 터키에 240만 파운드의 보상금을 지급하였다.

4 국제정치사적 의의

1. 독일과 오헝의 단결 강화

보스니아와 헤르체고비나 합병과정에서 독일과 오헝의 동맹관계가 더욱 견고해졌고 공격적인 성향을 띠게 되었다. 독일은 오헝이 발칸에서 모험주의 노선을 자제하도록 권고해 왔으나 이때부터는 독일이 오헝의 노선에 끌려다니게 되었다. 독일은 오헝이 세르비아를 공격하고 러시아가 세르비아를 원조하는 경우 원조의무가 발동한다는 입장을 천명하고 있었다.

2. 독일과 러시아의 관계 악화

독일은 오헝의 보스니아와 헤르체고비나 합병을 러시아가 승인하도록 압력을 가하였고 이로 인해 독러관계가 적대적 관계로 악화되었다.

3. 삼국동맹체제의 약화

삼국동맹에 대해 이미 회의적이었던 이탈리아는 합병 사건을 계기로 더욱 거리를 두었고 러시아와 1909년 10월 24일 라꼬니기 비밀조약을 체결하여 트리폴리에서의 지위를 러시아로부터 승인받는 대신 발칸의 현상유지에 동의해 주었다.

4. 범슬라브 민족주의운동의 고조

오스트리아의 보스니아와 헤르체고비나의 병합으로 세르비아의 극심한 원한을 샀고 이로 인해 반오헝적 성격의 범슬라브 민족주의가 더욱 고조되었다. 그러나 오스트리아는 발칸에서의 주도권을 유지하기 위하여 범슬라브 민족주의를 계속 억압하여야 했고, 특히 세르비아에 대한 탄압은 보다 가혹하게 되었다.

 참고

범슬라브 민족주의운동

1. 슬라브민족의 유대와 통일을 목표로 한 정치·사회사상운동이다. 기원은 18세기 말부터 성행된 슬라브민속학의 부흥에서 찾을 수 있으며, 본래는 슬라브문화의 우수성을 주장한 낭만주의운동이었다. 그러나 19세기 중엽부터 러시아가 자본주의 발흥기에 접어들면서부터 내셔널리즘운동으로 발전하였고, 침략적이고 반동적인 제국주의 이데올로기화하여, 제1차 세계대전의 한 원인(세르비아 문제)을 만들었다.

2. 이 사조(思潮)에는 2가지 조류(潮流)가 있었다. 하나는 오스트리아·터키의 지배로부터 슬라브민족을 해방하여, 그것을 연방제로 통합하려는 민주적인 방향인 유럽의 범슬라브주의이고, 또 하나는 러시아제국(帝國)을 중심으로 슬라브민족들을 통합시키려는, 반동적인 방향으로 움직인 러시아의 범슬라브주의이다.

전자는 우크라이나의 '통일슬라브결사(結社)' '키리르 메소디우스운동'에서도 볼 수 있는 것으로, 1848년 독일의 3월혁명 뒤에 프라하에서 열린 최초의 슬라브회의가 획기적인 것이었다. 이는 탄압을 당한 뒤에도 슬라브 제민족에게 영향을 남겼다. 그중에서도 가톨릭교도인 폴란드의 범슬라브주의는 약간 이색적이어서 러시아에 반항하는 색채가 강하였으며, 연방제의 민주적 원칙을 특히 강조하였다. 후자는 러시아의 슬라브주의 주장자에게서 볼 수 있는 것으로, 그들은 크리미아전쟁 이후의 러시아 동방정책을 변호하는 이데올로기로 이용되었다. 1908년 프라하회의에서 '문화통일'을 내세운 '네오슬라브주의'가 제창되었다. 그러나 제1차 세계대전 뒤에 슬라브 제민족이 거의 독립하였기 때문에, 그 운동도 소멸되었다.

제7절 | 발칸전쟁

1912.3.13. 세르비아-불가리아동맹	1913.6.29. 불가리아, 세르비아와 그리스에 선전포고
1912.5. 그리스-불가리아협정	1913.7. 휴전 및 불가리아 패배
1912.10.8. 몬테네그로, 터키에 선전포고	1913.8.13. 부카레스트조약
1912.12.23. 제1차 발칸전쟁 휴전	1913.9. 세르비아, 알바니아 침공
1912.12.16. 런던강화회의	1913.10.18. 오스트리아, 세르비아에 최후 통첩, 세르비아 철수
1913.5.30. 런던평화조약 체결	

1 의의

발칸전쟁은 터키가 이탈리아와 트리폴리전쟁을 하고 있는 동안 쇠락해 가는 오스만터키의 영토를 차지하기 위해 발칸의 독립국가들이 터키 및 상호 간에 벌인 전쟁을 의미한다. 발칸전쟁은 ① 러시아의 지원하에 세르비아, 불가리아, 몬테네그로, 그리스와 동맹을 체결하여 터키에 대항한 제1차 발칸전쟁과 ② 4국동맹국들 상호 간의 제2차 발칸전쟁으로 구분된다. 발칸전쟁은 오스트리아와 세르비아 간 적대감이 최고조에 달하게 함으로써 제1차 세계대전의 도화선이 되었다.

2 제1차 발칸전쟁

1. 4국동맹

러시아의 후원하에 1912년 3월 13일에 세르비아와 불가리아가 동맹을 체결하였고, 5월 29일에 그리스와 불가리아가 동맹을 체결했다. 몬테네그로는 그리스와 불가리아의 동맹을 지지한다는 선언을 하여 이로써 4국동맹이 체결되었다. 세르비아와 불가리아 동맹조약에서 세르비아는 북부마케도니아를, 불가리아는 마케도니아동남지역을 각각 분할하기로 하였고, 세르비아는 노비바쟈르지방을 병합하기로 하였다.

2. 제1차 발칸전쟁

불가리아가 터키에게 마케도니아 자치를 요구하는 각서를 전달하였고, 몬테네그로는 10월 8일 터키에 전쟁을 선포하였다. 4국동맹국이 승리하였으며 1913년 5월 13일 런던회의로 제1차 발칸전쟁이 종식되었다. 터키는 에노스 - 미디아 선 서쪽의 모든 유럽지역과 크리트를 포기하였다. 알바니아 및 에게해 도서문제는 열강의 결정에 맡기기로 하였다.

3. 알바니아문제

제1차 발칸전쟁 도중 알바니아문제가 대두되었다. 4국동맹국이 알바니아를 점령하려하자 오형은 세르비아가 아드리아해에 진출하는 것을 묵과할 수 없었으므로 알바니아의 독립을 지지한다고 천명하였고 독일과 이탈리아도 오형의 입장을 지지하였다. 이에 따라 러시아와 러시아의 지원을 받는 세르비아가 물러서게 되었다.

3 제2차 발칸전쟁

1. 원인

런던회의 결정에 대해 4국동맹국 간 이해관계가 상충하여 제2차 발칸전쟁이 발발했다. 세르비아, 그리스, 루마니아, 터키가 동맹을 체결하고 불가리아에 대항하였다. 세르비아는 아드리아해 진출이 좌절되고 불가리아와 약속한 마케도니아지역조차 얻지못하자 동맹결성과 불가리아에 대한 전쟁을 주도하였다.

2. 부카레스트조약(1913년 8월 12일)

제2차 발칸전쟁은 부카레스트조약으로 종료되었다. 이 조약으로 터키는 아드리아노플을 다시 얻게 되었고 루마니아는 남부 도브르쟈를 획득하였다. 마케도니아는 세르비아와 그리스 양국 간에 분할하게 되어 불가리아는 마케도니아로부터 축출되었다. 에게해에 이르는 카발라는 그리스에 양여되었다.

4 국제정치사적 의의

발칸전쟁은 외형상 발칸 국가들의 영토획득전쟁으로 보이나, 실상은 터키의 현상유지를 원하는 오스트리아와 범슬라브주의를 이용하여 발칸에 영향력을 확장하기 위해 4국동맹의 결성을 지원한 러시아와의 대립이었다. 또한 알바니아문제를 놓고 오스트리아와 러시아의 지원을 받는 세르비아 간의 갈등이 최고조에 달하여 범슬라브 민족주의운동을 더욱 고조시켰으며 이로 인해 사라예보 사건도 발생하게 된 것이었다. 한편, 발칸전쟁과정에서 독일은 오형의 지지를, 프랑스는 러시아의 지지를 공개적으로 명확하게 밝힘으로써 삼국동맹과 삼국협상국 간, 좁게는 독일 및 오형과 러불 간 대립이 더욱 명확해졌다. 리만 사건은 이들의 대립을 확인함과 동시에 갈등을 강화시킨 사건이었다.

리만 사건(1913년 11 ~ 12월)

발칸전쟁을 거치면서 동맹 측과 협상 측의 대립은 돌이킬 수 없이 첨예화되었는데 이를 더욱 악화시킨 사건이 리만 사건이다.

1913년 11월 독일 장군 리만을 콘스탄티노플을 수비하고 있는 터키 제1군의 사령관으로 터키 정부가 임명하였다. 러시아 - 터키 국경을 독일장군이 담당하게 된 것이어서 특히 러시아가 반발하였다. 프랑스는 러시아 입장을 지지하였으나 영국은 소극적 태도를 취하였다. 1913년 12월 13일 열강은 독일에게 허용한 지나친 양보에 반대한다는 각서를 터키 정부에 전달하였고, 결국 1914년 1월 리만 장군은 제1군 사령관에게 해임되고 터키군의 총검열관으로 자리를 옮김으로써 사건은 일단락되었다.

그러나 이 사건을 계기로 러시아와 독일의 관계는 극도로 악화되었다. 그럼에도 영국은 독일과의 교섭을 계속하였다. 해군교섭에는 실패하였으나 바그다드 철도문제에 관해서는 양국이 1914년 6월 15일 합의에 이르렀다. 독일은 바그다드 이남지역에서는 철도를 건설하지 않고 영국은 유프라테스 강의 운항 문제에 우월한 지위를 가지기로 하였다. 이러한 영국의 태도로 말미암아 독일은 만일 전쟁이 발발하게 될 경우 영국은 적어도 중립을 지켜주리라 더욱 믿게 되었다.

제5장 | 베르사유체제

제1절 | 베르사유체제

1914.6.28. 사라예보 사건	1935.3.16. 히틀러, 징병제도 재실시
1919.6.28 베르사유조약 체결	1935.3. 스트레자연합전선
1921.11. ~ 1922.2. 워싱턴군축회의	1935.5.2. 불소협정 체결
1925.10.16. 로카르노조약 체결	1935.6.18. 영독해군협정
1922.10. 무솔리니 등장	1936.3.7. 독일, 라인란트 재무장 선언
1928.8.27. 부전조약 체결	1936.5. 이탈리아, 에티오피아 병합
1931.8. ~ 9. 만주사변	1938.3. 독일, 오스트리아 병합
1932.1. 스팀슨 독트린	1938.9. 뮌헨협정
1933.1.30. 히틀러, 독일 수상으로 등장	1939.9.1. 독일, 폴란드 공격(제2차 세계대전)
1933.3. 일본, 국제연맹 탈퇴	

1 의의

제1차 세계대전 이후 전후처리를 위한 파리평화회의에서 기초된 베르사유조약, 생제르맹조약, 트리아농조약, 뉴이조약 등에 의해 수립된 전후의 새로운 국제정치질서를 일괄하여 베르사유체제라고 한다. 전후처리에서 핵심이 되는 문제는 패전국의 처리 문제와 전쟁억제방안이라고 할 수 있다. 베르사유체제는 패전국인 독일의 영토를 축소시키고 군비를 제한함으로써 독일의 재흥을 방지하였으며, 국제연맹에 의한 집단안보제도(collective security)를 도입하여 전후의 평화를 유지하고자 하였다. 베르사유체제는 독일과 일본의 현상타파정책에 대한 강대국들의 유화정책, 집단안전보장제도의 한계 등의 이유로 제2차 세계대전이 발발함으로써 붕괴되었다.

2 형성

1. 형성원리 - 윌슨의 14개 조항

전후 미국의 윌슨은 새로운 국제질서 형성의 이상을 담은 14개 조항을 제시하고 이에 기초하여 베르사유체제의 형성을 주도해 나갔다. 전쟁의 원인을 비밀외교, 보호무역, 세력균형, 민족주의의 억압 등에서 찾고 비밀외교 철폐, 해양자유와 자유무역주의, 집단안보체제 형성, 민족자결주의에 기초한 국경 재조정을 제시하였다.

윌슨 14개 조항의 주요 내용

1. 개별적인 이익을 위한 비밀외교는 폐지되어야 하고 공개외교가 수립되어야 한다.

2. 전시와 평시를 막론하고 국제조약에 의하지 아니하는 한 공해상의 자유는 보장되어야 한다.

3. 경제적 장벽은 철폐되어야 하고 평등한 통상조건을 확립한다.

4. 국내질서의 유지에 필요한 최저선에 이르기까지 군비를 축소해야 한다.

5. 식민지의 주권을 결정하는데 있어서 그 주민의 이익과 수립하게 될 정부의 공평한 주장이 동등하게 고려되어야 한다는 원칙하에서 모든 식민지 요구를 공평하게 조정한다.

6. 러시아로부터 군대를 철수한다. 그리고 러시아가 자신의 정치발전과 국가정책을 자주적으로 결정할 자유로운 기회를 가지고 원하는 정치제도에서 국제사회에 들어오도록 러시아 문제를 처리한다.

7. 벨기에로부터 군대를 철수하고 그 주권을 완전히 회복시킨다.

8. 알사스와 로렌을 프랑스에 반환하고 1871년 전쟁에서 프로이센이 차지한 전 프랑스 영토를 회복시킨다.

9. 이탈리아의 국경은 민족의 분계선에 따라 개정한다.

10. 오스트리아 - 헝가리 제국 내의 제민족에 자치권을 허여한다.

11. 발칸 국가들의 부흥에 협조한다. 루마니아, 세르비아, 몬테네그로에서 군대를 철수한다. 세르비아에게 해양에의 자유로운 진출구를 제공한다. 발칸 국가들의 영토 보전을 국제적으로 보장한다.

12. 터키 내의 제 민족에게 자치권을 부여하고, 다다넬스 해협은 국제적인 보장하에 영구히 자유로운 항행을 허용한다.

13. 폴란드인에 의한 폴란드의 독립을 부여하고 그들의 독립과 영토적인 보전은 국제협약에 의거한다.

14. 국가의 상호 정치적 독립과 영토적 보전을 보장하기 위해 특별조약으로 일반적 국제조직을 창설한다.

영구평화를 위한 4개 원칙

1. 모든 문제의 해결은 공평의 원칙에 입각하고 본질적인 정의에 기초해야 한다.

2. 세력균형은 영구히 부인되어야 하고 세력균형을 위한 인민의 주권 간의 이전은 금지되어야 한다.

3. 영토귀속에 있어서 주민의 의사를 존중하여야 한다는 원칙 속에서 영토문제의 해결은 국가 간의 타협에 의하기보다는 관계인민의 이익과 복지에 따라 결정되어야 한다.

4. 모든 민족적 희망은 소수민족보호의 원칙에 따라 해결되어야 한다.

2. 각국의 입장

(1) 프랑스

독일의 복수에 대한 보장책을 확보하는 것이 관건이었다. 클레망소는 가능한 한 독일을 무력화시키고 부활을 곤란하게 만들어 프랑스의 대독일 안전보장을 최대한 오래 유지하고자 하였다. 라인좌안을 독일로부터 분리하여 국제연맹하에 두고자 하였으나 민족자결주의에 반한다는 이유로 영국과 미국이 반대하였다. 대신 영국의 로이드 조지는 라인좌안의 비무장과 라인우안에 50km의 비무장지대 설치, 독일의 군사력을 10만 명으로 제한, 항공기·전차·중포의 보유 금지, 비무장지역에 대한 영국과 미국의 보장 등의 타협안을 제시하였다.

(2) 영국

영국은 대륙에서 세력균형의 유지라는 전통적 정책을 기본 노선으로 삼았는바, 이는 독일이 지나치게 약화되는 경우 프랑스가 대륙의 패권을 잡게 될 것을 우려하였다. 한편으로는 독일이 경제적으로 적절하게 부흥하여 대륙에서의 영국의 시장역할을 해 주길 바라고 있었다.

(3) 미국

윌슨의 14개 조항에 기초하여 민주주의와 민족자결이 세계평화의 길이라는 입장이었다. 즉, 세력균형과 동맹보다는 모든 국민이 자유주의체제를 선택하면 전쟁이 없어질 것이라고 확신하였다. 또한 한 민족에게 하나의 국가를 준다는 국경획정원칙을 민족자결주의원칙에 따라 적용하였다. 이로써 오형하의 여러 민족이 국가를 형성하게 되었고, 폴란드도 러시아로부터 독립하였다.

3. 국제연맹의 성립

(1) 프랑스와 영국의 반대 속에 윌슨의 주도로 국제연맹이 창설되었다. 윌슨은 세력균형이라는 오랜 원칙이 전쟁의 원인이 될 수 있다고 생각하였으며, 강대국들이 약소국들에게 그들의 의지를 강요하는 강대국 지도체제도 거부하였다.

(2) 승전국과 중립국에 의해 성립된 국제연맹은 집단안전보장제도를 새로운 안보제도로 채택하였다.

(3) 미국 주도로 성립된 국제연맹이었으나 미국은 민주당의 국제주의노선을 지지하지 않았고 미국은 국제연맹에 가입하지 못하였다.

3 위기

1. 집단안전보장체제의 붕괴

1929년부터 시작된 경제대공황은 현상타파세력들이 성장할 수 있는 환경을 제공해 주었고, 현상타파세력에 대한 유화정책으로 베르사유체제는 수정되기 시작하였다. 이 때, 베르사유체제의 현상타파세력은 독일, 이탈리아, 일본이었다. 독일은 영국의 유화정책하에서 군비를 증강하고 라인란트를 점령함으로써 베르사유체제를 수정하였다. 일본의 만주 침략이나 이탈리아의 에티오피아 침공에 대해서 열강은 적절한 대응을 하지 않았으며 이로 인해 집단안보체제의 무력성이 현실화되고 베르사유체제는 붕괴되어 갔다.

2. 일본의 만주 침략

1931년 9월 일본은 유조구 사건을 조작하여 만주 침략을 본격화하기 시작하였다. 만주 침략은 군부강경파 세력과 대공황으로 인해 경제적 위기에 처해 있던 여론의 합작품이었다. 국제연맹 회원국 간 분쟁이었으므로 국제연맹이 개입하였으나 적극적인 제재조치를 취하지 못하고 오히려 일본은 국제연맹을 탈퇴하였다. 베르사유체제의 핵심 중 하나인 집단안보체제의 무력성으로 베르사유체제는 첫 번째 위기에 직면하게 되었다.

3. 이탈리아의 에티오피아 침공

무솔리니의 식민정책의 일환으로 국제연맹 회원국인 이탈리아가 또 다른 회원국인 에티오피아를 침략하였다. 국제연맹이사회는 만장일치로 이탈리아가 연맹규약을 위반하였음을 확인하고 제재조치를 취하였으나 실효성이 없었다. 영국을 비롯한 회원국들이 경제적 타격을 이유로 사실상 참여하지 않았기 때문이었다. 이탈리아의 에티오피아 무력병합은 성공하였고 국제연맹의 집단안보체제는 다시 무력성을 확인시켜 주었다. 이러한 사건들은 히틀러의 베르사유체제 변경에 대한 자신감을 불어넣어 주었다.

4. 스페인 내란

스페인 내란은 국내문제였으나, 이념과 전략적 요충지, 무기 공급이라는 차원에서 국제문제이기도 하였다. 스페인 내란을 통해 공화파를 지지하였던 소련과 프랑스, 프랑코 장군을 지지하였던 독일과 이탈리아 간 대립관계가 형성되었고, 특히 독일과 이탈리아 간 '로마 - 베를린 추축'이라는 블록이 형성되었다. 스페인 내란은 제2차 세계대전의 추축국을 형성시키고, 유럽 열강 간 대립축을 형성하였다는 측면에서 베르사유체제에 위기감을 고조시킨 중요한 사건이었다.

4 베르사유체제의 붕괴

베르사유체제에서 독일문제에 대해 규정하였던 군비제한과 독일의 국경선획정조항은 독일이 생존공간(Lebensraum) 확보라는 기치하에 독일 민족들이 거주하는 영토에로 팽창정책을 실시하고 이를 위해 군비증강을 시작하면서 폐기되기 시작하였다. 독일의 중부유럽으로의 팽창정책으로 베르사유체제는 붕괴되었다.

1. 독일의 오스트리아 병합(1938년 3월)

독일은 오스트리아의 수상 슈스닉과 대통령 미클라스를 위협하여 강제로 오스트리아를 병합하는 데 성공하였다. 영국의 체임벌린과 프랑스의 쇼탕 내각은 독일의 현상변경을 용인하는 유화정책을 구사하고 있었으며 이탈리아도 독일을 지원하였다. 1938년 3월 13일 히틀러에 의해 독오 국가병합이 선언되었고 국민투표를 통해 확정되었다.

2. 독일의 체코 병합(1939년 3월)

독일의 체코 침략은 영국과 프랑스에게 자신의 유화정책이 오류였음을 확인하게 한 사건이었다. 히틀러는 체코슬로바키아 내의 독일인 거주지역인 주데텐의 병합을 뮌헨회담에서 승인받은 것으로 만족하지 않고 체코를 위협하여 강제병합하였다. 이로써 유화정책은 종말을 고하였고, 영국은 히틀러에 대한 강경대응에 나서게 되었다.

3. 폴란드 침략

독일의 체코 병합 이후 영국은 유화정책을 폐기하고 강경책으로 전환하였으며 폴란드에 대한 보장을 선언하였다. 이는 독일이 민족자결원칙을 무시하였고, 유럽의 세력균형이라는 영국의 전통적 정책에 반하여 영국의 경제적 이익과 안보이익에 저해된다고 판단하였기 때문이다. 그러나 영국과 프랑스의 폴란드 무력보장에 대한 선언과 이탈리아의 지원거절의사에도 불구하고 독소불가침조약을 등에 업은 독일은 1939년 9월 1일 마침내 폴란드 국경을 넘게 되고 이로써 제2차 세계대전이 발발하였다.

5 실패요인

첫째, 베르사유체제가 창안한 집단안보제도가 내재적 한계가 있었다. 전쟁을 금지하지 않았으며, 만장일치라는 의사결정절차로 인해 적시에 의사를 형성하는 것이 어려웠고, 위반국에 대한 군사적 제재조치를 할 수 있는 수단이 없었으며, 경제제재도 참가국들의 소극적 태도로 실효성이 없었다. 무엇보다 체제 유지를 해야 할 미국이 불참함으로써 무기력성이 더해졌다.
둘째, 경제공황은 한편으로 히틀러, 무솔리니, 일본군부 등 현상변경을 바라는 강경파들이 집권하는 계기를 마련해 주었고, 또 한편으로는 영국이나 프랑스가 유화정책을 구사하게 하는 배경이 되었다.

◑ 빈체제와 베르사유체제 비교

구분	빈체제(유럽협조체제)	베르사유체제
성립	나폴레옹전쟁	제1차 세계대전
주도세력	영국	미국
형성원리	세력균형, 정통주의	민족자결주의, 이상주의
안전보장제도	세력균형, 회의외교, 강대국지도체제	집단안전보장제도
패전국처리	프랑스: 배상금, 보장점령	독일: 배상금, 보장점령, 군비축소, 영토축소
제도화 수준	낮음: 수시외교 방식	높음: 국제기구 형성
체제위협요인	도전국: 러시아, 독일	도전국: 독일, 이탈리아, 일본
체제붕괴요인	패권쇠퇴, 양극화	유화정책, 제도적 한계, 경제공황
존속기간	100년(1815 ~ 1914)	20년(1919 ~ 1939)

 참고

윌슨(Wilson, Thomas Woodrow, 1856년 12월 28일 ~ 1924년 2월 3일)

1. 버지니아주(州) 출생으로 프린스턴대학교·버지니아대학교에 이어 존스홉킨스대학교 대학원에서 법학·정치학을 공부하고, 1886년 박사학위를 받았다. 1888년 코네티컷주의 웨슬리언대학교, 1890년 프린스턴대학교의 교수가 되고, 1902년 이 대학 총장으로 선출되어 대학개혁에 힘썼다. 1910년 미국 민주당에서 뉴저지 주지사 후보로 추천받아 1911년 당선, 정계에 발을 들여놓았다. 1912년 민주당 대통령 후보로 추대, 신자유주의(New Freedom)라고 하는 혁신정책을 내걸고 출마하여 당선되었다.

2. 윌슨의 정책은 대자본에 반대하는 대중의 지지를 받았고, 특히 언더우드관세법안(Underwood Tariff: 관세를 인하시킨 조치)·연방준비법안(Federal Reserve Act: 개인금융기관의 횡포를 방지하기 위한 대규모 통화개혁법안)·클레이턴 반(反)트러스트법안 등을 통과시킨 것은 임기 중에 거둔 특기할 만한 실적이다.

3. 제1차 세계대전이 발발하자 중립주의를 내세웠고, 1916년 대통령선거에서는 미국이 참전하지 않을 것을 약속하고 재선되었다. 대전 개시와 함께 미국의 무역과 생산은 활발해지고, 영국·프랑스와의 관계도 밀접하게 되어, 미국 자본주의는 전쟁에서 이익을 추구하게 되었다. 그러나 1917년 독일이 무제한 잠수함 공격을 감행하면서 상선과 여객선이 침몰당하자 미국 항구 내에 화물이 적체되기 시작하였고, 인명피해도 늘어났다. 또한 멕시코가 애리조나·텍사스에 대한 재정복을 꾀한다는 소문은 여론을 더욱 악화시켰다. 윌슨도 이런 압박에 버티지 못하고, 독일의 무제한 잠수함 공격에 대항할 것을 이유로 연합국측에 가담하여 참전하였다. '전쟁을 끝내게 하는 전쟁', '민주주의를 위한 전쟁'이라는 슬로건으로 전쟁에 이데올로기성을 부여하고, 1918년 1월 비밀외교의 폐지와 민족자결주의를 제창, '14개조 평화원칙'을 발표하였다. 그리고 파리평화회의에서는 지도적인 지위에 서서 국제연맹 창설을 위하여 노력하였다. 그러나 미국 상원은 국제연맹규약을 포함한 베르사유조약의 비준을 거부하였고, 윌슨 자신은 이 무렵 건강이 나빠져서 1921년 3월 임기를 마치고 은퇴하였다. 1919년 노벨평화상을 받았다.

제2절 | 제1차 세계대전 이전 강대국들의 대외전략

1 영국

1871년부터 1914년 제1차 세계대전이 일어나기까지 영국 외교의 특징은 세 가지로 요약할 수 있다.

1. 팍스 브리태니카(Pax Britanica)

영국의 패권에 의해 세계질서를 유지하려는 팍스 브리태니카정책이다. 1907년 영러 협상 이전까지는 러시아가 패권에 대한 도전세력이었으나 이후 독일로 변경되었다.

2. 식민지경영을 위한 교통로 유지

대영제국의 유지와 방위, 영국의 세계시장에서의 위치의 유지를 위해 영국 본국과 속령과의 교통로를 유지하는 것이 실질적인 외교정책의 내용을 구성하였다. 러시아의 발칸 진출은 지중해를 위협하였고 러시아의 동방 진출은 인도의 안녕을 위협하였으므로, 러시아의 남하정책을 적극적으로 저지하고자 하였다.

3. 유럽의 세력균형 유지

전통적으로 영국은 유럽세력들 간의 세력균형을 위한 균형자 역할을 수행하였고 영국이 협상체제에 들어가기 전인 1891년부터 1904년 사이에는 삼국동맹과 러불협상 사이에서 균형자적 위치에 있었다.

2 프랑스

1. 대독관계

프랑스 외교정책의 핵심은 대독관계에 있었다. 비스마르크체제하에서 프랑스는 고립되었으나, 비스마르크의 퇴진 이후 국제적 고립에서 탈피하여 대독 포위망을 결성하는 대륙정책의 특징을 지니고 있었다. 알사스와 로렌 회복을 위해 대독 복수전의 열망을 항상 가지고 있었다.

2. 제국주의

1880년부터 1900년 사이에 독점자본주의의 발전으로 프랑스는 해외식민지 획득에 적극적이었으며 제국주의 색채가 강하게 나타났다. 식민지 재분할이 끝날 무렵부터는 현상유지정책에 집착하여 영국에 추종하는 외교행태를 보여주었다.

3. 소극주의

일반적으로 프랑스는 그 국내정치상의 분열로 인하여 외교정책에 있어서 일관성이 결여되었고 그 대외관계에서는 소극성을 면하지 못하였다. 그러나 1912년 프앵카레 내각이 들어선 이후 적극성을 띠게 되었다.

3 러시아

1. 팽창주의

러시아는 부동항의 획득을 목적으로 하는 팽창주의정책을 지속적으로 전개하였다. 군사력을 바탕으로 한 봉건적 제국주의의 형태를 띠었으며 지정학적 이점을 활용하여 유럽, 중동, 극동경략을 번갈아가며 선택하였다.

2. 세계정책의 근간

비스마르크시대에는 독일과 제휴를 통해 세계정책을 전개해 나갔으나 프랑스와 동맹을 체결한 이후에는 러불동맹을 그 근간으로 삼았고 영러협상 성립 이후에는 대독 포위망을 구축하는데 일익을 담당하였다.

4 오스트리아 - 헝가리 제국(오헝 제국)

명확한 식민지를 가지지 못한 채 발칸에의 진출과 영토보전을 위한 동방정책을 근간으로 삼았다. 비스마르크시대 이후 독오동맹에 의한 독일의 모험주의정책에 종속되는 외교적 취약성을 보여 주었다.

5 이탈리아

1. 무기력성

이는 ① 영토적 통일은 이룩하였으나 국민적 대통합은 실현되지 못하여 정정이 불안정하였고, ② 군사력의 상대적 열세로 제국주의정책에 있어서도 실패를 거듭하였으며, ③ 군사적 · 경제적인 면에서 대영의존성에서 탈피하지 못하였기 때문이었다.

2. 삼국동맹세력

독일, 오스트리아와 함께 삼국동맹을 형성하였다. 하지만, 독일과의 관계는 전통적으로 우호적이었으나 오스트리아와는 지속적으로 갈등관계에 있었다. 이로 인해 제1차 세계대전이 발발하자 중립을 선언하게 되었다.

6 미국

1. 고립주의 외교

미국은 1823년 먼로 독트린에서 선언한 고립주의정책을 근간으로 삼고 있었다. 그러나 이는 미주 대륙에서 미국의 패권을 위한 팍스 아메리카나의 기초로 작용하였다.

2. 문호개방정책

미주 대륙에서 패권을 장악한 미국은 차츰 태평양 세력으로서의 면모를 갖추면서 1899년과 1900년 문호개방과 기회균등선언을 계기로 차츰 미국의 대아시아정책은 적극화하기 시작하였다. 제1차 세계대전 이후에는 아태지역에서 가장 강력한 세력으로 부상하였다.

3. 균형자

미국은 삼국협상과 우호적인 관계를 유지하면서 점차 삼국동맹과 삼국협상세력 간의 균형자적인 위치를 점하게 되었다. 제1차 세계대전에의 참전은 영국·프랑스·러시아가 승리하여 유럽 대륙에서 세력균형을 파괴할 것을 우려한 연유였다. 이때부터 동서양 양대 대륙의 세력균형유지가 미국의 외교정책에 있어서 기조를 형성하였다.

7 독일

1. 대륙정책과 세계정책

독일 외교에 있어서 비스마르크 사임이 결정적인 분기점을 형성하였다. 비스마르크 시대가 유럽 대륙에서의 패권을 위한 대륙정책으로 민족주의적 산업자본주의시대를 이루었다면, 이후 빌헬름 2세는 '세계정책'으로 제국주의적 팽창정책을 시행하였으며 이는 금융자본주의시대를 배경으로 하였다.

2. 고립정책과 고립화

비스마르크시대는 삼국동맹과 삼제협상, 지중해협정 등을 통해 프랑스를 고립시키는 정책을 구사하여 성공하였으나 이후 삼제협상체제의 붕괴로 프랑스가 고립으로부터 탈피하고 역으로 독일이 삼국협상체제의 포위망 속으로 빠져들어갔다.

3. 현상유지와 현상타파

비스마르크시대의 외교는 프랑스 고립과 함께 유럽의 현상을 유지함으로써 독일의 생존을 보장받는 정책을 구사하였으나 이후 빌헬름 2세의 세계정책은 영국의 패권과 그들의 식민지에 대항하는 모험주의적 전쟁정책으로서 현상타파정책이었다.

8 일본

메이지유신 이래 부국강병을 이룩한 일본은 적극적인 팽창정책을 구사하여 조선에서 청나라와 러시아의 영향력을 배제하고 독점적 지배권을 확립하였다. 이후 일본은 열강들의 양해하에 만주경략을 본격화하였으나, 제1차 세계대전 이후 새로운 강자로 부상한 미국에 의해 제지당하게 되었다. 이후 일본은 아태지역의 현상타파국가로 등장하였고 태평양전쟁을 일으켰다.

제3절 | 제1차 세계대전과 파리강화회의

1914.6.28. 사라예보 사건	1914.8.23. 일본, 대독 선전포고
1914.7.23. 오스트리아, 세르비아에 최후통첩	1915.4.26. 이탈리아, 런던조약(협상측에 가담)
1914.8.3. 이탈리아, 중립선언	1915.5.7. 일본, 중국에 21개조 최후통첩
1914.8.4. 독일, 벨기에 침공	1917.11. 이시이-랜싱협정 체결
1914.8.5. 영국, 대독 선전포고	1919.6.28. 베르사유조약 체결

1 의의

1914년 6월 28일 사라예보 사건으로 촉발된 오헝과 세르비아 간 갈등이 삼국동맹과 삼국협상국 간의 대립으로 확산되고, 이후 미국과 일본, 중국 등 유럽 이외의 국가들이 참전하면서 세계대전으로 확대되었다.

2 제1차 세계대전의 원인

1. 영국과 독일의 세계패권쟁탈전

뒤늦게 식민지 경쟁에 뛰어든 독일은 기존 세력인 영국에 도전하였고 경제전, 식민지 쟁탈전에서 두드러지게 나타났다. 영국의 3C정책과 독일의 3B정책의 대립으로 양국은 건함 경쟁을 하게 되고, 영국은 기존의 고립정책을 버리고 동맹정책으로 전환하게 되었다.

2. 발칸에서의 독일 · 오스트리아 - 러시아의 대립

독일과 오헝의 발칸에서의 팽창주의적 정책은 러시아의 남하정책과 대립하게 되었다. 이는 범게르만주의와 범슬라브주의의 갈등으로 나타났고 전쟁 이외의 방법으로는 이 갈등을 해결하기 어렵게 되었다.

3. 독일과 프랑스의 역사적 대립관계

1871년 보불전쟁으로 독일은 알사스와 로렌을 병합한 이후 양국은 복수전과 예방전쟁으로 적대적 관계를 유지해 왔다. 유럽 대륙 밖에서는 양국은 모로코에서 두 차례 걸쳐 대립함으로써 양국 감정은 극도로 악화되었다.

4. 오스트리아와 세르비아의 적대감정

1908년 오스트리아가 보스니아와 헤르체고비나를 병합한 이후 세르비아와 오스트리아간 민족적 감정은 극도로 악화되어 있었다. 또한 오스트리아의 영향권하에 있던 슬라브족과 세르비아가 야합함으로써 대세르비아를 건설하려는 움직임에 대해 오스트리아의 탄압은 계속되었고 세르비아는 계속해서 오스트리아에게 복수할 기회를 노리고 있었다. 1914년의 사라예보 사건이 직접적인 도화선으로 작용하였다.

사라예보 사건

1914년 6월 28일 오스트리아 황태자와 그의 비(妃)가 사라예보에서 두 명의 세르비아 청년에게 암살된 사건으로 제1차 세계대전의 도화선이 됨으로써 더욱 알려지게 되었다. 사라예보는 현재 보스니아헤르체고비나에 있지만, 당시에는 1908년 오스트리아에 합병된 보스니아주(州)의 중심도시였다. 이 암살사건은 남(南) 슬라브민족의 통일을 부르짖고, 황태자를 그 장애물로 본 세르비아의 민족주의적 비밀결사의 계획에 의한 것이었다. 오스트리아 정부는 이 사건에 세르비아 정부가 관련되었다고 하여 즉각 세르비아에 최후통첩을 보내고, 7월 28일에 세르비아에 선전포고를 함으로써 제1차 세계대전이 시작되었다.

3 제1차 세계대전과 열강의 입장

1. 오스트리아

1914년 6월 18일 사라예보 사건이 발생하자 오스트리아는 예방전쟁을 주저하던 오스트리아 외상 베르흐톨의 태도가 급변하여 전쟁을 결심하였다. 오스트리아는 독일로부터 지원을 약속받은 다음 1914년 7월 23일에 최후통첩을 수교하였다.

2. 독일

독일 내부에서는 강경파와 온건파의 대립으로 혼선이 빚어졌다. 카이저를 비롯한 온건파들은 분쟁을 국지화시키려고 하였으나 강경파들은 '슐리펜계획'에 따라 전면전을 선호하였다. 결국 강경파의 입장에 따라 독일은 1914년 8월 1일에는 러시아에게, 8월 3일에는 프랑스에게 선전포고를 하였다.

슐리펜계획

독일(프로이센)의 참모총장 슐리펜(1833~1913)이 세운 작전계획이다. 이 계획은, 러시아 및 프랑스와의 양면전쟁(兩面戰爭)에서 독일이 승리하기 위한 방법을 제시한 것으로, 즉 러시아 제국은 개전 후부터 전병력을 동원할 때까지 6~8주가 걸릴 것이므로, 이 나라에 대해서는 소수 병력만을 보내고, 필요하다면 적당히 후퇴한다(동프로이센을 포기). 그 동안에 모든 병력을 서부 국경에 집중하고, 벨기에의 중립을 침범하여 프랑스 북부로 침입하며, 파리를 서쪽에서 크게 우회하여 프랑스군의 주력을 프랑스 동부로 몰아넣고 전멸시킨다. 이처럼 서쪽을 안전하게 해결한 다음 러시아와 본격적으로 싸운다는 작전이었다. 그러나 여기에는 영국과 싸워서 굴복시키는 작전이 빠졌으며, 총력전(總力戰)에 대한 준비도 없었다. 이 작전은 그 후 알사스·로렌을 지키기 위해서 프랑스 북부 침입군의 병력을 줄였기 때문에 무리가 커졌지만 원래 무리한 작전계획이었다.

3. 영국

(1) 사라예보 사건 이후 영국은 명확한 입장을 표명하지 않았으며, 오스트리아가 최후통첩을 수교한 이후에는 국제회의의 소집을 통해 중재하려고 하였으나 오스트리아의 반대로 무산되었다.

(2) 프랑스가 지원을 요청하자 영국은 독일의 도전과 영국 의회의 승인을 조건으로 원조를 약속하였고 1914년 8월 3일 독일이 벨기에를 침공하자 이를 이유로 독일에 선전포고하고 참전하였다. 참전의 근본적인 동기는 유럽에서의 세력균형을 독일이 파괴할 것이라는 우려 때문이었다.

4. 프랑스

사라예보 사건 이후 푸앙카레 대통령과 비비아니 외상은 러시아를 방문하고 세르비아의 주권과 독립을 침해하는 오스트리아 요구의 철회에 의견을 모았고, 양국 간의 동맹의무에 대해 재확인하였다. 독일과 전쟁을 위한 사전정지작업이었다.

5. 러시아

러시아는 세르비아로부터 원조요청을 받고 국내적으로 강경파와 온건파의 대립이 있었다. 강경파의 입장이 관철되었는바, 이는 발칸에서 독일과 오형에 당한 참패를 설욕하려는 의도와 내정의 혼란을 전쟁으로 진정시키고자 하는 의도 때문이었다. 러시아는 삼국협상국에 공동행동을 요청하였으며 1914년 8월 1일 독일의 선전포고로 전쟁에 개입하게 되었다.

6. 이탈리아

이탈리아는 형식적으로는 삼국동맹의 일원이었으나 실질적으로는 영국의 강력한 영향력하에 놓여 있었다. 또한 1902년 프랑스와의 식민지협상을 통해 중립을 약속한 상태였기 때문에 영국과 프랑스가 독일과 오형을 상대로 전쟁하는 경우 동맹의 의무를 다할 수 없는 입장이었다. 또한 오스트리아 내의 실지인 트렌티노를 요구함으로써 오스트리아와의 관계도 악화되어 있었다. 1914년 7월 28일 오스트리아가 세르비아에 선전하자 이탈리아는 이를 침략으로 규정하고 삼국동맹의 원조의무가 발생하지 않는다고 선언하고 중립을 선포하였다.

4 제1차 세계대전의 전개과정

1. 사라예보 사건

1914년 6월 28일 오스트리아의 황태자 페르디난트가 보스니아에 주둔한 오형군을 사열하는 과정에서 세르비아의 지원을 받는 비밀결사소속인 프린치프의 권총에 맞아 사망한 사건으로, 오스트리아가 세르비아와의 전쟁을 결심하게 된 계기가 되었다.

2. 선전포고와 참전

1914년 7월 23일 오스트리아는 세르비아에 최후통첩을 수교하고 7월 28일에 선전포고하였다. 독일은 7월 31일 총동원령을 발동하고 8월 2일 프랑스에 선전포고하였다. 영국은 8월 4일 독일에 선전포고하였다. 이탈리아는 중립을 선언하였고, 8월 6일에는 오형이 러시아에 전쟁을 선언하여 유럽에서 강대국들 간의 전면전이 시작되었다.

3. 슐리펜계획

독일의 참모총장인 슐리펜과 몰트케에 의해 구상된 독일의 양면전 전략을 의미한다. 이에 따르면 6주 이내에 프랑스를 함락한 다음 주력부대를 러시아에 투입하여 동서 양면전에서 승리를 거두게 된다. 그러나 전쟁의 양상은 이와 달리 참호전으로 장기화되고 독일의 계획은 차질을 빚게 되었다. 서부전선에서 전쟁이 장기화된 이유는 독일이 벨기에의 능력을 과소평가하였고, 영국 원정군이 예상보다 빨리 유럽 대륙에 상륙하여 프랑스를 지원하였기 때문이다.

4. 일본의 참전

열강은 일본의 참전을 원하지 않았으나 일본 자신이 참전을 적극적으로 주장하고 영국의 도움으로 참전할 수 있었다. 일본의 참전동기는 중국에서의 절대적인 우월권 확보였으며, 이를 간파한 영국과 미국은 일본의 참전을 만류하고자 하였던 것이다. 일본은 참전과 함께 중국에 대한 21개조 요구를 제출하였다. 중국은 일본의 무력위협에 굴복하여 이를 수용하였으며, 연합국들도 일본 해군의 지중해 파견을 조건으로 산둥성의 독일 권익과 적도 이북 태평양지역의 독일 식민지를 약속받았다.

일본의 21개조 요구

제1차 세계대전이 발발하자 일본은 열강들의 만류에도 불구하고 전쟁에 참여하였다. 이는 참전을 계기로 중국에서 절대적인 우월권을 확보하기 위함이었다. 안펑선의 권익과 랴오둥반도의 조차는 1923년에, 남만철도의 권익은 1939년에 만료하게 되어 이들 권익을 연장하여야 했다. 일본의 21개조 요구는 중국에 대한 일본의 요구를 집약한 것으로서 중일관계, 중국내부의 반일운동, 미일관계에 부정적 영향을 줌으로써 열강들이 일본을 견제하게 하는 배경이 되었다. 주요 내용은 다음과 같다.

첫째, 산둥성에서 철도 부설권을 일본에 허용한다. 둘째, 뤼순, 다롄의 조차기한, 남만철도, 안펑철도에 관한 기한을 99년간 연장한다. 셋째, 일본 자본과 한야평공사와의 관계에 있어서 양국의 합작사업에 있어서 처분권은 일본의 동의를 필요로 한다. 또한 제 광산 및 부근 광산의 채굴권은 오직 한야평공사에 한정한다. 넷째, 정치, 재정, 군사에 있어서 일본인 고문을 초빙하고, 중국 내지에 있는 일본의 병원, 사원, 학교에 토지소유권을 부여한다. 21개조 요구에 대해 중국은 중국 연안의 문제와 중국에 대한 일본의 지배문제가 중국의 주권과 독립을 침해하며 내정간섭이라는 이유로 강력히 반대하였다.

러시아는 21개조 요구로 인해서 러일 간 제4차협약이 1916년 7월 3일에 성립되었다. 양국은 만주에 미국이 진출하여 기득권을 잠식하는 것에 대해 우려를 같이하고 있었다. 극동에서 양국의 지위를 서로 인정하기로 하였다. 중국이 러시아와 일본에 적의를 가지고 있는 제3국의 지배에 들어가는 것을 방지한다. 제3국은 미국을 의미하였다. 미국의 경우 1917년 11월 2일 이시이 - 랜싱협정을 체결하여 중국에서 일본의 특수이익을 인정였다. 동 협정은 1922년 워싱턴회의에서 폐기되었다.

5. 후세인 - 맥마흔선언

후세인 - 맥마흔선언은 영국의 이집트 주재 고등판무관 헨리 맥마흔이 아랍의 정치지도자 알리 빈 후세인에게 제1차 세계대전 중인 1915년 1월부터 1916년 3월까지 10차례에 걸쳐서 전달한 전시외교정책에 대한 서한이다. 오스만 제국의 영토인 팔레스타인에 아랍인들의 국가를 세우는 것을 지지한다는 내용이 담겨 있다. 이 서한은 터키가 동맹국에 가담해 참전하게 되자 영국이 오스만 제국 내의 아랍인들을 지원해 터키에 저항하도록 하려는 의도하에서 나온 것이었다. 실제 베두인(아랍 유목민)들이 영국군 정보 장교 토마스 로렌스와 함께 시리아와 요르단, 팔레스타인에서 오스만 투르크 제국과 교전하기도 하였다. 베두인족에게는 10만 명의 전사자가 발생하였다. 그러나, 1917년 11월 영국은 밸푸어선언을 발표하여 후세인 - 맥마흔선언을 뒤집었다.

6. 사익스 - 피코합의(1916년 5월)

후세인 - 맥마흔선언 이후 영국이 자국의 교섭상황을 프랑스에 통고한 이후 영국과 프랑스가 러시아의 동의하에 형성한 합의이다. 주요 내용은 다음과 같다.

첫번째, 시리아, 북부 메소포타미아 그리고 다마스에서 모술에 이르는 지역을 A, 이라크지역을 B라고 칭하며, 프랑스는 A지역에서, 영국은 B지역에서 보호통치권을 가진다. 두번째, 레바논, 시리아 연안지역은 프랑스가, 남부 메소포타미아지역은 영국이 지배하거나 통치권을 보유한다. 세번째, 영국은 하이파항, 아커르항을 획득한다. 네번째, 팔레스타인의 대부분 지역은 국제행정지역으로 삼는다.

7. 유트란트해전(1916년 5월 31일 ~ 6월 1일)

1916년 5월 31일부터 6월 1일까지 계속된 유트란트해전은 하나의 분기점을 이룬 중대한 결전이었다. 이 해전에서 영국과 독일은 각각 6척의 전함을 상실하였으나 그 톤수로 보면 영국이 독일보다 2배의 손실을 입었다. 그러나 독일은 영국이 계속 북해의 제해권을 보유하는 것을 저지시킬 수는 없었다. 이 전투 이후 쉐어(R. Scheer) 제독은 대양에서 영국을 굴복시킬 수 없다는 결론을 얻게 되었다. 따라서 유일한 길은 잠수함작전으로 영국 경제에 타격을 가하는 것이라고 카이저에게 건의하였다. 영국은 이 해전 이후 소모전략으로 전환해 유럽 대륙을 봉쇄하고 독일 경제를 마비시키려는 작전을 택하였다. 대륙 봉쇄는 1916년 말부터 유효하게 전개돼 독일 각지에서는 식량 부족으로 인한 폭동이 일어났다. 독일은 무제한 잠수함작전으로 대응하였다. 아무런 사전경고 없이 모든 선박을 파괴한다는 작전이었다. 1917년 2월부터 공식적으로 이 작전을 실시하였다. 독일의 잠수함은 1916년 말 134척에 이르렀다. 무제한 잠수함작전으로 연합국 선박은 엄청난 손실을 입었다. 영국의 항구들을 출항한 선박 중 25%는 해상에서 격침당하였다. 그러나 이 작전은 미국의 참전을 불러일으켜 독일은 패전을 자초하게 되었다.

8. 미국의 참전

미국은 개전 초기 중립을 선언하고 유지하였으나, 독일군의 무제한 잠수함작전으로 인한 경제적 타격과 짐머만 전문 사건으로 인한 독일의 위협 등으로 참전을 결정하게 되었다. 초기에 중립을 선언하였던 이유는 국내정치적 분열을 막기 위한 것이었다. 짐머만 전문 사건이란 독일 외상 짐머만이 멕시코에 대해 동맹을 제의한 전보내용이 미국에 의해 도청된 사건을 말한다. 미국의 참전으로 전세는 연합국쪽으로 급격히 기울게 되었다.

 참고

무제한 잠수함작전

제1차 세계대전에서 독일이 적국, 특히 영국을 공격하기 위하여 취한 해전전술로 독일은 1915년 초부터 잠수함으로 영국에 대한 통상(通商) 파괴작전을 개시하였다. 영국은 이에 대해 해상봉쇄를 감행하여 맞섰고 1917년 독일 군부와 보수정당은 영국의 해상봉쇄에 대항하기 위하여 무제한 잠수함작전의 실시를 정부에서 강요하게 되었다. 이에 독일 정부는 2월 1일부터 유럽 대륙과 영국 본토 주변 간의 지정해역의 항행을 금지하고, 교전당사국의 선박 및 중립국 선박의 이 해역항행은 침몰을 각오해야 한다고 선언하고 유럽 여러 나라 및 미국 선박을 무차별 격침하기 시작하였다. 이 작전으로 독일은 영국을 반 년 이내에 항복시키게 될 것이라 생각하였으나, 이 작전은 소기의 목적을 달성하지 못하였을 뿐만 아니라, 미국의 국내 여론을 자극하는 결과가 되어, 대(對)독일국교 단절과 참전의 계기가 되었다. 이후 연합국 측은 독일의 잠수함작전에 대비하여 호송선단(護送船團) 방식을 채용하였기 때문에 5월 이후 무제한 잠수함작전의 효력이 크게 줄어들었다.

9. 밸푸어선언(1917년 11월 2일)

밸푸어선언은 영국 외무장관 밸푸어가 유태계 금융재벌 로스차일드 백작에게 보낸 서한에서 밝힌 영국의 대 유대인 정책선언을 말한다. 내용은 팔레스타인에 유대 민족국가 건설을 지지한다는 것이다. 당시 유대인들 사이에 일고 있었던 시오니즘운동이 약화되던 시기였으나, 밸푸어선언은 이를 다시 강화시키는 계기가 되었다. 밸푸어선언은 후세인 - 맥마흔선언과는 상충되는 내용이었다.

10. 독러휴전

1917년 11월 러시아에서는 사회주의혁명이 발발하고 신정부가 수립되었으나 소비에트 정권은 더 이상 전쟁을 수행할 능력이 없었다. 군대는 더 이상 전투를 지탱할 사기를 잃었고 국내질서는 혼란스러웠다. 이에 러시아는 독일과 브레스트 - 리토브스키조약으로 단독 강화하게 되었다.

 참고

브레스트 - 리토브스키조약

1918년 3월 3일 러시아혁명으로 성립된 러시아의 소비에트 정부가 제1차 세계대전 중의 교전국인 독일 · 오스트리아 · 불가리아 · 터키 등과 체결한 단독 강화조약이다. 이에 따라 러시아는 전쟁에서 이탈하고, 영국·프랑스·미국·일본 등 연합국은 그 응징으로 대(對)소간섭전쟁까지 일으켰다. 이보다 앞서 단독강화를 둘러싸고 소비에트 정부와 당 내에서는 심각한 의견대립이 일어났다.

당시의 유럽은 특이한 상황에 놓였으므로, 강화교섭을 단순한 혁명 선전장으로 이용하고 혁명 전쟁을 결행하면 유럽혁명, 나아가서는 세계혁명을 유발할 수 있다는 기대가 부하린·트로츠키 등을 중심으로 한 당 간부 사이에서 강하게 일어났다. 그러나 레닌은 현실적인 입장을 취하여 소비에트 정권의 존속이 지상명령이라 하고 이를 위한 양보는 어쩔 수 없는 일이라고 주장, 반대론자를 누르고 교섭을 전개하게 하였다. 마침내 이 조약이 조인되었으나, 그 내용은 러시아에게 매우 굴욕적인 것이었다. 즉, ① 폴란드·발트지방·조지아 등에서의 주권 포기, ② 핀란드·우크라이나 정부의 승인, ③ 카르스·아르다한·바투미 등의 터키에의 할양, ④ 적위군을 포함한 육·해군의 해체, ⑤ 60억 마르크의 배상금 지불 등이었다. 그러나 1918년 11월 독일혁명이 일어나자 소비에트 정부는 즉시 이 조약의 폐기를 성명하였고, 연합국도 이 조약의 실효(失效)를 독일 항복의 조건으로 넣었기 때문에 독일의 패전과 함께 파기되었다.

11. 콩피에뉴 휴전협정

1918년 11월 11일 오전 11시 콩피에뉴에서 성립된 휴전조약으로, 내용은 다음과 같다.

첫째, 벨기에, 프랑스, 알사스와 로렌으로부터의 독일 군대 철수

둘째, 라인 좌안, 마인츠, 코블렌츠, 쾰른으로부터의 독일 군대 철수

셋째, 라인 우안에 중립지역 설정

넷째, 독일 지역에 연합군의 점령군 주둔

다섯째, 동부전선은 1914년 8월 1일 현재의 국경선으로 독일 군대 철수

여섯째, 브레스트 - 리토프스키조약, 부카레스트조약의 폐기

일곱째, 동아프리카에서의 무조건 항복

여덟째, 30일간 휴전 등

5 파리강화회의의 주요 결정

1. 국제연맹의 창설

프랑스와 영국의 반대 속에 윌슨의 주도로 국제연맹이 창설되었다. 윌슨은 세력균형이라는 오랜 원칙이 전쟁의 원인이 될 수 있다고 생각하였으며, 강대국들이 약소국들에게 그들의 의지를 강요하는 강대국 지도체제도 거부하였다. 승전국과 중립국에 의해 성립된 국제연맹은 집단안전보장제도를 새로운 안보제도로 채택하였다. 미국이 주도하여 성립된 국제연맹이었으나 미국은 민주당의 국제주의노선을 지지하지 않았고 미국은 국제연맹에 가입하지 못하였다.

2. 독일의 국경획정문제

(1) 프랑스의 개전사유(causus belli)였던 알사스와 로렌은 프랑스에 반환되었다.

(2) 자르지역에 대해 프랑스가 영토권을 주장하였으나 이 지역은 15년간 국제연맹이 통치하고 이후에는 국민투표로 주권자를 정하기로 합의하였다.

(3) 벨기에가 독일의 영토였던 오이펜과 말메디를 병합하였다.

(4) 프랑스는 라인좌안을 독일로부터 분리하여 연합군이 주둔하게 하려 하였으나, 미국의 반대로 무산되었다. 미국은 라인좌안에 대해 영국과 함께 보장하기로 하였으나 베르사유조약 비준거부로 무산되었다.

(5) 슐레스비히는 국민투표로 북부는 덴마크에, 남부는 독일에 귀속되었다.

(6) 단치히는 자유시로 하여 폴란드의 관리하에 속하게 하였는데, 이는 폴란드에게 바다로의 접근을 허용하기 위한 것이었다.

(7) 상부실레지아지역은 국제연맹에 의해 분할되어 서북부지역은 독일에, 남부지역은 폴란드에 귀속시켰다.

(8) 동프로이센지역의 메멜은 프랑스 고등판무관으로 파견되어 임시로 이 지역을 통치하였다. 이로써 독일은 전전에 비해 영토의 7분의 1, 인구의 10분의 1을 잃었다.

3. 대독 보장정책

독일이 군사적으로 위협하지 못하도록 보장하기 위해 군사적 보장책과 정치적 보장책이 수립되었으나 정치적 보장책, 즉 독일이 조약을 위반하여 군사적 모험을 감행하는 경우 미국과 영국이 개입한다는 정책은 미국 의회의 베르사유조약 비준 거부로 수포로 돌아갔다. 따라서 군사적 보장책만이 남게 되었다.

(1) 독일의 군비를 제한하였다. 군병력의 수, 보유할 수 있는 무기의 종류와 수량, 군사학교 등을 제한하였다.

(2) 라인좌안과 우안을 중심으로 50km에 걸친 지역을 비무장화하였다. 이 지역에서 진지 구축, 군대 주둔 및 기동 연습이 금지되었다.

(3) 라인지역 좌안을 군사점령하였다. 15년간 점령하되 5년 간격으로 단계적으로 철수하기로 하였다. 다만, 철수를 중단할 수도 있고 재점령할 수도 있었다.

4. 배상금문제

베르사유조약 제231조에 따라 독일의 전쟁책임을 인정하고 배상금을 지불하기로 하였다. 다만, 베르사유조약에는 배상금총액은 규정하지 않았고 연합국 배상위원회를 설립하여 일임하기로 하였다. 배상문제에 있어서 프랑스는 막대한 배상금으로 독일의 재흥가능성을 차단하고자 하였으나 영국은 유럽의 세력균형, 사회주의세력에 대한 방파제로서의 독일, 영국의 상품판매시장 유지 등의 이유로 과도한 배상금을 부과하는 데에는 반대하였다.

6 파리강화회의의 결정에 대한 평가

파리강화회의는 근대국가를 구성하는 국제사회를 도덕적 원칙에 입각하여 재편하려는 회의였다. 국제정치질서가 근대국가의 의사에만 의존하는 경우 전쟁의 방지는 불가능하며 따라서 민족주의와 민주주의원칙에 입각한 새로운 국제질서의 창출에 의해서만 평화가 보장된다는 것이다. 세력균형원칙 대신 집단안보를 새로운 안보수단으로 창안하였다. 그러나 집단안보 자체의 결함, 독일에 대한 일방적인 전쟁책임의 강요와 가혹한 배상금 부과 등은 파리평화회의 결정이 내포하는 한계였으며 제2차 세계대전과 무관하다고 볼 수 없었다.

제4절 | 로카르노체제

1923.1.11. 프랑스, 루르 점령	1925.8. 루르 철수
1923.8. 독일, 구스타프 스트레제만 등장	1925.10.16. 로카르노조약 체결
1924.8. 런던회의(도오즈안 최종 확정)	1926.1. 영국, 라인좌안 철수
1925.2.9. 독일, 프랑스에 협상 제안	1926.9. 독일, 국제연맹 가입
1925.3. 체임벌린, 독일 제의 수용	1936.2. ~ 3. 프랑스, 불소조약 비준
1925.4. 프랑스, 브리앙 외상 등장	1936.3.7. 독일, 라인란트 재무장 선언

1 의의

로카르노체제란 로카르노에서 영국, 독일, 프랑스, 이탈리아, 벨기에, 폴란드, 체코슬로바키아 간에 체결된 조약체제를 의미한다. 영국, 독일, 프랑스, 이탈리아, 벨기에 간의 라인란트조약, 프랑스와 독일, 벨기에와 독일, 폴란드와 독일, 체코슬로바키아와 독일 간의 중재협정으로 구성되어 있다. 로카르노체제는 베르사유체제에 대한 프랑스와 동유럽 국가들의 안보위협을 제거하여 유럽질서를 안정화시켰으나 1936년 3월 히틀러가 라인란트조약의 비무장규정을 폐기함으로써 붕괴되었다.

2 배경

1. 프랑스의 루르 점령(1923년 1월 ~ 1925년 8월)

프랑스의 루르 점령은 독일의 배상금 지불문제를 놓고 발생한 사건이다. 베르사유조약에서 배상금은 배상위원회의 결정을 통해 지불하기로 하였다. 극심한 인플레이션으로 경제 위기를 겪고 있던 독일은 배상금 지불 연기를 요청하였으나 프랑스와 벨기에는 배상 거부를 이유로 독일의 루르지역을 점령하였다. 이는 독일이 배상을 이행하지 않을 경우 루르의 산업을 선취하고 독일에 압력을 가하고자 함이었다. 이에 독일은 '수동적 저항정책'으로 대응하였다. 그 결과 독불관계가 악화되었다.

참고

루르

독일 북서부 노르트라인베스트팔렌주(州)에 있는 공업지대로, 라인강 하류와 그 지류 루르강·리페강 사이에 있는 대탄전지대를 바탕으로 발달한 유럽 최대의 공업지역이다. 1920년에는 루르탄전지대 도시연합이 조직되었다. 제1차 세계대전 후에는 독일의 배상금 지불 지연을 이유로 1923~1925년 프랑스군이 점령하였었다. 제2차 세계대전 후에는 미국·영국·프랑스·베네룩스 3국의 국제관리에 있었으나, 1952년의 유럽 석탄·철강 공동체의 발족으로 국제관리는 해체되었다.

2. 스트레제만(Stresemann, Gustav)의 이행정책

1923년 11월에 외상에 취임한 스트레제만은 수동적 저항정책을 중지시키고 이행정책으로 전환하였다. 이행정책이란 가능한 한 조약의무로부터 벗어나려는 과거정책을 폐기하고 베르사유조약의 이행을 선언함으로써 연합국의 호의를 획득하고자 하는 정책이었다. 베르사유체제를 당분간 인정하지 않을 수 없다고 판단한 그는 독일이 다시 강대국으로 부상해야 베르사유조약의 수정이 가능하다고 보았다. 이와 함께 연합국들이 독일의 조약의무 불이행을 이유로 라인란트 철병을 중단하기로 결정한 것도 이행정책의 배경이 되었다.

3. 프랑스에서 친독 내각의 등장

루르 점령을 단행한 푸앵카레 내각이 실각하고 베르사유조약의 실천에 있어서 대독 화해정책을 전개한 에리오 내각이 들어섰다. 에리오 내각은 도오즈안을 받아들임으로써 독일 배상금문제를 일단락지었다. 이후 에리오 내각은 대독 친선정책을 전개하였다. 한편, 에리오 내각 이후 등장한 브리앙 내각도 에리오 내각의 대독 화해정책을 유지하였다.

도오즈안

이 안을 제출한 배상문제 전문가위원회 위원장인 미국의 C. G. 도스의 이름을 붙여 불렀다. 1923년 전쟁책임에 대한 독일의 배상금 지급에 불만을 품은 프랑스가 루르지방을 강제점령함으로써 독일의 정치ㆍ경제ㆍ사회는 대혼란에 빠졌다. 그 해결책으로 입안된 것이 도오즈안으로, 배상의 총액과 지불기간은 언급하지 않고 향후 5개년간의 지불연액(支拂年額)만을 정하였다. 즉, 제1년째인 1924년에는 금화 10억 마르크, 제5년째인 1928년부터는 금화 25억 마르크로 증액하되 독일의 경제번영에 따라 증액한다는 것이었다. 이 계획안의 실시를 위하여 독일은 8억 달러의 미국 자본을 도입하고, 독일의 철도ㆍ공업 등을 담보로 합계 금화 16억 마르크를 대부받아 산업합리화를 꾀하면서 경제도 회복단계에 들어갔다. 배상지불이 원활하게 진행되어 독일과 프랑스 간의 대립이 사라졌으며, 독일에 대한 엄격한 통제도 해제되면서 1925년 '로카르노조약' 성립을 가능하게 하였다. 그러나 총배상액의 미정 등 그 잠정적 성격 때문에 1930년 채택된 영안(Young Plan)에 의해서 수정되었다.

영안(Young Plan)

1929년 6월 7일 독일의 제1차 세계대전 배상문제의 완전하고 최종적인 해결안으로서 제출된 보고서이다. 이 명칭은 그 위원회의 위원장 O. D. 영의 이름을 딴 것이다. 이 안은 독일이 지불할 수 있는 능력의 범위 내에서 연금지불방식으로 배상금을 각국에 지불하도록 한 것이며, 배상사무기관으로서 국제결제은행의 창설을 규정하였다. 1930년 1월 헤이그회의에서 정식으로 성립되었으나 미국의 주식 대폭락으로 시작된 대공황(大恐慌)이 세계적 규모의 공황으로 확대됨에 따라 독일은 지불이 불가능하게 되었다. 그러나 이 때 창립된 국제은행제도는 그 후로도 발전하여 업무를 계속하고 있다.

3 독일의 제안 내용과 주요 국가의 입장

1. 독일의 제안

독일은 영국과 프랑스에게 라인지방에 이해관계를 가지고 있는 열강 간에 불가침, 중재, 군사협정 등을 체결하여 서유럽에 대한 베르사유조약의 규정을 독일이 수락하고 동유럽에 대한 문제는 중재재판에 회부하여 해결하며 프랑스에 대한 전쟁을 포기한다는 것을 천명하자고 제안하였다.

2. 영국의 입장

영국은 강온파의 대립 끝에 독일의 제안을 받아들이게 되었다. 영국, 프랑스, 독일 간 삼국동맹을 체결해야 한다는 체임벌린의 주장과 대륙문제에 깊이 관여하여 영국의 행동의 자유를 제한하지 말아야 한다는 반대파의 의견을 절충한 것이었다. 또한 독일의 제안을 거절할 경우 독일과 러시아가 동맹을 맺고 반서유럽 블록을 형성하는 것을 저지하자는 의도도 있었다.

3. 프랑스의 입장

프랑스는 독일의 제안에 독일의 동부 국경에 대한 보장이 없는 점이 불만족스러웠다. 독일의 제안에 따르는 것은 1921년 프랑스 - 폴란드조약과 1924년 프랑스 - 체코슬로바키아조약을 수정하는 것이기 때문이었다. 그러나 영국의 권유에 따라 독일의 제안을 받아들이기로 하였다. 이는 동부 국경의 현상유지를 인정하는 조약을 독일이 국내사정상 체결할 수 없음을 이해하고, 당시 상황으로는 동유럽의 보장은 시급한 문제가 아니라고 판단하였기 때문이다.

4 주요 내용

1. 상호보장조약

영국, 프랑스, 독일, 이탈리아, 벨기에 5개국 간에 라인좌안에 대한 현상유지를 확인하는 조약이다. 프랑스, 독일, 벨기에 간의 국경을 현상유지하고, 라인란트 비무장을 규정한 베르사유조약 제42조와 제43조를 준수한다. 프랑스, 독일, 벨기에 3국은 자위권 발동을 제외하고는 상호 전쟁을 하지 않는다. 이 모든 약속에 대해 영국과 이탈리아가 보장한다.

2. 중재조약

독일은 벨기에, 프랑스, 폴란드, 체코슬로바키아 4국과 중재재판조약을 체결하였다. 모든 분쟁을 평화적으로 해결한다. 국제분쟁을 법률적 분쟁과 정치적 분쟁으로 구분하고 법률적 분쟁은 상설국제재판소를 비롯한 국제재판에 회부하고 정치적 분쟁은 조정위원회를 통해 해결한다.

3. 상호원조조약

독일의 동부 국경에 대한 보장이 마련되지 않자 프랑스는 동유럽 국가인 체코슬로바키아 및 폴란드와 상호보장조약을 단독으로 체결하였다. 독일이 도발받지 않았음에도 공격을 취하여 로카르노조약을 위반하는 경우 프랑스 - 체코, 프랑스 - 폴란드는 국제연맹규약을 적용하여 상호 지원한다. 이 조약에 의한 프랑스의 행동은 독일에 대한 침략으로 간주되지 않는다.

5 국제정치사적 의의

1. 프랑스

프랑스는 일단 독일을 집단안전보장체제 속에 편입시킴으로써 직접적인 침략의 위협을 감소시켰으나 독일의 동부 국경문제에 있어서는 폴란드와 체코에 대한 보장의 부담을 지게 되었다. 그러나 프랑스는 루르 점령 이후의 국제적 고립을 탈피하고 독일의 무장을 억제하며 독일의 소련에의 접근을 방지할 수 있었다.

2. 영국

로카르노조약은 영국의 전통적 정책과 일치하는 것이었다. 즉, 대륙세력과 동맹은 맺지 않고 대륙의 세력균형과 안정을 유지할 수 있게 되었기 때문이었다. 독일을 소외시키지 않고 프랑스의 안보를 보장해 줌으로써 양 세력 간 우호관계를 유지하면서 양국 간 조정자 역할을 할 수 있었다. 다만, 독일 동부 국경에 대한 보장은 회피함으로써 프랑스의 정책과 마찰을 빚게 되는 부분도 있었다.

3. 이탈리아

이탈리아는 조약의 당사국이자 보장국이 되어 명목상 국제적 지위를 향상시키는 데 도움을 얻었다.

4. 독일

독일은 라인란트규약을 통해 서부 국경의 현상유지를 보장함으로써 연합군의 조기철수를 위한 명분을 확보하였다. 또한 독일이 우려한 영국과 프랑스의 동맹형성을 방지하게 되었다. 독일은 국제연맹에 가입하고 상임이사국이 됨으로써 패전국의 법적 지위에서 탈피하고 국제사회에 정식으로 복귀되었다.

> 📁 **참고**
>
> **스트레제만(Stresemann, Gustav, 1878년 5월 10일 ~ 1929년 10월 3일)**
>
> 베를린 출생으로 제1차 세계대전 전 작센지방의 공업을 크게 발전시켜 공업가단체의 조직가로서 두각을 나타내어 국민자유당의 국회의원이 된 후, 타고난 웅변술과 활동적인 수완으로 정치지도자로 부상하였다. 제1차 세계대전 중 국민자유당의 지도자, 독일혁명 후에는 독일인민당을 조직하여 온화한 군주주의를 내세웠다. 1923년 8월 인플레이션의 대혼란 중 수상에 선출되자, 프랑스군에 대한 저항을 중지하고 통화의 안정을 꾀하였다. 1923년 11월 ~ 1929년 10월 죽을 때까지 역대 공화국의 외무장관으로 있으면서 정계의 중심인물로 활약하였다.

그는 전승국(戰勝國)과 협조하여 독일의 국력을 회복시키는 정책을 폈으며, '로카르노조약'을 맺어 국제연맹 가입에 성공하였다. 또한 미국이 제안한 도오즈안(案: Dawes Plan)과 영안(案: Young Plan)에 의하여 배상금액을 경감시키고, 라인란트로부터의 점령군 철수를 확약받았다. 한편, 소련과의 친선에 노력하면서 독일을 다시 유럽의 패자(覇者)로 만들기 위해 동유럽으로 진출을 꾀하는 등 정치가로서의 야망을 보이기도 하였다. 1926년 '로카르노조약' 체결에 노력한 공로로 프랑스의 외무장관 브리앙과 공동으로 노벨평화상을 수상하였다.

📁 **참고**

푸앵카레(Poincaré, Raymond, 1860년 8월 20일 ~ 1934년 10월 15일)

프랑스의 정치가 · 변호사로 뫼즈현(縣) 출생이며, 과학자인 J. H. 푸앵카레의 사촌동생이다. 법률학을 배우고 관계(官界)에 들어갔으며 1887 ~ 1903년 하원의원, 1903 ~ 1913년 상원의원으로 정계에서 활약하였다. 그 동안 1893년 문교장관, 1894 ~ 1895년 재무장관을 겸임, 1895 ~ 1898년 하원 부의장, 1906년 다시 재무장관, 1910년 아카데미 프랑세즈 회원이 되었다. 1912년 총리 겸 외무장관, 1913년 제3공화국 제9대 대통령이 되었고, 제1차 세계대전 전에는 영국 · 러시아와 협조하여 대독(對獨)강경외교정책을 취하였다. 대전 중에는 반전(反戰) · 패배주의를 억압하고 클레망소를 총리로 임명하여, 프랑스를 승리로 이끌었으나 대독강화에 불만을 품고 1920년 대통령직을 사임하였다. 그 후 1920 ~ 1934년 상원의원으로 있으면서 1922 ~ 1924년 총리 겸 외무장관으로 재직, 1923년 독일의 루르지방 점령을 단행하는 등 강경정책을 취함으로써 국내외의 불신을 초래하여 1924년 사임하였다. 그 후 경제위기 극복에 좌익연합내각들이 실패하자 1926년 거국일치 제3차 내각 수반이 되어 재무장관을 겸하고 증세(增稅)와 행정기구 정리에 의한 지출절감을 단행하여 재정난을 해결하였다. 그리고 1928년 프랑화(貨)의 평가절하를 실시하여 '푸앵카레 프랑'을 정함으로써 통화의 최종적 안정을 실현시켰다.

📁 **참고**

에리오(Herriot, Édouard, 1872년 7월 5일 ~ 1957년 3월 26일)

트루아 출생으로 육군장교의 아들로 태어나 1894년 파리 고등사범학교를 졸업하였다. 낭트와 리옹 국립고등학교 교수가 되고, 논문 『레카미에 부인과 그 친구들 Madame Récamier et sesamis』(1904)을 발표하여 문학박사가 되었다. 이 때 정치에 관심을 가지고 급진사회당에 입당, 드레퓌스 사건에 관계하여 반동파와 항쟁하였다. 1905년 리옹시장이 되었고, 그 후 비시정부시대를 제외하고는 리옹시의 만년(萬年)시장으로서 이름을 떨쳤다. 1912 ~ 1919년 상원의원, 1919 ~ 1957년 하원의원을 지냈는데, 그 사이에 1916 ~ 1917년 제5차 브리앙내각의 공공사업장관을 역임하였고, 1919년부터 급진사회당 당수를 지냈다. 당시의 반동적인 '군복의회(軍服議會)' 내에서 반대파의 총수로 활동, 1924년 6월 좌익연합내각의 총리 겸 외무장관이 되었다.

대내적으로는 반교권적(反敎權的) · 민주주의적 시책을 시도하였고, 대외적으로는 안전보장조약의 체결을 희망하여 루르 철병(撤兵), 소련의 정식승인 등 업적을 올렸으나, 재계(財界)의 강력한 저항(에리오는 이를 '금전의 벽'이라 명명하였음)으로 이듬해 사직하고 하원의장이 되었다. 1926년 제2차 에리오 내각은 곧 쓰러졌고, 1932년 총리 겸 외무장관이 되어, 불소(佛蘇)불가침조약을 체결하고, 1934 ~ 1936년 국무장관, 1936 ~ 1940년 하원의장을 지냈다. 1942년 페탱의 위헌(違憲)행위를 탄핵하고, 곧 독일군에 체포되어 각지를 전전하다가 포츠담에 감금되었다. 1945년 4월 소련군에 의해 석방, 귀국하여 다시 리옹시장이 되었고, 1947년 1월 국민의회 의장에 선출되었다. 유럽통합론자이기도 한 그는 문학과 역사에 대한 작품을 저술하였고, 아카데미 프랑세즈 회원이었다.

제5절 | 부전조약

1 의의

로카르노조약 체결로 평화의 분위기가 유럽정세에 고조되고 있는 가운데 프랑스 외상 브리앙은 미국에 대해 정치수단으로서 양국 간 전쟁을 포기하자는 상호보장조약을 제의하게 되었다. 프랑스는 베르사유체제나 로카르노체제 밖에 존재하고 있는 미국과 소련을 안전보장체제에 끌어들이고자 하였다. 1928년 8월 27일에 조인된 부전조약에는 영국, 미국, 독일, 이탈리아, 일본 등 57개국이 당사국이 되었다. 실효성이 없는 것으로 비판을 받기도 하였으나 당시 유럽에 존재하던 국제평화에 대한 열망과 의지를 보여주었다.

2 주요 국가의 입장

1. 프랑스

미국에 대해 먼저 제의를 한 프랑스의 의도는 미국을 포함하는 집단안전보장체제를 모색하고자 하는 것과 함께 전쟁부채 상환문제로 미국 국민이 프랑스 국민에게 가지고 있는 불만을 완화하기 위한 것이었다. 멜롱 - 베랑제조약은 프랑스가 미국에게 전쟁 부채를 62년에 걸쳐 상환하기로 약속한 조약이나 프랑스 의회가 비준을 하지 않고 있었다. 프랑스는 양자조약으로 체결하고자 하였다.

2. 미국

미국 국무장관 켈로그(Kellogg, Frank Billings)는 프랑스의 제안에 대해 다자조약으로 확대시키자고 하였다. 또한 프랑스가 침략전쟁만의 포기를 제의하는 것에 대해 침략전쟁의 정의가 곤란함을 이유로 제한을 두지 않으려고 하였다. 미국으로서는 세계평화에 대한 이상에 어떠한 제한도 가하지 않으려고 하였다.

3 주요 내용

첫째, 전쟁을 반대하며 대외관계에 있어서 국가정책수단으로서의 전쟁을 포기한다. 둘째, 분쟁의 성질과 원인을 불문하고 모든 분쟁은 평화적 방법에 의해서만 해결한다.

4 평가와 한계

1. 긍정적 평가

(1) 국제연맹 밖에 머물고 있던 강대국인 미국과 소련이 가입함으로써 명실상부한 범세계적인 조약체제를 이루게 되었다.

(2) 베르사유평화기구의 중추인 국제연맹규약보다 진일보하여 전쟁을 불법화시켰다.

2. 한계

(1) 조약문이 간단하다는 장점은 있었으나 이에 위반한 국가에 대한 제재규정이 없었다. 따라서 조약 자체가 지니는 이행능력의 갭은 처음부터 그 실효성을 약화시켰다.

(2) 자위권을 행사할 경우에는 그 적용이 어려웠다.

(3) 영국은 이집트에 대해 이 조약의 적용을 유보함으로써 조약의 실효성을 저하시켰다.

제6절 | 히틀러의 등장과 독일의 대외정책

1933.1.30. 히틀러, 수상으로 등장
1934.1.26. 독일-폴란드 불가침협정
1935.3.1. 자르지역, 독일에 복귀
1935.3.16. 히틀러, 징병제도 재실시
1935.4.11. 스트레자 연합전선
1935.5.2. 불소협정 체결
1935.6.18. 영독해군협정
1936.2. ~ 3. 프랑스, 불소협정 비준

1936.3.7. 독일, 라인란트 재무장선언
1936.6.11. 독오협정
1936.10.24. 로마-베를린 추축 형성
1936.11.11. 독-일반공협정 체결
1938.3. 독일, 오스트리아 병합
1938.9. 뮌헨협정
1939.9.1. 독일, 폴란드 공격

1 히틀러의 대외전략 기조

1933년 1월 30일 독일 수상에 취임한 히틀러의 대외전략은 나치즘에 기초한 현상타파주의에 기초하고 있었다. 히틀러의 대외정책관은 적자생존의 다위니즘, 인류발전에 있어서 인종의 중요성, 독일인구의 생존을 위한 공간이 필요하다는 인식에 기초해서 형성되었다. 히틀러는 『나의 투쟁』이라는 자서전에서 구체적인 외교정책 목표를 밝혔는바, 우선적인 외교정책의 목표는 독일 내에서 아리아족의 존재를 유지하기 위해 그 인구 수에 걸맞는 생존공간을 확보하는 것이었다. 생존공간 확보정책은 강력한 군사력에 기초해야 한다고 보았으므로 결국 히틀러의 대외전략은 베르사유체제의 타파로 요약할 수 있다.

2 군비증강정책

1. 국제연맹 탈퇴(1933년 10월 19일)

히틀러는 독일을 다시 강대국으로 재건하기 위해서는 우선 베르사유조약의 군비조항을 철폐해야 한다고 생각하였다. 히틀러는 군사력이 독일의 정치권력 강화에 있어서 중요한 전제조건이라고 강조하였으며, 1933년 개최된 군축회의에 앞서 히틀러는 국제연맹 탈퇴를 선언하였다.

2. 독불군축회의(1934년 11월 24일)

연맹을 탈퇴하되 호혜적 군축회의 참여를 선언한 히틀러는 프랑스와 양자 간 군축회담을 진행하였다. 히틀러는 불가침조약의 체결, 로카르노조약의 준수, 독일의 30만 명 병력 보유, 국민투표 없이 자르지방의 병합 등의 내용을 제시하였다. 그러나 프랑스에서는 1934년 4월 17일 독일의 재군비를 거부한다는 이유로 협상을 종료시켰다.

3. 재군비결정(1935년 3월 16일)

1935년 3월 16일 프랑스 대사를 접견한 자리에서 독일은 군복무 의무제를 실시하고 55만 명에 달하는 36개 사단병력을 보유하게 될 것이라고 선언하였다. 이는 베르사유조약을 수정하는 것으로, 기존 베르사유조약의 내용은 군복무 의무제를 폐지하고 직업군인으로 구성된 10만 명의 병력만 유지하도록 한 것이다. 독일의 재군비결정에 대해 영국, 프랑스, 이탈리아는 4월 11일 '스트레자합의'로 대응하였다. 스트레자합의는 독일의 행동을 비난하고 로카르노조약의 충실한 이행을 재다짐한 합의였다.

한편, 독일의 재군비에 대응하여 프랑스와 소련은 1935년 5월 2일 조약을 체결하였다. 조약 내용은 다음과 같다. 두 나라 중 한 나라가 어떤 유럽 국가로부터 침략을 받는 경우 두 나라는 국제연맹규약 제10조의 적용을 강화하고 또 그 적용을 신속히 하는 방법을 협의한다. 만일 연맹이 침략을 자행한 유럽 국가가 연맹의 가맹국이든 아니든 그 유럽 국가에 대해 제재를 결정한 경우 두 나라는 모든 방법을 동원해 서로 원조한다. 그리고 두 나라 중 한 나라가 도발하지 않았는데도 공격을 받을 때 연맹이 사회에서 만장일치에 이르지 못하여 제재를 결정하지 못할 경우 두 나라 중 다른 나라는 '즉시' 원조를 제공한다.

4. 영독해군합의(1935년 6월 18일)

히틀러는 재군비결정 이후 평화적인 외교노선을 발표하였다. 즉, 로카르노조약을 준수하고 오스트리아의 독립을 보장하며 베르사유조약에 의한 비무장지대 유지를 약속하는 한편, 영국에 대해 독일은 영국 해군력의 35%에 만족할 것이라고 선언하였다. 이에 영국은 독일의 제안을 받아들여 양국 간 잠수함의 비율을 100 : 35로 규정하였다. 이는 영국이 베르사유조약을 수정한 것으로서 기존 베르사유조약에서는 독일의 잠수함 보유가 금지되어 있었기 때문이다.

5. 독일군의 라인란트 진주(1936년 3월 7일)

독일의 재군비에 대응하여 1935년 5월 2일 프랑스와 소련은 상호원조조약을 체결하였다. 양국 중 일국이 도발하지 않은 공격을 받은 경우 연맹이사회가 제재하지 못하면 즉시 원조를 제공한다는 내용이었다. 프랑스 의회는 이 조약을 1936년 2월 27일에 비준하였고, 히틀러는 이 조약을 이유로 라인란트비무장조항을 파기하였다. 독일군의 라인란트 진주에 대해 프랑스는 아무런 조치도 취하지 않았고 영국은 이를 승인해 주었다.

라인란트

독일 라인강 연변의 지명이다. 1648년 베스트팔렌조약의 결과 남부의 알자스는 프랑스령이 되었다. 유럽을 제패한 나폴레옹은 1797년 라인강 서안(西岸)을 프랑스령으로 하였고, 라인지방의 중소 제후국을 합쳐서 라인동맹을 결성하여 그 보호하에 두었다. 그러나 빈회의의 결과 라인란트는 제후 할거의 상태로 독일 연방에 편입되어 프로이센령이 되었고, 다시 프로이센·프랑스전쟁의 결과 모든 라인란트는 독일 제국령이 되었다. 제1차 세계대전 후 1919년 6월의 베르사유조약은 라인강 서안지역을 15년간의 연합국 보장 점령 아래 두게 하였으며, 동쪽 기슭 50km에 걸친 비무장화를 규정하였다.

프랑스는 라인란트를 정치적으로도 독일에서 분리시키려고 기도하였으나 독일계 주민들의 저항으로 실패하였다. 그 후 '로카르노조약'이 체결되어 라인란트의 영구 무장금지가 보장되었고, 연합국 군대는 1930년 철수하였다. 그러나 나치스 독일이 성립된 후 히틀러는 1936년 5월에 로카르노조약을 일방적으로 파기하였으며, 라인란트로 군대를 진주시켰다. 서구 제국은 이에 저항하지 못하고 방관하였으며 프랑스의 전략적 이점은 상실되었다. 제2차 세계대전으로 라인란트는 큰 피해를 겪었는데, 전후에는 서독 정부가 성립되기까지 프랑스·영국·미국의 3국이 분할 통치하였다.

3 유럽 열강과의 주요 외교관계

1. 독일 - 폴란드 불가침조약(1934년 1월 26일)

히틀러는 국제연맹 탈퇴 이후 고립을 탈피하고 체코슬로바키아와 폴란드의 접근을 저지하고자 폴란드에 불가침조약을 제안하였다. 폴란드는 자국 안보에 대한 프랑스의 보장에 회의적인 태도를 가지고 있었고 독일과의 직접교섭에 의한 안보를 구축하고자 하였다. 상호불가침과 분쟁의 평화적 해결을 합의하였다. 이 조약으로 폴란드와 프랑스의 동맹관계가 해체되었다.

2. 오스트리아에서 독일과 이탈리아의 대립

독일에게 오스트리아는 독일 민족의 통일을 위해 병합해야 할 지역이었다면, 이탈리아에게 오스트리아는 '이탈리아의 유럽 오지'로서 이탈리아가 대륙세력이 되기 위해서는 반드시 차지해야 할 지역이었다. 오스트리아에서 나치당의 활동이 적극화되자 무솔리니는, 1934년 2월 17일에 영국과 프랑스와 함께 오스트리아의 독립을 보장한다는 선언을 공포하였고, 3월에는 오스트리아, 헝가리와 경제적 유대를 강화하는 조약을 체결하였다.

3. 독일 - 오스트리아합의(1936년 7월 11일)

라인란트 진주를 마친 히틀러는 오스트리아 독립에 대한 합의를 이탈리아의 양해하에 이끌어냈다. <u>독일은 오스트리아의 완전한 주권을 인정하고 양국은 상호 내정에 간섭하지 않는다는 내용이다.</u> 이탈리아는 독일의 오스트리아 병합을 막기 위해 이와 같은 선언을 인정하였으나 결과적으로 오스트리아 내의 나치당의 활동의 자유를 보장하여 병합을 용이하게 하였다.

 참고

독일 - 오스트리아의 관세동맹조약(1931년 3월 14일)

독일과 오스트리아 양국에서는 관세문제를 포함해 밀접한 연결을 주장하는 세력들이 존재하고 있었다. 파시스트들, 사회주의자들 그리고 기독교 단체들이 모두 그런 단결을 주장하였다. 이와 같은 사회세력들을 배경으로 독일 정부는 외교적인 성과를 얻으려 하였고 또한 경제난국을 타개하기 위해서도 양국의 경제적인 단결이 필요하다고 판단하였다. 그리하여 독일 외상은 비엔나를 방문해 오스트리아 외상과 관세동맹조약을 체결하였다. <u>내용은 양국이 관세행정을 각각 독자적으로 운영하되 관세율과 관세관계의 법령들을 통일하고 모든 관세장벽을 철폐한다는 것이었다.</u> 완전한 의미의 관세동맹을 목적으로 하는 것이었다.

4. 로마 - 베를린 추축의 결성(1936년 10월 24일)

<u>스페인 내란을 계기로 독일과 이탈리아 관계가 강화되었고 이를 통해 로마 - 베를린 추축이 형성되었다.</u> 10월 의정서는 양국이 공산주의 선전에 반대하고 프랑코 정권을 승인하며, 독일은 이탈리아 제국을 인정하고, 독일은 지중해문제에 간여하지 않는다는 내용을 담고 있다.

 참고

스페인 내란(1936년 7월 ~ 1939년 3월)

스페인 내란은 단순한 국내문제에만 국한된 것이 아니라 당시 최대의 국제문제로 열강의 관심사였다. <u>이 내란이 미친 가장 큰 국제정치영향은 독일과 이탈리아가 이 내란을 계기로 밀접한 관계를 가지게 되었다는 점이다.</u> 스페인 내란의 직접적인 계기는 1931년의 선거 결과였다. 이 선거로 이른바 군주파들은 몰락하고 국왕은 해외로 망명하였고 공화정이 선포되었다. 공화정 정권(인민전선)은 1936년 2월 선거에서도 대승하고 토지 분배를 골자로 하는 사회개혁정책을 추진하였다. 이와 같은 정책은 스페인의 전통적 세력인 교회, 지주 계층, 그리고 군부의 이익을 정면에서 도전하는 것이었다. 그리하여 이들 세력들의 반대로 내란이 발발하게 되었다. 이 내란은 스페인령 모로코에 주둔한 육군 지휘관 산후르호, 프랑코 장군들에 의해 주도되었다. 프랑코군은 1939년 1월에 바르셀로나를 점령하였고, 이에 영국, 프랑스 정부는 2월에 프랑코 정부를 승인하였다. 프랑코 정부는 3월에 마드리드를 점령하고 스페인 내란은 드디어 종식되었다. <u>스페인 내란을 계기로 독일과 이탈리아가 밀접한 관계를 가지게 되었다. 이들은 당초부터 프랑코군 지원에 앞장서 일찍이 1936년 11월에 프랑코 정부를 승인하였다.</u> 프랑코를 가장 열렬히 지원한 사람은 무솔리니였다. 그는 프랑코의 승리를 확신하였고 그리하여 그를 지원함으로써 장차 서지중해의 지배를 꿈꾸고 있었다. 이러한 이탈리아의 적극적인 개입은 이탈리아가 중앙유럽 문제에 관심을 가질 여력이 없어지게 하는 것이므로 히틀러에게는 바람직한 것이었다. 한편, <u>이데올로기로 보아 소련은 스페인의 '인민전선' 정부군을 지원하지 않을 수 없었다.</u> 프랑스의 입장은 미묘하였다. 레옹 블룸의 인민전선 내각은 그 성격상 스페인 정부에 호의적이 아닐 수 없었으나 적극적인 지원을 할 형편은 아니었다. 그리하여 결국 열강에 중립을 제의하는 정책을 채택하였다. 영국도 중립에 동의하였다.

그러나 프랑스와는 반대로 프랑코군에 호의적이었고, 다만 적극적으로 지원할 수 없어서 중립에 찬성하였다. 1936년 8월 1일 프랑스 정부가 중립을 제의하자 영국, 소련, 벨기에, 폴란드, 독일, 이탈리아, 포르투갈 등이 이에 동의하였다. 그러나 프랑스가 군수물자의 수송금지까지 제의하자 독일과 이탈리아는 이탈하였다. 그러나 불간섭을 찬성하는 국가가 27개 국가에 달하였고 9월 9일에는 런던에서 회의가 개최되었으며, 이른바 불간섭 국제위원회가 설치되었다. 마드리드를 점령하고 합법정부를 수립한 지 1년 후에 프랑코는 독일, 이탈리아, 일본의 반공조약에 가입하였다.

5. 독일 - 일본 반코민테른협정(1936년 11월 25일)

독일과 일본이 5년간 코민테른의 파괴활동에 공동대처한다는 것으로 비밀협정에서는 반코민테른의 협정의 대상을 소련으로 명시하였다. 히틀러는 영국을 위협할 의도로 동 조약을 체결하였으며 영국은 독일과 일본을 동시에 상대할 수 없다는 판단하에 유화정책을 구사하는 하나의 배경이 되었다. 일본은 소련에 대항하기 위해서는 독일과 제휴가 필요하다고 판단하게 되었다.

코민테른

공산주의 인터내셔널(Communist International)을 지칭한다. 제1차 세계대전으로 제2인터내셔널이 와해된 후 러시아의 V. I. 레닌의 지도하에 각국 노동운동 내의 좌파가 모여 1919년 모스크바에서 창립된 것으로, 마르크스 - 레닌주의를 사상적 기초로 중앙집권적 조직을 가지며 각국 공산당에 그 지부를 두고 있다. 프롤레타리아 독재를 통한 사회주의의 달성이라는 노선에 입각하고 있다는 점에서 제2인터내셔널과 구별된다. 제1 · 2차 세계대전 사이에 공산주의자들의 투쟁을 촉진시키며 7회의 대회를 가졌으나, 스탈린에 의해 다수의 지도자들이 숙청된 후 1943년 해산되었다.

4 오스트리아 병합

1. 열강의 태도 - 유화정책

영국에서는 1936년 12월 친독주의자인 체임벌린 내각이 들어섰으며 대독외교의 기본노선을 현실주의로 제시하였다. 이는 대독유화정책을 의미하는 것으로서 오스트리아, 체코, 단치히 등의 현상변경은 평화적인 방법으로 이루어지는 경우 용인하겠다는 입장이었다. 한편, 프랑스에서도 역시 델보 외상, 보네 장상 등 대독유화론자들이 입각하고 있었다. 이탈리아는 기존의 오스트리아에 대한 세력확장정책을 변경시켜 독일의 오스트리아 병합에 반대하지 않는다는 입장을 천명하였다.

왈왈 사건(1934년 12월 5일)

왈왈 사건은 이탈리아의 에티오피아 침공 계기를 만들어 준 사건이다. 에리트레아와 에티오피아 국경지대에 위치한 왈왈지역은 이탈리아가 관할하던 지역이었는데 그곳에서 이탈리아 군에 소속된 원주민 30명이 사살된 사건이 발생하였다. 이 사건을 계기로 하여 원정에 나선 이탈리아군은 무려 40만 명에 달하였고 최신 무기로 무장하였다. 실제 전투는 1935년 10월부터 시작하였다. 이탈리아군이 승전을 계속하였으나 1935 ~ 1936년 겨울에는 에티오피아군의 끈질긴 저항으로 한때 곤경에 처하기도 하였다. 1936년 봄부터 다시 반격에 나선 이탈리아군이 5월 5일 수도인 아디스아바바를 점령하였고 9일에는 이탈리아 국왕이 에티오피아 황제를 겸한다는 병합선언을 하였다.

2. 히틀러 - 슈스닉회담(1936년 7월)

1936년 독오협정 체결 이후 오스트리아 내에서 나치당원의 활동이 적극화되어 독일과의 통합을 주장하였다. 오스트리아 경찰은 1938년 1월 나치당의 쿠데타 음모를 발표하였고 이로 인해 독오관계가 급격히 악화되었다. 히틀러는 슈스닉과의 회담에서 내상에 친나치 자이스 - 잉크바르트를 임명하라고 요구하였고 슈스닉은 받아들일 수밖에 없었다.

3. 오스트리아 병합(1938년 3월 13일)

독일은 슈스닉 수상의 사임을 요구하였으나 미클라스 대통령이 거부하자, 최후통첩을 수교하였다. 이에 오스트리아는 굴복하였고 자이스 - 잉크바르트가 수상이 되었다. 그는 독일에 군대파견을 요청하였고 1938년 3월 13일 독일과의 합병을 선언하였다.

5 체코 병합

1. 체코슬로바키아문제

제1차 세계대전 후에 오형 제국이 붕괴되자 체코인과 슬로바키아인으로 구성되어 체코슬로바키아가 탄생하였다. 독일인 소수민족은 230만 명으로서, 오스트리아와 독일의 국경지대인 주데텐란트에 거주하고 있었다. 이 지역은 선진공업지대였고 체코정부는 요새를 구축해 놓고 있었다. 1935년의 선거로 헨라인이 이끄는 주데텐 독일 당이 제1당이 되었고 히틀러와 관계를 강화하기 시작하였다.

2. 히틀러 - 헨라인회담(1938년 3월 28일)

히틀러는 막강한 군사력으로 무장한 체코를 '유럽의 항공모함'이라 생각하였고 주데텐 독일당을 이용하여 체코문제를 해결하고자 하였다. 히틀러 - 헨라인회담에서 히틀러는 체코가 받아들이기 힘든 요구(독일인과 체코인의 완전한 평등, 주데텐에 독일인 자치정부 수립, 독일인지역에는 독일인 관리의 임명, 독일 이데올로기 선전의 완전한 자유 등)를 제시할 것을 헨라인에게 주문하였다. 이에 1938년 4월 24일 헨라인은 칼스바드대회를 열고 주데텐에 독일의 자치정부를 허용하고 독일인 관리를 둘 것을 요구하였다.

3. 체임벌린 - 히틀러회담

히틀러의 뉘른베르크 연설 이후 체코 소요 사태가 가열되자 체임벌린은 히틀러와 협상을 통해 문제를 해결하고자 하였고 두 차례에 걸쳐 회담이 진행되었다.

(1) 베르흐테스가덴회담(1938년 9월 15일)

체임벌린은 주데텐 할양에 찬성하나 프랑스와 협의해야 한다는 입장이었고 히틀러는 주데텐 할양 이외에 체코의 붕괴는 바라지 않는다고 하였다. 이후 영국과 프랑스의 정책은 주데텐 할양으로 정리되었다.

(2) 고데스베르크회담(1938년 9월 22일)

히틀러는 종전과 달리 체코를 분해, 즉 폴란드인 거주지역은 폴란드에, 헝가리인 거주지역은 헝가리에 할양해야 한다는 입장을 천명하자 양자회담은 성과 없이 끝났고 체코는 총동원령을 내렸다.

4. 뮌헨협정(1938년 9월 29일)

체임벌린 - 히틀러회담 이후 영국, 프랑스의 입장은 강경정책으로 변화되어 독일이 체코를 공격하는 경우 원조할 것임을 천명하였다. 소련도 체코를 지원하겠다고 하자 히틀러는 무솔리니의 국제회의 개최안을 수용하였다. 영국, 프랑스, 독일, 이탈리아 간 회담에서 주데텐의 할양, 영국과 프랑스의 새로운 국경 보장, 체코 내 폴란드와 헝가리 소수민족문제 해결, 독일과 이탈리아의 신국경 존중 등이 합의되었다. 1938년 10월 10일 주데텐이 독일에 할양되었고, 테센지방은 폴란드에, 남슬로바키아와 루테니아지방은 헝가리에 할양되었다.

5. 체코 병합(1939년 3월 15일)

히틀러는 체코가 독일의 동·남 유럽 진출에 장애물이 되고, 독일이 다른 국가와 전쟁을 하는 경우 '프랑스의 항공모함' 역할을 하는 것을 우려하여 체코를 완전히 병합하고자 하였다. 따라서 슬로바키아의 독립을 명분으로 삼아 체코 대통령을 위협하여 체코를 병합하였다. 독일인 거주지역이 아닌 체코 병합을 통해 영국은 히틀러의 침략적 성격과 유화정책의 오류를 인식하게 되었다.

6 폴란드 침공

1. 단치히문제

1938년 10월 폴란드 내 독일인의 소요 사태 이후 단치히문제가 현안으로 등장하였다. 독일의 입장은 단치히 반환, 동프로이센과 연결되는 철도 건설과 철도에 대한 치외법권적 지위 부여를 요구하는 것이었다. 독일은 단치히문제를 강력히 요구하지는 않음으로써 폴란드와 우호관계를 유지하고자 하였다.

2. 독일 - 이탈리아동맹(강철동맹, 1939년 5월 22일)

(1) 폴란드문제를 해결하기 전에 이탈리아의 지원을 확보하고자 하였던 독일은 독일, 이탈리아, 일본 3국 간 동맹체결을 원하였으나 일본의 반대로 독일과 이탈리아의 동맹이 체결되었다.

(2) 이 동맹을 통하여 양국 중 1국이 제3국과 전쟁을 하는 경우 타국은 모든 병력을 동원해서 지원하며 단독강화하지 않기로 합의하였다. 이 조약으로 이탈리아는 독일에 종속적인 지위에 놓이게 되었다.

3. 독일 - 소련 불가침조약(1939년 8월 23일)

(1) 독일은 폴란드 침략 시 소련의 중립을 확보한다면 영국이나 프랑스가 폴란드 지원을 단념할 것이라 생각하였다. 한편, 소련은 영국과 프랑스의 유화정책으로 독일에 대항하지 않을 것이라 생각하고 단독으로 독일과의 전쟁에 연루될 것을 두려워 하였다. 따라서 독일과의 협상으로 자기 안전을 도모하고자 하였다.

(2) 양국은 서로 적대적인 행위를 하지 않으며, 1국이 제3국과 전쟁을 하는 경우 타국은 제3국을 어떤 형태로든 지원하지 않기로 합의하였다. 또한 세력권 조정으로서 핀란드, 에스토니아, 라트비아를 소련에 편입시키기로 하였다.

(3) 독소불가침조약으로 히틀러는 계획대로 폴란드를 침공할 수 있었고 소련은 제정 러시아의 영토를 거의 되찾을 수 있었다.

4. 독일의 폴란드 침공(1939년 9월 1일)

독일은 단치히, 회랑, 폴란드령 상부실레지아 등 폴란드가 수용할 수 없는 요구를 제출하고 폴란드가 이를 거절하자 9월 1일 폴란드를 공격하였다. 영국과 프랑스는 최후통첩을 수교하고 폴란드를 지원하여 참전하였다.

 참고

히틀러(Hitler, Adolf, 1889년 4월 20일 ~ 1945년 4월 30일)

1. 오스트리아의 세관원의 아들로 태어나서, 13세에 아버지를, 18세에 어머니를 잃었다. 빈에서 예술가의 꿈을 키웠으나 실패하였고, 독신자합숙소의 공영시설(公營施設)에서 숙박하면서 유산과 자신이 그린 그림을 팔아서 생활을 이어갔다.

2. 오스트리아 · 헝가리 제국(帝國) 내의 격렬한 민족투쟁의 와중에서 독일민족지상주의자가 되어 국제주의적인 마르크스주의를 반대하였으며, 유대인과 슬라브족을 증오하였다. 1913년 병역을 기피하여 뮌헨으로 피신하였지만 생활은 더욱 나빠졌다. 제1차 세계대전이 발발하자 독일군에 지원병으로 입대하고 무공을 세워 1급 철십자장(鐵十字章)을 받았다. 독일이 패전한 후 뮌헨에서 공산혁명이 실패하였는데, 그 직후에 히틀러는 군대에서 정치교육을 받고 반(反)혁명사상으로 정신을 무장하였다. 1919년 9월 독일노동자당(후에 국가사회주의독일노동자당, 즉 나치스)이라는 반(反)유대주의적인 작은 정당에 가입하였다.

3. 그는 웅변에 능하였고, 그 웅변의 힘으로 선전활동을 전개하여 당세를 확장하였으며, 1920년 4월 군대에서 제대하여 당의 선동가로서 정치활동에 전념하였다. 당내(黨內)의 독재자가 된 그는 군부 · 보수파(保守派)와 손잡고 민족공동체의 건설, 강대한 독일의 재건, 사회정책의 대대적인 확장, 베르사유조약의 타파, 민주공화제의 타도와 독재정치의 강행, 유대인의 배척 등을 역설하였고, 특히 대중집회를 자주 열어 일반민중의 지지를 얻었다.

1923년 11월 8~9일 뮌헨에서 봉기(히틀러의 봉기)를 획책하였으나 군부와 관료의 지지를 얻지 못하여 실패하였다. 그 사건으로 란츠베르크 육군형무소에 투옥되었는데, 출옥 후 와해된 당의 조직을 재편하고 합법적인 운동으로 민주공화제를 내부로부터 정복할 것을 꾀하였다. 옥중에서 『나의 투쟁(Mein Kampf)』을 출판하여, 동유럽을 정복하고 게르만 민족의 생존권을 동방으로 확장하겠다는 계획을 제시하였다.

4. 그는 당내의 여러 가지 경향을 종합·정리하고, 1930년 9월 총선거에서 나치스는 18.3%의 득표율로 사회민주당에 이어 제2당이 되었다. 이 시점부터 그의 일생이 바로 나치스의 역사가 되었다. 연립내각에 입각하기를 거절하고 나치스의 독재지배를 요구하였는데, 1932년 4월 대통령선거에서 1,340만 표(36.8%)까지 득표하였으나 P. 힌덴부르크에게 패하였다. 또한 7월 총선거에서는 37.3%를 득표하여 압도적인 당세를 과시하면서 여전히 연립내각에 참가할 것을 거절하였다. 그러나 11월 총선거에서는 33.1%로 지지율이 떨어지면서 당세가 쇠퇴하였으나, 자본가·농업계를 비롯한 지배세력의 많은 사람들이 히틀러를 지지하게 되었다.

5. 대통령 힌덴부르크는 경제계와 정계의 혼란을 수습하기 위하여 1933년 1월 30일 히틀러를 수상으로 임명하였다. 그는 보수파와 군부의 협력을 얻어 반대파를 탄압하고 1933년 7월 일당독재(一黨獨裁)체제를 확립하였다. 1934년 8월 대통령 힌덴부르크가 죽자 대통령의 지위를 겸하여, 그 지위를 '총통 및 수상(Führer und Reichskanzler: 약칭은 총통)'이라 칭하였다. 명실상부한 독일의 독재자가 된 그는 민주공화제시대에 비축된 국력을 이용하여 국가의 발전을 꾀하였다. 그리고 외교계·경제계·군부요인들의 협력을 얻어 외교상의 성공을 거두었고, 경제의 재건과 번영을 이루었으며, 군비를 확장하여 독일을 유럽에서 최강국으로 발전시켰기 때문에 국민의 열광적인 지지를 받게 되었다.

6. 또한 독일민족에 의한 유럽 제패를 실현하고 대생존권(大生存圈)을 수립하기 위한 제2차 세계대전을 일으켰다. 그의 작전지령이 처음에는 효과를 거두어 프랑스에서 크게 승리하였지만 스탈린그라드의 패전 전후부터 현실을 무시한 지령을 남발하여 패전을 거듭하였다. 1944년 7월 20일 과거에 그를 돕던 장군들과 보수제정파(保守帝政派)의 정치가들이 반란을 기도하였으나 히틀러에 대한 암살계획이 실패하였기 때문에 반란은 제압할 수 있었다. 그러나 나치스의 퇴세는 이미 만회할 길이 없었고, 1945년 4월 30일 그는 베를린이 함락되기 직전에 자살하였다.

7. 그는 독신생활을 하였으나 그 동안에 질녀(姪女) 안겔라 라우발(1908~1931)을 사랑하였고 그녀가 1931년 자살한 후로는 에바 브라운(1912~1945)을 사랑하여, 그의 자살 전날에 결혼하였다. 또 그는 채식주의자이며 흡연과 음주도 하지 않았다. 밤에는 새벽 3, 4시까지 잠을 자지 않았으며 아침에는 정오에 가까운 시간까지 침대에 있었다.

8. 그는 스스로를 예술의 보호자라고 생각하면서 현대문학이나 현대회화를 억압하였고, 19세기적 예술을 애호하여, 특히 각종의 장려한 건축물을 세우는 것을 좋아하였다. 자기 주위에는 의사·사진사·운전기사·비서, 기타 정치와는 관계가 없는 사람들을 모아 두었으며, 개인생활에서는 정치관계자와 교제하지 않았다. 매사에 우왕좌왕하는 타입이었고, 그의 일이 순조롭게 되어갈 때에는 남의 의견도 잘 들었으나, 일단 결정된 방침은 결코 바꾸지 않는 옹고집이었다.

9. 사상적으로는 인종론자이었는데, 모든 인종은 우열(優劣)이 분명하여 열등인종은 아무리 교육을 하고 환경을 개선해 주어도 열악한 성격이 바꾸어지지 않으므로 멸종되야 한다는 주장을 폈다. 인종의 성격은 유전적으로 확정되어 있어서 변하지 않는 것이라고 생각하였으며, 우수한 인종도 생존권을 확장하지 않거나 열등한 인종과 혼혈이 되면 몰락하는 것이라고 믿었다. 또, 러시아를 정복하고 유럽을 지배한 다음에는 미국을 타도하여 세계를 지배하려고 생각하였다.

무솔리니(Mussolini, Benito Amilcare Andrea, 1883년 7월 29일 ~ 1945년 4월 28일)

1. 이탈리아의 정치가 · 파시스트당 당수 · 총리(재임 1922~1943)로 A. 히틀러와 함께 파시즘적 독재자의 대표적 인물이다. 이탈리아 북동의 프레다피오에서 대장장이의 아들로 태어나서 사범학교를 졸업하였다. 1901년 초등학교 교사가 되었으나, 1902년부터는 스위스에서 사회주의자와의 접촉을 시작, 그 영향을 받아 사회주의운동에 적극적으로 참여하게 되었다. 로마니아지방에서 이탈리아사회당의 선전활동에 종사하여 두각을 나타내고 1912년 사회당 집행위원 및 당기관지 『전진(前進) Avanti』 편집장이 되었다. 초기 정치사상의 특징은 무정부주의 경향이 강한 행동주의였고 이론적으로는 정비되지 않았다. 웅변과 자기과시적인 연기에 능숙하였으며, 영웅주의적 기질이 강하였다. 이런 종류의 극좌적 급진주의는 정세에 따라 용이하게 극우익으로 전환할 수 있는 것이었다.

2. 1914년 7월 제1차 세계대전이 일어나자, 이탈리아의 참전(參戰)에 반대하였으나 몇 달 뒤 갑자기 열렬한 참전론자로 전향, 사회당에서 제명되었다. 1914년 말에는 참전을 위한 파쇼(Fascio: 결속)를 조직하였고, 대전 중에는 병사로 출전하였으나 사고로 부상당하였다. 대전 후인 1919년 3월 밀라노에서 '전투자동맹(Fasci di Combattimento)'을 조직하여 제대군인과 반사회주의적 분자들을 규합하고 과격한 국가주의를 주창하여 사회주의자들을 습격하였다. 당시 이탈리아는 노동과 농민운동이 격심하였고 이에 대하여 폭력으로 대항하는 파쇼 세력도 자본가 · 지주 · 군부의 지원을 얻을 수 있었다.

3. 1921년 5월 국회의원에 당선되고, 그 해 11월 전투자동맹을 파시스트당으로 개편하여 당수가 되면서 정치적 기반을 구축하였다. 1922년 10월 '로마 진군'이라는 쿠데타로 정권을 인수, 정치 · 문화 · 경제를 개혁하여 강력한 독재정권의 기반을 굳혀 나가는 한편, 대외적으로는 1935년 에티오피아 침략, 1936~1939년 스페인 내란 간섭 등으로 제국주의적 팽창정책을 구체화시켰다. 1939년 5월 독일과 군사동맹을 체결하고 나치스 독일 · 일본과 함께 국제파시즘 진영을 구성하였다. 1940년 무솔리니는 제2차 세계대전에 참전, 영국과 프랑스에 대항하였으나 각지의 전투에서 패전하고 1943년 7월 연합군의 시칠리아섬 상륙과 함께 실각하여 체포, 감금되었다. 그 해 9월 독일군에 의하여 구출되어 북부 이탈리아에 나치스 괴뢰정권을 조직하였으나, 독일 항복 직전인 1945년 4월 25일 이탈리아의 반(反)파쇼 의용군에게 코모 호반에서 체포되어, 4월 28일 정부(情婦)와 함께 사살되었다.

제7절 | 뮌헨협정

1 배경

뮌헨협정은 영국, 프랑스, 독일, 이탈리아 4국 간의 뮌헨회담 결과 체결된 조약으로서 체코문제를 해결하기 위한 국제협조체제였다. 아리안족의 생활공간 확보라는 히틀러의 대외노선의 공간적 범위에는 체코의 독일인 집단거주지인 주데텐지역과 나아가 체코 전역도 포함되어 있었다. 로마 - 베를린 추축에 기초하여 무력으로 체코를 분할하려는 히틀러의 계획에 대해 영국, 프랑스, 미국이 강경대응을 시도하자 히틀러는 한 발 물러서서 이탈리아의 국제회의 개최 제의에 동의하였고 이로써 뮌헨회담이 개최되었다.

2 열강의 입장 - 유화정책

뮌헨회담은 유화정책의 대표적 사례로 거론된다. 영국, 프랑스, 이탈리아, 독일에 대해 유화정책을 구사한 원인은 다음과 같다.

1. 영국

영국의 체임벌린 내각 이후 더욱 강화되었으나, 베르사유체제 형성 이후부터 영국은 계속해서 대독 유화정책을 전개해 왔다. 그 이유는 ① 영국은 독일이 지나치게 약화되는 것을 원하지 않았다. 독일이 약화되는 경우 대륙의 세력균형이 파괴되어 대륙에서 패권국이 등장하는 경우 영국의 생존이 위협된다고 생각하였기 때문이다.

또한 강화된 독일이 소련의 볼셰비즘이 서유럽으로 파급되는 것을 막아주는 방파제 역할을 하리라 기대하였다. 독일의 성장으로 영국의 수출신장에 기여하리라는 생각도 독일의 약화를 막은 취지였다. ② 1929년 이후 시작된 경제공황으로부터 영국은 회복되는데 국력을 집결시켜야 했다. 따라서 유럽 대륙의 전쟁에 개입하지 않기 위해 독일에 대해 강경대응을 하지 않았다.

> 참고
>
> **볼셰비즘**
> 소련 공산당의 전신인 러시아 사회민주노동당 정통파인 볼셰비키의 기본 노선을 의미한다. 정통적 서구마르크스주의의 영향을 크게 받은 멘셰비키(소수파)가 부르주아민주주의혁명을 당면과제로 삼아 민주적 투쟁방식을 강조한 데 반하여 볼셰비키는 민주적 자유주의의 단계를 거치지 않는 무산계급에 의한 폭력적 정권탈취와 체제변혁을 위하여 혁명적 전략전술을 안출(案出)하였다. 볼셰비키는 무엇보다 의식 있는 소수정예의 직업적 혁명가들에 의한 중앙집권화된 당조직의 필요성을 역설하며, 이들 첨병들로 구성된 혁명당에 의한 폭력혁명과 독재정치의 이론을 펼쳤다. 민주적 중앙집권제라 불리는 당조직 이론은 훗날 공산주의체제의 관료독재의 이론적 모태가 되었다. 제1차 세계대전이 일어나자, 볼셰비키는 '제국주의전쟁'을 부르주아적 전제정부에 대한 국내전으로 변모시키는 데 주력하였다. 그들은 1917년 2월혁명 이후 차르의 퇴위가 몰고 온 정치사회적 진공 속에서, 망명에서 돌아온 레닌의 주도하에 역사적인 10월 혁명을 성공시켰다. 그리고 정권을 장악한 볼셰비키는 인류 최초의 소비에트 사회주의국가를 수립하였다.

2. 프랑스

경제 위기로 인해 독일에 대해 강경대응을 할 수 없는 사정은 영국과 같다. 다만, 프랑스는 독일에 대해 강경대응을 하고자 하는 의지는 있었으나, 영국의 지원 없이 단독 개입할 수 있는 능력이 없었다. 따라서 최소한의 독일의 요구를 수용하는 선에서 유럽 대륙을 안정시키고자 하였다.

3. 이탈리아

군국주의자 무솔리니가 지배한 이탈리아는 로마 제국의 영광을 회복한다는 기치하에 해외식민지 경략에 주력하고 있었고, 이를 위해 에티오피아를 침공하였다. 이탈리아는 독일의 확장정책을 용인하는 대신 독일이 자국의 식민지정책을 승인·지지하기를 원하였다.

3 주요 결정사항

1. 주데텐 할양

체코 내의 독일인 거주지역인 주데텐지역을 독일에게 할양해 주기로 약속하였다. 할양은 1938년 10월 1일에서 12일 사이에 완료하기로 하고 할양조건은 영국, 프랑스, 독일, 이탈리아, 체코 대표로 구성된 국제위원회에서 결정하기로 하였다.

2. 국경 보장

새로 형성된 체코의 국경에 대해 영국과 프랑스가 보장하기로 하였다. 영국과 프랑스는 체코가 도발하지 않는 공격을 받는 경우 새로운 국경을 보장한다.

3. 체코 내 소수민족문제

히틀러가 요구하였던 대로 체코 내의 폴란드, 헝가리 소수민족문제의 해결, 즉 관련 국가에게 할양을 약속하였고, 이에 대해서는 독일과 이탈리아가 보장하기로 하였다.

4 국제정치사적 의의

첫째, 주데텐과 기타 폴란드인 및 헝가리인 거주지역의 할양으로 체코의 영토가 대폭 축소되었다. 그럼에도 불구하고 히틀러는 남은 지역마저 병합하여 독일이 유럽 남부지역으로 진출함에 있어 체코가 '프랑스의 항공모함'화되는 것을 방지하고자 하였다.

둘째, 뮌헨회담 이후 영국 - 독일, 프랑스 - 독일 간 불가침협정이 체결되었다. 양국 간 모든 문제는 평화적으로만 해결한다고 약속했다. 영국이 제안한 것으로 영독해군협정에 이어 뮌헨회담으로 영독관계의 현안이 해결되었다고 생각하였으나 오판이었다.

셋째, 뮌헨회담의 약속과 달리 독일은 뮌헨회담 이후 체코 전체를 병합하게 되었고 이로써 유럽 열강들의 대독유화정책은 종결되었다. 뮌헨회담은 최후의 유화정책이었다.

📁 **참고**

아서 체임벌린(Arthur Neville Chamberlain, 1869년 3월 18일 ~ 1940년 11월 9일)

영국 버밍엄 출생으로, 대학에 진학하지 않고 버밍엄에서 실업계에 투신하였으며, 1915년 버밍엄 시장(市長)이 되었다. 1918년 49세로 처음 하원의원이 되었다. 제1차 세계대전 후 1924 ~ 1929년 보수당 내각에서 보건장관으로 활약하였다. 1931년 재무장관으로서 세계 공황 이후의 재정 위기를 잘 수습하여 1937년 총리가 되었다. 당시 유럽에는 파시즘이 대두되어 긴장이 고조되고 있었는데, 그는 유화정책으로 파시즘을 자극하는 것을 피하였다. 그리하여 스페인 내란에는 불간섭정책을 고수하였고, 이탈리아의 에티오피아 합병을 인정하였으며, 1938년 뮌헨회담에서는 히틀러의 요구를 받아들였다. 그러나 이러한 일시적인 전쟁회피책도 결국은 성공하지 못하고, 1939년 제2차 세계대전에 돌입하게 되었으며, 1940년 노르웨이작전의 실패에 대한 책임을 지고 사퇴하였다. 그 해 9월까지 처칠 내각에서 자문위원회 의장을 지내다가 건강악화로 정계에서 은퇴하였다.

제8절 | 독소불가침조약

1 배경

1. 뮌헨회담

영국, 독일, 이탈리아, 프랑스 4국 간 뮌헨협정이 체결되자 소련은 영국, 프랑스가 독일로 하여금 볼셰비즘의 확산을 저지하는 방파제 역할을 하게 하고 결국 독일로 하여금 소련을 침공하게 할지도 모른다는 의구심을 가지고 있었다. 따라서 영국과 프랑스가 폴란드문제에 대해 강력한 개입의사를 천명하고 있으나, 실제로 개입하지 않을 것으로 판단하였다.

2. 소련의 영국, 프랑스와 교섭 실패

(1) 영국과 프랑스는 소련과 폴란드문제에 개입 시 공조체제를 확립하고자 교섭을 시도하였으나 실패하였다.

(2) 영국은 교섭 자체가 독일의 행동을 억지한다는 판단하에 교섭을 장기화하고자 하였고, 소련군의 폴란드 통과문제로 프랑스와 폴란드의 교섭이 교착되었음에도 구체적인 대응을 하지 않았다.

(3) 소련은 당시 대독 유화정책 노선을 유지하고 있었으므로, 대독 포위정책에 참가할 유인이 적었다.

2 당사국의 이해관계

1. 소련

독일과 이탈리아의 확장정책에 대해 유화정책으로 일관한 영국과 프랑스에 대해 소련은 폴란드문제에 있어서도 직접 개입하지 않을 것으로 생각하였다. 따라서 소련은 대독전쟁에 자국만 단독으로 개입되는 것을 막는 것이 최대문제이며 이를 위해서는 독일과 직접교섭이 최선의 방책이라 판단하였다.

2. 독일

소련의 이니셔티브에 대해 독일은 관망세를 보였으나 영국과 프랑스가 대소 교섭을 재개하려는 움직임을 보이자 적극적으로 교섭에 나서게 되었다. 독일은 소련이 폴란드문제에서 중립을 지켜줄 것을 요구하였다. 소련의 중립을 확보한다면 영국이나 프랑스가 폴란드에 대한 군사지원을 단념하거나 불개입의 입장을 취할 가능성이 높고 따라서 폴란드에 압력을 가하여 독일의 요구를 관철시킬 수 있을 것으로 판단하였다.

3 주요 내용

1. 상호불가침

(1) 양국은 상호 적대적인 행위를 하지 않으며 양국 간의 모든 분쟁을 평화적인 방법으로 해결하고 양국 간 문제를 장차 서로 협의한다.

(2) 양국 중 1국이 제3국과 전쟁을 하는 경우 타국은 그 제3국을 어떠한 형태에서건 지원하지 않는다.

(3) 양국은 양국 중 1국에 대항하는 어떠한 세력 형성에도 참여하지 않는다.

2. 세력범위 획정

(1) 영토 변화가 있는 경우 핀란드와 에스토니아, 라트비아는 소련의, 리투아니아는 독일의 영향권하에 들어간다.

(2) 폴란드 영토를 재조정하는 경우 독일과 소련 간의 경계는 나레프 - 비스툴라 - 산 강으로 한다.

(3) 폴란드 독립문제는 양국 간 협의한다.

(4) 독일은 베사라비아지역에 관한 소련의 이해를 인정한다.

4 국제정치사적 의의

독소불가침조약으로 소련의 중립을 약속받은 히틀러는 예정대로 1939년 9월 1일 폴란드를 침공하고, 이로써 제2차 세계대전이 발발하였다. 그리고 소련은 중앙유럽으로 진출할 수 있는 길이 열려 제정 러시아의 영토를 거의 되찾을 수 있었다.

학습 점검 문제

01 근대 이후 유럽의 역사적 사건을 시기순으로 바르게 나열한 것은?

> ㄱ. 뮌스터조약, 오스나브뤼크조약
> ㄴ. 파리조약
> ㄷ. 위트레흐트조약
> ㄹ. 베르사유조약

① ㄱ ⇨ ㄴ ⇨ ㄷ ⇨ ㄹ

② ㄱ ⇨ ㄷ ⇨ ㄴ ⇨ ㄹ

③ ㄴ ⇨ ㄱ ⇨ ㄷ ⇨ ㄹ

④ ㄷ ⇨ ㄴ ⇨ ㄱ ⇨ ㄹ

___
유럽협조체제

근대 이후 유럽의 역사적 사건을 시기순으로 바르게 나열한 것은 ㄱ. 뮌스터조약, 오스나브뤼크조약 ⇨ ㄷ. 위트레흐트조약 ⇨ ㄴ. 파리조약
⇨ ㄹ. 베르사유조약이다.
ㄱ. 1648년의 뮌스터조약과 오스나브뤼크조약, 이 두 조약을 합쳐서 베스트팔렌조약이라고도 한다.
ㄷ. 1713년의 위트레흐트조약은 스페인 왕위계승전쟁의 강화조약이다.
ㄴ. 파리조약은 1856년의 크리미아전쟁 강화조약을 의미하는 것으로 보인다.
ㄹ. 1919년의 베르사유조약은 제1차 세계대전의 예비평화조약이다.

답 ②

02 세계사적 변화를 일으킨 전쟁과 그 직후 등장한 국제체제의 연결이 옳지 않은 것은?

① 30년전쟁 - 베스트팔렌체제

② 나폴레옹전쟁 - 비스마르크체제

③ 제1차 세계대전 - 베르사유체제

④ 제2차 세계대전 - 얄타체제

___
유럽협조체제

나폴레옹전쟁 이후에는 비엔나체제가 등장하였다. 비스마르크체제는 프로이센 - 프랑스 전쟁(1870) 이후 형성된 체제로서 비스마르크가 퇴임
한 1890년까지 유지되었다.

답 ②

18세기 국제관계에 대한 설명으로 옳지 않은 것은?

① 영국과 프랑스는 동맹을 맺어 러시아, 오스트리아, 프로이센과 7년전쟁을 일으켰다.

② 영국과 프랑스는 프랑스 - 인디언전쟁에서 충돌했다.

③ 영국의 미주 식민지에 대한 과도한 세금부과로 인해 미국독립운동이 촉발되었다.

④ 미국은 프랑스와의 동맹으로 영국군을 물리치고 1783년 파리조약에서 독립을 승인받았다.

유럽협조체제

7년전쟁(1756 ~ 1763)은 오스트리아 왕위계승전쟁에서 프로이센에게 패배해 독일 동부의 비옥한 슐레지엔을 빼앗긴 오스트리아가 그곳을 되찾기 위해 프로이센과 벌인 전쟁을 말한다. 이 전쟁에는 유럽의 거의 모든 열강이 참여하게 되어 유럽뿐 아니라 그들의 식민지가 있던 아메리카와 인도에까지 퍼진 세계대전으로 번진 대규모 전쟁이었다. 주로 오스트리아 - 프랑스 - 작센 - 스웨덴 - 러시아가 동맹을 맺어 프로이센 - 하노버 - 영국의 연합에 맞섰다. 유럽에서 벌어진 전쟁은 포메라니아전쟁으로도 불리며, 영국과 프랑스는 아메리카 대륙에서 벌어진 프렌치 인디언전쟁이라 불렸다. 유럽에서는 영국의 지원을 받은 프로이센이 최종적으로 승리를 거두어 슐레지엔의 영유권을 확보하였으며, 식민지 전쟁에서는 영국이 주요 승리를 거두어 북아메리카의 뉴프랑스(현재의 퀘벡 주와 온타리오 주)를 차지하여 북아메리카에서 프랑스세력을 몰아냈고, 인도에서도 프랑스세력을 몰아내어 대영제국의 기초를 닦았다. 영국과 프랑스는 동맹관계가 아니라 적대적 관계였다.

답 ①

비엔나회의(Congress of Vienna)와 유럽협조체제에 대한 설명으로 옳은 것만을 모두 고르면?

> ㄱ. 나폴레옹전쟁으로 인해 촉발된 약소국의 민족주의적 입장을 국경선 획정에 적극적으로 반영하였다.
>
> ㄴ. 전후 유럽의 새로운 질서를 구축하는 과정에서 대륙의 러시아 - 프로이센과 해양의 영국이 대립하였다.
>
> ㄷ. 비엔나회의는 나폴레옹전쟁의 전후 처리를 위해 19세기 초반에 열린 회의이다.
>
> ㄹ. 영국은 해양패권을 위해 대륙의 세력균형이 유지되는 방향으로 협상을 진행하였다.

① ㄱ, ㄴ

② ㄱ, ㄷ

③ ㄴ, ㄹ

④ ㄷ, ㄹ

유럽협조체제

비엔나회의(Congress of Vienna)와 유럽협조체제에 대한 설명으로 옳은 것은 ㄷ, ㄹ이다.

ㄷ. 나폴레옹전쟁 전후 처리를 통해 유럽협조체제를 형성하였다.

ㄹ. 영국은 대륙의 세력균형을 위해 이른바 '이중장벽정책'을 구사하였다. 즉, 중부유럽을 강화하여 프랑스와 러시아의 팽창을 동시에 막는다는 구상이었다.

(선지분석)

ㄱ. 유럽협조체제는 약소국의 입장은 반영되지 않고 강대국 세력균형에 집중한 체제이다. 이로 인해 19세기 유럽에서는 대대적인 민족주의 운동이 끊임없이 일어나게 되었다.

ㄴ. 러시아와 영국의 대립이 주축이었다. 프로이센은 상대적 약소국이었으므로 대립축을 형성하기는 어려웠다.

답 ④

05 크림전쟁을 종결지은 파리회의에 대한 설명으로 옳지 않은 것은?

2008년 외무영사직

① 파리강화회의에는 영국, 프랑스, 러시아, 터키, 사르디니아 등 6개국이 참가하였고, 그 후 해협문제를 토의할 때 프로이센도 참석하였다.

② 터키에 대한 러시아의 우월적 지위가 부정되었다.

③ 영국의 세계적 지위가 강화되었다.

④ 프랑스는 다뉴브 공국들을 하나의 독립국가로 만들어 배타적으로 지배하게 되었다.

유럽협조체제

다뉴브 공국 - 몰다비아, 왈라키아 등은 터키의 형식적인 지배가 유지되었으나 실질적으로는 오스트리아의 영향하에 놓이게 되었다.

답 ④

06 비스마르크체제에 대한 설명 중 옳지 않은 것은?

2009년 외무영사직

① 유럽열강들의 식민지 쟁탈을 약화시켜 독일의 안전을 유지하기 위한 것이다.

② 프랑스의 고립과 러시아의 중립을 목표로 하였다.

③ 비스마르크체제는 집단안전보장적 성격을 가지고 있다.

④ 비스마르크체제는 유럽을 삼국협상과 삼국동맹을 형성시키는 데 기여했다.

비스마르크체제

비스마르크체제는 독일 통일(1870) 후 열강으로부터 독일의 안전을 보장하기 위해 거미줄 같은 비밀동맹을 형성한 것으로, 식민지 쟁탈 약화와는 무관하다.

답 ①

07 제1차 세계대전에 대한 설명으로 옳지 않은 것은?

① 19세기 후반 이래 유럽동맹체제의 경직화가 주요한 개전 요인의 하나였다.

② 오스트리아 - 헝가리 제국의 민족문제가 주요한 개전 요인의 하나였다.

③ 제1차 세계대전 종전 후 윌슨의 이상주의에 의해 국제연맹이 수립되었다.

④ 베르사유조약에 의해서 오스만 제국이 해체되었다.

제1차 세계대전

베르사유조약은 삼국협상 측이 독일과 체결한 강화조약이다. 독일의 영토 축소 및 군비 제한 등을 규정하였다. 오스만 제국 해체는 삼국협상 측이 오스만 제국과 체결한 '쉘부르조약'에 기초하였다.

선지분석

① 제1차 세계대전 직전 유럽은 삼국동맹(독일, 오스트리아, 이탈리아)과 삼국협상(영국, 프랑스, 러시아)으로 양분되어 경직되었다.

② 1908년 오스트리아는 당시 세르비아가 러시아의 지원하에 주도하던 범슬라브 민족주의운동에 반하는 보스니아·헤르체고비나를 병합함으로써 1914년 6월 사라예보 사건이 발발하게 되었다.

③ 윌슨(Wilson)은 제1차 세계대전이 세력균형을 위한 경쟁과 비밀외교 등에 있다고 진단하고 세력균형을 대체하기 위해 국제연맹과 집단안전보장제도를 창안하였다.

답 ④

---

08 1930년대 독일의 외교정책을 시기순으로 바르게 나열한 것은?

> ㄱ. 자르(Saar)지역의 독일 귀속 결정 국민투표
> ㄴ. 독일 - 오스트리아의 관세동맹 조약
> ㄷ. 영국, 프랑스, 이탈리아와 뮌헨협정
> ㄹ. 독일의 국제연맹 탈퇴

① ㄱ ⇨ ㄴ ⇨ ㄹ ⇨ ㄷ

② ㄴ ⇨ ㄷ ⇨ ㄹ ⇨ ㄱ

③ ㄴ ⇨ ㄹ ⇨ ㄱ ⇨ ㄷ

④ ㄷ ⇨ ㄴ ⇨ ㄹ ⇨ ㄱ

독일의 외교정책

독일의 외교정책을 시기순으로 바르게 나열한 것은 ㄴ ⇨ ㄹ ⇨ ㄱ ⇨ ㄷ이다.

ㄴ. 독일 - 오스트리아 관세동맹 조약(1931년 3월 14일): 양국은 관세행정을 각각 독자적으로 운영하되 관세율과 관세 관계 법령들을 통일하고 모든 관세장벽을 철폐하기로 하였다.

ㄹ. 독일의 국제연맹 탈퇴(1933년 10월): 히틀러는 독일을 군사강국으로 재건하기 위해 국제연맹을 탈퇴하였다. 탈퇴선언 이후 국민투표를 통해 95%의 지지를 확보하였다.

ㄱ. 자르(Saar)지역의 독일 귀속 결정 국민투표(1935년 1월 13일): 베르사유회의에서 자르지역은 15년 동안 국제연맹 이사회가 관할하고 이후 국민투표에 부쳐 그 귀속을 결정하도록 하였다. 1935년 1월 13일 국민투표가 실시되어 90%의 주민이 독일로의 귀속을 희망하였다. 국제연맹이사회는 3월 1일 자르의 독일 귀속을 결정하였다.

ㄷ. 영국, 프랑스, 이탈리아와 뮌헨협정(1938년 9월 29일): 체임벌린(영국), 달리디에(프랑스), 히틀러(독일), 무솔리니(이탈리아)가 체결하였다. 주데텐을 독일에 할양하는 것을 골자로 한다.

답 ③

제 **2** 편

냉전시대사

제1장 | 제2차 세계대전

제1절 | 제2차 세계대전

1939.9.1. 제2차 세계대전 발발	1944.8.20. 덤버튼-오우크스회담
1940.9.27. 독일-이탈리아-일본 삼국동맹 체결	1945.2.4. 얄타회담
1941.3.11. 미국, 무기대여법 제정	1945.4.25. 샌프란시스코회담
1941.8.14. 미국-영국, 대서양헌장 발표	1945.5.8. 독일 항복
1941.12.7. 태평양전쟁 발발	1945.7.17. 포츠담회담
1942.1.2. 일본군, 마닐라 점령	1945.8.6. 미국, 일본에 원자폭탄 투하
1942.6.5. 일본, 미드웨이해전 참패	1945.8.8. 소련, 대일 선전포고
1943.9.3. 이탈리아 항복	1945.8.15. 일본, 무조건 항복
1943.11.22. 카이로회담	1945.12.26. 모스크바 3상회의
1943.11.28. 테헤란회담	1947.2.10. 강화조약 조인

1 서론

제2차 세계대전은 1939년 9월 1일 독일의 폴란드 침공으로 개시되었다. 이탈리아와의 동맹, 소련과의 불가침조약 체결을 기초로 독일의 생존공간을 확보한다는 것이 독일의 전쟁의 목적이었다. 제2차 세계대전은 이상주의에 기초한 집단안보체제의 취약성을 다시 한 번 확인시켜 주었고 새로운 안보제도는 보다 현실주의적인 기반하에서 형성되었다.

2 원인

1. 집단안보제도의 문제

제2차 세계대전은 집단안보제도의 내재적 한계와 지도력의 부재로 인해서 집단안보제도가 작동하지 않은 데에서 그 원인을 찾을 수 있다. 집단안보제도는 무엇보다 제도를 통한 안보 달성을 참가국들이 신뢰를 해야 하나, 베르사유체제가 형성된 시기부터 유럽 국가와 미국 사이에 대립이 지속되었다. 실질적인 지도력을 행사해야 할 미국이 국제연맹에 불참함으로써 지도력을 방기한 것도 집단안보제도가 작동하지 못한 원인이었다.

2. 대독유화정책

(1) 영국의 대독유화정책은 독일의 현상타파 의도를 간과함으로써 위기를 고조시켜 온 책임이 있다. 영국은 대륙의 세력균형이라는 전통적 정책하에서 독일의 군비 증강, 라인란트 진주, 오스트리아, 주데텐 병합을 허용해 주었다.

(2) 영국이 유화정책을 구사함으로써 프랑스와 소련도 역시 이러한 정책에 편승하여 독일에 대항이라는 부담을 회피(buck passing)하게 되어 적절한 시기에 독일의 팽창을 저지하는데 실패하였다.

3. 독일의 현상타파정책

히틀러는 집권하기 이전부터 생물학적 인종주의에 기초하여 유럽제패를 나치 독일의 기본노선으로 설정하고 있었다. 아리안족의 생존을 유지하기 위한 생활공간(Lebensraum) 은 애초부터 독일인 거주지역만을 의미하였다고 볼 수 없다. 베르사유체제가 독일을 범죄집단으로 낙인찍은 것은, 독일 국민의 민족주의를 고조시켜 히틀러의 현상타파 정책을 적절하게 제어하지 못하고 오히려 히틀러의 정책에 대한 거국적 지지를 형성 시켰다.

4. 경제공황

독일이나 이탈리아, 일본이 현상타파정책을 구사한 배경 그리고 영국이나 프랑스가 유화정책을 구사한 배경에는 경제공황이라는 경제적 요인이 자리잡고 있었다. 또한 경제공황은 강대국 간 보호주의정책을 구사하게 함으로써 위기를 고조시키기도 하였다.

3 전개과정

1. 독일의 폴란드 침공(1939년 9월 1일)

이탈리아와의 동맹, 소련과의 불가침조약을 통해 사전정지작업을 완료한 독일은 폴 란드문제를 전쟁을 통해 해결하고자 하였다. 영국의 제의에 따른 폴란드와의 교섭에 서 폴란드가 수락할 수 없는 영토적 요구를 하였다. 이로 인해 교섭은 결렬되고 독일 은 9월 1일 새벽 폴란드 국경을 넘었다.

2. 소련 - 핀란드전쟁(1939년 11월 ~ 1940년 3월)

(1) 소련은 독일과의 합의에 따라 에스토니아, 라트비아, 리투아니아와 상호원조조약 을 체결하고 소련군을 주둔하고 요새를 구축하였다. 그러나 핀란드가 소련의 요 구를 거절하자 전쟁이 발발하였고 소련군의 승리로 핀란드 일부 지역의 할양과 군사기지건설권을 부여받았다.

(2) 소련의 핀란드 침공으로 소련은 국제연맹에서 제명되었다.

3. 프랑스의 패배와 휴전(1940년 6월 25일)

(1) 1940년 6월 13일에 파리가 함락되자, 프랑스에서는 항복을 하고 정부를 북아프리카로 옮겨 독일에 항전을 계속하자는 입장과 휴전하자는 입장이 대립하였으나 결국 휴전을 결정하였다.

(2) 독일 - 프랑스 휴전으로 프랑스 영토의 5분의 3에 해당하는 지역을 독일이 점령하게 되었다.

4. 이탈리아의 참전

(1) 한동안 관망세를 취하던 무솔리니는 독일의 승리를 확신하고서 독일편에 가담하여 1940년 6월 10일 전쟁을 선포하였다.

(2) 프랑스 - 이탈리아 휴전협정으로 양국 국경지대에 비무장지대가 설정되었고 지중해에 있는 프랑스 기지가 무장해제되었다.

5. 바다사자작전(히틀러의 영국 침공계획, 1940년 7월 16일)

히틀러는 프랑스가 붕괴되자 영국이 협상 테이블로 나올 것이라고 생각하였다. 영국이 유럽 대륙에 무력으로 간섭할 수 있는 것은 대륙에 동맹국가를 가지고 있는 경우에만 가능하다고 확신하였다. 그런데 영국이 평화제의에 응하지 않자 히틀러는 난처하게 되었다. 1940년 7월 16일 히틀러는 이런 난국을 타파하기 위해 영국 침공계획인 [명령 제16호]를 지령하였다. 이 작전을 바다사자작전이라고 불렀다. 이 작전의 목적은 영국 본토를 기습 상륙해 영국 본토의 기지들을 파괴하고, 필요하다면 영국 본토를 완전히 점령한다는 것이었다. 히틀러는 공군 총사령관 괴링에게 예비작전으로 영국 공군의 섬멸을 명령하였으나, 예상과는 달리 8월 말에 이르러 독일 공군이 완전히 패배하였다. 독일 공군의 패배로 히틀러는 영국 침공을 연기하였으나, 결국 1941년 1월 9일 이 작전을 완전히 포기하였다. 그리하여 영국은 그대로 존속하게 되었고 아울러 미국이 참전하게 됨으로써 독일의 패망을 가져오게 되었다.

6. 독일 · 이탈리아 · 일본의 삼국동맹 형성(1940년 9월 27일)

(1) 3국은 미국이나 소련을 겨냥한 동맹을 체결하였다. 일본은 독일과 이탈리아가 유럽에서 새로운 정치질서를 창설하는 것을 인정하고, 독일과 이탈리아도 아시아에서 일본의 권리를 인정하는 조건이었다.

(2) 미국을 견제한다는 의도와 달리 미국은 삼국동맹의 결성으로 국제파시즘의 위협을 느끼게 되었고 루스벨트의 3선을 가져와 결국 미국 개입의 길을 열게 되었다.

7. 바르바로사작전(히틀러의 소련 침공계획, 1940년 12월 18일)

영국이 독일의 평화 제의를 거절하자, 히틀러는 영국이 독일의 평화제의를 거부하는 근본적인 이유는 소련이 장차 독일에 대한 전쟁에 동참할 것이라고 예상하고 있기 때문이라고 보았다. 그러므로 최선의 방법은 전격전으로 소련을 붕괴시키는 길이라고 판단하였다. 1940년 12월 18일 이른바 바르바로사작전이라고 불리는 소련 침공계획이 확정되었다. 다만 공격 개시일을 1941년 5월 15일로 잡았으나 유고 침공때문에 6월 22일로 연기되었다. 소련 침공은 당초 예상하였던 것과 같이 단기전으로 끝나지 못하고 장기전으로 변하였다. 이로 인해 히틀러의 전쟁 수행계획에 큰 차질을 가져왔다.

8. 태평양전쟁의 발발과 미국의 참전(1941년 12월 8일)

일본의 대동아공영권 구상으로 미국과 일본의 갈등은 고조되었고, 일본의 진주만 선제기습공격으로 태평양전쟁이 발발하였다. 미국은 서방 측과 동맹을 맺고 유럽전쟁에도 개입하였으며, 독일과 이탈리아는 미국에 선전포고하였다.

 참고

대동아공영권

1. '대동아'란 동아, 즉 동아시아에 동남아시아를 더한 지역을 가리키는 말로, 1940년 7월 일본이 국책요강으로 '대동아신질서 건설'이라는 것을 내세우면서 처음 사용한 말이다. 제 2차 세계대전에 개입한 직후인 1941년 12월 10일에는 이 전쟁을 대동아전쟁으로 부르기로 결정하였으며, 같은 달 12일에는 전쟁의 목적이 '대동아신질서 건설'에 있다고 주장하였다.

2. 1940년 8월 1일 마쓰오카 요스케[松岡洋右] 일본 외상은 담화를 발표해 처음으로 대동아공영권을 주창하였다. 그 요지는 아시아민족이 서양세력의 식민지배로부터 해방되려면 일본을 중심으로 대동아공영권을 결성하여 아시아에서 서양세력을 몰아내야 한다는 것이다. 대동아공영권의 결성이란 일본·중국·만주를 중축(中軸)으로 하여 프랑스령 인도차이나·타이·말레이시아·보르네오·네덜란드령 동인도·미얀마·오스트레일리아·뉴질랜드·인도를 포함하는 광대한 지역의 정치적·경제적인 공존·공영을 도모하는 블록화였다. 그러나 실제로 대동아공영권에서 일본이 한 일은 피점령국의 주요 자원과 노동력을 수탈하는 것이었으며, 이 목적을 위하여 식민지와 점령지의 독립운동을 철저하게 탄압했다. 대동아공영권은 일본이 1945년 제2차 세계대전에서 패함으로써 허황된 슬로건으로 끝났다.

9. 이탈리아의 패전

1943년 7월 25일 무솔리니가 실각한 이후 집권한 바도글리오 정부는 연합국과 휴전협상을 시작하여 9월 3일 연합국과의 휴전에 조인하고 항복하였다. 1942년 11월 이래 지중해작전에서 실패한 것이 직접적인 패전의 원인이었으며, 독일과의 동맹관계 균열과 여론의 악화도 주요 요인으로 작용하였다.

10. 독일의 패전

독일의 휴전협상은 아르덴느에서의 독일의 총공세가 실패하고 영국이 독일을 폭격하기 시작하자 1945년 초 본격적으로 시작되었다. 미국과 소련이 베를린을 포위하자 독일이 5월 7일 무조건 항복문서에 서명함으로써 유럽전쟁이 종식되었다.

11. 일본의 패전

1942년경 서태평양 전역과 중국, 인도차이나반도와 동남아를 장악한 일본은 1943년 2월 이래 솔로몬전쟁으로부터 실패하면서 전세가 역전되기 시작하였다. 1945년 4월 1일에는 미군이 오키나와에 상륙하였고 7월 26일 포츠담회의에서의 미국, 영국, 중국의 최후통첩을 일본이 거절하자 히로시마와 나가사키에 원자폭탄이 투하되었다. 8월 14일 일본은 미국의 항복조건을 수락하였다.

맨해튼 프로젝트(Manhattan Project)

맨해튼 프로젝트는 제2차 세계대전 중에 미국이 주도하고 영국과 캐나다가 공동으로 참여하였던 핵폭탄 개발 프로그램이다. 맨해튼 프로젝트는 레슬리 그로브스 소장이 지휘하는 미국 육군 공병대의 주도로 1942년부터 1946년까지 진행되었다. 민관 합동으로 진행된 맨해튼 프로젝트의 군사 부문은 맨해튼 지구(Manhattan District)라 불렸고, 전체 프로젝트를 총괄하는 공식 이름은 대체 자원 개발(Development of Substitute Materials)이었다. 맨해튼은 공식명을 대신하는 미국 측 암호명이었고, 영국 측 참가 조직의 암호명은 튜브 앨로이스(Tube Alloys)였다. 맨해튼 프로젝트는 1939년에 소규모로 출발하였지만 1945년에는 고용 인구 13만 명, 사용 예산 2억 달러로 확대되었다. 연구 개발과 제조는 미국, 영국, 캐나다 등에 있는 30곳 이상의 지역에 분산되어 진행되었고, 일부는 기밀지역이었다. 제2차 세계대전 기간 동안 두 종류의 핵폭탄이 개발되었다.

하나는 우라늄 - 235를 탄두로 사용한 포신형 핵분열 무기로, 자연에 존재하는 우라늄 가운데 0.7%를 차지하는 우라늄 - 235를 농축하여 탄두로 제작한 것이다. 또 다른 종류의 핵폭탄은 플루토늄을 탄두로 사용한 것이었다. 1945년 7월 16일 사상 최초의 핵폭발 실험인 트리니티 실험이 진행되었다. 실험 이후 두 종류의 핵폭탄이 만들어졌다. 포신형 핵폭탄에는 리틀 보이라는 이름이 붙었으며, 내폭형 핵폭탄은 팻 맨이라 불렸다. 미국 국방부는 히로시마와 나가사키에 핵폭탄 투하를 결정하였다. 1945년 8월 6일 리틀 보이가 히로시마에 투하되었고, 8월 9일에는 팻 맨이 나가사키에 투하되었다. 맨해튼 프로젝트는 핵무기 제조가 최대 목표였으나, 방사능의 의학적인 이용이나 핵추진력을 이용한 해군력 확보와 같은 방사선학의 다양한 적용에도 관심을 두고 있었다. 1947년, 맨해튼 프로젝트의 업무는 미국 원자력위원회로 이관되었다.

4 전시회담

1. 대서양헌장(1941년 8월 14일)

제2차 세계대전 당시인 1941년 8월 14일 미국 대통령 F. D. 루스벨트와 영국 총리 W. 처칠이 대서양 해상의 영국 군함 프린스 오브 웨일스호(號)에서 회담한 후 발표한 공동선언이다. 제2차 세계대전 후의 세계 국민복지와 평화 등에 관한 양국 정책의 공통원칙을 정한 것으로 내용은 다음과 같다.

(1) 양국은 영토의 확대를 원하지 않는다.

(2) 관계주민의 자유의사에 의하지 아니하는 영토 변경을 인정하지 않는다.

(3) 주민들의 정치체제를 선택하는 권리를 존중하며, 강탈된 주권과 자치가 회복될 것을 희망한다.

(4) 세계의 통상 및 자원에 대한 기회균등을 도모한다.

(5) 노동조건의 개선과 경제적 진보 및 사회보장을 확보하기 위하여 경제 분야에서 국제협력을 도모한다.

(6) 나치스의 폭정을 파괴한 다음 모든 인류가 공포와 결핍으로부터 해방되어 생명의 보전이 보장되는 평화를 확립한다.

(7) 공해(公海)의 자유항행을 확보한다.

(8) 침략의 위협을 주는 나라의 무장을 해제하고, 항구적이며 전반적인 안전보장제도를 확립하며, 군비부담의 경감을 조장한다.

2. 연합국 공동선언(Declaration by United Nations, 1942년 1월 1일)

(1) 연합국 공동선언은 1942년 1월 1일에 열린 아르카디아회담에서 제2차 세계대전의 연합국 26개국 대표들이 결의한 선언으로 대서양헌장과 함께 UN의 기초가 되었다.

(2) 연합국들은 연합국의 모든 자원을 추축국에 대한 전쟁 수행에 사용할 것, 추축국인 독일·일본·이탈리아와 별도의 평화교섭을 진행할 것, 각국이 단독으로 휴전하거나 강화하지 않을 것 등을 합의하였다.

3. 모스크바회담(1943년 10월)

제2차 세계대전 중인 1943년 10월 19일 ~ 10월 30일, 전후처리에 대한 의견 조정을 위하여 모스크바에서 개최한 미국·영국·소련 3국의 외무장관회담이다. 이 회담을 통해 모스크바선언을 발표하였다. 모스크바선언에는 일반적 안전보장에 관한 4국선언, 이탈리아에 관한 선언, 오스트리아에 관한 선언, 독일의 잔학행위 및 히틀러파(派)의 책임에 관한 선언 등이 포함되어 있다. 최초의 '4국선언'에서는 미국·영국·소련의 3국 외무장관 외에 중국대사도 참가하여 서명하였고, 루스벨트, 처칠, 스탈린 등 3국 수뇌가 서명하여 11월 1일 발표하였다. 주요 내용은 다음과 같다.

(1) 전후의 긴밀한 협력을 위한 평화유지기구(국제연합)를 창설한다.

(2) 유럽자문위원회를 설치하여 전후 유럽문제를 연구하고 3국 정부에 권고한다.

(3) 이탈리아의 파시즘을 일소하고, 언론, 신앙, 정치적 신조, 보도 집회의 자유 등을 회복한다.

(4) 1938년 3월 나치스 독일에 의하여 강제되었던 오스트리아의 병합은 무효이다.

(5) 잔학행위에 책임이 있는 히틀러파(派), 즉 나치스 당원은 각각의 행위를 자행하였던 그 나라에 송치되어 재판을 받고 처벌된다.

4. 테헤란회담(1943년 11월)

제2차 세계대전 중인 1943년 11월 28일에서 12월 1일까지 이란의 수도 테헤란에서 열린 3국 정상회담이다. 미국의 F. D. 루스벨트, 영국의 W. 처칠, 소련의 I. V. 스탈린은 이 회담에서 3국의 협력과 전쟁수행의 의지를 표명하고 이란의 독립과 주권·영토의 보전을 약속하였다. 이 회담에서 가장 중요한 의제는 독일에 대한 작전이었고, 스탈린이 주장하는 북프랑스 상륙작전과 처칠이 주장하는 지중해작전 중에서 하나를 선택하는 것이었는데, 결국 1944년 5월 북프랑스 상륙작전을 감행하기로 결정하고 작전수행을 위한 총사령관으로 D. D. 아이젠하워의 임명을 결정하였다. 또한 회담 초에 스탈린은 독일 패배 후의 대일(對日) 참전의사를 밝혔다.

5. 브레튼우즈회담(1944년 7월)

브레튼우즈회담은 제2차 세계대전 이후 국제경제질서를 구축한 회담으로, 소련을 포함하여 45개국 대표가 참석하였다. 미국과 영국의 주도로 진행된 회의에서는 국제금융회의에서 채택된 '국제통화기금 설립에 관한 전문가 공동성명'을 승인하는 방식으로 진행되었다. 브레튼우즈협정이라 통칭되는 국제통화기금협정(Agreement of the International Monetary Fund)을 채택하였다. 소련을 제외하고 44개국이 조인한 브레튼우즈협정의 전제는 국제적인 자유무역의 활성화와 그에 기초한 외환시장의 안정이었다. 이 같은 전제에 기초하여 브레튼우즈협정은 다음 세 가지를 핵심 내용으로 한다.

(1) 금환본위제(금·달러본위제)의 채택

금환본위제는 각국의 통화가 미국 달러화를 통해 간접적으로 금과 거래되는 제도로, 금본위제를 채택하고 있는 미국 달러화를 IMF 가맹국들이 일정한 환율로 매매함으로써 자국 통화와 금이 간접적으로 거래되는 것이다. 금환본위제의 채택으로 IMF 가맹국들은 대외준비자산으로 달러를 보유하여야 했으며, 이로써 미국 달러화는 기축통화로 격상되어 국제준비통화로서 그 지위가 확고해졌다.

(2) 조정 가능한 고정환율제의 채택

브레튼우즈협정에 따라 금 1온스는 미화 35달러로 평가되었다. 이를 기준으로 IMF 가맹국들은 달러에 대한 자국 통화의 환율을 고정평가의 1% 내에서 유지시켜야 했다. 이 같은 조정 가능한 고정환율제의 채택은 미국이 가맹국 중앙은행을 상대로 '금 1온스 = 35달러'의 고정가격으로 금과 달러 간 태환성(兌換性)을 보장하겠다는 약속을 전제로 하였다. 이로써 달러의 가치는 금에 고정되고, 달러의 가치에 결부된 다른 나라의 통화는 간접적으로 금의 가치에 연계되는 금환본위제가 수립된 것이다.

(3) 기금인출제도의 시행으로 국제수지 조절

브레튼우즈협정에 따라 IMF는 가맹국이 출자한 금이나 기금(Fund)을 활용, 국제수지 적자를 조정할 수 있도록 단기 자금의 지원 기능을 자신의 업무로 채택하였다. IMF는 국제수지 불균형이 경기순환 등 일시적인 요인에 의해 발생하였을 경우 가맹국의 요청에 따라 기금에서 필요한 통화를 신용인출한도 내에서 지원할 수 있었다. IMF는 1952년 대기성차관협정(Standby Arrangements)을 도입하여, 가맹국이 미리 대출 한도액을 제한할 수 있도록 하였다. 또한 1969년 10월 개최된 IMF 연례회의에서는 국제유동성 공급을 영구적으로 확대하는 특별인출권(Special Drawing Rights: SDR)제도를 도입한다. SDR의 창설은 국제거래의 규모가 확대되고 금융위기가 잇달아 발생함에 따라 국제수지를 안정시키기 위한 자구책의 일환이었다. SDR의 창설로 가맹국들은 금이나 자국 통화를 추가로 출자하지 않고도 출자지분이 증가하는 효과를 얻을 수 있었다.

6. 덤버턴오크스회담(1944년 8월)

(1) 국제연합의 창설을 위하여 1944년 개최된 회담이다. 미국의 워싱턴 교외에 있는 덤버턴오크스에서 미국 · 소련 · 영국의 3개국회의(8월 21일 ~ 9월 28일)와 미국 · 영국 · 중국의 3개국회의(9월 29일 ~ 10월 7일)가 각각 별도로 열렸다. 회의를 2회로 나눈 이유는 당시 일본과의 교전국이 아닌 소련이 중립적 태도를 지키기 위하여 중국 대표와 동석하기를 거절하였기 때문이다.

(2) 이 회의에서 결정된 덤버턴오크스제안(일반적 국제기구 설립에 관한 제안)에는 강대국의 협조 아래 안전보장이사회를 중심으로 집단안전보장기능을 발휘하려는 평화유지구상이 포함되어 있으며, 이것은 후에 UN헌장의 모체가 된다. 그러나 안전보장이사회의 표결방식과 소련 내 공화국들에 대한 회원자격조항과 같은 중대한 문제에 대해서는 합의에 이르지 못한 채 다음 해 2월 개최된 얄타회담으로 넘겨졌다.

7. 얄타회담(1945년 2월)

(1) 의의

① 제2차 세계대전 종반에 소련 흑해 연안의 얄타에서 미국 · 영국 · 소련의 수뇌들이 모여서 독일의 패전과 그 관리에 대하여 의견을 나눈 회담(1945년 2월 4일 ~ 2월 11일)이다. 제2차 세계대전이 장기간 진행되고 있을 때, 이탈리아가 이미 항복한 상태이고 독일마저 패전의 기미가 보이자, 연합국 지도자들은 나치 독일을 최종 패배시키고 그 후의 점령방법을 논의하기 위해 크림반도 얄타에서 회담을 가졌다.

② 미국 대통령 프랭클린 루스벨트, 영국 수상 윈스턴 처칠, 소련 최고인민위원 요시프 스탈린이 참석하였다.

(2) 패전국(독일) 처리문제

① 패전 후 독일은 미국 · 영국 · 프랑스 · 소련 4국이 분할 점령한다.
② 독일의 군수산업을 폐쇄 또는 몰수한다.
③ 주요 전범들은 뉘른베르크에서 열릴 국제재판에 회부한다.
④ 배상금문제는 위원회를 구성하여 그에 위임한다.

(3) 폴란드문제

폴란드 정부의 수립문제가 쟁점이 되었다. 영국과 미국은 런던의 폴란드 망명정부와 관계를 유지하고 있었던 반면, 소련은 공산당이 주도하는 루블린 소재 폴란드 인민해방위원회를 지지하고 있었다. 서방 연합국과 소련 어느 쪽도 자국이 지지하는 단체를 포기하려고 하지 않았고 결국 폴란드의 신정부는 두 단체가 협의하여 수립하기로 합의하였다. 또한 자유선거를 실시할 때까지 임시정부를 구성하여 운영하기로 합의하였다.

(4) 소련의 대일전 참전

① 소련은 독일 항복 후 2 ~ 3개월 이내에 대일전(對日戰)에 참전해야 하며, 그 대가로 소련은 러일전쟁에서 잃은 영토를 반환받기로 하였다.

② 외몽골의 독립을 인정하기로 합의하였다.

(5) 국제연합의 창설

안전보장이사회의 투표방식에 대한 절충안을 마련하였다. 안전보장이사회 상임이사국이 가지는 거부권은 '비절차사항'에 국한시키기로 하였다.

8. 포츠담회담(1945년 7월)

(1) 포츠담협정

1945년 미국·영국·소련 3개국 수뇌 사이에 열린 포츠담회담에서 조인된 독일의 전후처리 방침에 관한 협정이다. 포츠담회담에는 미국의 트루먼, 영국의 처칠 (뒤에 애틀리와 교체), 소련의 스탈린이 참석하여 일본에 대한 포츠담선언과 독일에 대한 포츠담협정이 조인되었다. 이는 연합국의 독일 점령목적을 독일의 무장해제, 비(非)군사화, 비나치화, 민주화에 있음을 명시하고 그 가운데에서도 독일산업의 비군사화에 중점을 두었다. 포츠담협정의 주요 내용은 다음과 같다.

① 당분간 독일에는 중앙정부를 두지 않고 독일을 단일 단위로서 다루며, 분할을 궁극의 방침으로 하지 않는다.

② 독일문제의 처리를 위해 외무장관이사회를 설치한다.

③ 독일로부터의 배상금을 징수한다.

④ 오데르강(江)과 나이세강을 독일의 동부 국경(독일 - 폴란드 국경)으로 정하기로 합의한다.

(2) 포츠담선언

제2차 세계대전 종전 직전인 1945년 7월 26일 독일의 포츠담에서 열린 미국·영국·중국 3개국 수뇌회담의 결과로 발표된 공동선언이다. 일본에 대해서 항복을 권고하고 제2차 세계대전 후의 대일처리방침을 표명하였다. 처음에는 미국 대통령 트루먼, 영국 총리 처칠, 중국 총통 장제스(蔣介石)가 회담에 참가하였으나, 얄타회담 때의 약속에 따라 소련이 대일선전포고를 하게 되어 소련공산당 서기장 스탈린도 8월 이 회담에 참가하고 이 선언문에 함께 서명하였다. 포츠담선언의 주요 내용은 다음과 같다.

① 일본의 무모한 군국주의자들이 세계인류와 일본 국민에 지은 죄를 뉘우치고 이 선언을 즉각 수락할 것을 요구하였다.

② 일본의 군국주의를 배제한다.

③ 일본 영토를 보장점령한다.

④ 카이로선언을 실행한다. 한국의 독립을 재확인한다.

⑤ 일본 군대의 무장을 해제한다.

⑥ 전쟁범죄자를 처벌한다.

⑦ 민주주의를 부활하고, 기본적 인권 존중을 확립한다.
⑧ 군수산업은 금지하되, 평화적 산업은 허가한다.
⑨ 민주주의 정부 수립과 동시에 점령군은 철수한다.
⑩ 일본 군대는 무조건 항복한다.

5 국제정치사적 의의

제2차 세계대전으로 제1차 세계대전 이후 형성된 베르사유체제가 완전히 붕괴되었다. 세력균형과 비밀외교를 전쟁과 국제정치질서 불안정의 핵심요인으로 간주하고 형성된 집단안보체제가 하나의 이상에 불과한 것이었음을 재확인시켜준 사건이었다. 이상주의자들의 실험의 실패로 세계대전이라는 값비싼 비용을 치루게 하였고, 안보제도가 현실적 권력정치에 기반해야 함을 반성하게 되었다. 국제연합은 집단안보를 중심축으로 하되, 상임이사국에 의한 지도체제를 창안함으로써 이상주의와 현실주의의 조화를 의도하였으나, 냉전의 발발로 국제연합도 제 기능을 하지 못하였다.

제2절 | 제2차 세계대전 이후의 국제질서

1 서론 - 전후 국제체제의 변화

국제정치사에 있어서 국제사회를 지배하는 방법은 세 가지가 존재하였는바, 유럽협조체제 또는 지도체제(Directoire), 동맹체제(Alliance System), 집단안보체제가 그것이다. 제2차 세계대전 이후의 국제체제는 지도체제, 집단안보체제, 방어동맹체제가 복합된 것이라 할 수 있다. 얄타회담은 미국·영국·소련 3국에 의한 열강지도체제를 형성하였고, UN헌장을 통해 집단안전보장체제를 구성하였다. 한편, 1950년대 이후 동맹체제가 소련과 미국을 중심으로 한 위성국들 간에 형성되었다. 그러나 냉전으로 인해 집단안보체제나 지도체제는 사실상 붕괴되었다고 볼 수 있으며, 동맹체제만이 냉전체제기간에 효력을 발휘하여 국제체제를 안정시켰다고 볼 수 있다.

2 3대강국의 지도체제

1. 의의

제2차 세계대전의 전시외교는 실질적으로 미국·영국·소련 3국에 의해 주도되었다. 중국이 3대국회담에 참가하기도 하였으나, 이는 루스벨트의 대아시아전략의 산물이었을 뿐 실질적인 영향력은 없었다. 3국은 추축과의 전쟁을 승리로 이끈 이후 국제문제에 공동개입하여 평화로운 국제질서를 유지하기로 합의하였다.

2. 형성과정

3대 열강이 지도체제를 구성한 것은 1943년 10월 30일 모스크바회담이었다. 독일에 대항하는 전쟁 수행, 장차 세계기구조직 및 평화와 안전보장의 유지에 있어서 공동보조를 취할 것을 약속하였다. 테헤란회담과 얄타회담에서도 3대 열강의 공동노력 및 지도력 행사에 대해 재확인하였다. 샌프란시스코헌장 제106조에서 "국제연합이 발효하기까지 1943년 10월 30일 모스크바 3상회의의 당사자가 상호협의할 것이며, 국제적 안전보장과 평화를 위해 필요한 행동을 취함에 있어 국제연합의 이름으로 공동 개입한다."라고 규정하였다.

3. 외상이사회(Council of Foreign Ministers)

3대 열강 지도체제를 형성하기 위한 구체적인 조직으로서 외상위원회를 조직하였다. 외상위원회는 평화조약을 처리하고 평화조약과 관련된 모든 문제를 관할하기로 예정되었다. 상설기구는 런던에 두었고, 상설서기국을 두었다. 3국 지도체제는 유럽협조체제와 유사한 것으로서 평화가 위협받을 때는 공동의 행동을 취하는 체제였다.

4. 한계

제2차 세계대전 진행과정에서 형성된 지도체제는 제2차 세계대전이 끝나고 상호 간 갈등이 표면화되면서 유지가 어려워졌다. 3국 지도체제에 있어서 독일, 이탈리아, 일본이라는 공동의 적의 존재로 3국 간 이해관계는 표면화되지 않았다. 그러나 일본과 독일이 패망하면서 3국은 전후질서 형성과 세력권 형성을 두고 대립하였다. 영국과 미국은 중동의 석유자원을 놓고 대립하였고, 소련과 미국은 폴란드문제로 대립하였으며, 영국과 소련 역시 동유럽에서 세력권 분할을 놓고 대립하였다. 냉전이 공산주의와 자본주의 대립양상을 띠면서 3국 지도체제는 사실상 와해되었다고 볼 수 있다.

3 국제연합에 의한 집단안보체제

1. 국제연합의 형성과정

국제연합(UN)은 전시외교에서 전후 평화유지방안으로서 창설되었다. 1941년 8월 26일 처칠과 루스벨트는 대서양헌장에서 '보다 광범위한 기초 위에 전반적인 안전보장체계'를 수립할 것을 선언하였다. UN은 덤버튼 오우크스회의에서 구체적인 형태를 갖추게 되었다. 상임이사국의 거부권문제와 소련연방의 투표권의 수가 문제가 되었으나, 얄타회담에서 소련연방의 투표권은 3개로, 거부권은 절차문제 이외의 문제에 대해서만 행사하기로 합의되었다. 1945년 4월 25일부터 개최된 샌프란시스코회담에서 UN헌장이 채택되었다.

2. 국제연합과 집단안보

국제연합(UN)은 국제평화와 안정의 유지를 제1의 목표로 설정하고, 분쟁이 발생하는 경우 회원국 모두의 참여에 의해 분쟁을 해결하기로 하여 집단안보제도를 재도입하였다. 즉, 평화에 대한 위협, 평화의 파괴, 침략이 존재한다고 안전보장이사회가 인정하는 경우 UN 회원국들은 안전보장이사회 결의에 따라 의무적으로 경제제재조치를 취한다. 한편, 경제제재가 불충분한 경우 특별협정을 체결하여 UN의 관할하에 둔 군대를 투입할 수도 있다.

3. 국제연합 상임이사국

미국·영국·소련은 국제연맹의 실패를 답습하지 않기 위해 UN안전보장이사회 상임이사국들에게 거부권을 부여하여 이사국들이 좀 더 많은 책임감과 권한을 가지고 국제분쟁에 개입할 것을 기대하였다. UN의 상임이사국은 미국, 영국, 소련, 중국, 프랑스로 결정되었다.

4. 집단안보체제의 한계

(1) 집단안보체제가 모든 회원국을 대상으로 한 제도이긴 하나 안전보장이사회 상임이사국의 입장이 무엇보다 중요하였다. 즉, 모든 상임이사국들이 거부권을 행사할 수 있으므로 이들 간 만장일치가 있어야 국제문제에 개입할 수 있었던 것이다.

(2) 동서냉전은 안전보장이사회 내에서도 확대재생산되었고 이로 인해 UN의 집단안보제도 역시 기대하였던 효과를 내지 못하였다.

4 결론

얄타회담을 전후해서 미국·영국·소련 3국 간 형성된 지도체제와 이들의 협력을 밑바탕으로 형성된 UN은 제2차 세계대전 이후 새롭게 시작된 동서냉전으로 전후 세계질서 안정을 위한 수단으로써의 유용성을 상실하였다. 다만, 냉전체제를 안정화시켜주었던 것은 왈츠(K. Waltz)에 의하면 양극적 세력균형이라는 힘의 분포였다. 동맹을 매개로 하여 형성된 양극적 세력균형체제는 힘의 사용에 있어서 신중성을 높여주고 오판을 방지하게 하여 국제체제를 안정시키는 역할을 하였다.

참고

스탈린(Stalin, Iosif Vissarionovich, 1879년 12월 21일 ~ 1953년 3월 5일)

1. 레닌의 후계자로서 소련 공산당 서기장·수상·대원수를 지냈다. 본명은 조지아어로 Ioseb Dzhugashvili이다. 조지아의 고리(Gori)에서 구두직공의 아들로 태어나, 어려서 아버지를 잃고 어머니 손에서 자랐다. 일찍이 비밀결사 '메사메 다시(Mesame Dazi)'에 가담하여 티플리스의 그리스도 정교회신학교에서 추방당하고, 1901년 직업적 혁명가가 되어 카프카스에서 지하활동을 하였다. 이후 10년간에 체포 7회, 유형 6회, 도망 5회의 고초를 겪었다.

2. 『마르크스주의와 민족문제』라는 논문으로 인정을 받아 1912년 당중앙위원이 되었고, 『러시아 뷰로』의 책임자로서 처음으로 스탈린(강철의 사나이)이란 필명을 사용하였다. 1913년 체포되어 시베리아로 유형되어, 1917년 그곳에서 2월혁명을 맞고 페트로그라드로 돌아왔다. 4월 레닌이 망명에서 귀환하자 그의 '4월 테제'를 재빨리 지지하였고, 신정권의 민족인민위원이 되어 제(諸)민족 공화국의 공수동맹(攻守同盟)인 '소련방'의 결성에 진력하였다.

3. 1919~1922년 국가통제위원, 이어서 초대 당 서기장이 되어 죽을 때까지 그 자리를 유지하면서 반세기 동안 독재적으로 전(全) 소련을 통치하였다. 레닌은 유서에서 그의 재능을 평가하였으나 한편으로는 성격적 결함(난폭·불관용)도 지적하여 당 서기장직에서 경질할 것을 시사하였다. 그러나 그는 이미 체카(VCHK: 비밀경찰)와 당기구를 통하여 1만 5,000명 이상의 자기 부하를 전국에 배치하고 있었기 때문에 1924년 제13차 당대회 때 유임을 인정받았다. 이 사이 1936년 이른바 '스탈린 헌법'이 제정되었다. 스탈린 헌법은 소련에서의 사회주의의 승리를 법적으로 확인한 것이었으나, 이 무렵 국제적 파시즘의 대두로 '대소전쟁(對蘇戰爭)'의 위기에 직면하자, 3차에 걸친 대숙청을 감행하여 잇따른 '반혁명재판(1936~1938)'에서 G. E. 지노비예프 등 반대파뿐 아니라 충실한 당원·군인·관료와 무고한 많은 민중이 처형·투옥·제명되었다.

4. 1939년 제18차 당대회에서 그는 사회주의에서 공산주의로의 이행문제를 제기하여 소위 '일국(一國)사회주의론'을 전개하였고, 제2차 세계대전 전야의 긴박한 국제정세하에서 나치 독일과 불가침조약을 맺어 파시즘의 총구를 일시 서유럽 쪽으로 돌려놓았다. 1941년 V. M. 몰로토프 대신에 인민위원회 의장(수상)을 겸하여 비로소 정치정면에 나섰는데, 그로부터 1개월 후에 독일의 기습을 받아 독소전쟁(1941~1945)에 돌입하였다.

5. 그는 국방회의 의장, 적군(赤軍) 최고사령관이 되어 개전 초에는 패배하였으나 급속히 국내의 임전체제를 갖추고, 주코프 등 소장 장군들을 이끌고 반격작전을 전개하여 모스크바 전선에서 우세한 적군의 진격을 저지하고 반격의 시간을 마련하였다. 또 테헤란·얄타·포츠담 등의 거두회담에 참석, 연합국(미국·영국)과의 공동전선을 굳혀, 독일을 굴복시키는 데 일익을 담당하였다.

6. 1945년에 대원수가 되어 그 명성은 레닌을 능가하였고 동구(東歐)제국에 대해 헤게모니를 잡고 미국과 대항함으로써 냉전의 중심인물이 되었다. 국내적으로는 반대자에 대한 탄압을 계속하였다. 1953년 뇌일혈로 급사하였다. 그가 죽은 뒤, 1956년 제20차 당대회에서 흐루시초프의 '스탈린비판'은 복잡한 반응을 일으켜 '중소논쟁', '헝가리 사건' 등을 유발하였고, 국제공산주의운동을 심각한 혼란 속에 몰아넣었다. 특히 1991년의 소련정변 이후 스탈린에 대한 인민들의 평가는 종전의 신(神)적 숭배에서 독재자로 격하되었다.

176   해커스공무원 학원·인강 gosi.Hackers.com

처칠(Churchill, Winston Leonard Spencer, 1874년 11월 30일 ~ 1965년 1월 24일)

1. 1874년 11월 30일 옥스퍼드셔에서 출생하였다. 1895년 샌드허스트 육군사관학교를 졸업하고 제4경기병 연대에 입대하여, 인도로 배속되었는데 특별허가를 얻어 쿠바 반란 진압작전에 참가하였다. 1898년 수단원정, 1899년 보어전쟁에 참가하여 종군기사를 신문에 발표하였다. 보어전쟁에서는 포로가 되었으나 탈출에 성공하여 국민적 영웅이 되었다. 1900년 보수당의 후보로 하원의원에 당선되었으나, 보수당의 보호관세정책에 반대하여 1904년 당적을 자유당으로 옮겼다.

2. 1906년 이후 자유당 내각의 통상장관·식민장관·해군장관 등을 역임하였는데, 제1차 세계대전 중 다르다넬스작전 실패의 책임을 지고 1915년 해군장관의 자리를 물러났다. 1917년 군수장관으로 다시 입각하여, 1919년 육군장관 겸 공군장관, 1921년 식민장관이 되었다. 그러나 당시의 자유당은 분열하여 쇠퇴의 길을 걸었고, 또 소련에 대한 강한 반감과 점점 열기를 더해가는 노동운동에 대한 위구심에서 보수당에 복귀하였다. 1924년 보수당 S. 볼드윈 내각의 재무장관이 되어 자유무역주의를 주장하고, 영국의 파운드화(貨)를 금본위제로 복귀시켰다. 1926년 총파업 때에는 강경한 탄압정책을 주장하여 노동운동가들로부터 적대시되었다. 1929년 내각 총사퇴 후 10년간은 보수당 주류파와 견해를 달리하였던 탓으로 1931년 거국 내각에도, 1935년 보수당 내각에도 입각하지 않고 각외에 머물러 있었다.

3. 보수당 주류파와 견해의 차이점은 당시 초당파적인 국책이라 할 수 있었던 인도자치론에 반대한 것과 대독일강경론을 주장하여 주류파의 유화(宥和)정책에 반대한 것이었다. 당시 보수당 주류파는 독일과 이탈리아의 파시즘을 공산주의에 대한 방제로 생각하여 유화정책을 주장한 반면, 처칠은 나치 독일의 군사력이 영국의 안전에 위협이 된다고 하여 영국의 군비낙후를 규탄하고, 영국·프랑스·소련의 동맹을 제창하였다.

4. 소련과도 동맹을 맺어야 한다는 생각은 그의 이데올로기상의 반소주의(反蘇主義)가 영국의 안전보장이라는 지상명령에 자리를 양보한 결과였다. 그의 주장은 제2차 세계대전 직전에 이르러 그 정당성이 인정되기 시작하였으며, 1940년 노르웨이작전 실패를 계기로 보수당은 총리 N. 체임벌린 대신에 그의 지도를 요망하게 되어 그 해 총리에 취임하였고, 전시 중에는 노동당과의 연립내각을 이끌고 F. D. 루스벨트, I. V. 스탈린과 더불어 전쟁의 최고정책을 지도하였다.

5. 1945년 총선거에 패한 후에는 야당 당수로서 집권 노동당에 대한 공격을 늦추지 않았으며, 국제정치상으로는 동서양극화시대의 도래를 예견하고 반소(反蘇) 진영의 선두에 섰으며, 1946년 미국 미주리주(州) 풀턴에서의 연설에서 '철의장막(iron curtain)'이라는 신조어를 만들어 내기도 하였다. 1951년 다시 총리에 취임하였고, 그 해 '경(卿: Sir)'의 칭호를 받았다. 1955년 당수의 자리를 R. A. 이든에게 물려주고, 평의원으로 하원에 그대로 머물러 있었다.

6. 그는 또 역사·전기 등의 산문에도 뛰어나 『랜돌프 처칠경 Lord Randolph Churchill』(1906), 『말버러: 그 생애와 시대 Marlborough: His Life and Times』(4권, 1933~1938), 『제2차 세계대전 The Second World War』(6권, 1948~1954), 『영어사용국민의 역사 A History of the English Speaking Peoples』(4권, 1956~1958) 등의 저서를 남겼으며, 1953년 『제2차 세계대전』으로 노벨문학상을 수상하였다. 또한 화가로서도 널리 알려져 있다.

루스벨트(Roosevelt, Franklin Delano, 1882년 1월 30일 ~ 1945년 4월 12일)

1. 미국의 제32대 대통령(재임 1933~1945)으로 뉴욕주(州) 하이드파크에서 출생하여 하버드대학교를 졸업하고, 1904년 컬럼비아대학교에서 법률을 공부하였으며, 1907년 변호사 개업을 하였다. 1910년 뉴욕주의 민주당 상원의원으로 당선되어 정계에 진출하였다. T. W. 윌슨의 대통령선거를 지원해주고, 1913~1919년 윌슨 정부의 해군차관보로 임명되어 제1차 세계대전을 통하여 활약하였고, 베르사유회의에 수행하였다. 1920년 민주당 부통령후보로 지명되어 대통령 후보인 J. M. 콕스와 함께 국제연맹 지지를 내걸고 싸웠으나, 공화당 대통령 후보인 W. G. 하딩에게 패하였다. 그 후 다시 변호사로 일하며 보험회사에도 관계하였으나, 1921년 39세의 나이에 소아마비에 걸렸다. 치료 후 체력이 회복되자 1924년 정계로 복귀하였다. 1928년 뉴욕 주지사에 당선되어 2기(期)를 재임하였다.

2. 1932년 민주당 대통령 후보로 지명되자, 그 지명수락연설에서 '뉴딜(New Deal)'을 선언하였다. 1929년 이래 몰아닥친 대공황으로 천 수백만 명에 달하는 실업자를 배출하고 있던 당시 미국의 사정으로서는 뉴딜을 대환영하였고 마침내 H. C. 후버를 물리치고 당선되었다. 대통령 취임 후에는 강력한 내각을 조직하고 경제공황을 극복하기 위하여 뉴딜정책을 추진하였다. 통화금융제도의 재건과 통제, 산업 특히 상공업의 통제, 농업의 구제와 통제, 구제사업과 공공사업의 촉진, 정부재정의 절약 및 행정의 과감한 개혁 등으로 성공을 거두어, 국민생활은 점차 안정되어 갔다.

3. 외교 면에서는 소련의 승인과 필리핀의 독립과 함께 호혜통상법(互惠通商法)을 제정하게 하고 공황의 원인이 되었던 국제무역의 불균형을 시정하였고 라틴아메리카 제국(諸國)에 대해서는 우호적인 선린외교정책(善隣外交政策)을 추진하였으며, 먼로주의를 미국만의 정책으로 삼지 않고 아메리카주(洲) 전체의 외교정책으로 할 것을 강력히 주장하였다.

4. 1936년 대통령에 재선되었고, 1940년 3선되었다. 1935년 유럽 정세가 악화됨에 따라 중립법이 제정되었지만, 원래 국제주의자였던 그는 고립주의를 억제하여 제2차 세계대전 초기에는 중립을 선언하였으나 후에 적극적으로 영국과 프랑스를 원조하였다. 1941년 일본의 진주만(眞珠灣) 공격을 계기로 참전하였다. 대서양헌장의 발표를 비롯하여 카사블랑카·카이로·테헤란·얄타 등의 연합국 회의에서 전쟁의 결정적 지도권을 장악하여 영국의 총리 W. L. S. 처칠과 긴밀한 연락을 취하면서 지도적 역할을 다하고 전쟁 종결에 많은 노력을 기울였다. 1944년 대통령에 4선되고 국제연합(UN) 구상을 구체화하는 데 노력하였으나, 1945년 4월 세계대전의 종결을 보지 못하고 뇌출혈로 사망하였다.

제2장 | 냉전체제

제1절 | 냉전의 기원과 전개

 참고

냉전기 주요 국제정치사(1945년 ~ 1991년)

1. 대동맹(Grand Alliance)의 붕괴: 1945년 ~ 1946년

1945	2.4. ~ 11.	얄타회담. 전후 유럽, UN, 극동문제 등 논의
	5.8.	• 독일, 공식 항복 • 미국 · 소련 · 영국 · 프랑스 군사점령
	6.26.	• 샌프란시스코회담 종료 • UN헌장 서명
	7.16.	미국, 뉴멕시코주의 알라모고도에서 최초 원폭실험 성공
	7.17. ~ 8.2.	• 포츠담정상회담 • 독일 점령을 위한 공동대책 논의
	8.15.	• 일본, 공식 항복 • 제2차 세계대전 종료
	9.11. ~ 10.2.	런던 외무장관회담
	12.16. ~ 26.	모스크바 외무장관회담
1946	3.5.	처칠, 동유럽에 내려진 '철의장막' 비판 연설
	6.14.	원자력 에너지의 통제에 관한 바루크플랜 발표

2. 제1차 냉전: 1947년 ~ 1952년

1947	2.10.	연합국, 파리에서 이탈리아 · 헝가리 · 불가리아 · 루마니아 · 핀란드와 강화조약 체결
	3.12.	• 트루먼 독트린 발표 • 공산주의에 저항해서 싸우는 그리스 및 터키 정부에 대한 원조 요청 • 의회 승인
	6.5.	마셜, 유럽부흥계획에 대한 미국의 원조 제의
	7.	• 케넌의 'X'논문 '포린어페어즈'지에 발표 • 미국의 봉쇄정책을 지적으로 정당화
	9.22. ~ 23.	소련 · 동유럽 · 프랑스 · 이탈리아 공산당들, 폴란드에서 코민포름 결성
1948	3.17.	• 브뤼셀조약 체결 • 영국 · 프랑스 · 벨기에 · 네덜란드 · 룩셈부르크 상호방위조약
	6.24.	소련, 서베를린에 이르는 서방 측의 육상, 해상 교통로에 대한 전면적인 봉쇄 시작
	6.26.	서베를린에 대한 물자 공수 시작
1949	1.25.	소련과 위성국들, 코메콘 창설
	4.4.	• 워싱턴에서 북대서양조약 체결 • NATO 창설
	4.8.	미국 · 영국 · 프랑스, 서부 독일 국가 창설에 합의
	5.12.	소련, 베를린 봉쇄 해제
	8.29.	소련, 최초 원폭실험
	9.21.	마오쩌둥, 중화인민공화국 수립 선포

	1.12.	애치슨, 미국의 극동방위선이 알래스카로부터 일본을 거쳐 필리핀에 이른다고 발표
	2.14.	중소우호동맹조약 체결
1950	4.7.	• NSC-68 발표 • 미국의 대규모 군비확장계획
	6.25.	한국전쟁 발발
	6.27.	UN, 한국에 군대를 파견하는 '평화를 위한 단결(Uniting for Peace)' 결의 채택
1951	9.4. ~ 8.	• 샌프란시스코 강화회의 • 일본과의 강화조약 체결
	2.18.	그리스 · 터키, NATO 가입
1952	11.1.	미국, 최초 수소폭탄실험
	11.4.	아이젠하워 대선 승리(공화당)

3. 해빙: 1953년 ~ 1958년

	3.5.	• 스탈린 사망 • 말렌코프를 중심으로 하는 집단지도체제 형성
	4.16.	아이젠하워, '평화를 위한 기회 연설' 소련과 우호관계 희망
1953	7.27.	한국전쟁 휴전협정 조인
	8.8.	소련, 최초 수소폭탄실험
	9.12.	흐루시초프, 공산당 제1서기 등극
1954	1.15.	• 델레스, '대량보복정책' 제시 • 미국은 '우리 자신이 선택한 수단에 의하여 즉각적으로 보복할 수 있는 능력'을 통하여 어떠한 위협에도 대처할 것임
	9.28. ~ 10.3.	미국 등 서방진영, 서독 재무장, 서유럽연합(Western European Union) 결성 결정
1955	5.8.	서독, NATO 가입
	5.11. ~ 14.	• 동유럽 진영 국가들, 바르샤바조약 체결 • WTO(바르샤바조약기구, Warsaw Treaty Organization) 창설
1956	2.25.	• 흐루시초프, 스탈린주의 공격 연설 • 동유럽 자유화운동 야기
	10.29.	이스라엘 군, 이집트 침략
	11.6.	아이젠하워 재선 성공
1957	8.26.	소련, 최초의 대륙간탄도탄 발사실험 발표
	9.19.	미국, 최초 지하 핵실험 실시
	10.4.	소련, 최초 인공위성 스푸트니크 1호 발사
1958	1.10.	미국, 대륙간탄도탄 발사실험 성공
	1.31.	미국, 최초 인공위성 익스플로러(Explorer) 1호 발사

4. 흐루시초프의 냉전: 1958년 ~ 1962년

1958	11.10.	• 흐루시초프, 서방 측에 베를린을 떠날 것을 요청하고 소련도 동독에 동베를린을 넘길 것이라고 발표 • 제2차 베를린위기 시작
1960	5.1.	소련, 우랄산맥 상공에서 미국의 U-2기 격추
	11.8.	미국 대선, 케네디 당선
	12.20.	베트남 공산주의자들, 남베트남에서 '베트콩(민족해방전선)' 창설
1961	1.3.	미국, 쿠바와 외교관계 단절
	4.17. ~ 20.	CIA가 후원한 망명 쿠바인들의 피그만 침공 대실패
	8.19. ~ 22.	베를린 장벽 세워짐
1962	7.23.	라오스 중립화협정 조인

5. 쿠바 미사일위기: 1962년

	10.14.	U2 첩보기, 쿠바에서 소련의 핵미사일 발사기지 사진 촬영
	10.18.	케네디, 쿠바에 공격용 미사일 설치 금지 경고
	10.22.	• 케네디, TV 연설을 통해 소련 미사일의 존재를 공개적으로 밝히고 쿠바의 '격리' 발표 • 미군, DEFCON-3 경보단계에 들어감
	10.24.	• 미군, 한 단계 높은 DEFCON-2 경보 발령 • 소련 함정들은 미국의 쿠바 봉쇄선에 접근했으나 멈춤
1962	10.26.	흐루시초프로부터 미국이 쿠바 봉쇄를 해제하고 쿠바가 침공당하지 않을 것이라고 보장한다면 소련은 미사일을 철거할 것이라고 제의하는 메시지가 전달됨
	10.27.	• 소련, 새로운 메시지를 통해 미국의 터키로부터의 미사일 철거를 원한다는 사실을 밝힘 • 케네디, 흐루시초프의 10월 26일자 메시지에 동의하고 또한 미국이 터키로부터 곧 미사일을 철거할 것이라고 소련의 지도자들에 비밀리에 확신시킴
	10.28.	흐루시초프, 미국의 쿠바 불침공과 봉쇄 해제를 조건으로 쿠바로부터의 미사일 철거에 동의

6. 베트남전쟁과 초기 데탕트: 1963년 ~ 1968년

	6.10.	케네디, 미국은 냉전의 긴장을 완화하는 정책을 목표로 하고 있다고 밝힘
1963	6.20.	미국 - 소련, 백악관과 크렘린 간에 '핫라인' 설치 합의
	7.15. ~ 8.5.	미국 - 소련 - 영국, 부분적 핵실험금지조약 체결
	1.12.	소련, 처음으로 미국으로부터 밀 구매협정 체결
	8.2.	미국 구축함 매덕스 호, 통킹 만에서 북베트남의 어뢰정 공격 받음
1964	8.7.	미국 의회, '통킹만 결의안'을 통해 존슨에게 베트남의 상황을 다룰 전권 부여
	10.14.	• 흐루시초프 실각 • 브레즈네프와 코시긴의 연합정권 형성
	11.3.	존슨 대통령 당선
	3.8.	미국 해병대, 남베트남의 다낭에 상륙
1965	5.2.	라틴아메리카에서 공산주의 팽창에 반대하는 '존슨 독트린' 발표
	10.15. ~ 16.	미국 최초 주요 반전집회 열림
1966	10.7.	존슨, 베트남전쟁에도 불구하고 소련과의 데탕트에 대한 희망 피력
	1.30. ~ 31.	베트콩 · 북베트남 군, 구정 공세를 통해 남베트남의 주요 도시들을 장악
	3.31.	존슨, 베트남에서의 부분적인 폭격 중지 및 대선 불출마 선언
	5.13.	미국 · 북베트남, 파리에서 평화회담 시작
1968	7.1.	• NPT 체결 • 미국 · 소련, SALT회담 시작 선언
	11.5.	닉슨, 대통령 당선
	11.12.	브레즈네프, 공산주의 국가들의 주권을 제한할 수 있다는 '브레즈네프 독트린' 발표

7. 협상의 시대: 1969년 ~ 1975년

	1.20.	닉슨, 취임연설에서 소련과의 '협상의 시대' 기대 언급
	6.19.	닉슨, SALT회담 개최 제의(소련 동의)
1969	7.25.	• 닉슨, '괌 독트린' 발표 • 베트남전쟁의 '베트남화' 제시
	8.4.	키신저 안보보좌관, 파리에서 북베트남 대표와 비밀회담
	11.17.	미국 · 소련, 헬싱키에서 SALT회담 시작

1971	4.6.	미국 탁구팀의 중국 방문으로 '핑퐁외교' 시작
	5.20.	• 키신저와 도브리닌, '막후 채널'을 통하여 SALT 돌파구 마련 • 양자는 소련이 원하는 ABM조약과 미국이 원하는 공격용 미사일의 제한에 합의
	12.17.	동독 - 서독, 베를린의 통행에 관한 협정 체결
1972	2.21. ~ 28.	닉슨, 중국 방문
	5.22. ~ 26.	닉슨, 소련 방문
	8.11.	최후의 미국 전투부대가 베트남에서 철수
	11.7.	닉슨, 재선
	12.18. ~ 30.	미국, 북베트남에 대해 '크리스마스 폭격' 단행
	12.21.	동독 - 서독, 양국관계에 관한 '기본조약' 체결
1973	1.27.	파리에서 베트남 평화협정 조인
	2.22.	미국과 중국, 키신저의 중국 방문 이후 양국 수도에 상호 연락사무소 설치 합의
	3.29.	미군, 최종적으로 남베트남에서 철수
	10.6.	중동에서 전쟁 발발
1974	8.8.	• 닉슨, 대통령직 사임 • 부통령 포드가 승계
	11.23. ~ 24.	포드와 브레즈네프 간 블라디보스토크 정상회담을 통한 SALT Ⅱ 조약의 토대 마련
1975	4.16.	캄보디아 정부, 공산 크메르 루즈 세력에 무너짐
	4.30.	사이공 정부, 공산군에 항복, 베트남전쟁 종결
	7.30. ~ 8.1.	• 헬싱키 정상회담 개최 • 헬싱키협정 체결

8. 데탕트의 약화: 1975년 ~ 1979년

1975	12.1. ~ 5.	• 포드, 중국을 방문하고 마오쩌둥 만남 • 중국, 미국과 소련 간의 데탕트 비판
	11.2.	미국 대선에서 포드의 데탕드정책을 비판하고 인권정책을 강조한 카터가 포드를 누르고 당선
1976		
1978	5.20. ~ 22.	미국 대통령 안보보좌관 브레진스키, 중국 방문
	12.15.	카터, 미국과 중국은 이듬해 1월 1일자로 관계를 정상화할 것이라고 발표하고 소련은 이를 비난
1979	1.28. ~ 2.5.	덩샤오핑, 중국 고위 지도자로서는 처음으로 미국 방문
	3.26.	이스라엘 - 이집트, 캠프 데이비드 평화협정 체결
	6.15. ~ 18.	카터와 브레즈네프, 빈에서 정상회담을 갖고 SALT Ⅱ 조약에 조인
	11.4.	이란 대학생들, 테헤란의 미국 대사관을 점거하고 외교관들을 인질로 잡음
	12.10.	• NATO 국가들, 브뤼셀에서 회동 • 크루즈 및 퍼싱 미사일의 배치에 합의하고 중거리 미사일 제한회담 제의
	12.25.	소련군, 아프가니스탄 침공

9. 신냉전: 1980년 ~ 1985년

1980	1.4.	• 카터, 소련의 아프가니스탄 침공에 항의하는 조치들을 제시 • 무역의 제한, SALT Ⅱ 조약의 비준 유보, 파키스탄에 대한 원조 증대 등을 포함
	1.5.	미국 국무부, 미국은 SALT Ⅱ 비준 불가에도 불구하고 그 조약을 준수할 것이라고 발표
	1.23.	카터, 의회연설에서 페르시아만의 방위에 관한 '카터 독트린' 발표

1980	11.4.	미국 대선에서 레이건이 압승을 거두고 당선
1981	1.20.	레이건, 취임연설에서 강력한 외교정책을 약속
	5.3.	미국 정부, SALT Ⅱ 조약 준수의 법적 의무 없다고 발표
	10.2.	레이건, 카터가 취소한 전략폭격기계획을 포함한 새로운 무기개발 계획 발표
	11.30.	미국과 소련, 제네바에서 INF에 관한 회담 시작
1982	6.29.	미국과 소련, 제네바에서 START회담 시작
1983	3.9.	레이건, 연설에서 소련을 '악의 제국'으로 묘사
	3.23.	레이건, 연설에서 'SDI' 발표
	3.30.	레이건, 소련이 중거리 미사일을 철거한다면 크루즈 및 퍼싱 미사일을 배치하지 않겠다고 제의
	4.27.	레이건, 의회에서 미국은 중앙아메리카에서의 '외부의 지원을 받는 침략'에 맞서야 한다고 말함
	9.1.	한국 여객기 KAL 007기, 소련 전투기에 의해 격추됨.
	12.15.	MBFR(유럽의 재래식 전력)회담, 결렬
1984	3.16.	빈에서 MBFR회담 재개
	11.6.	레이건, 민주당의 먼데일을 누르고 대통령에 재선됨

10. 냉전의 종식: 1985년 ~ 1991년

1985	3.11.	고르바초프, 소련 공산당 서기장으로 선출
	3.12.	미국과 소련 간의 군축회담 재개
	4.7.	고르바초프, 소련의 미사일 배치를 동결시킴
	11.19. ~ 21.	레이건 - 고르바초프 정상회담
1986	4.26.	체르노빌 원자력 발전소의 원자로 폭발
	5.27.	레이건, 소련이 SALT Ⅱ 조약을 위반하고 있다고 비난하고 미국은 그것을 준수하지 않을 것이라고 말함
1987	12.7. ~ 10.	• 레이건과 고르바초프 정상회담 • INF조약 조인(12.8.)
1988	4.14.	미국과 소련, 소련군의 아프가니스탄 철군 합의
	5.29. ~ 6.2.	INF 비준서 교환
	10.1.	고르바초프, 소련 대통령이 됨
	11.8.	부시, 민주당의 듀카키스를 누르고 미국 대통령 당선
	12.7.	고르바초프, UN 연설에서 소련군의 동유럽 철수 발표
1989	1.20.	부시, 취임연설에서 소련과 좋은 관계를 유지할 것을 약속
	2.15.	소련군, 아프가니스탄 철수 완료
	3.6.	나토와 바르샤바조약기구 국가들 간에 '유럽 재래식 전력(CFE)회담'이 빈에서 열림
	5.12.	부시, 대소련정책에 관한 연설에서 냉전 종식 인정
	5.15. ~ 18.	고르바초프와 덩샤오핑, 1959년 이후 처음 정상회담
	8.24.	폴란드에서 공산통치 종식
	10.6. ~ 7.	고르바초프, 동독을 방문하고 개혁에 소극적인 동독 정부를 비판. 동독에서 대중들의 반정부 시위 진행
	11.10.	베를린 장벽이 개방됨
	11.17.	체코슬로바키아에서 대규모 반정부 시위
	11.28.	서독 총리 콜(Helmut Kohl), 독일 통일방안 발표
	12.2. ~ 3.	부시와 고르바초프, 말타에서 회담
	12.10.	체코슬로바키아에서 공산정부 무너짐

	2.10.	콜 총리, 모스크바에서 독일의 재통일에 관하여 원칙적으로 동의를 얻음
1990	3.13.	소련 인민대표회의, 공산당의 지도적 역할을 종식시킴
	3.28.	헝가리, 1945년 이후 최초 자유선거 실시
	5.20.	옐친, 러시아 연방 대통령에 선출되어 고르바초프에 도전
	8.2.	이라크군, 쿠웨이트 침공
	9.12.	미국·소련·영국·프랑스·서독·동독, 모스크바에서 재통일된 독일에 주권을 되돌려주는 조약 체결
	10.3.	독일, 다시 단일국가로 통일됨
	11.19.	유럽에서의 재래식전략감축조약이 파리에서 체결됨
1991	1.5.	코메콘 집행위원회, 코메콘 해체에 합의
	2.24. ~ 28.	미국 주도의 다국적군, 이라크를 패배시키고 쿠웨이트를 해방시킴
	2.25.	바르샤바조약기구, 3월 31일자로 모든 군사협정의 폐기에 합의
	7.15. ~ 17.	고르바초프와 부시, START협정 체결 발표
	8.18. ~ 19.	소련에서 쿠데타 발생
	8.20. ~ 21.	• 반 고르바초프 쿠데타 진압 • 에스토니아와 라트비아 독립선언
	8.24.	• 고르바초프, 공산당 서기장 사임 • 우크라이나 독립선언
	8.29.	소련 공산당의 활동 정지
	9.6.	라트비아·리투아니아·에스토니아, 독립 부여
	9.27.	• 부시, 미국 핵 폭격기들의 모든 경계상태 해제 • 전술 핵무기의 일방적 감축을 발표하고 전략 핵무기에 대한 새로운 감축안 제의
	12.21.	구 소련 11개 소비에트공화국들, CIS 형성 합의
	12.31.	소련연방의 공식 해체

1 냉전의 기원

1. 런던회담(1945년 9월)

전후 미소관계의 균열과 대립은 런던회담에서 비롯되었다. 포츠담회담에서 결정된 문제를 구체적으로 논의하는 회담이었으나 구체적인 성과 없이 끝났다. 회담 결렬은 소련의 무리한 요구 때문이었는바, 이탈리아 식민지의 신탁통치, 터키해협문제에 있어서 소련과 터키의 양자회담, 일본의 전후처리문제에 대한 소련의 참가 등 기존 합의와 다른 것들을 요구하였다. 중국과 프랑스가 국제문제에 개입하는 것도 반대하였다. 이로써 전시에 유지되었던 미국과 소련의 동맹관계는 균열되기 시작하였다.

2. 원자탄문제

소련 외상 몰로토프는 1945년 9월의 연설에서 원자탄이 일국에게만 주어지는 경우 세력의 불균형을 낳게 될 것이고 이로써 국제협력이 어려워질 것이라고 주장하였다. 이에 대해 애틀리와 트루먼은 원자무기의 비밀을 소련과 공유할 수 없다고 하여 양자관계는 더욱 악화되었다.

3. 모스크바 3상회의(1945년 12월)

(1) 미소관계가 악화되는 가운데 모스크바 3상회의가 열려 양자 간 일시적 타협이 성립되었다. 이 회담에서는 전후 평화조약 협상국의 선정과 평화조약 체결절차를 결정하였다.

(2) 모스크바 3상회의에서는 극동문제도 논의되었는데, 한국에서 미소공동위원회를 개최하기로 하였고, 중국에 대한 내정불간섭과 하나의 중국원칙이 합의되었다. 일본문제는 극동위원회와 연합국위원회를 중심으로 논의하기로 하였다.

(3) 원자력문제의 논의를 위해서 원자력통제위원회를 창설하였다.

2 서구 냉전체제의 형성

1. 트루먼 독트린

트루먼 독트린이란 1947년 3월 12일 트루먼 대통령의 의회연설에서 선언된 대소봉쇄전략을 의미하는 것으로 공산게릴라의 위협하에 놓인 그리스와 터키를 위해 군사적인 지원을 한다는 내용이었다. 이는 케난의 분석과 조언에 기초한 것이었는데, 주소련대사인 케난(George F. Kennan)은 『Foreign Affaires』에 기고한 글에서 소련은 팽창지향적 성향을 지니고 있으므로 자유세계가 희생당하지 않도록 보호하며, 소련 자체의 변화를 위해서는 소련이 국경 밖으로 진출하는 것을 봉쇄해야 한다고 주장하였다.

2. 모스크바회담(1947년 3월 10일 ~ 4월 25일)

평화조약문제를 논의하기 위해 소집되었으나 트루먼 독트린의 영향으로 미소 간 갈등이 고조되었고 냉전을 본격적으로 가속시켰다. 독일의 지위에 대해 프랑스는 약한 연방정부를, 소련은 강력한 중앙집권정부를, 영국과 미국은 강력한 연방정부를 선호함으로써 합의되지 못하였다. 소련은 오스트리아의 카린티지역을 유고슬라비아에게 할양할 것을 주장하였으나 서방 측의 반대로 포기되었다. 오스트리아 내의 독일 재산은 소련에 배상으로 넘겨주기로 하였으나, 독일 재산의 범위에 대한 이견으로 합의되지 못하였다.

3. 코민포름(Kominform)의 형성

마셜 플랜에 대응하여 소련은 1947년 10월 코민포름을 창설하였다. 유럽 차원에서 공산국가 사이에 상호원조기구로서 조직되었으며, 소련·폴란드·유고슬라비아 등 9개국 공산당 대표가 참가하였다. 미국은 제국주의와 자본주의의 진영을 주도하고, 소련은 반제국주의와 반자본주의를 이끌 것이라고 선언함으로써 동서진영의 확고한 분열을 재확인시켜 주었다.

코민포름

1943년 코민테른이 해체된 후 국제공산주의운동은 국제기관을 가지고 있지 않았는데, 제2차 세계대전 후 미국의 마셜 플랜(유럽부흥계획) 등을 통하여 반소(反蘇)·반공산주의 공세가 강화되자 이에 대항하기 위하여 소련 공산당의 주도로 1947년 9월 소련·폴란드·체코슬로바키아·헝가리·루마니아·불가리아·유고슬라비아·프랑스·이탈리아 등 9개국의 공산당·노동자당 대표가 폴란드의 바르샤바에 모여 회의를 열고 코민포름을 창설하였다. 코민테른이 국제공산주의운동의 세계적 지도기관이었던 데 비하여, 코민포름은 '정보·경험의 교류와 활동의 조정'을 목적으로 하는 지역조직에 지나지 않았다. 본부는 유고슬라비아의 베오그라드에 두었는데, 1948년 유고슬라비아가 제명된 후 루마니아의 부쿠레슈티로 옮겨졌다.

3 마셜 플랜

1. 의의

마셜 플랜이란 제2차 세계대전 후 미국이 서유럽에 대해 제공하였던 대규모 경제 원조를 지칭한다. 냉전의 시작과 더불어 트루먼 정권이 실시한 봉쇄정책의 일환이었다.

2. 세계대전 후 미국의 복구정책

20세기에 미국은 두 번에 걸쳐 유럽 경제를 재건하고, 자본주의적 질서를 유지하는 수단을 강구하였다. 첫 번째는 제1차 세계대전 후의 1920년대였으며 두 번째는 제2차 세계대전 후였다.

제1차 세계대전 후 미국은 구 연합국에 대한 채무 상환을 주장하면서 민간 자본을 투입하여 이 지역의 경제 부흥을 추진하였다. 이에 반해 제2차 세계대전 후 미국은 무기대여법에 따른 원조의 상환에 유연한 태도를 취하였을 뿐 아니라 마셜 플랜을 통해 공적 자금(세금)을 사용하였으며 대부분이 변제할 필요가 없는 무상 원조를 제공하여 유럽 경제의 재건을 도모하였다.

3. 배경

미국이 새로운 대응을 하게 된 배경에는 4반세기 전의 교훈과 전쟁으로 피폐된 유럽 경제 붕괴의 위기 그리고 무엇보다도 소비에트 공산주의의 위협이 있었다.

4. 내용

1947년 6월 5일 하버드대학 졸업식 연설에서 마셜 국무장관은 미국이 경제부흥을 위해 전 유럽에 대해 원조할 의사가 있음을 강조하고 유럽 각국이 경제부흥계획을 주도적으로 추진해줄 것을 호소하였다. 또한 미국은 유럽을 하나의 단위로 취급함으로써 경제통합을 추진시키려는 목적이 있었다. 국무부의 케넌은 소련을 포함한 유럽 국가들에게 원조를 신청하도록 제안하였으며 폐쇄적인 경제체제를 고수하는 소련이 이를 거부할 경우 유럽 분할의 책임을 소련에 떠넘길 수 있다고 주장하였다.

상황은 케넌의 주장대로 진행되었다. 동유럽 국가 가운데 당초 참가 의향을 보였던 체코슬로바키아와 폴란드가 소련의 반대로 원조 신청을 취소하였다. 그 해 7월 파리에서 서유럽 국가와 터키 등 16개국 대표가 모여 미국과의 협의를 거쳐 계획안을 만들고 집행기관인 유럽경제협력기구를 설치하였다.

마셜 플랜은 정식으로는 약 4년여의 기간을 예정으로 1948년 4월에 시작되었다. 한국전쟁의 영향으로 1951년 말에 종료되었는데 원조 총액은 130억 달러에 이르렀다.

5. 영향

마셜 플랜의 영향을 우려하였던 소련은 코민포름을 결성하였으며 체코 정변을 일으키고 자국 진영의 단속에 힘을 기울였다. 마셜 플랜은 유럽의 분할을 고착화시켰지만 미국의 의도대로 서유럽의 경제부흥과 경제통합, 공산주의세력 봉쇄에 공헌하여 소기의 목적을 달성하였다. 전략적 목표 달성을 위해 대규모 경제 원조를 이용하여 완벽하게 성공을 거둔 외교정책의 사례로 평가되고 있다.

4 아시아 냉전체제의 형성

1. 중국의 공산화

아시아 냉전구조는 기본적으로 중공이 아시아 대륙을 장악하는 데에서 기인하였다. 중국 내란에서 장제스 군대는 마오쩌둥의 팔로군에게 패배하여 결국 대만까지 후퇴하게 되었다. 미국은 중국원조법을 제정하여 중국을 적극적으로 지원하였으나 중국의 공산화를 막지 못하였다. 중국 공산화 이후 한국전쟁의 발발로 아시아 냉전체제가 확립되었다.

2. 중소우호조약

중국과 소련은 미국이 냉전을 전제로 일본의 재무장을 개시하고 공업을 부활시키자 이에 대항하기 위해 1950년 2월 14일 중소우호조약을 체결하였다. 군사동맹조약으로서 일본과 일본을 지원하는 미국의 공격에 대응하기 위한 것이었다.

3. 미일안보조약

(1) 1951년 9월 8일 체결된 것으로 1951년 평화조약(샌프란시스코조약)에 의하면 일본은 UN헌장 제51조에 따른 개별적 또는 집단적인 안보체제에 가입할 수 있게 용인되었다. 이에 따라 일본은 미국과의 군사동맹조약의 당사국이 될 수 있었다.

(2) 1951년 체결된 미일안전보장조약에서 미군의 주둔을 규정하고 일본 내의 기지를 제3국에 대여할 경우 미국의 동의권을 필요로 한다는 것을 비롯하여 일본에 대규모 내란이나 소요가 발생하여 일본 정부의 요청이 있거나 일본에 대한 외부로부터의 공격이 있을 때 미군이 출동할 수 있도록 하였다. 즉, 사실상 불평등조약이었다. 그러나 1960년 신조약에서는 일본 국내의 정치적 소요(騷擾)에 대한 미군의 개입가능성과 일본이 제3국에 기지를 대여할 경우 미국의 동의권을 필요로 한다는 조항이 삭제되었다.

4. 미국의 대일본 점령정책

(1) 냉전 시작 전 점령정책

일본의 항복 이후 일본은 미국의 군사통치하에 놓이게 되었다. 맥아더 원수하에 연합국 최고사령부가 설치되었다. 미국의 대일본 점령정책의 기조는 일본의 비군사화와 민주화였다. 비군사화를 위해 일본군 무장을 해제하고 군사기구를 폐지하였으며, 재벌을 해체하여 군수산업을 제거하였다. 한편, 일본의 민주화를 위해 정치적 · 시민적 · 종교적 자유를 확립하고, 노동조합의 결성을 장려하였다. 이를 통해 국수주의와 공산주의의 침투를 방지하고자 하였다. 신도의 국교화는 폐지하였으나, 일본 국민들의 감정을 고려하여 천황제는 유지하였다.

(2) 냉전 시작 후 점령정책

1948년을 계기로 미국의 대일정책은 근본적으로 전환되었다. 일본을 강력한 자립국가로 만들어 극동에서의 전체주의의 위협에 대처하게 한다는 것이었다. 이러한 기조하에서 경제력집중배제법을 사실상 포기하고, 대일 원조계획을 적극적으로 추진하였다. 한국전쟁을 계기로 일본의 경제력이 살아났고, 주일미군을 한국으로 이전함에 따라 국가경찰을 조직화하였다. 또한 추방되거나 축출된 인사들이 요직에 두루 중용되었다. 미국은 아시아에서 공산주의에 대항하기 위하여 적대국이었던 일본의 과거 세력과 협력하게 된 것이었다.

5 한반도 냉전체제의 형성

1. 전후처리와 한반도 분단

전시외교과정에서 연합국들은 한국을 적절한 시기에 독립시키기로 합의하였다. 적절한 시기가 도래하기까지는 미국과 소련이 공동으로 점령하여 일본의 무장해제를 담당하기로 하였다. 이로써 38선 이북은 소련군이, 이남은 미군이 진주하게 되었다. 군사적 의미의 38선은 한국전쟁을 거치면서 정치적 · 경제적 분단선이 되었다.

2. 한국의 신탁통치문제

전후 한국문제는 1945년 12월 모스크바 3상회의에서 다루어졌다. 한국에 민주적 임시정부를 수립한 다음, 5년간 4대국이 신탁통치를 한 이후에 한국을 독립시키기로 하였다. 이를 위해 미소공동위원회가 소집되었다. 한편, 한국에서는 이를 계기로 좌우대립이 격화되어 국제정치에서의 냉전을 국내정치에 끌어들이게 되었다. 공산당과 좌익은 찬탁을, 그 밖의 정파들은 반탁을 주장함으로써 한국문제는 국내외적으로 냉전의 장으로 변화하였다. 미소공동위원회는 임시정부에 참여할 정파의 범위문제로 결국 결렬되었다.

3. 한국문제와 UN의 개입

미소공동위원회의 결렬 이후 한국문제는 UN에 회부되었으며 UN총회는 선거 후에 외국 군대를 철수할 것과 한국 정부 수립을 촉진시킬 것을 임무로 하는 UN한국임시위원회 수립을 결의하였다. UN한국임시위원회는 한국의 총선거를 감시하는 임무를 맡고 한반도에 들어왔으나, 소련과 북한은 입국을 거절하였다. 이에 따라 UN은 접근 가능지역에서 총선을 실시하기로 결의하여 남한에서만 단독선거가 이루어졌다. UN은 대한민국을 유일한 합법정부로 인정하는 결의를 채택하였다. 이후 UN은 남한만을 UN에 가입시키려고 하였으나 소련의 거부권 행사로 무산되었다.

4. 한국전쟁

1950년 6월 25일 북한군이 남침을 개시하였다. 미국은 안전보장이사회 소집을 요청하였으며, 한국 정부는 UN에 지원을 요청하였다. UN안전보장이사회는 북한의 군사행동을 평화에 대한 파괴라고 인정하고, 북한군에게 38선 이북으로의 철수를, 회원국에게 북한에 대한 지원을 중단할 것과 미군의 지휘하에 한국을 원조할 것을 요청하였다. 미국을 중심으로 한 UN군의 개입으로 북한지역까지 통일을 눈앞에 두었으나, 중공군의 개입으로 다시 남쪽으로 후퇴하였다. 이에 영국과 소련을 중심으로 휴전 노력이 전개되었고, 소련의 말리크는 공식적으로 휴전을 제의하였다. 1953년 7월 27일 휴전조약이 체결되었다.

6 동서블럭의 형성

1. 베를린 봉쇄(1948년 6월 24일)

(1) 1948년 3월 서방 국가들은 그들이 점령한 독일지역을 하나의 경제단위로 통합시키기로 결정하자, 소련은 이에 대한 항의로 연합국관리위원회에서 탈퇴하였다.

(2) 당시 서베를린 내에 새로운 독일 마르크화가 도입되자, 소련은 이를 동독통화(東獨通貨)에 대한 위협으로 간주하였다. 이에 대응하여 소련은 베를린과 서방 측 점령지구 간의 모든 육로 · 수로를 봉쇄하였다. 미국과 영국은 6월 26일부터 베를린에 생필품을 공수하였다. 또한 동독의 교통 및 통신시설에 봉쇄조치를 취하고, 동유럽권의 전략수출품에 대해 수입금지를 단행하였다. 이에 굴복하여 소련은 1949년 5월 베를린 봉쇄를 해제하였다.

2. 동서독 분단

런던조약에 따라 서방 측이 점령하던 지역을 중심으로 독일 연방 공화국이 성립되었고, 워싱턴조약에 따라 연합국은 동 지역의 군사점령을 종식하고 고등판무관을 파견하여 관리하였다. 소련은 자신이 점령하던 지역에서 독일인민위원회를 소집하고 1949년 10월 7일 독일인민 공화국의 창설을 선포하였고 소련군 사령부는 해체되었다. 냉전으로 인해 독일이 동서로 분단된 것이었다.

3. 북대서양 조약기구(NATO) 결성

동서냉전이 시작되면서 동맹체제도 역시 형성되기 시작하였다. 먼저 서방 측에서는 1948년 3월 17일 영국, 프랑스와 베네룩스 3국 간 브뤼셀조약이 체결되었다. 침략에 대한 방어동맹의 성격을 띠었다. 이후 브뤼셀조약 당사국들은 미국과의 방어동맹을 구상하게 되었다. 미국은 1948년 6월 11일 반덴버그결의안(Vandenberg Resolutions)을 채택하여 미국이 평시 미주 대륙 밖에서 동맹을 체결하는 것을 허용하였다. 1949년 4월 4일 북대서양조약을 체결하여 서구형의 민주주의 정치체제를 방어할 것과 군사위협에 대한 협의와 피침 시 당사국의 판단에 따라 필요한 조치를 발동하도록 하였다. 1950년 5월 8일에는 북대서양조약기구(NATO: North Atlantic Treaty Organization)를 창설하여 조약이행체제를 구축하였다.

4. 바르샤바조약기구 결성

NATO에 대항하여 소련은 1955년 5월 동유럽 국가들의 군사동맹체제로서 바르샤바조약기구를 결성하였다. 소련, 폴란드, 헝가리, 루마니아, 불가리아, 알바니아 및 동독이 가입하였다. 가맹국이 무력공격을 받는 경우 UN헌장 제51조에 따라서 개별적 혹은 집단적 자위권으로서 공격을 받은 국가에 대해 무력을 포함하여 필요하다고 생각되는 모든 수단을 동원하여 즉각 원조를 제공한다는 내용이었다. 바르샤바조약기구는 1991년 4월 1일 해체되었다.

7 중동전쟁

1. 제1차 중동전쟁(이스라엘 독립전쟁, 팔레스타인전쟁, 1948년 5월)

(1) 제1차 중동전쟁은 이스라엘의 독립을 선언한 1948년 5월에 시작되어 주변의 이집트, 시리아, 레바논, 요르단 사이에서 벌어졌다. 배경은 팔레스타인지역을 둘러싼 유대인과 팔레스타인 아랍인과의 대립이었다.

(2) 제2차 세계대전 후 유대인에 대한 국제적인 동정심이 강해지는 가운데 UN총회는 1947년 11월 팔레스타인지역을 분할하여 유대인과 아랍인의 독자적인 국가를 건설하는 결의(UN 팔레스타인 분할 결의)를 채택하였다. 이 결의가 성립한 후부터 현지에서는 격렬한 무력충돌이 발생하였으며 유대인 측이 일방적으로 독립을 선언하자 주변 아랍 국가들이 군사적으로 개입해 본격적인 전쟁으로 발전하였다. 1949년 7월까지 순차적으로 휴전협정이 성립해 전쟁은 종결되었다. 이스라엘은 UN 팔레스타인 분할 결의에 포함된 유대인 국가의 영토보다 넓은 지역을 지배하게 되었다. 한편, 요르단강 서안은 요르단이 점령해 1950년에 합병하였다. 가자지구는 이집트의 군사점령하에 놓여졌다. 예루살렘은 분단되었고, 동측은 요르단이 서측은 이스라엘이 지배하였다.

2. 제2차 중동전쟁(1956년 10월)

제2차 중동전쟁은 수에즈 운하문제가 발단이 되었다. 이집트 대통령 낫세르는 1956년 7월 운하의 국유화를 선언하였다. 이에 대해서 수에즈 운하를 보유하고 있던 영국과 프랑스는 군사력으로 이를 해결하려고 획책하였으며, 이집트와 대립하고 있던 이스라엘을 유인하여 같은 해 10월 이집트와 전쟁을 시작하였다. 미국 대통령 아이젠하위의 강력한 개입으로 영국·프랑스·이스라엘 3개국의 군대는 이집트에서 철수하였다. 이 전쟁을 계기로 중동에서의 영국과 프랑스의 영향력은 크게 후퇴하였으며 대신 아랍 - 이스라엘분쟁은 미국과 소련 간의 냉전구조로 편입되었다.

3. 제3차 중동전쟁(1967년 6월)

'6월전쟁', '6일전쟁'으로 불리며 1967년 6월에 발생하여 불과 6일 사이에 이스라엘이 압도적인 승리를 거둔 전쟁이다. 1960년대에 들어와 아랍 국가들과 이스라엘의 대립은 더욱 심각해졌다. 특히, 아랍 측에서는 후일 PLO의 주체가 되는 팔레스타인 게릴라 조직이 결성되어 이스라엘에 대한 게릴라 공격을 거듭하여 군사적인 긴장이 고조되었다. 이스라엘의 선제공격으로 시작된 전쟁은 이집트·시리아·요르단 사이로 확대되었으며, 이스라엘은 동예루살렘을 포함한 요르단강 서안, 가자가구, 골란고원, 시나이반도 전역을 점령하였다. 전쟁이 종결되고 약 반년이 지난 1967년 11월 UN 안보리 결의 242호가 성립하였다. 이는 이스라엘이 제3차 중동전쟁에서 점령한 아랍 지역에서 철수하는 한편, 아랍 국가들은 이스라엘과 평화롭게 지낸다는 '영토와 평화의 교환' 원칙을 확립하였다. 한편으로 대패한 아랍 국가들 사이에 세속적인 아랍민족주의에의 실망감이 확산되어 훗날 이슬람 부흥주의가 고조되는 주요한 요인이 되었다. 또한 이스라엘에서는 점령지를 절대로 반환할 수 없다는 우파의 대이스라엘주의가 대두하여 점령지로의 이주활동을 시작하였다.

4. 제4차 중동전쟁(10월전쟁, 라마단전쟁, 욤키푸르전쟁)

제4차 중동전쟁은 1973년 10월, 이집트와 시리아의 이스라엘에 대한 전격적인 기습 공격으로 시작되었다. 초반에는 이집트군이 시나이반도의 이스라엘군을 상당히 후퇴시키는 등 전과를 올렸지만, 후반에는 이집트와 시리아군 모두 제3차 중동전쟁의 휴전라인 이상으로 후퇴하여 고전하였다. 그렇지만 초반전에서 이스라엘의 '불패신화'를 깨뜨렸던 것은 이집트의 위신을 높였다. 이집트 대통령 사다트는 고조된 위신을 배경으로, 1977년에 이스라엘을 방문하였으며 1979년에는 평화조약에 조인하였다. 제4차 중동전쟁에서는 아랍을 지지하지 않는 국가들에게 석유를 수출하지 않는다는 '아랍의 석유전략'이 발동되어 제1차 석유 위기가 발생하였다. 석유가격이 폭등해 중동 산유국에는 막대한 오일머니가 유입되었다.

8 수에즈 위기

1. 의의

1956년 7월 이집트 대통령 낫세르는 해상교통의 요충지인 수에즈 운하의 국유화를 발표하였다. 이 지역에서 중요한 권익을 가지고 있던 영국과 프랑스의 군사적 개입이 우려되는 가운데 10월 29일 이스라엘군이 갑자기 시나이반도의 이집트령을 침공하였다. 이를 계기로 영국과 프랑스 두 나라는 수에즈 운하의 안전 유지를 구실로 이집트에 대해 군사적 개입을 단행하였다. 이것을 수에즈 위기라고 한다. 이 분쟁은 영국과 프랑스 양국군이 미국과 소련 양 초강대국의 강력한 경고에 굴복해 철수하는 것으로 종결되었다.

2. 배경 - 수에즈 운하 국유화

수에즈 위기는 이집트 대통령 낫세르가 수에즈 운하를 국유화하면서 시작되었다. 낫세르는 미국과 영국의 재정 지원을 받으면서 경제적 자립과 국가건설을 추진하는 데 있어서 사활적이었던 아스완하이 댐의 건설을 추진하였다. 그러나 이스라엘이 1955년 2월 이후 가자지구로 군사적으로 진출하게 되자 비동맹의 입장으로 기울어져 있던 낫세르는 이에 대항하기 위해 소련의 군사원조를 받게 되었다. 이에 대해서 미국과 영국은 냉전논리에 입각해 1956년 7월 아스완하이댐 건설을 위한 재정지원을 중단하였다. 이 압력에 대해 낫세르는 수에즈 운하를 국유화함으로써 얻는 운하의 통항료를 댐 건설을 계속하기 위한 비용에 충당하고 경제적 독립을 실현하려고 하였다.

3. 영국과 프랑스의 입장

(1) 이집트에 의한 원활한 운영에 의해 운하의 국유화는 국제적으로 인정받고 있었다. 그러나 아랍 내셔널리즘의 기수로서 위신을 높이고 있던 이집트에 대해서 영국과 프랑스, 이스라엘은 우려를 더해 갔다. 1954년 영국 정부는 수에즈에서 영국군을 철수시키기로 낫세르와 합의하였다. 그러나 당시 중동에서의 영향력 재편을 위해 바그다드조약을 체결해 이라크를 지원하고 있던 영국 정부는 이집트의 영향력 증대를 바라지 않았다.

(2) 프랑스 정부는 식민지인 알제리에서의 독립운동 때문에 고생하고 있었다. 몰레 총리는 독립운동의 배후에 낫세르의 영향이 있다고 보았으며 이집트에 대한 군사적 개입에 적극적이었다. 몰레 총리가 시나이반도에 대한 이스라엘의 군사적 침공을 배후에서 지지하고 나아가 수에즈 운하의 안전 유지를 구실로 군사행동을 취하는 데 영국을 끌어들여 이집트를 견제한다는 시나리오를 만들었다. 오히려 친아랍적인 영국 총리 이든은 운하의 국유화에 격앙되어 있던 국내 여론에 떠밀려 프랑스 정부의 음모에 가담하게 되었다.

4. 미국과 소련의 입장

영국과 프랑스 정부는 군사적 침공을 미국 정부가 지지할 것으로 기대하고 있었다. 그러나 영국과 프랑스 측에 가담하는 것이 산유국인 아랍 국가들을 공산주의진영에 접근시킬 것으로 생각하였던 아이젠하워 정권은 반대로 영국과 프랑스에 대해 강경하게 철군을 요구하였다. 아랍 국가들을 자국 진영을 끌어들이려는 소련 공산당 서기장 흐루시초프도 마찬가지로 강경한 태도를 보여 철수를 요구하였다. 미국과 소련 두 나라의 압력을 받은 영국과 프랑스 정부는 철수하지 않을 수 없었다.

제2절 | 동서블럭의 약화와 동서데탕트(1960년대 및 1970년대)

1 쿠바 미사일 위기(1962년 10월)

1. 배경

1959년 수립된 쿠바의 혁명정부에 대하여 미국은 1961년 4월 중앙정보국(CIA)의 공작에 의한 쿠바 반(反)혁명군의 침공작전을 시작하고, 미주기구(OAS)로부터의 쿠바 축출, 미국 해·공군의 영해·영공 침범 등 군사·외교압력을 가하였다. 이런 속에서 쿠바는 1962년 9월 '소련 - 쿠바무기원조협정'을 체결하여 소련의 미사일을 도입하였다.

2. 전개과정

미국은 1962년 10월 14일 중거리탄도 미사일의 발사대가 쿠바에 건설 중임을 공중촬영으로 확인하게 되었고, 10월 22일 미국 대통령 J. F. 케네디는 텔레비전 전국방영을 통하여 처음으로 '소련은 서반구에 대하여 핵공격을 가할 수 있는 기지를 쿠바에 건설 중'이라고 공포하였으며, 쿠바에 대하여 해상봉쇄조치를 취하였다. 또한 케네디는 소련 서기장 N. S. 흐루시초프에게 UN의 감시하에 공격용 무기를 철거할 것을 요구하였다. 전세계의 긴박감 속에서 소련은 10월 26일 미국이 쿠바를 침공하지 않는다는 것을 약속한다면 미사일을 철거하겠다는 뜻을 미국에 전달하고, 10월 27일 쿠바의 소련 미사일기지와 터키의 미국 미사일기지의 상호 철수를 제안하였다. 이에 대하여 미국은 27일의 제안을 무시하고, 26일의 제안을 수락할 것을 결정하였다. 10월 28일 흐루시초프는 미사일의 철거를 명령하고 쿠바로 향하던 16척의 소련 선단(船團)의 방향을 소련으로 돌림으로써 11월 2일 위기는 사라졌다. 소련이 쿠바로부터의 폭격기 철거에 동의한 20일 미국은 해상봉쇄를 풀었으며, 12월 7일 소련은 공격용 무기를 쿠바로부터 철거하였음을 미국에 통고하였다.

3. 영향

이 사건을 계기로 1963년 미국과 소련 간에 핫라인(hot line: 긴급통신연락선)이 개설되었고, 핵전쟁 회피라는 공통의 과제하에서 '부분적 핵실험금지조약(모스크바조약)'이 체결되었다.

2 부분적 핵실험금지조약(PTBT, 1963년 8월)

부분적 핵실험금지조약은 1963년 8월에 서명되어 같은 해 10월에 발효되었다. 미국, 소련, 영국을 당사국으로 한다. 대기권 내, 우주공간을 포함한 대기권 외, 영해 및 공해를 포함한 수중에서 핵실험이 금지되었다. 지하에서 행해지는 핵실험은 허용되었다. 1962년 10월 쿠바 미사일 위기를 전후로 미국과 소련 간에 서로 양보하려는 움직임이 나타나(영국도 함께) 부분적 핵실험금지조약의 체결에 이르게 되었다. 프랑스와 중국 등은 이 조약에의 가입을 거부하였다.

3 베트남전쟁(제2차 베트남전쟁, 1960 ~ 1975년)

1. 배경

(1) 제1차 베트남전쟁 이후 중국과 소련은 공산세력의 확대를 희망하며 베트민에게 1956년에 실시될 총선 이전까지 위도 17도선을 기점으로 국경을 분할할 것을 요구했고, 북베트남은 구 소련과 중국의 압력으로 이를 받아 들였다.

(2) 남베트남에서는 미국의 후원을 받아 응오 딘 디엠(Ngo Dinh Diem)을 대통령으로 하는 베트남 공화국(Republic of Vietnam)이 1955년 건국되었다. 디엠 정권은 제네바협정에서 합의된 베트남 남과 북의 총선 실시조항을 거부하고 미국의 후원을 받아 남베트남 내 공산당 운동원과 그 지부에 대한 군사적 공세를 시작하였다. 1958년 12월 1일 대학살이 자행되었고 반공법이 시행되었다.

제1차 베트남전쟁

1946년 말 하이퐁 항구에서 발생한 베트민과 프랑스와의 직접적 무력충돌을 제1차 베트남전쟁(또는 제1차 인도차이나전쟁)이라고 부르는데, 전쟁은 1954년 프랑스가 디엔비엔푸(Dien Bien Phu)전투에서 패배할 때까지 9년간 지속되었다. 1950년대부터 베트남은 중국으로부터, 프랑스는 미국으로부터 군수물자를 지원받아 치열한 전투를 벌였으나 프랑스는 게릴라전에 능숙한 베트민을 압도하지 못하였다. 또한 한국전쟁 이후 제네바에서 한국과 인도차이나문제에 관한 국제회담(제네바극동평화회의)이 성사됨에 따라 프랑스는 심리적으로 위축되었다. 결국 1954년 5월 7일 베트민의 승리로 전쟁은 끝나게 된다.

2. 남베트남민족자유전선(National Liberation Front of South Vietnam: NLF) 설립

(1) 베트남전쟁의 제2막은 응오 딘 디엠 정권에 대항하고, 남베트남 내의 세력 구축을 위해 1960년 12월 NLF가 설립되면서 시작되었다.

(2) NLF는 남부 농촌지방에서의 세력 확장을 꾀하며 사이공 정부를 압박하였는데, 1962년에는 민족주의 정당으로 남베트남 지부로 창설된 인민혁명당(PRP)의 통제를 받게 되었다. 이들은 라오스와 캄보디아를 관통하는 이른바 호치민 트레일(Ho Chi Minh Trail)을 통해 남부로 군수물자를 지원하고 게릴라 요원을 직접 파견하였다.

3. 미국의 개입

(1) 미국은 1961년 케네디(John F. Kennedy) 대통령의 결정으로 1963년 말까지 남베트남에 1만 6천 명의 군대를 최초로 파견하게 된다. 미국은 베트남전쟁을 공산주의를 바탕으로 한 민족해방주의자들이 일으킨 전쟁이자 인도차이나반도에서 공산주의 확대를 저지하기 위한 전쟁이라고 간주하였다. 1963년 사이공에서는 불교도들의 시위와 분신자살이 발생하였고, 미국도 디엠 성권에 대한 지지를 철회할 것을 고려하기 시작하였다.

(2) 1963년 11월 디엠 대통령의 암살로 인해 남베트남 정국은 더욱 혼란스러운 국면으로 치닫게 되었다. 1964년 8월 통킹만 사건으로 미국이 베트남전쟁에 전격적으로 참전하게 되었다. 전쟁이 진행되면서 미국은 남베트남군이 더 이상 남베트남을 위해 싸우지 않고 오히려 북부의 공산주의자들이 민족주의를 내세워 통일에 대한 염원이 더 팽배하다는 정보를 입수하였다.

4. 구정공세

1968년 NLF 무장 게릴라는 새해 텟(Tet) 축제를 기점으로 사이공 주재 미국 대사관을 급습하였으나 실패하였다. 그러나 시내 한 가운데 위치한 미국 대사관이 공격받자 미국 내에는 전쟁이 패배할 것이라는 심리적 위축감이 팽배하게 되었다. 여기에 존슨(Lyndon Johnson) 대통령이 1968년 11월에 있은 대선에서 연임에 실패하자 새로 당선된 닉슨(Richard Nixon) 대통령은 이듬해 닉슨 독트린을 발표하며 미국이 베트남전쟁에서 철수할 가능성을 내비치기도 하였다. 그러나 미국은 17도 이남지역을 사수하겠다는 의지를 재확인하고 북베트남과 대치 국면을 유지해 나갔다.

5. 평화회담 개최

1968년 5월부터 평화교섭을 위한 파리회담이 계속되었으나, 전황은 캄보디아(1970)와 라오스(1971)로 확대되어 제2차 인도차이나전쟁의 양상을 띠기에 이르렀다. 1973년 1월에 있었던 파리평화협정에서 미국은 정전협정에 합의하고, 미군 전쟁포로를 석방해 줄 것을 북베트남에 요구하였다. 워터게이트 사건으로 인해 닉슨체제의 정통성이 심각한 도전을 받았고, 이에 따라 사이공 정부에 대한 미국의 지원은 약화될 수밖에 없었다.

6. 종결

1975년 초 북베트남은 남베트남에 대한 총공세를 벌였고, 마침내 4월 30일 사이공이 함락되면서 동 반 민(Dong Van Minh) 대통령이 항복하였다.

4 통킹만 사건(1964년 8월 2일)

1. 의의

1964년 8월 2일 북베트남 어뢰정 3척이 통킹만에서 작전을 수행하고 있는 미국 구축함 (매독스 호 Destroyer USS Maddox DD-731)을 향해 어뢰와 기관총으로 선제공격을 가하였다. 미국 구축함은 즉각 대응하여 1척을 격침시키고 2척에는 타격을 가하였다. 주변에서 공동으로 작전을 수행하던 항공모함(타이콘디로거 호 USS Ticonderoga CV-14)도 가세하여 함재기들이 공세를 펼쳤고 함대 구축함(터너죠이 호 USS Turner Joy DD-951)도 공격에 가세하였다.

2. 영향

미국은 이 해상전투를 빌미로 베트남전쟁에 본격적으로 개입하였다. 당시 미국은 통킹만 사건 이전에도 베트남전쟁에 개입하고 있었다. 8월 7일 미국 하원은 만장일치로 '통킹만 결의안'을 채택하여 베트남전쟁 개입을 본격화하였다. 미국은 북베트남을 대대적으로 폭격을 시작하였고 해병대를 상륙시켰다.

5 중소대립

1. 중소관계 성립

1949년 10월 중화인민공화국이 건국되자 소련은 바로 이를 국가로 승인하였다. 다음 해 1950년 2월 중소우호동맹상호원조조약과 함께 체결된 부속협정 등에 따라 중국은 안전보장뿐만 아니라 경제원조도 얻을 수 있게 되었다. 그러나 동시에 중국 동북 지역과 신장의 이권을 제3국에 양도해서는 안된다는 비밀보충협정도 체결되어 있어서 양국 관계는 완전히 대등한 것이었다고는 할 수 없었다. 한국전쟁에 대한 개입과 그 후의 군사과정에서의 중소관계도 반드시 원활하였다고는 할 수 없지만 소련으로부터의 군사원조에 의해 중국은 이 전쟁의 어려움을 타개하였다. 1953년 3월 스탈린의 사망 이후 소련은 중국의 제1차 5개년 계획의 책정·실시에 대해서 원조를 하는 등 중국의 국가 건설을 다양하게 지원하였고 소위 중소 밀월시대가 찾아왔다.

2. 이념의 대립

중소대립은 1956년 2월 소련 공산당 제20차 당 대회에서의 흐루시초프의 스탈린 비판이 하나의 계기가 되었다. 다른 사회주의 국가에 아무런 사전협의 없이 행해진 스탈린 전면 비판에 대해서 중국 공산당은 스탈린에 대한 개인 숭배라는 '중대한 과오'가 있었다는 것을 인정하면서도 스탈린의 70%를 긍정적으로 평가해야 한다고 주장했다. 이를 계기로 중국은 소련에 대해서 비판적인 자세를 보이게 되었다. 소련이 자본주의로부터 사회주의로의 평화적 이행을 주장하는 것에 대해 중국은 폭력혁명을 중시하였다.

3. 핵무기 관련 분쟁

1958년 8월부터 10월에 걸쳐서 중국은 국민당 정부의 통치하에 있던 진먼섬을 포격하였지만 소련은 이러한 국지전쟁 발발의 위험성을 우려하였다. 이를 계기로 소련은 중국에 대한 핵무기 개발 원조를 보류하게 되었다. 이에 중국은 핵무기를 독자적으로 개발하게 되었다.

4. 국경 무력분쟁

1968년 소련의 체코 침공에 의하여 중국은 소련을 '사회제국주의'라고 부르게 되었다. 1969년 3월 우수리강의 다만스키섬(헤이룽장의 전바오섬)에서 중소 양국 국경 경비부대의 무력분쟁이 발생하게 되었으며, 서부 국경에서도 무력충돌이 빈발하였다. 같은 해 9월 저우언라이 수상과 코시긴 수상 사이에 충돌 방지에 관한 합의는 달성되었지만 10월부터의 국경문제 교섭은 그 이후에도 장기간에 걸쳐서 합의에 이르지는 못하였다. 1979년에는 1년 후로 예정된 중소우호동맹상호원조조약 기한 만료 후 이것을 연장하지 않는다는 것이 중국으로부터 소련에 통고되었다.

5. 우호관계 복원

1987년 11월 고르바초프 서기장이 사회주의 국가 간에도 평화공존원칙을 준수할 필요성을 주장하기에 이르게 되지 중소관계의 개선을 위한 실질적인 진전을 보게 되었다. 이에 따라, 1989년 5월 고르바초프 서기장이 중국을 방문하고 덩샤오핑과 역사적인 중소화해를 달성하였다. 여기서는 중소관계가 평화공존 5원칙에 기반을 둔다는 점이 확인되었다. 이전에 소련은 평화공존을 서로 대립하는 체제의 국가 간 관계에 적용해 왔지만 체제에 구애받지 않고 국가 간에 일반적으로 폭넓게 적용되는 원칙이란 점을 인정하였다는 점에서 중국과 보조를 맞추게 되었다. 일부 도서의 귀속문제를 제외하고 사실상 국경 확정작업의 종료가 선언된 것은 1997년 11월이었으며 이때 소련은 이미 붕괴하고 러시아가 된 이후였다.

6 NPT 체결(1968년 6월 12일)

비핵보유국이 새로 핵무기를 보유하는 것과 핵보유국이 핵비보유국에 대하여 핵무기를 양여하는 것을 동시에 금지하는 조약이다. 1966년 후반부터 미국·소련의 타협이 진전되어 1967년 초에는 미국·소련 간에 기본적인 합의가 이루어졌고, 1968년 6월 12일 UN총회는 95 : 4, 기권 13으로 이 조약을 채택하였다. 핵무기보유국인 서명국 전부와 나머지 40개국의 비준을 필요로 하는 이 조약의 발효는 미국·소련의 비준서 기탁이 끝난 1970년 3월 5일 이루어졌다. 한국은 1975년 4월 23일 정식 비준국이 되었으며, 북한은 1985년 12월 12일 가입하였으나 1993년 3월 12일 탈퇴를 선언하고, 1994년 6월 13일에 IAEA에 탈퇴선언을 제출하였다. 1994년 10월 제네바합의로 철회되었으나 2003년 1월 다시 탈퇴를 선언하였다.

7 브레즈네프 독트린(1968년 11월 12일)

1968년 11월 소련의 체코 군사개입을 정당화하기 위하여 소련 공산당 서기장 브레즈네프가 내놓은 주장이다. 그는 사회주의진영의 어느 나라든 그 생존이 위협받았을 때는 사회주의진영 전체에 대한 위협으로 보고 다른 사회주의 국가는 이에 개입할 권리를 가진다고 하였다. 이 주장은 사회주의 국가에서 반혁명의 위협이 일어날 때에는 군사개입도 할 수 있다는 것으로, 동유럽권뿐만 아니라 자본주의권 공산당의 심한 반발을 초래하였다.

중국 공산당은 브레즈네프 독트린을 가리켜 '소련의 현대 수정주의집단은 제한주권론에 대해서 한층 더 강도적인 해석을 하고 있는바, 말하자면 남의 주권은 유한한 것이고 소련 수정주의집단의 사회주의적 제국주의의 주권은 무한하다고 얘기하는 것과 다름없는 침략주의적 확장정책의 소산'이라고 맹렬하게 비난하였다. 동유럽의 민주화 개혁이 절정을 이룬 1989년 10월 28일 바르샤바조약기구 외무장관회의는 브레즈네프 독트린을 폐기하였다.

8 닉슨 독트린(1969년 7월 25일)

1. 배경

첫째, 아시아 민족주의에 대한 재평가. 중공의 모택동세력을 과거 공산주의 정치세력으로 인식하였으나 중소분쟁을 거치면서 민족주의세력으로 인식하였다. 월남문제의 해결도 인도차이나반도를 중심으로 한 민족주의 세력과 타협하여 해결하였다. 아시아의 공산주의를 대항할 수 있는 세력은 기본적으로 아시아의 민족주의임을 간파한 미국이 아시아의 민족주의에 대해 냉전이후 새로운 평가를 함으로써 아시아전략을 수정하게 되었다.

둘째, 군사전략의 변화. 베트남전쟁 패배 이후 미국은 지상군 위주의 병력운용이 비효율적임을 인식하고 해군 및 공군 등 기술집약적인 군사운용 전략으로 변경하게 되었다. 아시아국가들이 해수로에 대한 의존도가 높기 때문에 미국이 수로(Sea-route)를 장악함으로써 아시아 국가들을 자국의 영향력하에 두고 통제할 수 있을 것으로 예상하였다.

셋째, 아시아 국제질서의 변화. 1970년대까지 아시아 질서는 소련에 의한 패권질서에 가까웠다. 그러나, 중소분쟁이후 미국은 중국과 반패권(anti-hegemony)에 합의하여 아시아 냉전체제를 근본적으로 수정하고 세력균형체제로 변경시켰다. 19세기 영국이 유럽대륙에서 프랑스와 러시아를 대립하게 하여 유럽대륙의 안정을 꾀했듯이, 미국은 중국과 소련의 대립을 통해서 아시아를 안정시키는 한편, 자국의 영향력을 강화하고자 했던 키신저의 발상이 가미된 것이었다.

2. 주요 내용

첫째, 미국은 앞으로 베트남전쟁과 같은 군사적 개입을 피한다. 둘째, 미국은 아시아 제국(諸國)과의 조약상 약속을 지키지만, 강대국의 핵에 의한 위협의 경우를 제외하고는 내란이나 침략에 대하여 아시아 각국이 스스로 협력하여 그에 대처하여야 할 것이다. 셋째, 미국은 '태평양 국가'로서 그 지역에서 중요한 역할을 계속하지만 직접적·군사적인 또는 정치적인 과잉개입은 하지 않으며 자조(自助)의 의사를 가진 아시아 제국의 자주적 행동을 측면 지원한다. 넷째, 아시아 제국에 대한 원조는 경제중심으로 바꾸며 다수국간 방식을 강화하여 미국의 과중한 부담을 피한다. 다섯째, 아시아 제국이 5~10년의 장래에는 상호안전보장을 위한 군사기구를 만들기를 기대한다.

3. 영향

첫째, 괌 독트린은 동아시아 동맹국에 대한 미국의 정책 변화라는 측면에서 한·미관계에도 중요한 의미를 지닌다고 볼 수 있다. 괌 독트린의 천명 이후 미국의 동아시아 동맹국에 대한 정책은 '베트남전의 베트남화(Vietnamization of the Vietman War)'를 통하여 구체화되었다. 이 정책은 동아시아 동맹국의 방위에 대하여 보다 축소된 역할을 모색한 것이었다.

둘째, 베트남 정책에 대한 이러한 미국의 변화는 미국의 대한 정책에도 같은 논리로 적용되었다. 미국은 '한국 안보의 한국화(Koreanization of Korea Security)'라는 논리를 바탕으로 닉슨 독트린을 한국에 적용시켰다. 이러한 논리에 따라 닉슨 행정부는 주한 미군의 감군과 한국 국방력의 증대를 병행추진 하였다. 나아가 이 논리는 한국안보의 한국화를 달성하는 지표로서 한국군의 역량 증대에 따라서 주한 미군의 추가 감군도 가능하다는 논리도 내포하였다. 따라서 괌 독트린은 주한 미군의 감군 및 추가 감군을 둘러싸고 향후 전개되는 한국과 미국 사이의 갈등을 예고했다.

9 미중화해(1972년 2월)

'데탕트'를 정권의 기본적인 대외방침으로서 내건 것은 1969년에 발족한 미국의 닉슨 정권이었다. 베트남전쟁을 명예롭게 종결시키기를 희망하였던 닉슨 정권은 공산 중국과 대화를 하였다. 1971년 7월 키신저(Kisinger)가 비밀리에 베이징을 방문하고 다음 해에 있을 닉슨 방중계획을 공표하여 세계를 놀라게 하였다. 중국도 국내적으로는 문화대혁명을 종식시키고 국제적으로는 악화된 대소관계의 균형을 잡기 위해 미국과의 관계 개선을 희망하고 있었다. 1972년 2월 닉슨이 중국을 방문하면서 미중관계는 커다란 전환점을 맞이하였다. 미국과 중국은 '상하이공동성명'을 발표하였다.

10 서독의 동방정책

유럽에서 데탕트를 추진한 것은 서독이었다. 1969년에 정권을 잡은 브란트의 사회민주당 정권은 제2차 세계대전 후의 동독 및 그 국경 변경을 인정하지 않는 입장을 취해 온 기존 방침을 변경하였다. 브란트는 우선 동독을 비롯하여 소련권 제국과의 관계 개선을 지향하는 '동방정책'에 나섰다. 1970년 8월에는 모스크바조약에서 현재의 동유럽 국경선이 '불가침'을 인정하고 12월에는 폴란드와 같은 내용의 조약을 체결하였다. 그간 동독에서는 지도자가 울브리트에서 호네커로 바뀜에 따라 1971년에는 미국·영국·프랑스·소련 4개국 간에 베를린에 관한 협정이 합의되어 1972년 12월에는 동·서독 간에 '기본관계조약'이 맺어졌다.

11 중일 국교 정상화(1972년 9월)

아시아에서 일본은 대중·대소관계의 개선을 꾀하였다. 닉슨 방중에 대한 사전 협의가 없었던 것에 사토 정권은 타격을 받았고 그에 반기를 든 다나카 가쿠에이가 1972년 7월 정권을 잡게 되었다. 다나카는 즉시 대중 국교 정상화를 향해, 9월에는 중국을 방문하여 중화민국(대만)과의 국교 단절과 일중 국교 정상화에 합의하였다. 1973년 가을에는 다나카가 소련을 방문하여 자원문제와 영토문제에서 종래보다 전향적인 자세를 이끌어 내었다.

12 전략무기제한협정(Strategic Arms Limitation Talks, 1972년)

1. 배경

핵무기 개발에서의 선두주자는 미국이었으나, 1968년경에 이르러서는 수량 측면에 있어서 미국·소련의 핵전력이 동등하게 되었다. 핵전력의 질적인 면에 있어서는 많은 차이가 있었으나 수량적인 면에 있어서 미국·소련 간에 균형이 이루어진 1968년 이후, 양국은 제2격 능력도 갖추게 되었다. 제2격 능력이라 함은 핵전력의 수량적 증가는 물론, 이른바 전략공군 또는 원자력 핵잠수함 등을 개발함으로써 본토에 대한 핵공격을 받아 본토가 괴멸된다 하더라도 이동성의 전략공군이나 원자력 핵잠수함으로써 보복을 가한다는 것을 말한다.

이와 같이 양국이 제2격 능력을 갖추게 되자 양국 관계는 다시 안정세로 들어갔으나, 이 끝없는 핵군비 경쟁에서 오는 불안과 경제적 파탄으로 인하여 한계를 느끼기 시작하였다. 특히 미국의 경우는 베트남전쟁으로 인한 염전풍조(厭戰風潮)가 국민들 사이에 팽배하여 무엇인가 새로운 활로를 모색하지 않을 수 없는 상황에 처하게 되었다. 그리고 중국·소련관계의 불화를 이용한 소련이 극동에서 전력을 증강시킬 수 있다는 계산도 작용하였다고 볼 수 있다.

2. SALT Ⅰ

SALT Ⅰ에서는 ABM 규제에 관한 협정과 공격용 전략무기 제한에 관한 잠정협정이 체결되었다. 전자는 영구조약으로서 각국이 2개의 기지(수도권 및 ICBM 기지)에 각각 100기씩 200기까지의 ABM을 가질 수 있다는 것이 그 내용이다. 이에 대해서는 1974년 다시 양국 간에 합의가 이루어져 2개 기지를 1개 기지로 축소하고 수량도 100기를 상한선으로 하였다. 미국은 '그랜드·폭스'의 ICBM 기지를, 소련은 모스크바를 기지로 택하였다. 후자는 ICBM(대륙간탄도미사일)과 SLBM(잠수함발사탄도미사일)의 수량을 제한하려는 것으로서, 미국의 경우는 ICBM 1,054기, SLBM 710기, 소련의 경우는 ICBM 1,618기, SLBM 950기까지 보유할 수 있다는 것이 그 내용이다. 여기에서 숫자에 차이가 있는 것은 명중도를 포함한 그 성능을 감안하였기 때문이다. SALT Ⅰ 잠정협정의 유효기간은 1977년 10월까지로 되어 있다. 그리고 두 협정은 모두 1972년 5월 닉슨 대통령의 소련 방문 때 조인되었다.

3. SALT Ⅱ

1972년 11월부터 개시된 제2단계(SALT Ⅱ) 교섭에서는 전략공격무기제한에 관한 조약과 그에 관련된 부속문서 등이 채택되었다. 이 조약은 1979년 6월 비엔나에서 조인되었다. 그 내용은 양측이 보유할 수 있는 ICBM, SLBM, ASBM(공대지탄도미사일) 및 중폭격기의 총수를 2,250기로 한다는 것과 이 가운데서 MIRV할 수 있는 운반수단은 1,320기를 초과할 수 없다는 것, ICBM과 SLBM은 1,200기를 넘지 못한다는 것, 이 중에서 MIRV화할 수 있는 ICBM은 820기를 초과하지 못한다는 것으로 되어 있다. 이 조약은 1979년 소련이 아프가니스탄을 공격한 것에 대한 미국의 반발 과정에서 비준동의절차를 철회하면서 결국 발효되지 못하였다.

13 유럽안보협력회의(1975년 7월 30일)

1975년 7월 30일부터 3일간 핀란드 헬싱키에서 열린 국제회의로, 유럽안보협력수뇌회의·헬싱키수뇌회담이라고도 한다. 미국·캐나다, 그리고 알바니아를 제외한 유럽 국가(33개국) 등 모두 35개국이 참가하여, '상호 간의 국경 존중' 등 10개 원칙을 중심으로 한 유럽의 안전보장 외의 4개 의제 최종문서에 서명하였다. 제2차 세계대전 뒤 이른바 '전후(戰後)'에 종지부를 찍은 역사적 사건으로서, 30년간 '냉전'에서 '긴장완화'로 노력해 온 유럽은 이 회의를 계기로 다시 '협력'의 전망이 보였다고 할 수 있다. 조인된 문서는 선언이며, 구속력 있는 조약은 아니다.

14 중국 - 베트남전쟁(1979년 2월 17일)

1. 중국 - 베트남관계(중월관계) 악화이유

베트남전쟁 중의 중국과 베트남의 관계는 긴밀하였지만, 그 후 중국은 미국에 접근해 1972년 2월 미중 공동성명이 발표되자 점차 베트남에의 관여를 축소하였다. 구체적으로는 1975년 중국은 베트남에 대한 무상 경제원조를 중단하였으며, 1977년에는 차관제공도 중단하였다. 반면, 베트남의 소련에 대한 의존이 심화되었다. 1978년 6월 베트남은 경제상호원조회의에 가입하였으며 같은 해 11월에는 소련 - 베트남우호협력조약이 체결되었다. 또한 베트남전쟁 후 베트남에서 민족주의가 고양되면서 베트남에 거주하는 많은 화교들이 귀국하지 않을 수 없었던 것도 요인이 되어 중월관계는 악화되었다. 나아가 서사군도 및 남사군도를 둘러싼 영유권분쟁도 격화되어 베트남 공산당은 중국을 '가장 직접적이며 가장 위험한 적'으로 보게 되었다. 실제로 같은 해 8월 이후 소규모의 국경분쟁이 빈발하였다.

2. 전쟁의 발발

1978년 12월 25일 베트남은 캄보디아를 침공하고 이듬해인 1979년 1월 친중국적이었던 폴 포트파의 민주캄보디아 정부를 붕괴시켰다. 이에 같은 달 중국의 덩샤오핑은 베트남에 대한 징벌적인 공격을 시사하였으며 실제로 1979년 2월 17일 중국인민해방군 약 10만 명이 국경 전지역 10개소에서 베트남을 침공해 전쟁이 시작되었다.

3. 종전

중국인민해방군은 침공을 계속해 1979년 3월 3일에는 랑손을 공략하였으며, 이에 징벌 목적은 달성되었다면서 3월 5일 전면적인 철수를 선언하였다. 베트남은 같은 날 전국에 동원령을 선포해 철저한 항전체제를 취하였지만 중국인민해방군은 16일까지 철수를 완료하였다.

15 석유 위기(1973년, 1979년)

1. 의의

석유 위기란 1973년과 1979년 두 번에 걸쳐 중동 산유국들이 석유수출금지조치를 취함으로써 원유 가격이 급등하고 세계의 정치, 경제, 사회가 큰 혼란에 직면하였던 일을 의미하며, 제1차 석유 위기 및 제2차 석유 위기라고 부른다. 이 두 번의 석유 위기에 공통되어 있던 점은 세계적인 호경기로 국제 석유 수급이 절박하였을 때 중동 지역의 정치적인 요인에 의해 석유 공급이 축소되면서 일어났다는 점이다.

2. 제1차 석유 위기

제1차 석유 위기의 직접적인 계기가 된 것은 1973년 10월 이집트와 시리아 양군이 이스라엘을 기습함으로써 시작된 제4차 중동전쟁이다. 이에 호응하여 사우디아라비아를 중심으로 한 아랍 산유국은 석유를 정치적인 무기로 삼는 석유전략을 내놓았다. 즉, 이스라엘에 협력적인 미국 등 서방 제국에 정치적 압력을 가하기 위해 석유 수출을 단계적으로 줄이겠다고 발표하였다. 그 결과 배럴당 2.5달러 전후였던 원유가격이 일시에 10달러 이상으로 급등하여 세계경제에 큰 타격을 주었다. 이러한 아랍의 석유전략이 대성공을 거둔 배경에는 1960년대 이후 세계적으로 고조되고 있던 자원 민족주의의 움직임이 있었다. 자국 석유자원의 생산 및 판매, 가격결정권을 미국과 영국계의 메이저 석유회사가 쥐고 있는 것에 불만을 품은 이란, 이라크, 쿠웨이트, 사우디아라비아, 베네수엘라 5개국은 1960년에 석유수출국기구를 설립하였다. 1970년대에 들어서자 메이저 석유회사가 보유하고 있던 석유·가스 자원과 그 관련 자산을 차례차례 국유화하고 자국 자원에 대한 지배권을 확립해 갔다.

3. 제2차 석유 위기

제2차 석유 위기는 1979년 이란에서의 이슬람혁명과 1980년 9월에 시작된 이란-이라크전쟁이 겹치면서 석유 공급이 큰 폭으로 감소된 것이 원인이 되어 발생하였으며 원유가격은 배럴당 35달러 전후까지 상승하였다. 걸프지역에서 이 패권은 노리던 이란의 팔레비 왕정은 석유로 획득한 풍부한 수입을 발판으로 군비 확대와 급속한 근대화정책을 펼쳤지만 빈부 격차 확대와 독재정치에 대한 국민의 불만이 크게 높아졌다. 1978년 가을에는 반정부시위가 전국으로 확대되어 유전 노동자가 전면적인 시위에 참가하기도 하였다. 이듬해 1월 국왕은 퇴진요구에 몰려 해외로 망명하였다. 친미 정권이었던 팔레비 왕정이 무너지고 호메이니가 이끄는 이슬람 정권이 탄생함으로써 이란과 사우디아라비아를 중요한 두 기둥으로 하는 미국의 걸프지역 정책은 근본적인 재검토가 필요하게 되었다. 특히, 테헤란의 미국 대사관이 학생들에게 점거되어 다수의 인질이 1년 이상이나 감금되기도 하였다.

4. 파급효과

(1) 제1차 석유 위기 직후인 1974년 석유 수입국은 산유국 카르텔인 OPEC에 대항하기 위해 미국 주도하에 소비국 동맹으로 국제에너지기구를 설립해 석유의 전략 비축, 긴급 시의 상호 융통체제 정비, 대체에너지의 개발 등 대비책을 강화했다.

(2) 제2차 석유 위기 이후 이란이 '이슬람혁명의 수출'을 선언하였기 때문에 사우디아라비아와 쿠웨이트 왕정이 큰 위협을 받게 되었다. 이 가운데, 걸프지역에서의 패권을 노리는 이라크의 사담 후세인 정권은 1980년 9월혁명 직후 혼란에 빠진 이란에 공습을 가하였고, 그 후 8년간이나 계속된 격렬한 전쟁이 시작되었다. 양국은 상대국의 석유 출하 기지에 대한 격렬한 공격을 반복하였기 때문에 또 다시 석유 수출이 대폭으로 감소되어 원유가격의 상승이 계속되었다.

(3) 배럴당 30달러를 넘는 원유가격의 급등으로 미국을 비롯하여 세계경제가 심각한 타격을 받는 한편, 북해와 알래스카 등 비OPEC지역에서의 석유 개발과, 원자력이나 석탄 등의 대체에너지 개발, 에너지 절약이 전개되어 OPEC의 시장 지배력은 크게 저하되었다.

16 이란혁명

1. 의의

이란혁명이란 팔레비 왕정(1925 ~ 1979)을 타도한 혁명을 말한다. 성직자인 호메이니가 정신적으로 혁명운동을 주도함으로써 이슬람의 종교적 성격을 강하게 가지고 있었으며, 혁명 성공 후 이슬람 공화국이라는 종교체제가 성립하였다.

2. 배경

이란혁명의 배경은 친미적 국왕 팔레비 왕정의 근대화정책이 있었다. 팔레비가 추진한 근대화는 이란의 정치 및 사회의 철저한 서구화를 도모한 것이었다. 팔레비는 미국 케네디 정권의 압력에 의해 '백색혁명'이라는 근대화를 단행하였다. 케네디가 팔레비를 압박한 것은 이란이 공산화되고 나아가 페르시아만 전체가 그 영향을 받는 것을 우려하였기 때문이었다. 팔레비는 이슬람에서 금지하고 있는 여성참정권을 허용하고 이슬람 종교기금인 아우카프(Awkaf)의 관리권을 종교계에서 정부로 이관하였다. 이에 대해 이슬람 성직자들이 강력하게 반발하고, 호메이니의 반 국왕 연설이 테헤란에서 폭동을 야기하였다.

3. 과정

호메이니는 1964년 터키로 추방되었으나, 이라크의 시아파 성지 나자프로 이동하여 국왕을 격렬하게 비판하였다. 1973년 제4차 중동전쟁으로 원유가격이 급등하고 국민들의 계층분화가 심화되었고, 국왕은 비밀경찰을 통해 국민들의 불만이나 반체제세력의 활동을 봉쇄하였다. 1978년 호메이니를 비난하는 신문기사 게재를 기점으로 반정부시위가 발생하고 정부가 이를 폭력적으로 진압하자 시위가 확산되었다. 이에 국왕은 체제 유지를 단념하고 사태를 진정시키기 위해 1979년 1월 16일 국외로 망명하였다. 호메이니는 1979년 2월 1일 프랑스에서 귀국하였고, 2월 11일 군이 중립을 선언하고 지휘권을 혁명세력에게 이양함으로써 혁명은 성공하였다.

4. 결과

혁명 후 이란의 정치는 호메이니의 정치이론인 '이슬람 법학자에 의한 통치'에 의해 이루어지게 되었다. 호메이니가 지도하였던 이란혁명은 이슬람과 정치의 일체화를 가져다주는 것이었으며, 수니파와 시아파라는 종파의 차이를 초월하여 이슬람세계에 큰 영향을 미쳤다.

참고

드골(1890년 11월 22일 ~ 1970년 11월 9일)

1. 릴 출생으로 독실한 가톨릭 집안에서 태어나 생시르육군사관학교를 졸업하였으며 제1차 세계대전에 출전하여 중상을 입고 독일군에 포로가 된 적도 있다. 1922년 모교의 교관, 이어서 원수 H. P. 페탱의 부관으로 근무하였다. 제2차 세계대전 때는 기갑사단장·국방차관으로 있었고, 프랑스가 독일에 항복하자 런던으로 망명하여 대독항전을 주장, 자유프랑스위원회를 조직하여 페탱이 이끄는 비시(Vichy) 정부로부터 사형을 선고받았다. 그러나 1943년 알제리에서 결성된 국민해방위원회 위원장에 취임하여 대독(對獨)항쟁을 계속하였다.

2. 1944년 파리에 귀환하여 임시정부의 수반이 되었고, 1945~1946년 총리·국방장관에 오르고 1947년 프랑스국민연합(RPF)을 조직하였다. 1951년 선거에서 제1당이 되었으나, 1953년 RPF를 해체하고 정계에서 은퇴하여 『회고록』을 집필하였다.

3. 그러나 1958년 알제리에서 쿠데타가 일어나 제4공화정이 붕괴될 위기에 몰리자 다시 정계에 복귀할 뜻을 밝혔다. 그 해 6월 총리가 되었고, 9월 28일 국민투표에 의하여 헌법을 개정함으로써 대통령의 권한을 강화하고 의회의 권한을 약화시킨 제5공화정을 발족시켰고, 10월 그를 지지하는 신공화국연합(UNR)을 결성, 11월 총선거에서 제1당이 되고, 1959년 1월 대통령에 취임하였다. 1961년 1월 알제리민족자결책, 1962년 4월 알제리의 독립을 국민투표로 가결하여 7년이 넘는 알제리전쟁을 평화적으로 해결하여 프랑스 경제의 가장 큰 장애를 제거하였다.
1962년 10월 대통령 직선을 국민투표에 붙여 승리를 거두어 드골체제를 일단 완성시켰다. 그 후 1963년 영국의 유럽경제공동체(EEC) 가맹에 거부권을 발동하였고, 독자적인 핵무장, 미국 지휘하에 있는 북대서양조약기구(NATO)에서의 탈퇴 등 '위대한 프랑스'를 중심으로 유럽 민족주의를 부흥하기 위하여 주체적인 활동을 전개하였고, 1965년 대통령에 재선되었다.
그러나 1968년 '5월 위기'로 10년에 걸친 드골체제의 기반이 흔들려 6월 총선거에서는 드골파가 승리하였으나, 1969년 4월 지방제도와 상원의 개혁에 대한 국민투표에서 패배하여 대통령직을 사임하였다.

참고

케네디(Kennedy, John Fitzgerald, 1917년 5월 29일 ~ 1963년 11월 22일)

매사추세츠주(州) 브루클린 출생으로 하버드대학에서 정치학을 공부하였으며, 학위논문 『영국은 왜 잠자고 있었나 Why England Slept』(1940)는 베스트셀러가 되었다. 제2차 세계대전 중에는 해군에 복무하였는데 그가 승선한 어뢰정이 일본 구축함의 공격을 받아 격침되었으나 정장(艇長)으로서 부하를 잘 구출하여 전쟁의 영웅이 되기도 하였다. 1946년 매사추세츠주 제11구에서 하원의원으로 당선되어 정계에 투신하였으며, 1952년 같은 구에서 상원의원으로 선출되었다. 1953년 『타임 헤럴드』의 사진기자 재클린 부피에와 결혼하였으며, 1957년 『용기 있는 사람들 Profiles in Courage』로 퓰리처상을 받았다.
1958년 상원의원으로 재선되었으며, 1960년 대통령선거에서 민주당 후보로 출마, 뉴 프런티어(New Frontier)를 슬로건으로 내걸고 미국 국민의 헌신적인 협력을 호소하여 공화당 후보 R. M. 닉슨을 누르고 승리하였다. 1961년 미국 역사상 최연소이자 최초의 가톨릭 신자로서 미국의 제35대 대통령이 되었다. 케네디와 닉슨 간의 텔레비전 토론은 미국의 대통령 선거운동에 새로운 장을 열어놓았으며, 대통령이 된 이후에도 웅변과 재기를 무기삼아 국민에게 호소하는 방법을 자주 이용하였으며, 또한 기자회견 등에서도 텔레비전을 유효하게 활용하였다. 그러나 내정 면에서는 의회와의 관계가 원활하지 못하여 두드러진 업적을 이룩하지 못하였다.

한편 외교 면에서는 쿠바 미사일 위기에 즈음하여 핵전쟁의 위험을 무릅쓰고 소련의 총리 N. S. 흐루시초프와 대결한 결과, 미국은 쿠바를 침략하지 않을 것을 약속하는 대신에 소련은 미사일·폭격기 등을 쿠바에서 철수하고, 미국 측의 사찰을 인정함으로써 소련과의 극적인 타협을 이루게 되었다. 이것을 계기로 소련과 부분적인 핵실험금지조약을 체결하였고, 미소 간의 해빙무드가 형성되었다. 또한 중남미 여러 나라와 '진보를 위한 동맹'을 결성하였고, 평화봉사단을 창설하기도 하였다. 베트남 개입에도 신중한 태도를 취하였으며, 중국 본토와의 재수교를 재선 후의 최대 과제로 삼았으나, 1963년 11월 22일 유세지인 텍사스주 댈러스시에서 자동차 퍼레이드 중 암살자의 흉탄에 치명상을 입고 사망하였다.

 참고

닉슨(Nixon, Richard Milhous, 1913년 1월 9일 ~ 1994년 4월 23일)

1913년 캘리포니아주(州) 요버린더에서 출생하였다. 휘티어대학교와 듀크대학교에서 법률을 전공하고 1937년 개인법률사무소를 개설하였다. 제2차 세계대전 때는 해군 소령으로 참전하였으며, 종전 후인 1946년 캘리포니아에서 연방의회 하원의원에 공화당 후보로 출마하여 당선되었다. 하원시절에는 비미활동위원회(非美活動委員會)에서 알자 히스 등의 대소협력(對蘇協力)을 고발하여 반공주의자로 이름을 떨쳤다. 1950년 캘리포니아주에서 상원의원에 당선되었고, 1952년 D. D. 아이젠하워의 러닝메이트로 부통령에 당선되었으며, 1956년 재선되었다.

1960년 대통령선거에 공화당 후보로 출마하였으나 민주당 후보 J. F. 케네디에게 패하였고, 1962년 캘리포니아의 주지사선거에서도 실패하여 한때 정계에서 물러나 변호사 생활을 하였다. 1968년 대통령선거에서 민주당의 H. 험프리를 누르고 당선되었고, 1972년 재선되었다. 미국과 중국의 관계 개선을 위하여 미국 대통령으로는 처음으로 중국을 방문하여 외교적 성과를 올렸고, 1969년 아시아 여러 나라에 대하여 발표한 '닉슨 독트린'은 유명하다. 그러나 '워터게이트 사건(Watergate Case)'으로 말미암아 1974년 8월 대통령직을 사임함으로써 미국 사상 처음으로 임기 중에 사임한 대통령이 되었다. 1981년부터 1994년 뇌졸중으로 사망할 때까지 국제문제 관련 집필과 국제문제에 대한 뛰어난 통찰력으로 정부의 국제문제 자문에 대한 조언 등 활발한 활동을 하였다.

제3절 | 신냉전 및 냉전체제의 해체(1980년대 및 1990년대)

1 레이건의 등장과 신냉전체제 개막

1. 미국의 동맹정책

1970년대의 동서데탕트 이후 1980년대 들어 신냉전이 시작되었다. 미국은 트루먼 독트린 이후 소련에 대한 봉쇄정책을 기본 노선으로 추진해 왔으나, 1970년대 동서데탕트로 인한 화해의 분위기 속에서 적극적으로 추진되지는 않았다. 그러나 레이건 집권 이후 소련의 아프가니스탄 침공과 엘살바도르 침략으로 미국은 대소 강경책을 추진하게 되었고, 닉슨 독트린도 수정되었다.

2. 봉쇄정책과 동맹정책

레이건이 대소련 강경책을 구사하던 1980년대에는 미국의 소련에 대한 상대적 핵우위의 시기였기 때문에 봉쇄정책을 구사하는 데에는 한계가 있었다. 한편, 소련의 아프가니스탄 침공으로 지상군을 철수하는 대신 해공군을 강화하려는 닉슨의 전략은 한계가 있음이 드러났다. 즉, 소련이 중국을 공격하는 경우, 해공군에 의존해서는 침략을 저지하기가 어렵다는 것이었다. 레이건은 아시아 국가들과 쌍무적 동맹강화전략으로 전환하였다. 이전의 한국과 일본에 대해서는 일방적 안전보장만 제공하고 있었으나, 레이건의 새로운 동맹전략은 미국이 소련을 대항함에 있어서 한국이나 일본의 동참을 요구하였다.

 참고

소련의 아프가니스탄 침공(1979년)

1978년 4월 좌익장교들이 쿠데타로 모하메드 다우드 정권을 전복시키고 아프가니스탄인민당(PDPA)을 유일한 합법정당으로 하는 아프가니스탄민주공화국을 수립하였다. 취약한 기반을 가진 공산주의 정권에 대항하여 이슬람세력이 반란을 일으키자 소련은 위성국가를 수립하기 위하여 1979년 12월 3만 명의 병력으로 아프가니스탄을 침공하였다. 그러나 소련의 침공으로 이슬람 반군의 저항을 더욱 확대시켰으며, 소련군의 개입도 11만 5천 명까지 확대되었다. 또한 미국 등으로부터 지원을 받은 무자헤딘 반군의 게릴라전술이 효과를 거두어 소련군은 대도시와 중소도시 등 주요 거점만 징악한 채 신생은 교착상태에 빠졌다. 이로 인하여 300만 명 이상이 파키스탄으로, 200만 명 이상이 이란으로 탈출하였다. '소련판 베트남'으로 소모전을 수행하던 소련군은 1988년 평화협정을 체결하고 1989년 2월까지 완전히 철수하였다.

3. 미중관계의 수정

레이건 정부 시기에는 미국의 대중국인식에 약간의 변화가 있었다. 즉, 중국은 닉슨이 생각하였던 것만큼 강력한 국가가 아니며 중국시장의 미국에 대한 가치가 크지 않다는 것이었다. 중국은 미국이 의도하였던 세력균형을 이루어낼 만큼 강력한 나라가 아니며, 소련과 중국이 전쟁을 하는 경우 미국은 친중정책으로 말미암아 연루될 가능성이 있다고 생각하게 되었다. 이로 인해 레이건은 미중관계를 수정하게 되었다.

4. 닉슨 독트린의 수정

레이건은 닉슨 독트린이 해외에서의 미국의 영향력을 약화시킨다고 보고, 이를 수정하였다. 레이건은 파나마 운하의 반환에 반대하는 한편, 한반도로부터의 전술핵과 보병 2사단의 철수를 거부하고 미국의 세계정책의 상징으로서 한국에 있어서 미국 기지의 강화를 표명하였다. 헤이그 국무장관도 한국의 방어가 해공군으로 불충분하다는 것과 한국에 육군을 강화시켜야 한다는 점을 선언하였다.

2 이란 - 이라크전쟁(1980년 9월)

1. 배경

1980년 9월 이라크군이 이란에 침공하면서 이란 - 이라크전쟁이 시작되었다. 전쟁은 정전이 이루어졌던 1988년 8월까지 8년간 벌어져 양쪽 합쳐서 약 100만 명의 사상자가 발생한 비참한 전쟁이 되었다. 전쟁의 배경은 ① 영토문제이다. 양국 사이를 흐르는 샤트알아랍강(티그리스강과 유프라테스강이 합류하는 하류부분)은 이라크의 최대 항인 바스라와 페르시아만을 잇는 유일한 항로이지만 1975년 당시의 역학관계를 반영해 양국의 국경선을 강의 중간선으로 하는 알제협정을 체결하였다. 그러나 이것은 이전의 국경선보다 이라크에 불리한 것으로 이후 이에 대해 불만을 가져 왔다. ② 이란 남서부의 후제스탄 주에는 아랍계 주민이 살고 있어 아랍세계에서는 이곳을 '아랍의 땅'으로 보는 주장이 이전부터 있었다(이라크는 아랍민족). ③ 이라크 남부에는 아랍인이기는 하지만 종교적으로 이란과 같은 이슬람 시아파 교도들이 살고 있어 이라크의 사담 후세인 대통령은 이란의 이슬람혁명정신이 이 지역에 전파되는 것을 우려하였다. ④ 이라크는 혁명 직후의 이란을 군사적으로 약한 것으로 잘못 판단해 대규모 침공을 감행한 측면도 있다.

2. 전쟁의 전개과정

전쟁은 네 단계로 나눌 수 있다.

(1) 이라크가 이란 서부지역을 점령하였던 1982년 6월까지의 시기이다.

(2) 전세를 가다듬은 이란이 이라크 영토로 역침공하였던 시기(1984년 2월까지)이다.

(3) 양쪽이 상대방의 석유비축시설과 탱커를 공격하였던 소위 '탱커전쟁' 시기(1987년 2월까지)로 일본을 비롯한 제3국 선적의 탱커도 공격목표가 되어 쿠웨이트는 소련에게 탱커의 호위를 요청하였다.

(4) 소련에 대항하였던 미국이 개입한 최종단계로 미국은 탱커 호위를 위해 페르시아만과 주변지역에 40척 이상의 함선을 배치하였으며 1988년 7월에는 이란 항공의 여객기가 미군에 의해 격추되는 사건도 발생하였다. 이 사이에 이란과 이라크 두 나라는 상대방 도시에 대한 무차별 공격과 쿠르드인에 대한 이라크군의 독가스 무기 사용 등 현대전이 가지고 있는 문제점이 노정되었다.

3. 미국 입장

이란 - 이라크전쟁은 당초 미국과 소련 양 초강대국이 영향력을 행사하지 못한 지역분쟁으로 평가되었지만 점차 미국과 소련이 관계하는 지역분쟁으로 확대되고 혁명 후위 이란과 대립해 있던 미국은 친이라크적인 태도를 분명하게 보여주었다.

4. 종전

국제적으로 심각하게 고립되어 있던 이란이 1988년 7월 정전을 요구하는 UN안보리 결의 제598호(1987년 성립)를 받아들여 다음 달에 전쟁은 종결되었다.

5. 영향

(1) 전쟁은 인적 피해를 포함해 양쪽에 커다란 손해를 가져다 주었다. 이란은 혁명의 혼란을 수습하는 기회를 상실하여 그 후 경제적으로 오랜 정체가 계속되었다.

(2) 이라크도 경제적으로 피폐했을 뿐 아니라 비대해진 군을 사회적으로 흡수하지 못해 1990~1991년의 걸프 위기 및 걸프전쟁의 원인이 되었다.

3 포클랜드전쟁(1982년 4월)

1. 의의

1982년 4월에 시작해 6월에 휴전이 성립하였던 영국과 아르헨티나 간의 영토를 둘러싼 분쟁을 말한다. 남대서양의 포클랜드제도는 1833년 이후 영국의 지배하에 있었지만, 아르헨티나는 이전부터 섬에 대한 주권을 주장하였다. 포클랜드제도는 영국에서 8,000마일 떨어져 있지만(아르헨티나로부터는 350마일) 1,800명의 섬 주민 대부분이 영국의 지배를 요구하였다는 점에서 영국의 지배에 정당성은 있었다.

2. 개전

1976년에 쿠데타로 정권을 획득한 아르헨티나이 레오폰도 갈티에리 정권은 1980년대에 들어와 초인플레이션과 임금 저하라는 어려움에 직면하였으며 국내에서의 비판을 피하려는 목적으로 돌연 포클랜드제도에 군대를 보내 주변 섬들을 점령하였다. 영국은 즉각 아르헨티나와 단교하고 미국과 UN의 중재를 요청하였지만 실패로 끝났고, 이에 대처 총리는 무력에 의한 탈환을 결정하였다. 1982년 4월 26일 영국은 포클랜드제도 동남쪽에 있는 남조지아섬을 탈환하였으며 그 후 미국은 영국 지지를 표명하였다.

3. 종전

약 70일간 계속되었던 전투에서 영국은 프랑스제 엑조세미사일로 무장한 아르헨티나군의 공격을 받아 구축함 셰필드호를 잃었으며 아르헨티나도 함선을 잃었다. 1982년 5월 하순 영국군은 포클랜드제도에 상륙을 시작하였으며, 7월 12일 공식적으로 전투가 종료되었다.

4. 영향

(1) 이 전쟁은 냉전 종결 후의 지역분쟁의 시대를 예감시키는 것이었다. 개도국의 독재적인 정부가 국내정책이 실패하자 영토주권과 반식민지주의 같은 구호를 내걸고 국민들을 규합하고자 하는 모습은 냉전 종식 후의 국제사회에서 드문 일이 아니었다.

(2) 이 전쟁은 1980년대 이후의 미국과 영국의 친밀한 동맹관계의 출발점이 되었다. 당시 대처 정권은 어려움에 직면해 있었지만, 이 분쟁으로 강력한 지도력을 발휘해 일거에 인기를 회복해 1990년까지 정권을 담당하게 되었다. 레이건 정권은 당초 아르헨티나와의 관계를 배려해 중립적인 자세를 취하려고 하였지만, 대처의 설득으로 태도를 바꾸어 미국과 영국 간에 강력한 유대감이 생겨났다. 냉전 종결 후에도 이러한 유대감은 국제정치에서 하나의 기축이 되었다.

4 고르바초프의 등장과 내정개혁

1. 페레스트로이카

(1) 정치개혁

1985년 3월 미하일 고르바초프는 소련 공산당 서기장으로 등장한 이후 페레스트로이카를 단행하였는바, 정치개혁과 시장경제의 도입이 핵심내용이었다. 우선, 당정을 분리하고 1990년 개헌을 통해 당의 지도적 역할이라는 일당독재조항을 삭제하였다. 대통령제를 도입하여 자신이 대통령에 취임하였다. 1991년 소련 공산당 서기장의 직을 사임하면서 당의 해체를 권고함으로써 사실상 소련 공산당이 해체되었다. 한편, 소련 공산당의 해체는 소련의 해체로 이어져 1991년 9월 6일 발틱 3개국의 독립을 승인하였다.

(2) 시장경제의 도입

고르바초프는 소련 경제체제의 개혁을 위해 사유재산제도를 도입하였다. 1990년 3월 6일 소유권법을 통과시켰다. 한편, 토지기본법을 제정하여 개인의 토지 소유와 상속을 인정하였다.

2. 글라스노스트

글라스노스트는 '공표, 공개'라는 의미로서 검열의 폐지나 언론의 자유를 의미한다. 체르노빌 사고에 대한 정보공개를 계기로 페레스트로이카에 대한 국민의식이 근본적으로 변화하였다. 보도의 자유화와 함께 신문법을 제정하고, 검열의 폐지와 문예활동의 자유를 제도화하였다. 글라스노스트는 대내적으로 국민과의 신뢰관계를 회복시키는 한편, 국제정치에 있어서도 다른 나라와 상호신뢰를 가지게 하는 출발점이 되었다.

3. 신사고외교

(1) 배경

1979년 12월 소련의 아프가니스탄 침공으로 미소관계는 악화되기 시작하였고, 군비경쟁이 시작되었다. 미국은 퍼싱 - II 미사일의 유럽 배치와 소련 SS - 20의 배치로 미소 핵대결은 유럽을 핵전쟁으로 위협을 몰아가고 있었다. 그러나 레이건의 우주방위계획(Strategic Defense Initiaive)으로 미소 군비경쟁은 전환점을 맞았는바 소련은 더 이상 군비경쟁을 계속할 재정적 여유가 없었다. 이런 상황에서 집권한 고르바초프는 시대에 맞는 새로운 사고로 대외관계를 전환하고자 하였다.

(2) 신사고외교의 내용

① 자본주의와 사회주의의 양극적 투쟁과정으로 인식하던 세계관을 버리고 다극적, 상호의존적 세계관을 채택하였다. ② 안전보장에 있어서도 공동안보(Common Security) 또는 상호안보(Mutual Security) 개념을 도입하였다. 핵에 있어서도 보복위협에 의한 억지로부터 군비삭감과 군사균형을 기초로 하는 '방어적 억지' 개념으로 이행하였다. 이는 미국에 대한 핵우위전략을 수정한 것이었다.

5 전략무기감축협상(1982년 6월)

START라고도 하며, 1982년 6월 제네바에서 시작된 미국과 소련 양국의 전략무기 삭감을 위한 교섭이다. 종래의 전략무기제한협정(SALT)이 제한교섭이었던 것에 비해 START는 적극적인 감축교섭이라고 할 수 있다. 미국의 레이건 행정부는 전략무기의 양적 동결을 원칙으로 한 SALT방식을 거부하고 대폭적인 삭감을 추구하는 정책을 취하였다. 1991년 7월 미국 대통령 조지 부시와 구 소련 대통령 고르바초프가 당시 미국과 소련이 보유한 대륙간탄도미사일 등 장거리 핵무기를 향후 7년에 걸쳐 각각 30%와 38% 감축하기로 협정을 체결하였다.

6 SDI(1983년 3월 23일)

미국의 전략방위계획이다. 1983년 3월 R. 레이건 대통령에 의해 시작된 미국 국방성의 대륙간탄도미사일(ICBM) 방어장비 개발계획으로, 적의 ICBM을 발사의 초기 단계에서부터 탐지·포착한 뒤 추적하여 탄도 초기, 중기 또는 재돌입 시에 이를 격파하려는 계획이다. 1989년 4월 레이저무기 '알파'의 고출력 시험에 성공하였고, 운동에너지로서 브릴리언트 페블스(Brilliant Pebbles: 컴퓨터 조종의 열추적 미사일의 고드명)의 실험에도 성공하였다.

7 중거리핵전력폐기(INF)조약(1987년 12월 8일)

1987년 12월 8일 워싱턴에서 개최된 미국 대통령 R. 레이건과 소련 공산당 서기장 M. S. 고르바초프와의 수뇌회담에서 양국이 보유하고 있는 핵탄두 장착용의 중거리와 단거리 지상발사 미사일을 폐기하기로 합의한 핵무기 감축협정이다. 중거리 미사일은 사정거리 1,000~5,500km의 미사일로 미국의 퍼싱투 미사일, 지상발사 순항미사일(GLCM)과 소련의 SS20·SS4·SS5를 가리키며, 단거리 미사일은 사정거리 500~1,000km의 미사일로 미국의 퍼싱 IA와 소련의 SS12·SS23 등을 가리킨다. INF협정은 이들 2,619개의 미사일을 3년에 걸쳐 단계적으로 모두 폐기하고, 미사일 발사기와 각종 지원장비 및 구조도 파괴하기로 하였다. 또한 양국의 감시인에게 상대국의 미사일 폐기 여부를 직접 확인·감시할 수 있는 권한을 부여하기로 하였다. 이 협정은 무기체계들 가운데 한 범주 전체를 폐기하기로 한 최초의 무기통제조약이었다는 데 그 의의가 있다.

8 몰타회담(1989년 12월 3일)

1989년 12월 2일과 3일 지중해의 몰타해역 선상(船上)에서 미국 대통령 부시와 소련 서기장 고르바초프 사이에 이루어진 회담으로, 이 회담에서 제2차 세계대전 이후의 냉전체제를 종식하고 평화를 지향하는 새로운 세계질서를 수립한다는 역사적 선언이 이루어졌다. 이 회담은 비록 여러 현안에 대해 원칙적인 의견을 교환하였을 뿐 구체적인 협의는 다음으로 미루었으나, 대결에서 협력으로 가는 새로운 세계사의 흐름을 재확인하고 새 시대 국제질서의 방향을 제시한 회담으로 평가된다.

9 걸프전쟁(1990년 8월 2일)

1. 의의

미군을 주축으로 하는 다국적군은 1991년 1월 17일, 쿠웨이트를 점령하고 있던 이라크에 대해 공중폭격을 개시하였다. 뒤이어 2월 말에는 대규모 지상전이 전개되어 같은 달 28일 이라크군은 정전에 합의하고 쿠웨이트로부터 철수하였다. '사막의 폭풍'으로 불리는 걸프전쟁에 앞서 이라크가 쿠웨이트에 군사 침공을 감행한 1990년 8월 2일 이후의 상황을 따로 걸프 위기라고 부른다.

2. 이라크의 쿠웨이트 침공

이라크의 쿠웨이트 군사 침공의 직접적인 원인은 이란 - 이라크전쟁 시 이라크에 빌려준 부채를 쿠웨이트가 탕감해 주지 않았고 석유 가격 등에서도 같은 아랍 국가인 이라크를 지원하지 않았던 데 있었다. 더욱이 페르시아만으로 나가는 출구가 거의 없는 이라크는 이전부터 쿠웨이트의 완전독립을 인정하려 하지 않았고 따라서 영토 할양을 거듭 요구해 왔던 사실도 배경에 깔려 있었다. 또한, 미국이 이란과 대립하고 있기 때문에 이라크에 대해 강경 자세를 보이지 못할 것이라고 이라크 대통령 사담 후세인이 오판한 측면도 있다.

3. UN의 개입

이라크군의 침공 직후 UN안전보장이사회는 쿠웨이트에서 즉각 철수할 것을 요구하는 결의안을 채택하고 이라크에 대한 경제제재를 개시하였다. 그러나 이라크는 외국인을 인질로 잡아 '인간 방패'로 삼으며 저항하였다. 이 때문에 1990년 11월 말 안전보장이사회는 이라크군이 1991년 1월 15일까지 철수하지 않으면 각 가입국에 대해 "모든 필요한 조치를 취할 권한을 부여한다."라는 '무력사용 결의'를 채택하였다. 이 결의에 기초하여 다국적군의 공격이 이루어진 것이다.

4. 영향

(1) 냉전의 종식과 동시에 진행되었기 때문에 미국·소련이 처음으로 공동 대처한 국제 위기이다.

(2) 미국 대통령 부시는 걸프전쟁을 계기로 '새로운 세계질서'를 구축한다고 밝혔으며, UN의 평화구축기능에 대한 기대가 높아졌다.

(3) 사우디아라비아를 비롯한 페르시아만지역에서 미국의 군사적 존재가 확립되었으며 대이라크 군사공격으로 아랍 국가들 및 이슬람 세계에서 반미 감정이 고조되는 요인이 되었고, 이후 반미 테러로 이어졌다.

(4) 걸프전쟁 직후 곧 붕괴될 것이라는 예상과 달리 사담 후세인체제는 UN의 경제제재 등에도 불구하고 살아남았다. 1998년에는 대량살상무기 사찰문제를 둘러싸고 미국이 다시 이라크를 무력공격하였으나 문제는 해결되지 않았으며 후세인 정권의 테러지원 의혹과 함께 이라크전쟁(제2차 걸프전쟁)의 배경이 되었다.

10 독일 통일(1990년 10월 3일)

1. 전후 독일의 상황

1945년 제2차 세계대전에서 패전국이 된 독일은 소련군이 진주한 동독과 서방 연합군이 진주한 서독으로 나뉘어 분할 통치되었다. 그러다가 냉전체제가 굳어지면서 1949년부터는 동서 양쪽에 독립된 정부가 들어서 분단이 공식화되었다. 1950년대 초에는 한때 중립 통일안이 제기되기도 하였으나 무산되고, 1960년대부터는 국제적 냉전 기류에 편승한 서독의 이른바 할슈타인원칙에 따라 대결 국면이 조성되어 동독은 베를린에 장벽을 둘러싸기도 하였다.

2. 동서독의 분단과 대립

동서 냉전으로 전승 4대국 연합체가 양극화하면서 독일에 대한 전승국의 정책도 영향을 받게 되었다. 공산진영에 대한 방위 필요성에 따라 1951년 미국, 영국, 프랑스는 독일에 대해 전쟁상태의 종식을 각각 선언했으며, 1952년 5월 Bonn조약과 1954년 10월 파리의정서를 통해 독일에 대한 점령체제를 종료시켰다. 한편, 소련은 1954년 3월 25일 동독의 주권에 관한 선언을 통해 동독과 주권국가로서의 관계를 확립할 것이며, 동독 내에 안전보장 및 4대국의 의무에 관한 권한을 보유한다고 선언하였다. 소련은 1955년 9월 10일 동독의 주권을 승인했다.

3. 베를린 장벽

1961년 8월 13일, 동서 베를린 간의 경계에 동독으로부터 서베를린으로의 통행을 차단하기 위해 만들어진 구조물이다. 베를린은 제2차 세계대전 후 미국, 영국, 프랑스, 소련 4개국에 의해 점령되었으나, 4개국에 의한 공동관리는 1948년에 기능이 정지되었고, 그 후 서방측 3개국의 점령지역과 소련 점령지역은 동, 서 베를린으로 별개의 베를린시 행정을 가지고, 통화나 사회, 경제체제가 전혀 다른 상태에서 점령지역의 경계선에서 접한 채 병존했다. 1961년까지 동독에서 서독으로 이동한 사람이 약 250만 명이 되자, 이동을 차단하기 위해 장벽을 건설하게 되었다. 총 길이는 약 155km에 달했다. 이 장벽은 1989년 11월 9일 붕괴되었다.

4. 아데나워의 정책

첫째, 아데나워 수상은 통일문제보다 서유럽통합을 우선시했다. 그는 동독에 대해 '힘의 우위 정책(Politik der Staerke)'과 봉쇄를 강조했다. 아데나워는 서독과 서방 제국의 정치, 경제적 우월성이 동독을 붕괴시키고 소련으로 하여금 그 점령지역을 포기하도록 만들 것이라고 보았다. 이 시기는 통일보다는 자유가 강조되던 시기였고, 1969년 전까지는 적극적인 통일정책은 없었다. 아데나워는 할슈타인 원칙에 기초하여 동독이 동구 사회주의 진영 이외의 국가들로부터 외교적 승인을 얻지 못하도록 방해함으로써 1969년까지 동독을 국제적으로 고립시켰다. 아데나워는 1950년 그로테볼(Otto Grotewohl) 동독 수상의 '전독위원회'창설 제안이나 1956년 울브리히트의 '국가연합'제안을 모두 거부했다.

둘째, 아데나워의 친서방 결속을 바탕으로 한 '힘의 우위정책'은 서독의 경제부흥과 민주주의 정착을 위한 토대를 마련했다. 또한 서독은 1955년 NATO에 가입하여 대동구권 안보를 강화했다.

셋째, 소련의 베를린 봉기 개입과 베를린 장벽 구축은 서독의 독일정책에서 전환점이 되었다. 또한 미국이 베트남전쟁을 치르면서 서유럽에 대한 군사적 의무에서 벗어나려는 움직임이 일자 서독은 힘의 우위 정책의 전환이 필요함을 절감하게 되었다. 이후 서독은 양독 주민들의 인도적 고통을 완화하기 위한 '작은 걸음 정책' 및 '동방정책'을 추진하게 되었다.

5. 동방정책의 전개

대결 국면이 전환기를 맞은 것은 1969년 브란트(Willy Brandt) 총리가 동방정책(Ostpolitik)을 추진하여 할슈타인원칙을 포기하면서부터이다. 이후 1972년대부터 1987년까지 약 15년간 34차례의 협상을 통해 과학기술, 문화, 환경 등에 대한 협력체계를 구축하고, 동서독 간 민간인의 교류가 이루어졌으며, 1982년 서독 총리 슈미트(Helmut Schmidt)의 동독 방문에 이어 1987년에는 동독 공산당 서기장 호네커(Erich Honecker)가 서독을 방문함으로써 통일에 일대 전기가 마련되었다. 이러한 우호적 분위기 속에서도 동독 측은 1민족 2국가라는 통일 이념을 자본주의적 민족과 사회주의적 민족이라는 2민족론으로 바꾸어 통일에 소극적이었던 반면, 서독은 1국가 2체제론을 내세워 독일 민족의 연속성과 통일성을 강조하였다.

6. 슈미트(H.Schmidt)시기

브란트 수상을 물러나게 한 기욤 간첩사건으로 양독관계는 일시적 냉각기를 맞기도 하였으나, 후임 슈미트 수상은 소련과의 협상을 통해 동독과의 화해를 계속 추진했다. 다만, 외교정책 전반에 있어서 동방정책의 위상은 브란트 시절에 비해 상대적으로 낮아졌다. 대동독정책에 있어서 역사적, 윤리적, 감정적 성향을 보인 브란트와 달리 슈미트는 통일여건의 조성 차원에서 내독관계의 실질적 개선에 초점을 맞추어 분단으로 인한 일상적인 불편함을 해결하는 데 주력했다.

7. 콜시기

1983년 총선에서 자민당, 기민당, 기사당 연합이 승리하고 헬무트 콜이 수상이 된 이후 콜은 기존 정부가 체결한 조약에 기초한 동방정책을 지속할 것을 천명하였다. 콜 수상은 서구와의 결속 강화 기조와 동독과의 협력 기조를 동시에 추진하고자 한 점에서 이전의 동방정책과는 다소 차이가 있었다. 콜은 1980년대 초 동독에 대한 대규모 차관을 제공했고, 동독 호네커수상은 동독의 서독 이동에 대한 제한을 완화하여 양독간 인적 교류가 확대되었다. 1985년 소련에 고르바초프가 서기장이 된 이후 양독관계도 더욱 발전되었다. 양독 도시간 자매결연이 확대되었고, 1988년 5월 6일 문화협정이 체결되기도 했다. 1987년 9월 7일 호네커의 서독 방문 이후 양독관계 상호 의존도는 더욱 급격하게 증가했다.

콜정부는 기본적으로 동방정책의 연장선상에서 대동독 정책을 폈으나 몇 가지 차이가 있다. 첫째, 체제의 자유화 없이는 협력이 없다는 원칙하에 동독 주민들의 자유 신장을 위해 노력했다. 둘째, 분단고통 해소와 함께 통일이라는 목표를 설정하고 이에 도움이 되는 방향에서 독일 정책을 추진했다.

8. 독일 통일 과정

(1) 독일통일에 대한 네 가지 기본원칙 수립

1980년대 후반 독일 내에서 통일 요구가 분출하자 미국은 1989년 12월 NATO 정상회담과 EC정상회담을 통해 독일통일에 대한 네 가지 원칙을 수립했다. 즉, 독일민족의 자결권 존중, 평화적이고 민주적 원칙에 의거한 통일과정, 서독이 과거 체결했던 기존 협정과 조약의 준수 및 전승 4대국의 유보권 존중, CSCE원칙의 존중이 지켜질 때 서방연합국은 독일통일에 찬성할 것.

(2) 콜 수상의 기조

동독의 경제난 악화, 대서독 경제지원 요구, 동독주민의 이탈 급증 등으로 동독 협상을 서두를 필요성이 증가하자 콜 수상은 동독과 합작보다는 흡수통일을 결심했다.

(3) 소련 고르바초프 입장

당시 고르바초프는 국내개혁정치의 필요성뿐만 아니라 민족자결권의 존중을 천명해 왔으므로 동독 주민들의 통일 요구를 받아들이지 않을 수 없다는 입장이었다. 고르바초프는 1990년 2월에 개최될 '2 + 4회담'에 동의했다. 회담 이후 콜은 고르바초프가 원하는 경제지원, 독일 군사력의 제한 등에 합의함으로써 소련의 통일지지를 확보하게 되었다. 1990년 7월 콜-고르바초프회담에서 통일 독일이 대량살상무기를 보유하지 않고, NPT에 잔류하며, 유럽재래식 전력 감축 교섭을 통해 독일 병력을 3년 내에 37만명으로 삭감하기로 합의되었다.

(4) 화폐 통합

1990년 5월 18일 '통화, 경제, 사회동맹의 창출에 관한 조약'이 채택되고 7월 1일 발효되었다. 조약 발효로 동독 통화가 폐지되고 서독 마르크화로 바뀌면서 사실상 동독의 경제는 서독 경제에 흡수되었다.

(5) 통일의 제도적 완료

90년 8월 31일 동서독간 통일조약이 체결되었으며, 9월 12일 '2+4조약'이 체결되고 1990년 10월 3일 독일 통일이 실현되었다. 11월 9일 독일 - 소련 쌍무조약, 11월 14일 독일 - 폴란드조약이 체결되었다. 1994년 중반까지 독일군은 357,000명으로 감축되었고, 1994년 9월 NATO군사 지휘체계에 독일군이 통합되었다.

9. 독일통일에 대한 주요국 입장

당초 영국은 독일 통일에 대해 우려하는 입장이었으나, 국민들의 자유로운 자결권에 따른 평화적인 재통일에 대해 정면으로 반대하기 어려웠다. 또한 미국의 George H.W.Bush 대통령이 기본적으로 독일 국민의 결단을 존중한다는 입장을 일관되게 취한 것이 큰 영향을 미쳤다. 미테랑(François Maurice Adrien Marie Mitterrand) 프랑스 대통령은 당초 주저하였으나 독일 통일을 그보다 큰 유럽 통합의 추진의 틀속에 포함시키면서 타협점을 찾아냈다.

11 유럽재래식무기감축조약(CFE, 1990년 11월 9일)

1. 의의

CFE는 1990년 11월 19일 파리 유럽안보협력회의(CSCE) 정상회의에서 체결된 유럽의 재래식무기감축에 관한 조약으로 1986년 4월 소련 서기장 고르바초프의 제안을 받아들여 교섭이 시작되었다. 유럽의 재래식무기에 관한 조약으로서는 1960년대 후반의 전반적인 해빙 분위기 속에서 1973년부터 비엔나에서 시작된 상호균형병력감축(MBFR) 교섭이 있었으나 이렇다 할 성과를 거두지 못하고 있었다(MBFR 교섭은 1989년 2월에 종료). 고르바초프의 제안에 대해서 원래 NATO 측은 약간 회의적이었지만 INF 등으로 고르바초프의 군축 의도가 진실임이 확인되자 교섭이 본격화된 것이다. 1990년 11월 19일 통일 독일을 포함한 22개국에서 조약이 최종 조인되었다.

2. 내용

(1) CFE는 '대서양에서 우랄까지'에 해당하는 유럽지역에서 먼저 동서 양진영의 탱크, 화포, 주행전투차량, 전투기, 전투헬기를 대상으로 적용되었다. 즉, 이 지역에서 동서 양측이 각각 4단계로 구분된 배치지역을 결정하고 이들 무기로 총 배치수를 정한다는 것이었다.

(2) 어느 한 나라도 조약의 총 배치수의 3분의 1을 초과할 수 없으며 합의된 총 배치수를 초과하는 무기나 장비에 대해서는 조약 발효 후 40개월 이내에 폐기하도록 규정하였다.

(3) 엄격한 정보교환체제와 검증조치, 폐기된 무기의 감시조치에 대한 규정도 정해졌다.

3. 후속합의

조약체결 이후 병력수에 관한 교섭이 진행되어 1992년 7월 10일 헬싱키에서 개최된 CSCE 정상회의에서 '유럽 내 재래식 병력의 숫자에 관한 교섭의 최종문서'가 합의되었다. 합의문 효력 발생 후 40개월 이내에 병력수의 상한까지 감축하도록 규정되어 있었다. 독일의 통일과정에서 통일 독일의 병력 상한은 37만 명으로 되어 있었으나, 이 교섭과정에서 독일은 병력 상한을 34만 5천 명까지 끌어내렸다. 그러나 사실상 이 무렵 유럽 각국에서는 냉전 종결과 재정난에 의한 군비 축소 움직임이 활발하였기 때문에 병력수 감축은 예상보다 빠른 속도로 진행되었다.

4. 전개과정

(1) 1992년 11월 9일 CFE가 발효되었고, 당시 참가국은 29개국이었다.

(2) 러시아 - 체첸전쟁 이후 조약개정작업이 진행되어 1999년 11월 개정되었다. 각 국가별로 조약영역에서 보유할 수 있는 병력의 상한과 주둔시킬 수 있는 병력의 상한(외국 군대 포함)을 정하는 한편 이를 유연하게 운영할 수 있도록 일시적으로 상한을 초과할 경우에 대한 조치가 합의되었다. 나아가 유럽 전체의 무기를 1990년에 작성된 조약보다 약 10% 더 감축하는 새로운 틀이 합의되었으며 국가 상한이나 지역 상한을 5년마다 재검토한다는 것에도 합의하였다.

12 독립국가연합(CIS) 창설(1991년 12월 21일)

1991년 12월 31일 소련(소비에트사회주의공화국연방: USSR)이 소멸되면서 구성공화국 중 11개국이 결성한 정치공동체이다. CIS는 1991년 12월 21일 알마아타에서 출범식을 가지고, 1992년 2월 14일 민스크에서 제3차 정상회담을 개최, 우크라이나 · 몰도바 · 아제르바이잔을 제외한 8개국이 통합군을 편성하기로 합의하였다. 또한 10월 9일 키르기스스탄 정상회담에서는 루블화 공동은행 창설과 공동 텔레비전 · 라디오 설립 등에 합의하였다. CIS의 조직은 최고협의기구인 국가원수평의회(정상회담)와 그 산하에 총리협의체 그리고 가맹국의 해당 장관들로 구성되어 실무를 담당하는 각료위원회로 구성되어 있다.

13 구 유고 내전

1. 배경

유고슬라비아 사회주의 연방공화국(구 유고)은 다민족성을 유지하면서 국가통합을 잘 실현해 왔었다. 그러나 강력한 초민족적 지도자인 티토가 1980년 5월에 서거하고 구 유고는 내전의 길로 들어섰다. 티토의 뒤를 이어 강력한 리더십을 발휘한 지도자는 후에 세르비아의 대통령이 된 밀로셰비치였다. 그러나 그의 목적은 다민족적인 구 유고를 유지하는 것이 아니라 세르비아인의 이익을 주장함으로써 자기의 권력을 보전하는 것이었다. 밀로셰비치는 1987년에 세르비아의 최고 권력자가 되자 차례로 세르비아 자치주의 코소보와 보이보디나 그리고 몬테네그로의 지도부에 자기 측근을 앉혀 세르비아인의 이익을 보호하는 수호신처럼 행동하였다. 이러한 大세르비아주의적 방법에 위기감을 느낀 것은 북부의 슬로베니아와 크로아티아였다. 이들 두 나라에서는 1990년 봄 의회선거의 결과 공산당 계열이 참패하였다. 그리고 두 나라는 각각 국민투표를 거쳐 1991년 6월 25일 독립을 선언하였다. 그 후 독립에 반대하는 연방군과 양국의 국방군 사이에 군사적 충돌이 발생하였고, 내전이 시작되었다.

2. 슬로베니아

슬로베니아에서는 약간의 충돌이 있은 후 연방군은 철수하였다.

3. 크로아티아

크로아티아에서는 1991년 9월부터 내전이 본격화되었다. 여기에는 크로아티아 국민의 10% 정도를 점하고 있는 세르비아인의 존재가 배후로 작용하였다. 세르비아인들은 크로아티아 대통령 투지만의 지도하에 추진되던 '크로아티아화'에 반발하여 이미 1990년 8월 세르비아인 지역에서 주민투표를 실시한 바 있다. 더욱이 10월에는 '우크라이나 - 세르비아인 자치구'를 선언하고 크로아티아 독립선언 이전부터 크로아티아 정부와 소규모 충돌을 거듭하고 있었다. 크로아티아에서는 국내의 세르비아인과 연방군의 협공 결과 1991년 말 휴전협정이 체결되기는 하였으나 국토의 약 30%에 해당하는 지역에 UN평화유지군이 주둔하게 되었다.

4. 보스니아 - 헤르체고비나

UN군의 주둔 직후 내전의 무대는 보스니아 - 헤르체고비나(이하, '보스니아'로 약칭)로 바뀌었다. 보스니아에서는 1990년 11월의 의회선거에서 무슬림의 민주행동당, 세르비아민주당, 보스니아 - 헤르체고비나 민주동맹 등 각 민족정당이 획득한 의석의 합계가 보스니아 의회의 80%를 차지하면서 민족정당에 의한 연립정권이 수립되었다. 하지만, 세르비아 민주당은 보스니아가 구 유고로부터 이탈할 수 있는 권리를 헌법에 명시하는 데 반대하여 정권에서 이탈하였다. 헌법개정안은 의회를 통과하였고 1992년 2월부터 3월에 걸쳐 독립에 관한 국민투표가 강행되었다. 결국 세르비아인들이 투표를 거부하며 보스니아 정부와의 내전이 시작되었다. 전환점은 1994년 3월에 체결된 워싱턴협정이었다. 이 협정에 의해 보스니아의 무슬림과 크로아티아인이 연방을 구성하고 이 연방과 크로아티아가 국가 연합을 조직하기로 결정되었다. 이후

1995년 11월에는 데이턴협정이 체결되었다. 데이턴협정에 따라 보스니아는 보스니아 연방과 세르비아인 공화국으로 구성된 통일국가로 규정되었고 영내에는 평화이행 부대가 주둔하는 한편 민생부분을 통제할 UN 보스니아 대표부가 설치되었다.

5. 코소보

코소보는 구 유고시절부터 불안정한 지역으로 1968년과 1981년에 알바니아인들의 대폭동이 발생한 바 있다. 밀로셰비치는 1989년 3월의 세르비아 헌법 개정에 따라 코소보의 자치권을 축소하였으나 알바니아인들이 1990년 7월 코소보 공화국의 수립을 선언하면서 일종의 이중권력상태가 유지되고 있었다. 코소보 내 주도권이 무장집단인 코소보해방군으로 옮겨지면서 세르비아 치안부대가 소탕작전을 개시하였으나 사태가 악화되었다. 1999년 2월부터 미국, 러시아, 영국, 프랑스, 독일, 이탈리아로 구성된 콘택트그룹에 의한 평화교섭이 시작되었으나 당사자들의 비타협적인 자세, 특히 알바니아인 측의 강경자세로 인해 교섭은 실패하였다. 결국 1999년 3월 24일부터 78일간 코소보의 세르비아인 거점뿐만 아니라 세르비아 각지에서 나토(NATO) 공습이 전개되었다. 이후 코소보의 독립이 인정되어 국제사회에서 독립국가로 자리매김 하였다.

14 코소보 사태(1998년 3월)

1. 발단

코소보는 알바니아계 주민이 전인구의 80% 가까이 차지하지만 영토는 신유고연방에 속해 있는 자치주이다. 그래서 절대다수를 차지하는 알바니아계 주민들은 세르비아로부터의 분리독립을 바라고 있었다. 1998년 3월 초 코소보의 알바니아 분리주의 반군들이 세르비아 경찰을 공격하면서 코소보 사태가 시작되었다. 보스니아 내전의 종식으로 한 동안 잠잠하던 발칸반도가 다시 전화(戰火)에 휩싸이게 된 것이다. 세르비아 경찰은 즉각 반격에 나서 반군은 물론, 반군 거점지역의 주민들을 대량학살하였다. 이에 맞서 알바니아계 주민들은 코소보해방군(UCK)을 중심으로 게릴라전을 전개하였다.

2. UN의 개입

1998년 3월 31일 UN은 유고연방에 대한 무기금수조치를 내렸으며, 1998년 4월 세르비아의 탄압에 대한 알바니아계 주민의 시위가 확산되었다. 세르비아는 1998년 5월 3일 대규모 소탕작전을 전개하여 수십 명의 알바니아계 반군을 사살하고, 알바니아계 주민들을 대상으로 이른바 인종청소작전을 펼쳤다.

3. 미국 및 나토(NATO) 개입

1998년 6월 코소보 사태에 대한 개입을 선언한 미국과 유럽연합은 NATO 병력을 코소보 주변에 배치하고 코소보로부터의 세르비아 병력의 철수, 잔혹한 인종청소의 중단을 촉구하였다. 그러나 세르비아군은 이를 무시하고 1998년 8월 코소보해방군의 주요 거점을 함락시켰다. 1998년 10월 NATO는 세르비아에 대한 무력사용을 결정하였다. 그러자 세르비아 대통령 밀로셰비치는 1999년 2월부터 3월 말까지 몇 차례에 걸쳐 서방 측과 코소보 평화협상을 가졌다. 그러나 협상은 모두 실패로 끝나고, 3월 24일 NATO는 유고연방에 대한 공습을 시작하였다.

4. 종결

1999년 6월 3일에 마침내 세르비아 의회가 UN의 평화계획을 승인하였다. 6월 5일부터 NATO와 유고연방 간에 군사회담이 열렸고, 9일에는 군사협정이 체결되었다. 이로써 NATO의 유고공습이 시작된 이래 11주 동안 계속된 코소보 사태는 수습되고 평화안 이행에 들어갔다.

 참고

고르바초프(Gorbachyov, Mikhail Sergeyevich, 1931년 3월 2일 ~)

1. 러시아의 정치가이자 초대 대통령(재임 1990.3. ~ 1991.12.25.)으로 카프카스산맥 북쪽의 스타브로폴 지방 프리블례에서 농부의 아들로 태어났다. 콤바인을 운전하며 5년간 농장일을 하다가 19세 때인 1950년 모스크바대학교 법과대학에 입학, 2학년 때인 1952년 공산당에 입당하여 교내의 콤소몰(공산주의청년동맹) 조직원으로 활약하였다. 5년간의 대학과정을 마치고 1955년 고향 스타브로폴로 돌아와 콤소몰 서기로 일하다가, 1968년 지구당 제1서기를 거쳐 1971년 소련공산당 중앙위원이 되었다. 1978년 농업담당 당서기로 취임한 후, L. I. 브레즈네프의 지원을 받아 대규모 농업투자정책을 수행하였다.

2. 1980년 정치국원으로 선출되어 권력의 핵심권에 접근, Y. V. 안드로포프가 집권하자 그의 후계자로 지목되었고, K. U. 체르넨코의 집권기간 중에도 제2인자의 위치를 굳혔다. 1985년 3월 체르넨코의 사망으로 당 서기장에 선출되자, 페레스트로이카(개혁)를 추진하여 소련 국내에서의 개혁과 개방뿐만 아니라, 동유럽의 민주화 개혁 등 세계질서에도 큰 변혁을 가져오게 하였다. 1988년 연방최고회의 간부회의장을 겸하고, 1990년 3월 소련 최초의 대통령에 선출되었다.

3. 1991년 7월 마르크스 - 레닌주의 및 계급투쟁 포기의 소련 공산당 새 강령을 마련하였다. 이와 같은 개혁의지는 1991년 8월 보수강경파에 의한 쿠데타를 유발시켜 한때 실각하였다가 쿠데타의 실패로 3일만에 복권하고, 공산당을 해체, 소련의 1970년 공산 통치사에 종막을 고하게 하였다. 그러나 B. M. 옐친 등의 주도로 소비에트연방이 해체되고 독립국연합이 탄생하자 1991년 12월 25일 대통령직을 사임하였다. 1990년 노벨평화상을 수상하였으며, 1994년 씽크탱크인 사회·정치연구소의 의장으로 활동하였다.

01 제2차 세계대전 이후 냉전적 국제질서의 형성 과정을 시기순으로 바르게 나열한 것은?

2020년 외무영사직

ㄱ. 트루먼 독트린 발표	ㄴ. 코민포름(Kominform) 창설
ㄷ. 바르샤바조약기구(WTO) 결성	ㄹ. 북대서양조약기구(NATO) 결성
ㅁ. 마샬플랜(The Marshall Plan) 발표	

① ㄱ ⇨ ㄴ ⇨ ㅁ ⇨ ㄹ ⇨ ㄷ
② ㄱ ⇨ ㅁ ⇨ ㄴ ⇨ ㄹ ⇨ ㄷ
③ ㄴ ⇨ ㄱ ⇨ ㄹ ⇨ ㅁ ⇨ ㄷ
④ ㄴ ⇨ ㄱ ⇨ ㅁ ⇨ ㄹ ⇨ ㄷ

냉전 국제질서

제2차 세계대전 이후 냉전적 국제질서는 ㄱ ⇨ ㅁ ⇨ ㄴ ⇨ ㄹ ⇨ ㄷ 순서로 형성되었다.
ㄱ. 트루먼 독트린 발표(1947년 3월): 대소련 봉쇄정책 선언
ㅁ. 마샬플랜(The Marshall Plan) 발표(1947년 6월): 유럽부흥계획
ㄴ. 코민포름(Kominform) 창설(1947년 10월): 공산당 상호 간 경협제도
ㄹ. 북대서양조약기구(NATO) 결성(1949년 4월): 서방진영의 동맹
ㄷ. 바르샤바조약기구(WTO) 결성(1955년 5월 14일): 공산권 국가 간 동맹

답 ②

02 1945년 포츠담선언의 내용으로 옳지 않은 것은?

2018년 외무영사직

① 카이로선언의 이행을 촉구하였고 2차대전 후 일본의 영토 범위를 명시하였다.
② 한국의 독립문제가 최초로 거론되었다.
③ 일본의 무조건적인 항복을 요구하였다.
④ 미국, 영국, 중국 3국에 의해 발표되었다.

포츠담선언

한국의 독립문제가 최초로 거론된 것은 카이로선언(1943년)의 내용이다.

답 ②

03 냉전 형성기에 미국이 주도한 외교정책을 모두 고른 것은? 2016년 외무영사직

ㄱ. 마샬계획	ㄴ. 봉쇄정책
ㄷ. 베를린 봉쇄	ㄹ. 애치슨선언

① ㄱ, ㄴ

② ㄱ, ㄴ, ㄹ

③ ㄱ, ㄷ, ㄹ

④ ㄴ, ㄷ, ㄹ

냉전 형성기

냉전 형성기에 미국이 주도한 외교정책은 ㄱ, ㄴ, ㄹ이며, ㄷ은 소련이 주도한 외교정책이다.

ㄱ. 마샬계획은 유럽 부흥을 위한 미국의 대규모 원조계획을 말한다.

ㄴ. 봉쇄정책은 트루먼 독트린(1947년 3월)으로 상징되는 정책으로서 소련의 팽창을 저지하는 정책이다.

ㄹ. 애치슨선언은 미국의 극동방위선을 선언한 것으로서 한국은 극동방위선에서 제외되었다. 일부 수정주의자들에 의해 한국전쟁을 미국이 유도하였다는 근거로 사용되기도 한다.

선지분석

ㄷ. 베를린 봉쇄는 미국, 영국, 프랑스가 자국이 통치하는 독일지역을 하나의 경제권으로 통합하자 소련이 이에 항의하여 동베를린과 서베를린 사이의 통과를 방해한 사건이다. 미국과 소련 간 합의로 약 1년 후 봉쇄는 해제되었다.

답 ②

04 포츠담(Potsdam)회의에 대한 설명으로 옳은 것은? 2012년 외무영사직

① 독일에 조속히 중앙정부를 설치해 연합국과 함께 군비해제와 비무장화 등을 추진할 것을 합의하였다.

② 5개국 외상으로 구성되는 이사회를 설치해 독일의 동맹국들이었던 핀란드, 루마니아, 이탈리아, 불가리아, 헝가리와의 평화조약 체결문제를 담당하도록 하였다.

③ 독일을 미·영·소·불 4개국이 점령한다는 원칙에 최초로 합의하였다.

④ 유럽 자문이사회의 설립, 국제기구의 창설, 오스트리아 독립 등 주요한 사항에 합의하였다.

포츠담회의

선지분석

① 당분간 독일에는 중앙정부를 두지 않고 독일을 단일 단위로서 다루며, 분할을 궁극의 방침으로 하지 않는다고 하였다.

③ 독일의 분할점령은 얄타회담에서 최초로 합의되었다.

④ 모스크바회담(1943년 10월)의 합의사항들이다. 동 회담 이후 발표된 모스크바선언은 일반적 안전보장에 관한 선언, 이탈리아에 관한 선언, 오스트리아에 관한 선언, 독일에 관한 선언 등이 포함되어 있다. 오스트리아에 관한 선언에서 독일의 오스트리아 강제병합은 무효임이 선언되었다.

답 ②

05 1969년 7월 25일 닉슨 대통령이 괌에서 기자회견 중 밝힌 정책구상에 대한 설명으로 옳지 않은 것은?

2017년 외무영사직

① 미국이 베트남전쟁에서의 철수 여부를 검토하고 있음을 밝혔다.

② 미국이 소련과의 정상회담을 조속히 추진하겠다고 밝혔다.

③ 핵보유국으로부터 안보 위협을 당하는 경우를 제외하면, 아시아 국가들이 안보 문제를 스스로 해결하길 기대한다고 밝혔다.

④ 미국은 베트남전쟁과 같은 전쟁을 피하는 것이 목적이라고 밝혔다.

닉슨 독트린

닉슨 독트린은 미국이 베트남전쟁에서 퇴각하기로 결정하면서 제시한 것이다. 소련과의 정상회담 관련 내용은 없다. 닉슨 독트린에는 그 밖에도 경제원조 중심 지원, 상호원조기구 형성 기대 등이 담겨 있다.

답 ②

06 중동지역 분쟁과 관련된 사건을 시기순으로 바르게 나열한 것은?

2019년 외무영사직

ㄱ. 이란 - 이라크전쟁	ㄴ. 벨푸어선언
ㄷ. 욤키푸르전쟁	ㄹ. 캠프데이비드협정 체결

① ㄴ ⇨ ㄷ ⇨ ㄱ ⇨ ㄹ

② ㄴ ⇨ ㄷ ⇨ ㄹ ⇨ ㄱ

③ ㄷ ⇨ ㄴ ⇨ ㄱ ⇨ ㄹ

④ ㄷ ⇨ ㄴ ⇨ ㄹ ⇨ ㄱ

중동지역 분쟁

중동지역 분쟁과 관련된 사건을 시기순으로 바르게 나열한 것은 ㄴ ⇨ ㄷ ⇨ ㄹ ⇨ ㄱ이다.

ㄴ. 벨푸어선언(1917년)은 영국 정부가 팔레스타인 내에 하나의 유대인 향토를 세우는 것에 대해 호의를 보이고 있다고 선언한 것이다.

ㄷ. 욤키푸르전쟁(1973년)은 제4차 중동전쟁을 말한다. 1973년 이집트의 선제공격으로 전쟁이 시작되었으나 미국의 지원을 얻은 이스라엘이 승리하였다.

ㄹ. 캠프데이비드협정(1978년 9월 17일)은 카터 대통령의 중재로 이집트와 이스라엘 간 체결된 협정이다. 4차례에 걸친 중동전쟁을 종식한 역사적 협정이었다. 카터 대통령은 '이스라엘이 시나이반도를 돌려주는 대신 미국은 이스라엘에 최첨단 조기경보시스템 제공'이라는 중재안을 제시하여 협상 타결을 중재하였다. 1978년 9월 17일 역사적인 캠프데이비드협정이 체결되고 이듬해 3월 이집트 - 이스라엘 평화협정이 정식 발효됐다.

ㄱ. 이란 - 이라크전쟁은 1980년 9월에 발발하였다. 직접적인 원인은 국경협정을 이란이 파기한 것이었으나, 종교적 갈등, 소수민족문제 등이 원인이 되었다. 1988년 정전협정을 체결하였다.

답 ②

07 1970년대 데탕트에 대한 설명으로 옳지 않은 것은?

① 미국과 소련은 중거리핵무기(INF)조약을 체결했다.

② 미국과 소련은 전략무기제한조약(SALT) I 을 체결했다.

③ 미국과 소련은 핵전쟁방지합의(Agreement on the Prevention of Nuclear War)를 체결했다.

④ 소련은 헬싱키최종의정서(Helsinki Final Act)에 합의했다.

데탕트
_____

중거리핵무기(INF)조약은 1987년에 체결되었다.

선지분석

③ 핵전쟁방지합의(핵전쟁 방지에 관한 협정, Agreement on the Prevention of Nuclear War)는 소련과 미국 간에 1973년 6월 22일 서명되고 발효한 협정이다. 동 협정은 양 당사국이 관계악화를 방지하고 군사적 대결을 피하며 양국 간 또는 일국과 기타 다른 국가 간 핵전쟁의 발발을 배제시키는 방향으로 행동하도록 하고 있다. 각 당사국은 타방에 대해, 타방의 동맹국에 대해, 또는 국제평화 및 안전을 위태롭게 할 수도 있는 상황에서 다른 국가들에 대해 무력의 위협 또는 사용을 하지 않을 것을 서약한다. 핵전쟁 위험이 있는 상황이 발생할 경우 양 당사국은 즉각 상호 협의하고 동 위험을 제거하기 위해 모든 노력을 다하도록 되어 있다.

④ 헬싱키최종의정서(Helsinki Final Act)는 유럽안보협력회의(CSCE)를 창설한 문서이다.

답 ①

---

08 1979년 이란혁명과 그 영향에 대한 설명으로 옳은 것은?

① 호메이니가 프랑스에서 망명 생활을 마치고 귀국한 후, 팔레비 왕조를 축출하면서 시작되었다.

② 독재 왕정 붕괴 후 국민투표로 선출된 권력이 등장하여 여성의 권익이 향상되었다.

③ 호메이니의 사망 이후 라프산자니가 이슬람 최고 지도자로 등극하였다.

④ 이란은 시아파(Shi'a) 중심의 이슬람 원리주의에 입각하여 서방과 대립하였다.

이란혁명
_____

선지분석

① 1979년 1월 16일 국왕(샤)이 혁명으로 퇴위하자, 2주 후인 1979년 2월 1일 15년의 망명 생활을 청산하고 이란으로 돌아왔다. 이란혁명의 시작이 호메이니의 귀국보다 앞선다.

② 이란혁명 이후 이란은 정교일치체제를 구축하였다. 즉, 이슬람의 예언자 무함마드의 후계자인 이맘을 대신하여 현세의 성직자가 통치하는 것이다.

③ 1989년 호메이니가 사망한 이후 아야톨라 알리 하메네이가 최고 지도자로 등극하였다.

답 ④

MEMO

제 **3** 편

동양 외교사

제1장 | 중국 외교사

제1절 | 아편전쟁과 중국의 개국

> 1784. 귀정법 실시
> 1829. 청, 외국과의 통상금지
> 1831.5. 청, 영국상인의 광동무역 단속 및 아편수입 엄금
> 1839.3. 임측서, 아편 2만 상자 몰수 소각
> 1839.7. 영국, 중국의 광동에 침입
> 1840.6. 영국, 청의 주산도를 함락. 아편전쟁 시작
>
> 1841.1.20. 취안비 가조약
> 1842.5. 영국, 청의 상해 함락
> 1842.8. 영국과 청, 남경조약 체결
> 1843.10.8. 청, 영국과 추가조약 체결
> 1843.11.15. 청, 상해 개방

1 서론

아편전쟁을 통해 유럽 열강들과 외교관계를 설정하기 이전까지 중국은 자국중심의 중화체제를 유지하고 있었다. 중화체제는 화이사상(중화사상)에 기초하여 중국을 최정점으로 하는 수직적 국제관계를 의미한다. 종주국과 조공국으로 형성되어 종주국과 조공국은 사대자소관계로, 조공국 간 관계는 교린관계로 규율되었다. 조공국의 국왕은 중국에 의해 봉해지고 국왕변경에는 중국의 승인을 요하였다. 조공국은 정기적으로 중국에 조공을 행하였으며 황제는 조공을 회사하였다. <u>아편전쟁과 강화조약인 남경조약은 중화질서를 무너뜨리고 주권평등과 근대국가(nation-state)의 병존에 기초한 국제질서를 동아시아질서에 확대적용하게 되었다.</u>

> **조공**
>
> 조공은 전근대 동아시아의 국제관계에서 중국 주변에 있는 나라들이 정기적으로 중국에 사절을 보내 예물을 바친 행위이다. 이는 일종의 정치적인 지배수단으로 볼 수 있다. 중국 주(周)나라 때 제후는 방물(方物: 지역 특산물)을 휴대하고 정기적으로 천자(天子)를 배알하여 군신지의(君臣之義)와 신례행위(臣禮行爲)를 행하였다. 천자는 이를 통하여 여러 제후를 통제하고 지배하였다. 그 뒤 조공제도는 한족(漢族) 중심의 중화사상을 기초로 주변 이민족을 위무·포섭하는 외교정책이 되었다.

사대자소(事大字小)

주나라 이후 제후국들 사이에 작은 나라는 큰 나라를 섬기고(事大), 큰 나라는 작은 나라를 사랑해주는(字小) 예가 있었다. 이러한 사대와 자소는 결국 대소국 간에 우의와 친선을 통한 상호공존의 교린의 예로부터 출발하고 있다. 춘추전국시대(春秋戰國時代)로 접어들자 큰 나라는 약소국에 대하여 무력적 시위로 일방적인 사대의 예를 강요하였고, 이러한 사대의 예에는 많은 헌상물을 수반하는 조빙사대(朝聘事大)가 나타났다. 계속된 전쟁으로 힘의 강약에 의한 지배, 종속관계 대신 헌상물을 전제로 한 조빙사대가 되었으며, 이러한 행위는 한(漢)나라 이후 중국과 주변국가 사이에 제도화되어 조공과 책봉이라는 독특한 동아시아의 외교 형태로 나타났다. 따라서 조공·책봉관계는 약소국인 주변국에게는 자국의 안전을 위해 공식적인 교류를 통하여 중국의 침략을 둔화시키고 상호불가침의 공존관계를 수립하기 위한 전제조건이 되었다.

2 아편전쟁

1. 원인

아편전쟁의 직접적인 발단은 아편무역이었다. 영국의 동인도회사는 인도의 면화와 면직물을 중국에 수출하고 중국으로부터 차를 수입하고 있었으나 중국이 무역흑자를 보고 있었고, 이로 인해 결제수단인 은이 유출되었다. 1784년 귀정법 실시 이후 인도의 무역적자가 더욱 증가하자 아편을 판매하기 시작하였다. 아편무역으로 중국이 무역적자를 보고 은이 유출되어 은의 가격이 상승함으로써 농민들의 조세부담이 가중되었다. 이로 인해 1826년부터 중국은 아편금수정책을 펴게 되었고 이를 이유로 영국이 중국을 침략하였다.

동인도회사

17세기 초 영국·프랑스·네덜란드 등이 동양에 대한 독점무역권을 부여받아 동인도에 설립한 여러 회사이다. 쪽·면직물을 중심으로 한 인도무역에 주력을 쏟아온 영국 동인도회사는 1600년 설립되었으며 18세기 유럽에서의 영국과 프랑스의 항쟁에 규제되면서, 인도에서 프랑스 동인도회사(1604년 설립, 1664년 재건)와 격렬하게 다투게 되었다. 결국 플래시 전투를 계기로 하여 영국 동인도회사는 인도무역을 거의 독점함과 동시에 인도의 식민지화를 추진하기 시작하였다. 그 후 사적독점상업회사(私的獨占商業會社)인 동인도회사에 대해 영국 국내에서 비판이 일어나고, 또 경영난에 빠진 회사가 영국 정부의 원조를 요청하게 되었으므로 1773년 노스규제법에 따라 본국 정부의 감독하에 놓이게 되었다. 1833년에는 무역독점권이 폐지되고, 1858년 세포이의 항쟁이 일어난 뒤에는 인도가 영국 국왕의 직접통치하에 들어가게 되어, 동인도회사는 기능이 정지되었다. 결국 동인도회사는 중상주의시대의 전근대적 독점상업조직으로, 자본주의의 세계적 확산과 산업자본의 지배가 확립되면서 그 역할은 끝나게 되었다. 그러나 독점무역에 따른 이윤은 유럽 여러 나라에서 자본의 본원적 축적(本源的蓄積)에 크게 공헌하였다. 영국 동인도회사는 1874년에 국유화되고 2년 후인 1876년에 해산하였다.

2. 개전과 취안비 가조약

중국의 아편금수정책을 이유로 영국은 1840년 6월 원정군을 파병하고 광둥성 및 저우산군도 등 중국의 영토를 점령하기 시작하였다. 영국의 요구사항은 몰수된 아편의 배상, 군사비 배상, 양국 관리의 대등한 교섭이었으며, 1841년 1월 20일 취안비 가조약으로 명문화되었다. 이 조약에서는 홍콩의 할양, 600만 달러의 배상금, 광둥무역의 재개 등을 합의하였다.

3 난징조약체제의 주요 내용

1. 개국

영국은 난징조약에서 통상권 확보에 주안점을 두었다. 영국 상인의 거주를 승인하고, 무역을 확고한 조약상의 권리로 인정하는 한편, 개항장의 수를 증가시켜 그 활동범위를 확대하고 무역의 자유를 심하게 저해하였던 청국의 특허상제도를 폐지하였다. 개항장에는 영사를 설치하였다.

2. 아편전쟁의 후속조치

홍콩을 할양하였으며, 아편배상금 600만 달러, 공행상인 채무 300만 달러, 전쟁배상금 1,200만 달러 등 총 2,100만 달러의 배상금을 1845년 말까지 지불하기로 하였다.

3. 후속조약

청과 영국은 1843년에 오항통상장정, 세율표, 후먼채조약 등을 체결하여 난징조약을 보완하였다. 여기서는 종가오분을 원칙으로 하는 관세, 영사재판권, 최혜국대우조항, 5개 항구에 군함 1척 정박권 등을 규정하였다.

4. 아편문제

영국은 아편무역의 승인을 요구하였으나 난징조약에서 해결되지 못하였고 1858년 톈진조약에서 아편무역을 공인함으로써 해결되었다. 다만, 난징조약 이후 양국 사이에서는 북위 32도 이남지역에서는 아편무역을 묵인한다는 비공식 양해가 성립되어 있었다.

4 난징조약의 국제정치사적 의의

난징조약은 중국 최초의 조약으로서 중국의 개국이 실현된 조약이었다. 이후 열강들과의 외교관계 설정조약들의 모델이 되었다. 중국은 이 조약에 의해 서구 열강들의 국제법 관계에 편입되어 종래 아무런 구속 없이 자유롭게 외국인을 처우할 수 있었던 우월적 지위를 상실하였고, 정치·경제·문화·사회 등 모든 방면에서 장래의 불평등의 열세를 감수할 수밖에 없었다.

구분	중국적 세계질서	서구적 근대질서
단위	천하 중심적, 단원적 정치사회관 (천하: 천자가 지배하는 영역)	국가(State) 중심적, 다원적 국가관
행동의 목표	사대(事大)	부국강병(富國强兵)
구조	중국 중심으로 위계적으로 내려가는 수직적 구조	개별 근대국가의 대등한 수평적 구조
행동양식	사대교린, 사대자소(事大字小)	세력균형
교섭방식	조공제도	외교제도
조공의 의미	평화 · 안전 · 보호의 대가	국가 간 조약
영토의 끝	변방	국경
평화의 조건	힘의 압도적인 불균형	모든 국가들이 평등의 원칙에 기반을 둔 보편적인 가치에 의해 연결될 경우 평화 달성
전쟁의 원인	힘의 균형	힘의 불균형

제2절 │ 중국의 개국 조약체계

1 왕샤조약(1844년 7월 3일)

1. 당사국의 이해관계

아편전쟁이 발발하자 미국은 함대를 파견하여 중국에 거류하는 자국민 보호임무를 수행하고 있었고, 난징조약이 체결되자 중국과 이와 유사한 조약을 체결하고자 하였다. 난징조약으로 영국이 획득한 독점적 권리가 미국에 균점되지 않는다는 점을 우려하였던 것이다. 한편, 중국은 미국과의 조약체결에 반대하는 입장이었으나 1843년 영국과 체결한 후먼채조약에 규정된 최혜국대우조항에 의하여 구미 열강의 개국 요구를 반대할 수 없다고 판단하여 조약을 체결하였다.

2. 주요 내용

왕샤조약은 남경조약과 달리 영사에게 부여한 관세납부에 대한 감독책임을 삭제하였고, 중국 내 미국 시민의 생명과 재산을 중국 정부가 보호하기로 하였다. 또한, 아편을 취급하는 미국 국민은 보호대상에서 제외시켰다. 어느 항구에서 세금을 납부한 선박은 다른 항구에서의 세금을 면제하여 연안무역을 활성화시켰다. 외교교섭채널을 명확하게 하였다. 또한 난징조약에는 없던 조항으로서 치외법권을 명문화하였다.

2 황푸조약(1844년 10월 24일)

황푸조약은 체결된 중국과 프랑스 간 체결된 조약이다. 왕샤조약을 모델로 하여 체결하였으며, 프랑스인 재산에 대한 불가침규정과 개항장에 프랑스 영사가 없는 경우 타국의 영사에게 보호를 의탁하도록 하는 규정을 새롭게 두었다. 조약의 효력기간을 12년으로 하되 이후에는 언제든지 조약의 파기·개정을 요구할 수 있도록 하였다. 무역량이 많지 않았던 프랑스는 가톨릭 포교의 자유를 얻는 데에도 주력하였고, 마침내 1844년 12월 14일 포교의 자유와 중국인의 천주교 신앙의 자유가 허락되었다.

3 톈진조약(1858년 6월)

1. 배경 - 애로우(Arrow)호 사건(1856년)

1856년 영국 국기를 게양한 상선 애로우호에 청나라 관헌이 들이닥쳐 중국인 해적을 체포한 사건을 계기로 일어난 영국과 중국 간의 분쟁이다. 사건 당시 애로호는 중국인이 소유하여 운영한 상선이었으나, 영국 측은 영국 국기가 끌어내려진 일로 인해 국기의 명예가 손상되었다는 이유를 들어 배상금과 사과문을 요구하였고, 이것이 거부되자 중국을 침략하였다.

2. 영국과 프랑스의 중국 침략

개국조약을 수정할 기회를 노리던 영국은 애로우호 사건을 계기로 중국을 침략하였다. 영국은 외교교섭에 있어서 광동성에 주재하는 흠차대신을 대신하여 베이징과 직접교섭을 원하였고, 기존에 선정된 개항장이 중국 내륙의 산업지역과 연결성이 낮아 효율성이 떨어지자 쑤저우나 항저우로 변경하고자 하였다. 영국은 크리미아전쟁으로 관계가 강화되어 있던 프랑스와 공동출병하였다.

3. 주요 내용

(1) 의의

톈진조약은 1858년 6월에 청이 러시아·미국·영국·프랑스와 체결한 조약을 통칭한다.

(2) 내용

① 외국사절의 베이징 상주권과 수시 왕래권, 특권과 면제를 규율하였다. 외교사절은 군주의 대표로서 청과 동등한 관계에서 교섭하는 것도 명백히 하였다.
② 기존 항구 이외에 뉴좡, 덩저우, 한커우, 타이완부, 단수이, 청저우, 난징 등을 추가로 개항하기로 하였다.
③ 아편무역이 공인되었다.
④ 모든 공문서에서 이(夷)자 사용을 금지하였다.

4 베이징조약(1860년 10월 18일)

1. 영국과 프랑스의 재침략

비준서 교환장소가 문제되어 영국, 프랑스가 중국을 재침략하였다. 톈진조약에는 서명한 날로부터 1년 이내에 베이징에서 비준서를 교환한다고 규정하였으나 중국은 외국사절의 베이징 방문을 거부하고 상해에서 비준서를 교환하도록 하였다. 이에 영국과 프랑스가 중국에 최후통첩을 수교하자 중국은 굴복하였다.

2. 주요 내용

(1) 의의

베이징조약은 중국이 영국, 프랑스, 러시아와 각각 체결한 조약을 통칭하는 표현이다. 러시아는 전쟁 당사국은 아니나 조약을 중재함으로써 당사국이 되었다.

(2) 내용

① 외국사절의 베이징 상주를 재차 확인하고 즉시 실시되었다.
② 중국인의 해외노동자 이주가 합법화되었다.
③ 톈진이 추가로 개방되었고, 영국은 홍콩과 그 인접지역의 질서유지를 이유로 주룽을 할양받았다.
④ 포교권을 조약상의 권리로 인정하였다.
⑤ 러시아에 연해주를 할양한다.

3. 결과

베이징조약으로써 중국의 개국은 완료되었고 구미 국제사회에 완전히 편입하게 되었다. 그러나 평등한 구성원으로서 편입된 것이 아니라 불평등한 구성원으로 가입함으로써 구미 열강의 반식민지가 되었다. 중국은 총리아문을 설치하여 대외관계를 관장하게 하였다.

5 아이훈조약(1858년 5월 28일)

1. 배경

러시아가 크리미아전쟁에 패배하자 해외 진출방향에 있어서 중앙아시아와 극동지방으로 진로를 바꾸게 되었고, 아무르강 유역에서 식민활동을 적극적으로 추진하기 시작하였다. 영국과 프랑스가 중국을 침략하자 러시아는 극동 진출에 위협을 느껴 중국과 교섭을 서두르게 되었다.

2. 주요 내용

중국과 러시아 간 국경 획정을 주요 내용으로 하였다. 아르군강 하구로부터 아무르강 하구까지의 아무르강 좌안은 러시아 영토로 하고, 우수리강 하구까지의 아무르강 좌안은 중국의 영토로 하였다. 또한 우수리강과 해양 사이의 중간지대는 양국의 경계가 획정될 때까지 공동관리하기로 하였다. 아무르, 숭가리, 우수리 등 3개 하천은 중국과 러시아 선박에만 개방하였다.

제3절 | 청일전쟁

1894.7.25. 청과 일, 전쟁개시	1895.2.1. 청일, 히로시마에서 강화회담 개최
1894.8.1. 청과 일, 공식 선전포고. 청일전쟁 발발	1895.2.12. 청 북양함대 사령관 정여창, 일본 함대에 항복
1894.9.17. 일 황해에서 청국 북양함대 주력 5척 격침	1895.4.17. 청일, 강화조약 조인
1894.10.24. 야마가타 아리토모, 압록강 도하 개시	1895.4.23. 삼국간섭
1894.11.4. 청 공친왕, 영국 · 미국 · 독일 · 프랑스 · 러시아 공사에게 휴전조정 요청	1895.5.4. 일본 내각, 요동반도 포기 결정
1894.11.12. 주일미국 공사, 청의 요청으로 강화조건 일본에 제시	
1894.11.21. 일본군, 여순 점령	

1 의의

갑오중일전쟁이라고 중국에서 불리는 청일전쟁은 1894년 7월 25일 양국의 함대가 경기도 서해안의 풍도 앞바다에서 충돌한 때부터 시작되어 다음 해인 1895년 5월 8일 강화조약이 비준되어 효력이 발생됨으로써 종료된 청일 양국 간 최초의 근대적인 전면전쟁이다. 일본의 계획적인 도발에 의해 초래된 청일전쟁으로 동북아 국제정치 질서에 획기적인 결과를 초래하게 되었다.

2 원인

1. 일본의 경제공황과 관심전환

1890년에 일본은 경제공황을 경험하였다. 쌀의 흉작으로 쌀 소동이 일어났고 생사수출이 미국 국내의 공황으로 격감됨에 따라 발생한 것이었다. 일본의 경제공황으로 빈민문제가 사회문제가 되었고, 메이지 정부는 해외 진출에서 해결책을 모색하였다.

2. 메이지 정부의 현실주의적 국제주의정책(정치적 설명)

청일전쟁은 메이지유신 이래 일본의 일관된 대외팽창정책의 소산이었다. 1890년 야마가따는 일본의 대외팽창정책의 이유를 일본의 주권선과 이익선 확보에서 찾았다. 즉, 국가가 독립국가로서 생존을 유지하기 위해서는 주권선이라 명명한 국가 영토를 보호해야 하며, 이를 위해서는 이익선을 보호해야 한다. 이익선은 주권선의 안위에 밀접한 관계를 가지는 지역을 의미한다. 당시 일본의 이익선은 조선반도였고 이를 확보하는 방법은 중국과의 전쟁밖에 없다고 판단하였다.

메이지유신(明治維新)

일본 메이지 왕(明治王) 때 막번체제(幕藩體制)를 무너뜨리고 왕정복고를 이룩한 변혁과정이다. 이는 선진자본주의 열강이 제국주의로 이행하기 전야인 19세기 중반의 시점에서 일본 자본주의 형성의 기점이 된 과정으로 그 시기는 대체로 1853년에서 1877년 전후로 잡고 있다. 1853년 미국의 동인도함대 사령관 M. C. 페리 제독이 미국 대통령의 개국(開國) 요구 국서(國書)를 가지고 일본에 왔다. 이때 유신의 싹이 텄고, 1854년 미일화친조약에 이어 1858년에는 미국을 비롯하여 영국·러시아·네덜란드·프랑스와 통상조약을 체결하였다. 그러나 이 조약은 칙허 없이 처리한 막부(幕府)의 독단적인 처사였으므로 반막부세력(反幕府勢力)이 일어나 막부와 대립하는 격동을 겪었다. 그러다가 300여 년 내려오던 막부가 1866년 패배하였고, 1867년에는 대정봉환(大政奉還)·왕정복고가 이루어졌다. 메이지 정부는 학제·징병령·지조개정(地租改正) 등 일련의 개혁을 추진하고, 부국강병의 기치하에 구미(歐美) 근대국가를 모델로, 국민의 실정을 고려하지 않는 관주도(官主導)의 일방적 자본주의 육성과 군사적 강화에 노력하여 새 시대를 열었다. 이 유신으로 일본의 근대적 통일국가가 형성되었다. 경제적으로는 자본주의가 성립하였고, 정치적으로는 입헌정치가 개시되었으며, 사회·문화적으로는 근대화가 추진되었다. 또한, 국제적으로는 제국주의 국가가 되어 천황제적 절대주의를 국가구조의 전분야에 실현시키게 되었다.

3. 일본의 제국주의정책(경제적 설명)

청일전쟁은 일본과 중국의 조선에서의 경제적 경쟁관계를 배경으로 발생하였다. 일본에게 있어서 조선은 자국 상품의 수출시장과 식량, 금, 원료 등의 원료공급지로서 중요한 지역이었다. 특히 메이지유신 이래 금본위제를 채택하고 있었던 일본은 일본이 수입한 금의 총량의 68%를 조선에서 수입하고 있었다. 1890년대에 수출과 수입에 있어서 중국과 일본의 경쟁이 치열해졌고 일본은 안정적이고 독점적인 시장의 확보를 위해 청일전쟁을 도발하였다.

3 전개과정과 강화조약

1. 동학혁명과 청일 양군의 파병

1894년 2월 15일 고부민란을 시점으로 동학혁명이 발발하였고 혁명군이 5월 31일 전주성을 함락시키자 조선 정부는 청나라에 지원병을 요청하였다. 청은 1885년의 톈진조약에 의거하여 일본 정부에 군대 파견을 통지하였고, 이에 일본도 군대를 파견하였다.

2. 일본의 내정간섭과 개전구실 모색

청일전쟁을 이미 결정한 일본은 조선에 대한 공동내정간섭을 제의하고 이를 거부하는 경우 단독간섭함으로써 개전구실을 찾고자 하였다. 조선이 내정개혁안을 거부하자 일본은 조선에 최후통첩을 수교하고 왕궁을 점령하여 조선 군대의 무장해제와 대원군 정권을 수립하였다. 이로 인해 청일 양국 간 전쟁이 개시되었다.

3. 일본의 승전과 열강의 개입

조선의 육전과 해전에서 승리한 일본은 주력부대를 요동반도로 이동시켜 중국 본토에 진격하였다. 이로 인해 중국에 제국주의정책을 펴고 있던 영국, 미국, 독일, 러시아, 프랑스 등이 개입하게 되었다. 영국, 러시아, 미국이 중개에 나섰으나 일본과 청의 거절로 해결되지 못하였다. 청은 자국 영토가 계속해서 정복되자 결국 리훙장을 전권대표로 하여 강화회담에 착수하였다.

4. 청일강화조약의 주요 내용(하관조약, 시모노세키조약, 1895년 4월 17일)

(1) 청은 조선의 독립을 확인하고 조공전례를 폐지한다.

(2) 랴오둥반도, 타이완, 펑후열도를 일본에 할양한다.

(3) 군비배상금 2억 량을 7년간에 걸쳐 지불한다.

(4) 구미 열강의 조약과 같이 최혜국대우를 받는 새로운 통상조약을 체결한다.

(5) 사스, 충칭, 쑤저우, 항저우 등을 개항장으로 한다.

(6) 충칭까지 이르는 양쯔강 항행권, 쑤저우, 항저우에 이르는 항행권을 인정한다.

(7) 개항장에서 일본인이 제조업을 경영할 권리의 인정한다.

(8) 웨이하이웨이를 보장점령한다.

웨이하이웨이

산둥반도의 북쪽 끝에 있는 항구도시이다. 명대(明代) 초에 왜구를 방어하기 위하여 이곳에 위소(衛所)를 설치하였기 때문에 웨이하이웨이라고 하였으며, 청대(清代)에 위소를 폐지한 후에도 이 명칭이 계속 쓰였다. 랴오둥[遼東]반도의 뤼순[旅順]과 마주보는 보하이[渤海]만 입구의 요지에 위치한다. 3면이 산으로 둘러싸이고 전면(前面)에 류궁섬[劉公島]이 천연의 방파제를 이루며, 수심 12m의 부동항이다. 일찍이 청나라 베이양함대[北洋艦隊]의 근거지였으나 1895년 청일전쟁 때 일본군이 점령하였다. 전후 삼국간섭의 보상으로 독일이 자오저우만[膠州灣]을, 러시아가 뤼순·다롄[大連]을 조차(租借)한 데 자극받아, 영국은 세력균형을 유지하기 위하여 청나라에 웨이하이웨이의 조차를 강청하였다. 그 결과 1898년 영국은 류궁섬을 포함한 전 항만을 25년간의 기한으로 조차하여 영국 동양 함대의 기지로 삼았고 그 일부를 자유항으로서 개방하였다. 제2차 세계대전 때에는 또다시 일본군에게 점령되었다.

4 영향

1. 삼국간섭

청일강화조약에 대해 독일, 러시아, 프랑스 3국이 개입하여 강화조약을 변경함으로써 일본의 중국 대륙 진출을 저지한 사건을 삼국간섭이라 한다. 삼국간섭으로 러일 관계가 악화되었고, 청과 조선에서는 열강들의 이권쟁패전이 치열하게 전개되었다.

2. 열강의 중국 진출

청일전쟁에서 패한 중국은 러시아와 동맹조약을 체결하였다. 이는 일본의 침략에 대한 방어동맹적 성격을 띠게 되었다. 삼국간섭을 계기로 열강들은 중국의 연안지역을 조차하거나 그들의 영향권을 설정하기 시작하였다. 독일은 자오저우만을 조차하였고 러시아는 뤼순을 점령하였다. 러시아가 랴오둥반도에 진출하자, 영국은 랴오둥반도의 맞은편 웨이하이웨이에 진출하였다. 프랑스는 광저우를 99년간 조차하여 요새를 건설하였다.

 참고

자오저우만

중국 산둥[山東]반도 남쪽 연안이다. 황해로 이어진 만으로, 1898년 독일과 청(淸)나라 사이에 체결된 조약에 따라 독일에 99년 동안의 조차권이 부여되었다. 그 후 독일은 이곳에 동양 함대의 기지를 설치하고 배후지에는 자오지[膠濟]철도를 부설하였으며 어촌인 칭다오[靑島]를 근대적인 도시로 발전시켰다. 1914년 제1차 세계대전 중에는 일본군에게 점령되었으나 1922년 중국에 반환되었다.

3. 열강의 조선 진출

청일전쟁으로 일본이 승리하였으나 삼국간섭으로 일본이 후퇴하자 조선에서는 친일파가 물러나고 친러파 내각이 출범하였고 러시아 · 일본 간 영향력 강화를 위한 경쟁이 치열하게 전개되었다. 러시아 · 일본은 베버 - 고무라협정(1896)을 체결하였고, 일본은 러시아의 조선에서의 지배권을 승인하였다. 이후 러시아가 만주 진출을 본격화하면서 1898년 로젠 - 니시협정을 통해 일본에게는 경제적 우위를, 러시아에게는 정치 · 군사적 우위를 인정하는 세력균형협정을 체결하여 양자관계를 안정시켰다.

5 국제정치사적 의의

청일전쟁은 동북아 국제정치질서에 일대변혁을 초래하였다. 청은 열강에 의해 정치적으로 분할되고 경제적으로는 침투의 대상이 되었다. 만주와 조선은 러시아와 일본의 각축장이 되어 러일전쟁을 예고하였다. 영국은 러시아 견제세력으로서 일본을 확고하게 지목하게 되어 동북아는 열강의 권력정치의 투쟁장이 되었다.

제4절 | 삼국간섭

1 의의

청일전쟁 이후 일본이 요동반도를 조차하여 중국 대륙에 적극적으로 진출할 수 있는 토대를 마련하자, 중국에서 세력권을 형성하려고 하던 유럽 열강들이 개입하여 일본의 중국 대륙 진출을 좌절시킨 사건을 의미한다. 삼국간섭은 러시아가 주도하였으며, 독일과 프랑스가 동맹관계와 이해관계를 좇아 가담하였다. 삼국간섭은 청일전쟁 이후 동북아 국제질서를 형성하는 데 중요한 영향을 준 사건이었다.

2 열강들의 이해관계

1. 러시아

일본의 강화조건에 가장 민감한 반응을 보인바, 이는 시베리아횡단철도가 곧 준공될 상태에 있었고 이를 계기로 러시아는 동북아에 진출할 기대를 가지고 있었으나 일본의 랴오둥반도 할양은 이러한 기대에 반하는 것이었다. 러시아는 랴오둥반도의 할양이 중국과 일본 간의 우호관계를 저해하고 동양의 평화를 위태롭게 한다는 명분으로 열강의 공동개입을 제의하였다.

> **참고**
>
> **시베리아횡단철도**
> 러시아 서(西)시베리아 지방의 첼랴빈스크에서 블라디보스토크까지 연결하는 대륙횡단철도이다. 정식 용어로는 '대시베리아철도' 또는 '시베리아횡단철도'라고 한다. 이 철도는 1850년대 극동지방의 군사적 의의(意義)의 증대, 시베리아 식민, 대(對)중국무역 등을 목적으로 계획되었다.

2. 독일

독일의 대중국정책의 기본노선은 '현상유지'에 있었다. 일본의 중국에 대한 과다한 요구로 인한 중국의 분할은 현상유지에 반하는 것이었다. 독일의 중국 전문가 브란트는 강화조건이 받아들여지는 경우 중국이 일본에 경제적으로 예속되어 결국 독일의 이익을 침해할 것이라고 우려하였다. 또한 러시아와 공조체제를 형성함으로써 독러관계를 강화하는 한편 프랑스를 다시 고립시킬 수 있으리라 기대하였다. 중국 내 독일 조차지 획득에 대한 기대도 있었다.

3. 프랑스

프랑스는 당시 러시아와 동맹관계에 있었기 때문에 러시아와 공조체제를 유지하기 위해 러시아의 제안을 받아들였다. 한편, 독러관계가 강화되는 것도 좌시할 수 없기 때문에 러시아와 공동보조를 취하였다.

4. 영국

영국은 끝까지 일본을 지지하였다. 러시아와 세계적인 대립관계에 있던 영국은 동북아에서 러시아를 견제하기 위해 동맹을 필요로 하였으며, 청일전쟁으로 군사력이 입증된 일본이 적합한 동맹상대라고 생각하였기 때문이다. 영국은 청에게 강화조건에 응할 것을 종용하기도 하였다.

3 삼국간섭의 내용과 일본의 수용

1. 간섭 내용

삼국간섭을 주도한 러시아는 청제국 북쪽지방에서 전전의 현상유지(status quo ante bellum) 회복을 위해 일본이 남만주를 점령하지 않도록 권고하기로 하였다. 또한 일본이 남만주에서 철수하는 것이 러시아의 이익에 필요한 것이라는 점도 통고하기로 하였다. 만약 일본이 3국의 권고를 받아들이지 않는 경우 필요한 조치, 즉 무력을 사용하기로 하였다. 러시아, 독일, 프랑스 3국이 간섭에 참여하였다.

2. 일본의 수용

일본은 일단 3국의 권고를 따를 것을 결정한 다음 비준일인 5월 8일까지 3국의 재고를 요청하기로 하였다. 만약 거절하는 경우 영국, 미국, 이탈리아에게 지원을 요청하기로 하였다. 3국은 재고를 즉각 거부하였고, 러시아와 갈등을 원하지 않았던 영국과 미국은 중립을 천명하였다. 결국, 일본은 3국의 제안을 받아들여 일본은 랴오둥반도의 점령을 영구히 포기한다는 전문을 3국에 보냄으로써 삼국간섭은 일단락되었다.

4 영향

1. 청 - 러 비밀조약(1896년 6월 3일)

(1) 당사국의 이해관계

이이제이책을 고수하며 동맹을 체결하지 않는 노선을 지속해 온 중국도 청일전쟁에서 패한 후 동맹의 필요성을 절감하고 러시아에 접근하기 시작하였다. 러시아는 동청철도 부설권을 획득하고자 하였으나 청이 반대하자 철도를 통해 러시아 군을 신속하게 이동시켜 지원할 수 있다는 논리로 설득하였다.

📁 **참고**

동청철도(東淸鐵道)

중국 둥베이[東北: 滿洲] 지방에 있는 철도로, 그 길이가 2,430km에 달한다. 만저우리[滿洲里]에서 하얼빈[哈爾濱]을 지나서 쑤이펀허[綏芬河: 東寧]까지의 본선과, 하얼빈에서 창춘[長春]을 경유하여 다롄[大連]까지의 남부선(南部線)이 있다. 일본의 만주 점령 당시는 동청철도(東淸鐵道)·동지철도(東支鐵道)라고 하였다. 원래 러시아가 부설한 것이었으나 만주사변(滿洲事變) 후 1억 7,000만 엔[圓]에 일본에게 양도하였으며, 제2차 세계대전 후에는 소련이 중국에 무상으로 양도하였다.

---

(2) 양국 간 비밀동맹의 내용

① 일본이 극동의 러시아, 청, 조선을 침략하는 경우 상호 원조한다.

② 단독 강화하지 않는다.

③ 전쟁 중 청은 모든 항만을 러시아 군함에게 개방한다.

④ 청은 러시아가 헤이룽장성, 지린성을 횡단하여 블라디보스토크에 이르는 철도를 건설하는 것에 동의한다.

⑤ 러시아는 전시·평시를 불문하고 철도를 이용할 수 있다. 동청철도는 1904년 말에 완공되었고 1952년 10월 중국에 반환되었다.

(3) 의의

청은 일본의 침략에 대응할 수 있는 동맹국을 가지게 되었고, 러시아는 동청철도 부설권을 획득하게 되어 러시아의 적극적인 만주 진출을 가능하게 하였다. 일본에 대한 군사동맹으로서의 실질적 의의는 1897년 말 러시아가 뤼순을 점령함으로써 사실상 종료되었다고 볼 수 있다.

2. 열강의 조차지 획득 경쟁

(1) 삼국간섭으로 청은 랴오둥반도를 보존할 수 있었으나, 이를 계기로 열강들은 중국의 연안지역을 조차하거나 영향권을 설정하기 위한 '불할양선언'에 돌입하게 되었다.

(2) 독일은 자오저우만을 조차하였고, 러시아는 뤼순을 점령하였다.

(3) 러시아가 랴오둥반도에 진출하자, 영국은 랴오둥반도 맞은편 웨이하이웨이에 진출하였다.

(4) 프랑스는 광저우를 99년간 조차하여 요새를 건설하였다.

3. 열강의 경제적 진출

(1) 청일전쟁의 전비 조달 및 배상금 마련을 위해 청은 해관수입을 담보로 영국과 독일, 프랑스로부터 차관을 도입하게 됨으로써 열강들에게 경제적으로 예속되었다.

(2) 철도는 중국 내륙지방을 대도시나 항구와 연결시켜주는 수단이었으므로 열강은 경쟁적으로 철도를 부설하고자 하였다. 러시아는 동청철도, 독일은 산둥성철도, 프랑스는 베트남철도를 윈난에 연결하는 부설권을 획득하였고, 영국은 미얀마철도를 윈난 예정선과 연결시키는 부설권을 획득하였다. 영국과 러시아는 철도의 세력권을 확정하는 협정을 체결하기도 하였다.

5 국제정치사적 의의

삼국간섭은 유럽의 제국주의세력들이, 동북아의 새로운 제국주의세력인 일본을 패퇴시킨 역사적 사건이었다. 러시아에게 적극적으로 대응할 힘이 없었던 일본이 물러서긴 하였으나, 일본은 대러 복수전을 준비하기 시작하였다. 조선에서 영향력을 강화시킨 일본은 만주를 세력범위로 확정하지 못하는 경우 자신들이 이익선이라고 생각하는 조선에서도 러시아에 대항할 수 없을 것이라는 우려를 가지고 있었다. 일본의 대외전략에 있어서 삼국간섭은 대러전쟁의 불가피성에 대해 다시 확인하는 계기가 되었다고 볼 수 있다.

제2장 | 일본 외교사

제1절 | 일본의 개국과 국제관계

1853.6. 미국사절 페리 제독, 일본 입항	1856.7. 미국 총영사 해리스 도착
1854.3. 미일화친조약 체결	1858.6. 미일수호통상조약 체결
1855.12. 일본, 네덜란드와 화친조약 체결	1859.5. 일본, 가나가와 · 나가사키 개항

1 서론 - 일본의 개국 환경

도쿠가와 막부에 의해 250년간 유지되어 왔던 봉건체제는 19세기 중엽에 이르러 내부 붕괴의 위기를 맞고 있었다. 그동안 일본은 엄격한 쇄국체제를 유지하면서 평온한 시절을 보내왔다. 이는 섬나라라는 지리적 조건으로 서구의 해군력 밖에 있었고, 19세기 중엽까지 서구의 관심은 유럽 대륙 내의 세력관계 형성에 있었으며 이후 동양에 진출함에 있어서도 중국 경략에 집중하고 있었기 때문이다. 그러나 19세기 중엽 봉건체제는 사치풍조, 재정문란, 대명제후세력의 증대 등 내부적 위기에 직면하였고, 1853년경 막부계급은 학문탐구를 통해 새로운 정치질서를 모색하기 시작하였다. 이러한 국내적 배경하에서 외국 함선의 도래는 일본 개국의 결정적 계기가 되었다.

> 📁 **참고**
>
> **도쿠가와 막부(德川, Tokugawa shogunate, 에도 막부)**
>
> 도쿠가와 이에야스[德川家康]가 천하통일을 이루고 에도[江戶: 현 도쿄]에 수립한 일본의 부케정권[武家政權: 1603 ~ 1867]이다. 지배체제는 가마쿠라[鎌倉] · 무로마치[室町] 막부에 비하여 강력하였으며 전국의 통치권을 장악하고, 구게[公家] · 지샤[寺社] 세력을 통제하고 각처에 할거하는 다이묘[大名]들을 신속(臣屬)시켜 '막번체제(幕藩體制)'라는 집권적 지배체제를 확립하였다. 막부의 직제는 다이로[大老]라는 최고직 1명을 비상근(非常勤)으로 두고, 그 밑의 로추[老中] 4명, 5명이 정무를 총괄하고 와카도시요리[若年寄]는 로추를 보좌하는 한편 하타모토[旗本: 만 석 이하의 직속 무사]를 감독하였다. 관리는 반가타[番方: 武官]와 야쿠가타[役方: 文官]로 구분되었으며, 17세기 이후는 쇼군[將軍] 직속의 소바요닌[側用人]을 두어 이들이 세력을 휘둘렀다.

참고

막부(幕府)

1. 12세기에서 19세기까지 쇼군을 중심으로 한 일본의 무사정권을 지칭하는 말이다. 초기에는 군사지휘본부라는 의미였으나 군사령관인 쇼군이 실질적인 국가의 통치자가 되고 그의 본부가 정치·행정·경제권을 장악하게 되면서 정부라는 뜻으로도 쓰이기 시작하였다. 19세기 후반 메이지유신으로 인해 사라졌다. 일본의 역사에는 크게 세 개의 막부(가마쿠라 막부, 무로마치 막부, 도쿠가와 막부)가 있었다. 막부(幕府)라는 단어를 한자어로 풀이하면 '장군의 진영'이란 뜻이다. 과거 중국에서 영토 정벌 등의 이유로 왕을 대신해 외부로 나간 군대 지휘관들이 야외에 임시 천막을 치고 군사작전을 지휘한 데서 유래된 말이다. 하지만 일본에서 막부는 무인(武人) 가문의 통치를 상징하는 좀 더 정치적인 의미를 지닌다. 처음에는 '본부' 정도의 뜻이었으나 지휘본부가 그대로 정치적인 권력을 가지게 되면서 '정부'라는 뜻으로까지 쓰이게 된 것이다.

2. 일본 역사에서 등장한 막부는 크게 셋으로 나눌 수 있다.
   첫 번째 막부는 1192년 쇼군 미나모토 요리토모(Minamoto Yoritomo, 1147 ~ 1199년, 통치 1192 ~ 1199년)에 의해 세워졌다. 그가 세운 정권은 그의 본부가 위치하였던 가마쿠라(鎌倉, Kamakura)의 지명을 따라 가마쿠라 막부(鎌倉幕府, Kamakura shogunate)로 불린다. 군사사령본부로 시작한 막부는 점차 국가의 군사, 행정, 조세, 법체계를 비롯한 전 영역에 지배적인 권한을 행사하였다. 12세기 말 가마쿠라 막부가 무너진 이후 막부라는 군부정치체제는 계속해서 이어졌다.
   1338년 일본 역사상 두 번째 막부인 무로마치 막부(室町幕府, Muromachi shogunate, 아시카가 막부)가 등장하였다. 16세기 무로마치 막부는 쇼군 옹립을 둘러싼 갈등과 전쟁, 다이묘들에 대한 통제력을 상실해 감에 따라 점차 쇠락의 길을 걸었다.
   1603년 일본의 마지막 막부인 도쿠가와 막부(德川, Tokugawa shogunate, 에도 막부)가 등장하였다. 도쿠가와 이에야스(Tokugawa Ieyasu, 1543 ~ 1616년, 통치 1603 ~ 1605년)에 의해서 세워진 이 막부는 19세기까지 일본을 통치하였다. 하지만 막부는 19세기 중반 서양세력의 개혁요구에 제대로 대처하지 못해 다이묘와 민중들의 불만을 샀고 이로 인해 1867년 대정봉환(大政奉還)을 통해 통치권을 천황에게 넘겼다. 비록 막부는 무너지고 기존 제도들이 상당부분 폐지되기 시작하였으나 과거 도쿠가와 막부가 형성하였던 중앙집권적 통치체제의 일부는 1868년 세워진 메이지(明治, Meiji) 정부에도 큰 영향을 끼쳤다.

2 일본과 미국의 이해관계

1. 미국

미국은 1848년 멕시코와의 전쟁을 통해 캘리포니아를 병합한 이래 태평양에 진출하였고 포경업이 급성장하였다. 1820년 이래 여러 차례 미국 선박이 북태평양에서 난파되어 일본에 표착하였고 이들에 대해 보호할 필요가 있었다. 또한 1844년 국교를 수립한 청과 무역에 종사하기 위해서는 중간기착지로서 일본이 필요하였다.

2. 일본

청이 아편전쟁을 통해 강제로 개국되자 일본은 전쟁을 피하기 위해 기존의 쇄국정책을 완화할 필요가 있다고 판단하였다. 또한 약 200여 년간 일본과의 무역을 독점해 왔던 화란의 국왕이 특사를 파견하여 전쟁과 영토 할양을 강요당한 중국의 전철을 밟지 않기 위해서는 우의에 입각해 개국해야 한다고 권고하였다.

1. 페리의 방일

유럽 열강들이 유럽 내에서의 터키 제국의 이권쟁탈을 위한 크리미아전쟁에, 아시아에서는 중국에서의 이권쟁탈에 전념하고 있는 틈을 노려 미국은 태평양항로의 개발과 일본과의 관계 설정에 돌입하였다. 이를 위해 미국은 1852년 11월 24일 페리 제독을 일본에 파견하였다.

2. 일본 내의 개국논쟁

페리의 개국 제의에 대해 막부는 쇄국론과 개국론으로 분열되었다.

(1) 쇄국론

다수를 점하였던 쇄국론자들은 결국 일본이 정복의 대상이 될 것이고, 무역을 통한 사치품의 수입은 일본의 금은을 유출시켜 일본의 국익을 저해할 것이라 생각하였다.

(2) 개국론

개국론자들은 전쟁에 의한 무력 개국을 피해야 하고 외국과의 교역을 통해 기술을 수입하자고 주장하였다.

3. 미일화친조약의 체결(가나가와조약, 1854년)

중미 간 망하조약을 표본으로 체결되었으며, 주요 내용은 다음과 같다.

(1) 시모다, 하코다테를 개방하고 식량, 석탄 등을 공급한다.

(2) 최혜국대우를 부여한다.

(3) 일본 연안에 미국 선박이 표류 또는 난파하는 경우 일본은 선박을 구조하고 선원들을 미국 국민에게 인도한다.

(4) 일본의 지속적인 반대로 통상이나 영사규정은 배제되었다.

4. 미일통상관계의 설정(미일수호통상조약, 1858년 7월 29일)

(1) 배경

가나가와조약은 무역관계의 설정을 배제하였고, 조약체결 이후의 미일관계도 미국 관원이 추방되는 등 불안정한 관계를 보이고 있었다. 양자관계를 안정시키고, 통상관계를 설정하기 위해 미국은 1856년 해리스를 총영사로 일본에 파견하였다. 해리스의 설득과 협박, 그리고 영청·불청 간 텐진조약을 배경으로 미일수호통상조약이 체결되었다.

(2) 주요 내용

① 수도에 외교대표를 파견하고 개항장에는 영사가 주재하도록 한다.
② 일본이 유럽 국가와 분쟁하는 경우 일본 정부의 요청에 따라 미국 대통령이 중재할 수 있다.
③ 가나가와, 나가사키, 니가타, 효고를 개항한다.

④ 양국 국민은 자유롭게 물품 거래를 할 수 있으나 아편 수입은 금지한다.

⑤ 일본은 수입상품에 관세를 부과할 수 있다.

⑥ 미국 국민은 개항장에서 사방 40km 내에서 여행할 수 있으나 상거래는 할 수 없다.

⑦ 영사재판권을 인정한다.

⑧ 일본 내 미국인의 신앙의 자유와 예배당 건설의 자유를 인정한다.

5. 영국, 러시아, 홀란드와의 화친조약

가나가와조약 체결 이후 다른 유럽 국가와도 개국조약이 체결되었다. 조약의 내용은 가나가와조약을 모방하였다. 영국의 경우 크리미아전쟁으로 교전 중이던 러시아가 일본의 항구를 이용하는 것에 대한 우려를 배경으로 하였다. 러시아와 조약에서는 영사재판권이 규정되었다. 홀란드와 정식 국교를 수립한 일본은 홀란드인에게 집단 거주지인 데지마로부터 희망지역으로 여행할 수 있는 자유가 보장되었다. 화친조약의 체결로 일본은 200여 년간 유지해온 쇄국정책을 폐기하였다.

6. 홀란드, 러시아, 영국, 프랑스와의 수호통상조약

미일수호통상조약 체결 이후 일본과 수교한 다른 나라들도 통상조약체결을 요구하였다. 이들 조약들은 불평등조약의 3대 요소인 일방적인 영사재판권, 협정세율, 최혜국 대우조항을 모두 담고 있었다. 영국의 경우 주요 수출품인 면제품과 양모가 5%의 저율관세로 수입되도록 하여 경제적 팽창정책이 반영되었다.

4 일본의 개국과 중국의 개국의 비교

1. 공통점

일본과 중국은 개국 당시의 상황에 있어서 유사한 점이 많다.

(1) 양국은 한 개의 개항장을 통해 집중된 무역제도를 유지하였다. 중국은 광동무역을, 일본은 나가사키무역의 형태를 띠고 있었다. 이는 양국 모두 철저한 쇄국정책을 유지하였음을 의미한다.

(2) 일본은 외국의 표류선원을 남만이라 하여 학대하였고, 중국도 외국인을 경멸하고 선교사를 박해·추방하였다.

(3) 양국은 국제법에 대한 지식이 없었으므로 불평등조약을 무비판적으로 수용하였다.

2. 차이점

(1) 개국 주체 및 방법

① **주체**: 중국의 개국은 전통적인 식민세력이었던 영국과 프랑스에 의한 개국이었으나 일본의 개국은 반식민주의투쟁을 벌여온 이상주의적 신흥공화국인 미국에 의한 개국이었다.

② **방법**: 중국의 개국은 전쟁을 통한 강제적인 개국이었으나 일본은 포탄 없는 평화적인 개국이었다.

(2) 국내적 지배계급의 차이

일본은 무사계급이 지배세력이었고 이들의 진취적 성향이 개국과정과 이후 근대화과정을 지배하였다. 무사계급은 존황정신으로 무장하고 조정회복운동의 선구자적인 입장에서 개혁운동의 주도권을 잡았다.

반면, 중국의 경우 유교의 열광적 옹호계급인 신사계급이 지배하였다. 대외정치나 경제문제는 천시하였던 유학자들의 가치관과 이에 영합한 청 조정의 속성으로 개국과정도 무력을 수반할 수밖에 없었고, 개국 이후에도 개국의 긍정적 측면을 활용하여 근대화시킬 기회를 상실하고 열강들의 준식민지로 전락해 갈 수밖에 없었다.

(3) 중일 간의 지리적 차이

광활한 영토를 지니고 자급자족이 가능하였던 중국과 영토의 협착성 속에서 해외확장의 필요성을 절실히 느꼈던 일본은 개국에 대한 관심의 정도에 차이가 있을 수밖에 없었다.

(4) 개국 전 국제정세에 대한 정보

일본은 화란인들에 의해 세계정세를 이해할 수 있는 정보를 접할 수 있었다. 화란인들에 의한 일본 개국의 권고는 개국을 위한 예비적 노력으로 급격히 닥친 외래문물로부터의 충격을 감소시켜 주는 데 중대한 역할을 하였다.

5 동북아 국제정치사에 미친 영향

일본의 개국으로 일본은 동북아시아에서 중국과 러시아를 제압하고 패권국으로 성장할 수 있는 토대를 구축하게 되었다. 일본은 문치주의에 빠져 개국 이후에도 적극적인 근대화정책을 실시하지 못한 중국과 달리 1867년 명치유신을 단행하고 일본의 정치·경제·문화제도의 개혁을 단행하였다. 한편, 국제법을 적극적으로 수용하여 국제관계를 정립해 나갔고, 무역, 유학생 파견, 군함의 수입 등 부국강병의 기틀을 다져나갔다. 일본의 개국과 이후 국제정세에 대한 이해와 적응, 제국주의의 기반인 군사력의 확충, 국내정치적 개혁은 일본이 동북아에서 급격히 성장하고, 이후 영국의 동맹세력이 되어 세계적인 열강으로 성장하는데 중요한 기틀을 마련해 주었다고 볼 수 있다.

 참고

동양외교사의 흐름 - 일본의 동아시아 침략사의 관점에서

1. 동서양 국제관계 형성
   1831.5. 청, 아편수입금지
   1840.6. 영국, 중국 침략. 아편전쟁 시작
   1842.8. 난징조약
   1844.7.3. 왕샤조약
   1853.6. 미국 페리 제독 일본 입항
   1854. 가나가와조약
   1856. 애로우호 사건
   1858.5.28. 아이훈조약
   1858.6. 텐진조약

1934.12.3. 일본, 워싱턴조약 폐기
1936.12.12. 서안 사건
1937.7.7. 노구교 사건
1937.7.28. 일본, 베이징 점령
1937.9.12. LN, 일본 비난 결의
1937.11.3. 브뤼셀회의
1938.7.1. 미국, 도의적 대일금수
1938.7.11. 일본 - 소련 충돌
1938.8.10. 일본 - 소련 정전협정
1938.11. 일본, 동아신질서구상 발표
1940.7.26. 대동아신질서구상 발표
1940.7.26. 미국, 미일통상조약 폐기
1940.9.23. 일본, 북부 프랑스령 인도차이나 진주
1940.9.27. 일본 · 독일 · 이탈리아 삼국동맹
1941.4.13. 일소중립조약
1941.6.22. 독일 · 소련 개전
1941.7.2. 고노에 내각 결정(대소개전 보류, 남방에서 미국 · 영국과 전쟁 불사)
1941.7.26. 일 - 불인(인도네시아) 공동방위협정
1941.8.1. 미국, 일본에 석유수출금지
1941.10.18. 도조 내각 성립
1941.11.26. 헐 노트
1941.12.8. 일본, 진주만 기습공격. 태평양전쟁
1941.12.8. 미국 · 영국, 대일 선전포고
1942.2.1. 일본, 마닐라 점령
1942.6.5. 미드웨이해전
1943.11. 카이로회담
1945.2. 얄타회담
1945.8.15. 일본, 무조건 항복

제2절 | 영일동맹

1 배경

1. 영국의 상대적 쇠퇴

19세기 후반 이래 유럽 열강들, 특히 독일의 군사력이 증가하면서 영국의 상대적 국력은 쇠퇴하기 시작하였다. 영국은 독일과 해군군축을 추진하였으나 독일의 소극적 태도로 무산되었다. 한편, 독일, 러시아, 프랑스, 이탈리아 등 후발제국주의 국가들이 아시아와 아프리카 진출에 적극성을 보이면서 기존 영국의 식민지에서 갈등이 고조되었다. 이에 따라 영국은 기존의 영광스러운 고립정책에서 벗어나 동맹국을 모색하게 되었다.

2. 러시아의 만주 점령

의화단 사건으로 전함을 파병한 러시아는 만주 의화단의 진압을 구실로 만주를 점령하였다. 러시아의 만주 점령은 영국과 일본에 동시에 위협이 되었다. 영국의 경우 동북아를 프랑스와 동맹을 맺은 러시아가 지배하는 경우 중국에서의 경제적 이익이나 인도에서의 식민지 경략에 제약을 받을 수 있었다. <u>일본은 러시아가 만주를 지배하는 경우 조선에서의 지배권마저 약화될 것을 우려하였다.</u>

📁 참고

의화단 운동

1. 청조(淸朝) 말기인 1900년 중국 화베이[華北] 일대에서 일어난 배외적(排外的) 농민투쟁을 말한다. 북청사변(北淸事變), 단비(團匪)의 난, 권비(拳匪)의 난이라고도 한다. 산둥성 [山東省] 부근에는 청나라 중기부터 백련교(白蓮敎)의 한 분파인 의화권(義和拳)이라는 비밀결사가 있어 한국의 태권도와 같은 권술(拳術)을 전수하고, 주문(呪文)을 외면 신통력이 생겨 칼이나 철포에도 상처를 입지 않는다고 믿었다.

2. 1894년의 청일전쟁 후 열강(列强)의 침략은 중국을 분할의 위기에 몰고, 또한 값싼 상품의 유입 등으로 농민의 경제생활은 파괴되었다. 특히 특권을 지닌 그리스도교의 포교는 중국인의 반감을 사 배외적인 기운이 높아갔다. 의화권은 그리스도교회를 불태우고 그 신도들을 살해하는 반(反)그리스도교 운동이 진행되는 가운데 파산한 많은 농민들과 함께 급속하게 발전하였다.

3. 열강의 침략은 지배층 안에도 수구파(守舊派)와 양무파(洋務派)라는 대립집단을 파생하게 하였다. 수구파는 종래의 지배자이던 서태후(西太后) 등의 만주인(滿洲人) 귀족층이 중심이고, 양무파는 열강에 의존해서 새로이 힘을 뻗어온 이홍장(李鴻章) 등 한인(漢人)의 고위 관료가 중심이었다. 수구파는 의화권을 탄압하기 어려운 것을 알고 역(逆)으로 이를 이용해서 열강이나 양무파에 대항하려 하여 의화권을 의화단으로 개칭하였고, 이를 반합법화(半合法化)하였다. 의화권도 '청조(淸朝)를 받들고 외국을 멸망시킨다(扶淸滅洋)'는 기치를 내걸고 배외(排外)를 주요 투쟁목적으로 하였다. 그러나 1899년 말에 양무파의 위안스카이[袁世凱]가 산둥순무[山東巡務]에 취임하면서 의화단을 탄압하였기 때문에 이들은 허베이성[河北省]에 유입하게 되었고 대운하(大運河)·경한철도(京漢鐵道) 연선(沿線) 일대에 퍼지게 되었다. 이들은 다시 순식간에 화베이[華北]의 모든 성(省), 동북지방·몽골·쓰촨[四川]으로 확산하여 외국인이나 교회를 습격하고 철도·전신을 파괴하고, 석유 램프·성냥 등 외국 제품을 불태웠다.

   청나라 조정의 태도는 시종 동요하였으나 수구파의 지도 아래 의화단 이용책을 취하여 1900년 6월 열강에 선전을 포고하였다. 베이징[北京]에까지 침입한 의화단은 관군(官軍)과 함께 열강의 공사관을 공격하고 베이징이나 톈진[天津]에서는 의화단원이 거리에 넘쳐 그 세력은 절정에 이르렀다. 근교(近郊)의 농촌에서 베이징에 집결한 의화단원은 10대의 소년이 많았으며 빨강·노란색의 천을 몸에 감고 팔괘(八卦)로 대오(隊伍)를 나누었다. 이들에게는 전체적인 지도자는 없고 동리마다 권단(拳壇)을 설치, 이 단이 의화단의 한 단위였으며, 대사형(大師兄)이라고 불리던 지도자가 단의 책임자였고 10대의 소녀들도 홍등조(紅燈照)라는 조직을 만들었다. 영국·러시아·독일·프랑스·미국·이탈리아·오스트리아·일본 등 8개국은 연합군을 형성하고 대고포대(大沽砲臺)와 톈진에서 관군과 의화단을 격파, 8월에는 베이징에 입성하여 농성 55일에 접어든 여러 나라의 공사관원들을 구출하였다. 서태후와 광서제(光緖帝)는 시안[西安]에 피신하고 실각한 수구파에 대신해서 실권을 쥔 양무파는 연합군에 협력하여 의화단 잔당을 학살하였다.

4. 1901년 베이징의정서[北京議定書: 辛丑條約]가 성립되자 중국의 식민지화는 한층 깊어지고 이후 중국은 방대한 단비배상금(團匪賠償金)의 지불에 오랫동안 괴로움을 겪게 되었다.

2 주요 국가의 입장

1. 영국

영국이 '영광된 고립'에서 벗어나 동맹을 모색한 이유는 다음과 같다.

(1) 영국의 대중국정책은 중국 시장 개방으로서 이러한 정책의 기반을 강화시킬 필요가 있었기 때문이다.

(2) 러시아의 남하정책은 인도의 존립을 위태롭게 만들 위험이 있었다. 당시 영국은 보어전쟁에 개입하고 있었으므로 러시아의 남하정책에 적극적으로 대응할 여력이 없었다.

(3) 러시아의 남하정책에 영국이 단독으로 대응할 수 없었다. 프랑스는 러시아의 동맹국이었고, 미국은 적극적 개입의사가 없었으며, 독일은 영국과의 동맹을 기피했으므로 영국으로서는 동맹선택의 여지가 없었다.

2. 일본

러시아의 만주 점령이 적극화되자 일본 국내정치권은 러일협상과 영일동맹의 선택의 기로에 서게 되었다. 영일동맹론은 러시아에 군사대응을 의미하였다. 러일협상론은 만한교환론에 기초하여 조선에서 일본의 특권적 위치를 러시아가 승인하는 대신, 일본은 만주에 있어서 러시아의 자유로운 경영을 승인하자고 주장하였다. 영일동맹론은 삼국간섭 시 일본이 러시아에 당한 수모를 복수해야 하고, 영국은 삼국간섭에 불참국가였으며 같은 해군국이라는 점을 논리적 근거로 삼았다. 일본은 러일협상과 영일동맹을 동시에 추진하였으나, 러시아가 마산포에 군사기지를 구축하는 등 조선에 대한 진출이 노골화되자 영일동맹을 적극적으로 추진하였다.

3 제1차 영일동맹(1902년)

1. 이익범위 조정

양국은 중국과 조선의 독립 및 영토보전 및 중국과 조선에서 영일의 상공업상의 기회균등을 약속하는 한편, 영국의 중국에 대한, 일본의 중국 및 조선에서의 특수이익을 제3국에 대하여 보호하기 위해 필요한 조치를 강구하기로 합의하였다.

2. 방어동맹

체약국의 일방이 제3국과 전쟁을 하는 경우 타방은 중립을 지키고 다른 국가들이 체약국 일방의 적국에 가담하는 것을 저지한다. 그러나 체약국과 제3국 간 전쟁에 제4국이 참전하는 경우 체약국의 타방은 참전하여 그 일방을 원조하고 공동으로 전쟁을 수행하며 상호 합의하여 평화를 체결한다. 즉, 일본이 러시아와 전쟁을 하는 경우 영국은 중립을 지키나, 프랑스가 러시아를 원조하는 경우 영국은 일본을 원조하는 것을 의미한다.

3. 해군협력

(1) 양국 해군은 평시(平時)에 서로 협력하며 상대국 항구에 입항하여 석탄 탑재 등의 시설을 서로 이용한다.

(2) 극동에서 제3국에 비해 우월한 해군력을 계속 유지하기 위해 노력한다.

4. 적용범위

영국은 영일동맹조약의 적용범위를 인도까지 확장시키기를 원하였으나 일본의 반대로 극동에 한정하기로 하였다. 적용범위 확대는 제2차 영일동맹에서 합의되었다.

4 제2차 영일동맹(1905년)

1. 배경

영국은 러시아가 아시아세력으로 남고자 하는 경우 인도에서 영국·러시아 간 분쟁이 있을 수 있다고 보고 영일동맹의 범위를 인도에까지 확대하고자 하였고, 일본은 러시아의 복수전에 대비해서 동맹을 유지하고자 하였다. 또한 일본이 조선에서 취득한 특권적 조치들을 영국으로부터 승인받고자 하였다.

2. 주요 내용

(1) 영일동맹조약의 적용범위를 인도에까지 확장하였다.

(2) 중국의 독립, 영토보전, 기회균등만을 규정하여 일본은 조선에서 완전한 행동의 자유를 보장받았다.

(3) 체약국이 일국과 교전하더라도 원조의무를 지게 함으로써 공수동맹의 성격을 강화하였다.

3. 의의

영국은 러시아의 남하정책에 따른 인도에의 침입을 견제할 수 있게 되었고, 일본은 전후 회복에 필요한 자금을 영국으로부터 빌리는데 성공하였으며 일본은 그 대부분을 남만철도 건설과 경영에 투자하였다.

5 제3차 영일동맹(1911년)

1. 배경

영일동맹의 존재가치가 저하되었는데, 이는 영러협상과 러일협상의 성립으로 러시아를 가상적으로 할 필요가 약해졌고, 러일전쟁 후 일본의 산업화로 일본은 적극적으로 중국에 진출하고자 하였고 이로써 문호개방과 기회균등을 기본노선으로 하는 영국과 갈등이 고조되었기 때문이다. 또한 1906년 이래 미일관계가 미일문제와 만주철도문제로 냉각되자 미국과 일본 간 전쟁이 발발하였을 때 일본의 동맹국으로서 연루되는 것에 대해 영국이 우려하기 시작하였다.

2. 영국 및 일본의 입장

영국은 일본과 동맹을 유지할 필요는 있다고 판단하였는데, 이는 영독관계가 악화되는 가운데 영일동맹이 파기되면 일본이 독일에 접근하는 것을 우려하였기 때문이다. 일본은 아시아에서 일본의 이익 신장이나 대륙 진출에서 러시아 견제를 위해서 여전히 영일동맹에 기초한 전략을 전개하고자 하였다.

3. 주요 내용

미국과 일본이 전쟁을 하고, 여기에 영국이 개입되는 것을 방지하기 위하여 동맹국의 일방과 중재재판조약을 체결한 국가에 대해서는 본 동맹조약의 적용을 배제하였다. 즉, 일본과 미국이 전쟁하는 경우 영국은 일본을 지원할 의무가 없다는 것이다.

6 국제정치사적 의의

영일동맹은 1902년 체결되고 두 차례에 걸쳐 갱신된 다음 1921년 12월 워싱턴회담의 결과 4개국조약이 체결됨으로써 공식 종료되었다. 제2차 영일동맹 이후 프랑스 - 일본협약, 러시아 - 일본협약, 영국 - 러시아협상 및 미국 - 일본 갈등의 영향으로 영일동맹의 의의는 계속해서 감소하였다. 영일동맹은 동서양 강대국 간 최초의 합의로, 일본은 강대국인 영국과 동맹을 체결함으로써 조선에 대한 그들의 특수이익을 강화시킬 수 있었고 러시아의 남하정책을 견제할 수 있었다. 2년 후 러일전쟁에서 프랑스 개입을 저지함으로써 일본이 전쟁에서 승리하게 된 하나의 요인이 되었다. 반러시아적 성격을 지닌 영일동맹은 러일전쟁 후 두 차례에 걸쳐 개정되면서 점차 반독일적 성격으로 변화되었다. 이는 독일의 극동에 대한 제국주의가 일본 및 영국의 이익과 상충하기 시작하였기 때문이다.

제3절 | 러일전쟁

1898.3.19. 일본 외상, 러시아에 만한교섭 통고	1904.2.8. 일본, 여순항 밖에서 러시아 함대 공격
1898.3.27. 러시아, 대련과 여순항 조차권과 남만철도부설권 획득	1904.2.10. 일본, 러시아에 선전포고
1898.4.25. 니시-로젠협정	1904.2.12. 청, 러일전쟁에 중립선언
1899.3. 산동에서 의화단 봉기	1904.4.8. 영불협상 조인
1900.11.9. 러시아, 하얼빈-여순 간 철도부설권 획득	1905.5.27. 일본, 동해에서 러시아의 발트함대 격파
1902.1. 러시아, 시베리아철도 개통	1905.7.29. 태프트-가쓰라협정
1903.8.12. 러시아, 여순에 극동총독부 설치	1905.9.5. 포츠머스 강화조약

1 의의

러일전쟁은 만주와 조선 등 동북아지역의 패권을 둘러싼 러시아와 일본의 전쟁을 의미한다. 러일전쟁은 동북아에서 패권전이전쟁의 성격을 띠었는바, 일본은 근대화와 군비증강에 기초하여 기존 패권국인 러시아와 국력 격차를 좁히는 한편, 만주문제를 놓고 양자 간 불만족도가 높아지고 있었다. 러일협상이 결렬되자 일본은 러시아에 도전하여 패퇴시킴으로써 동북아의 신흥패권국으로 부상하게 되었다.

2 배경

1. 의화단 사건

(1) 의화단 사건이란 1898년에서 1900년에 걸쳐 산둥, 즈리, 허난, 산시 등지에서 일어난 배외운동으로 1900년 6 ~ 8월 사이 베이징의 각국 공사관을 포위공격한 사건을 의미한다.

(2) 의화단 사건은 배외지향성, 외국 공관에 대한 공격, 서태후의 원조, 조차지에 대한 습격 등의 국제문제로, 열강은 군대를 파견하게 되었다. 일본은 8,000명을, 러시아는 4,500명을 파견하였으며 이로 인해 러시아와 일본이 충돌할 가능성이 있었다.

2. 러시아의 만주점령

러시아는 의화단 운동이 만주까지 파급되고 남만주철도의 일부가 파괴되자 질서유지를 위해 군대를 파견하였고 의화단 사건이 진압된 이후에도 군대를 계속 주둔시켰을 뿐 아니라 만주에 주둔군의 수를 증가시켰다. 영일동맹 체결 이후 러시아 국내에서 위테와 람스도르프 등 온건파가 집권하여 중국 간 철병합의를 체결하기도 하였으나, 베조브라조프 등 강경파가 집권하면서 철병이 중지되었다.

 참고

남만주철도

항구도시 뤼순[旅順] · 뤼다[旅大]와 중국 동부를 잇는 철도이다. 러일전쟁 이후부터 약 40년 동안 일본이 중국 둥베이[東北]지방의 침략을 목적으로 한 중핵적(中核的) 사업으로 경영한 철도이다. 원래는 러시아가 1898년의 랴오둥반도[遼東半島] 조차조약(租借條約)에 의해서 취득한 부설권에 따라 둥칭철도[東淸鐵道]의 지선으로 건설하였으며, 1901년에 개통되었다. 러일전쟁 후 포츠머스조약에서 창춘[長春] · 뤼다[旅大] 간의 권익을 양도받은 일본은 1906년 12월 7일에 남만주철도주식회사(약칭 滿鐵)를 설립하여, 광대한 철도 부속지를 포함하는 만주 침략의 국책회사(國策會社)로서 운영하였다. 만주사변 전에는 장쉐량[張學良]의 항일정책으로 만철병행선(滿鐵竝行線)의 건설사업이 추진되었으나, 만주국(滿洲國)의 성립과 함께 이 배일철도(排日鐵道)도 만철에 흡수되고, 다시 1935년 일본 · 소련 간에 동지철도(東支鐵道: 북만철도)의 매매협정이 체결되었기 때문에 노선(路線)은 둥베이 전역에 확대되었다. 제2차 세계대전 후 그 운영권이 중국에 넘어갔다.

3. 러일교섭의 실패

1903년 8월부터 1904년 1월까지 러일교섭이 전개되었으나 성과가 없었다. 일본은 만한교환론에 기초하여 조선을 자국의 보호령으로 하고 만주에서 러시아의 우월권은 인정하되 기회균등의 원칙을 주장하였다. 반면, 러시아는 만주에서의 배타적인 권리와 조선 북부지역에 중립지역을 설정할 것을 요구하였다. 또한, 조선에서 일본의 정치·경제적인 우월권은 인정하되 군사적인 우월권은 인정하지 않는다는 입장이었다.

4. 일본의 현실주의적 국제주의 노선

메이지유신 이래 일본의 대외정책 노선은 이른바 '현실주의적 국제주의 노선'이었다. 이는 일본의 일방적 이익을 위한 대륙정책을 실현함에 있어서 군사력과 강대국의 협조에 바탕을 두어야 한다는 전략을 의미한다. 즉, 메이지유신 이래 일본의 정책은 조선과 만주를 자신의 세력권으로 설정하는 것이었다. 이러한 팽창정책이 러시아에 의해 제지당하자 영국, 미국 등의 지원하에 전쟁을 통해 러시아를 제압한 것이다.

5. 영일동맹

러일전쟁에서 프랑스가 러시아를 원조하여 개입하는 경우 일본은 전쟁을 도발할 수 없었을 지도 모른다. 그러나 영일동맹을 체결하여 프랑스가 러시아를 원조할 가능성을 봉쇄함으로써 일본은 독자적으로 전쟁을 개시할 수 있었다.

3 열강의 입장

1. 영국

미국과 함께 영국은 일본을 적극 지원하였다. 영국은 프랑스의 공동간섭 제의나 러시아의 간여요청을 거절하였다. 또한 개전 후 엄정중립을 선언하였으나, 일본을 위해 전비를 조달해 주고 제3국이 러시아에 원조를 제공하는 것을 저지하였다. 그 밖에도 영국은 러시아 함대에 대한 석탄 공급을 거절함으로써 러시아 함대가 극동에 신속히 투입되는 것을 저지해 주었다.

2. 미국

미국은 일본에 우호적이었는데, 이는 러일교섭에서 일본이 제시한 중국의 영토보전이나 기회균등주의가 미국의 문호개방정책과 일치하였기 때문이었다. 전쟁이 일어나자 미국은 중립을 선언하였다.

3. 프랑스

프랑스는 러시아와 동맹관계에 있었으나 델카세의 기본 노선은 친영적이었다. 러시아를 지원하는 것은 영국과의 전쟁을 하는 것을 의미하기 때문에 러시아를 지원할 수는 없었다. 따라서 프랑스는 러일 간 문제가 평화적으로 해결되길 원하였다.

4. 독일

독일은 러시아의 동북아 진출을 적극적으로 권장하고 있었는데, 이는 러시아의 관심을 아시아로 돌림으로써 독일의 동부 국경의 안정을 꾀할 수 있다고 생각하였기 때문이다.

4 전개과정과 강화조약

1. 개전

러일교섭에서 일본의 만한교환론이 받아들여지지 않자 회담은 교착상태에 빠지게 되었다. 일본은 만한교환론이 최후 주장임을 러시아 전권인 로젠에게 전달하였다. 이후 일본은 러시아의 반응을 기다리지 않고 1904년 2월 전쟁을 개시하였다.

2. 전황

전황은 일본의 일방적 승리로 전개되었다. 일본 해군은 뤼순항 봉쇄에 성공하여 1904년 5월에 랴오둥반도 상륙을 시작하였고, 조선으로부터 북진한 부대는 압록강을 건너 만주까지 진격하였다. 9월에는 랴오양을 점령하였다. 장기전을 치룰 여력이 없었던 일본은 쓰시마해전에서 발틱 함대를 격파한 이후 미국에게 강화 중재를 의뢰하였다.

3. 강화교섭

강화교섭에서 한국에서 일본의 우월권, 러시아의 만주 철병 등은 쉽게 합의되었으나, 사할린 할양, 배상금지불문제, 중립국에 억류된 러시아 군함 인도문제, 극동에서 러시아 해군활동 제한문제 등이 쟁점이 되었다.

4. 포츠머스 강화조약의 성립(1905년 9월 5일)

포츠머스 강화조약의 주요 내용은 다음과 같다.

(1) 러시아는 일본이 조선에서 정치·군사·경제적 우월권이 있음을 승인하고 조선의 지도·감독에 필요한 조치를 취할 수 있음을 승인한다.

(2) 러시아는 만주로부터 철병하고 중국의 영토보전 및 문호개방을 승인한다.

(3) 러시아 정부는 중국 정부의 승인하에 랴오둥반도 조차권, 창춘-뤼순 간 철도 및 그 지선을 일본에 양도한다.

(4) 북위 50도 이남의 사할린과 부속도서를 일본에 할양한다.

5 국제정치사적 의의

1. 일본의 부상

러일전쟁에서 일본이 승리함으로써 조선에서 독점적 지배권을 확립하고 이에 대한 열강의 승인을 얻게 되었다. 그러나 러일전쟁은 일본을 대국주의와 팽창주의로 들어서게 함으로써 문호개방과 현상유지를 기본 노선으로 하는 미국과 갈등을 겪게 되었다.

2. 조선의 식민지화

조선은 러일전쟁으로 일본의 보호국이 되고 결국은 종속국(식민지)으로 전락하게 되었다. 일본은 1905년 11월 17일 을사보호조약을 통해 보호권을 획득하였고, 1910년 8월 29일 한일병합조약을 체결하였다.

3. 영러협상 성립

러일전쟁의 영향으로 1907년 영러협상이 성립되었다. 전쟁에서 패한 러시아는 발칸이나 중앙아시아지역으로 팽창정책을 펴고자 하였으며, 이를 위해 극동 및 아프가니스탄에서 영국과 이해관계를 조정하여야 했기 때문이다.

4. 국제관계 재편

러일전쟁은 제1차 세계대전으로 가는 세력관계의 형성을 촉진시키게 되었다. 프랑스 - 러시아동맹에 영국이 접근하여 독일을 포위하는 형세를 취하게 되었고 일본은 만주진출을 본격적으로 추진하여 러시아를 발칸반도로 축출하였기 때문이다.

제4절 | 러일전쟁 이후 일본의 협상체제

1 배경

러일전쟁에서 승리한 일본은 조선과 만주에 대한 자국의 지배권을 정당화하기 위한 일련의 협상체계를 형성하게 되었다. 영일동맹을 갱신하고, 미국과 세력권 조정과 함께 이민문제 등 현안을 조정하였다. 프랑스와는 상호원조체제를 성립시켰으며, 러시아와는 3차에 걸친 협상을 통해 만주와 몽고지역에서의 세력권을 조정하였다.

2 미일협상

1. 배경

일본이 러일전쟁에서 승리하면서 미국 내에서는 일본에 대한 경각심이 높아졌다. 한편, 의화단 사건의 여파로 미국은 중국인 등 외국인에 대한 반감이 고조되어 미국 내에서 외국인의 구직과 유학을 배척하고자 하는 움직임이 강하게 일었다. 이로 인해 미일 양자관계가 악화될 가능성이 있었고 이에 대비하기 위해 영국에 협조를 요청하였으나 영일동맹 등의 제약으로 거절하였다. 이후 미국은 일본과의 협상을 모색하게 되었다.

2. 태프트 - 가쓰라 합의각서(1905년 7월 27일)

일본이 청일전쟁과 러일전쟁에서 승리하자 미국은 자국이 점령하고 있던 필리핀의 안전에 대해 염려하기 시작하였다. 따라서 미국은 일본이 조선을 영유하는 것을 조건으로 필리핀에 대한 미국의 지배권을 승인받고자 하였고 양국 간 교환각서로 합의되었다. 미국은 1905년 11월 24일 서울주재 미국 공사관을 폐쇄함으로써 일본의 완전한 조선 지배를 최초로 승인해 주었다.

3. 미일협상(루트 - 다까히라협정, 1908년 11월 30일)

미국 함대의 일본 기항을 계기로 미일 간 우호관계가 되살아났고 양국 간 현안을 타결하기 위해 미일협상이 성립되었다. 태평양에서의 현상유지와 중국에서 상공업상의 기회균등, 중국의 독립, 영토보전 및 상공업상의 기회균등주의에 입각한 열국의 공통이익을 보호한다. 이것이 침해되는 경우 상호 간의 필요조치를 위하여 의견을 교환한다.

4. 의의

미일협상을 통해 일본은 미국이 계속 의구심을 지니는 필리핀과 하와이에 대한 일본의 영토적 야심에 대한 오해를 해소하였고, 태평양에서의 현상유지를 약속함으로써 태프트 - 가쓰라합의 내용을 재확인하였다. 한편, 중국이 일본을 견제하기 위해 미국과 협조할 수 있는 가능성을 봉쇄하였다.

3 불일협상(1907년 6월)

1. 배경

1907년 영러협상의 성립으로 삼국협상이 완성되자 프랑스는 영일동맹으로 협상 측에 참여하고 있는 일본과도 협상을 추구하기 시작하였다. 일본과 협상 성립의 직접적인 계기는 일본에게 3억 프랑의 기채를 프랑스가 허락한 것이었다.

2. 주요 내용 및 의의

(1) 중국에 대한 독립과 영토보전 및 기회균등원칙을 승인한다.

(2) 프랑스는 러일전쟁의 결과 일본이 획득한 조선 및 만주에서의 특수권익을 승인하는 대신 일본은 프랑스가 인도차이나에서 획득한 영토권을 존중한다.

(3) 프랑스는 광동, 광서, 운남을 세력범위로 하고, 일본은 복건, 만주, 몽고에서 특수이익을 지닌다.

(4) 불일협상의 성립으로 독일의 고립과 포위망이 강화되고 독일은 군비증강에 더욱 박차를 가하게 되었다.

4 러일협상

1. 배경

러일전쟁에서 패한 러시아는 기존의 대독접근 노선을 변경하여 영국에 접근하는 정책을 펴기 시작하였다. 러시아의 남하정책방향이 발칸과 중동지역으로 변경되었는데, 바그다드와 페르시아만을 연결하는 바그다드철도 부설권을 쥐고 있는 독일의 이해와 상충되기 때문이었다. 러시아는 영국 및 일본의 지원을 얻기 위해 러일협상을 성립시켰다. 일본의 경우 포츠머스조약 이후의 한반도의 현상변경에 대해 러시아로부터 인정을 받고자 하였다.

2. 제1차 러일협상(1907년 7월)

불일협상의 성립으로 촉진된 러일협상은 양국 간의 상호 영토보전, 제조약의 존중, 중국의 독립 및 영토보전과 기회균등을 규정하였다. 또한 한국, 외몽고, 만주에서 양국의 세력범위를 확정하였다. 러일협상은 러불협상과 영일동맹을 묶는 기능을 함으로써 영국과 러시아 접근의 계기가 되었다.

3. 제2차 러일협상(1910년 7월 4일)

(1) 제1차 러일협상을 통해 양국이 만주에서 지니게 된 특권이 계속 도전을 받았으며 특히 문호개방과 기회균등주의에 따른 철도이권이 도전을 받았다. 미국은 일본의 재정궁핍을 이유로 만주철도를 미일이 공동관리하는 방안을 제기하기도 하였다.

(2) 제1차 러일협상을 배경으로 다시 러일회담이 전개되어 제2차 러일협상이 성립되었다. 만주에서의 현상유지, 양국 세력범위의 확정, 양국 부정경쟁 회피 및 상호원조를 약속하였다. 일본은 만주에 대한 행동의 자유를 승인받았고, 양국은 만주에서의 특수이익을 상호 승인하였다.

4. 제3차 러일협상(1912년 7월 8일)

(1) 배경

① 제2차 러일협상 이후에도 미국은 독일·프랑스·영국과 함께 만주 산업 발전을 위한 차관 제공 등을 주도함으로써 러시아·일본의 특수이익을 위협하였다.

② 신해혁명은 배외운동으로 연결되고 외몽고가 독립함에 따라 러시아·일본 간 내몽고에 있어서 세력범위를 획정할 필요가 있었다.

(2) 주요 내용

내몽고에서 러시아·일본 간 세력권 획정을 주로 다루고 있다.
① 내몽고의 세력권 분할에 있어서 우선 남북만주의 경계선을 그대로 서쪽으로 연장하는 선으로 한다.
② 외몽고에 근접한 북방은 북경을 통과하는 남북의 경도선에 따라 분할한다.

5 국제정치사적 의의

러일전쟁 이후 일본이 수립한 협상체제를 통해 일본은 동아시아의 최강대국으로 군림하게 되었을 뿐만 아니라 유럽 열강들로부터도 그 최강국의 지위를 승인받게 되었다. 일본이 동북아의 최강국으로 부상함에 따라 중국에 대해 문호개방과 기회균등 및 영토보존을 대외전략의 핵심축으로 삼고 이를 지키는 것을 사활적 이익으로 간주하고 있던 미국과의 경쟁이 본격적으로 시작된다는 의미도 담고 있었다고 볼 수 있다.

제5절 | 만주사변

1927.4.12. 장제스, 상하이에서 반공쿠데타 감행	1931.10.13. LN 이사회, 일본에 기한부 철병권고안 가결
1927.4.18. 장제스, 난징에 국민정부 수립	1933.1.15. 미국, 만주국 불승인을 국가들에 통고
1927.5.28. 일본 정부, 제1차 산둥 출병	1933.2.24. LN, 일본군의 만주철퇴안 가결
1928.5.3. 일본군, 산둥성 지난에서 국민정부군과 충돌(지난 사건)	1933.3.27. 일본, LN 탈퇴
1931.9.18. 일본 관동군, 만주사변	1933.5.31. 관동군과 중국, 탕구정전협정 조인
1931.9.19. 중국, LN에 류타우거우 사건 보고	1934.3.1. 만주국, 제정 실시. 푸이가 황제가 됨
	1934.12.3. 일본각의, 워싱턴조약 단독 폐기 결정

1 원인

1. 일본의 만주점령정책

러일전쟁 이후 남만주지역에 대한 지배권을 획득한 일본은 적극적으로 만주에 대한 점령정책을 실시해 나갔다. 일본은 포츠머스조약에 의해 철도수비대의 주둔권을 인정받음으로써 일본군이 만주에 주둔하게 되었다. 1919년 창설된 관동군은 만몽을 지배하고 소련에 대항하는 것을 목적으로 하였다. 관동군의 지휘관인 이시하라는 일본의 국내불안을 해소하고, 인구와 식량, 자원 등의 문제를 해결하며 중국 내 배일운동을 종식시키기 위해서는 만몽을 점유하는 길밖에 없다고 판단하고 있었다.

관동군

1. 일본의 중국 침략 첨병으로 제2차 세계대전 말까지 만주(滿洲)에 주둔하였던 일본 육군부대의 총칭이다. 러일전쟁에서 승리한 일본은 1905년 러시아와 맺은 포츠머스조약에서 군 주둔권을 승인받고, 러시아의 조차지(租借地)인 랴오둥반도[遼東半島]를 인수하여 관동주[關東州]를 만들고 관동도독부를 두었다. 관동주와 남만주철도의 경비를 위해 병력을 주둔시킨 것이 관동군의 시초이다.

2. 1919년 도독부가 폐지되고 그 밑에 있던 육군부가 독립하여 일본왕 직속의 관동군사령부가 되었다. 관동군사령부는 뤼순[旅順]에 설치하였으며, 일본 본토에서 교대로 파견되는 1개 사단 · 만주독립수비대 · 뤼순요새사령부 · 관동헌병대를 그 아래에 두었다.

3. 관동군은 랴오둥반도 및 철도 연변을 지키게 되었고 일본의 대륙 진출의 교두보로서 전략적으로 큰 비중을 차지하였다. 일본왕의 직속이 된 관동군사령부는 중국을 침략하고, 소련을 가상 적국으로 하는 일본의 국방방침에서 전위부대가 되어 있었다.

4. 1928년 장쭤린[張作霖]이 폭살 사건을 일으키고 1931년 만주사변과 1932년 만주국의 건설을 주도하였다. 1931년에 사령부를 펑톈[奉天]으로 옮겼고 또 이듬해 신징[新京: 지금의 長春]으로 옮기고 관동군사령관이 주만(駐滿) 특명전권대사 · 관동장관(關東長官)을 겸하여 군(軍) · 정(政)의 실권을 장악, 실질적으로 만주를 지배하였다.

5. 관동군의 병력도 대륙침략정책의 확대와 대중국전(對中國戰) · 대소전(對蘇戰)에 대비하여 계속 증강되어 1933년 10만 명이었던 병력이 1941년에는 70만 명으로 늘어났다. 관동군은 소련에 대해서 장고봉 사건(張鼓峰 事件: 1938), 노몬한 사건(Nomonhan 事件: 1939) 등 군사도발을 계속하였고, 독소개전 때에는 관동군 특별연습을 행하여 군사적 위협을 가하였다. 그리고 이 시기에 동북지방의 중국과 한국인의 항일무장세력의 암살에도 열중하였다. 1943년 제2차 세계대전 중 전세가 악화되자 대소방침을 전환, 이른바 '북방정밀책(北方靜謐策)'을 취함으로써 관동군의 주력을 일본 본토 및 남방으로 이동시켜 세력이 약화되었다. 1945년 8월 9일 대일 선전포고를 한 소련군의 참전으로 급속히 붕괴되었으며 8월 19일 관동군사령관의 무조건 항복으로 없어졌다.

2. 국권회복운동과 국민당의 혁명외교

1923년 워싱턴회담 이후 중국 내에서는 국권회복운동이 강력하게 전개되고 있었고, 그 주요대상은 일본이 지배하고 있는 만주지역이었다. <u>국민정부와 제휴하여 만주를 통치하게 된 장쉐량은 배일열기에 편승하여 혁명외교를 시도하고자 하였다. 즉, 모든 불평등조약을 폐기하고 외국이 보유한 모든 이권을 회수하겠다는 것으로, 이 외교 노선이 시행되는 경우 일본의 랴오둥반도의 조차지와 남만철도의 권익이 침해될 우려가 있었다.</u>

2 전개과정

1. 류타오 사건(1931년 9월 18일)

<u>관동군은 도발 명분을 만들기 위해 류타오에서 만철노선을 폭파하고 그것이 중국군의 행위라고 선언하였다.</u> 일본군은 이 사건을 계기로 펑톈성, 안둥, 펑황성, 잉커우 등 만주철도 연변의 주요 도시들을 점령하였다.

2. 제1차 상해사변과 만주국의 성립(1932년)

관동군의 만몽점유계획은 일본 정부와 중앙 군부의 반대로 인해 만몽자주국가 건설로 방향이 수정되었다. 관동군은 만주를 중국으로부터 분리시키기 위해 만주 전역에서 자치운동을 전개시켜 나갔다. 관동군의 진저우와 산하이관 점령 이후 열강의 이목이 집중되자 상해사변을 조작하였다. 한편, 상해사변이 전개되는 와중에 관동군은 1932년 3월 1일 만주국을 창설하여 선통제를 수령으로 옹립하였다. 일본은 만주국을 정식으로 승인하였다.

 참고

상해사변

1. 1932년과 1937년의 두 차례에 걸쳐 상하이에서 발생한 중국·일본 간의 무력충돌 사건이다. 제1차 사변은 1931년 9월 만주사변이 일어나자 중국 대륙에 항일운동이 확대되었으며, 특히 상하이의 정세는 급속도로 악화되었다. 1932년 1월 29일 조계(租界)를 경비하던 일본 해군육전대(海軍陸戰隊)와 중국 제19로군(路軍) 사이에 전투가 벌어지자, 일본은 2월 중순에 3개 사단의 육군을 파병하여, 3월 중순 중국군을 상하이 부근에서 퇴각시켰다.

2. 그동안 당사국과 상하이에 이해관계를 가진 영국·미국·프랑스·이탈리아 대표들이 정전 협의를 추진하였으나 조인 예정일인 4월 29일에, 한국의 윤봉길 의사의 폭탄 사건이 일어나 일본의 파견군 사령관이 사망함으로써, 협상은 난항을 거듭한 끝에, 5월 5일 정전 협정이 성립되었다. 이 사건은 일본이 내외(內外)의 주의를 만주국 건국공작에서 벗어나게 하려고 일부러 도발한 책략이었다. 제2차 사변은 1937년 7월 화베이[華北]에서 중국·일본 간에 동란이 발발하자 전화(戰火)는 상하이로 확대하였다. 8월 13일 일본군 육전대가 압도적으로 우세한 중국군의 포위공격을 받았으며, 이에 일본 육군이 파견됨으로써 전화는 난징[南京]·우한[武漢] 등 중국 전토로 확대, 중일전쟁이라는 전면전의 계기가 되었다.

3. 일본의 국제연맹 탈퇴(1933년 3월 27일)

국제연맹에 의해 리튼보고서가 채택되자 일본은 국제연맹의 탈퇴를 선언하여 반국제 협력노선을 추진하게 된다.

4. 탕구휴전협정(1933년 5월)

국제연맹 탈퇴 후 일본은 러허작전을 계속하여 1933년 4월에는 베이징, 텐진지역까지 진출하였으나 화베이지방에 진격할 수 있는 입장이 아니었고 국민당정부도 일본과 전면적인 전쟁을 수행할 여력이 없었다. 5월 말 탕구휴전협정이 성립되어 일본군은 만리장성의 선으로 철수하고 이남지역에 방대한 중립지역을 설정하였다. 이로써 만주국의 서남국경이 확정되어 만주사변은 일단락되었다.

3 국가 및 국제연맹의 대응

1. 중국

중국 정부는 일본 정부와의 직접교섭을 완강히 거부하고 국제연맹 가입국으로서 만주문제를 연맹에 부탁하였다. 중국 정부는 일본군의 철퇴를 요구하고 중국 지방관헌 및 경찰력의 회복에 따라 철도부속지 외의 일본 국민의 생명과 재산의 안전에 대해 책임을 질 것이라고 밝혔다.

2. 일본

일본 정부는 일본 국민의 생명과 재산의 안전이 효과적으로 확보되는 경우 일본 군대는 철도부속지에서 가능한 한 신속히 철수하되, 만주에 있어서의 긴장상태와 무질서에 비추어 철병 완료의 확실한 일자를 정할 수 없다고 주장하였다. 한편, 일본은 중일 직접교섭을 주장하며 국제연맹결의가 성립되는 것을 저지하고자 하였다.

3. 영국

영국은 여러 가지 이유로 일본에 대해 강경정책을 구사하지 않았다. 이는 국내정치·경제적으로 긴장상태에 있었고 노동당 내각의 붕괴와 거국 내각의 성립, 군대 반란, 금본위제 폐기 등 내정위기가 지속되었기 때문이다.
영국은 일본이 만주에서 붕괴되는 경우 소련이 만주, 내몽고, 중국을 지배하게 될 것이고, 일본은 영국이 보다 중대한 이익을 가지는 동남아에 주의를 돌리게 될 것을 우려하였다. 영국은 결국 미국의 불승인주의나 경제제재 제의에 공동보조를 취하지 않았다.

4. 미국

(1) 미국은 국제연맹으로 하여금 일본에 대한 대응책을 마련하도록 하는 한편, 독자적으로도 일본에 대한 강경책으로 대응하였다. 미국은 국제연맹에 대해 경제제재를 요청하는 한편, 만주국에 대한 불승인주의를 선언하였다. 즉, 중일 양국 간에 체결되는 조약이 중국에서 미국 또는 미국 시민의 이익을 침해하는 경우 이를 승인할 수 없다. 또한 미국·중국·일본이 당사국으로 포함되어 있는 1928년 부전조약에 위반하는 수단으로써 초래되는 어떠한 사태·조약·협정도 승인하지 않는다.

(2) 상해사변 이후 1932년 1월 31일 미국은 영국과 함께 군함을 파견하여 일본을 견제하였다. 한편, 일본의 행동이 워싱턴회의에서 체결된 9개국 조약의 위반이라고 항의하면서 미국도 해군군비제한규정을 파기할 수 있다고 위협하였다.

5. 국제연맹

중국에 의해 만주문제는 1931년 9월 19일 국제연맹에 부탁되어 이사회는 일본군의 신속한 철수와 중일 양국관계의 악화를 방지하기 위한 모든 조치의 실시를 권고하였다. 한편, 일본의 제안에 따라 리튼을 위원장으로 하는 조사단을 파견하였다. 1932년 10월 공표된 보고서에서는 일본군의 행동이 자위의 범위를 넘은 것이며, 만주에 수립된 만주의 새로운 정권은 현행 국제조약의 근본원칙에 합치하지 않으며 중국의 이익에 위배되고 일본의 이익에도 위배된다고 확인하였다. 국제연맹 총회는 리튼보고서를 채택하였으나, 일본은 국제연맹의 탈퇴로 대응하였다.

4 국제정치사적 의의

만주사변은 일본의 만주 지배에 대한 의도를 국제사회에 명확하게 드러내는 계기가 되었고, 국제연맹의 권위를 붕괴시키고 집단안전보장체제의 원칙을 파괴함으로써 베르사유체제를 붕괴시키는 첫 번째 계기가 되었다. 국제연맹의 무력성으로 이탈리아와 독일 등 현상타파세력들의 현상타파의지를 강화시켜 주었다. 일본의 만주 지배는 워싱턴체제에 대한 중대한 도전이었으므로, 실질적으로 체제 유지를 담당하고 있었던 미국과의 갈등이 고조되었다. 일본의 만주 지배에 대해 미국이 강력하게 대응함으로써 일본은 군사력을 통해 미국의 영향력을 배제하려는 의도를 가지게 되었다. 요컨대, 일본의 만주사변은 1920년대 형성된 안보기제들이 현상타파세력에 의해 붕괴되기 시작함으로써 제2차 세계대전의 전조였다는 점에서 역사적 의의가 있다.

제6절 | 중일전쟁

1936.5.5. 중국 홍군, 국민정부에 정전강화일치항일을 통보	1937.7.28. 일본군, 베이징 점령
1936.12.12. 장제스, 서안에서 장쉐량 등에 의해 감금됨(서안 사건)	1937.8.15. 일본 정부, 난징 정부에 대한 전면전 개시
1937.2.15. 중국 국민당, 국공합작 동조	1937.8.21. 중소불가침조약 조인
1937.7.7. 루거우차오에서 중일 양군 충돌	1937.9.22. 국민당, 국공합작선언서 공표
1937.7.17. 장제스, 루산에서 저우언라이와 회담. 대일항전 준비의 담화 발표	1937.11.20. 장제스, 충칭천도선언
	1937.12.13. 일본군, 난징 점령. 난징대학살(약 30만 명)

1 중일전쟁 전의 국내외 정세

1. 서안 사건

동북군의 장쉐량, 서북군의 양후청 등이 내전 정지와 일치항일을 주장하여 공산당 토벌을 먼저 주장한 장제스를 시안에서 체포하여 구금한 사건을 말한다. 이 사건은 중국 공산당의 저우언라이의 조정으로 해결되었는데 이를 계기로 중국에서는 항일민족통일전선이 형성되었다.

2. 일독방공협정 체결(1936년 11월 5일)

(1) 국제연맹을 탈퇴하여 국제적으로 고립되어 있던 일본과 독일은 1935년 제7회 코민테른대회가 일본, 독일 등 제국주의세력의 세계분할 야망에 대해 대항할 것을 결의하자 상호 접근하게 되었다.

(2) 방공협정은 코민테른의 활동에 대해 공동대응을 약속하는 한편, 체약국의 일방이 소련으로부터 도발하지 않는 공격을 받는 경우 공통의 이익 옹호를 위해 취할 조치에 대하여 협의하기로 하였다. 또한 체약국은 상호 동의 없이 방공협정의 정신과 양립하지 않는 일체의 조약을 소련과 체결하지 않을 것도 약속하였다. 방공협정은 일본의 대륙 진출을 적극화하는 계기가 되어 중일전쟁의 간접적 원인이 되었다.

3. 일본의 화북 진출

1933년 탕구정전협정 체결로 만주사변이 종결된 이후에도 일본의 중국 침략은 계속되고 있었다. 특히 하북, 산동, 산서, 서안 등 화북지역에 영향력을 확장하여 이 지역을 자치지역으로 독립시키고자 하였다. 1935년 말 화북 분리공작이 성공하여 괴뢰정권이 수립되자 대규모 반일운동이 전개되었다.

2 전개과정

1. 노구교 사건(1937년 7월 7일)

노구교 사건은 베이징 서남 교외에 있는 노구교에서 소련을 가상 적국으로 야간 연습을 하던 일본군이 중국군과 충돌한 사건을 의미한다. 애초에 일본과 중국은 국지적으로 해결할 생각이었으나 양자 교섭이 교착상태에 빠지면서 일본은 중국문제를 일거에 해결하기 위해, 중국은 실지 회복과 일본 축출을 위해 전면전을 계획하게 되었다.

2. 랑방 사건(1937년 7월 25일)

일시적으로 중지되었던 북경전투는 랑방 사건으로 일본이 최후통첩을 발하게 됨으로써 재개되고 중일전면전쟁이 개시되었다. 랑방 사건은 랑방역 부근의 전신선 고장을 수리하기 위해 파견된 일본군이 중국군과 충돌한 사건이다.

3. 국제연맹에 회부(1937년 9월 12일)

중국 정부는 일본의 침략이 연맹규약, 부전조약, 9개국조약을 위반한 것이라고 주장하며 국제연맹에 부탁하였다. 국제연맹의 극동위원회는 일본 공군에 의한 중국의 무방어도시의 공중폭격은 불법이라고 결의하였다. 총회도 일본의 행동은 자위권으로 정당화되지 않고 중국이 언급한 조약들을 위반한 것임을 의결하였다. 총회는 또한 9개국조약 당사국들의 국제회의를 개최할 것을 권고하였다.

4. 브뤼셀회의(1937년 11월 3일)

국제연맹 총회의 권고에 따라 브뤼셀에서 9개국조약 당사국회의가 개최되었다. 당사국들은 선언을 통해 일본의 조약상 의무를 재확인하고, 일본은 무력으로써 중국의 정책을 변경시킬 법률상의 근거를 가지지 않으며 중일 양국 간의 직접교섭으로는 정의에 적합한 합리적인 해결을 모색할 수 없다고 주장하였다.

5. 일본의 점령지역 확대와 동아신질서 구상 발표(1938년 11월)

독일의 주선이 실패로 끝나고 일본은 중국군을 격파하면서 중국 영토를 지속적으로 점령해 나갔다. 이 과정에서 일본은 중국 전역에 대한 점령을 노골적으로 드러낸 '동아의 신질서' 구상, 즉 제2차 근위성명을 발표하여 중일관계는 돌이킬 수 없을 정도로 악화되었다. 동아신질서는 일본을 중심축으로 하여 일본, 만주국, 중국 3국이 하나의 경제적·정치적 통합체를 구성하자는 것으로서 항일전선을 붕괴시키고, 일본이 중국을 배타적으로 지배하려는 구상이었다. 동아신질서 구상은 동아시아 전체를 일본의 세력범위로 하는 '대동아공영권'으로 확장되었다.

3 주요 국가의 입장

1. 독일

중일전쟁의 발발은 독일의 입장을 곤란하게 만들었다. 일본은 방공협정의 동지지만 과거 수년간 독일은 중국과 정치·경제관계를 강화시켜 왔기 때문이었다. 즉, 군사고문단을 파견하여 중국군을 지도·육성해 주었고, 독일의 투자와 무역은 지속적으로 증가하고 있었으며, 정치적으로도 독일이 영토적 야심을 추구하지 않음으로써 우호관계가 강화되고 있었다. 따라서 독일은 중일전쟁이 발발하자 중립을 선언하면서도 독일 장교들을 중국에 체류시키고 전투에서 패배한 중국군의 재건을 지원해 주었다. 한편, 독일은 분쟁의 조기종결을 희망하여 중일 간 평화를 주선하고자 하였으나 일본의 무리한 요구로 실패하였다.

2. 미국

중일전쟁이 발발하자 미국은 분쟁이 평화적으로 해결되기를 바라면서 영국의 공동개입제의를 거절하였다. 국무장관 헐 노트의 거절이유는 ① 공동개입은 일본 군부의 입장을 강화시킬 우려가 있고, ② 개입은 영미 양국이 아니라 극동에 이익을 가지는 모든 나라가 동참해야 하기 때문이다. 또한 ③ 영국과의 공동개입은 미국 내 고립주의자의 반대를 초래할 수 있다고 보았다. 그러나 일본의 중국 점령과 괴뢰정권 수립이 가속화되고 신동아질서 건설을 추진하자 일본에 강력하게 항의하는 한편, 중경정권(장개석)을 정당정부로 인정하고 항일전을 지원하기 시작하였다.

3. 소련

중소 양국은 1927년 이래 국교단절상태에 있었으나 만주사변으로 양국은 서로 일본의 군사적 압력을 크게 느끼게 되어 1932년 국교가 재개되었으나, 소련이 만주국에 우호적인 조치들을 취함으로써 양자관계는 더 이상 진전되지 못하고 있었다. 1937년 노구교 사건은 양자관계를 급진전시키는 계기가 되었고 마침내 불가침조약이 체결되었다. 조약의 주요 내용으로는 상호침략을 하지 않을 것과 체약국의 일방이 제3국으로부터 침략을 받는 경우 다른 쪽은 직접·간접을 불문하고 그 분쟁의 전 기간을 통하여 침략국에 원조하지 않을 것, 침략국을 유리하게 하는 어떠한 행동도 취하지 않아야 한다는 것이 있다. 이 조약 체결 이후 소련은 중국의 공군을 강화시키기 위한 군사원조와 소련이 공급하는 물자를 구입하는데 필요한 재정을 지원해 주었다.

4 국제정치사적 의의

중일전쟁은 일본의 중국에서의 이익범위가 만주에 국한된 것이 아니라, 결국 중국 전역을 대상으로 하고 있음을 보여준 사건이었다. 유럽 국가들의 유화정책과 독일·이탈리아 등 방공협정국가들의 지원, 미국의 고립주의 불간섭 노선의 산물이었다. 그러나 중일전쟁은 한편으로는 중국 내 파당들의 항일일치전선을 형성시키는 계기가 되었고, 다른 한편으로는 일본의 현상타파정책에 대해 유럽 국가 및 미국이 자각함으로써 일본에 대항하기 시작하는 계기가 되었다. 유럽에서 히틀러가 주데텐 이외의 체코 영토를 병합함으로써 유럽 국가들의 유화정책을 폐기하게 하였다면, 극동에서는 일본이 중국 전역에 대한 병합기도와 동아신질서 구상을 밝힘으로써 관련국들 및 미국의 유화정책 및 불간섭정책을 폐기하게 하였다고 볼 수 있다.

참고

장쉐량[張學良(장학량), 1898년 6월 4일 ~ 2001년 10월 14일]

중국의 군인·정치가로 랴오닝성[遼寧省] 하이청현[海城縣] 출생이며, 둥베이[東北]의 군벌 장쭤린[張作霖]의 장남이다. 1928년 아버지가 폭사당한 후, 장제스[蔣介石]의 국민정부를 지지하고 일본의 '만철선(滿鐵線)'에 병행하는 철도를 기획하여 대항하였다. 1935년 구둥베이군[舊東北軍]을 이끌고 서북초비(西北剿匪: 공산당을 무너뜨림) 부사령관으로 시안[西安]에 있으면서 중공 근거지를 포위하였으나, 1936년 12월 때마침 독전(督戰)차 온 장제스를 감금(시안사건)하고 내전정지(內戰停止)·일치항일(一致抗日)을 간청하여 항일민족통일전선 결성(제2차 국공합작)의 계기를 만들었다. 이 사건으로 지휘권이 박탈되고 10년의 금고형에 처해졌다. 제2차 세계대전 후 1949년 국민정부와 함께 타이완으로 옮겨와 연금생활을 하였으나 1990년 6월 1일 생일을 기해 연금이 풀어졌다. 1993년 12월 15일 고령임을 감안해 44년만에 대만을 떠나 미국으로 가도록 허용되어, 1995년부터 하와이에서 살다가 2001년 10월 노환으로 사망하였다.

참고

장제스[蔣介石(장개석), 1887년 10월 31일 ~ 1975년 4월 5일]

본명은 중정[中正]으로 저장성[浙江省] 펑화현[奉化縣]에서 출생하였다. 1906년 바오딩[保定]군관학교에 입학하고 다음 해 일본에 유학하였다. 그 무렵 중국혁명동맹회에 가입하고 1911년 신해혁명에 참가하였다. 1918년 쑨원[孫文]의 휘하에 들어가 주로 군사면에서 활약하고 1923년 소련을 방문, 적군(赤軍)에 대해 연구하였다. 1924년 황푸군관학교 교장, 1926년 국민혁명군 총사령에 취임하여 북벌을 개시하였다. 1927년 상하이 쿠데타를 일으켜 공산당을 탄압하였으며 1928년 베이징[北京]을 점령하였다.

난징[南京] 국민정부 주석과 육·해·공군 총사령이 되어 당과 정부의 지배권을 확립하였으며, 한편으로는 광둥[廣東]·광시[廣西]의 군벌들과 펑위샹[馮玉祥]·옌시산[閻錫山] 등 지방군벌을 누르고, 1930년부터는 5회에 걸쳐 대규모 중국공산당 포위전을 수행하였다. 또한 만주사변 후 일본의 침공에 대해서는 '우선 내정을 안정시키고 후에 외적을 물리친다'는 방침을 세워 군벌을 이용, 오로지 국내통일을 추진하였다. 그러나 '내전정지(內戰停止) 일치항일(一致抗日)'을 외치는 여론이 높아진 가운데 1936년 독전(督戰)을 위하여 시안[西安]에 갔다가 장쉐량[張學良] 군대에 감금을 당하는 사건이 일어났으며, 그 결과 1937년 국공(國共)합작으로 육·해·공군 총사령관의 책임을 맡고 전면적인 항일전을 개시하였다. 항일전쟁 중에는 국민정부 주석, 국민당 총재, 군사위원회 주석, 육·해·공군 대원수 등의 요직을 겸직하여 최고권력자로 군림하였다.

제2차 세계대전 후 1946년 다시 중국 공산당과 결별하고 내전을 개시하였다. 처음에는 우세하였으나 1949년 12월 완전히 패퇴하여 본토로부터 타이완[臺灣]으로 정부를 옮겨 미국과의 유대를 더욱 강화하고, '자유중국' '대륙반공'을 제창하며 중화민국 총통과 국민당 총재로서 타이완을 지배하였다. 저서에 『장중정전집(蔣中正全集)』(상·하권), 『장총통언론휘편(蔣總統言論彙編)』(24권) 등이 있다. 1953년 대한민국 정부로부터 대한민국의 독립을 지원한 공로가 인정되어 건국훈장 대한민국장을 받았다.

제7절 | 태평양전쟁

1937.7.7. 루거우차오 사건과 중일전쟁 발발	1941.12.8. 일본군, 하와이 진주만 공습 개시
1937.12.13. 일본군, 난징 점령	1941.12.8. 미국과 영국, 대일 선전포고
1938.7.1. 미국, 도의적 대일금수	1942.1. 일본, 마닐라 점령
1938.7.11. 장구펑에서 일본과 소련 충돌	1942.6.5. 미드웨이해전
1938.8.10. 일소정전협정	1943.2.1. 일본군, 과달카날섬에서 철퇴 개시
1940.7.26. 일본각의, 대동아신질서 건설 결정	1945.2.4. 미국군, 오키나와 상륙
1940.9.23. 일본군, 북부 프랑스령 인도차이나 진주	1945.8.8. 소련, 대일본 선전포고
1941.4.13. 일소불가침조약 조인	1945.8.9. 미국, 나가사키에 원폭 투하
	1945.8.14. 일본, 무조건 항복

1 태평양전쟁 전의 국제정세

1. 중일전쟁

1937년 노구교 사건과 랑방 사건을 계기로 중일전쟁이 발발하였다. 일본은 만주, 몽고 및 화북지방 더 나아가서 중국 전역을 자신의 세력권으로 만들고자 하였고, 중국은 배일민족주의를 기초로 일본을 중국에서 축출하고자 한 것이었다. 태평양전쟁은 중일전쟁을 지속하기 위한 전략물자를 미국이 통제하자 일본이 연합국의 아시아 식민지에 남방정책을 실시하고, 이것이 미국의 이해관계를 침해하면서 발생하게 되었다.

2. 제2차 세계대전

1939년 9월 히틀러의 폴란드 침공으로 발발한 제2차 세계대전에서, 대전 초기 히틀러는 폴란드, 벨기에, 네덜란드, 프랑스를 정복하고 있었다. 독일의 승전에 따라 동맹국이었던 일본은 패전국들의 아시아 식민지에 팽창정책을 시도하게 되었다.

3. 일본의 남방정책

미국이 미일통상조약을 일방적으로 파기하자 군수품 조달에 불안을 느낀 일본이 중국과의 장기전에 대비하기 위해 남방 자원을 획득하고자 네덜란드, 프랑스 등의 아시아 식민지에 접근하기 시작하였다. 네덜란드령 인디아(인도네시아), 프랑스령 인도차이나가 대상지역이었다. 일본은 네덜란드와 프랑스에 대해 식민지역의 군수물자나 원료를 중국에 수출하지 말 것을 요구하는 한편, 지정물자와 지정량을 일본에 수출할 것을 요구하였다.

4. 일본 · 독일 · 이탈리아의 삼국동맹(1940년 9월 27일)

(1) 일본은 중국문제 해결을 위해 독일 및 이탈리아와 동맹을 체결하고자 하였다. 주저하던 독일은 미국이 참전할 움직임이 일자 일본으로 하여금 미국을 견제하도록 하기 위해 동맹체결에 동의하였다. 일본은 독일과 이탈리아가 유럽의 신질서를 주도하는 것을 인정하고, 독일과 이탈리아는 일본의 대동아신질서 구상의 주도를 인정했다.

(2) 삼국동맹의 주요 내용은 3국 중 1국이 현재 유럽전쟁이나 중일전쟁에 가담하고 있지 않은 국가로부터 공격을 받는 경우 모든 수단을 동원해서 원조한다는 것으로, 일본은 삼국동맹조약으로 미국을 견제할 수 있다고 생각하였으나 오히려 미국을 자극하게 되었다.

5. 일소중립조약(1941년 4월 13일)

독일은 소련을 삼국동맹에 가입시켜 4국동맹을 결성하려 교섭하였으나 실패하였다. 히틀러는 소련과 협력 거부를 선언하는 한편, 일본과 소련의 관계 정상화에도 반대하였다. 이에 일본은 독일과 소련의 무력충돌 시 자국이 개입되는 것을 우려하여 중립조약을 제의하였다. 소련도 독일과의 전쟁 시 양면전을 피하기 위하여 중립조약에 동의하였다. 양국 중 1국이 제3국과 전쟁을 하는 경우 타국은 중립을 지킨다는 내용이었다. 삼국동맹과 일소불가침조약은 일본이 강경책을 채택하는 하나의 배경이 되었다.

2 태평양전쟁 전의 미일관계

1. 중일전쟁과 미일관계

중일전쟁에 대한 미국의 입장은 유화정책에 가까웠다. 일본이 9개국조약을 위반하였다는 성명을 냈으나, 구체적인 조치는 취하지 않았으며, 영국의 공동간섭 제의에 대해서도 거절하였다. 미국의 대일유화정책의 이유는 중국이 독립하는 경우 자국과 교역관계가 악화될 것을 우려하였고, 중국을 적당히 분할함으로써 일본의 관심을 소련 쪽으로 돌리기 위함이었다. 미국의 유화정책은 일본이 전쟁을 확대시킬 수 있는 빌미를 제공해 주었다.

2. 미일통상조약 폐기

일본의 중국 침략이 계속됨에 따라 미국 의회는 대일금수조치를 취하자는 강경파의 입지가 강화되었으나, 유화정책의 분위기 속에서 대통령의 지지로 공화당의 미일통상조약 폐기가 승인되었다. 1940년 7월 26일 동 조약의 폐기를 일본에 통고하였다.

3. 일본의 남진과 미국의 입장

미일통상조약의 파기에도 불구하고, 일본은 전략물자를 계속 수입할 수 있었다. 그러나 통상관계의 지속에 대해 불안을 느낀 일본은 미국과 직접 대결하기보다는 남방진출에 박차를 가하기 시작하였다. 장제스 정권과의 화평공작에 실패한 이후 장기전에 돌입하기 위한 군수품을 조달하여야 했기 때문이었다. 유럽전선에서의 독일에 유리한 전세의 전개로 남방정책은 더 적극성을 띠게 되었다. 일본은 네덜란드와의 통상조약을 폐기하고 네덜란드령 인디아(인도네시아)에서 일본의 특권을 주장하였다. 이에 대해 일본의 행동을 비난하면서도 일본에게 침략의 구실을 주어서는 안 된다는 이유로 미국은 구체적인 조치는 취하지 않았다. 일본의 남방 진출은 더욱 적극화되어 1940년 6월 29일 대동아신질서 구상을 제시하는 한편, 프랑스령 인도차이나에 개입을 강화시켰다.

4. 대일금수조치

일본의 침략을 막기 위해서는, 일본에 전면적 금수조치를 취하거나 극동에서 일본의 요구를 수락하여 일본을 미국과 영국에 접근시켜야 한다고 본 독일에 항전을 결정한 영국은 미국에 이를 제안하였다. 미국은 강경·유화의 양자택일을 거부하고 동남아의 영불식민지를 먼로선언의 적용범위로 설정하는 한편, 국방강화법을 적용하여 몇 가지 품목을 수출허가제로 지정하였다. 그러나 금수가 아닌 허가제였고, 석유는 금수되지 않았다. 미국의 계속되는 유화정책으로 일본은 1940년 9월 23일 프랑스령 인도차이나에 진주하게 되었다.

5. 삼국동맹 체결과 미국

1940년 9월 27일 독일, 이탈리아, 일본 3국은 미국을 가상적으로 하는 삼국동맹을 체결하였다. 독일은 영국의 계속된 저항이 미국의 원조때문이라고 보고 일본이 미국을 견제하여 참전을 저지시키면 결정적으로 승리할 수 있을 것으로 생각했다. 미국은 일본에 대한 유화정책을 지속하는 한편, 영국의 승리를 위해 적극적 지원을 할 것임을 선언하였다.

6. 미일교섭

(1) 교섭배경

일본의 남진으로 미일관계가 악화되었으나 미국은 끝까지 충돌을 회피하고 외교적 해결을 추구하였다. 일본도 궁극적인 침략목표는 소련이고, 그 수단으로서 남방자원을 확보하려는 것이므로 가능한 한 미국과의 무력충돌을 야기하고 싶지 않았던 것이다.

(2) 미일 양해안

미일교섭의 기초는 민간 차원에서 작성한 7개 항의 양해안이었다. 분쟁의 평화적 해결, 삼국동맹의 방어적 성격 인정, 미국의 유럽전쟁 불참, 중국의 독립과 중국 철수, 일본의 중국으로의 대량이민 자제, 만주국 승인, 태평양에서 상대방을 위협할 병력의 배치 자제, 일본의 평화적인 남태평양 진출과 자원 획득에 대한 미국의 지원, 필리핀의 독립 보장 등을 주요 내용으로 하였다.

(3) 독소개전과 미일교섭

1941년 6월 22일 독소개전 이후 고노에 내각은 7월 2일 '정세의 추이에 따른 제국국책요강'을 결정하였다. 즉각적인 대소개전은 보류하고 전쟁준비를 하며, 독소전쟁의 추이가 일본에게 유리하게 진전되면 북방에 무력을 사용한다. 남방방면에 대해서는 목적달성을 위해 대영미전을 불사한다. 일본의 결정을 탐지한 미국의 대일태도가 경색되었으나, 독일의 패전을 위해서는 일본이 독일을 지원하여 참전하는 것을 막아야 했으므로 교섭을 결렬시키지는 않았다.

(4) 제3차 고노에(근위) 내각과 미일교섭

제3차 고노에 내각은 미일교섭을 성사시킬 목적으로 성립되었으나, 군부가 주도한 일 - 불인공동방위협정이 1941년 7월 26일 성립됨으로써 미일교섭은 파국을 맞게 되었다. 이 협정이 발표되자 미국과 영국은 즉시 일본 자산을 동결하고, 필리핀군을 미국 지휘하에 넣고, 중국에 미국의 군사고문단을 파견하였다. 8월 1일 미국은 일본에 대해 면과 식량을 제외하고는 석유를 포함한 모든 수출을 금지하였다. 석유 수출 금지는 일본 해군에게 결정적인 타격을 주는 조치였다. 일본은 양국 정상회담을 제의하였으나 미국은 거절하였다.

3 전개과정

1. 도조 내각의 성립과 개전결의

제3차 고노에 내각이 총사직한 이후 1941년 10월 18일 도조 내각이 성립되었다. 교섭지속, 즉시개전, 교섭속행과 전쟁준비의 동시진행의 대미노선이 제시되었으나 교섭을 속행하여 타결에 진력하는 동시에 전쟁결의하에 작전을 준비한다는 안을 채택하였다.

2. 헐 노트와 미일 국교 단절

일본이 교섭기한으로 못박은 1941년 11월 25일이 지나자 헐 노트는 일본 대사에게 각서를 수교하였다. 요점은 모든 사태를 만주사변 발생 전의 상태로 환원하라는 것으로, 중국과 프랑스령 인도차이나로부터 모든 육해공군과 경찰력이 철퇴하고, 중국에서 중경정부 이외의 일체의 정부(만주국 정부, 남경 정권 포함)를 부인하고, 삼국동맹의 실질적인 폐기를 요구하였다. 일본은 이를 최후통첩으로 받아들여 개전을 결정하고 개전시기를 12월 8일로 정하였다.

3. 진주만 기습공격과 전황 및 일본의 항복

일본은 1941년 12월 7일 오전 3시 25분에 진주만 기습공격을 감행하였고, 일본, 이탈리아, 독일과 미국, 영국, 네덜란드 등에 의한 상호 선전포고가 있었다. 전쟁 초기에 일본은 영미 함대를 격파하며 동남아 전역을 거의 점령하였다. 그러나 1942년 5월과 6월 미국이 해전에서 승리한 이후 빠른 속도로 일본군을 격파하였다. 1945년 4월 미군이 오키나와에 상륙하여 일본군을 섬멸하고 본토 진격을 기다리고 있었다. 8월 6일에 히로시마, 9일에 나가사키에 원자폭탄이 투하되었고 소련이 참전함으로써 일본은 항복하였다.

4 전시외교와 일본의 전후처리문제

1. 카이로회담(1943년 11월)

미국, 영국, 중국의 3국 수뇌회담으로서 일본의 전후처리문제가 다음과 같이 집중 논의되었다.

(1) 일본이 1914년의 제1차 세계대전 개시 이후 태평양에서 탈취·점령한 모든 도서를 박탈하고, 만주, 대만, 팽호도와 같이 일본이 중국에서 탈취한 모든 영토를 중국에 반환한다.

(2) 또한 일본은 폭력과 탐욕으로 약취한 기타 모든 영토로부터 구축된다.

(3) 3국은 한국민의 노예상태에 유의하고 멀지 않아(in due course) 한국이 자유이고 독립으로 되어야 한다는 것을 결의하였다(are determined that Korea shall become free and independent).

2. 얄타회담(1945년 2월)

미국이 극동에서 일본군에 고전하고 있는 상황에서 루스벨트는 극동전투에 소련을 참전시키는 데 주력하였다. UN의 창설, 독일의 분할점령, 폴란드 국경획정, 소련의 대일전 참전 등이 결정되었다. 비밀합의를 통해 소련은 대일전 참전의 대가를 약속받았다. 1904년 러일전쟁 이후 일본에 양여한 권리, 즉 남부사할린과 그 인접도서를 되찾고 다롄을 국제화하고 이 지역에서 소련의 우월한 이익을 보호한다. 뤼순항은 소련에 조차하고 동청철도와 남만철도는 장차 설립될 소련과 중국의 합작회사가 관리한다. 또한, 쿠릴열도를 소련에 할양한다.

5 국제정치사적 의의

태평양전쟁은 만주사변 이후, 더 길게는 메이지 정부 수립 이후의 현실주의적 대륙정책 채택 이후 지속되어 온 일본의 제국주의의 마지막 전쟁이었다. 워싱턴체제 성립으로 대륙정책이 좌절된 이후 일본은 만주사변, 만주국 수립, 중일전쟁 도발을 통해 중국을 자신의 영향력하에 두고자 하였으나, 미국과 일전 없이는 불가능한 일이었다. 일본의 제국주의와 현상타파정책은 태평양전쟁의 패배로 인해 결정적으로 좌절되었다.

고노에(1891년 10월 12일 ~ 1945년 12월 16일)

1891년 10월 12일 도쿄[東京]에서 출생하였다. 1917년 교토대학교 법과를 졸업한 후 내무성(內務省)에 들어갔다. 1920년 귀족원(貴族院) 의원이 되었고 1933년 귀족원 의장이 되었다. 1937년 하야시 센주로[林銑十郞] 내각의 뒤를 이어 새 내각을 조직하였다. 정당정치를 존중하였으나 군부가 일으킨 중일전쟁에 끌려들어가고 말았으며, 몇 차례나 중국과의 화평(和平)을 시도하였으나 군부의 반대에 부딪혀 전쟁이 확대일로를 걷게 되자 총리직을 사임하였다. 1940년 7월 다시 내각을 조직하였으나 정당은 해산되고, 대정익찬회(大政翼贊會)가 결성되어 전시체제는 한층 강화되었다. 1941년 10월 대미(對美) 강경론자인 외무장관 마쓰오카 요스케[松岡洋右]를 경질하고 제3차 내각을 조직하였으나, 희망을 버리지 않았던 대미교섭은 군부의 독주(獨走)로 말미암아 더욱 절망적인 상황에 이르자 총리직을 사임하였다.

도조(1884년 12월 30일 ~ 1948년 12월 23일)

도쿄[東京] 출생으로 육군대학을 졸업한 후 관동군 헌병사령관, 관동군 참모장, 육군차관 등을 역임하였다. 1940년 제2차 고노에[近衛] 내각의 육군대신이 되어 중국침략 확대를 주장하고, 1941년 제3차 고노에 내각을 개전론(開戰論)으로 무너뜨렸다. 같은 해 10월 후계 내각을 조각(組閣)하여 육군·내무대신도 겸임하고, 12월 8일 하와이의 새벽 진주만(眞珠灣)에 있는 미국함대기지를 기습 공격함으로써 제2차 세계대전을 일으켰다. 개전(開戰) 후 독재를 강화하여, 1943년 문부(文部)·상공·군수(軍需) 장관도 겸임하고, 한국에서는 징병제와 학도병 지원제를 실시하였으며, 1944년에는 참모총장까지 겸임하였다. 그러나 전황이 전면적 파국으로 빠져들자, 1944년 7월 총사퇴하였다. 종전(終戰) 후 자살을 기도하였으나 미수에 그치고, A급 전쟁범죄자로 극동국제군사재판에 회부되어 1948년 교수형에 처해졌다.

제**3**장 | 조선 외교사

제1절 | 조선의 개국과 외교관계 수립

1872.5.15. 일본 외무성 관리, 서계 접수 거절 당하고 철수	1876.7.6. 조일수호조규부록 및 조일무역장정 조인
1873.11.5. 고종, 친정(親政)선포(대원군 실각)	1880.3.26. 미국 해군 제독 슈펠트, 부산 입항
1874.6.25. 일본 정한론에 긴장. 각 군영 엄중 경계 지시	1880.5.3. 일본 정부, 미국과의 통상을 예부에 권고
1874.7.3. 고종, 일본과의 국교단절책임으로 김세호 등 파면	1880.8.28. 수신사 김홍집, 조선책략 올림
1875.1.19. 모리야마 시게루, 새 서계 가지고 동래부 도착. 서계 거절	1882.4.6. 조미수호통상조약 조인
	1882.4.21. 조영수호통상조약 조인
1875.4.21. 일본 군함 운요호 등 3척 부산 입항	1882.5.15. 조독수호통상조약 조인
1875.8.20. 운요호 사건	1884.윤5.4. 조이수호통상조약 조인
1876.2.2. 조일수호조규 조인	1884.윤5.15. 조러수호통상조약 조인

1 조선의 개국을 전후한 국내외 정세

1. 일본의 개국

1854년 미국과 가나가와조약 체결로 문호를 개방한 일본은 메이지유신 이후 적극적인 대외 개혁 및 개방정책을 실시해 나갔다. 서양 함선을 건조하였고, 홀란드의 해군을 초빙하여 군사력을 증강시켰으며 서양학문 연구와 외국 문화 수용에도 적극적이었다.

2. 병인양요와 신미양요

(1) 병인양요

조선이 쇄국정책을 고수하는 가운데, 프랑스와 미국 등 구미제국주의 국가들은 조선의 문호를 개방하기 위해 함포시위를 벌였다. <u>우선 프랑스는 천주교도 탄압을 이유로 1866년 강화도를 침략하였다. 조선군의 저항에 밀려 퇴각하였으나 천주교 탄압과 쇄국정책이 더욱 강화되었다.</u>

(2) 신미양요

<u>미국은 제너럴셔먼호 사건에 대해 보복하고 조선과 국교를 수립하기 위해 1871년 강화도에 해군을 파견하여 약탈을 자행한 신미양요를 일으켰다.</u> 조선의 배외정책이 강화됨으로써 조선은 세계정세로부터 더욱 격리되었다.

3. 대원군의 쇄국정책

조선은 유교문화권하에서의 교류 이외에 서구 제국주의세력과 국교 수립을 거부하는 정책을 지속하고 있었다. 이러한 정책이 가능하였던 이유는 다음과 같다.

(1) 지리적으로 변경에 처해 있어 서구 열강에게 조선과의 교섭을 추진하려는 긴절한 필요를 느끼게 하지 못하였기 때문이다. 미국만이 태평양을 거쳐 상해지방으로 진출할 때 조선의 지리적인 위치가 중요하게 대두될 수 있어 조선과의 조약체결에 관심을 가지고 있었다.

(2) 조선 내부에서 서양세력과의 교섭을 반대하는 세력이 청과 일본에 비해 한층 격렬하였다.

2 조일수교

1. 메이지 초기의 한일관계

메이지 초기 일본 외교는 쓰시마번이 계속 담당하였으나, 쓰시마번은 조선과의 직접무역을 통해 이익을 얻고 있었으므로 메이지 정부와 조선의 직접적인 관계 수립을 바라지 않았다. 따라서 국교관계가 진전되지 않았다. 1869년 외교업무를 중앙에 집중시킨 일본은 다시 조선과 직접적인 수교를 원하였으나 대원군의 반대로 무산되었다. 1873년 대원군이 물러나자 함포외교를 통한 국교 수립을 모의하게 되었다.

2. 강화도 사건(1875년 9월)

모리야마와 히로즈의 제의에 따라 1875년 5월 일본은 군함 운요호를 부산에 파견하여 무력시위를 하고 돌아갔다. 그해 9월 다시 운요호가 강화도에 나타나 강화도 연안을 탐색하자 조선은 선제적인 포격을 가하였고 조선과 일본 간 교전이 발생하였다. 이를 운요호 사건이라 한다. 일본의 계획적 도발인 이 사건을 통해 일본은 조선과의 국교문제를 매듭짓고자 하였다.

3. 종주권에 대한 청일담판

조선과의 국교 수립에 있어서 청의 간섭을 배제하기 위해 일본은 청과 직접교섭을 선택하였다. 리훙장은 조선의 내정에 대해서 직접 간여하지 않지만, 종주국으로 도덕적 책임을 지고 있다는 입장을 밝혔다. 한편, 리훙장은 일본과의 갈등을 피하기 위해 조선에 대해 일본의 요구를 수락하도록 권고할 것이며, 조선이 이를 거부하는 경우 이후 사태에 대해서는 개입하지 않을 것임을 천명하였다.

4. 조일수호조규 체결(1876년 2월 27일)

전문과 12개조로 구성된 조일수호조규는 조선의 자주국, 사절의 파견, 일본인의 개항장 내의 왕래, 통상, 가옥 건조 및 임차, 조선의 2개항 개항, 해안 측량, 영사의 파견, 자유무역, 영사재판, 6개월 내 통상장정의 체결 등의 내용을 담고 있었다.

조일수호조규

제1조(조선의 자주) 조선국은 자주지방으로서 일본국과 평등한 권리를 보유한다.

제2조(사절의 파견) 일본국 정부는 지금부터 15개월 후에 수시로 사신을 조선국 경성에 파견하여 예조판서와 친접하여 교제의 사무를 상의할 수 있다. 이 사신의 주류기간의 장단은 모두 시의에 따른다. 조선 정부도 역시 수시로 사신을 일본국 도쿄에 파견하여 외무경과 친접하여 교제의 사무를 상의할 수 있으며 이 사신의 주류기간의 장단도 역시 시의에 따른다.

제3조(공문 사용 언어) 장차 양국의 왕래공문에 있어 일본은 자기 나라의 국문을 쓰되 지금부터 10년간은 한문 역본 한 통을 따로 갖추고 조선은 진문(眞文)을 사용한다.

제4조(개항장 내에서 일본인의 왕래, 통상, 가옥건조 및 임차) 조선국 부산의 초량항에는 일본공관이 있어 오랫동안 양국인의 통상지였다. 금후에는 종전의 관례와 세견선 등에 관한 일을 혁제하여 새로 세운 조관을 기준으로 하여 무역사무를 처리한다. 또한 조선 정부는 제5조에서 별도로 정하는 두 항구를 개항하여 일본 국민의 왕래, 통상을 허가한다. 이들 항구 내의 지면을 임차하여 가옥을 조영하거나 이곳에 있는 조선 사람들의 가옥에 교우함은 그 편리한 방법대로 한다.

제5조(개항장) 경기, 충청, 전라, 경상, 함경 등 5도의 연해 중 통상에 편리한 항구 두 곳을 택하여 지명을 지정한다. 항구를 개항하는 시기는 조선력 병자년 2월, 일본력 메이지 9년 2월부터 기산하여 20개월 이내로 한다.

제6조(조난, 표류) 일본국 선박이 태풍 또는 연료, 식품의 결여 등 불가항력의 경우 개항장 이외의 지역에 기항할 수 있으며 또 표류 선원을 보호하여 송환한다.

제7조(해안측량) 조선국 연해의 섬과 암초는 종전에 심검을 거치지 않아 극히 위험하다. 일본국의 항해자가 자유로이 해안을 측량하도록 허가하고 그 위치의 심천을 소상하게 밝혀 도지를 편제하여 양국의 선객들이 위험을 피하고 안전을 도모할 수 있게 한다.

제8조(영사파견) 장차 일본국 정부는 조선국이 지정한 각 항구에 일본국의 상민을 관리할 관리를 수시로 둘 수 있다. 양국이 교섭할 안건이 있을 때에는 이 관원은 지방장관과 판리(辦理)한다.

제9조(자유무역) 양국은 이미 통호하였으나 피차 인민은 각자 임의로 무역한다. 양국 관리는 조금도 이에 간예하지 못하며 또 제한, 금지하지 못한다. 만약 양국의 상민이 기만하여 속여 팔거나 빌린 것을 보상하지 않을 때에는 양국 관리는 그 상민을 엄히 체포하여 그 빚진 것을 갚도록 한다. 다만 양국 정부는 이를 대신 갚을 수는 없다.

제10조(영사재판) 일본국 인민이 조선국 지정의 각 항구에 재류 중 죄를 범한 것이 조선국 인민에 관계되는 사건을 일으켰을 때에는 이를 모두 일본 관원이 심단한다. 조선국 인민이 죄를 범하고 그것이 일본국 인민에 관계되는 경우에는 모두 조선관원이 사판한다.

제11조(부록과 통상장정의 체결) 양국은 이미 통호하였으므로 따로 통상장정을 설정하여 양국 상민의 편의를 도모한다. 또한 지금 합의를 본 이 조관의 각 항 가운데 좀 더 세목을 결정하여 보완할 필요가 있거나 참고로 할 조건들은 앞으로 6개월 이내에 양국이 각각 위원을 임명하여 조선국 경성 혹은 강화부에 파견하여 상의, 결정하도록 한다.

1. 조미수교에 대한 조선의 입장

당시 개화파들 사이에서는 황준헌의 조선책략이 널리 수용되어 있었다. 조선책략의 핵심은 친청·결일·연미하여 방어하여야 한다는 것이었다. 개화파의 주장을 고종이 받아들여 미국과의 조약체결에 적극적인 입장을 보였다.

조선책략

청국인 황준헌(黃遵憲)이 러시아의 남하정책에 대비하기 위해 조선, 일본, 청국 등 동양 3국의 외교정책에 대해 서술한 책이다. 1876년 조일수호조규를 맺고 일본에 개항한 조선은 그 해 5월 제1차 수신사로 김기수를 파견한데, 이어 1880년 5월 28일(양력 7월 5일)에는 제2차 수신사로 예조참의 김홍집(金弘集)을 일본에 파견하였다. 김홍집은 일본에 약 1개월간 머무는 동안 국제정세 탐문 및 국제법과 관련하여 활동을 전개하였는데, 그는 특히 청국 공관을 왕래하면서 주일 청국공사 하여장(何如璋), 참사관 황준헌(黃遵憲) 등과 외교정책에 관해 의견을 교환하고, 귀국하는 길에 황준헌이 지은 『사의조선책략(私擬朝鮮策略)』을 얻어와 고종에게 바쳤다. 이 책은 러시아를 방어하기 위한 조선의 외교정책이 핵심 내용이다. 즉, 황준헌은 러시아가 이리처럼 탐욕하여 유럽에서 아시아까지 정벌에 힘써온지 300여년 만에 드디어 조선까지 탐낸다고 하면서, 조선이 이를 방어하기 위한 책략은 친중국(親中國), 결일본(結日本), 연미국(聯美國)하여 자체의 자강을 도모해야 한다고 주장하였다. 황준헌은 중국과 친해야 하는 이유로 중국이 물질이나 형국에서 러시아를 능가하고, 조선은 천여 년 동안 중국의 번방(藩邦)으로 지내왔기 때문에 양국이 더욱 우호를 증대한다면 러시아가 중국이 무서워서도 감히 조선을 넘보지 못한다는 것이다. 다음으로 일본은 조선이 중국 이외에 가장 가까운 나라이고, 과거부터 통교해 온 유일한 국가라고 설명한 후 조선과 일본 중 어느 한쪽이 땅을 잃으면 서로 온전하게 유지하지 못하는 보거상의(輔車相依)의 형세이기 때문에 서로 결합해야 한다는 것이다. 미국의 경우에는 비록 조선과는 멀리 떨어져 있지만 남의 토지나 인민을 탐내지 않고, 남의 나라 정사에도 간여하지 않는 민주국가로서 오히려 약소국을 돕고자 하니 미국을 끌어들여 우방으로 해두면 화를 면할 것이라고 하였다. 이와 같은 친중국, 결일본, 연미국의 외교정책은 서구의 침략으로부터 무사할 때에 공평한 조약을 맺는 것이 이득이 되는 것이며, 중동과 같이 위세에 눌려 조약을 맺게 되면 자주권과 이익을 탈취당하게 되니 서둘러야 된다는 것도 강조하였다. 『조선책략』은 황준헌이 쓴 작은 책자에 불과하지만 그것이 조선에 유입된 후 조선 조야의 반향은 상당히 컸다. 정부에서는 찬반 논의가 격렬하게 전개되었고, 재야에서는 보수 유생들을 중심으로 거국적인 위정척사운동이 일어났다. 1880년 11월 7일 유원식(劉元植)의 척사상소를 비롯하여 1881년 2월에는 이만손(李晩孫)을 소두(疏頭)로 한 영남만인소(嶺南萬人疏)는 전국의 척사 풍조를 자극하여 신사(辛巳) 척사상소 운동을 선도하였다. 그럼에도 불구하고 이 책은 당시 고종을 비롯한 집권층에게는 큰 영향을 주어 1880년대 이후 정부가 주도적으로 개방정책의 추진 및 서구문물을 수용하도록 하는 계기를 마련하였다.

2. 조미수교에 대한 미국의 입장

미국은 조선의 정치적·경제적 이익은 중요하게 생각하지 않았다. 다만, 조선 연안에 난파된 미국 선박과 선원의 구조를 위해 조선이 필요하였고, 또 한편으로는 조선이 중국과 일본에 근접하고 있어서 조선의 항구들이 미국의 무역과 해군 함정에 개방되는 것은 바람직하다고 생각하고 있었다.

3. 조미수교에 대한 청의 입장

일본의 조선 진출이 가속화되자, 청은 조선과 구미 열강이 조약을 체결하게 하여 일본 단독으로 조선을 지배하는 것을 저지시킨다는 전략을 수립하였다. 리홍장은 이유원을 통해 문호개방의 필요성을 설득하고, 일본과 러시아의 위협에 대응하기 위해서는 서양 열강과 조약을 체결하여 이이제이책을 강구해야 한다고 역설하였다.

4. 리홍장 - 슈펠트의 텐진회담

1880년 8월 회담에서 슈펠트는 조선과의 조약체결에 리홍장의 지원을 요청하였고, 리홍장은 영향력을 행사할 것이라고 약속하였다. 그러나 1881년 7월의 제2차 회담에서는 리홍장이 적극적인 태도를 보이지 않았는데, 이는 러시아와의 이리분쟁 해결로 전쟁위험이 없어졌기 때문이었다. 1882년 3월의 제3차 회담에서 리홍장과 슈펠트 간에 조약에 대한 실질적인 토의가 진행되었다.

5. 조미수호조약의 주요 내용(1882년 5월 22일)

(1) 양국 중 일국이 제3국과 분쟁이 발생하는 경우 타국은 자동적으로 주선을 제공한다.

(2) 영사를 파견하되, 상인이 영사직을 맡는 것을 금지한다.

(3) 난파선과 그 선원을 구조한다.

(4) 영사재판권을 인정한다. 다만, 조선이 사법제도를 개정하여 미국의 제도와 동일하게 되었다고 미국이 인정할 때 영사재판제도를 폐지한다.

(5) 조선의 관세주권을 인정하고 생필품은 종가 10%, 사치품은 30%, 그리고 수출 토산품은 5%를 초과하지 않는 것으로 한다.

(6) 개항장에서 미국 상민의 토지, 가옥의 임대 또는 건축을 허용한다.

(7) 미국 상민의 내지 여행은 금지한다.

(8) 아편무역을 금지한다.

(9) 식량난이 있을 경우 조선은 그 수출을 금지할 수 있다. 그리고 인천을 통한 수출을 금지한다.

(10) 대포, 총탄, 화약 등 군수품을 수입할 수 있다.

(11) 조선의 범죄인이 미국인의 주택 또는 상선에 은닉하는 경우 이를 인도한다.

(12) 언어, 문학, 법률, 예술을 학습하기 위해 유학생을 상호 파견할 수 있다.

(13) 조약의 효력기간은 5년이며, 5년 이후 서로 언어가 소통되면 만국공법에 따라 재교섭을 할 수 있다.

(14) 양국 공문은 한문과 영어를 사용한다.

(15) 최혜국대우를 부여한다.

4 국제정치사적 의의

조선은 최초의 근대적 조약을 일본과 체결하였다. 근대적인 조약을 일본과 체결하였다는 사실 자체가 청의 조선에 대한 종주권을 공식적으로 부인하는 것이었다. 조선은 오랜 기간 쇄국정책을 실시하였으므로 국제정세나 국제법을 제대로 이해하지 못한 채 강요에 의해 근대적 국제관계가 수립된 한계가 있었다. 조선이 유교권의 변경에 있던 일본에게 조약체결을 허용함으로써 조선은 이중적 질곡에 빠지게 되었다. 즉, 조선은 장차 구미 열강과 불평등관계를 맺음과 동시에 유교권 주변에 처하였던 일본의 침투를 동시에 감수해야만 했다. 조선이 국제사회에 들어가게 되는 첫 출발이 일본과의 불평등조약으로 이루어진 것은 역사적인 불행이었다.

 참고

리홍장(1823년 2월 15일 ~ 1901년 11월 7일)

자는 소전(少荃), 호는 의수(儀叟)이며 안후이성[安徽省] 출생이다. 증국번(曾國藩)에게 배우고, 그 막료로서 '태평천국(太平天國)의 난' 중에 장쑤순무[江蘇巡撫]로 발탁되어 회군(淮軍)을 거느리고 상하이[上海]를 방위하는 등 그 진압에 중심적 역할을 하였다. 그 후 회군을 배경으로 영국 · 러시아 등의 지지를 받으면서 군사공업을 비롯한 각종 근대 공업의 건설을 추진하고, 자파(自派)관료, 즉 양무파(洋務派) 관료의 지배하에 두었다. 안으로는 화북(華北)의 농민반란 진압을 위하여 활약하고 청말의 주요 외교문제를 거의 혼자서 장악하였는데, 이이제이(以夷制夷: 오랑캐로써 오랑캐를 다스린다)라는 전통적 수단에 의하여 열강들을 서로 견제시키면서, 한편으로는 일관적인 양보 · 타협정책을 취하였다. 청일전쟁에 패하여 그의 권력기반이었던 북양해군(北洋海軍)과 회군을 잃고, 전권대사로서 1895년 시모노세키조약[下關條約]에 조인하였다. 1896년 청러밀약, 1900년 베이징조약[北京條約: 의화단(義和團) 사건 진압 후 열강과 맺은 조약] 등에서 외교적 수완을 발휘하고, 쇠퇴해 가는 청나라 국력강화정책으로서 근대 공업의 진흥을 위하여 노력하였다. 이보다 앞서 1882년 조선에 위안스카이[袁世凱]를 파견하여 일본의 진출을 견제하게 하고, 묄렌도르프 · 데니 등 외국인 고문을 보내는 등 조선의 내정과 외교에 깊이 관여하였다.

 참고

흥선대원군(興宣大院君, 1820년 ~ 1898년)

이름은 이하응(李昰應), 자는 시백(時伯), 호는 석파(石坡), 시호는 헌의(獻懿)이다. 영조의 5대손(五代孫)이며 고종의 아버지이다. 1843년(헌종 9년) 흥선군(興宣君)에 봉해지고, 1846년 수릉천장도감(綏陵遷葬都監)의 대존관(代尊官)이 된 후 종친부 유사당상(宗親府有司堂上) · 도총관(都摠管) 등 한직(閑職)을 지내면서 안동 김씨(安東金氏)의 세도정치(勢道政治) 밑에서 불우한 생활을 하였다.

왕족에 대한 안동 김씨의 감시가 심하자 보신책(保身策)으로 불량배와 어울려, 파락호(破落戶)로서 궁도령(宮道令)이라는 비칭(卑稱)으로까지 불리며 안동 김씨의 감시를 피하는 한편, 철종이 후사(後嗣)가 없이 병약해지자 조대비(趙大妃)에 접근하여 둘째 아들 명복(命福: 고종의 兒名)을 후계자로 삼을 것을 허락받았다.

1863년(철종 14년) 철종이 죽고 조대비(趙大妃)에 의해 고종이 즉위하자 대원군에 봉해지고 어린 고종의 섭정이 되었다. 대권을 잡자 안동 김씨의 주류(主流)를 숙청하고 당파를 초월하여 인재를 등용하였으며, 부패관리를 적발하여 파직시켰다. 47개 서원(書院)을 제외한 전국의 모든 서원을 철폐하고, 국가재정의 낭비와 당쟁의 요인을 없앴으며, 『육전조례(六典條例)』, 『대전회통(大典會通)』 등을 간행하여 법률제도를 확립함으로써 중앙집권적인 정치 기강을 수립하였다.

비변사(備邊司)를 폐지하고 의정부(議政府)와 삼군부(三軍府)를 두어 행정권과 군사권을 분리시켰으며, 관복(官服)과 서민들의 의복제도를 개량하고 사치와 낭비를 억제하는 한편, 세제(稅制)를 개혁하여 귀족과 상민(常民)의 차별 없이 세금을 징수했으며, 조세(租稅)의 운반과정에서 조작되는 지방관들의 부정을 뿌리뽑기 위해 사창(社倉)을 세움으로써 백성들의 부담을 덜어 국민들의 생활이 다소 안정되고 국고(國庫)도 충실해졌다.

반면, 경복궁(景福宮)을 중건(重建)하면서 원납전(願納錢)을 발행하여 백성의 생활고가 가중되었으며, 1866년(고종 3년) 병인양요에 이어 1871년 신미양요를 일으키고 천주교도에 대한 무자비한 박해를 가하는 등 쇄국정치를 고집함으로써, 국제관계가 악화되고 외래문명의 흡수가 늦어지게 되었다. 또한, 섭정 10년 동안 반대세력이 형성되어, 며느리인 명성황후가 반대파를 포섭하고 고종이 친정(親政)을 계획하게 되자, 1873년 그의 실정(失政)에 대한 최익현(崔益鉉)의 탄핵을 받았다. 이에 고종이 친정을 선포하자 운현궁(雲峴宮)으로 은퇴하였다.

1882년 임오군란(壬午軍亂)으로 다시 정권을 잡고 난의 뒷수습에 힘썼으나, 명성황후의 책동으로 청(淸)나라 군사가 출동하고 톈진[天津]에 연행되어 바오딩부[保定府]에 4년간 유폐되었다. 1885년 귀국하여 운현궁에 칩거하면서 재기의 기회를 노리던 중 1887년 청나라의 위안스카이[袁世凱]와 결탁하여 고종을 폐위시키고 장남 재면(載冕)을 옹립하여 재집권하려다가 실패하였다.

1894년 동학농민운동으로 청일전쟁(淸日戰爭)이 일어나자 일본에 의해 영립되어 친청파(親淸派)인 사대당(事大黨)을 축출하고 갑오개혁이 시작되었으나, 집정(執政)이 어렵게 되자 청나라와 통모(通謀)하다가 쫓겨났다. 청일전쟁에서 승리한 일본의 세력이 강성해졌으나, 3국(독일·프랑스·러시아)의 간섭으로 친러파가 등장하여 민씨 일파가 득세하자, 1895년 일본의 책략으로 다시 정권을 장악하였다. 이때 명성황후가 일본인에게 시해되어 일본 공사 미우라고로[三浦梧樓]가 본국으로 소환된 후 정권을 내놓고 은퇴하였다. 1907년(광무 11) 대원왕(大院王)에 추봉(追封)되었다.

제2절 | 임오군란과 조청일관계

1881.4.23. 별기군 창설, 호리모토 교관 초청
1882.6.5. 임오군란
1882.6.9. 난군, 민겸호 집 파괴. 일본공사관 습격
1882.6.19. 김윤식, 청에 파병 요청

1882.6.27. 마건충 인천 입항, 하나부사 요시모토 인천 입항
1882.7.17. 조선과 일본, 제물포조약과 수호조규속약 조인
1882.8.23. 조중상민수륙무역장정 체결

1 배경

1. 조선의 경제적 상황

조일수호조규가 체결된 이후 조선에 대한 외국 자본주의의 침입으로 조선의 사회생활에 중대한 변화를 야기하였다. 자급자족경제는 선진자본주의의 대량생산 및 판매로 붕괴되고 농민은 파산하게 되었다. 또한 곡물 및 농산물 무역으로 농산물 가격이 급등하게 되었다. 이로 인해 지배층과 일본인에 대한 불만이 높아져 가고 있었다.

2. 조선의 정치적 상황

개화파와 수구파로 양분된 조정은 수호조규 체결 이후 민비와 결탁한 개화파가 주도하게 되었다. 1881년 1월 고종은 통리기무아문을 설치하여 외교관계를 전담하게 하고, 대원군이 설치한 삼군부를 폐지하는 한편, 개화파 인물을 중용하였다.

3. 조선의 군제개혁

조선 정부는 일본의 지원을 받아 군제개혁과 군비증강을 도모하였다. 양반자제들을 모아 별기군을 신설하였고, 5영을 폐지하는 대신 무위영·장어영의 2영을 설치하였다.

2 전개과정

1. 군인들의 반란

군제개혁에 따라 도태될 운명에 처해 있던 구식 군대는 일본식의 신군제를 원망하였고, 장기간 군량미가 지급되지 않자 수구파의 거두 대원군의 선동 교사로 봉기하게 되었다. 병사들은 민겸호의 집을 습격하고 민겸호를 살해하였으며 중신들의 집과 일본 공사관을 습격하였다. 하나부사 공사 일행은 간신히 인천으로 도주하였다.

2. 대원군의 집권

대원군의 사주를 받은 군인들이 창덕궁으로 난입하자 고종은 대원군에게 전권을 위임하여 난을 진압할 것을 위탁함으로써 대원군이 권력을 잡게 되었다. 대원군은 군졸의 요청에 따라 군제를 다시 개혁하여 양영과 별기군을 폐지하고 훈련도감 등 5영을 다시 설치하였다. 통리기무아문도 폐지하고 삼군부를 다시 설치하여 군국기무에 관한 사항을 관장하게 하였다. 군량 지급에 대한 약속을 성실히 이행함으로써 반란은 진정국면으로 접어들었다.

3. 일본의 개입

일본은 마침 국내에서 일고 있던 자유민권운동을 탄압하고 국내정치적 불만을 해외로 돌리기 위해 조선에 대해 급진적 요구사항을 제시하였다. 조선 정부의 문서에 의한 사죄, 피해자 유족에 대한 위자료 지급, 범인의 체포와 처벌, 거제도나 울릉도의 할양, 인천의 보장점령 등을 요구하였다.

4. 청의 개입

청은 조선의 요청에 따라 우장칭이 이끄는 3,000명의 대군을 조선에 투입하였다. 청의 대병력이 진군하자 군란에 앞장섰던 군인들은 아무런 저항 없이 해산하였다. 한편, 청은 대원군을 나포하여 청으로 압송하고자 하였다. 대원군은 청의 황제가 임명한 사람이 아니므로 조선의 국정을 치리해서는 안 된다는 논리에 기초하였다. 대원군은 청국 군사의 호위하에 텐진으로 압송되었다.

3 영향

1. 제물포조약과 수호조규속약

(1) 제물포조약은 ① 조선은 일본에 진사사절(陳謝使節)을 파견하여 사죄할 것, ② 살해된 일본인에 대해 5만 원의 배상금을 지급할 것, ③ 일본 정부에 50만 원의 보상금을 매년 10만 원씩 5년에 걸쳐 지급할 것, ④ 일본 공사관을 경호하기 위한 일본군의 주둔 등을 규정하였다.

(2) 수호조규속약을 체결하여 일본 외교관과 영사들의 내지 여행과 인천, 원산, 부산에서 일본인의 자유왕래지역을 50리로 확장하였다.

2. 조청상민수륙무역장정

조선은 기존의 국경무역방식에 정부의 개입이 심하여 밀무역이 성행한 것에 대해 대응하고자 하였고, 청은 일본의 상권이 조선에서 확장되는 것에 대해 일본 세력을 견제하고 통상의 이익을 얻기 위해 조청상민수륙무역장정을 체결하게 되었다. 청은 조선이 청의 종속국이라는 점을 주지시키는데 주력하였다. 전문에서 조선은 중국의 속방이라는 것을 명시하고 동 조약이 속방 조선의 이익을 도모하고 보호하기 위한 것이므로 다른 나라가 무역장정상의 이득을 균점할 수 없다고 밝혔다. 또한 개항장에서 청의 치외법권을 인정하였으며, 양국 상선의 상호자유 출입을 규정하였다.

3. 청의 영향력 강화

임오군란이 청국 군대의 개입으로 진압되자 조선과 청국 간 종속관계가 심화되었다. 기왕의 종속관계는 전통적인 유교권 질서의 예에 입각한 주종관계인데 반하여, 임오군란 이후 청은 조선에 대해 근대 국제법질서상의 종속국의 위치를 강요하였다. 조청상민수륙무역장정에서 이러한 종속관계를 명문화하였다.

4 국제정치사적 의의

임오군란은 국내적으로는 개화파와 수구파의 대립이 표면화된 것이었으나, 국제적으로는 한반도에 대한 세력권 다툼을 벌이고 있었던 청과 일본의 대립이었다. 강화도조약으로 청의 한국에 대한 종주권을 부인하고 경제적 진출을 강화시켜오던 일본은 임오군란으로 그 상대적 영향력이 약화되었다. 한편, 국내적으로는 개화파의 입지도 약화되어, 갑신정변의 간접적인 원인이 되었다고 볼 수 있다.

제3절 | 갑신정변과 조청일관계

1883.6. 김옥균, 차관교섭차 도일
1884.3.27. 우정총국 창설
1884.10.17. 김옥균 등 개화당, 갑신정변
1884.10.18. 개화당, 14개조 혁신정책 반포
1884.10.19. 청일 양국 군대, 창덕궁에서 충돌
1884.10.20. 군민, 청병과 일본공사관 병영 습격

1884.10.21. 새내각 조직. 개혁조치 환원
1884.10.24. 김옥균 등, 일본공사와 함께
　　　　　 일본에 망명
1884.11.24. 한성조약 체결
1885.4.18. 톈진조약 체결

1 의의

갑신정변은 자주적인 근대국가 형성을 위한 최초의 정치운동이란 점에서 한국사에서 큰 의의가 있다. 전통적인 유교 국제정치질서의 붕괴에도 불구하고 청국과의 관계를 다시 근대 국제법질서에서 말하는 주종관계로 설정하려는 보수, 반동세력을 척결하고 구미 국제정치질서의 세계적인 팽창에 자주적으로 대처하려는 정치운동이었다. 한편, 조선에서 청의 영향력이 다시 증가함으로써 청일관계가 긴장되는 계기가 되기도 하였다.

2 전후의 국내외 정세

1. 임오군란

민비와 온건개화파의 개혁정책과 이로 인한 내정궁핍, 신식 군대에 대한 구식 군대의 차별 등이 발단이 되어 발생한 임오군란이 청국 군대의 개입으로 평정되었고, 이로 인해 조선 조정에서는 친청세력의 영향력이 강화되었다.

2. 국내정치적 상황

임오군란 이후 국내정치는 청이 파견한 고문과 친청세력에 의해 지배되고 있었다. 병권과 재정권을 박탈당한 개화파는 정치개혁을 위해 외국으로부터 차관이나 정치적 지원을 구하게 되었다. 이로 인해 김옥균의 차관운동과 다변화외교가 추진되었다. 다변화외교의 목표는 청의 지배로부터 자주독립을 쟁취하고자 함이었다.

3. 일본의 대조선정책

임오군란 이후 일본은 조선에 대한 불간섭정책으로 정책 노선을 변화시켰다. 우선, 개화파 인사들의 세력이 미미하여 이들을 지원하여 조선 정치에 개입하는 것은 일본의 국가이익에 도움이 되지 않는다고 판단하였기 때문이다. 또한 현재 일본과 중국의 상대적 국력을 비교할 때 중국과 대결하지 않는 것이 바람직하다고 생각하였기 때문이다. 일본의 대조선정책의 급반전은 개화파의 갑신정변 실패의 한 요인이 되었다.

3 전개와 영향

1. 개화파의 정변계획

개화파 인사의 몰락이 가속화되는 한편, 청불전쟁에서 청이 패배하고 한양에 주둔하고 있던 청의 병력이 퇴각하자 개화파들은 정치적 변혁을 도모하였다. 그들은 사대당 중신들을 암살하고 민씨일당을 제거함으로써 정권을 탈환하고자 하였다.

2. 정변의 실행

김옥균 등은 1884년 12월 4일 우정국 개국 축하만찬회를 거사일로 잡았다. 일본의 지원에 힘입어 사대당 인사들인 윤태준, 이조연, 민영목, 민태호, 조영하 등을 살해하였다. 한편, 국왕에게 정부의 개조와 신정권 수립을 진언하여 독립당 내각을 조직하였다.

3. 개혁정책

독립당 인사들은 12월 4일 14개조의 개혁안을 발표하였다. 대원군의 귀국과 청조 종속관계에 기인하는 사대의 전례를 폐지할 것을 주장하였다. 독립당이 대원군의 귀국을 주장한 것은 대원군의 쇄국적인 정치이념이나 수단에 동조해서가 아니라 청이 종주국이라고 해서 국왕의 생부를 불법납치한 것에 대한 반항의 표시였다.

4. 정변의 좌절

무력개입으로 청일교전이 발생하는 것을 우려한 청은 개입을 자제하려고 하였으나, 종주국의 위신을 고려하여 무력개입을 결정하였다. 일본군과 독립당과 청군의 교전이 발생하였으나, 청군의 군사력이 더 강했다. 독립당은 국왕을 인천으로 이어시킨 다음 일본의 원조를 받아 재거사할 것을 주장하였으나 일본의 다케조 공사는 거절하였다. 국왕은 다시 청병 측으로 넘어갔고 독립당은 일본 공사관으로 피신하였다.

4 사후처리

1. 한성조약(1884년 11월 24일)

조선과 일본 간의 사후처리조약으로 조선은 국서로써 일본에 사죄하기로 하여 조선의 책임을 간접적으로 인정하였다. 또한, 일본인 사망자에 대해 보상하고, 손실된 일본 공사관 건축비로 2만 원을 지불하고, 반일폭도들을 처벌하기로 하였다.

2. 텐진조약(1885년 4월 18일)

청일교전으로 발생한 문제를 다룬 조약으로 청일의 조선문제 해결방향을 제시하고 있다. 주요 내용은 다음과 같다.

(1) 3개월 이내에 양국 군대는 조선에서 철수한다.

(2) 앞으로 양국은 조선 군대의 훈련을 위한 군사고문을 파견하지 않는다.

(3) 장차 조선에서 중대한 사건이나 변란이 발생하여 양국 또는 일국이 조선에 출병할 경우에는 서로 문서로써 알리고 사태가 수습되면 곧 철군한다.

5 국제정치사적 함의

갑신정변 이후 청의 조선 지배는 더욱 강화되었고 조선 정부는 이로부터 벗어나기 위해 러시아에 접근하기 시작하였다. 갑신정변 이후 조선에서 일본세력은 거의 소멸하게 되었다. 당시 일본은 안으로는 여러 당파 간의 파쟁이 있었고 밖으로는 조약개정문제에 주력하게 되어 조선 진출을 당분간 포기하게 되었다. 임오군란 이후의 소극적인 정책보다 더 후퇴하게 된 것이었다.

📁 참고

김옥균(金玉均, 1851년 ~ 1894년)

1. 본관은 안동(安東), 자는 백온(伯溫), 호는 고균(古筠)·고우(古愚), 시호는 충달(忠達)이며, 갑신정변(甲申政變)을 주도하였다. 6세 때 김병기(金炳基)의 양자로 들어가 1872년(고종 9년) 알성문과에 장원으로 급제하여, 교리(校理)·정언(正言) 등을 역임하면서 관료로서 출세의 길이 열렸다. 그러나 박규수(朴珪壽)·유대치(劉大致)·오경석(吳慶錫) 등의 영향으로 개화사상을 가지게 되었으며, 특히 1881년(고종 18년)에 일본을 시찰하고, 다음해 다시 수신사(修信使) 박영효(朴泳孝) 일행의 고문으로 일본을 다녀온 후에는 일본의 힘을 빌려 국가제도의 개혁을 꾀할 결심을 굳혔다. 서재필(徐載弼) 등 청년들을 일본에 유학시키고, 박영효·서광범(徐光範)·홍영식(洪英植)과 함께 국가의 개혁방안을 토론하다가, 1884년(고종 21년) 다시 일본으로 건너가 일본 정부 측에 군인양성을 위한 300만 원의 차관을 교섭하였으나 실패하였다.

2. 당시 청나라세력을 배경으로 하는 민씨(閔氏) 일파의 세도정치가 지나치게 수구적(守舊的)인 데 불만을 품고 국제정세와 보조를 맞추기 위해서는 개혁을 단행해야 하며, 그러기 위해서는 수구파의 제거가 불가피하다고 보고, 신축한 우정국(郵政局) 청사의 낙성연을 계기로 거사를 감행하여 한규직(韓圭稷) 등 수구파를 제거하고 정변을 일으켰다. 이튿날 조직된 새 내각의 호조참판으로 국가재정의 실권을 잡았으나 갑신정변이 삼일천하로 끝나자 일본으로 망명, 10년간 일본 각지를 방랑한 후 1894년(고종 31년) 상하이[上海]로 건너갔다가 자객 홍종우(洪鍾宇)에게 살해되었다.

3. 갑신정변은 민중이 직접 일으킨 것이 아닌 소수의 지성인들의 거사였다는 점에서 임오군란(壬午軍亂)과 구분되고, 일제에 대한 직접적인 항거가 아닌 기층질서에 대한 개혁의지였다는 점에서 동학농민운동과도 구분된다. 또 왕조의 제도적 개혁을 뛰어넘어 왕조질서 그 자체의 변화를 시도했다는 점에서 갑오개혁(甲午改革)과도 구분된다.

4. 갑신정변에 투영된 김옥균의 사상 속에는 문벌의 폐지, 인민평등 등 근대사상을 기초로 하여 낡은 왕정사(王政史) 그 자체에 어떤 궁극적 해답을 주려는 혁명적 의도가 들어 있었다. 1895년(고종 32년)에 법부대신 서광범(徐光範)과 총리대신 김홍집(金弘集)의 상소로 반역죄가 용서되고, 1910년(융희 4)에 규장각 대제학에 추증되었다. 저서에 『기화근사(箕和近事)』, 『치도약론(治道略論)』, 『갑신일록(甲申日錄: 手記)』 등이 있다.

제4절 | 거문도 사건

1885.3.1. 영국 함대, 거문도 불법 점령
1885.4.3. 엄세영과 묄렌도르프, 정여창과 함께 영에 항의
1885.4.7. 조선, 청·독일·미국·일본 등에 거문도 점령 사실 통고
1885.9.7. 조러수호통상조약 비준서 교환
1886.3.11. 영국, 타국이 거문도 점령을 않겠다는 보장이 있으면 철퇴하겠다는 의사 발표
1886.7.10. 총리내무부사 심순택, 러시아 공사 베베르에게 친러항청책에 관한 국서 전달(조러밀약 추진)
1887.1.18. 이원회를 경략사에 임명하여 거문도에 파견
1887.2.7. 영국 군함, 거문도 철수

1 의의

거문도 사건(1885년 4월 17일 ~ 1887년 2월 27일)이란 전세계적으로 각축을 벌이고 있던 러시아의 남하정책에 대비하여 영국이 조선의 거문도를 불법점령한 사건을 말한다. 강화도조약의 체결로 구미제국주의세력에게 문호를 개방한 조선은 본격적으로 구미열강들의 각축장이 되고 있었다. 거문도 사건은 국제체제에서 약소국인 조선의 위치를 상징적으로 보여주었던 사건이라 할 수 있다.

2 배경

1. 영러의 대립

나폴레옹전쟁 이후 유럽 대륙의 새로운 패권세력으로 등장한 러시아는 1907년 영러협상으로 세력범위가 조정되기까지 세계 전역에서 패권경쟁을 하였다. 19세기 후반 아프가니스탄도 양국의 이해관계가 대립되는 지역이었다. 러시아는 인접지인 아프가니스탄에 영향력 확장을 기도하였고, 영국은 아프가니스탄이 러시아의 지배하에 들어가는 경우 인도식민지가 위협받을 것을 우려하였으므로 양자 간 이해관계 조정이 어려운 문제였다.

2. 조선의 친러정책

임오군란과 갑신정변을 경험한 조선은 청·일본 양국의 침략적 성격을 인식하고 대러 접근정책을 펴기 시작하였다. 러시아는 청과 일본 모두와 경쟁하는 국가였기 때문에 공동이해관계가 있었다. 1884년 7월 7일 조러수호통상조약이 체결된 이후 조선에 대한 러시아의 야심이 커졌고, 갑신정변 이후 묄렌도르프가 러시아에 조선의 보호를 요청하였던 한아밀약 사건이 발생하였다. 영국은 조선에서 러시아의 영향력이 커지는 것에 대항하기 위해 거문도 점령을 획책하게 되었다.

3 주요 국가들의 입장

1. 영국

영국은 러시아가 거문도나 조선의 다른 지역을 점령할 계획을 가지고 있기 때문에 사전에 이를 봉쇄하기 위함이라고 하면서, 일시적 점령이며 영구적으로 점령할 의도가 없음을 밝혔다. 한편, 조선이 조선주재 외국 사절에게 영국의 불법점령 사실을 알리고 입장 표명을 요청하자, 양자관계로 해결할 문제를 국제문제화시킨 것에 대해 조선에 엄중 항의하기도 하였다.

2. 조선

조선은 국제공법에 기초하여 조선의 영토주권을 불법적으로 침해하였음을 영국에 대해 강력하게 항의하며 거문도로부터 즉시 퇴각할 것을 요청하였다. 퇴각하지 않는 경우 조선과 국교를 수립하고 있는 국가들에게 통첩하고 공론에 호소할 것임을 분명히 하였다. 영국이 저탄소를 획득하기 위함이었다고 주장한 것에 대해서도 조영수호통상조약 제8조의 규정을 인용하여 개항장 이외의 저탄소는 인정할 수 없다고 반박하였다.

3. 일본

일본은 영국의 거문도 불법 점령이 조선의 국권과 관련된 중대한 문제임을 환기시키면서 조약당사국에 대한 평등한 대우를 이유로 영국의 불법점령을 승인하지 말 것을 권고하였다. 즉, 조선이 영국뿐 아니라 러시아와도 우호조약을 맺고 있는 상황에서 영국에만 조선의 전략적 요새의 점령을 인정해 주는 것은 러시아를 부당하게 대우하는 것이라는 의미이다.

4. 청

청의 입장은 이중적이었다. 즉, 명시적으로는 영국이 어떤 주장을 펴더라도 결코 거문도에 대한 영구점령이나 조차, 매각하지 말 것을 권고하였으나, 실제적인 의도는 영국의 거문도 점령을 이용하여 러시아세력의 남하를 견제하는 데 있었다. 영국의 거문도 점령으로 청이나 조선에 피해가 있는 것은 아니었으므로 이이제이책의 하나로서 조선에 대한 러시아의 야심을 단념시킨 다음 영국의 거문도 철퇴를 실현시키고자 하였다.

5. 러시아

러시아는 영국의 거문도 점령으로 큰 타격을 받게 되었으나 직접적으로 영국과 다투는 것은 국익이 아님을 인식하고 청을 조정하여 영국의 행동을 힐책하게 하는 한편, 조선 정부로 하여금 영국에 엄중하게 항의하도록 함으로써 거문도로부터 영국을 철수시키고자 하였다.

6. 미국

미국은 영국의 행동을 변명하고자 하였다. 즉, 영국은 거문도를 영구히 소유 또는 차용할 의사가 없으므로 안심해도 좋을 것이며, 영국은 자위상 부득불 점거한 것으로서 우호관계를 해치는 행동이 아니라고 하였다. 따라서 조선은 공격적 입장을 취하기 전에 영국의 점령이유 및 영구점령의사를 확인해 보는 것이 좋을 것이라고 조언하였다.

4 전개과정

1. 영국의 거문도 점령

1885년 4월 14일 영국 정부로부터 거문도 점령의 훈령을 받은 중국 파견함대 사령관 해군 중장 도우웰(Sir William M. Dowell)은 아가멤논, 페가서스, 파이어브랜드 등 3개 함을 이끌고 4월 23일 거문도를 점령하였다.

2. 영청협상

거문도 사건 진행 도중 러시아와의 아프가니스탄 국경분쟁이 일단락되었고, 또한 만약 영국이 거문도에서 퇴각하지 않는 경우 러시아도 조선의 특정 지역을 점령할 것이라는 강경한 입장을 청을 통해 전달하자 영국은 청과의 교섭을 통해 퇴각하고자 하였다. 영국은 청이 만약 러시아가 장래 거문도를 점령하지 않는다는 것을 보증한다면 환부하겠다는 입장을 밝혔다.

3. 러청협상

러청협상에서 러시아는 영국이 거문도에서 철퇴한다면 러시아는 어떠한 사정이 있더라도 결코 조선의 영토를 점령하지 않겠다는 입장을 표명하였다. 양자 간 협상에서 쟁점이 된 것은 점령하지 않겠다는 약속을 문서화하는 것과, 어떤 형식의 문서로 보장할 것인가의 문제였다. 조문형식의 보장에 합의하였으나, 내용에 대한 이견으로 문서로 성립되지 못하였다. 다만, 러시아 정부가 조선 영토를 영구히 침략하거나 점령하지 않겠다는 취지의 성명을 발표함으로써 러청협상은 매듭지어졌다.

4. 영국의 퇴각

청은 러청교섭을 통해 영국이 거문도에서 철퇴하면 러시아는 어떠한 사정이 있더라도 결코 조선 영토를 침범하지 않겠다는 서약을 했음을 영국에 통고하고 영국의 거문도 철퇴를 촉구하였다. 영국은 러시아가 그 보증을 충실히 이행하도록 하는 책임을 청이 지게 하고 만약 청이 이 약속을 이행하지 못할 때는 약속불이행의 책임을 청에게 묻겠다고 하였다. 영국은 1886년 11월 24일 거문도 철퇴를 청에 통고하였고 12월 23일에는 조선에 통고하였다. 영국 군함은 1887년 2월 27일 완전 퇴각하였다.

제5절 | 청일전쟁 이후 조러일관계

1 청일전쟁 이후 국내외 정세

1. 삼국간섭

삼국간섭이란 청일전쟁으로 일본이 요동을 할양받아 만주 진출이 본격화될 조짐을 보이자, 러시아의 주도로 독일과 프랑스가 공동간섭하여 이를 좌절시킨 사건을 의미한다. 러시아의 국제정치적 영향력이 강화되었고, 조선에서 친러파세력이 증가하는 배경이 되었다.

2. 친러 내각의 성립

일본이 삼국간섭에 굴복하고 후퇴하게 되자 조선의 국내정치에도 결정적인 영향을 미치게 되었다. 민씨 일파들은 친일파를 물리치고 친러 내각을 출범시키는 한편, 일본인 교관에 의해 훈련된 훈련대를 해산시켰다.

2 조일관계

1. 일본차관의 유입

청일전쟁 이후 정치적 성격의 차관이 조선 내에 유입되었다. 일본은 조선에 대한 지배력을 강화하기 위해 해관수입 및 조세수입을 담보로 1895년 3월 30일 300만 원의 차관을 제공하였다. 300만 원은 당시 조선 연간 정부수입의 3분의 2에 해당하는 거액이었으며 상환이 순조롭지 못한 경우 일본에 정치·경제적으로 예속될 수 있었다.

2. 명성황후 시해 사건

삼국간섭과 러시아의 영향력 증가로 조선에 친러 내각이 성립되자, 일본은 친러파의 근원이라 생각하고 있었던 명성황후 시해를 음모하였다. 1895년 10월 7일 미우라 고로 조선 공사와 수비대 및 낭인에 의해 명성황후가 시해되었다. 이후 조선에서는 항일운동이 크게 일어났고 일본의 대조선 영향력은 더욱 약화되었다.

3 조러관계

1. 친러 내각 성립

고조되고 있었던 러시아의 영향력을 이용하여 청과 일본이 간섭을 배제하기 위해 민씨 일파를 중심으로 친러 내각이 성립되었다. 1895년 명성황후 시해 사건 이후 조선의 러시아 접근은 더욱 강화되었고 아관파천이 단행되었다.

2. 아관파천(1896년 2월 11일 ~ 1897년 2월 20일)

아관파천이란 조선의 국왕 고종이 러시아 공사관으로 이어하여 조선의 국정을 수행한 사건을 말한다. 1896년 1월부터 조선은 러시아의 보호를 요청하기 시작하였고 한양 주재 러시아 공사들은 조선에 군대를 파견해 줄 것을 요청하였다. 고종이 러시아 공사관으로 이어하는 것을 요청함에 따라 1896년 2월 11일 러시아 공사관으로 옮겼다. 러시아의 대조선 영향력이 급격히 증가하였다.

3. 조선의 대러요구사항

니콜라스 2세의 대관식에 참석한 민영환은 조러특수관계에 기초하여 러시아에 대한 구체적인 요구사항을 전달하였다. ① 러시아의 시베리아 전선과 조선 전선과의 연결, ② 조선의 군대 등의 조직을 위한 러시아 교관과 전문가 파견, ③ 조선 국왕 개인 고문 및 정치·행정 고문의 파견, ④ 광산기술자 파견, ⑤ 러시아 군인에 의한 고종의 보호 및 친위대 조직, ⑥ 300만 원의 차관 공여 등을 요청하였다.

4. 러시아의 회답

조선 국왕은 러시아 공관에 체류하는 동안 러시아 군대에 의해 호위된다. 국왕의 환궁 시 국왕의 안전에 대해 정신적 보장을 맡는다. 러시아 군대는 계속 주둔하며, 고문관을 파견한다. 차관문제는 조선의 경제상황에 따라 고려하고, 전신선 연결에 동의하고 필요한 원조를 제공한다.

5. 회답항목의 이행

러시아는 차관 제공 여부를 검토하기 위해 포코틸로프를 조선에 파견하였으나 브라운의 반대로 차관은 실현되지 못하였다. 또한 러시아 장교를 파견하여 러시아식으로 조선 군대의 훈련을 시작하였고 조선 군대를 러시아 군대에 예속시키려는 계획을 마련하였으나 일본의 끈질긴 반대로 실현되지 않았다.

4 러일관계

1. 쟁점

삼국간섭으로 조선에서 상대적 영향력이 쇠퇴한 일본은 러시아와 타협을 통해 조선에서 최소한의 이익을 확보하고자 하였다. 한편, 러시아도 조선에서 다양한 이권을 강탈하였으나, 광산채굴권, 벌목권 등에 있어서 일본과의 충돌이 불가피하게 되었다. 러시아로서는 영국, 미국의 지원을 받고 있는 일본과의 직접충돌을 피하기 위해 협상을 통해 양자관계를 안정시키고자 하였다.

2. 베버 - 고무라협정(1896년 5월 14일)

(1) 내용

주한 일본 공사 고무라와 베버 간에 체결된 협정으로서 아관파천 이후의 양자관계를 조정한 것이다. 주요 내용은 다음과 같다.
① 고종의 환궁을 충고한다.
② 서울 - 부산 간의 일본 전신선을 보호하기 위해 200명을 초과하지 않는 범위 내에서 일본 헌병을 주둔시킨다.
③ 서울과 개항장의 일본 거류민을 보호하기 위해 서울에 2개 중대, 부산과 원산에 각각 1개 중대의 일본군을 주둔시킨다.
④ 1개 중대의 병력은 200명으로 한다.
⑤ 러시아도 러시아 공사관과 영사관의 보호를 위하여 일본군 병력을 초과하지 않는 범위 내에서 각 지역에 위병을 주둔시킬 수 있다.

(2) 의의

이 협정은 러시아가 차지한 승리를 명확하게 한 것에 불과하였다. 즉, 아관파천으로 인한 현상을 일본이 인정한 것이며, 군대주둔에 있어 일본군의 주둔을 승인한 것처럼 표현되고 있으나 실제로는 조선을 점령하고 있는 모든 일본 병력의 철퇴를 의미하였고 러시아로서는 새롭게 군대주둔권을 획득한 것이었다.

3. 로바노프 - 야마가타협정(1896년 6월 9일)

(1) 내용

베버 - 고무라협정이 신임장 제정 전에 이루어진 것이었으므로 이를 정식화시킨 것이 로바노프 - 야마가타협정이다.
① 공개협정의 주요 내용
  ㉠ 조선의 재정문제에 대해 공동으로 구제 · 권고 · 원조한다.
  ㉡ 조선 내의 질서유지를 위해 조선의 자력으로 군대 · 경찰을 창설 · 유지시킨다.
  ㉢ 일본은 현재 점유하고 있는 전신선을 계속 관리하며 러시아는 서울에서 그 국경에 이르는 전신선의 가설권을 보유한다.
  ㉣ 이상의 문제에 대하여 장차 상의할 필요가 있는 경우에는 양국 정부는 우호적으로 협의한다.

② 비밀협정의 주요 내용

  ⊙ 현재 병력 이상의 병력이 필요하여 파견하는 경우 양국 군대의 충돌을 방지하기 위해 양국 군대 간 완충지대를 마련하고 각 군대의 용병지역을 획정한다.

  ⓛ 조선 국민에 의한 군대가 조직되기 전까지는 양국이 동수의 군대를 주둔시킨다.

(2) 의의

야마가타의 당초 의도는 북위 38도선을 기준으로 조선을 분할하여 남쪽은 자신의 세력범위, 북쪽은 러시아의 세력범위로 획정하고자 하였다. 그러나 이는 러시아의 반대로 무산되었는바, 러시아는 장차 조선을 모두 지배하고자 하였는데 남쪽을 일본에 내어주게 되는 경우 전략적으로 러시아의 행동을 제한한다고 보았기 때문이다. 이 협정으로서 조선의 보전 및 독립의 원칙이 합의됨으로써 러일 양국의 이해관계를 균등하게 조정하였다.

4. 로젠 - 니시협정(1898년 4월 25일)

(1) 배경

로바노프 - 야마가타협정 체결 이후 러시아는 뤼순, 다롄을 조차하고 만주에 크게 진출하게 되었다. 한편, 한러협약에 따라 재정 고문과 군사 고문을 파견하였으나, 독립협회를 중심으로 한 한국의 반발 및 일본의 반대로 별다른 성과가 없었다. 이에 러시아는 만주경략에 집중하기로 하는 대신 조선에서 일본과 적절한 타협을 보고자 하였다.

(2) 당사국의 입장

① 러시아는 양국이 한국의 독립을 보장하고 한국의 내정에 대한 일체의 직접 간섭을 하지 않기로 하고, 여순과 대련에서의 러시아의 이익을 일본이 승인할 것을 요구하였다.

② 일본은 만한교환론에 기초하여 일본은 조선에서 러시아에 우월한 지위를 보장하고, 양국 간 충돌을 피하기 위해 쌍방 간 세력범위를 설정해 놓을 필요가 있다고 주장하였다. 이에 대해 러시아는 접경지역인 한국에 대한 모든 이해관계의 포기를 의미하는 만한교환론은 받아들일 수 없다는 입장이었다.

(3) 합의사항

① 양국 정부는 한국의 주권 및 완전한 독립을 확인하고 일절 내정에 간섭하지 않는다.

② 조선이 권고와 조력을 양국 중 어느 국가에 요청하는 경우 서로 협상하여 처리한다.

③ 러시아는 조선에 있어서의 일본의 상업·공업의 기업이 크게 발달한 사실과 일본 거류민들이 많다는 사실을 인정하며 조선과 일본 양국 간의 상업·공업 상 관계가 발전되는 것을 방해하지 않는다.

(4) 의의

을미사변 이후 일본은 국제적인 비난과 공격을 받고 한국에서 후퇴하지 않을 수 없었으나, 러일협약의 체결로 한국에 대한 러일 양국의 관계가 잠정적이나마 타협을 보게 되고 일본이 다시 한국에 진출하게 되어 경제적인 면에서 청일전쟁 이전의 우위를 완전히 회복할 수 있게 되었다. 반면, 러시아의 대한정책은 변경되어 종래의 적극정책을 포기하고 그 힘을 만주방면의 경영에 주력하게 되었다.

01 1842년 「난징조약」에 대한 설명으로 옳지 않은 것은?
2021년 외무영사직

① 청나라는 승전국 영국에 홍콩을 영구 할양하였다.

② 「난징조약」으로 청나라는 양쯔강 이남의 다섯 항구인 상하이, 닝보, 푸저우, 샤먼, 광저우를 개항하였다.

③ 영국 상인들은 「난징조약」에 명시된 개항장을 통해 면 산업의 생산과잉 문제를 해소하고 이익을 극대화할 수 있었다.

④ 「난징조약」 이후 취약해진 청나라는 미국, 프랑스와도 각각 불평등 조약을 체결하였다.

난징조약

영국 상인들은 난징조약으로 확보한 개항장을 통해 무역이 확대되었으나, 영국 내부의 생산과잉 문제를 해결하기에는 역부족이었고 이에 따라 영국은 1850년대 후반 중국에 대한 재침략을 결정하고 톈진조약을 통해 추가로 개항장을 확보하였다.

선지분석
① 난징조약에서 청은 영국에게 홍콩을 할양하였고, 1997년 반환되었다.
② 영국은 시장 확보와 원료 확보라는 차원에서 청에게 접근하여 상하이 등의 개항장을 확보한 것이다.
④ 난징조약 이후 청은 1844년 미국과는 왕샤조약을, 프랑스와는 황푸조약을 체결하였다.

답 ③

02 청·일전쟁(1894 ~ 1895)의 종식을 위한 시모노세키조약에 관한 설명으로 옳지 않은 것은?
2010년 외무영사직

① 일본은 타이완과 랴오둥 반도 및 펑후열도의 할양을 요구했다.

② 만주에 있어서 청(중국)의 주권과 기회균등 원칙의 준수가 포함되었다.

③ 청(중국)은 중재재판 조항을 삽입할 것을 요구했다.

④ 최혜국대우를 받는 통상조약을 청·일 간에 체결하기로 하였다.

시모노세키조약

하관(下關)조약 또는 마관(馬關)조약이라고도 한다. 동학농민운동을 평정하기 위해 조선에 원병한 청·일본 두 나라는 전쟁을 일으켜 그 전선이 만주까지 확대되었으며, 청국이 연패를 거듭하자 미국의 중재로 1895년 2월 1일부터 휴전, 강화를 위한 협상에 들어갔다. 청나라의 이홍장과 일본의 이토 히로부미(伊藤博文)가 체결한 조약의 주요 내용은 다음과 같다.
1. 청국은 조선국이 완전한 자주독립국임을 인정할 것
2. 청국은 타이완과 랴오둥 반도 및 펑후열도를 일본에 할양할 것
3. 청국은 일본에 배상금 2억 냥을 지불할 것
4. 청국의 사스·충칭·쑤저우·항저우의 개항 및 일본에 대한 최혜국 대우의 인정
5. 일본 선박의 양쯔강 및 그 부속 하천의 자유통항 용인
6. 일본인의 거주·영업·무역의 자유 승인

답 ②

03 태평양전쟁의 배경에 관한 설명 중 사실과 다른 것은?

① 일본은 메이지 시대(1868 ~ 1912)에 급속한 산업화를 이룩하면서 제국주의적 성향을 키워 나갔다.

② 1904년에서 1905년 사이의 러일전쟁 이후 중국 북부지역에 주둔하던 일본군 장교집단은 일본이 중국으로 팽창정책을 실시하도록 일본 정부를 압박했다.

③ 1923년 관동대지진과 1920년대 말의 대공황은 일본 내에서 우익극단주의가 더욱 확산되는 계기가 되었다.

④ 1930년 일본군과 만주 마적단 간의 사소한 분쟁을 빌미로 일본은 1932년 만주지역에 괴뢰국가인 만주국을 건설했고, 그해 곧바로 중국과 전면전에 돌입했다.

태평양전쟁

일본은 1937년 중일전쟁에서 중국과 전면전을 벌였다.

답 ④

04 다음 사건들을 발생 순서대로 바르게 나열한 것은?

ㄱ. 조일수호조규	ㄴ. 조영수호조약
ㄷ. 조미수호조약	ㄹ. 조불수호조약

① ㄱ ⇨ ㄷ ⇨ ㄴ ⇨ ㄹ

② ㄱ ⇨ ㄴ ⇨ ㄷ ⇨ ㄹ

③ ㄱ ⇨ ㄴ ⇨ ㄹ ⇨ ㄷ

④ ㄱ ⇨ ㄹ ⇨ ㄴ ⇨ ㄷ

조선 외교사

ㄱ. 조일수호조규(1876년) ⇨ ㄷ. 조미수호조약(1882년 4월 6일) ⇨ ㄴ. 조영수호조약(1882년 4월 21일) ⇨ ㄹ. 조불수호조약(1886년 6월 4일) 순으로 발생하였다.

답 ①

05 다음 중 『조선책략』의 내용을 잘못 서술한 것은?

① 러시아의 남진을 막기 위해 청국이 영국의 옹호 아래 조선을 방아책으로 삼으려 했다.

② 미국은 민주주의와 공화정을 하는 나라이므로 약소국과 합의를 유지할 것이다.

③ 일본의 중국적 화이질서에 대한 도전을 막기 위해 동아시아 국가 간에 합종연횡을 주장하였다.

④ 세상에서 가장 크고 위협적인 나라인 러시아를 견제하기 위해서는 땅이 크고 없는 물건이 없는 중국과의 화이 질서가 필요하다는 것이다.

조선 외교사

황준헌은 『조선책략』에서 러시아에 대항하기 위해, 조선이 중국, 일본, 미국과 연합을 형성할 것을 제창하였다.

답 ③

06 19세기 조선의 외교적 사건을 시기순으로 바르게 나열한 것은?

ㄱ. 제너럴셔먼호 사건	ㄴ. 강화도조약 체결
ㄷ. 조선 - 미국 수호통상조약 체결	ㄹ. 갑신정변

① ㄱ ⇨ ㄴ ⇨ ㄷ ⇨ ㄹ

② ㄱ ⇨ ㄴ ⇨ ㄹ ⇨ ㄷ

③ ㄴ ⇨ ㄱ ⇨ ㄷ ⇨ ㄹ

④ ㄴ ⇨ ㄱ ⇨ ㄹ ⇨ ㄷ

조선 외교사

19세기 조선의 외교적 사건을 발생한 순서대로 나열한다면, 'ㄱ. 제너럴셔먼호 사건 ⇨ ㄴ. 강화도조약 체결 ⇨ ㄷ. 조선 - 미국 수호통상조약 체결 ⇨ ㄹ. 갑신정변'이다.

ㄱ. 제너럴셔먼호 사건은 1866년에 평양 군민(軍民)들이 미국 상선(商船) 제너럴셔먼호(General Sherman號)를 응징하여 불에 태워버린 사건 이다. 이 배는 대동강을 거슬러 올라가 평양에서 통상을 요구하다가 거절당하자 행패를 부렸는데, 이에 박규수의 지휘하에 관민들의 저항 으로 배는 소각되고, 선원들은 처형되었다. 이 사건은 신미양요의 원인이 되었다.

ㄴ. 강화도조약은 1876년에 조선과 일본이 체결한 개국조약이다.

ㄷ. 조선 - 미국 수호통상조약은 1882년에 체결되었다.

ㄹ. 갑신정변은 1884년에 김옥균, 박영효, 서재필, 서광범, 홍영식 등 개화당이 청나라에 의존하려는 척족 중심의 수구당을 몰아내고 개화파 정권을 수립하려 한 무력정변이다.

답 ①

제 4 편

미국 외교사

제1절 │ 먼로주의

1 의의

1823년 12월 3일 미국 대통령 먼로(J. Monroe)가 의회에 제출한 연두교서에서 밝힌 몇 가지 원칙을 먼로주의라고 부른다. 먼로주의는 미국의 외교이념으로서의 '미국 예외주의(American Exceptionalism)'가 고립주의 형태로 발현된 것이었다. 먼로주의는 남미 제국의 독립에 유럽 국가들이 개입하지 못하도록 함으로써 라틴아메리카를 자신의 세력권하에 두려는 현실주의적 외교로 평가할 수 있다.

> **참고**
>
> **먼로(Monroe James, 1758년 4월 28일 ~ 1831년 7월 4일)**
> 버지니아주(州) 웨스트모어랜드 출생으로 윌리엄앤드메리대학교 재학 중 미국 독립혁명전쟁에 참전하였고, 버지니아 주의회 의원, 연합의회 의원, 상원 의원, 프랑스 주재 공사, 버지니아 주지사를 거쳐서, 1803년 루이지애나 구입 교섭을 위해 프랑스에 특파되었다. 이어 런던에 건너가 대통령 T. 제퍼슨의 중립정책유지를 위해 노력하였다. 1811년 다시 버지니아 주지사를 역임한 후, J. 매디슨 행정부의 국무장관이 된 후 1816년과 1820년 두 차례 대통령에 당선되었다. 대통령 재임 시 내정 면에서는 지역 간의 화해에 노력하였고, 외교 면에서는 스페인으로부터 플로리다를 매수하여 미주리협정을 맺었고, 캐나다와의 국경 확정에 성공하였다. 그리고 1823년 먼로주의를 선포하여 미국 외교의 기본정책으로 삼음으로써 유럽 제국의 신대륙에 대한 간섭을 저지하였다. 임기 만료 후 1826년 버지니아대학교 이사장으로 추대되었고, 1829년 주헌법개정회의에 참여하였다.

2 배경

1. 역사적 측면

건국 이래 미국은 '고립주의' 노선을 지속해 오고 있었다. 미국에 있어서 고립주의는 유럽세력들과 정치·군사적 동맹관계를 맺지 않고, 유럽 정치에 미국이 연루되지 않는 것을 의미하였다. 1796년 9월 17일 초대 대통령 워싱턴의 고별연설에도 나타났으며, 3대 대통령 토마스 제퍼슨에 의해서도 표명되었다. 아담스 대통령도 "모든 나라와 평화, 상업, 교류, 우호를 유지해야 하나 누구와도 동맹은 피한다."라고 하여 역시 고립주의 노선을 강조하였다. 먼로주의는 이러한 고립주의 전통을 먼로 대통령이 계승한 것이다.

2. 사상적 측면

미국 외교의 근저에는 '미국 예외주의'라는 이념이 내재되어 있다. 미국 예외주의는 자국의 국력이나 국제정세에 따라 때로는 고립주의로 또는 국제주의로 표출되기도 하였다(김기정). 미국 예외주의는 유럽 대륙으로부터 격리라는 지리적 요인과 신에 의해 선택되었다는 선민의식, 유럽의 부패한 절대왕정과는 다른 정치제도의 선택 등을 배경으로 하는 미국 제일주의이념을 말한다. 먼로주의의 이면에는 유럽의 혼란한 정세로부터 미국적 가치를 보호하고자 하는 열망이 내재되어 있다고 볼 수 있다.

3. 현실적 측면

스페인의 식민지였던 남미 대륙은 19세기 초 독립을 선언하고 있었고, 미국은 독립에 대해 심정적으로 지지하고 있었다. 스페인혁명으로 유럽 열강은 프랑스와 신성동맹국의 간섭주의와 영국의 불간섭주의가 대립하였고, 결국 프랑스에 의한 간섭이 베로나회의에서 결정되었다. 프랑스와 러시아는 이를 계기로 남미 대륙 제국의 독립에도 간섭하려는 움직임을 보였고, 이에 대해 미국이 영국과 공동이해를 가지고서 간섭을 반대하기 위해 먼로선언이 나왔다.

3 내용

1. 불간섭의 원칙(Principle of Non - Intervention)

유럽동맹체제의 정치조직은 미국의 정치조직과 본질적으로 차이가 있기 때문에, 유럽의 정치체제를 미국 대륙에 적용하려는 그 어떤 시도도 미합중국의 평화와 안전을 위협하는 것으로 간주한다고 선언하였다. 또한 이미 독립한 나라에 대하여 이를 억압하고 통제할 목적으로 유럽 제국이 간섭하는 것은 미합중국에 대해 비우호적인 태도로 간주한다고 선언하였다.

2. 고립의 원칙(Principle of Isolation)

미합중국은 유럽 제국문제에 대한 유럽전쟁에 참가한 일이 없으며, 참가하는 것은 미국에게 적절한 정책이 아니라고 선언하였다. 이를 '격리의 원칙'이라고도 한다.

3. 비식민화의 원칙(Principle of Non - Colonialism)

이미 취득하였거나 유지되고 있는 남북미 대륙의 자유롭고 독립적인 지위는 유럽 제국들이 이를 보장하고 식민지 영토로 생각해서는 안 되며, 이는 미합중국의 권리와 이익이다. 다만, 이 원칙은 미래의 새로운 식민지화를 반대한다는 것일 뿐 유럽 제국이 현재 가지고 있는 식민지나 속국에 대해서는 적용되지 않는다고 하였다.

4 평가

먼로주의의 선언은 사실상 영국의 엄호하에 선포된 것으로 평가할 수 있다. 먼로주의를 통해 프랑스나 신성동맹국들의 남미 개입을 봉쇄할 수 있었으므로 미국과 함께 영국 외교의 승리라 볼 수 있다. 미국으로서는 먼로선언을 통해 유럽 국가들의 남미 무력개입을 봉쇄함으로써 19세기 중엽 이후 라틴아메리카 대륙에 대한 팽창정책을 실시할 수 있었다. 한편, 유럽협조체제 측면에서 볼 때 먼로주의는 간섭주의 대 불간섭주의의 대립에서 영국이라는 불간섭주의 국가의 승리였고, 이로 인해 유럽협조체제가 회의외교 이후 다시 균열되는 계기가 되기도 하였다.

제2절 | 미서전쟁과 미국의 제국주의

1 서론

건국 이래 미국은 대내적으로 영토적 팽창을 지속해 왔으나, 대외적으로는 고립주의 정책을 유지해 오고 있었다. 이는 미국 예외주의라는 외교이념에 기초한 것이기도 하였으나, 무엇보다 팽창정책을 전개함에 있어서 유럽 국가들이 개입하는 것을 방지하고자 하는 현실적인 요청에 근거한 것이었다. 19세기 초중반을 거쳐 미국의 영토적 팽창은 대부분 완료되었고, 남북전쟁을 거쳐 내정도 비교적 안정되기 시작하자 미국은 맥킨리와 시오도어 루스벨트를 중심으로 제국주의 노선을 추진하기 시작하였다. 미국의 제국주의는 해외식민지를 획득하려는 의도를 가지지 않았다는 점에서 기존의 제국주의 세력과는 차이가 있었으나, 대상국가들의 민족주의를 철저하게 유린하였다는 점에서는 차이가 없었다. 미국의 제국주의의 첫발은 미주 대륙에서 시작되었다.

2 미서전쟁(미국 - 스페인전쟁)과 미국의 팽창

1. 쿠바 독립전쟁과 미국

스페인의 식민지였던 쿠바는 쿠바혁명당의 영도하에 독립투쟁을 전개해 나갔고 스페인은 이에 대응해 반란군의 근거지를 없앤다는 명분으로 쿠바인들을 특정 지역으로 이주시키는 한편, 수십만 명의 쿠바인들을 사망하게 하였다. 쿠바에 대한 미국의 정책은 독립전쟁을 반대함과 동시에 쿠바에 자치권 허용을 촉구하는 이중정책이었다. 자치권 허용에 대해 스페인이 반대하였으나 쿠바와 평화로운 통상관계 유지를 더 중시하였던 클리블랜드 대통령은 그 이상의 조치는 취하지 않았다.

2. 미국 - 스페인의 관계 악화

1896년 대선에서 공화당의 맥킨리(William Mckinley) 대통령이 당선된 이후에도 클리블랜드의 이중정책이 지속되고 미서관계도 안정적이었으나, 메인호 폭파 사건 이후 개전론이 득세하였다. 쿠바에 정박 중이던 미국 전함이 폭파된 사건으로서 스페인이 개입하였다는 단서는 없었으나 쿠바문제의 조속한 해결에 대한 국민적 공감대가 형성되어 미국은 무력개입으로 정책을 전환하게 되었다.

3. 전쟁의 원인

미서전쟁의 원인은 다양하게 제기되고 있다. 식민치하에서 생존권을 위협받고 있는 쿠바 국민에 대한 인간애적 관심과 미국 재산과 통상의 보호, 전쟁을 통한 새로운 시장확보와 영토 획득 등이 원인이라고 평가되고 있다. 한편, 미국인의 유럽에 대한 상대적 우월감도 작용하였다.

4. 개전 및 결과

전쟁은 미국 측의 승리로 돌아갔고, 미국은 산티아고와 푸에르토리코를 점령하였다. 한편, 듀이 제독의 아시아 함대는 마닐라로 이동하여 스페인 함대를 궤멸시켰다. 맥킨리는 미국 함대의 안전과 중간기착지를 얻기 위해 하와이를 공식 합병하였다.

5. 제국주의 옹호론

미서전쟁의 강화조약 체결로 미국은 필리핀 전체와 푸에르토리코를 획득하고 쿠바를 독립시켰다. 미서전쟁 이후 미국에서는 제국주의 찬반론이 강력하게 대립하였다. 제국주의 반대론자들은 평화적인 무역 증대의 중요성, 국내적 팽창에 머무를 것, 국내문제 해결에 주력할 것 등을 논리적 기초로 제시하였다. 반면, 맥킨리 등 제국주의 찬성론자들은 인종적 우월감에서 오는 '백인의 의무(White Man's Burden)'와 '사회적 다윈주의(Social Darwinism)'를 강조하며 풍부한 중국 시장을 겨냥한 미국의 통상이익과 전략적 기지 확보를 위한 군사적 고려를 강조하였다. 필리핀 반군의 미군 공격 사건으로 제국주의 옹호론의 입지가 탄탄해졌고 미국의 제국주의에 대한 의회의 인준이 완료되었다.

3 필리핀 반란과 중국의 문호개방

1. 필리핀 반란

파리조약으로 미국이 필리핀을 점령하게 되자, 필리핀 내에서는 아퀴날도(Emilio Aquinaldo)가 지휘하는 반군의 저항이 시작되었고, 1899년 공화국 수립을 선포하였다. 이에 미군은 유혈투쟁을 전개하여 반란을 평정하였다. 미국은 자치를 허용하고 교육과 사회개혁에 투자하는 당근정책을 통해 필리핀인의 적개심을 누그러뜨려 안정을 취하였다. 필리핀의 독립은 제2차 세계대전 이후 달성되었다.

2. 중국의 문호개방

미국의 필리핀 점령을 중국, 조선, 인도차이나 등 아시아 시장에 진출할 교두보로 생각하였다. 미국은 중국에 이미 진출한 열강들에 대하여 뒤늦게나마 동등한 무역의 기회보장을 요구하는 문호개방각서를 발표하였다. 내용은 동등한 관세협정의 보장과 철도, 항만 사용료의 차별 금지 및 타 국가에 대한 무역권의 간섭배제 등이었다. 의화단 사건 이후의 제2차 문호개방선언에서는 중국의 행정보존을 추가하였고, 상공업상의 기회균등의 범위를 중국 전역으로 확대시켰다.

제3절 | 문호개방정책(Open – Door Policy)

1 의의

문호개방정책이란 19세기 말 미국의 대중국정책 또는 대동아시아 정책 기조로 제시된 것으로서 중국 영토를 열강들이 분할하지 않고, 중국의 모든 영역에서 상공업상의 기회균등을 보장하는 것을 의미하였다. 북미 대륙 팽창을 통해 국가건설(state - building)을 완료하고, 남미 대륙에의 팽창을 마친 미국이 동아시아에서 본격적인 제국주의세력으로 등장하게 된 계기가 문호개방선언이었다.

2 배경

1. 미국의 제국주의정책

1898년에 하와이와 필리핀을 병합하여 새로이 태평양세력으로 부상한 미국은 동양에의 진출을 모색하기 시작하였다. 1867년 제정러시아로부터 알래스카를 매수하여 미주 대륙의 북방을 정리하고, 1899년에는 스페인과의 전쟁을 통해 사모아섬을 획득하였다. 쿠바를 보호령으로 만들었고 푸에르토리코와 괌을 영유하게 된 미국에게, 그의 산업 발전을 위해서는 인구 4억 명의 중국 시장 확보가 사활적 이익으로 인식되고 있었다.

2. 청일전쟁과 중국분할

청일전쟁과 삼국간섭으로 유럽 열강들 간에 중국에서 조차지 획득경쟁이 발생하였다. 즉, 배타적 세력권을 형성하고 그 지역 내에서 다른 국가의 이익은 전면적으로 배척되는 시스템이 형성된 것이다. 이러한 조차지나 세력권 설정은 전통적인 영국의 중국정책과 배치되는 것이었다. 자유로운 무역경쟁에 의해 더 많은 이익을 얻을 수 있기 때문이었다. 영국의 자유무역주의는 뒤늦게 동북아 국제정치에 개입한 미국의 이익과 합치되어 문호개방선언이 나오게 되었다.

3 제1차 문호개방선언(1899년 9월)

1. 원칙

제1차 문호개방선언은 크게 세 개의 원칙 위에 서 있었고, 세 원칙은 다음과 같다.

(1) 금후 중국에서 개별 국가가 지닌 특권은 타국의 무역을 저해하는 도구로 사용되지 않을 것을 일정불변의 정책으로 삼는다.

(2) 세계무역에 개방된 중국 시장에 있어서의 현상을 개선하고 기회를 균등히 해야 한다.

(3) 중국의 영토보전을 존중함으로써 국제분쟁을 방지한다.

2. 문호개방원칙의 보장방안

(1) 중국에 이미 설정된 이익범위나 조차지, 조약항에서의 기득권익에 대해서는 불간섭한다.

(2) 모든 항구에서 중국의 관세를 적용하고 이의 징수는 중국 정부에 의해 행한다.

(3) 각국은 자국 선박에 부과하는 이상의 항만세의 징수를 금지시킴으로써 모든 외국 선박에 대해서 자국민과 같은 대우를 한다.

3. 각국의 반응

(1) 이탈리아

무조건 승인하였으나, 타국들은 상호주의원칙에 기초하여 타국이 승인하는 경우 승인하겠다는 입장을 취하였다.

(2) 러시아

특히 자국이 조차한 대련항의 자유화를 선언하면서도 관세에 대해서는 기존 입장을 고수하였으나 타국의 압력으로 미국의 선언을 승인하였다.

4. 특징

(1) 미국의 일방적인 선언으로서 국제법적 효력을 가지는 것은 아니었다. 다만, 신흥 강대국인 미국의 동아시아 정책 기조를 밝힌 것으로써 다른 국가들이 가볍게 무시할 성질은 아니었다.

(2) 문호개방주의는 중국에 관해서 선언된 것이긴 하나 중국에 대해서 선언된 것은 아니었다. 즉, 미국 국무장관 헤이의 통첩은 영국, 독일, 러시아, 프랑스, 일본, 이탈리아 6개국에게 보내졌고 중국에는 보내지지 않았다. 따라서 중국의 개국과는 무관하며 중국에 관한 열강 간의 정책협조원칙 이상의 의미는 없었다.

(3) 이 선언은 결코 미국이 당시 영국이 중국에 설정한 세력범위를 전복시키거나 이에 도전하려는 주장은 아니었다. 아시아 정치나 중국에서의 이권쟁탈전에 비교적 늦게 참여하기 시작한 미국으로서는 그들의 중국에서의 상공업상의 기회균등이 주된 목적이었다.

4 제2차 문호개방선언(1900년 7월 3일)

1. 내용

미국은 중국의 영원한 안녕과 평화를 유지시키고 중국의 영토 및 행정을 보전하고 조약 및 국제법에 따라 열강에 대하여 보증한 권리를 보장하고 중국 각지에서 세계 각국의 균등하고 공정한 통상정책을 보호하기 위한 해결책을 요구한다.

2. 제1차 문호개방선언과의 차이점

(1) '행정보전'의 내용을 담고 있는바, 이는 의화단 사건으로 인한 행정질서의 혼란을 배경으로 한다.

(2) 각국의 조차지나 개항장에서의 동등대우를 요구하였던 제1차 문호개방선언과 달리 제2차 문호개방선언은 그 내용을 확대하여 중국 각지에서의 평등대우를 요구함으로써 적용지역을 확대시켰다.

제4절 | 월슨시대의 외교(1914 ~ 1920년)

1 서론

제1차 세계대전 이후 미국은 중립을 선포하였으나, 미국의 경제적 상황, 월슨의 친영국적 성향, 영국의 대륙봉쇄정책과 독일의 무제한 잠수함 사건 등으로 1917년 제1차 세계대전에 참전하게 되었다. 미국의 현실적 이해관계에 기초하여 참전한 전쟁이었으나, 미국은 전후처리에 있어서 이상주의적 노선을 독선적으로 고집함으로써 타 연합국들과 국내 공화당 및 여론의 지지를 상실하게 되어 전후의 국제질서는 미국의 영향력 밖에서 움직이게 되었다.

2 제1차 세계대전 이전의 미국의 외교 - 중립외교

1. 제1차 세계대전에 대한 미국의 기본입장

전쟁 발발 이후 미국의 여론은 중립이 지배적이었으며, 월슨도 이를 받아들여 중립을 선언하였다. 유럽과 미국 사이에 대서양이 존재하는 지정학적 요인도 미국이 중립을 취하는데 하나의 배경이 되었다. 한편, 독일계 국민들과 영국계 국민들 그리고 친영적 국민 여론의 분열을 방지하기 위해서도 중립선언이 불가피하였다.

2. 중립외교의 딜레마

미국은 명시적으로는 중립을 선언하고 있었으나, 중립외교는 윌슨의 친영주의, 미국의 경제적 이익과 배치되었다. 윌슨의 성향은 친영반독적이었고, 그의 내각은 외교고문 하우스와 국무장관 랜싱 등 친영주의자들이 지배하고 있었다. 중립을 엄격하게 고수하는 것은 오랜 경제적 침체로부터 벗어날 수 있는 기회를 스스로 포기하는 것이었으므로 미국은 연합국들에게 전쟁물자를 공급해 주고 있었고, 이에 대한 독일의 항의에 직면하였다. 한편, 전쟁물자 조달비용도 차관을 통해 공여해 주었다. 독일이 무제한 잠수함작전을 수행한 것도 이에서 비롯된 것이었다.

3. 잠수함전과 미국의 입장

영국은 금수품과 해상봉쇄를 통해 독일을 압박하는 한편, 영국의 상선들을 무장시키고 군함을 상선으로 가장하여 잠수함을 유인해서 공격하는 전략을 전개하였다. 이에 대해 독일은 잠수함작전을 강화하고 상선으로 가장한 군함의 공격을 피하기 위해 영국 주위를 전쟁지역으로 선포하고 침입하는 모든 적국 및 중립국 선박을 공격하겠다는 입장을 선언하였다. 독일의 공격으로 미국인이 사망하기도 하였으나, 미국은 전쟁 개입을 꺼려하여 소극적으로 대응하였다.

4. 루시태니아호 사건과 미국

루시태니아호는 영국 선적의 사선박으로서 영국 정부의 전략에 따라 무장을 하고 있었는데, 독일 해군 잠수함의 공격을 받고 1915년 5월 7일 격침되었다. 이 사건으로 미국인 128명이 사망하였다. 윌슨은 이른바 '루시태니아 각서'를 독일에 보내 잠수함 작전을 즉각 중지할 것을 요청하였다. 독일이 미국에 유감을 표하고 배상금을 지불함으로써 사건은 매듭지어졌다. 그러나 이 사건으로 윌슨이 친영반독적 태도가 더욱 강화되었고, 미국 국내에서도 반독적 여론이 고조되어 미국이 참전한 간접적 원인이 되었다.

3 제1차 세계대전에의 참전

1. 고어 - 맥레모어 결의안

브라이언 등 미국의 참전을 바라지 않았던 사람들은 미국인들이 전쟁당사국의 선박을 이용해서 여행을 하는 것을 제한하고자 하였다. 민주당 하원의원 제프 맥레모어(Jeff McLemore)와 상원의원 토마스 고어(Thomas P. Gore)에 의해 이같은 내용을 담은 결의안을 제출하였으나 윌슨의 반대로 무산되었다. 윌슨은 미국인들이 전쟁당사국의 선박을 통해 여행하는 것을 금지하는 것은 국가적 치욕이며 국제법상의 정당한 권리를 파기하는 것이라고 주장하였다. 윌슨의 대독강경책의 산물이었고, 미국의 참전을 막을 수 있는 기회였다.

2. 무제한 잠수함작전과 대독 외교관계의 단절(1917년 2월)

1917년 1월 31일 독일은 독일의 잠수함들이 사전 경고 없이 영국 근해에서 발견되는 중립국과 적국의 모든 선박들을 격침시킬 것이라고 발표하였다. 미국이 전시체제로 전환하기 전에 영국과 프랑스를 패배시키려는 전략이었다. 이에 대해 미국은 1917년 2월 3일 독일과 외교관계를 단절하였다. 다만, 윌슨은 독일과의 전쟁은 원하지 않았으므로 강력한 항의를 제기하는데 그쳤고, 무제한 잠수함작전으로 미국의 금수품 운반선은 막대한 피해를 보게 되었다.

3. 짐머만 전보 사건(1917년 2월)

독일 외무장관 아서 짐머만(Arthur Zimmermann)이 멕시코에 보낸 전문이 영국에 의해 해독되어 영국 주재 미국 대사인 페이지에게 전달되었다. 내용은 독일이 멕시코에 군사동맹을 제안하고, 대가로 멕시코가 1848년에 미국에게 빼앗긴 텍사스, 뉴멕시코, 아리조나지역의 재정복을 도와주겠다는 것이었다. 멕시코가 독일의 제안을 받아들이지는 않았으나, 무제한 잠수함작전이 미국의 경제적 이익을 침해하였다면, 짐머만 전보 사건은 미국의 안보이익을 위협하였다.

4. 미국의 대독 선전포고(1917년 4월)

윌슨은 의회에 전쟁선포를 요구하였고 상하 양원에서 압도적인 지지로 승인되었다. 잠수함작전이 직접적인 이유였으나, 보다 근본적으로는 미국적 이미지와 이상으로 전세계를 재창조하고자 하는 윌슨의 열망 때문에 참전하게 된 것이다. 한편, 윌슨을 비판하는 사람들은 독일의 잠수함작전이 중립국인 미국의 반독·비우호적인 행위들로 인해 불가피한 측면이 있었음을 지적하였다. 미국은 1917년 5월 선택복무법을 제정하여 병력을 동원하였으며, 1918년 11월 휴전될 때까지 200만 명의 병사를 파견하였다. 미군과 강력한 군수물자의 투입으로 제1차 세계대전을 승리로 이끌었다.

4 제1차 세계대전의 전후처리와 미국의 외교

1. 윌슨의 전후 평화체제 구상

1918년 1월 8일 윌슨은 의회에서 발표한 14개조 연설을 통해 '승리 없는 평화'라는 원칙을 제시하였다. 비밀외교의 금지, 공해상에서의 항해의 자유, 동등한 교역 기회와 관세의 제거, 군비축소, 제국주의 종식, 민족자결주의, 국제연맹의 창설 등을 내용으로 하였다. 연합국들은 승전을 통한 전리품에 미국이 반대하는 것으로 인식하고 14개 조항에 반대하였으나, 윌슨의 연합국의 전쟁목적을 폭로하겠다는 위협과 연합국에 대한 고의적인 선적량 감소로 인한 경제 위기에 굴복하여 14개 조항에 기초한 강화회담 전개에 동의하였다.

2. 파리평화회담

윌슨이 제1차 세계대전을 민주당의 상원선거전략으로 활용하자 공화당은 반대하였고, 1918년 10월 상원선거에서 공화당이 다수당을 차지하였다. 윌슨은 파리평화회담 대표를 민주당 인사들로만 구성함으로써 공화당의 반감을 고조시켰다. 파리회담에서는 전후 독일 처리문제와 패전국의 식민지문제, 전쟁배상문제, 국제연맹 창설문제가 주요 의제였다. 윌슨의 의도와 달리 패전국들의 식민지는 위임통치가 결정되어 민족자결주의가 무시되었다.

3. 미국 국내정치의 균열과 평화조약 부결

파리평화회담의 결과에 대해 공화당을 중심으로 국제연맹의 제반조항에 대해 유보하고자 하는 움직임이 강하게 일었다. 국제연맹의 제 규정들이 국제문제에 있어서 독자적으로 행동할 수 있는 미국의 재량권을 제한할 우려가 있다고 보았기 때문이다. 이에 대해 윌슨은 유보에 강력하게 반대하였으나, 상원은 유보조항을 지닌 평화조약의 비준을 부결시켰다. 1920년 대선에서 공화당의 하딩이 당선되었고, 국제연맹에 대한 미국의 입장을 명확히 했다. 미국이 국제연맹에 불참하게 된 이유는 당리당략적 논쟁, 개인적인 불화, 협상과정에 개입하지 못하게 된 상원의 불만, 전후경제로 전환하는 과정에서 나타난 대중의 무관심 때문이었다.

제5절 | 1920년대 외교

1 허버트 후버와 1920년대 미국 외교

1. 1920년대 미국 외교의 특징

1920년대 미국 외교정책과정의 중요한 특징은 대통령의 약한 지도력, 의회와 행정부의 힘겨루기, 외교 분야의 전문성 증가 등이었다. 윌슨의 실패의 영향으로 하딩·쿨리지 대통령은 국제문제에 개입을 꺼려하였다. 한편, 미국 외교를 주도한 국무부는 미국의 국력이 허락하는 한도 내에서 자국의 유리한 국제적 위치를 이용하여 적극적인 외교정책을 추진하였으나, 무력에 의해서가 아니라 국제법에 의한 'Pax Americana'를 추구하였다.

2. 전쟁채무문제

전후 유럽의 대미부채는 100억 달러 이상이었고, 독일의 전비 배상부채는 330억 달러에 달해 당시 경제상황으로는 지불가능성이 거의 없었으므로 유럽은 전쟁부채를 정치적 성격으로 인식하여 미국에 전쟁부채 면제를 요구하였다. 미국은 독일을 경제적으로 재건해 주기 위해 도오즈안(Daws Plan)과 영안(Young Plan)을 계획하였으나 성공하지 못하였다.

3. 켈로그 - 브리앙협정(Kellogg - Briand Pact)

1920년대 미국에서 일어났던 이상주의적이고 때로는 고립주의적인 평화운동의 성과로, 1928년 켈로그 - 브리앙협정이 체결되었다. 독일의 재흥에 의한 프랑스 안보불안을 위해 프랑스가 미국에 양자협정으로서 제안한 것이었으나, 켈로그 국무장관에 의해 다자적 부전조약으로 수정되었다. 이 협정은 자동 군사개입조항과 같은 구속적 의무를 담고 있지 않았으므로 상원에서 압도적인 지지로 통과되었다.

2 아시아 위기와 미국의 소극적 대응

1. 만주 위기

1931년 9월 18일 만주 봉천 근처에서 폭발 사건이 일어나 남만주철도가 파괴되었으며 일본은 이 사건을 중국군이 일으킨 것으로 조작하고 중국군을 공격하는 한편 만주철도 전역에서 군사행동을 개시하였다. 만주는 소련과 공산주의에 대항하는 방어의 거점이었고, 만주에는 철광, 석탄, 목재, 콩 등의 지하자원과 원료가 풍부하여 원료를 수입에 의존하는 일본으로서는 결사적으로 필요한 지역이었다. 이로 인해 일본 해외투자의 절반 이상이 만주에 집중되어 있었고, 만주가 일본에게 사활적 이익인 이유였다.

2. 스팀슨의 대일외교정책 기조

아시아에서 군사력을 보유하고 있지 않았던 미국은 이 사건이 문호개방원칙에 반하는 것임에도 불구하고, 개입하지 않고자 하였다. 이러한 미국의 대일외교의 기조는 다음과 같다.

(1) 일본에 대한 효과적인 해군의 행동이 워싱턴 해군조약에 의해 제한된다.

(2) 일본을 제재하는 경우 일본이 중국 해상을 봉쇄할 것이고, 이로써 중국 및 일본과의 무역이 전면 중단되어 경제공황을 심화시킬 수 있다.

(3) 1932년은 미국 대통령 선거이므로 강력한 외교정책을 채택할 수 없다는 것이었다. 따라서 미국은 대일 유화정책을 노선으로 선택하였다. 영국, 프랑스가 이 문제에 개입하기를 꺼려하는 것도 유화정책의 배경이 되었다.

3. 스팀슨 독트린

스팀슨은 일본에 대한 경제제재를 제안하였으나 후버 대통령은 받아들이지 않았다. 스팀슨은 일본이 미국의 석유에 의존되어 있고, 미국이 일본의 수출품의 40%를 수입하고, 미국은 일본에게 세 번째로 큰 수출국이라는 점을 고려하여 경제적 제재가 효과적이라 판단하였다. 하지만, 후버 대통령은 일본과의 전쟁위험을 회피하고자 하였고, 이로 인해 불승인정책이 채택되었다. 미국은 미국의 조약상의 권리를 해하거나, 문호개방정책을 위반하거나, 켈로그 - 브리앙조약에 위반되는 중국에서의 현상타파행동은 승인하지 않을 것이라는 내용이었다. 스팀슨 독트린은 일본의 행동을 제압하지 못하였다. 일본은 1932년 2월 만주국을 수립하고 9월에 승인한 다음, 리튼위원회가 일본의 연맹규약 위반을 지적하자 1933년 국제연맹을 탈퇴하였다.

4. 의의

만주 위기에 대한 미국의 소극적 대응은, 미국의 무력이 아시아에서 발생하는 문제들을 관리할 수 있을 만큼 충분하지 못하다는 사실을 증명한 것이었다. 태평양에서 일본은 미국보다 강하였으므로 미국은 국력의 한계를 인정하고, 일방적인 행동을 취하지 않았던 것이다.

3 루스벨트와 소련 승인문제

1. 1920년대 미국의 대소정책

윌슨 이래 미국은 소련 불승인정책을 고수하고 있었다. 소련 승인을 거부한 이유는 ① 미국인들의 재산을 몰수하고 보상하지 않았고, ② 과거 정권이 진 부채를 승계하려 하지 않았으며, ③ 소련이 미국 내의 공산주의자들을 후원하여 미국의 체제 전복을 선동하였고, ④ 소련 내의 외국인을 부당하게 대우하고 종교적 자유를 박탈하였기 때문이었다.

2. 루스벨트의 대소정책 전환배경

국제적으로는 영국, 프랑스 등 유럽 국가들이 소련을 승인하면서 소련을 압박하려는 공동의 의지가 약화되었고, 극동에서 일본의 팽창주의가 만주와 시베리아를 압박하면서 중국과 소련의 안보를 점차 위협하고 있었다. 국내적으로도 1929년의 대공황으로부터 벗어나 경제를 회복하기 위해서는 소련 시장을 확보해야 했고, 이를 위해서 기업가들로부터 미국 정부의 소련 승인이 필요하다는 요구가 강하게 제기되었다.

3. 미소교섭과 미국의 소련 승인

(1) 1933년 10월부터 미소 교섭이 시작되었으나, 양국 간 부채문제와 종교의 자유 인정문제, 협상과 승인의 우선순위문제로 난항을 겪었다. 특히 소련은 짜르 정부와 볼셰비키 정부의 동일성을 부인하며 채무불승계를 주장하였고, 협상 이전에 먼저 승인을 요구하였다.

(2) 미소협정은 11월 17일 체결되었으며 양국 외교관계의 정상화, 미국 내에서 소련의 선동 중단, 소련에서 미국인들의 종교의 자유와 법적 권리의 보장, 향후 협상을 통한 부채 해결, 대소차관협상 등을 내용으로 하였다.

4. 승인 이후의 미소관계

소련 승인 이후 미소관계에 대한 낙관적 전망이 많았으나 1933년의 소련 승인은 아시아의 위기와 대공황으로 악화된 국제무역의 문제를 타개하려는 미봉책에 불과하였다. 양국은 독자적 외교정책을 추구하였고, 따라서 일본같은 군국주의적 팽창을 저지하는 국제협력체제를 구축하는데 지장을 초래하였다. 또한 교역관계도 기대한 만큼 신장되지 않았으며, 부채문제의 미해결로 차관과 신용대부문제도 진전이 없었다. 1935년 코민테른대회에서 미국 공산주의자들이 미국을 비판하는 발언을 하면서 양자관계는 더욱 악화되었다. 1935년부터 단행된 스탈린의 대규모 숙청과 1939년 8월의 독소불가침조약은 미국의 소련에 대한 분노를 유발하여 양자관계를 불신관계로 바꾸었다.

4 미국의 독자적 국제주의(independent internationalism)외교

1. 루스벨트의 외교 노선

루스벨트의 외교 노선에 대해 고립주의라는 주장과 '독자적 국제주의'라는 주장이 대립하고 있으나, 루스벨트의 노선은 양자의 성격을 모두 지니고 있었다. 고립주의란 전쟁에 대한 혐오감, 외국에 대한 군사적 개입의 제한, 국제관계에서 행동의 자유를 핵심요소로 하는바, 루스벨트는 이러한 사고와 행동을 보여주었다. 한편, 루스벨트는 시어도어 루스벨트의 '거장정책(big stick policy)'과 윌슨의 자유주의적 국제주의를 지지하였다. 미국은 자신의 힘에 대한 정확한 인식에 기초하여 국제문제에 선별적으로 분리대응하였다. 즉, 아시아와 같이 미국의 힘이 부족한 곳에서는 소극적으로, 라틴아메리카와 같이 미국이 힘을 보유한 곳에서는 적극적으로 개입하였다.

2. 대공황과 미국의 대외경제정책

대공황이 발생하자 대부분의 국가들은 경제적 민족주의의 지배를 받아 고관세와 수입제한조치를 통해 자국 시장을 보호하고자 하였다. 국제교역 및 금융거래는 급격하게 축소되었다. 1933년 집권한 프랭클린 루스벨트도 초기에는 뉴딜정책(New Deal Policy)을 실시하면서 보호주의정책을 사용하였으나, 국무장관 헐 노트의 조언에 따라 관세를 낮추고 대외무역을 증대시키기 시작하였다. 1934년의 상호무역협정안은 대통령에게 일방적 관세인하권을 부여하는 한편, 최혜국대우원칙을 규정하였다. 상호무역프로그램은 즉각적인 결과를 가져오지는 않았으나, 세계무역의 악화를 완화시키고 보다 자유로운 상업적 교류를 향한 발판을 마련하였다.

3. 군축외교

미국은 1930년대 여러 차례의 군축회담에 참여하였는바, 이는 미국의 대외노선이 독자적 국제주의에 기초하고 있음을 보여주었다. 자국의 이익을 실현하기 위해서는 국제문제나 국제협상에 적극적으로 임하였으나, 공조체제를 취하기보다는 독자노선을 추구하였다. 미국은 주로 해군군축문제에 집중하였으나, 1930년의 런던회담을 제외하고는 구체적인 성과를 얻지 못하였다. 이는 미국 자신의 해군력을 증강하는 한편, 타 강대국들의 해군군축을 유도하려고 하였기 때문이었다.

제6절 | 워싱턴체제

1 의의

워싱턴체제란 미국 대통령 하딩의 주재하에 1921년 11월 12일부터 1922년 2월 6일까지 미국, 일본, 영국, 이탈리아, 프랑스, 중국, 벨기에, 네덜란드, 포르투갈 간에 열린 워싱턴회의의 결과로 형성된 동아시아질서를 의미한다. 유럽 중심의 베르사유체제에서 탈락하여 국제연맹의 회원국으로의 참여에 실패한 미국으로서는 국력에 비해 국제사회에서의 영향력은 낮을 수밖에 없었다. 미국 공화당 정부는 국제연맹에의 불참에서 오는 영향력의 열세를 만회하고 미국 중심의 태평양질서 수립을 위해 워싱턴회의를 개최하게 되었다.

2 워싱턴회의의 배경

1. 일본의 중국 진출 적극화

제1차 세계대전에 참전하면서 일본은 중국에 대해 광범위한 요구를 담은 21개조를 제시하여 중국에는 협박으로, 열강에 대해서는 지중해에 일본 함대의 파견을 조건으로 승인을 받았다. 그러나 이 문제는 파리평화회의에서 해결을 보지 못한 채 남아 있었고, 이때 중국에서는 강력한 국권회수운동이 일고 있었기 때문에 이 문제에 대해 최종적인 해결을 지어야만 했다.

2. 미일관계의 악화

미국이 워싱턴회의를 개최하게 된 결정적인 계기는 악화일로에 있던 미일관계 때문이었다. 미일 양국은 일본의 적극적인 중국 진출문제, 얍섬의 관리방식문제, 일본인의 미국 이민금지문제 등으로 전쟁가능성마저 거론되고 있었다. 한편, 미국과 일본은 태평양에서 격렬한 해군 확장경쟁을 벌이고 있었는바, 미국은 1916년 'navy second to none'이란 슬로건하에 1921년까지 세계최강의 해군 건설을 목표로 추진하고 있었고, 일본도 '8.8함대' 건조계획을 추진하고 있었다. 그러나 세계적인 전후 불황으로 미국 상원은 보라결의를 통해 군축회담을 요구하게 되었다.

 참고

야프섬

서태평양 캐롤라인제도의 서부에 있는 섬으로, 면적 100.2km², 인구 약 7천 명(1985), 최고점은 173m이다. 미크로네시아연방에 속하며, 서로 이웃하고 있는 가길토밀·마프·루뭉의 큰 섬과 10개의 작은 섬 등으로 야프군도를 이룬다. 섬은 산호초로 둘러싸여 있고 산이 많다. 1791년 발견되었으며, 제2차 세계대전 전부터 태평양횡단 해저전선의 중계지로서 알려져 있었다. 주민은 카나카족에 속하는 야프인인데, 18세기에는 4만 명이었으나 그 후 계속 줄어들고 있다. 토지가 비옥하여 각종 열대성 과일과 채소가 산출되며, 주요 수출품은 코프라이다. 예로부터 부(富)의 상징으로서 석화(石貨)가 귀중하게 여겨졌으며, 고대의 석조유적이 많다.

3. 미국 중심의 동아시아질서 형성 시도

미국은 자국의 참전으로 제1차 세계대전을 결정적인 승리로 이끌었고, 기존 패권국이었던 영국과, 패권경쟁국이었던 러시아와 독일이 약화되면서 명실상부하게 세계최강대국이 되었다. 그러나 미국의 국제주의 노선에 대한 국내정치적 지지 획득 실패로 국제연맹 가입에 실패함으로써 세계적인 지도력을 발휘하는 데 제약을 받게 되었다. 미국은 베르사유체제하에서 영향력 강화를 실패하였으나 워싱턴체제를 자국 중심질서로 창설함으로써 영향력 강화를 꾀하게 되었다. 미국으로서는 태평양에서 미국에 대한 도전국은 일본이었으므로, 워싱턴회담을 통해 일본을 약화시키는 데 주력하였다.

3 워싱턴회의의 의제와 주요국의 입장

1. 해군군축문제

미국, 영국, 일본, 이탈리아, 프랑스 등 태평양에서의 강대국들 간 해군군축문제에서는 해군군축의 적용대상범위문제와 국가들 간 보유군함의 비율을 조정하는 것이 주요 쟁점이 되었다. 즉, 주력함만을 대상으로 할 것인지, 보조함도 협상대상에 포함시킬 것인지의 문제와, 특히 미국과 일본의 해군력의 적정비율문제를 놓고 양국이 첨예하게 대립하였다.

2. 영일동맹문제

영일동맹의 존속문제가 쟁점이 된 이유는 독일과 러시아의 위협이 소멸하였기 때문이었다. 미국은 영일동맹 때문에 영미의 공조체제 형성이 어렵다고 보고 영일동맹의 폐기를 원하였으나, 영국과 일본은 효용가치 저하에도 불구하고 유지하고자 하였다. 일본은 고립을 방지하고 국제적 지위를 유지하고자 하였다. 한편, 영국으로서는 일본 억제를 위한 외교채널로서 영일동맹의 가치를 높이 평가하고 있었던바, 만약 동맹을 파기할 경우 일본이 태평양에 있어서 영국의 식민지 및 자치령에 대한 위협이 될 것으로 생각하였다.

3. 중국문제

(1) 제1차 세계대전 이후 중국 내부에서는 민족주의적 실지회복주의가 강하게 일어났다. 이로 인해 중국에서 각 열강들의 이해관계를 조정하는 문제가 중요하게 다루어졌다. 중국문제에 대해 토의는 미국이 제시한 루트 4원칙에 기초해서 이루어졌다.

(2) 루트 4원칙
① 중국의 주권·독립·영토·행정을 보전한다.
② 중국으로 하여금 스스로 유효하고도 안정된 정부를 수립 및 유지하도록 충분한 기회를 제공한다.
③ 중국의 전영토를 통하여 각국 상공업에 대해 기회균등주의를 수립 및 유지하도록 각국이 영향력을 행사한다.
④ 중국에서 특권을 요구하지 않는다.

4 워싱턴체제의 주요 내용

1. 해군군축문제(5개국조약)

미국, 영국, 일본, 프랑스, 이탈리아는 1만 톤 급 이상의 주력함의 비율을 미국과 영국은 5, 일본은 3, 프랑스와 이탈리아는 1.67의 비율로 제한하기로 합의하였다. 이 비율은 해군력에 있어서 절대우위를 점하고 있던 영국의 큰 양보였으며, 대서양에서는 영국이 패권을 쥐되 태평양에서의 패권은 미국에 양보하겠다는 영국의 의지의 표현이었다. 일본은 1934년에 워싱턴 군축비율에 불만을 품고 이를 파기시켰다.

2. 태평양문제(4개국조약)

세계 최강대국군에 속했던 미국, 영국, 프랑스, 일본은 태평양에서 이해를 조정하기 위해 4개국조약을 체결하여 각자의 세력권을 상호 존중하기로 합의하였다. 조약의 내용은 다음과 같다.

(1) 태평양에서의 각국이 지닌 속령 및 위임통치지역에 대해서는 상호 존중한다.

(2) 체약국 간 분쟁은 공동회의를 통해 결정한다.

(3) 체약국 이외의 국가로부터의 침략에 대해 상호 원조한다.

(4) 영일동맹은 폐기한다.

3. 야프섬문제(미일협약)

야프섬은 독일령이었으나 베르사유회의에서 적도 이북에서 독일이 차지한 섬들은 일본의 위임통치하에 둘 것을 결정하였다. 그러나 미국은 필리핀과의 관계를 고려하여 이에 반대하였고, 특히 이 지역의 해저전선의 소유권을 주장하였다. 일본은 야프섬 자체와 야프섬에 대한 일체의 소유권을 주장하고 있었다. 워싱턴회의를 통해 일본이 야프섬을 위임통치하되, 미국은 야프섬에 있어서 해저전선의 운용과 무선전신업무에 대한 자유를 지니며 동시에 전기통신에 관한 특권과 면제권을 가지기로 합의하였다.

4. 중국문제(9개국조약)

중국의 안전보장과 문호개방원칙을 명문화하였다. 중국의 주권, 독립 및 영토적·행정적 보전의 존중을 약속하였다. 안정된 중국 정부 수립의 기회를 부여하기로 하였고, 중국 전영토에서 각 국민에 대한 상공업상의 기회균등주의의 실현에 합의하였다. 또한 중국에서 상호 배타적 특권을 배제하였으며, 중국에서 세력범위 설정이나 독점적 기회를 지니는 것에 반대하기로 하였다.

5. 산동성문제(중일협약)

중국, 일본 양자 간 협약을 통해 산동성문제를 해결하였는바, 일본은 6개월 이내에 교주만의 조차지를 환부하고 그 지역 내에서의 일체의 공유재산을 이전하기로 하였다. 또한 세부협정을 체결하여 교주만 조차지의 행정권을 이양하고, 일본군이 모두 철수하였다.

6. 일본의 시베리아 철군문제

일본, 소련 간 기본조약을 통해 시베리아에서 일본 점령을 종식하기로 합의하였다.

5 워싱턴체제의 영향

1. 보조함의 건함경쟁

워싱턴에서의 해군군축협상에서 보조함 건함문제가 배제됨으로써 이후 국가 간 보조함 건함경쟁이 발생하였다. 보조함이란 대형순양함, 소형 순양함, 구축함, 잠수함 등을 말한다. 보조함문제는 1930년 런던군축협상에서 미국, 영국, 일본 3국 간 보조함 비율에 대한 합의가 이루어졌다.

2. 영일동맹의 폐기

4개국조약의 핵심은 영일동맹을 파기시킨 것이었다. 영일동맹이 파기된 가장 큰 이유는 영일동맹조약은 아시아 대륙에서 양국의 특수이익을 상호 승인한 것이었는바 이것이 문호개방과 기회균등을 기본으로 하는 미국의 아시아정책과 배치됨으로써 미영관계에 부담이 되었기 때문이었다. 영일동맹조약의 폐기로 일본은 고립되는 한편, 문호개방정책을 내세우면서 아시아에 진출한 미국과의 직접적인 갈등관계에 들어서게 되었다.

3. 일본의 대륙정책 좌절

문호개방정책과 기회균등, 중국의 주권 및 영토보전이 공식화됨으로써 중국 내에서 일본의 특수이익이 모두 부정되었다. 중국에서 일본의 특수이익을 보장해 주었던 영일동맹이나 이시이 - 랜싱협정이 폐기되었다. 일본은 21개조 요구의 일부를 폐기하였고, 교주만 조차지도 환부하였다.

4. 태평양 강대국 간 상대적 영향력의 조정

미국은 워싱턴체제를 통해 태평양지역의 패권국으로 등장하였고, 중국의 국제적 지위도 향상되었다. 반면, 영국은 태평양지역의 패권을 미국에 내어주면서 대서양세력으로 물러서게 되었고, 일본은 군사력 측면에서 강대국의 지위를 인정받았으나, 중국에서의 이권과 세력권이 박탈됨으로써 미국에 비해 상대적 영향력이 쇠퇴하게 되었다.

6 국제정치사적 함의

워싱턴회의를 통해 아태지역의 강대국 간 주요 현안들을 조정하고, 군비경쟁을 완화시키는 한편, 전후처리문제를 완료함으로써 동아시아질서의 안정을 유지할 수 있었다. 워싱턴체제는 1931년 만주사변이 발생하기까지 동아시아 안보유지기제로 작동하였다. 이로써 1920년대의 세계는 베르사유체제와 함께 유럽에서의 로카르노체제, 동아시아에서의 워싱턴체제, 부전조약 등 중층적 안보기제로 평화의 시대를 구가하게 되었다. 한편, 워싱턴체제는 일본의 대륙정책을 과도하게 제약함으로써 일본을 현상타파국가로 만들어 놓았다는 내재적 한계를 배태하고 있었다고 볼 수 있다.

1 1930년대 유럽 상황

1. 독일

경제대공황과 베르사유조약에 대한 민족주의적 반감에 기초하여 1933년 1월 권력을 장악한 히틀러는 유대인에 대한 인종주의, 반볼셰비즘, 개인적 권력욕에 기초하여 팽창주의적 현상타파정책을 전개하기 시작하였다. 1933년 10월 국제연맹을 탈퇴하고, 1935년 재무장을 선언하였으며, 라인란트에 군대를 주둔시켰다. 한편, 오스트리아, 주데텐, 체코를 차례로 병합하고, 1939년 9월 폴란드를 침략함으로써 제2차 세계대전이 발발하였다.

2. 이탈리아

1922년 이래 이탈리아를 통치한 무솔리니는 이탈리아 제국을 건설하려는 야망으로 1935년 10월 에티오피아를 침공·병합하였다. 국제연맹이 석유를 제외한 전쟁물자에 대해 금수조치를 취하였으나, 영국과 프랑스의 유화정책으로 실패하였다.

3. 영국 및 프랑스의 유화정책

독일과 이탈리아의 현상타파정책에 대해 프랑스와 영국은 유화정책으로 일관하였고, 독일의 체코 병합 이후에 유화정책을 변경한다. 영국은 유럽의 세력균형을 통한 안정과 볼셰비즘으로부터 유럽을 지키기 위한 방어막을 위해 독일이 어느 정도 강화되는 것이 필요하다고 생각하는 한편, 경제 위기로 인해 유럽전쟁에 개입하지 않기 위해 독일의 요구를 어느 정도 수용하고자 하여 유화정책을 펴게 되었다.

2 1930년대 미국 대외정책 기조 - 고립주의

1. 배경

제1차 세계대전 이후 미국에서는 반전여론이 지배적이었다. 특히 미국이 막대한 무기를 판매함으로써 이익을 얻는 대신 수많은 사람이 사망하였으며, 미국은 세계의 안전과 번영을 수호하기보다 오히려 독재자에게 안전한 세계를 만드는 데 기여하였고, 경제적으로는 악성부채로 경제적 이익이 침해되었다고 생각하였기 때문이었다. 한편, 미국이 또 다시 유럽전쟁에 참전한다면 경제불황을 극복하기 위한 뉴딜정책이 실패로 돌아갈 것이라고 주장하였다.

2. 중립법의 채택

전쟁혐오증, 유럽전쟁에의 개입 회피, 미국의 행동자유 확보를 위해 1935년부터 1937년 사이 중립법이 통과되었다. 대통령이 전쟁의 존재를 공식적으로 선언한 이후, 모든 교전국가에 대한 미국의 무기금수를 요구한 내용이었다. 교전국에 대한 신용대출도 금지되었고, 스페인 내란에서도 중립을 지켰다. 미국 시민이 교전국 선박으로 여행하는 것도 금지시켰다.

3 동아시아 신질서와 미일갈등

1. 일본의 대동아공영권 구상

1930년대 미일관계는 갈등관계가 지속되었다. 무엇보다 일본이 대동아공영권 구상이라는 기치하에 만주지역에 대한 팽창을 지속함으로써 미국의 문호개방정책과 대립하였다. 일본은 인구 급증, 토지 부족, 외국으로부터의 원료수입 증가 등에 위협을 느껴 원료의 자급자족과 인구·토지문제 해결을 위해 만주를 영유하고자 하였다. 만주 영유를 위해서는 강력한 해군력을 유지할 필요가 있었으므로, 일본은 워싱턴조약과 런던조약을 폐기하였다. 미국은 일본인의 미국 이민을 제한하는 한편, 미국에서는 일본 상품 불매운동이 일어났다. 또한 항공모함을 건조하고 1937년에는 해군 예산도 두 배로 증가시켰다.

2. 중일전쟁과 미국

1937년 중일전쟁이 발발하여 11월 일본군에 의해 상해가 함락되었다. 그러나 루스벨트는 중립법에 기초하여 중국과 무역을 지속하는 한편, 중국에 대한 지원조치를 취하지 않았다. 루스벨트는 1937년 10월 5일 '격리연설(Quarantine Speech)'을 통해 일본의 중국 침략을 비난하였으나, 실제적인 조치는 취하지 않았다.

격리연설(Quarantine Speech)

1937년 10월 5일 미국 대통령 F. 루스벨트가 시카고에서 행한 연설로, 방역(防疫)연설이라고도 한다. 그는 이 연설에서 '국제적 무정부상태'를 조성하고 있는 나라들(독일·이탈리아·일본)은 '격리'되어야 한다는 것과, 미국은 중립주의를 버리고 평화애호국들과 협력하여 침략 행위를 저지하기 위한 집단안전보장에 참가해야 한다는 것을 강조하였다. 국무장관 C. 헐 노트조차 이 연설 내용에 대한 사전통고를 받지 못하였으며, 당시 미국 내에서도 고립주의(孤立主義)가 강한 때였으므로 여론이 좋지 않았다.

3. 미국의 대일 금수조치

1938년 일본이 중국에 대한 지배를 강화하자, 미국은 중국 은을 구입하여 무기 구매에 필요한 달러를 제공하였고, 일본에 대한 항공기 판매를 중지하였다. 항공모함 건조와 항공기를 증가시키기 위한 법안을 만들었으며, 태평양의 여러 섬들을 해군기지로 만들었다. 그럼에도 불구하고 일본의 중국 지배는 약화되지 않았고 오히려 일본은 아시아의 '새로운 질서'를 선언하며 서양제국주의의 축출을 통해 자국 중심의 아시아블럭을 형성하고자 하였다. 이에 대해 미국은 1911년에 체결한 미일무역조약을 폐기하고 경제제재조치를 취하였으나, 루스벨트는 엄격한 무역금지를 원하지 않았다. 미국은 일본과 중국문제로 전쟁할 생각을 가지지 않았기 때문이다.

4 라틴아메리카와 미국의 선린정책(Good Neighbor Policy)

1. 먼로주의의 한계와 선린정책

먼로주의와 루스벨트 추론(Roosevelt Corollary)에 기초한 미국의 미주 대륙에 대한 팽창정책은 제국주의적이었고, 해군력을 통한 위협과 군사점령을 수단으로 하였다. 이러한 제국주의정책의 산물로 군사개입비용이 급증하고 이에 대한 국내비판여론이 증가하였다. 또한 피압박 국가들의 반미 민족주의의 분출로 경제관계의 안정성이 위협받았다. 이로 인해 프랭클린 루스벨트는 먼로주의를 폐기하고 '선린정책'으로 기조를 변경하여 경제적 침투, 차관, 조약, 독재자 지원 등 비군사적 방법으로 개입하였다.

2. 미국과 중남미의 경제관계

선린정책에 따라 미국 기업들은 중남미 국가들에 대한 투자를 증가시켜 미국이 중남미 경제를 상당부분 종속하였고, 결과적으로 중남미 국가들의 정치도 통제하였다. 미국의 투자로 인해 쿠바 경제는 설탕 생산 중심의 단일작물 경제체제(one - crop economy)로 전환되었고, 미국 원유회사들은 베네수엘라 전체 석유 생산량의 절반 이상을 생산하였다. 미국은 중남미지역에서 유럽 국가들, 특히 영국을 제치고 무역과 투자에 있어서 1위로 부상하였다.

3. 미국의 중남미 국가에 대한 개입 사례

(1) 도미니카 공화국

1916년 5월 미국은 도미니카 공화국을 군사점령하였으나 1924년 철수하였다. 다만, 미국은 직접적인 군사통치 대신 친미 인사가 정권을 잡게 하여 영향력을 유지하는 간접개입방식으로 수단을 변경시켰다. 라파엘 레오니다스 트루히요(Rafael Leonidas Trujillo)를 지원하여 1930년 대통령이 되도록 하였다. 독재자였음에도 국내질서를 안정시키고 미국의 군사개입 필요성을 제거하였으므로 지속적으로 지원하였다.

(2) 니카라과

니카라과를 군사통치하던 미국은 친미적인 보수정권이 들어서고 내정 및 경제가 안정되자 1925년 군사통치를 종식시켰으나, 반란세력 산디노(Augusto Sandino)를 제거하기 위해 다시 개입하였다. 미군은 1933년에 국내 여론에 떠밀려 다시 철수하였고, 미국이 창설한 국가보안대를 장악한 아나스타시오 소모사(Anastasio Somoza)가 정권을 잡아 1979년까지 독재하였다. 미국은 소모사와 동맹관계를 유지하였다.

(3) 아이티

아이티는 1915년부터 1934년까지 미국 해병의 통치하에 있었다. 프랭클린 루스벨트의 선린정책하에서 아이티의 경제는 미국에 예속되었고, 해병대에 의한 통치 대신 국가보안대를 창설하고 국가보안대를 통해 영향력을 행사하였다. 후버 대통령은 포브스위원회(Forbes Committee)를 통해 '아이티의 아이티화 정책(Haitianization)'을 실시하여 아이티인들을 보다 책임감 있는 지위로 승격시켜 자신들의 운명에 대해 스스로 자립하도록 하였다.

4. 범미주의

미국의 선린정책으로 라틴아메리카에 대한 미국의 군사적 개입이 약화되었고, 독일과 일본, 이탈리아 등 추축국들은 라틴아메리카 제국과 경제적·정치적 관계를 개선하려는 시도를 하게 되었다. 이에 위협을 느낀 각국들이 유대와 안보적 결속을 강화하게 되었다. 아르헨티나, 우루과이, 브라질 등은 나치에 동조하여 유럽과 유대를 강화하고 미국에 대해 독자적인 노선을 주장하기도 하였으나, 뮌헨 위기 이후 반독감정을 가지게 되었다. 범미주의는 미주 공화국들은 그들을 위협할 수 있는 어떠한 외국의 개입이나 활동에 맞서 저항하기 위해 협력하는 정치노선을 의미하였다.

제8절 | 루스벨트와 제2차 세계대전

1 제2차 세계대전 참전 이전의 미국의 외교

1. 기본입장

1939년 9월 독일이 폴란드를 침공한 때부터 1941년 12월 일본의 진주만 공습이 있을 때까지 제2차 세계대전에 대한 미국의 공식적인 입장은 중립을 유지하는 것이었다. 그러나 루스벨트는 추축국의 침략주의와 유럽 대륙을 제패하려는 히틀러의 야망이 미국의 안보에 심각한 위협이 된다는 판단하에 다양한 경로를 통해 연합국을 지원하였다. 이는 무엇보다 여론과 의회가 고립주의를 주장하여 미국이 도발받지 않은 전쟁에 참전하기를 꺼렸기 때문이었다.

2. 중립법안의 수정

전쟁을 회피하면서도 연합국들에게 가능한 많은 원조를 제공하기 위해 1939년 9월 21일 루스벨트는 중립법의 내용 중 '무기금수조항'을 철회할 것을 요청하여 중립법안이 수정되었다. 한편, 남미 국가들도 중립을 선포하고, 전 해양에 중립지대를 설정하여 독일과 이탈리아 함대의 진입을 차단하였다. 미국 연방의회는 1940년 6월 16일 피트먼 결의안(Pittman Resolution)을 통과시켰다. 이 결의안은 아메리카 대륙의 모든 나라에 대해 미국의 무기와 탄약 판매를 허용함으로써 라틴아메리카의 방위력을 강화한다는 내용이다. 이 결의안에서 연방의회는 미주 대륙의 영토나 재산이 비미주 국가들간에 거래되는 것을 승인하지 않겠다고 독일과 이탈리아에게 밝혔다.

3. 징병제도 채택

1940년 6월 프랑스가 함락되자, 루스벨트는 좀 더 적극적인 조치를 취하기 시작하였다. 이탈리아를 비난하는 한편, 영국에게 군수물자의 원조를 약속하였다. 친영국 인사들로 내각을 개편한 다음, 영국과 협상을 통해 50대의 중고 구축함을 양도해 주었다. 또한 징병 및 훈련 법안(Selective Training and Service Act)을 만들어 미국 역사상 첫 번째 평시 징병제도를 도입하였다.

4. 무기대여법 제정

영국의 처칠은 무기와 탄약의 부족을 호소하면서 더 이상 현금으로 지불할 수 없다고 선언하였다. 이에 대해 미국은 1941년 3월 11일 '미국방위추진법(Act to Promote the Defense of the United States, 일명 무기대여법)'을 제정하였다. 어떤 나라의 방위가 미국의 방위에 긴요하다고 판단되는 경우 그 나라에 군수품을 판매, 이양, 교환, 임대, 대부, 처분할 수 있는 권한을 대통령에게 부여하는 법이었다. 전쟁 종결 시까지 미국은 무기대여 비용에 500억 달러 이상을 지출하였다.

5. 중립법 폐지와 참전

1941년 11월 독일 잠수함 U - 보트가 미국의 구축함 류벤 제임스호를 격침하자 미국은 중립법을 철폐하였고, 대서양에서는 독일 잠수함과 미국 해군과의 긴장이 점차 고조되고 있었다. 루스벨트는 참전을 원하였으나 대부분의 국민들은 미국이 전쟁에 개입하기를 원하지 않았으므로 루스벨트는 개전사유가 발생하기를 기다리고 있었다. 1941년 12월 태평양전쟁이 발발하자 히틀러는 미국이 병력을 태평양지역에 집중시킬 것이라 판단하고 대미 선전포고를 선언하였다. 히틀러의 대미 선전포고는 참전의 구실을 찾던 루스벨트를 도와준 것이다.

2 유럽전쟁과 미국의 대동맹(Grand Alliance)정책

1. 대동맹체제의 형성

미국의 참전 이후 추축국에 대항하는 '대동맹'이 형성되었다. 미국과 영국이 주축이 되었으나, 이후 소련과 중국을 비롯하여 47개국이 참여하였다. 대동맹 형성국가들은 추축국에 대한 완전한 승리를 목표로 모든 군사적·경제적 자원을 사용하고 단독휴전이나 강화를 하지 않기로 하였다.

2. 영국과 미국의 대립

영국과 미국은 '유럽우선전략', 즉 독일을 먼저 패망시키는 것에 대해서는 합의하였으나, 그 방법론을 놓고 대립하였다. 미국은 '적의 심장부를 향해 대량의 군대를 투입하는 것(대군주작전)'이었고 영국은 '주변지역을 돌아서 성공적인 찌르기(주변전략)'를 시도하는 것이었다. 영국은 참호전의 기억과 병력 불충분, 지중해와 발칸에서 소련의 영향력 증대를 우려한 반면, 미국은 영국에 비해 인력과 전쟁물자가 충분하므로 직접 교전이 유리하다고 보고 있었다. 연합작전 초기에는 영국의 주변전략이 채택되었으나, 1943년 이후에는 미국의 대군주작전이 채택되었다. 양국 간 갈등으로 제2전선의 형성이 지연되면서 소련과 영미 간 갈등의 원인을 제공하였다.

3. 대동맹전략과 제2전선(Second Front)문제

대동맹의 중심국인 미국, 영국, 소련 상호 간에는 동유럽의 국경선문제와 서유럽에서 영미연합군의 제2전선 형성시기를 놓고 대립이 있었다. 스탈린은 히틀러에 대한 공격 이전에 동유럽 국경을 보장해 줄 것을 요청하였으나, 영국과 미국은 즉답을 하지 않았다. 한편, 독일이 소련을 공격하자, 소련은 영미연합군이 조기에 독일의 서부 국경에서 전선을 형성해 주길 원하였고, 미국은 이른 시일에 제2전선을 형성하기를 원하였으나 영국의 반대로 지연되었다. 이 문제로 영미 간 그리고 소련과 영미 간 대동맹의 균열을 초래하게 되었다. 한편, 미국은 소련을 지원하면서도 다른 한편으로는 견제했다. 1942년 여름, 독일의 스탈린그라드 공세 중에 미국은 무기대여법에 근거한 군수물자를 소련에 대거 지원하고 이란을 거쳐 소련으로 가는 수송로 확보를 위해 영국과 소련의 이란 점령을 지지하기도 했다. 그러나, 이와 동시에 미국은 소련 견제에도 착수했다. 그래서 1943년 8월 23일 미국과 영국은 독일이 소련군에 의해 함락될 기미가 보이면 즉시 양국 군대를 독일에 투입한다는 데 합의했다. 이것이 암호명 랜긴계획(RANKIN Plan)이었다.

3 태평양전쟁

1. 미일관계의 악화

1937년 이후 일본이 중국 내륙에 깊숙이 침공하자 미국은 거센 항의를 하였으나, 태평양에서 미국의 군사력은 일본에 대항할 만큼 충분하지 않았기 때문에 중국에 직접 개입할 수는 없었다. 또한 교역상대국으로서 중국은 일본에 비해 비중이 크지 않았기 때문에 개입의 이익도 크지 않았다. 다만, 미국은 중국에 중립법을 적용하지 않고 장제스 정권에 대해 군수물자를 제공해 주었다.

2. 일본의 전쟁 확대

일본이 동남아시아로 진격하자 미국과 일본은 충돌하게 되었다. 프랑스와 화란령 식민지들이 무방비상태에서 일본의 식민지로 전락하였고, 일본의 팽창주의자들은 계속 남진을 요구하며 중국에 대한 포위망을 완성하여 이 지역에 '대동아공영권'을 형성하였다. 한편 일본은 미국이 아시아문제에 개입하는 것을 막기 위해 독일과 이탈리아와 함께 삼국동맹을 체결하였다.

3. 미국의 대일경제 제재

삼국동맹의 결성에 대해 미국은 항공연료와 강철 및 모든 금속에 대해 금수조치를 단행하였다. 다만, 일본에 대한 석유 공급은 지속하였는바, 영국에 대한 지원이 최우선정책이었으므로 태평양에서의 무력충돌을 회피하고자 하였기 때문이었다. 양국 간 중국문제를 놓고 협상을 진행하는 도중 일본은 중국의 점령지역에 대한 지배권을 포기하지 않고 팽창을 지속하여 1941년 7월 24일 캄란 만과 남부 인도차이나를 점령하였다. 루스벨트는 미국에 있는 일본인 자산을 동결시켰고, 석유를 포함한 모든 대일무역을 중단시켰다.

4. 일본의 진주만 공격

미국의 석유 수출 금지로, 일본은 미국과의 전쟁과 중국에서의 철수의 갈림길에 서게 되었고, 일본은 전쟁을 선택하게 되었다. 미국의 항복을 기대하기보다는 전쟁을 장기전의 교착상태로 만들어 미국을 협상테이블로 유도하고자 하였던 것이다. 일본은 1941년 12월 7일 진주만을 기습하여 태평양전쟁을 도발하였다. 12월 8일 의회는 전쟁을 선포하였다. 진주만 기습은 현실주의자들의 입지를 강화시켜 고립주의를 종식시켰다.

4 중국에서의 전쟁

1. 루스벨트의 대중국전략

소련의 대일전 참전결정 이전까지 루스벨트는 중국의 군사력을 다소 과대평가하여 중국 군대를 강화하여 중국을 통해 일본 본토에 진격하는 전략을 구사하였다. 그러나 중국의 내란과 장제스의 무능력에 대한 인식, 소련의 대일전 참전을 결정한 이후부터는 대일전에서 중국의 영향력은 감소하였다.

2. 중국 전선과 미국의 지원

루스벨트는 전후 중국이 미국에 우호적인 국가로서 강력하고 통일된 나라를 이루길 바라고 있었다. 전쟁 중 미국은 중국이 미국 군사기지역할을 감당하도록 하기 위해 군사적 여건을 마련해 주고자 하여 1942년 중국 전선 형성을 결정하고 장제스를 총사령관에 임명하는 한편, 조셉 스틸웰(Joseph W. Stilwell)을 단장으로 하는 미국 군사사절단을 파견하여 중국군의 훈련을 지원하였다. 그러나 장제스와 스틸웰의 지휘권에 대한 갈등으로 강력한 중국군을 양성한다는 미국의 목표는 달성되지 못하였다.

3. 미국에 의한 국공합작의 노력

강력한 중국군을 양성하는 전략의 일환으로 미국은 당시 내란으로 대치 중이던 장제스의 국민당과 마오쩌둥과 저우언라이의 공산당을 합작시키려는 노력을 전개하였다. 그러나 장제스는 합작이 아닌 '통합'과 통합된 군대를 자신이 지휘하고자 하는 주장을 굽히지 않았고 결국 국공합작은 별다른 성과를 얻지 못하였다.

5 전시외교와 전후처리 구상

1. 미영 정상회담과 대서양헌장(Atlantic Charter, 1941년)

미국이 유럽전쟁에 참전하기 전 영국이 미국의 지원을 얻기 위한 회담이었다. 루스벨트는 영국에 미국의 구축함 50척과 무기대여원조를 제공하는 한편, 북대서양에서 영국 선박을 미국 해군이 보호해달라는 영국의 요청도 수락하였다. 정상회담 이후 양국은 8개항으로 된 대서양헌장을 채택하였다. 전후처리에 대한 기본원칙을 합의한 것으로서 집단안보, 민족자결주의, 해양자유, 자유무역 등의 원칙을 담고 있었다. 다만, 처칠은 국제연맹의 창설을 원하였으나, 루스벨트는 국내정치를 의식하여 '광범하고 영원한 일반적인 안보체제의 성립'을 지지하였다.

2. 카이로회담(1943년 11월 22일 ~ 11월 26일)

모스크바 3상회의를 통해 미국, 영국, 소련의 정상회담장소가 테헤란으로 정해졌고, 장제스는 테헤란회담 전에 이들과의 회담을 원하였다. 당시 소련은 일본과 불가침조약을 맺고 있었으므로 중국과의 불편한 관계를 고려하여 카이로회담에는 참석하지 않았다. 루스벨트, 처칠, 장제스는 전후 아시아문제를 논의하였다. 12월 1일 발표된 카이로선언은 일본이 탈취·점령한 태평양상의 모든 도서를 박탈하고, 만주, 타이완, 펑후열도 등 일본이 중국으로부터 탈취한 영토를 중국에 반환하며 한국은 '정당한 절차를 거쳐서(in due course)' 독립하게 될 것이라고 밝혔다. 이를 위해 3국은 일본이 무조건 항복할 때까지 전쟁을 계속하기로 하였다.

3. 테헤란회담(1943년 11월 28일 ~ 12월 1일)

(1) 독일공격작전

테헤란회담에서 루스벨트와 처칠, 스탈린은 우선, 독일에 대한 미영연합군의 작전을 영국이 주장한 주변지역전략 대신 대군주전략으로 결정하였다. 영국은 소련군의 영향력 확장을 저지하기 위해 발칸반도를 통해 독일로 진격하길 원하였으나, 미국과 소련은 서유럽 노르망디에 직접 상륙하여 진격하는 작전을 지지하였다.

(2) 국제기구 구상

루스벨트는 평화의 위협을 즉각적으로 다룰 수 있는 4대 강국들이 지배하는 국제기구를 창설하고자 하였다. 그러나 소련은 중국이 4대 강국의 지위를 부여받는 것에 반대하였다. 프랑스가 전후 세계에서 중요한 나라로 취급되지 않아야 한다는 점에 동의하였다. 소련은 미래의 국제연합기구가 범세계적 기구의 성격을 가져야 한다고 주장하였다.

(3) 독일문제

루스벨트는 독일을 5개 국가와 2개의 국제적 통치영역으로 나누고자 하였다. 독일의 완전한 해체를 의미하는 이 제안에 스탈린은 동의하였다. 유럽에서 패권국이 될 것으로 생각하였기 때문이다. 한편, 처칠은 독일의 고립과 영토 축소에는 동의하되, 남부독일은 다뉴브의 국가연합체에 속해야 한다고 생각하였다.

(4) 폴란드문제

폴란드의 동부 국경과 서부 국경을 정하는 문제는 독일을 어느 정도 축소시키고, 소련을 어느 정도 강화시킬 것인지의 문제였다. 처칠은 폴란드의 국경선을 독일지역을 합병한 서부 국경선쪽으로 보다 많이 이동할 것을 제안하였다. 루스벨트 역시 폴란드의 동부 국경선이 서쪽으로 더욱 향하는 대신 서부 국경선이 오데르강까지 확장되는 것에 동의하였다. 다만, 1944년 대통령 선거를 의식하여 폴란드 국경문제의 획정에 공개적으로 참여하지는 않을 것이라고 말하였다.

(5) 소련의 대일전 참전

스탈린은 독일 패전 후 대일전에 소련이 참전할 것임을 재확인해 주었다.

4. 브레튼우즈회담(1944년 7월 1일 ~ 22일)

이 회담의 목표는 전후 각국의 통화안정을 도모하여 무역의 부진을 방지하고, 전후 부흥개발에 대한 국제투자에 질서를 부여하는 등 세계평화에 기여하는 경제적 기초를 확립하는 것이었다. 영국의 제의로 국제부흥개발은행과 국제통화기금을 수립하기로 합의하였다. 미국은 양 기구에서 투표권의 3분의 1을 가지는 지배세력이 되었다. 소련은 미국의 지배에 반발하여 두 기구에 참가하지 않았다.

5. 덤바튼오크스회담(1944년 8월 21일 ~ 10월 7일)

전후 국제안보기구에 대한 구체적인 토론을 위한 회담이었다. 10월 9일 발표된 '일반국제기구의 설립에 관한 제안(덤바튼오크스제안)'은 UN의 목적, 주요 조직, 안전보장이사회의 구성 등을 담고 있었다. 미국, 중국(미국의 지지), 프랑스(영국의 지지), 영국, 소련이 상임이사국으로 결정되었고 거부권을 부여하기로 하였다. 다만, 상임이사국의 거부권의 범위와 소비에트연방구성국(소련) 16개국 모두에게 투표권을 부여할 것인가의 문제는 타결되지 못하였다. 얄타회담에서 거부권은 주요문제에 대해서만 인정되고, 소련에게는 3개의 회원권을 부여하는 타협이 이루어졌다.

6. 모겐소 플랜(Morgenshau plan)

미국의 전후 독일에 대한 구상은 이른바 '건설적 정책'과 '교정적 정책'이 대립하고 있었다. 전자는 독일 부흥과 유럽 경제와의 통합에 초점을, 후자는 독일 공업의 엄격한 제한, 대규모 배상 등에 초점을 맞추고 있었다. 재무장관 헨리 모겐소는 교정적 정책에 기초한 모겐소 플랜을 만들어 루스벨트와 처칠의 동의를 얻었다. 처칠은 차관을 공여받기 위해 동의는 하였으나, 독일의 무력화정책이 중부 유럽에서 힘의 공백을 야기하여 소련의 진출을 불러 올 것이라고 우려하였다. 1945년 최종 확정된 미국의 대독일정책을 담은 합동참모본부훈령 제1067호(JCS/1067)도 모겐소 플랜에 기초하여 독일 내 나치세력 제거, 비무장화, 철강공업과 화학공업의 해체, 통제경제, 제한된 경제부흥 등을 담고 있었으나, 트루먼 취임 이후 보류되었다.

6 얄타회담

1. 의의

1945년 들어서 연합국의 승리가 가까워짐에 따라 미국, 영국, 소련 3국은 1945년 2월 4일부터 11일까지 회담을 가지고 추축국과의 전쟁 및 전후 국제문제 해결에 관한 주요 결정을 내렸다. 이를 '얄타체제'라 한다.

2. 당사국의 입장

영국은 프랑스에게 줄 독일의 점령지역을 얻고, 소련의 폴란드에 대한 일방적인 지배를 저지하고, 대영제국에 대한 보호를 추구하였다. 소련은 전쟁으로 폐허가 된 소련 경제를 부흥시킬 배상금, 아시아에서의 국익의 증대, 폴란드에 대한 소련의 지배권 인정, 독일의 약화를 위해 회담에 참여하였다. 한편, 미국은 UN을 미국의 영향력 하에 두고, 소련을 대일전에 참전시키며, 폴란드에서 공산주의세력을 감소시키고, 중국을 강대국의 대열로 끌어올리고자 하였다.

3. 폴란드문제

폴란드문제는 폴란드 정부의 수립문제와 국경선 획정문제가 쟁점이었다. 미국과 영국은 친서방적인 런던 임시정부, 친소적인 루블린 임시정부, 폴란드 내부의 정당 대표를 구성하여 자유선거를 통한 임시정부의 창설을 주장하였다. 그러나 소련은 폴란드 내의 현 친소 임시정부를 통한 정부 수립을 주장하였다. 소련이 동부전선에 지배권을 가지고 있었고, 소련의 대일전 참전이 절박하였던 미국이 소련에 양보할 수밖에 없었다. 한편, 소련과 폴란드의 국경은 소련의 주장대로 커즌(Curzon)선으로 획정되었으나, 독일과 폴란드 국경은 합의되지 못하였다. 소련은 폴란드를 점령한 이후 일방적으로 나이저(Neisser)강을 국경으로 획정하였다.

4. 전후의 독일체제

영국은 미국과 소련의 독일 해체안을 받아들였다. 대신 프랑스도 연합국의 일원으로 점령지역을 할양받는 조건으로, 미래에 독일이 공격하는 경우 영국의 부담을 줄이기 위해 프랑스가 군사적으로 강해져야 한다고 생각하였기 때문이다. 게다가 미국이 독일을 단기간 점령할 것으로 예상하였기 때문에 프랑스 강화는 더욱 절실한 문제였다. 한편, 독일의 배상금은 배상위원회(Reparations Commission)를 통해 협의하기로 하였다. 소련은 200억 달러의 배상금을 요구하였다.

5. 전후 국제안보기구와 신탁통치

루스벨트는 국제연맹 산하의 위탁받은 영토, 제2차 세계대전 중 적으로부터 빼앗은 영토, 자발적으로 국제신탁통치 밑에 놓인 영토들은 새로운 국제기구가 통제력을 행사하는 영토의 형태안에 포함되어야 한다고 생각하였으나, 처칠은 대영제국의 해체를 우려하여 반대하였다. 한편, 소련은 총회에서 3개의 투표권을 가지는 것과 절차문제에 대해서는 거부권을 행사하지 않는 것이 합의되었다.

6. 소련의 대일전 참전협상

스탈린은 소련이 독일의 항복 후 2~3개월 내에 대일전에 참전할 것을 약속하였고 장제스 국민당 정부와 우호동맹조약을 체결하여 국민당 정부를 중국의 합법적인 정부로 인정할 것을 약속하였다. 소련은 대일전 참전 대가로 러일전쟁에서 러시아가 상실한 영토 및 제권리를 환부받기로 하였다. 일본의 쿠릴열도의 할양, 외몽고에 대한 소련의 지배, 사할린 섬 남부의 소련에의 반환, 다롄항의 '국제화', 소련의 뤼순항 조차, 동만주·남만주 철도의 중소 간 공동운영을 의미하는 것이었다.

7 포츠담회담

포츠담회담에서 미국의 전후 독일정책은 모겐소 플랜과 JCS/1067로부터 재건정책으로 전환되었다. 독일의 해체와 거액의 배상금을 반대하고 전후 독일을 재부흥시키고자 하였다. 대소강경파인 트루먼은 독일을 재건하여 소련에 대항하게 하고자 하였기 때문이었다. 최종적으로 독일은 4개의 구역으로 분할되어 군정장관에 의해 통치하고, 단일 경제체제를 유지하며, 교통·석탄·농업·공공설비산업들을 원상회복시키기로 하였다. 거액의 배상금 대신 점령지역으로부터 배상을 받도록 하는 대신 소련은 다른 3개 구역에 식량을 제공하기로 하였다. 폴란드 서부 국경은 오데르 - 나이세 선으로 정하여 독일 영토에 대한 폴란드의 잠식을 허용하였다. 소련은 이탈리아를 UN 회원국으로 받아들이는 데 동의해 주었다. 소련의 대일전 참전이 재확인되었고, 영국과 미국은 일본의 무조건 항복을 요구하였다.

01 괄호 안에 들어갈 알맞은 말은?

2011년 외무영사직

( )는 1차 세계대전 이후 미국을 중심으로 동아시아 및 태평양문제를 해결하기 위해 이루어졌던 모든 조약체제를 이르는 명칭으로 주로 해군의 군축문제를 다루고 있다.

① 워싱턴체제
② 로카르노체제
③ 베르사유체제
④ 켈로그 - 브리앙체제

미국 외교사

워싱턴체제는 미국이 자국 중심 동아시아질서를 형성한 것이다. 해군군축문제, 태평양의 현상유지문제, 중국문제 등이 주로 다루어졌다.

선지분석

② 로카르노체제는 1925년 유럽의 주요국들이 국경의 현상유지와 분쟁의 평화적 해결에 합의한 체제이다. 프랑스와 독일의 갈등을 일시적으로 봉합함으로써 1920년대 후반 유럽질서를 안정화시킨 것으로 평가된다.

③ 제1차 세계대전 이후 독일 및 연합국이 체결한 강화조약이 베르사유조약이며, 동 조약에 의해 형성된 질서를 베르사유체제라고 한다. 독일의 군사 및 영토문제를 다룸과 동시에 '집단안전보장'이라고 하는 새로운 안보제도를 창안하였다.

④ 켈로그 - 브리앙체제(조약)는 1928년에 체결된 '부전조약'을 의미한다. 미국을 비롯한 주요국들이 국가정책목표 달성수단으로서 전쟁을 포기하고, 분쟁을 평화적으로 해결할 것에 합의하였다.

답 ①

02 미국의 외교정책 기조와 이에 대한 설명이 짝지어진 것으로 옳지 않은 것은?

2011년 외무영사직

① 먼로(Monroe) 독트린: 미국은 중남미국가에 대한 유럽국가의 개입을 미국에 대한 직접적인 위협으로 간주할 것이다.

② 트루먼(Truman) 독트린: 미국은 무장한(armed) 소수나 외부의 압력에 의한 압제에 저항하고 있는 자유시민(free people)을 적극 지원할 것이다.

③ 레이건(Reagon) 독트린: 미국은 소련 공산주의 위협에 대처하기 위하여 봉쇄(containment)정책을 구사할 것이다.

④ 닉슨(Nixon) 독트린: 미국은 아시아 제국(諸國)과의 조약을 지키겠지만, 핵에 의한 위협의 경우를 제외하고 내란이나 침략의 위협에는 아시아 각국이 스스로 대처하여야 할 것이다.

미국 외교정책

봉쇄정책은 트루먼 독트린이라고 한다. 레이건 독트린은 보통 아래 5가지 내용과 공산주의 국가를 민주화하기 위한 개입으로 요약된다.

첫째, 힘이 없이는 평화도 없다.
둘째, 냉전은 도덕적 싸움이다.
셋째, 상호확증파괴는 국가안보전략으로 적합하지 않으므로 미사일 방어를 추구해야 한다.
넷째, 초강대국 간에는 핵무기를 줄이는 정도가 아니라 아예 없애는 방향으로 협상을 끌고 가야 한다.
다섯째, 초강대국 간에는 상호 간 불신을 줄이고 단순한 데탕트가 아니라 지속적인 평화체계를 이룩해야만 한다.

답 ③

03 미국 외교정책의 특징인 고립주의와 국제주의에 관한 설명으로 옳은 것은?

① 미국 의회의 국제연맹 가입 비준 거부는 고립주의 전통에 기인한 것이다.

② 먼로 독트린은 중남미에 대한 미국의 영향력 확대를 추구한 국제주의의 사례이다.

③ 선제공격의 가능성을 표명한 부시 독트린은 국제여론을 무시한 고립주의의 사례이다.

④ 트루먼 독트린은 소련과의 관계를 단절하고자 하는 내용으로서 고립주의에 바탕을 둔 것이다.

미국 외교정책

미국 의회의 국제연맹 가입 비준 거부는 국제주의가 아니라 고립주의 전통에 기인한 것이다.

선지분석

② 먼로 독트린이란 미국 제5대 대통령 제임스 먼로(James Monroe)가 1823년 12월 2일 의회 국정연설에서 남북 아메리카에 대한 유럽의 간섭을 거부하는 상호 불간섭원칙을 선언한 것이다. 먼로 독트린은 흔히 제국주의적 팽창주의나 개입·간섭주의에 대비되는 고립주의의 전형처럼 알려져 있지만 실은 적극적인 팽창·개입주의와 표리일체를 이루고 있는 측면도 있다. 먼로 독트린은 나폴레옹전쟁 직후인 1814 ~ 15년에 성립된 유럽의 빈체제에 대한 대항 이데올로기적 성격을 갖고 있었다. 빈체제는 프랑스혁명으로 해체 위기에 직면한 전통적 군주체제를 복원하고 옛 영토와 지배자, 옛 질서를 되살리려는 보수·복고체제였다. 먼로주의는 스페인 등의 쇠퇴로 촉발된 중남미 식민지들의 유럽 이탈 움직임에 대한 유럽의 간섭 및 알래스카를 지배하고 있던 러시아의 남하정책에 대처하면서 아메리카 대륙에 대한 미국의 독점적 우월권을 선포한 것이었다. 즉, 자신이 열세였던 유럽에 대해서는 고립주의를 내건 간섭 배제를, 상대적으로 우월한 남북 아메리카 등 비유럽권에는 강력한 개입·팽창정책을 추구하였다. 미국이 고립주의에서 벗어나기 시작한 것은 1898년 미국 - 스페인 전쟁이고 결정적인 전환은 1941년 일본의 하와이 진주만 기습 이후로 알려져 있다. 이렇듯 먼로 독트린은 고립주의와 더불어 국제주의적 성격을 함께 갖고 있지만, 그렇다고 하여 이를 보기와 같이 국제주의의 사례라고 단정짓는다면 옳지 못한 진술이 될 것이다.

③ 선제공격의 가능성을 표명한 부시 독트린을 고립주의의 사례라고 볼 수는 없다.

④ 트루먼 독트린은 공산주의 세력의 확대를 저지하기 위하여 자유와 독립의 유지에 노력하며, 소수자의 정부 지배를 거부하는 의사를 가진 여러 나라에 대하여 군사적·경제적 원조를 제공한다는 것이었다. 이 원칙에 입각하여 당시 공산세력으로 인하여 직접적인 위협에 직면하고 있던 그리스와 터키의 반공 정부에 대하여 미국의 경제적·군사적 원조가 제공되었다. 즉, 국제주의의 사례이다.

답 ①

---

04 미국의 전통적인 외교정책 원칙의 하나인 고립주의(isolationism)에 대한 설명으로 옳지 않은 것은?

① 먼로 독트린은 유럽에 대해서 고립주의를, 미주 대륙에 대해서는 패권적 개입주의를 의미했다.

② 미국은 중립법을 만들어 외국의 분쟁에 연루되지 않으려 하였다.

③ 고립주의는 부패한 유럽과 달리 미국이 순결한 '미국의 혼'을 가진다는 예외주의와 긴밀히 연관된다.

④ 19세기 동안 미국은 고립주의를 외교정책의 원칙으로 채택해 자유주의적 개입주의 정책을 수립하지 않았다.

미국 외교정책

자유주의적 개입주의정책이란 국제문제에 개입하면서도 그 수단으로 다자제도나 다자회의를 활용하는 것이다. 19세기 후반 미국의 문호개방선언(정책)은 동아시아에 대한 개입정책이며, 군사력을 수단으로 하지 않고 외교적 접근을 지향하였다는 점에서 자유주의적 개입주의 정책으로 볼 수 있다.

선지분석

③ 미국 예외주의는 고립주의로 발현될 수도 있고, 개입주의로 발현될 수도 있다. 미국이 상대적 약소국의 시기에는 예외주의는 고립주의전략으로 발현되어 내치에 주력하게 된다.

답 ④

328 해커스공무원 학원·인강 gosi.Hackers.com

부록

외교사 연표

외교사 연표

○ 1648. 웨스트팔리아조약
- 유럽 근대국가체계의 시작
- 근대 주권자적 군주의 종교결정권을 인정
- 로마법왕 권한의 제한
- 프로테스탄트세력의 등장
- 주로 프랑스의 리슐리에(Rechelieu)의 업적

비엔나회의

○ 1814.5.30. 제1차 파리평화조약
- 프랑스 패배 이후 처리를 위한 비엔나회의 개최를 규정
- 프랑스 국경은 1792년 당시로 결정
- 스위스의 중립화
- 루이 18세를 프랑스 국왕으로 내정
- 나폴레옹을 엘바 섬으로 추방

○ 1814.6.4. 프랑스 헌법전 제정

○ 1814.3. 쇼몽(Chaumont)조약
영국·러시아·오스트리아·프로이센 4국의 대프랑스방위 동맹조약

○ 1813.2. 칼리쉬(Kalisch)조약
색스니는 프로이센이 차지하고 폴란드의 대부분은 러시아가 차지하기로 비엔나회의 전에 약속

○ 1814.9. ~ 1815.6.9. 비엔나회의
- 러시아가 폴란드 대부분을 차지하고 프로이센은 색스니의 5분의 2를 차지함
- 독일 연방(German Confederation)을 39개의 단위체(34 주권국 + 4자유국 + 오스트리아)로 구성하여 결성
- 영국 왕이 하노버의 왕을 겸임하도록 결정
- 영국, 몰타와 이오니아군도를 획득
- 네덜란드, 오스트리아로부터 벨기에를 획득
- 오스트리아, 베네치아와 롬바르디아를 획득
- 사르디니아, 제노아를 합병
- 스위스를 8개국의 보장하에 영세중립국화
- 덴마크, 노르웨이를 스웨덴에 넘겨주고 대신 스웨덴으로부터 재정지원형식으로 보상을 받고 또한 포메라니아도 획득

○ 덴마크는 라우엔부르크(Lauenburg) 공국을 받고 프로이센에 양도

○ 1815.6. 워털루전투
나폴레옹의 100일천하 종식

○ 1815.11.20. 제2차 파리조약
- 프랑스 국경을 1790년 당시로 후퇴시키기로 결정하고 프랑스에 배상금 부과
- 나폴레옹을 세인트헬레나에 귀향보냄

○ 1815.1.3. 영국·오스트리아·프랑스의 동맹
- 칼리쉬조약 문제를 둘러싸고 프로이센과 러시아의 대립과정에서 일시적으로 형성
- 전쟁 발발 시 각각 15만 명씩 동원하기로 결정

○ 1815.11. 신성동맹(Holy Alliance)
- 러시아의 유럽 지배수단
- 영국·터키·로마 법왕은 불참

유럽협조체제

○ 1815. 4국동맹 대프랑스 견제적 성격
- 프랑스가 유럽의 평화를 위협하면 영국·오스트리아·프로이센·러시아가 각각 6만 명씩 동원하고 이것으로 부족하면 병력을 더욱 증강하기로 결정
- 나폴레옹 퇴위 확인
- 세계평화를 위해 장차 사태가 발생하면 회의를 가지기로 규정하여 유럽협조체제(Concert of Europe) 형성

○ 1818.10.9. 엑스라샤펠(Aix-la-Chapelle)조약
- 유럽협조체제의 첫 작동
- 궁극적인 나폴레옹전쟁의 종결
- 프랑스의 동등권 인정
- 외교제도에 큰 공헌

○ 1818.11.1. 4국동맹 갱신
엑스 라 샤펠(Aix-la-Chapelle)조약에도 불구하고 프랑스에 대한 두려움이 상존함을 보여주는 예

1819.3.23. 칼스반트(Carlsband)칙령
독일 연방에서의 질서유지를 위해 정치적 자유를 제한

1820. 비엔나결의
독일 연방이 일정한 경우에 회원국의 내정에 간섭 가능

1820.7. 나폴리 왕국(Naples)의 헌법 수여
당시 자유주의 요구가 강하여 페르디난드왕이 마지못해 한 것

1820.10. ~ 12. 트로파우(Troppau)회의, 라이비하 (Laibach)회의
두 회의를 통하여 오스트리아가 나폴리의 질서를 회복시키도록 위임받음

1821.2.
오스트리아가 나폴리에 진주 헌법을 취소시키고 나폴리왕의 권한을 회복시킴

1821.3. 투린(Turin)반란
투린: 당시 사르디니아의 한 도시

1821.4.
• 오스트리아가 사르디니아를 지원하여 반란을 진압
• 이를 전후하여 빅토르 엠마누엘 1세가 물러나고 카를레스 알베르토가 섭정으로 등장

1820.1. 스페인반란
스페인 왕인 페르디난드 7세에 헌법을 부여하라고 요구

1822.7.
스페인 우파가 쿠데타에 실패한 후 북부에 세력권 형성

1821.10. 프랑스에 빌레르(Villele)가 등장
빌레르: 리슐리에(Richelieu)의 후임으로 매우 반동적인 인물

1822.10. 베로나(Verona)회의
• 스페인 왕의 전권을 회복시키는 작업을 행할 국가를 선정하기 위한 모임
• 결국은 프랑스가 간섭하기로 결정, 영국은 이에 적극 반대, 그 결과로 Concert of Europe(유럽협조체제)이 처음으로 붕괴

1823.
프랑스가 스페인에 진주하여 목적을 쉽게 달성하고 곧 철수

1819.
미국, 스페인으로부터 플로리다 구매

1816.
러시아, 보데가만(당시 스페인령)에 상업기지 구축

1821.9. 러시아 황제칙령 반포
• 알래스카 연안지역으로부터 100마일 이내의 지역에서의 외국인의 무역과 어업을 금지하는 내용
• 러시아가 미주에서의 남하 의욕을 보이기 시작하는 것이라고 볼 수 있었음

1822.4.
미국, 중남미지역 독립 승인

1823.
미국, 중남미 제국에 대해 공화국 형태를 고수할 것을 촉구

1823.12.2. 먼로선언
러시아와 프랑스를 견제하려는 영국의 정책과 미국의 이해관계가 부합되었기 때문에 미국이 단독으로 선언할 수 있었음

1830년 혁명

1825.12. 러시아, 알렉산더 1세 사망
이후 니콜라이 1세가 등장하여 전제정치 시작

1824. 프랑스, 샤를 10세 등장
보수정치를 시행하여 언론 및 정치적 자유를 제한, 의회 해산

1830.7. 프랑스, 알제리 병합
• 프랑스의 제국주의정책의 시작
• 7월혁명 1주일 전에 완결
• 국내문제를 국외로 돌리려는 전형적인 정치스타일로 볼 수 있음

1830.7. 프랑스 7월혁명
• 루이 필립 등장
• 민주적인 부르주아혁명에 의해 왕위에 오름

1833. 영국 선거법 개정
• 유권자 수를 43만 명에서 60만 명으로 늘림
• 7월혁명의 영향으로 나타난 현상

벨기에 독립

1830.8.25. 브뤼셀폭동
초기에는 자치, 불평등 해소 등을 요구하는 비교적 온건한 성격

1830.10. 임시정부가 독립을 선언

1830.11. 제헌의회가 입헌군주주의를 선포

1830.8. 루이 필립의 벨기에 사태에 대한 성명
프랑스, 벨기에 독립을 지원하기 위해 간섭하지 않겠으나 타국이 이를 진압하기 위해 간섭하는 것도 용납하지 않겠다는 의도를 천명

1831.1.21. 런던의정서
- 벨기에의 영세중립을 보장
- 새로운 벨기에 왕은 유럽 강대국 왕실 출신이 아니어야 함을 선언

1831.1.27. 런던회의에서 국경을 결정
- 림부르크와 룩셈부르크는 제외
- 이후에 벨기에인들의 반대로 인해 각각 2분의 1, 5분의 3을 포함

1831.2.3. 벨기에 의회
- 루이 필립의 아들인 느무르(duc de Nemows)를 왕에 추대하기로 결의
- 그러나 영국의 파머스턴의 압력으로 프랑스가 이를 거절
- 1830.11. 웰링턴 내각이 붕괴하고 그레이 내각이 등장하여 파머스턴이 외무장관직을 맡았고 프랑스에 전쟁위협까지 하여 위 제의를 거부하도록 한 것임

1831.8. 네덜란드가 런던결정을 반대하여 무력에 호소
결국은 영국과 프랑스의 압력에 의해 네덜란드는 포기

1839. 네덜란드가 정식으로 벨기에 독립을 인정
- 벨기에 독립의 국제정치사적 의의는 열강이 합의해서 세운 규칙을 열강이 합의해서 개정한 것임
- 베로나회의에서 깨진 유럽협조체제가 여기서 부활하였다고 볼 수 있음

폴란드 반란

1830.11. 폴란드군 반란
- 러시아 총독 철수
- 임시정부 수립
- 1792년 국경과 1815년 헌법의 회복을 요구

1831.1.25. 폴란드 의회가 독립을 선언

1831.8. 프랑스 의회의 동정결의
- 외교의 어설픈 면이라고 볼 수 있음
- 즉, 실질적인 도움을 주는 것도 아니면서 공연히 러시아의 반감만 사게 됨

1831.9. 러시아군, 폴란드에 진주

지중해문제

1699. 카롤로비츠(Carlowitz)조약
오토만(Ottoman)이 최초로 패전한 조약

1774. 쿠츄크카이나르디(Kutchuk Kainar-dji)조약
- 러시아, 크리미아반도 획득
- 상선의 흑해 통항권, 콘스탄티노플에 교회 설립보호권, 몰다비아·왈라키아 지사 임명 시 동의권 획득

그리스 독립

1814. 비밀결사(Hetairia Philike) 형성
카포이스트리아가 알렉산더 1세의 지원을 받고 오뎃사에서 결성

1821.
알렉산더 입실란티가 몰다비아와 모레아에서 혁명을 일으켰으나, 모레아에서만 성공

1821.7.
- 알렉산더 1세(러시아)가 터키에 최후통첩에 준하는 압력
- 터키가 거부하였으나 영국과 오스트리아의 태도로 러시아가 수그러들었음

1822.1.13.
모레아에서 독립선언

1823.3.25.
켄닝은 그리스를 승인하고 지지

1824.1.
- 알렉산더 1세, 터키 주권하에 3개의 그리스 공국을 건설할 것을 제의
- 그러나 모든 관계국이 반대

1825.
이집트의 이브라힘이 그리스에 원정

1826.3.
- 니콜라이 1세가 터키에 최후통첩
- 몰다비아 · 왈라키아에 대한 간섭권 회복을 요구

1826.4. 영 · 러의정서
터키 종주권하의 그리스 자치로 양국이 문제 해결을 중재하자는 것

1826.10.7. 악케르만조약(러시아-터키)
러시아의 동의를 얻어서 몰다비아 · 왈라키아 양 공국의 통치자를 임명

1827.7.6. 런던조약
프랑스, 영러의정서에 참가

1828.4.26.
러시아, 터키에 선전포고

1829.3.22. 런던의정서(프랑스 · 영국 · 러시아)
- 러시아, 아르메니아 일부 및 카스피아에 해군기지와 상업권 획득
- 그리스 국경이 확정되고 그리스는 터키에 조공

1829.8.20.
러시아, 아드리아노플 점령

1829.9.14. 아드리아노플조약
- 러시아가 몰다비아 · 왈라키아를 잠정 점령, 상선의 해협 통항권, 교역권 획득
- 그리스는 런던의정서에 의해서 해결되도록 규정

1830.2.3. 런던의정서
그리스의 완전독립을 승인

1832.3.
바바리아의 오토(Otto)가 왕에 즉위

이집트문제

1832.12. 이집트군, 코니아 점령
- 모하메트 알리가 터키를 도와서 그리스 독립운동 진압에 참전할 때 모리아와 크레타의 획득을 약속받았으나 그리스 독립 후 모리아 획득이 어려워지자 대신 알리가 시리아를 요구하고 나오게 되어 이집트와 터키 양국 간에 문제가 발생하게 됨
- 코니아: 콘스탄티노플 진출을 위한 전략적 요충지

1833.3. 러시아 함대, 보스포러스 해협에 출현
러시아, 터키가 더 이상 약해지는 것은 원하지 않기 때문에 술탄의 보호자로 자처하면서 오토만 터키를 지지하며 나섬

1833.4.8. 쿠타비아(Kutahia)협정
- 이집트와 터키 간 협정
- 시리아와 아다나를 이집트에 양도
- 쿠타비아협정과 영국 · 프랑스의 동부 지중해에서의 함대 시위로 러시아 함대 철수

1833.7.8. 웅키아르스켈레시조약
- 터키에 대한 제3자의 공격이 있을 때 러시아가 무상원조
- 대신 터키는 러시아가 전쟁 중일 때는 해협을 봉쇄
- 웅키아르스켈레시조약이 상정하고 있는 바는 러시아가 해협에 대해 추구하는 최상의 상태라고 볼 수 있음

1833.9.18. 뮌헨그래츠협정
- 오스트리아 · 러시아 간의 상호 협조(Quid pro quo)
- 러시아는 중유럽에서 오스트리아의 정책을 지지하고, 오스트리아는 오토만에서 러시아의 정책을 지지

1835.9. 테프리츠(Teplitz)회의
테프리츠회의 이후 메테르니히는 상기 협정에 의한 러시아 지지에 미온적 태도를 보이기 시작

1838.8. 영국 · 터키 통상조약
- 영국의 지연작전이 성공하여 웅키아르스켈레시조약에 규정된 러시아의 특권을 잠식
- 관세율을 3%로 결정

1839.
- 영국이 터키의 해군훈련을 위임받음
- 단, 터키의 육군훈련은 프로이센이 담당

1839.4.
- 오토만의 마흐무트 2세가 쿠타비아조약을 거부하고 다시 전쟁에 호소
- 그러나 다시 터키가 연전연패
- 마흐무트 2세 사망
- 터키의 해군제독은 이집트에 투항

1839.7.27.
- 열강의 터키에 대한 공동각서
- 열강들에 의해 문제를 해결하도록 촉구

1840.2. 프랑스, 티에르 등장
- 초강경파인 티에르가 등장함으로써 1832년 당시의 프랑스 정책과는 달리 불이 매우 강력하게 터키문제에 대처하려는 자세를 보이게 됨
- 따라서 영국과 프랑스가 위와 같이 공동각서에 합의하였음에도 불구하고 시리아 처리문제에 관해 의견이 상이하여 서로 대립하게 되자 러시아는 지나치게 밀접한 영불관계를 이 기회에 붕괴시킬 수도 있으리라 생각하여 뒤로 물러나서 영국이 이 사태에 주도권을 잡아서 프랑스에 반대하도록 방치함

1840.7.15. 런던의정서
- 이집트, 남시리아와 자국에서 지배 상속권을 가짐
- 그러나 크레타, 아라비아 획득지는 포기함
- 10일 내에 이에 대한 회답이 없으면 남시리아 제의를 철회, 또 10일 후까지도 회답이 없으면 사후문제는 전적으로 술탄의 처리에 맡기겠다는 최후통첩
- 이는 프랑스를 제외하고 영국과 러시아가 합의한 것이었기 때문에 이집트는 불이 강력하게 나와줄 것을 기대하고 이를 거부함

1840.9. 영국, 베이루트 포격
프랑스가 런던결정에 대해 강력히 반발하는 태도를 보이고 이집트도 이를 거부하자 영국이 실력을 보인 것

1840.10.20. 루이 필립, 티에르를 해임
- 프랑스의 반대는 말로만 그치는 정도였고 아브라힘도 시리아에서 후퇴
- 이것은 파아머스턴의 완전한 승리를 의미함

1841.7.13. 런던해협협정
- 이 사태를 둘러싸고는 영국 · 프랑스이 대립하였으나 웅키아르스켈레시에서의 러시아의 특권을 종식시키기 위해서는 프랑스의 도움이 필요하였기 때문에 영국은 다시 프랑스를 유럽협조체제에 끌어들여 이 협정을 체결한 것
- 평화 시에는 모든 국가의 군함의 해협 통과 불가
- 터키가 전시인 경우에는 터키의 사정에 따라 결정(즉, 터키의 동맹국 군함은 통항이 가능할 수도 있다는 것)
- 파아머스턴 외교의 완전 승리

영국 – 프랑스 이베리아반도

1833.9. 스페인, 페르디난드 사망
왕후 크리스티나가 무남독녀인 이사벨라를 여왕으로 추대하기 위해 전통적 왕위 계승법인 Salic Law를 폐지하여 페르디난드의 동생인 돈 카롤로스와 대립

1833.
왕후 크리스티나가 진보주의자들을 규합하고 섭정으로 등장

1834. ~ 1837. 카를리스트전쟁(Carlist War)
돈카를로스와 크리스티나 간의 전쟁

1826. 포르투갈의 후안 왕 사망
- 법정 계승자인 브라질의 돈페드르(나폴레옹전쟁 시 포르투갈 왕가는 브라질에 피신하였다가 1820년에 후안 대공은 귀국하고 돈페드로는 그곳에 잔류하였음)가 동생 미구엘을 섭정으로 하여 딸 마리아를 왕으로 봉하고 영국식 입헌군주제 헌법을 부여
- 그러나 미구엘은 직접정치를 노리고 전쟁을 일으킴

1833. 마리아가 왕권을 회복

1834.4.24. 4국 상호협력조약
- 영국 · 프랑스, 이러한 과정에서 이들 입헌군주주의 두 여왕정부, 즉 자유주의적 성격의 당파를 일관성 있게 지지
- 이러한 관계를 배경으로 영국 · 프랑스 · 스페인 · 포르투갈의 4국협정이 성립
- 이 조약은 뮌헨그래츠협정과 대립되는 성격, 즉 자유주의적인 서부 유럽과 보수주의적인 동부의 분열현상이 드러난 것이라고 볼 수 있음

1840. 프랑스에 기조 등장

1840. 영국, 빅토리아 여왕 즉위(~1901)

- 1841. 영국, 제2차 필 내각
  - 애버딘 외무장관
  - 기조와 애버딘 간에 이사벨라와 그녀의 동생 Infanta Luisa의 결혼문제를 둘러싸고 대립

- 1846.6. 파아머스턴 재등장
  - 프랑스가 스페인 내정에 간섭하고 있다고 비난하면서 결혼문제를 더욱 강력히 들고 나옴
  - 영국이 유트레히트조약을 들어 프랑스를 위협하였으나 결국은 프랑스가 승리
  - [참고] 유트레히트조약: 프랑스 왕실과 스페인 왕실은 합칠 수 없다는 내용으로 프랑스의 유럽 지배에 있어서 후퇴의 계기가 된 조약

1848년 혁명: 프랑스 · 이탈리아 · 오스트리아

- 1847. 스위스 사태
  자유주의세력이 성공하여 보수주의 카톨릭의 7개 칸톤으로 구성된 존더분트 해체

- 1848. 스위스 신헌법

- 1848.2.22. 파리데모
  프랑스 대중의 자유주의적 경향을 충족시키지 못하는 루이 필립 정부에 대한 반감에서 시작

- 1848.2.24. 루이 필립의 망명
  루이 필립, 왕위를 손자에게 양도한다고 선언하고 런던으로 망명

- 1848.2.24. 공화국 선포
  임시정부가 수립되어 필립의 성명을 무시하고 공화국을 선포

- 1848.3.5. 라마르틴 서큘라 1848년 혁명
  - 1789년의 것과 같은 대외침략적인 것이 아니므로 타국도 프랑스 내정에 간섭하지 말라고 함
  - 1815년의 諸조약을 폐기
  - 그러나 비엔나에서 결정된 국경은 인정하겠다는 주장

- 1848.4. 프랑스 의회선거
  - 최초의 보통선거
  - 공화파가 승리하고 좌파 및 혁명주도파 세력 상실

- 1848.6. 파리 노동자 봉기
  선거 결과에 불만을 품고 일어났으나 곧 진압됨

- 1848.11. 프랑스 헌법 완성

- 1848.12. 프랑스 대통령선거
  - 보수 카톨릭연합의 지지를 업고 루이 나폴레옹 집권
  - 제2공화국 수립

- 1848.3.12. 비엔나혁명
  - 오스트리아는 헌법을 부여하고 헝가리는 독립시켰으나 그 왕을 오스트리아 황제가 겸임하도록 하여 Personal union (人的同君聯合)을 구성
  - 당시 황제는 인스부르크로, 메테르니히는 런던으로 망명하였을 정도로 혁명이 최고조에 달함

- 1848.6. 크로티아민족위원회 결성
  - 헝가리가 오스트리아로부터 독립하려고 하자 슬라브족들도 헝가리로부터 벗어나려는 시도를 한 것임
  - 그러나 헝가리는 이들의 노력을 탄압
  - 자기 이외의 타민족주의를 인정하지 않는 것이 민족주의의 본질인 것을 여실히 보여주는 예

- 1849.1. 빈디쉬그래츠가 부다페스트로 진군
  1848년 6월 이후 사태가 역전되어 오스트리아의 지배체제가 회복되기 시작하여 프란시스 요제프와 슈바르쩬베르크가 새로이 등장하면서 적극 진압정책을 펴기 시작한 것임

- 1849.4. 헝가리 공화국 선포
  슈바르쩬베르크의 헌법에 자극받아 코슈트 러요시(Louis Kossuth)를 장으로 하여 공화국 선포

- 1849.6. 러시아군, 트란실바니아 진주
  - 당시 몰다비아 · 왈라키아를 점령하고 있던 러시아는 헝가리의 자유주의가 이 지역에 영향을 미칠 것을 우려하여 니콜라이 1세가 프란시스 요제프(Francis Joseph)에 제의하여 헝가리 사태의 진압을 도왔던 것임
  - 이렇게 하여 헝가리 사태는 일단락됨

- 1848.2. ~ 3.
  이탈리아반도의 나폴리, 로마, 프로렌스, 투린에 헌법 부여

- 1848.3.
  롬바르디의 수도인 밀라노서 반란 라데츠키가 사각요새로 후퇴(Quadrilateral fortresses; 만투아, 레그나노, 베로나, 페쉬에라로 구성)

- 1848.3.
  마닌(Manin)의 주도하의 베네치아 공화국을 선포

1848.3.22.

- 사르디니아의 카를레스 알베르토가 오스트리아에 선전포고
- 당시 사르디니아는 이탈리아반도에서 전폭적인 지지를 획득

1848.7.24. 쿠스토짜전투에서 사르디니아 패배

1848.8.9. 사르디니아 · 오스트리아 휴전협정

1848.9.2. 프랑스 의회, 사르디니아 지지 결의안 통과

그러나 사르디니아는 프랑스의 세력에 휩쓸리거나 불의 과격한 혁명이 수입되는 것을 원하지 않았기 때문에 이 결의안은 오히려 양국 간 협상을 촉진시키는 효과를 가져왔음

1848.11. 로마 폭동

로마법왕은 가에타로 피신

1849.2. 로마 공화국 선포

1849.3. 알베르토, 대오스트리아전쟁 재개

- 그러나 노바라전투에서 다시 패배
- 노바라전투 이후에 알베르토가 물러나고 빅토르 엠마누엘 2세가 등장

1849.8. 오스트리아 · 사르디니아 강화회의

- 영국과 프랑스의 영향력 덕분으로 사르디니아는 영토는 뺏기지 않고 배상금만 지불
- 빅토르 엠마누엘 2세는 오스트리아의 압력에도 불구하고 1848년 3월의 헌법을 그대로 유지

1849.6. 프랑스, 로마에 군대 파견

- 이렇게 하여 로마의 질서 회복
- 프랑스 군대의 주둔으로 법왕이 유지

1850.4. 법왕이 로마에 복귀

1848년 혁명과 독일

프랑크푸르트의회

1848.3. 베를린 폭동

1848.3.11. 프랑크푸르트예비의회

53명의 예비의원들이 모여 보통선거방식으로 총선거를 실시하기로 결정

1848.3.21. 프로이센의 빌헬름 왕 성명

프로이센, 독일민족의 리더십을 잡겠다고 선언

1848.5.18. 프랑크푸르트 국민의회 개최

- 830명의 대표가 모여 국민회의는 독일 연방(German Confederation)을 대체하는 것이라고 선언
- 또 이와 거의 같은 시일에 프로이센은 제헌의회 소집
- 소독일주의와 대독일주의의 대립
- 의회의 구성형식은 혁명적이나, 그를 구성하는 인사들의 다수의 성향이 보수적이라서 의회의 작동이 원활하지 못하였음

1848.1. 덴마크, 프레데릭 8세가 등장

1848.8. 말뫼강화조약

- 덴마크의 프레데릭 8세가 슐레스비히와 홀슈타인을 합병하려는 조치를 취하자 두 공국이 이에 반발하여 임시정부 수립을 선포
- 이에 덴마크가 군대를 동원하여 진압하자 프랑크푸르트의회는 프로이센으로 하여금 덴마크의 침입을 저지하도록 결의
- 이렇게 하여 프로이센 · 덴마크 간에 전쟁이 촉발되어 체결된 조약
- 양국이 두 공국을 공동 관리하고 그 궁극적인 처리문제는 추후에 결정하도록 함

프로이센 - 오스트리아 대립

1849.3.27. 프랑크푸르트의회

- 독일 연방 제국의 왕으로 프로이센의 빌헬름을 추대하기로 결정
- 동시에 새로운 독일 제국은 독일어를 사용하는 오스트리아의 지역만 포함하기로 결정함으로써 사실상 오스트리아를 축출하기로 결정

1849.4. 프로이센의 빌헬름 왕, 의회의 제의를 거절

- "왕은 왕권신수설에 입각하여 결정되어야지 의회에서 수여한 왕위는 왕위가 아니다."라고 주장
- 이로써 프랑크푸르트 의회는 사실상 해체된 것이고 자유주의 사상에 기초하여 독일이 통일될 가능성은 완전히 없어짐

1849.5. 프로이센 · 작소니 · 하노버동맹

- 프로이센, 오의 압력을 피하기 위해 프랑크푸르트의회의 제의를 거절하였으나 다른 방법으로 독일 연방(German Confederation)에서 리더십을 장악하려고 의도한 것임
- 오스트리아와 작소니 · 하노버 · 프로이센 3국 및 중부 독일의 소제국을 각각 하나의 세력으로 하여 중부 유럽을 새로이 형성하려는 의도

1850.3. 에르푸르트회의

- 프로이센을 중심으로 한 소국가들의 군주회의
- 이에 대항하여 프랑크푸르트에서는 오스트리아를 중심으로 회의가 동시에 열리고 있었음

1850.11.29. 올뮈쯔의 굴욕

- 프로이센과 오스트리아의 위와 같은 대립상태에서 헷세킷셀에서 의회와 군주 간에 분쟁이 생긴 것이 계기가 되어 양국이 극단적으로 대립하게 되었으나 슈바르젠베르크의 최후통첩에 프로이센이 굴복
- 오스트리아의 우위가 다시 확인됨

1850.7.2. 프로이센 · 덴마크협정

- 쉴레스비히와 홀슈타인에서 프로이센 군대의 철수
- 일종의 휴전협정

1853.5.8. 런던의정서

- 두 공국을 원상회복시킴
- 그뤽스부르크가 통치
- 아우그스텐부르크공은 현금으로 보상 받음

나폴레옹의 등장

1851.12. 루이 나폴레옹 쿠데타

1852.12.2.

- 루이 나폴레옹이 나폴레옹 3세가 되고 프랑스는 공화국에서 군주국으로 다시 변신
- 이렇게 볼 때 1848년 혁명은 2년만에 혁명의 원산지인 프랑스에 제국을 건설하는 것으로 종식
- 1848년 혁명의 중요한 점은 열강 간의 평화가 파괴되지 않았다는 점
- 유럽 전체 혁명의 실패원인은 대중의 지지기반이 결여되었기 때문
- 프랑스혁명 실패

크리미아전쟁

크리미아전쟁의 배경

예루살렘 지역보호권을 둘러싼 카톨릭(프랑스)과 그리스 정교(러시아) 간의 대립에서 발단

1852. 애버딘과 크래랜던 등장

1853.1.

- 러시아, 터키문제에 대해 영국에 의견 개진
- 영국, 이에 대한 분명한 태도 표명 회피

1853.2. 러시아 맨쉬코프, 터키 방문

터키에 압력을 가함

1853.5.4. 술탄칙령

성지 보호권을 카톨릭과 정교에게 분배

1853.6. 러시아, 몰다비아 및 왈리키아를 불법점령

이에 영국 · 프랑스 함대는 베시카만에 진주

1853.7.28. 비엔나각서

- 오스트리아가 중개역할을 하여 작성
- 술탄이 자발적으로 기독교 보호
- 러시아가 거부함

크리미아전쟁 외교

1853.10.4. 터키, 러시아에 선전포고

1854.1. 영국 · 프랑스 함대 흑해 진입

1854.2.27. 영국 · 프랑스 · 러시아, 몰다비아 및 왈라키아에서 철수 요구

1854.3. 영국 · 프랑스, 러시아에 선전

1854.4. 오스트리아 · 프로이센동맹

- 러시아 견제에 상호협조
- 영토 상호보장
- 이는 유사 시 프로이센을 잡아두려는 오스트리아의 의도가 반영됨

1854.6. 오스트리아 · 터키조약

오스트리아, 러시아에 압력을 가하여 몰다비아 및 왈라키아에서 철수하도록 한 후 터키의 동의하에 이 지역을 '잠정적으로' 점령

1854.8.8. 비엔나 4개 조항(영국 · 프랑스 · 오스트리아)
- 의의 :장차 러시아와의 협상의 기초
- 내용: 양 공국을 유럽 열강의 공동관리, 다뉴브강 자유항행, 1841년의 해협협정 개정, 유럽 열강이 터키 내의 기독교도를 공동보호

1854.9. 영국 · 프랑스, 크리미아 상륙

선전포고 후 수개월이 지난 다음에야 전장을 결정하여 전쟁을 개시하는 구식전쟁의 마지막 사례

1855.2. 독일 연방 의회, 동원을 거부

프로이센의 영향력이 주로 작용한 결과, 보오동맹을 사실상 무효화시킴

1854.12.2. 오스트리아 · 영국 · 프랑스동맹
- 오스트리아의 롬바르디아 및 베네치아 지배를 인정해주고 영국 · 프랑스가 오스트리아를 자기 진영에 끌어들인 것임
- 그러나 오스트리아는 동원령 발동 이상의 행동은 결코 취하지 않아서 결과적으로 볼 때 러시아는 물론 영국과 프랑스에게서도 반감을 사게 됨

1855.1.26. 사르디니아 참전

1855.1. 러시아의 짜르, 비엔나 4개조 수락 의사표명

1855.3. 니콜라이 1세 사망

1855.9. 세바스토폴 함락

1855.12. 러시아, 오스트리아의 최후통첩 수락

파리회의

1856.2.25. ~ 3.30. 파리회의
- 의의: 비엔나 4개조가 결정의 기초가 됨
- 내용
  - 전전상태의 회복(단, 러시아의 베사라비아는 몰다비아에 포함되도록 변경)
  - 터키가 유럽협조체제에 가입, 다뉴브의 국제하천화
  - 흑해의 비무장화
  - 터키 내의 기독교도 보호권을 열강이 공동행사
  - 몰다비아와 왈라키아에서 세르비아의 특권과 터키 주권하의 자치 확인

1856.4.15. 영국 · 프랑스 · 오스트리아조약

터키에 대한 침략을 Casus belli(개전사유)로 간주하거나 3국이 이에 대해 협의

이탈리아 통일

프랑스 - 사르디니아관계

1852. 카부르, 사르디니아 수상에 취임
- 19세기 영국식 자유주의 추진, 근대화정책 추진
- 초기 카부르는 이탈리아반도 통일에 대한 확고한 계획이 있었던 것이 아니었고, 다만 사르디니아의 확장과 발전이 제1관심사였으나 복잡한 국제정치의 과중에서 통일가능성이 보이자 이를 놓치지 않고 붙잡아 통일을 완성한 것임

1858.1. 오르시니 사건
- 이탈리아인의 나폴레옹 3세 부부 저격 미수 사건
- 그러나 이를 계기로 이탈리아의 민족주의가 더욱 프랑스의 관심을 끌게 됨

1858.7.20. 플롱비에르 밀약(카부르와 나폴레옹 3세)
- 이탈리아반도를 4개의 단위체로 구성하기로 합의
  - 사르디니아, 피에드몬테, 베네치아 및 롬바르디아를 합쳐서 북부 이탈리아 왕국 건설
  - 교황청
  - 나폴리 왕국
  - 중부 이탈리아 왕국 신설
- 프랑스는 니스와 사보이 획득. 단, 전쟁은 오스트리아가 먼저 도발해야 함

1859.1. 프랑스 나폴레옹 3세 신년 리셉션

오스트리아 대표에게 선전포고와 같은 폭언

1859.1.26. 프랑스 · 사르디니아, 동맹조약

이탈리아 통일전쟁

- **1859.4.23. 오스트리아, 사르디니아에 최후통첩**

- **1859.5. ~ 6. 파르마, 모데나, 투스카나, 법왕국 등에서 반란 발생**

- **1859.7.11. 빌라프랑카 단독 강화**
  - 나폴레옹 3세와 프란츠 요제프 간에 체결
  - 베네치아를 제외한 롬바르디아만 사르디니아에 넘겨주고 현상유지하기로 결정

- **1859.11.10. 취리히조약**
  빌라프랑카결정에 따라서 3국이 강화조약 체결

- **1859.8. 투스카나, 로마 의회, 피에드몬테와의 합병 요구**

- **1860.1. 카부르 복귀**
  빌라프랑카 강화조약 당시 사임하였다가 이탈리아반도 정세가 급변하자 다시 복귀

- **1860.3.24. 프랑스 · 사르디니아 투린조약**
  - 프랑스, 니스와 사보이를 획득
  - 사르디니아, 모데나, 파르마, 투스카나, 로마를 합병

- **1860.4. 시실리 반란**

- **1860.5.5. 가리발디, 시실리 원정**
  암암리에 카부르로부터 지원받음

- **1860.9. 가리발디, 나폴리까지 진격**
  가리발디가 시실리를 휩쓸고 당시 프랑스군이 주둔하고 있던 로마까지 공격하려는 태도를 보이자 카부르는 국제정치에 무감각하고 겁 없는 가리발디의 이러한 행동으로 기왕에 획득한 지역까지 잃게 될 것을 염려하여 군대를 나폴리에 파병하여 그의 의도를 좌절시킴

이탈리아 왕국 탄생

- **1859.6. 파머스턴**
  - 강력한 사르디니아는 프랑스를 견제하는데 오히려 더 도움이 될 것으로 판단하여 오스트리아가 이탈리아에 침입할 경우 영국이 이탈리아를 돕겠다고 할 정도로 영국의 정책이 변화함

- 사르디니아의 이탈리아반도 통일은 국제정치적인 면에서 볼 때에는 이러한 영국의 정책 변화에 힘입은 바가 크다고 할 수 있음

- **1861.5.17. 이탈리아 왕국 탄생**
  - 사르디니아의 빅토르 엠마누엘 2세가 이탈리아 왕국의 황제가 됨
  - 프랑스식의 중앙집권제 채택

- **1858. 사르디니아 헌법을 새로운 이탈리아 왕국 헌법으로 채택**
  즉, 이탈리아 통일은 사르디니아의 확대형

- **1861.6.6. 카부르 사망**

- **1864.9. 프랑스 · 이탈리아협정**
  - 1867년 2월까지 프랑스 군대는 로마에서 철수
  - 대신 이탈리아는 로마의 독립 존중
  - 이는 프랑스-이탈리아 간의 충돌을 피하기 위한 임시방편

1860년대 비구주(歐洲)지역

루마니아 탄생

- **1857.3. 오스트리아, 몰다비아와 왈라키아에서 철수**
  철수 후 주민투표(Plebiscite)에 의해 이 지역의 귀속문제를 결정하도록 함

- **1858.8. 영불협정**
  - 오스트리아 철수 후 실시된 주민투표에서 합병 반대안이 승리하자 프랑스가 무효를 주장하여 영국과 합의한 것임
  - 양 공국은 공동제도는 가지되 분리되어야 함
  - 몰다비아 · 왈라키아 연합공국이 건설됨

- **1859.1. 몰다비아, 알렉산데르 쿠짜를 왕으로 추대**

- **1859.2. 왈라키아, 알렉산데르 쿠짜를 왕으로 추대**

- **1862.3.12. 술탄, 양 공국 합병을 승인**
  루마니아 탄생

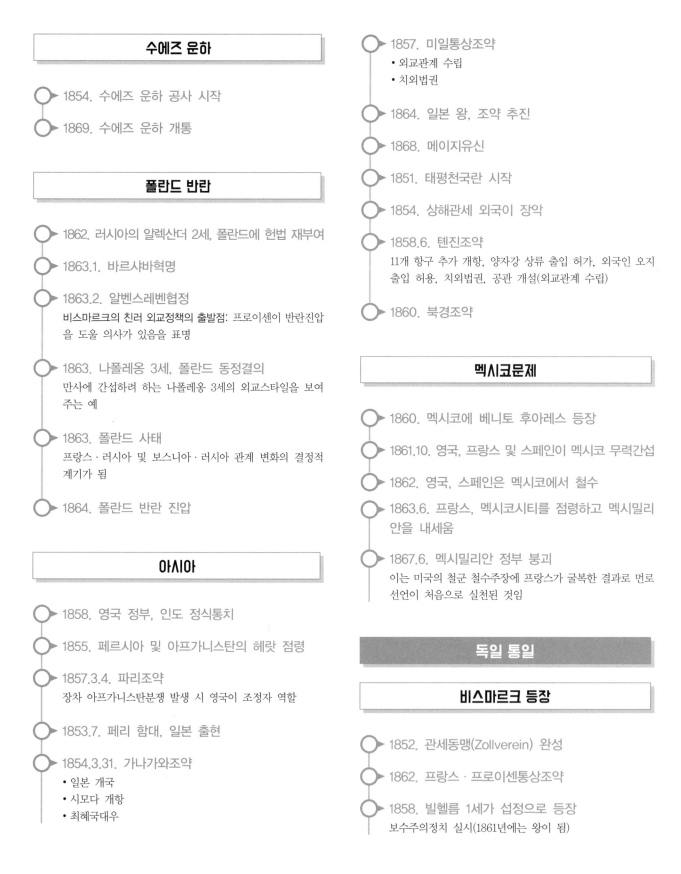

수에즈 운하

○ 1854. 수에즈 운하 공사 시작

○ 1869. 수에즈 운하 개통

폴란드 반란

○ 1862. 러시아의 알렉산더 2세, 폴란드에 헌법 재부여

○ 1863.1. 바르샤바혁명

○ 1863.2. 알벤스레벤협정
비스마르크의 친러 외교정책의 출발점: 프로이센이 반란진압을 도울 의사가 있음을 표명

○ 1863. 나폴레옹 3세, 폴란드 동정결의
만사에 간섭하려 하는 나폴레옹 3세의 외교스타일을 보여주는 예

○ 1863. 폴란드 사태
프랑스 · 러시아 및 보스니아 · 러시아 관계 변화의 결정적 계기가 됨

○ 1864. 폴란드 반란 진압

아시아

○ 1858. 영국 정부, 인도 정식통치

○ 1855. 페르시아 및 아프가니스탄의 헤랏 점령

○ 1857.3.4. 파리조약
장차 아프가니스탄분쟁 발생 시 영국이 조정자 역할

○ 1853.7. 페리 함대, 일본 출현

○ 1854.3.31. 가나가와조약
• 일본 개국
• 시모다 개항
• 최혜국대우

○ 1857. 미일통상조약
• 외교관계 수립
• 치외법권

○ 1864. 일본 왕, 조약 추진

○ 1868. 메이지유신

○ 1851. 태평천국란 시작

○ 1854. 상해관세 외국이 장악

○ 1858.6. 톈진조약
11개 항구 추가 개항, 양자강 상류 출입 허가, 외국인 오지 출입 허용, 치외법권, 공관 개설(외교관계 수립)

○ 1860. 북경조약

멕시코문제

○ 1860. 멕시코에 베니토 후아레스 등장

○ 1861.10. 영국, 프랑스 및 스페인이 멕시코 무력간섭

○ 1862. 영국, 스페인은 멕시코에서 철수

○ 1863.6. 프랑스, 멕시코시티를 점령하고 멕시밀리안을 내세움

○ 1867.6. 멕시밀리안 정부 붕괴
이는 미국의 철군 철수주장에 프랑스가 굴복한 결과로 먼로선언이 처음으로 실천된 것임

독일 통일

비스마르크 등장

○ 1852. 관세동맹(Zollverein) 완성

○ 1862. 프랑스 · 프로이센통상조약

○ 1858. 빌헬름 1세가 섭정으로 등장
보수주의정치 실시(1861년에는 왕이 됨)

1862.9. 비스마르크 등장

- 프로이센 융커(대지주) 출신의 극단적 보수주의자, 당시 독일 통일은 자유주의자들이 주장하고 있었기 때문에 수상이 되기 전까지 비스마르크는 프로이센의 고유성을 잃을까봐 통일에 반대해 왔음
- 그러나 주불 및 주러 공사시절에 견해를 바꾸어 오스트리아를 연방에서 몰아내고 남부독일에서 프랑스세력을 말소시킨 후 궁극적으로는 독일 통일까지 완성하려고 생각하게 됨

덴마크문제

1862.9. 영국의 럿셀이 덴마크문제 조정 제의
그러나 덴마크가 반대

1862.7.3. 파머스턴, 덴마크 중요성 강조
덴마크가 이를 과잉해석

1863.3. 프리드리히 7세, 쉴레스비히 합병

1863.7. 독일 연방 의회
- 3월칙령 취소 요구

1863.11. 프리드리히 사망
그뤽스부르크(크리스티안 9세)가 즉위

1863.12. 연방이 작소니, 하노버에게 덴마크에 대해 선전하도록 명령

1864.1. 보스니아 · 오스트리아 공동개입
비스마르크가 후에 일을 만들기 위해 오스트리아를 끌어들인 것임

1864.10. 비엔나조약
비스마르크는 조약문구를 "쉴레스비히, 홀쉬타인, 라우엔부르크는 오스트리아와 프로이센이 공동지배한다."라고만 하여 지역분할을 둘러싸고 후에 문제를 발생시키려 의도

1865.8.14. 가쉬타인협정
- 홀쉬타인은 오스트리아, 쉴레스비히, 라우엔부르크는 보가 지배하도록 결정
- 이렇게 하여 오스트리아는 보를 지나서 홀쉬타인을 지배해야 하는 상황이 됨

프로이센 - 오스트리아전쟁

1865.10. 비아리츠밀담
비스마르크, 보스니아 · 오스트리아전쟁 시 나폴레옹 3세의 중립을 보장받음

1866.4.6. 프로이센 · 이탈리아동맹
- 나폴레옹 3세가 중재, 베네치아를 이탈리아에 약속
- 대신 이탈리아는 대오스트리아전에 참전

1866.4.9. 프로이센, 연방 개조 제한
전쟁을 격발시키기 위한 구실

1866.6. 홀쉬타인 의회 소집
프로이센은 이것이 가쉬타인협정 위반이라 하여 홀쉬타인에 파병

1866.6.14. Bund(독일 연방 의회), 프로이센 비난

1866.6.17. 오스트리아 선전

1866.6.18. 프로이센 선전

1866.6.20. 이탈리아 선전

1866.7.3. 쾨니히그래쯔전투
프로이센의 승리를 결정지은 전투

1866.7.26. 니콜스부르크 예비조약

1866.8.23. 프라하조약
- 오스트리아는 독일 연방의 해체를 승인
- 이탈리아는 베네치아 획득
- 배상금이나 영토 상실은 없었음
- 비스마르크는 대오스트리아전의 목적을 정치적인 면에만 제한하였던 것임
- 북독일 연방 형성

프로이센 - 프랑스 대립

1866.7.5. 프랑스 내각의 불간섭결정
- 당시 프랑스의 외교는 뇌물정치라 지칭될 정도로 비효율적이었음
- 벨기에를 프랑스에 준다면 프로이센이 남부독일을 합병해도 좋다는 내용의 베네데티 문서도 이 당시에 만들어진 것임

1867.3. 네덜란드 왕, 룩셈부르크 매각계획 발표
- 그러나 프로이센이 반대하여 나폴레옹 3세의 계획 실패
- 대신 프로이센은 룩셈부르크에 주둔하고 있던 수비대를 철수시킴

1867.5. 런던회의
- 룩셈부르크의 영세중립화
- 이러한 상황에서 보스니아와 프랑스의 충돌가능성이 점차 증가하고 있는 것임

1868.3. 보러협정
러시아가 보불전쟁 시 오스트리아를 견제해 주겠다고 약속

1867.4. 프랑스, 보스니아에 공격동맹 제의

1867.8. 프란츠 요제프, 나폴레옹 3세와 잘즈부르크 회담
멕시코문제가 거론됨

1867. 가리발디의 로마 공격

1869.9. 보불동맹협상 결렬

1869.1. 벨기에 철도 사건
프랑스가 매입하려 했으나 영국의 반대로 실패

1868. 관세 의회 형성
남독일지역도 관세동맹에 가입한 결과임

스페인 왕위계승문제

1868. 스페인혁명
- 이사벨라 여왕 피신
- 입헌군주제 실시의 선포, 호엔쫄레른 왕가의 레오폴드를 왕으로 지명

1870.5. 레오폴드 수락

1870.7.12. 레오폴드취소선언

1870.7.30. 엠스전보 사건
장차 상기와 같은 사태가 없을 것을 보장하라고 요구하는 베네데티와 엠스에서 휴양하고 있던 빌헬름 왕 사이의 대화보고서를 양국 간의 국민감정을 고조하게끔 각색하여 비스마르크가 발표

프로이센 – 프랑스전쟁과 독일 제국 탄생

1870.7.19. 프랑스 선전

1970.7.25. 비스마르크, 런던타임즈에 베네데티 조약안 발표
벨기에에 대한 프랑스의 야심을 염려하는 영국을 잡아두는 효과

1870.8. 글래드스톤(영국), 벨기에의 중립 보장을 재확인

1870.9.2. 세당전투
나폴레옹 3세까지 포로가 됨

1870.10.20. 러시아, 파리조약의 흑해비무장화 조항 폐기

1871.1. 런던 해협회의
러시아의 단독선언 인정

1871.8. 이탈리아 로마 점령

1871.5.10. 프랑크푸르트 강화조약
- 알자스와 로렌 일부를 독일이 차지하고 배상금 50억 프랑 지불
- 이 조약에 규정된 영토문제때문에 향후 독일과 프랑스 간 관계 정상화는 불가능해짐

1871.1.18. 독일 제국 선포
프랑스의 베르사유궁에서 선포식 거행
[참고] 베르사유궁: 1919.6.28.의 독일 제국 해례식 장소

비스마르크시대(1871 ~ 1890년)

제1차 삼제협상 탄생

1871. 오스트리아, 안드라시 등장
오스트리아는 1867년 이후 오스트리아와 헝가리의 이중 군주제(Dual Monarchy)로서 존속하여 왔으나 안드라시의 등장으로 독일과 연결될 가능성 고조

1872. 빌헬름 1세, 프란츠 요제프 방문

1872.9. 베를린 삼자회담

러시아의 알렉산더 2세가 베를린으로 오스트리아·독일 황제들을 방문

1873.5. 독러 군사협정

공격당하면 20만 명 동원하여 상호 원조

1873.6. 오러 정치협정

발칸반도에 문제 발생 시 상호 협조

1873.10. 제1차 삼제협상

- 독일이 오스트리아·러시아 간 정치협정에 가입함으로써 제1차 삼제동맹(Dreikaiserbund) 성립
- 제1차 삼제동맹: 오스트리아·러시아 간에 발칸을 둘러싼 분쟁을 피하기 위한 사전 협의로 일반적 의미의 동맹은 아님

1873. 프랑스 외상으로 드카즈 등장

50억 프랑의 배상금 완불

러시아 - 터키전쟁과 베를린회담

1875.7. 보스니아에서 반터키 반란 촉발

이를 터키가 강력히 탄압하자 오스트리아가 중재자로 나섬

1875.12.30. 안드라시각서(Andrassy Note)

- 반란을 진정시키기 위한 개혁안
- 동시에 술탄이 이를 수락하도록 하기 위해 열강이 터키에 압력을 가하자고 제의
- 그러나 영국은 문제의 지역이 문명권 밖이라 하여 반대
- 이렇게 되자 터키는 민주주의를 내걸고 열강의 압력을 거부

1876.5. 압둘 아지즈(Abdul Aziz) 암살

어린 나이의 무라드 5세가 승계

1876.6. 세르비아, 몬테네그로 폭동

이런 와중에서도 영국이 계속 우유부단한 태도를 보이자 터키는 더욱 강력히 나오게 되고 오스트리아와 러시아는 단독행동을 시작하는 등 사태 악화

1876.7.8. 라이히슈타트(Reichstadt)협정(오스트리아·러시아)

터키가 승리할 경우는 현상유지를 위해 터키에 압력을 가하고, 세르비아가 승리하면 발칸에 큰 변화를 초래하도록 영향력을 행사할 것을 결정

1876.12. 콘스탄티노플회의

전시 터키의 야만적 행동에 유럽의 여론이 비등하게 되자 영국이 제의하여 개최하였으나 터키가 회피적인 태도를 보여 별다른 성과 없이 끝남

1877.1.15. 부다페스트협정(오스트리아·러시아)

러시아·터키전쟁 시 오는 중립을 유지하거나 열강들의 공동조정에 반대하고 대신 보스니아 – 헤르체고비나를 획득하도록 결정

1877.4. 터키, 런던공동의정서 거부

이로써 전쟁을 피할 수 있는 가능성이 사라짐

1877.4.24. 러시아, 터키에 선전

1878.2. 영국 함대 콘스탄티노플 출현

프레브나가 깨지고 터키가 존망의 위기에 처하게 되자 뒤늦게 영국이 강력하게 대처

1878.3.3. 산 스테파노(San Stefano)조약(러시아·터키)

- 러시아가 도브루자(Dobrudja)와 흑해 동부지역을 획득
- 배상금은 3억 루블
- 흑해로부터 마케도니아, 살로니카를 포함하는 확대된 불가리아가 건설
- 세르비아, 몬테네그로는 확대시켜 완전독립
- 보스니아 – 헤르체고비나는 러시아와 오스트리아의 공동 감시하에 자치
- 특이점: 터키의 궁극적 운명에 대한 언급이 없으며, 오스트리아 – 러시아 간 부다페스트협정의 내용과 상치됨

1878.6.13. ~ 7.13. 베를린회담

- 산 스테파노조약에서 결정되었던 불가리아의 영토를 불가리아, 동루멜리아, 마케도니아로 3분할하도록 결정
- 불가리아: 기독교도가 통치하는 자치국으로서 술탄(터키 제국의 왕)에게 조공을 바치도록 결정(1908년 독립)
- 동루멜리아: 터키 주권하에 기독교도 총독이 통치하는 자치국
- 마케도니아: 터키의 절대적인 주권하에 둠
- 보스니아 – 헤르체고비나: 주권은 술탄에 있으나 잠정적으로 오스트리아가 점령, 행정지도
- 노비바자르: 오스트리아 군대 주둔
- 러시아, 불가리아, 동루멜리아에 9개월간 군대 주둔
- 세르비아, 완전 독립
- 러시아, 루마니아에 도브루자를 주고 대신 베싸라비아를 획득

- 루마니아, 완전 독립
- 이 회담의 결정으로 유럽 내의 영토문제는 모두 해결되어 열강의 관심이 해외식민지로 경주되기 시작
- 세르비아와 불가리아 사이에 적대감 조성
- 러시아의 독일에 대한 불만으로 제1차 삼제협상 붕괴
- 프랑스와 이탈리아는 아무 것도 획득하지 못함

○ 1878.6.8. 영국 · 터키 방위동맹
영국, 키프로스를 잠정적으로 점령

○ 1879.4. 오스트리아 · 터키협정
- 오스트리아의 보스니아 – 헤르체고비나에 대한 잠정적인 점령행정을 정식으로 인정
- 그러나 그 기간은 명시하지 않음(1908년 오스트리아의 정식 합병시까지 이러한 상태 지속)

비스마르크 동맹체제(1879 ~ 1882년)

독일 – 오스트리아동맹

1. 배경
비스마르크는 독일 · 오스트리아 · 러시아 삼국의 연결을 가장 바람직하게 생각하였으나 베를린회담을 계기로 제1차 삼국동맹이 와해되자 다시 러시아를 끌어들이기 위해서는 직접적으로 접근하는 것보다는 러시아 자신이 스스로 들어오도록 유도하는 것이 현명하다 생각하여 오스트리아와 먼저 손을 잡게 된 것임. 이외에 지리적인 면과 인종적인 면도 독일 · 오스트리아 연결에 작용

2. 내용(1879.10.7. 체결)
   (1) 러시아가 체결국 중 어느 일방을 공격할 때 타방은 전력 원조
   (2) 독일이 프랑스의 공격을 받았을때 오는 우호적 중립. 그러나 프랑스가 러시아의 지원을 받는 경우라면 오스트리아도 참전(Casus foederis, 원조사유). 강화조약 체결은 상호 협의하에 함
   (3) 유효기간은 5년, 비밀조약, 기한 만료 1개월 전까지 폐기통고 없으면 3년간 더 연장(동 조약은 양 제국 멸망 시까지 존속)

3. 의의 및 평가
   (1) 동 조약은 독일 외교정책의 움직일 수 없는 주춧돌
   (2) 조약 체결 시의 비스마르크 의도는 구조상 문제점이 많은 오스트리아를 러시아의 공격으로부터 보장하여 유럽의 안정을 기하려는 것이었음

(3) 따라서 동 조약은 오스트리아가 러시아를 공격할 경우는 배제하고 있는 방어적 성격. 이 조약으로 비스마르크는 오스트리아와 러시아 사이에서 조정자로서의 위치 확보
(4) 그러나 동 조약은 독일 입장에서 볼 때 자신이 조성하지 않은 제어할 수 없는 사태에 휘말릴 위험성을 가지고 있었음
(5) 즉, 정책도구로서의 선택은 독일이 하였으나 비스마르크 후임자들의 운영실수 및 독일 민족주의의 대의 명분 때문에 독일이 오히려 오스트리아의 결정에 끌려다니는 결과를 후에 낳게 됨

제2차 삼제협상

○ 1774.7.10. 쿠츄크 카이나르디조약
- 터키, 흑해의 내해국 자격 상실
- 러시아, 크리미아반도 획득
- 러시아의 상선은 흑해 자유통항

○ 1833. 웅키아르스켈레시조약
- 러시아의 상선 및 군함 상시 흑해 통항 가능
- 러시아가 전쟁 중일 때는 타국에는 해협 폐쇄
- 동 조약의 내용이 러시아가 해협에 대해 추구하는 이상형임

○ 1841. 런던조약
터키의 해협에 대한 주권 확인, 전함은 평시에는 해협 통과 불가, 전시에 해협 통항 여부는 술탄의 자유재량에 맡김

○ 1856. 파리조약
흑해 비무장화

○ 1871. 런던조약
- 흑해 비무장화 폐기
- 술탄에 해협 개방권 인정

○ 1878.6.12. 베를린선언
- 평시에는 터키 이외의 전함도 통과 가능하나 터키에 불편하다고 인정되면 폐쇄 가능
- 전시의 전함 통과 여부는 'independent decision of Sultan'에 맡김
- 본 선언의 규정이 애매하여 언제라도 영국이 해협에 간여할 수 있는 상황이었기 때문에 러시아는 당시 해협제도에 대해 매우 불만이 많았음

1881.6.18. 제2차 삼제동맹

해협에서의 불안 때문에 러시아가 다시 오스트리아 · 독일에 연결된 것임

1. 내용
(1) 조약당사국 일방이 제4국과 전쟁 시 타당사자들은 우호중립을 유지하고 분쟁의 국지화를 위해 노력. 체결 당사국 일국과 터키와의 전쟁일 경우에도 적용. 단, 이 경우는 전쟁결과에 대해 사전협의를 요함
(2) 보스니아 – 헤르체고비나에서의 오스트리아의 특권 존중. 터키와 발칸은 현상유지
(3) 터키 해협 폐쇄원칙 확인. 터키는 타국에 해협에서의 특수이익 부여 불가. 상기 사항이 준수되지 않으면 터키가 조약3국에 대해 전쟁을 도발한 것으로 간주
(4) 유효기간은 3년
(5) 조약사실 및 내용비밀(1918년까지) 유지
(6) 동 조약으로 제1차 삼제동맹 대치

2. 부속 문서
(1) 오스트리아가 보스니아 – 헤르체고비나 합병 권리 보유
(2) 오스트리아군, 노비바쟈르에 주둔
(3) 발칸 현상유지
(4) 불가리아의 동루멜리아합병이 베를린회의 결정 범위 내에서 이루어진다면 인정
(5) 이해관계 충돌 시 상호 협의
(6) 부속조항도 본조항과 동일한 효력 발휘

1881.6.28. 오스트리아 · 세르비아동맹
• 오스트리아가 세르비아를 지배하는 형태
• 세르비아 국민의 대중적 지지보다는 지배자인 밀란공의 개인적 의견으로 이루어짐

1883.10.30. 오스트리아 · 루마니아동맹
루마니아의 러시아에 대한 반감과 호엔촐레른 출신인 카롤공의 개인적 의견이 작용

삼국동맹(Triple Alliance)

1877. 이탈리아, 크리스피, 비스마르크에 접근
대불 경제동맹을 제의하였으나 비스마르크가 이에 앞서 이탈리아, 오스트리아 간 화해를 요구하여 결렬됨

1881.5. 프랑스, 튀니지아를 보호국화
이에 대해 영국, 독일이 크게 반대하지 않고 오히려 지지하는 태도를 보이자 이탈리아는 자신의 고립을 깨닫게 되어 오스트리아, 독일에의 연결을 재차 시도

1882.5.20. 삼국동맹 체결

1. 내용
(1) 평화와 우호를 상호 약속. 상대방을 적으로 가상하는 행위 금지
(2) 이탈리아가 프랑스의 선제공격을 받으면 오스트리아, 독일이 적극 원조. 독일이 프랑스의 공격을 받은 경우에도 적용
(3) 체약국 중 1국 혹은 2국이 2개국 이상의 비체약국으로부터 공격을 받으면 모든 당사국에 전쟁(casus foederis)이 성립
(4) 체약 1당사국이 비체약 1국과 전쟁시 타 당사국들은 우호중립 유지(오스트리아가 러시아와의 전쟁 시 이탈리아의 중립을 확보하기 위한 조항)
(5) 국제평화가 위협받는 경우 필요한 군사적 조치를 위해 논의
(6) 조약내용은 물론 체결사실도 비밀
(7) 유효기간은 5년
(8) 3주 이내 비엔나에서 비준서 교환

2. 특이점
(1) Ministerial Declaration
(2) 동 조약은 반영적(反英的)인 성격이 아님
(3) 이탈리아의 통일은 영국의 지중해 전략으로서 프랑스를 견제할 수단으로서 받아들여진 것이기 때문에 이는 어떤 경우에도 반영적일 수 없는 상황(이탈리아외교의 기본원칙)
(4) 동 협정은 1887년 개정 시 삭제됨

열강의 식민지 경쟁

북아지역

1881.5. 바르도(Bardo)조약
• 프랑스가 튀니지아를 보호국화
• 이를 계기로 프랑스는 해외팽창을 적극 추진

1876. 국채은행(Caisse de la dette Publique) 설치
이탈리아의 재정상태가 악화되자 이를 통제하기 위해서 영국 · 프랑스 · 이탈리아 · 오스트리아가 공동설치

1880. 영국, 글래드스톤 등장
• 디즈레일리의 후임
• 강제조치 사용을 매우 싫어하는 성격

1882.1. 프레이시네(프랑스) 등장
공화주의자인 감베타의 후임

1882.9. 영국, 이집트 점령
이집트에 민족주의운동이 일어나자 영국·프랑스가 공동개
입하려 하였으나 프랑스 의회의 공동개입안 거부로 영국이
단독으로 이에 간섭하여 점령

기타 아시아·아프리카지역

- **영국**: 정부에 의해 계획된 팽창이라기보다는 상인 및 선교
  사가 먼저 진출하여 발생된 이익 및 기득권을 확보하기 위
  해 후에 정부가 진출하는 형태
  예 이집트(1882), 소말리아(1884), 나이지리아(1886), 동
    아프리카(1889), 아프가니스탄(1885), 뉴기니아(1883),
    피지(1874), 북보르네오(1888)
- **프랑스**: 정부가 군사력을 앞세워 식민지 개발을 적극 추진
  예 알제리(1890), 아이보리코스트(1883), 다호메이(1890),
    콩고(1875~1892), 마다카스카르(1895~1896), 안남(1874)
- **러시아**: 광대한 영토를 가지고 있음에도 불구하고 영토팽
  창 의욕이 강렬, 부동항 추구
  예 투르키스탄(청과리바디아조약, 1879), 이리조약(1881)
- **오스트리아-헝가리 제국**: 발칸에만 집착
- **독일**: 통일 직후에는 식민지 활동이 독일의 국력만 분산시키
  고 필요 없는 분쟁의 원인이 될 것이라 생각하였으나 독일
  경제가 발전함에 따라 그리고 식민지가 열강과의 외교에
  도움이 될 것이라고 관념이 변화함에 따라 해외팽창 시작
  예 동아프리카(1886), 서남아프리카(1884), 카메룬(1884),
    토고(1884), 산동반도(1898)
- **이탈리아**: 이탈리아의 식민지정책은 찌꺼기 수거작업(무솔
  리니)
  예 에리트레아지역(1882~1885), 소말리아(1889)

베를린 식민회의와 콩고

1884.11. ~ 1885.2. 베를린 식민회담
식민지 경쟁과정에서 생기는 불화를 조정하기 위한 회의,
점령의 효과 및 통고의무, 해안지역 점령으로 인한 배후지
문제 등을 결정

1885. 콩고 건설
- 베를린 의정서에서 열강은 콩고 건설을 승인하고 벨기에
  왕인 레오폴드를 개인 자격으로서 콩고 왕으로 인정
- 동 의정서에서 콩고의 개방정책을 선언

1908. 벨기에, 콩고 인수
콩고 재정이 궁핍해지자 개인으로서의 레오폴드가 벨기에로
부터 2,500만 프랑을 빌려쓰고 대신 벨기에가 콩고를 상속
하기로 결정한 것임

비스마르크체제의 붕괴

블랑제운동

1885.5. 페리 실각

1885.10. 프랑스 선거
민족주의 열기 노출

1886.5. 블랑제, 프랑스 국방장관으로 등용
블랑제는 대독 복수전을 주장하는 우파의 상징적 지도자임

1887.5. 블랑제 해임

불가리아 사태

1885.7.18. 동루멜리아에 반란

1885.9.19. 불가리아, 동루멜리아 합병선언

1885.11. 세르비아, 불가리아에 선전
- 세르비아가 불가리아의 확대에 대한 보상을 요구한 것
- 불가리아가 승리
- 당시 오가 세르비아를 지원(동맹관계)
- 동 사건의 결과: 제2차 삼제협상 붕괴

1886.4. 열강공동간섭
양국을 인적동군연합(人的同君聯合)의 형태로 인정(불가리
아 황태자가 동루멜리아 총독을 겸임하도록 결정)

1886.8. 불가리아, 알렉산더 피랍
친러 군부의 소행

1886.11. 불가리아, 러시아 관계 단절

1887.3. 독일, 군비법안 통과

삼국동맹과 지중해협정

1887.2.20. 삼국동맹 개정
- **3개 문서로 구성**: 1882년 조약, 독이조약, 이오조약
- **독이조약**: 트리폴리, 모로코 등지에서 프랑스의 행동에 기인하여 이탈리아·프랑스 간 전쟁 발발하면 독일이 이탈리아를 지원하였으며, 전시 이탈리아의 프랑스 본토에 대한 영토 요구도 인정함. 독일이 이탈리아의 공격적 태도를 지지함
- **이오조약**: 발칸의 현상유지 및 상호보상원칙을 인정하였다. 오스트리아가 이탈리아의 발칸 진출을 묵인함
- **의의**: 이탈리아와의 동맹을 유지키 위해 오스트리아와 독일이 양보함

1887.1.26. 로빌란(이외상)각서
- **의의**: 지중해협정의 기초
- **내용**: 지중해, 아드리아해, 에게해, 흑해에서 현상을 유지하며 이집트에서의 영국의 지위와 리비아에서의 이탈리아의 지위를 상호 지지함. 프랑스와의 전쟁 시 상호 원조함

1887.2.12. 제1차 지중해협정
지중해 현상유지에 공동보조, 이가 제의한 대불전 시 상호지원은 영국이 거부, 동 협정이 있었기 때문에 삼국동맹 개정조약에는 1882년 조약에 있었던 성격의 선언이 불필요하였음

1887.3.24. 오영협정
흑해와 에게해를 특히 취급

1887.5.4. 이탈리아·스페인협정
- 이로써 이탈리아·영국·오스트리아·스페인 4국 간의 지중해협정 성립
- 영국이 지중해협정에 응한 이유는 프랑스의 영국에 대한 도전 방지 및 러시아의 남하정책 저지
- **특이점**: 비스마르크는 직접적으로는 동 협정에 관여하지 않았지만 현실적으로 이는 그의 작품

재보장조약과 제2차 지중해협정

1887.6.18. 재보장조약(Ruckversicherun−gsvertrag)
1885년 이후 삼제동맹의 재구성은 불가능한 상태에서 비스마르크가 러시아와의 단독조약을 시도한 것임
1. 내용
   (1) 일방이 제3국 간의 공격을 받으면 타방은 우호중립을 지키고 분쟁의 국지화를 위해 노력

   (2) 그러나 체약당사국 일방이 제3국에 선제공격을 가한 경우(러시아가 오스트리아를, 독일이 프랑스를 공격한 경우)에는 비적용
   (3) 러시아의 불가리아 및 동루멜리아에서의 우월적 지위 인정
   (4) 발칸 현상유지 확인
   (5) 터키해협에서의 러시아 권리(해협 폐쇄의 원칙)지지
   (6) 유효기간 3년
2. 의의
   (1) 동 조약은 공격을 위한 것이 아니라 평화·안전을 위한 것
   (2) 동 조약은 지중해협정과 모순됨
   (3) 비스마르크 외교의 절정

1887.7. 불가리아 의회, 작스·코부르크의 페르디난트를 왕으로 추대
이로 인해 러시아가 일시적으로 독일, 오스트리아를 의심

1887.8. 이탈리아, 크리스피 등장
- 수상 겸 외무장관
- 가리발디적 전통, 권위주의 정치, 프랑스를 매우 의심

1887.10. 비스마르크, 크리스피회담
오스트리아 지지는 독일 외교정책의 변할 수 없는 기본이었기 때문에 비스마르크는 재보장조약으로서 러시아에게 해협에서의 지위를 인정하였으나 오스트리아, 러시아의 충돌가능성을 배제하기 위해 러시아 행동 제어장치 형성을 원하였고 이를 위한 수단으로서 이가 가장 적당하다고 판단

1887.12.12. 제2차 지중해협정
비스마르크의 조정이 주효해서 영국·오스트리아 간의 각서 교환형식으로 체결하고 후에 이탈리아가 추가서명
1. 내용
   (1) 평화유지
   (2) 발칸 현상유지
   (3) 발칸지역의 지방자치 인정(동 지역 간섭금지)
   (4) 터키 독립, 해협 자유
   (5) 불가리아에 대한 터키주권 인정
   (6) 사태 발생 시 터키가 대처하지 못하면 상호 협의
   (7) 터키가 불법행위를 응낙한 경우는 터키 영토 일부 잠정점령 가능
   (8) 동 협정 내용은 비밀
2. 의의
   비스마르크 외교술의 극치, 즉 재보장조약에서는 러시아 지지를 약속하고 한편으로는 타국들로 하여금 러시아의 야망을 저지하도록 조작. 영국과 독일은 방법상 차이는 있었지만 양국 공히 발칸에서의 현상유지와 평화를 원했던 것임

1888.2.3. 오독조약 공표

비스마르크 퇴장

1888.1. 독이 군사협정
독일, 프랑스전쟁 시 알프스에서는 주로 이탈리아가 전투를 수행하고 라인에까지 이탈리아 병력 일부를 파병하도록 결정

1888. 독이 관세전쟁
- 이 결과 프랑스 자본의 이탈리아 유입이 중단됨
- 후에 프랑스 · 러시아 관계 호전에 따라 프랑스 자본이 러시아에 유입되는 동기가 됨

1888.3.9. 빌헬름 1세 서거
프레데릭이 승계하였으나 3개월 후 사망

1888.7. 빌헬름 2세 등장
- 행동 패턴이 불규칙적인 인물
- 신흥국가로서의 독일의 팽창을 억제해 왔던 비스마르크 정책이 무너지기 시작

1889.8. 오스트리아의 프란츠 요제프, 베를린 방문
빌헬름 2세 반려 발언: 오스트리아가 군대를 동원하면 독일도 어떠한 경우라도 즉각 동원하여 지원하겠음

1889.11. 빌헬름 2세, 터키 방문
- 독일의 오토만지역에의 관심이 점점 증대하고 있고 직접적임을 보여줌
- 이는 러시아에 대해서는 큰 자극이 됨

1889.10. 러시아의 알렉산더 3세, 베를린 방문
- 오독관계와는 달리 성과 없이 끝남
- 이러한 상황을 거치면서 러독관계는 공연히 냉각되기 시작함

1889.1. 비스마르크, 영국의 솔즈베리에 동맹 제의
- 영국, 이를 거부
- 오히려 제2차 지중해협정과 같이 타국에 의존하는 태도 반성

1889.3. 영국 해군 증강법안 통과
- **해군국방법 채택**: 영국 해군력은 영국 이외의 가장 강한 2개국의 해군력을 합친 것보다도 강해야 함(1921년 워싱턴 회의 시 포기)
- **의의**: 동 법안으로 제2차 지중해협정이 무의미하게 됨

1888.10. 프랑스, 러시아에 5억 프랑 차관 제공

1889.1. 러시아, 프랑스에 소총 주문
러시아 · 프랑스관계는 호전되기 시작

1890.3. 비스마르크 사임
- 비스마르크와 빌헬름 2세와의 관계가 악화되어 급기야는 재보장조약의 거부로까지 파급됨
- 즉, 순수한 국내문제가 국제조약에 영향을 미친 것임
- 비스마르크 사임은 유럽 역사의 중요한 전환점
- 그의 후임으로 카프리비와 프리드리히 폰 홀쉬타인이 등장

열강의 세력조정기(1890 ~ 1904년)

러시아 - 프랑스동맹

1890.7.1. 영독협정
양국 간의 상호교환: 영국이 점령하고 있던 덴마크 연안의 헬고란트와 아프리카의 독점령 섬 잔지바르의 교환, 동 협정은 러시아 · 프랑스를 크게 자극시킴

1891.1.31. 이탈리아의 루디니 등장
루디니: 크리스피의 후임이자 친불인사

1891.5.6. 삼국동맹 개정
- 기왕의 3조약을 큰 수정 없이 통합
- **추가사항**: 키레나이카, 트리폴리, 튀니지에서 이탈리아가 행동하고자 할 때 독일과 사전협의한다면 독일이 지지
- **부속의정서**: 영국은 제2차 지중해협정에서 터키 국경에 관해 동의했던바 그 동의는 동 개정조약의 추가사항인 북아프리카까지 미치는 것으로 해석함

1890.8.4. 솔즈베리 · 크리스피 각서
동 각서에서 영국은 지중해협정 연장을 거부했던바 삼국동맹 개정조약의 부속의정서는 사실상 효력 없는 문서였음

1891.7.27. 루디니, 의회연설
상기 상황에도 불구하고 영국이 3국동맹과 협력관계에 있다고 발언

1891.8.27. 러불각서 교환
1. 내용
   (1) 양국 간의 진정한 이해와 평화의 유지를 위해 일반적인 평화를 위협하는 모든 사태에 대해 협의
   (2) 양국 중 1국이 공격 위협하에 놓이면 즉각 필요한 조치를 취하기 위해 협의

2. 의의
사태가 발생하면 협의한다는 사전합의에 지나지 않지만 양국 간 일반적 관계호전조짐이 나타나기 시작

1891.7.23. 프랑스 함대, 러시아의 크론슈타트 방문
당시 러시아 내에서는 금지곡이었던 프랑스 국가 연주 허용

1892.8.17. 러불 군사협정

1. 내용
(1) 프랑스가 독일 혹은 독일의 지원을 받는 이탈리아의 공격에 처하게 되면 러시아는 총력을 다해 독일을 공격, 또 러시아가 독일 혹은 독일 지원하의 오스트리아의 공격을 받는 경우에는 프랑스가 마찬가지로 공격
(2) 삼국동맹 소속의 어느 1국이라도 군대를 동원하면 양국은 합의 없이 즉각적으로 군대를 동원
(3) 사태 시 프랑스는 130만 명, 러시아는 70 ~ 80만 명 동원
(4) 삼국 동맹국들의 군사상황에 대한 상호 정보 교류
(5) 전시 단독 강화 금지
(6) 삼국동맹과 유효기간을 같이 함
(7) 모든 조항 비밀(1918년 레닌이 발표할 때까지 비밀 유지됨)

2. 의의
(1) 러불동맹은 유럽 관계에서 주요한 이정표
(2) 삼국동맹에 대해 수비적인 입장
(3) 러시아·프랑스, 특히 프랑스에게 이 조약은 고립으로부터의 탈피를 의미
(4) 타 지역에서의 러시아 이해관계를 규정하지 않아 러시아가 프랑스에 기대할 수 있는 것은 조약의 문구에 의하는 것이라기보다는 양국 간 우호관계에 대한 프랑스의 일반적 태도에 달린 상황
(5) 독일에 대한 두려움 이외에는 공동관심이 없는 조약
(6) 양국 간에는 정체(政體)상의 차이, 즉 공화국과 왕국이라는 불화합요소가 있는 상태

1892.11. 독일, 군사력 증강법안 통과
슐리펜이 독일군 사령관으로 등장

1893.10. 러시아 함대, 프랑스의 투롱 기지 방문

1893.12.27. 러시아 외무장관, 주러 불대사에 각서
• 1892년 군사협정을 수정없이 발효시킬 것을 요망
• 당시 프랑스는 의회정치체제였으므로 조약의 정식 비준을 위해서는 의회의 동의가 필요하였으나 군사동맹의 성격상 비밀유지가 절대 필요하여 외무장관 간의 각서교환형식을 빌어 조약의 효력을 발생하게 하는 방법 채택

1894.1.4. 러불동맹 효력 발생

제국주의 경쟁 및 영국의 고립

아프리카 경략

1895.3. 영국, 프랑스의 나일강 탐험을 비난

1895.11. 프랑스의 하노토, 탐험 강행
영국이 이집트를 단독으로 처리하지 못하게 하고 이 문제를 국제적으로 부각시키기 위한 의도

1889.10.29. 콘스탄티노플협정
• 수에즈 운하 자유통항에 관한 협정
• 영국이 교전국인 경우에는 영국이 관리권을 가지고 폐쇄할 수 있도록 규정

1895.12. 제임슨 기습
트랜스바알에 내란을 일으켜 이를 구실로 간섭하려던 영의 계획이었으나 실패

1896.1.3. 크루거 텔레그람
• 독일이 제임슨 기습 실패에 대해 트랜스바알 대통령이 크루거에 보낸 축전문제는 국제회의에서 다루어야 한다고 주장
• 독일 외교정책방향: 세계 곳곳에서 반영정책을 추구하여 영이 고립감을 느낀 나머지 삼국동맹 측과 제휴하도록 의도

지중해문제

1895.6. 영국의 솔즈베리, 오토만 분배 제의
방법상 문제로 실패

1897.4. 터키, 그리스전쟁
그리스가 패배하였으나 열강의 간섭으로 배상금 물지 않음

1898.7. 크레타 자치 획득
열강간섭 결과

1897.5.7. 오스트리아 황제, 러시아 방문
오스트리아 외상 고루코프스키 대동

1897.5.8. 오스트리아, 각서 전달

- 현 유럽의 현상유지 인정
- 오스트리아의 보스니아 – 헤르체고비나 합병 인정
- 알바니아 독립
- 기타 발칸지역은 양국 합의에 따라 균형 유지

1897.5.17. 러시아, 무라비에프의 회답각서

1. 내용
   (1) 발칸 현상유지에는 동의
   (2) 그 외 사항은 유보
   (3) 이러한 과정을 거치면서 러시아·오스트리아 양국 간에 모호성은 있었지만 잠정적인 발칸문제 동결 합의 도달

2. 특이점
   당시 러시아는 극동문제로 발칸에 관심 소원

1896.3.1. 아도와 전쟁

1. 결과
   (1) 이탈리아가 에티오피아와의 전쟁에서 패배
   (2) 이 결과로 크리스피 퇴진, 이탈리아의 무력감 노출

2. 의의
   영국·이탈리아를 수단에서의 프랑스 견제로 이용하려 했던 계획을 수정하고 이후 직접 프랑스와 대립하게 됨

파쇼다 사건

1898.9. 파쇼다 대결

- **영국**: 키치너를 파견하여 10년 전에 포기하였던 수단 정복 재시도
- **프랑스**: 이 문제 국제화를 위해 마르샹을 가봉에서 출발시켜 나일까지 행진하도록 조치. 상기 양자가 수단의 파쇼다에서 대립하게 된 것임. 당시 키치너는 마르샹에게 후퇴를 요구하였으나 마르샹은 이를 거부하였음. 영국의 비타협적인 태도로 전쟁의 긴장감마저 돌던 상황

1898.6. 프랑스, 델카세 등장

1898.11.4. 델카세, 영국에 굴복하기로 결정

이유: 프랑스가 영국과 독일 양국을 상대로 동시에 대항할 힘을 가지지 못하였기 때문임

1899.3. 영불협정

북아프리카 및 나일강 유역에서의 양국 영향력 범위 결정

아시아에서의 제국주의

1893. 영국·프랑스, 태국에서 대립

이 때에도 독일은 프랑스를 지지

1894.9. 청일전쟁

일본 승리

1895.4. 시모노세키조약

- 청의 대한 종주권의 종식
- 일본, 여순·대련 및 요동반도 획득

1895.4. 삼국간섭

- **내용**: 러시아, 프랑스, 독일이 일본에 압력을 가하여 대련, 여순 및 요동반도를 중국에 반환하도록 함
- **배경**: 러시아에게 일본의 중국 본토 진출은 큰 위협이다. 프랑스는 러시아의 동맹국이므로 독일은 러시아의 관심을 극동에 쏠리게 하여 유럽 및 발칸에서 행동자유(free hand)를 얻기 위해 삼국간섭에 가담한 것

1896.5. 러청수호동맹

일본에 대항하는 성격이다.

1897.11. 독일, 교주만 조차

1898.3. 영국·독일, 청에 차관

1898.3.27. 러시아, 여순 및 대련 조차

- 이에 대항하여 영국도 러시아가 상기 2개 항구를 조차하는 기간만큼 조차한다는 조건으로 위해위 차지
- 또한, 프랑스는 광주만을 차지

영국의 고립 재고시기

영국 – 독일관계(1898 ~ 1901년)

1897.7. 독일, 뷜로우 외무장관 등장

- 빌헬름 2세와 함께 새로운 독일의 정책 – 새로운 진로와 세계정책을 추진
- 유럽 열강 제국주의의 불화를 이용하여 조정자로서의 역할을 누리려 의도

1898.9.23. 독일 제1차 해군법안

- 독일 해군의 아버지라고 불리는 티르피츠 등장(우리의 미래는 바다에 달려있다)
- 당시 독일의 해군력은 공격적인 의도라기보다는 국력의 과시 혹은 외교정책의 수단이었음

1898.3.29. 영국, 독일에 방어동맹 제의

1. 결과
   당시 식민상이던 체임벌린이 혈연적 유사성을 들고 독일(튜튼족)과의 연결을 주장하여 주영·독대사인 핫쯔펠트에게 제의하였으나, 실패함

2. 실패이유
   (1) 영국이 러시아에게도 같은 시기에 동맹을 제의한 사실이 탄로남
   (2) 보어전쟁으로 영국에 대한 세계여론이 악화됨
   (3) 독일은 영국과 러시아 및 프랑스와의 동맹은 불가능하므로 영국과의 동맹을 체결하려면 보다 유리한 입장에서 체결해야 한다고 여유있게 생각함
   (4) 영국은 전통적으로 평시에 어느 나라에 대해서나 단언적인 지지선언을 꺼림

1898.8.30. 영독협정

- 동맹 체결에는 실패하고 협정 체결에 그쳤다.
- 장차 발생가능성이 있는 포르투갈의 남아프리카 식민지 분배에 대한 협정
- 내용: 포르투갈이 식민지 관리를 위해 차관을 요구하면 공동으로 대부해 주고 대신 남아프리카 분할에 공동으로 행동함

1899.10.14. 윈슨조약

- 당시 진행 중이던 보어전쟁에 포르투갈 식민지를 통해 보어인에 대한 전쟁물자 공급방지를 위해 영국이 포르투갈과 체결
- 사전에 독일에 통고하지 않아서 독일의 영국에 대한 의심이 더욱 증가되는 계기가 됨

1897. 영국, 밀너를 남아에 파견

크루거 대통령과의 교섭에 실패하였다.

1898. 크루거, 대통령 재선

1899. 보어전쟁 시작

1900.2. 영국, 래이디스미스와 킴버리 점령

영국이 몰리고 있다가 이를 계기로 전세가 역전됨

1900.10. 영국, 트랜스바알 합병선언

게릴라전 때문에 사실상의 합병은 1902년에서야 이루어짐

1902.5. 베레닝 강화조약

보어전쟁의 결과: 전세계의 반영국 여론 팽배, 영국 육군의 허약상태 노출

1899.11. 빌헬름 2세 뷜로우, 영국 방문

1899.11.30. 제임벌린, 레이체스터 연설

튜톤과 앵글로-색슨 민족 간의 유사성을 주장하며 미국·영국·독일 3국의 동맹을 제의

1899.12.11. 뷜로우, 상기 제의 거부

1899.12. 독일 제2차 해군 법안

1901.1. 빌헬름 2세, 영 빅토리아 여왕 장례식 참석

영국·독일동맹의 마지막 기회

1900.10. 영독 양자강협정

- 중국의 독립 및 영토보전. 문호개방정책 유지를 규정
- 동 조약에서의 영국의 의도는 1898년 의화단의 난 이래 증가되고 있는 러시아의 세력을 견제하기 위한 것

1901.3.15. 뷜로우, 제국회의 연설

- 양자강협정은 만주에는 적용되지 않는다고 선언, 즉 독일은 러시아세력 견제에는 관심 없다는 것을 표명한 것임
- 이러한 독일의 태도에 실망하여 당시 일본까지 동맹에 추가시키려 하였던 체임벌린은 동맹안을 철회하였고, 당시 3차에 걸쳐 시도하였던 영독동맹의 교섭은 실패로 끝남

1902.1.30. 영일동맹

1. 배경
   러시아 견제라는 공동 관심사에서 체결

2. 내용
   (1) 일방 당사국이 전쟁시 타방은 중립 유지(방어동맹)
   (2) 일방이 두 나라 이상을 상대로 전쟁하게 되면 조약 해당 사유(casus foederis)로 간주
   (3) 한반도에서의 일의 우위 인정

3. 의의
   (1) 영국 역사상 최초의 고립정책 파기
   (2) 그러나 이는 아시아에서만 해당하고 유럽에서는 계속 고립정책 유지

이탈리아

○ 1896.5. 삼국동맹 기간 연장

○ 1896. 프랑스·이탈리아협정
- 기존 삼국동맹체제 내에서 이탈리아가 변화를 시도, 즉 삼국동맹은 유지하면서 대불관계 개선 추구
- 튀니지에서 상업적 권리 포함한 이탈리아의 특권 인정. 그러나 사실상 동 협정은 이탈리아가 튀니지에서 프랑스가 우선권을 가진다는 데 동의한 것임

○ 1898. 프랑스·이탈리아 통상조약
- 1888년의 관세전쟁으로 이탈리아가 큰 손해를 보았기 때문에 어쩔 수 없이 체결
- 상기 두 조약은 프랑스·이탈리아 관계 정상화에 긍정적인 영향을 미침

○ 1900.12. 프랑스·이탈리아각서 교환
- 당시 프랑스 대사 까미에바레르와 이탈리아 외무장관 비스콘티 베노챠 간에 이루어짐
- 모로코에서의 이탈리아의 무관심 및 리비아에서의 프랑스의 무관심 확인

○ 1901.1.4. 이탈리아·프랑스 공식각서 교환
- 이탈리아, 모로코에서의 프랑스의 이해관계를 적극적으로 인정
- 프랑스, 리비아에서의 이탈리아의 이해관계를 소극적으로 인정
- 의의: 동 협정은 지중해 지역세력 판도에 중요한 수정을 초래함, 즉 삼국동맹에서 규정한 북아프리카 조항이 의미를 상실
- 동 합의 그 자체보다 더 중요한 것은 이탈리아, 프랑스 국교 정상화까지도 가능하게 해준 양국 간의 일반적인 우호관계 조성

○ 1902.6.28. 삼국동맹 기간 갱신
이탈리아, 대불관계 개선(이탈리아가 삼국동맹에 가입한 주된 이유는 바로 프랑스)을 추구하면서도 삼국동맹은 계속 유지하는 상황

○ 1902.6.30. 러시아·이탈리아협정
1. 내용
  (1) 일방이 제3국에 의해 직접적으로 공격을 받을 때 타방은 엄정 중립 유지
  (2) 양국 중 1국이 제3국에 선전하였을 때에도 타국은 중립유지, 이 경우 사전에 통고가 필요

2. 의의 및 평가
이러한 이탈리아의 양면정책이 열강에 의해 용납되었던 것은 이탈리아의 기본적 입장이 방어적(defensive)이었기 때문임. 이탈리아는 열강 중 가장 약국에 속하였기 때문에 이해관계 및 권력관계의 변화에 민첩하게 움직여야 했던 것으로, 이탈리아가 여태까지는 삼국동맹에 기울어져 있던 상태에서 프랑스에 접근하기 시작하였다는 사실은 매우 중요한 의미를 가지는 변화임

프랑스 – 독일 – 러시아관계

○ 1899.8.9. 프랑스·러시아각서 교환
델카세가 러시아를 방문하여 무라비예프와 각서 교환
1. 내용
  (1) 러시아, 프랑스 동맹조약에 규정한 '평화유지(the maintenance of peace)'를 보다 적극적 의미인 '평형유지(the maintenance of equilibrium)'로 수정
  (2) 군사협정 발효기간을 무기한으로 결정

2. 의의: 양국 동맹관계 강화
  (1) 프랑스는 러시아의 발칸정책 지지
  (2) 러시아는 라인에 대한 프랑스 주장 지지

○ 1900.7. 러불참모총장회의
영국과 전쟁 시의 군사협력에 관한 의견교환

○ 1901.5. 델카세, 러시아 재방문
람스도르프와 회담하고 상기 군사협정 승인

○ 1898.8. 러의 짜르, 군축 위한 국제회의 개최 주장

○ 1899.5. ~ 7. 헤이그 국제평화회의
- 상기 짜르의 제의에 반대하는 국가가 없어서 개최하였던 것
- 국제법 분야에서는 적지 않은 성과가 있었으나 실질문제에 있어서는 별다른 성과가 없었음
- 동 회의기간 중 독일이 매우 배타적이고 공격적으로 행동하여 여러 국가들 특히 러시아의 의심을 사게 됨

○ 1899. 독일, 바그다드 – 콘스탄티노플 철도부설권 획득
- 독일의 오토만에의 이해관계가 심화되기 시작
- 러시아를 당연히 자극하게 됨

○ 1899.10. 독일 빌헬름 2세, 오토만 방문
다마스커스(지금 시리아의 수도) 연설 시 자신이 이슬람세계의 보호자라고 자칭

세르비아문제

○ 1903.10. 오스트리아 · 러시아 황제, 뮈르쯔슈테크 회담

　1. 내용
　　양국 합의하에 술탄에 대한 개혁 권고안 발송

　2. 의의
　　(1) 오스트리아 · 러시아가 문제를 두고 합의하였다는 사실 그 자체가 중요, 당시 러시아의 주된 관심사가 아시아에 쏠려 있었기 때문에 가능
　　(2) 그러나 발칸에 대한 개혁 권고안이 실천되기 전에 술탄문제 발생으로 실현되지 못함

○ 1889. 밀란공 퇴위

　• 세르비아의 새로운 왕으로 알렉산더 등장
　• 밀란공은 국내 여론을 무시하면서 친오정책을 고집해 왔으나 퇴위 후 1901년에 사망하자 세르비아의 외교정책이 러시아쪽으로 편향되는 조짐을 보이기 시작

○ 1895. 세르비아, 오스트리아와 동맹 폐기(1881.6.28 체결)

○ 1903.6.10. 세르비아 폭동

　1. 내용
　　(1) 알렉산더의 폭정이 원인
　　(2) 이 결과 오브레노빅 왕가가 망하고 카라게오르계빅 왕가가 등장하여 피터가 왕위에 오르고 과격파 Rosic이 정권을 장악

　2. 의의
　　동 사건을 분기점으로 세르비아의 대외정책은 완전히 러시아에 편향되게 되었고, 이는 열강 간의 관계에 큰 영향을 미침

영국 – 프랑스협상

○ 1901.1. 영국, 에드워드 7세 등극

　빅토리아 여왕의 승계자로 친불적 성향

○ 1902.8. 델카세, 대영 접촉 시작

　• 델카세의 기본 정책은 프랑스의 국제적 지위 강화에 있었고 이를 위해 그는 제국주의 팽창을 적극 추진
　• 이러한 정책의 일환으로 그는 1902년 6월 이불협약 체결 후에 영국에 접근하여 모로코문제를 제기한 것임

○ 1903. 영국 에드워드 7세와 프랑스 대통령 루베르 상호방문

○ 1904.4.8. 영불협상 체결

　1. 내용
　　모로코는 원칙적으로 프랑스에 속하는 것으로 규정하였으나, 영국의 기득 권리는 인정함. 모로코에서의 스페인의 이해도 고려함(당시 스페인은 영국에 지브롤터 해군기지를 제공하는 등 매우 영국에 우호적이었음)

　2. 의의 및 평가
　　정식 동맹이 아님. 실질적으로 중요한 내용은 규정하지 않고 식민지에 대한 이해 차이를 없애는 정도. 협정으로 표현되는 동 협상이 장차 동맹의 성격을 띨 수 있었던 것은 유럽에서의 정치적 공약을 추구하지 않고 단지 제한적인 식민지문제 해결에만 만족하였던 델카세 외교의 성공으로 평가됨. 러일전쟁의 확전을 원하지 않는 양국 이해관계의 일치가 동 협상을 촉진시킨 면도 있음

○ 1904.10.3. 스페인 · 프랑스협정

　• 스페인이 영불협상 인정
　• 모로코 분할의 경우, 양국의 할당부분 미리 결정(영국이 당시 스페인 영토이던 지브롤터의 전략적 중요성을 유지하기 위해 지브롤터의 한쪽 연안인 모로코 영토의 일부는 스페인에 주기 위한 영국의 조치)

독일과 영국협상

러시아 – 일본전쟁

○ 1902.4. 러청협약

　의화단 사건 이후 만주에 주둔하고 있던 러시아 군대의 3단계 철수를 규정

○ 1903.8. 러시아, 빗테 사임

　• 러시아의 대외정책이 정치적 협정에 의한 경제적 침투노선에서 보다 공격적인 영토 침략으로 변경하게 됨
　• 따라서 극동지역에서의 러시아 · 일본 간의 대립이 격화되어 폭발 직전에 이르게 됨

○ 1904.2.8. 일본, 여순 공격

　일본은 모든 전쟁에서 선전 포고한 경험이 없음

○ 1905.1. 여순 함락

○ 1905.3.4. 봉천 함락

○ 1905.5. 압록강에서 러시아 패배

○ 1905.5. 발틱 함대 패배

런던협정 및 베를린조약에서 규정된 터키가 전시가 아니면 타국은 흑해를 통과할 수 없다는 조항 및 당시 영국이 수에즈 운하를 장악하고 있었기 때문에 러시아는 일본 해군에 대항키 위해 지구 반을 돌아왔으나 대한해협에서 일본에 패배당한 것임

○ 1905.9.5. 포츠머스 강화조약

• 당시 미국 대통령 테오도르 루스벨트의 주선(Good Offices) 주효
• 내용
  - 일본이 사할린 및 랴오둥반도 획득
  - 한국에서의 일본의 우월적 지위 인정
  - 러시아는 만주를 청에 다시 반환하도록 결정

○ 1904.10. 도거뱅크 사건

발틱 함대 항해 도중 영국 어선을 일본 군함으로 잘못 알고 포격을 가하여 동 전쟁이 영러전쟁으로 확대될 위기에 처하였으나 프랑스의 중개로 원만히 해결됨

제1차 모로코 사태

○ 1880. 마드리드협정

• 모로코 내의 모든 외국인의 지위 및 기득권 보호를 규정
• 당시 모로코가 프랑스에 속한다고 하는 것은 하나의 관념일 뿐 기정사실은 아니었으므로 프랑스로서는 영국·이탈리아와의 합리적인 상호 교환협정처럼 독일과도 같은 성질의 협정이 필요하였던 것임
• 그러나 이러한 프랑스의 태도에 대해 독일은 영불협상의 붕괴 혹은 모로코에서의 더욱 많은 이익 확보를 위해 매우 강경하게 대처함

○ 1905.3. 독일의 빌헬름 2세, 모로코 방문

• 모로코에 대한 프랑스의 어떠한 주장도 인정치 않음을 선언
• 동시에 뷜로우는 모로코문제를 다루기 위한 1880년 마드리드협정의 모든 서명국 참가하에 국제회의 개최를 주장

○ 1905.5.1. 영국, 상기 독일 태도에 대한 협상을 델카세에 제의

델카세는 이를 동맹 제안으로 오인하여 대독 강경태도 표명

○ 1905.6.6. 델카세 사임

• 대독 화해를 주장하는 루비에 대통령이 사임시킴
• 이는 독일 외무장관이 프랑스 외상을 해임시킨 것이라 볼 수 있는 독일 외교의 커다란 승리
• 독일은 더욱 강경하게 나옴
• 반면, 영국은 델카세의 사임에 큰 충격을 받아 더욱 친불적으로 됨

○ 1905.7.24. 러시아·독일 황제 비욜케회담

프랑스는 이미 독일의 위협에 굴복한 상태이므로 러시아·독일이 연결되면 독일이 추구하는 대륙동맹이 완성될 수 있으리라 생각하고 독일 황제가 러시아에 동맹을 재차 제의, 이에 러시아는 사전에 프랑스와 협의해야 한다고 주장함으로써 결렬됨

○ 1905.9.28. 루비에, 독일에 굴복

모로코 왕의 명의로 마드리드협정의 모든 서명국에 초청장을 발송하여 국제회의를 개최하기로 결정

알헤시라스회의 개최

○ 1906.1.4. 알헤시라스회의 개최

모로코 재정문제 및 국제경찰군 조직문제가 주된 이슈

○ 1906.3. 독일, 오스트리아의 타협안 수락

독일의 비타협적 태도로 오히려 독일이 고립되었던 것임

○ 1906.4.7. 알헤시라스 최종의정서 채택

• 모로코의 국제적 지위 및 개방정책의 확인은 국제회의에서 모로코문제가 논의되었다는 사실과 함께 어느 정도는 독일 외교의 성공으로 볼 수 있음
• 프랑스는 스페인과 함께 모로코에서의 경찰 유지권을 획득함으로써 모로코에서의 프랑스의 특별한 이해관계가 국제적 승인을 받게 됨
• 의의: 동 회의는 모로코문제의 종식이라기보다는 새로운 시작, 즉 모로코는 한낱 열강 제국주의정책의 하나의 대상물에 불과하지만 중요한 것은 모로코가 주요한 유럽 분쟁의 실마리가 된다는 것임. 이러한 독일의 강경외교정책으로 말미암아 영국은 더욱 프랑스를 지지하게 됨

○ 1905.11. 영국, 신내각 형성

• 영국의 신내각은 철저한 친불정책을 추진
• 모로코문제를 계기로 독립정책 완전 포기

1906.1.3. 영국 그레이 외상, 독일 대사 메테르니히에게 경고

- "영국은 프랑스가 독일과 전쟁을 하게 되면 필연적으로 프랑스를 지원할 것이다." → 사실상 동맹과 같은 발언
- 뷜로우는 협상을 시험해보려 하다가 오히려 협상을 강화시키는 결과를 초래하였고 회의 당시의 비타협적인 태도로 외교적 고립까지 맛보게 됨

삼국협상

영국 - 독일 해군경쟁

1904. 영국, 북해 함대 재배치

1906. 독일, 해군증강법안 통과

1907.1.1. 크로우보고서 대독관계 연구서
독일의 해군증강을 좌시할 수 없다고 주장

1907.6.15. 제2차 헤이그회의
- 군비축소문제 논의
- 영국·독일 간 해군력 경쟁이 중요 논점
- 이 회의를 계기로 상호 군비증강의 악순환이 시작

영국 - 러시아협상

1907.7.30. 일러협정
- 양국 간 만주 분할지배를 결정
- 이로써 러시아와 관련된 극동 사태는 안정됨

1906.4. 이즈볼스키, 외상으로 등장
- 람스도르프 후임
- 영러협상 체결을 주장
- 발칸반도에 관심을 집중

1907.8.31. 영러협상

1. 내용
   (1) 청이 티베트에 대한 종주권 행사, 아프가니스탄에 대한 영국의 우월한 지위 인정
   (2) 페르시아를 삼분하여 북부는 러시아의 남부는 영국의 영향권에 두고 중부는 중립화

2. 의의 및 평가
   (1) 양국 간의 제국주의 이해관계 조정에만 그친 비정치적 협정
   (2) 독일의 이해관계가 없는 곳에서의 양국의 이해 조정
   (3) 이때부터 독일은 포위감(Einkreisung)을 느끼기 시작

보스니아 합병

배경

1906. 오스트리아, 애렌탈 등장
- 고루코프스키 후임
- 오스트리아의 국제적 지위향상 추구
- 오스트리아의 애렌탈 등장으로 마찬가지로 해외팽창을 시도하는 러시아의 이즈볼스키와의 대립이 불가피하게 됨

1906.7.2. 이즈볼스키의 대오제안
- 러시아의 터키 해협에 대한 이해 인정
- 오스트리아의 보스니아 - 헤르체고비나 합병 지지 약속

1908.7.6. 마케도니아 폭동
개혁파들이 진보동맹위원회를 조직하여 군대와 밀접한 관계를 가지고 터키민족주의를 주장

1908.7. 터키 헌법 공포
1878년 7월 24일에 일시적으로 허용하였던 헌법, 정교 분리, 평등사상 주장

1908.8. ~ 9. 국회선거
그리스도교와 유태인들이 상당한 의석 차지

1908.12. 국회 개회
터키 내의 이러한 변화로 애렌탈은 합병을 서두르게 됨. 즉, 그 당시까지 보스니아 - 헤르체고비나는 명목상 터키의 소유였고 오스트리아의 30년간의 점령은 잠정적이라는 조건하에 승인되었고 새로 일어난 청년투르크당이 매우 민족주의적이었기 때문임

1908.9.15. 부클라우회담
- 애렌탈과 이즈볼스키의 회담
- 결과적으로 러시아의 이즈볼스키가 오스트리아의 애렌탈로부터 구체적인 약속도 없이 합병을 승인하는 것이 되어 장차 오해 혹은 불화가 생길 수 있는 가능성을 내포

합병과 그 결과

1908.10.5. 오스트리아, 보스니아 – 헤르체고비나 합병선언
이는 1876년 베를린국제회의의 결상사항을 파기한 것이므로 당연히 열국의 관심이 동 사태에 총집중됨
- 러시아: 국제회의 개최 주장
- 영국·프랑스: 러시아에 동조, 그러나 적극적인 지지는 못함
- 독일: 오스트리아에 대하여 전폭적이고 무조건적인 지원 약속

1909. 프리트융 및 자그레브재판 사건
- 남슬라브족의 민족감정 고조
- 결과적으로 합병은 세르비아의 민족주의운동을 깨뜨리기는커녕 오히려 극단적으로 강화시킴

1909.3.30. 세르비아 정부 성명
- 세르비아 민족감정은 고조되어 있었으나 러시아의 지원 없이는 어쩔 수 없는 상태
- 내용: 세르비아는 베를린조약 제25조에 의거 열강의 결정에 순응, 합병에 대한 저항 포기, 친오정책 추구

1909.10. 라꼬니기협정
- 이탈리아, 합병에도 불구하고 아무런 대가를 받지 못하자 이에 불만을 품고 러시아와 조약 체결
- 발칸반도에서 오스트리아의 단독행동 방지가 공동관심사
- 러시아의 해협에 대한 이해 및 이탈리아의 트리폴리에 대한 이해 상호 교차승인

열강관계

1908.10.28. 데일리테레그라프 사건
- 영독관계에 악영향을 주어 양국 해군경쟁을 가속시킴
- 독일의 카이저가 동지와의 회견 당시 독일 국민의 일반적인 반영(反英)감정 인정

1908.9. 카사블랑카 사건
- 독일인의 프랑스 외인부대 탈주 사건
- 양국, 헤이그 국제재판소에 제기하여 문제를 해결하기로 합의함으로써 양국 간 긴장 완화에 기여

1909.2. 불독협정
- 모로코에서의 상호이해관계 승인
- 모로코의 경제 발전을 위한 양국의 공동노력 약속

1909.6. 뷜로우 사임
뷜로우에 대한 평가(알베르티니, 이탈리아학자)
- 오스트리아, 이를 견제하지 못하고 오히려 불화를 조장
- 독일이 제1차 세계대전에 휩쓸리게 되는 기본 여건을 모두 창조

1910.9. 러시아에 사조노프 등장
사조노프: 우유부단한 성격으로 이즈볼스키의 후임

1910.10. 짜르 및 사조노프, 독일 방문
서로 이해관계가 상이함을 발견하고 성과 없이 끝남

제2차 모로코 사태

아가딜 사태

1911.5. 모로코 반란
프랑스, 페즈를 점령하고 알헤시라스 의정서에 의거하여 행동할 것을 선언

1911.7.1. 독일 군함 판터호, 아가딜 출현
- 키더렌의 의도: 프랑스의 지배가 기정사실화되고 있는 모로코를 승인하는 대신 가능한 한 많은 이익 추구. 즉, 프랑스로 하여금 사건에 휘말리게 하고 협상에서 프랑스를 위협하여 보상문제를 제기하려는 것임
- 러시아, 프랑스 지원 거부

1911.7.1. 까이오가 프랑스 수상으로 등장
독일과의 협상을 주장하여 외상 드셀베 몰래 독일과 교섭

1911.7.15. 독일, 프랑스령 콩고 전체를 요구
이러한 독일의 지나친 요구에 경악하여 영국이 강경한 반응을 보임

1911.12.4. 불독협정
1. 내용
   (1) 독일은 모로코에서의 프랑스 보호령 건설을 인정
   (2) 프랑스령 콩고의 일부를 독일이 차지
   (3) 독일은 프랑스에 차드호 근처 지역 양도
2. 의의
   (1) 유럽 제국주의 국가의 단순한 식민지 조정
   (2) 독일의 무력 위협에 의한 보상요구방식 때문에 모로코에 두 번의 위기가 야기되었던 것임

○ 1912.3. 프랑스령 모로코 건설

○ 1912.1. 프랑스, 포앙카레 등장
- 1911년 독불협정은 양국에서 모두 비난을 받음
- 이 결과 까이오가 사임한 것
- 포앙카레: 솔직, 결단성, 프랑스 시민계급을 표상, 대독 강경파

트리폴리전쟁

○ 1911.10.28. 이탈리아, 터키에 선전
당시 이탈리아는 트리폴리에 대해서는 열강들의 묵시적인 승인을 얻어 놓고 있던 상태, 이탈리아는 모로코문제가 종결되고 지중해에서 경쟁이 증대되자 이 기회에 트리폴리를 합병하려 의도, 즉 독일의 간섭을 배제하려고 생각한 것

○ 1911.11.5. 이탈리아, 트리폴리 및 키레나이카 합병선언
동 사태에 대한 열강의 태도
- 러시아: 1909년 라꼬니기협정에 의거 동조
- 프랑스: 반대
- 영국: 적극적 반대는 유보
- 독일: 현재의 동맹국과 미래의 동맹국 간의 전쟁으로 파악하여 반대
- 오스트리아: 가장 강력한 반응

○ 1912.4. 이탈리아, 도네카네스군도 점령

○ 1912.10. 우시(Ouchy)강화조약
- 터키는 트리폴리에서 군대 철수, 주권은 이탈리아에 양도
- 이를 위한 담보로 잠정적으로 이탈리아가 다다넬스군도 점령(1946년에야 반환)

해군 경쟁

○ 1912.1. 영국의 에른스트 카셀, 독일 방문
- 해군 경쟁에서의 협상이 목적
- 독일 측의 상대역은 알베르트 발린

○ 1912.2. 홀데인(영국), 독일 방문
견해 상충으로 해군 교섭 실패

○ 1912. 영국·프랑스 함대 재배치
함대 재배치는 영국이 타국에 대해 공식적으로 인정하기 꺼려하는 집단이해 개념을 내포, 영국은 대서양(영국 근해, 지브롤터)에서 프랑스는 지중해(투롱)에서 공동의 이익을 보호

○ 1912.7.16. 러불 해군협정
- 양국 해군의 밀접한 공동협력방안 모색
- 러시아가 발틱해 및 흑해 경비 책임부담

발칸전쟁

발칸전쟁

○ 1912.3.13. 세르비아·불가리아동맹
- 러시아, 외무성의 훈령 없이 당시 베오그라드 및 소피아에 주재하고 있던 러시아 공사들의 독자적인 노력으로 체결됨
- 내용: 마케도니아를 분할하여 북부는 세르비아, 남부는 불가리아가 지배하고 중부에는 짜르의 중재로 경쟁지역 설치
- 배경: 불가리아는 트라체 획득을, 세르비아는 아드리아해 진출을 기대하고 체결. 양국은 동 조약 체결 후 곧 군사협정도 체결

○ 1912.5. 그리스·불가리아협정
이로써 그리스·불가리아·세르비아를 잇는 발칸동맹이 형성되고 다시 대터키 반항운동을 펼치기 시작

○ 1912.8. 포앙카레, 러시아 방문
러시아의 공격적 태도를 격려해 주기보다 오히려 사조노프에게 위험을 인식시키는 효과

○ 1912.8. 오스트리아의 베르히톨, 터키에 대한 열강의 공동행동 제의

○ 1912.10.4. 프랑스의 수정 제의
오스트리아의 제안에 대해 프랑스는 터키의 유럽 영토 내의 현상유지를 주장하였고, 이는 대부분 국가의 동조를 얻음

○ 1912.10.8. 몬테네그로, 터키에 선전
상기 열강들의 제안이 실행될 여유 없이 전쟁이 발발하게 된 것이고, 곧 발칸동맹국들도 뒤따라 터키에 대해 선전포고

○ 1912.12.23. 제1차 발칸전쟁 휴전
그리스만 불응. 이로써 터키는 해협지역을 제외한 모든 유럽지역에서 사실상 축출됨

1912.12.16. 런던 강화회의
- 열강 대사회의 및 전쟁 당사자회의로 이원화하여 진행
- 그러나 또 하나의 전쟁으로 협정 체결 지연
- 청년투르크당이 아드리아노플의 할양에 반대하여 케말 파샤 정부를 전복하고 전쟁을 재개하였으나 다시 패배

1913.5.30. 런던평화조약 체결
터키, 에노스미디아선 서쪽의 유럽지역 양도, 알바니아 건설(오스트리아가 세르비아 민족주의를 지지하기 위해 세르비아의 아드리아해 접근을 막으려는 의도에서 제의, 이탈리아도 찬성)

1913.1. 포앙카레, 대통령 당선

1913.6.29. 불가리아, 세르비아 및 그리스에 선전
- 당초 불가리아의 목표는 마케도니아였는데 세르비아가 오 압력에 대한 보상으로 원래 약속과는 달리 마케도니아를 장악하고 그리스도 살로니카를 점령하자 불가리아가 양국에 선전
- 터키도 아드리아노플을 획득하기 위해 참전. 루마니아도 불가리아에 선전
- 따라서 1 : 4의 전쟁이 됨

1913.7. 휴전 성립
불가리아 패배

1913.8.13. 부카레스트조약
- 터키는 아드리아노플 회복
- 루마니아는 남부 도브루자 획득
- 불가리아는 마케도니아 일부와 트레이스 일부를 차지
- 그리스는 카발라를 차지
- 의의: 열강의 관여 없는 발칸 당사국들만의 영토 조정

발칸전쟁 이후 열강관계

1913. 세르비아 · 알바니아 국경 확정

1913.9. 세르비아, 알바니아 침입

1913.10.18. 오스트리아, 세르비아에 최후통첩
세르비아군 철수

1913. 영독협정
- 포르투갈 식민지 분배가능성에 관한 협정
- 당시 양국 관계가 양호하여 바그다드철도문제도 해결 가능한 것처럼 보여짐

1913. 호엔로에칙령
트리에스테지역에서 이탈리아 근로자를 해고한 사건을 둘러싸고 이탈리아 · 오스트리아 대립

1913.6. 오스트리아 · 이탈리아 해군협정
양국 함대 공동행동 규정

터키 상황

1899.11. 독일, 철도부설권 획득
콘스탄티노플 – 페르시아만을 잇는 철도

1900.4. 러시아 · 터키협정
- 독일이 부설하는 철도는 바그다드를 넘지 못함
- 바그다드와 페르시아만 사이의 철도는 영국의 영향력하에 놓임

1913.10. 오스트리아 · 독일 황제회담

1913.5. 터키, 독일에 군사훈련단 파견 재요청

1914.1. 독일, 콘스탄티노플 요새 통수권은 포기

제1차 세계대전

전쟁 발발

1914.6.28. 오스트리아의 프란츠 페르디나트부처 저격
남슬라브인에 의해 동 사건이 일어나자 오스트리아는 세르비아의 존재사실 자체를 위협으로 간주하기 시작

1914.7.20. ~ 22. 포앙카레, 러시아 방문
프랑스의 러시아 지원결의 과시 목적

1914.7.22. 오스트리아, 세르비아에 최후통첩
오스트리아는 세르비아로부터 만족스러운 회답을 얻지 못하자 외교관계를 단절

- 1914.7.23. **오스트리아, 세르비아에 선전포고**

- 1914.7.29. **러시아, 동원령 선포**

- 1914.7.30. **프랑스, 러시아에 전면동원 중지 요구**
  그러나 러시아는 이미 7월 29일에 전면동원을 결정한 상태

- 1914.7.31. **러시아, 전면동원령**

- 1914.7.31. **독일, 프랑스에게 독러전쟁 시의 태도 표명 요구**

- 1914.8.1. **독일·프랑스, 동원령**

- 1914.8.2. **독일, 대벨기에 최후통첩**

- 1914.8.3. **독일, 프랑스에 선전**

- 1914.8.3. **벨기에, 독일 요구 거부**

- 1914.8.3. **이탈리아 중립선언**
  • 오스트리아가 세르비아 합병을 위해 이탈리아에 알리지 않고 개전한 것은 삼국동맹에 위배된다는 구실
  • 루마니아도 중립선언

- 1914.8.4. **독일, 벨기에 침공**

- 1914.8.5. **영국, 대독 선전포고**

전시외교

미국의 참전까지의 열강외교

- 1914.9.5. **영국·프랑스·러시아, 단독강화하지 않기로 약속**

- 1914.8.15. **일본, 독일에 최후통첩**
  영일동맹 규정상의 참전의무는 없었으나 독일의 중국 조차지 및 태평양 군도 등 영토 확장을 위해 내린 조치

- 1914.8.23. **일본, 대독일선전**
  영국은 이러한 일본의 행동을 못마땅하게 생각하였으나 일본의 관심이 극동에만 한정되어 있었으므로 묵인함

- 1914.8.2. **독일·터키 비밀동맹**
  오스트리아·세르비아전에 러시아가 무력 개입하면 독일과 터키도 참전

- 1914.9.26. **터키, 해협 봉쇄**
  • 협상국(영국·프랑스·러시아)들은 터키와 단교하고 선전
  • 동 해협 봉쇄로 러시아와 영국·프랑스의 연결이 단절되게 되어 협상국, 특히 러시아에 큰 어려움이 발생

- 1915.3.18. **콘스탄티노플협정**
  • 러시아의 동맹이탈을 막기 위해 전후 러시아의 해협소유권 인정
  • 이스탄불, 다다넬스, 보스포러스, 터키 영토를 분할하여 소아시아 서남부를 러시아에 할당하고 아라비아반도에는 회교 독립국을 건설하기로 결정

- 1915. **후세인협정**
  • 영국이 아랍 독립운동을 촉진시켜 터키에 대항하도록 함
  • 그 대가로 전후 대아랍연맹 창설 약속

- 1916.3. **시케스-피코트조약**
  • 시리아 및 소아시아 동남부에서의 프랑스의 우선권 인정
  • 러시아는 오스만 동부, 영국은 바그다드를 포함해서 메소포타미아 남부를 차지
  • 영국·프랑스 사이에서 양국 공동영향력하의 아랍 국가 건설

- 1917.4. **생 모리엔느조약**
  • 프랑스·이탈리아 간 상충되는 이해관계 조정을 위해 체결
  • 이탈리아는 터키 서부의 이즈미르, 프랑스는 안탈야지역의 일부인 아다마 소유

- 1917.11. **발포어선언**
  영국 외상 발포어가 시온니스트들에게 장차 팔레스타인에 독립국 건설 약속

- 1915.4.26. **런던조약**
  • 이탈리아, 협상 가입을 선언하고 독일·오스트리아에 선전, 아드리아해의 이탈리아의 호수화 승인
  • 터키 남부의 아달리아 약속, 이에 할당될 지역에 관한 자세한 내용은 적당한 시기에 확정하기로 결정

- 1915.9. **불가리아, 오스트리아·독일에 합세선언**
  독일·오스트리아로부터 마케도니아를 약속받음

- 1915.10.5. **불가리아, 참전**

- 1916. **루마니아, 협상에 가담**
  전후 트란실바니아, 부크비나, 바나트를 얻는다는 조건

- 1917.6. **그리스, 협상에 가담**

이념외교

1917.1.10. 연합국, 전쟁목표 표명
- 미국 대통령 윌슨의 요구에 서방은 원상회복(restoration)과 민족자결주의(nationality)를 내세움
- 전쟁목적이 이념적인 성격을 띠어 협상은 불가능하게 됨

1916.5. 독일·오스트리아, 전후 폴란드 독립지원 약속
독일·오스트리아 양국과 러시아와의 단독강화 가능성을 무산시키는 의미

1917.2. 러불협정
- 프랑스 라인강에 대한 우위를 인정하는 대신에 전후 러시아의 폴란드 지배를 인정
- 프랑스가 러시아를 계속 동맹으로 묶어 두기 위해 전통적인 폴란드 지지정책을 포기한 것

1916.11. 오스트리아의 프란쯔 요제프 사망
카를레스 1세가 후계자로 등장하여 영국·프랑스에 평화제의를 했으나 실패

1917.8. 바티칸 평화각서
전전상태로의 복귀를 주장하였으나 성과 없이 끝남

베르사유 강화회의

회의 진행과정

1919.2. 윌슨, 미국 귀환
3월에 파리로 다시 복귀

1919.3.19. 베르사유회의 시작
주로 미국·영국·프랑스 3국에 의해 회의가 진행됨

1919.5.7. 독일에 대한 제재책 완성
- 대독 강화조약을 완성시킨 후에야 독일 대표단의 회의참관을 허용함
- 따라서 독일은 이를 수동적으로 받아들일 수밖에 없는 상황(dictated peace)

1919.6.28. 베르사유조약 체결
1871년 독일 제국 성립을 선포하던 자리에서 독일 제국의 해체를 선포하는 결과가 됨

1919.9.10. 생·제르맹조약 체결
대오스트리아 강화조약

1919.11. 뉴이조약 체결
대불가리아조약

1920.6. 트리아농조약 체결
대헝가리조약

1920.8.10. 세브르, 대터키조약
- 아랍지역 분할독립
- 쿠르디스탄지역 자치화, 아르메니아지역 독립

회의 진행상의 난점

1919.6.28. 영국·미국의 대불보장조약
- 당시 프랑스는 독일에 대한 두려움 때문에 자르의 합병 및 라인좌안의 군사통제를 요구
- 그러나 프랑스의 주장은 민족자결주의 원칙에 위배되는 것이었으므로 수락되지 못하고 영국·미국이 다음과 같은 내용의 타협안을 제시한 것임
  - 독일이 프랑스를 공격할 경우 영국·미국이 원조
  - 자르는 연맹의 감독하에 두고 광산이익은 프랑스가 가지며 15년 후 주민투표에 의해 귀속을 결정
  - 라인란트는 영국·미국이 공동으로 관할
- 그러나 동 조약은 미국 의회 비준거부로 무효화됨

1915.5.7. 일본, 중국에 21개조 최후통첩
일본의 21개조 요구는 중국의 1917년 대독 선전포고와 함께 베르사유회의 진행에 커다란 어려움을 야기시킴

1917.11. 이시이·랜싱각서
- 미국이 일본의 지리적 조건을 인정하고 중국에 대한 특별 이해관계를 승인
- 그러나 미국의 의도는 21개조 전체에 대한 승인이 아니고 만주와 몽고에 국한된 것임

1918.5. 중일동맹조약
- 볼세비키, 러시아 견제를 위해 체결
- 일본의 지휘 아래 시베리아에서의 중국군 사용을 규정

동유럽

1922. 일본, 블라디보스토크 철수
시베리아 간섭이 실패로 끝남

1918.11. 필수드스키, 폴란드 임시대통령으로 등장

1921.3. 리가조약
- 폴란드와 러시아 간의 국경 확정을 위한 전쟁을 종료시키는 조약
- 레닌의 최초의 제국주의전쟁

1918.3. ~ 4. 코카서스지역 군소국가 독립
- 조지아(1918~1921), 아제르바이잔(1918~1920) 등
- 그러나 1921년 10월 이후 볼셰비키에 의해 재정복됨

국경 재조정

1920.7. 알텐쉬타인, 마리엔베르더 주민투표
이 결과 동프로이센은 독일에 존속

1920.2. 덴마크, 쉴레스비히 – 홀쉬타인 북부지역 차지
동 지역 남부는 독일로 귀속

1923.1. 리투아니아, 메멜 점령

1920. ~ 1923. 연합국 공동관리

1920.11. 라폴로조약
이탈리아와 유고 간에 체결된 조약으로 1915년 런던조약에서 규정한 이스트리아지역을 그대로 인정

1921.3. 실레지아주민 투표 실시
- 투표 결과 동 지역은 독일과 폴란드로 재분할됨
- 1922년 5월, 폴란드의 코르판티가 국제연맹에 요구
- 1922년 10월, 폴란드에 보다 많은 광산자원이 부여됨

1920.7. 테셴지역 분할
대사회의의 결정대로 체코와 폴란드 간에 양분됨

1920.10. 폴란드, 빌나 획득
오랫동안 폴란드 · 리투아니아 간에 불화의 원인이 되어 온 동 지역을 폴란드의 쩨리고프스키 장군이 점령하여 문제 종결시킴

1919. 희랍, 서부 트레이스 획득
불가리아로부터 동 지역을 획득한 결과 그리스는 터키와 접경하게 됨

1920년대: 관계 재정립 시기

영국 – 프랑스의 대립

1918.12. 카키선거(영국)
- 영국은 독일의 재건에 비교적 동조하는 입장
- 독일이 재건하면 영국의 시장이 될 수 있고 또 프랑스의 유럽 대륙에서의 패권 장악 기도에 대한 견제가 될 수 있다고 판단하였기 때문임
- 이러한 영국의 정책은 자연히 프랑스와 마찰을 빚게 됨

1919. 프랑스선거 실시
선거 결과 과격정책의 지지자가 다수인 군부가 주도하는 의회 등장

1919. 포앙카레, 수상으로 등장
그의 극단적인 정책으로 영국과의 대립이 불가피하게 됨

배상금 지불문제

루르 점령 전까지

1920.7. 스파회의
연합국 간에 배상금 할당율을 결정: 프랑스 52%, 영국 22%, 이탈리아 10%, 벨기에 8%, 포르투갈 0.75%, 그리스 · 유고 · 루마니아 각 6.5%, 일본 0.75%

1921. 배상위원회, 대독 배상금 총액을 1,500억 마르크로 결정

1921.3. 독일, 상기 배상금 총액 거부

이에 연합국은 뒤셀도르프, 루르오르트, 뒤스부르크를 점령하고 루르까지 점령하겠다고 위협

1921.4. 독일, 배상총액 수락

1921.5. 대독 배상금 경감결정

- 런던회의에서 1,500억 마르크를 1,320억 마르크(330억 달러, 66억 파운드 상당)로 감소 결정
- 지불방법은 매년 20억 마르크, 독일 수출액의 26%씩 62년간 상환하도록 결정
  [참고] 영국은 대미전쟁 부채 87억 달러를 62년 동안 상환하도록 되어 있음

1921.10. 비스바덴협정

- 프랑스의 루쉐르와 독일의 라테나우가 체결한 물자 인도 협정
- 그러나 프랑스 산업계와 영국의 반대로 실패로 끝남

1922.1.6. ~ 13. 깐느회담

- 영국의 로이드 죠지와 프랑스의 브리앙 간의 회담
- 영국은 프랑스로부터 경제적 양보를 얻는 대신 안전보장을 제의
- 그러나 프랑스는 배상금과 안전보장을 동시에 확보하려고 하는 견해 차이를 보여 회담은 실패로 돌아감

1922. 포앙카레 재등장

1922.4. ~ 5. 제노아 국제회의

- 칸느회의에서 결정한 러시아를 포함시키는 경제문제를 위한 국제회의
- 동 회의에서 나타난 각국의 태도
  - 프랑스, 볼셰비키에 의해서 거부된 혁명 전 러시아의 대불부채(120억 프랑)의 상환을 요구
  - 러시아, 전시 연합국의 간섭으로 인한 손해에 대한 보상을 오히려 요구
- 영국 · 러시아를 지지하고 프랑스를 견제하는 태도
- 이 회의를 계기로 영국과 프랑스의 관계가 극도로 악화됨

1922.5.7. 런던 타임스지 보도

영불협상이 파기되었다는 내용의 사설 게재(Wrecking the Entente-Premiers Threat to France)

1922.4.16. 라팔로협정

- 라테나우(독일)와 치체린(소련)이 제1차 세계대전 후 독소 관계를 수정하기 위해 체결
- 장차 독소불가침조약이 성립될 수 있는 배경이 됨
- 내용: 전쟁상태로 인해 야기된 모든 손실 및 피해에 대한 보상 상호 포기, 포로 관리비용 포기, 최단시일 내 대사관 개설, 최혜국대우, 국제회의 개최 시 사전에 상호 협의
- 의의: 독일이 배상문제에서 프랑스에 대해 약세에 있었으므로 독일이 프랑스와 타협할 것을 걱정해 왔던 소련이 이 조약으로 자본주의 국가연합으로부터 독일을 이탈시킨 효과를 얻었음. 즉, 소련으로서는 외교적 승리. 또한 동 조약은 프랑스의 안전보장 요구에 대한 근거를 입증하는 결과가 되어 독일로서는 외교상의 실수를 범한 것임. 동 조약은 농업(소련, 땅)과 공업(독일, 기술)의 동맹이라고도 볼 수 있음. 즉, 독일은 베르사유조약상 재무장이 불가능한 상태였기 때문에 기술을 소련에 제공하는 대신 소련영토 내에서 무기를 생산하여 독일 국내로 반입하려는 의도로 소련과 손을 잡았다고 볼 수 있는 면도 있음

루르 점령

1922.12. 바르두제안

- 당시 독일 화폐가치
  - 1922년 1$: 7,000마르크
  - 1923년 1$: 50,000마르크
- 프랑스는 이러한 현상을 독일 측의 성실한 노력이 결여된 결과라고 판단하고 강경한 태도를 취함
- 이에 프랑스의 바르두는 배상위원회에 제소하여 독일이 현물인도기간을 어긴 사실을 만장일치로 인정하였고 이의 원인이 독일의 태만때문이라는 것에 대해서는 3 : 1(프랑스, 이탈리아, 벨기에 : 영국)로 인정됨

1922. 영국, 로이드 정부 실각

- 독일문제에 대한 불만족스러운 결과로 영국 정부가 교체되어, 영국이 비교적 수동적이게 되고 프랑스정책은 더욱 자유스러워짐
- 영국은 당시 프랑스의 강경태도에 커다란 이의를 제기하지 않는데 이는 당시 중동 사태와도 관련시켜 보아야 함. 즉, 당시 영국은 중동에서 이라크, 팔레스타인을 분할해서 요르단을 만드는 등 거의 독단적으로 행동하고 있었는데 이는 독일 배상문제에서의 프랑스와 중동에서의 영국의 상호 교환으로도 볼 수 있는 것임

1923.1.11. 루르 점령

- 프랑스 · 벨기에가 군을 동원하여 점령
- 동 사건은 제1차 세계대전 후 국제정치에서 매우 중요한 의의

- **당시 각국의 태도**
  - 프랑스: 동 사건으로 대독강경 태도를 보다 명백히 표명
  - 영국: 수동적이고 방관적인 입장
  - 벨기에: 프랑스와 공동행동은 하고 있었지만 타협안을 모색
  - 이탈리아: 근본적으로는 프랑스에 반대하나 어쩔 수 없이 침묵
- 미국을 비롯한 신생국가 프랑스를 매우 비난
- **의의**: 독일이 배상금을 지불하지 않으면 언제든지 프랑스가 강점한다는 것을 입증하여 정치적인 면에서는 성공이라고 볼 수 있으나 배상금 지불 확보라는 경제적 측면에서는 실효를 거두지 못함

1923.8. 1$ = 460만 마르크

1923.12. 1$ = 42억 마르크
- 프랑스의 이러한 강압정책에 독은 노동자들의 파업, 관리들의 비협조적 태도 등 수동적인 저항정책으로 맞섬
- 이 결과 독일 화폐는 급속도로 하락
- 따라서 독일 중산층이 큰 손실을 입어 사회혼란이 야기되고 나치 및 공산당 세력이 강화되기 시작

1923.8. 구스타프 쉬트레제만 등장
수동적인 저항정책을 포기하고 프랑스와 협상하여 문제를 해결하려는 태도

1923.11. 포앙카레, 미국의 중재제안 수락
미국의 제안
- 독일 통화 회복을 위한 위원회
- 도오즈를 의장으로 하는 배상을 재조정하기 위한 위원회

1924.1. 1$ = 19.92프랑

1924.3. 1$ = 27.20프랑
독일은 루르 점령 사태에 직면해 프랑스에 굴복하였지만 배상지불은 하지 않음으로써 프랑스 재정이 더욱 악화되어 프랑스 국내 세금부담이 증가되자 포앙카레는 실각하고 에리오가 등장

도오즈안

1924.1. ~ 4. 파리회의
- 도오즈안이 구체화됨
- 루르 사태를 수습하기 위한 미국의 개입과 이를 받아들이려는 독일·프랑스의 새로운 정부의 출현으로 도오즈안이 가능하게 된 것임

- 유럽 정치가 어느 정도 안정되고 경제적 안정을 이루는 계기가 됨

1924.8. 런던회의
- 도오즈안을 최종 확정
- 독일 경제 회복 위해 국제차관을 제공
- 배상지불은 5년간에 서서히 10억, 20억, 25억 마르크로 늘림
- 배상액 전달은 미국·영국·프랑스·이탈리아·벨기에 5개국의 감독하에 베를린에 설치한 배상위원단이 수행, 이 결과 독일은 배상문제에서 완전히 자주성을 상실
- 도오즈안에는 1921년 런던협정에서 결정한 배상총액 1,320억 마르크에 대해서는 전혀 언급하지 않음
- **의의**: 도오즈안은 배상문제를 경제적인 면에서만 보아온 사람들의 승리, 즉 경제주의, 영국·미국정책의 승리를 의미

1922. 전쟁부채기금위원회 설치
- 미국 상원이 설치한 기구로서 1922 ~ 1926년 사이 각 채무국들과 협정을 체결
- 이러한 협정들과 도오즈안의 발동으로 전쟁이 야기된 국제재정문제가 정치적으로는 해결되었으나 실제 수행상에 있어서는 아직도 커다란 어려움이 존재

1925.8. 루르 철수
동시에 뒤스부르크, 뒤셀도르프에서도 철수

1926.1. 영국, 라인좌안지역 철수

근동지역

터키지역

1920.8. 세브르조약
- 동 조약으로 오토만국은 해체됨
- 터키는 본토와 해협지역으로 축소되고 아나톨리아도 거의 주권이 상실된 상태
- 프랑스, 이탈리아, 희랍의 이해관계 침투
- 아르메니아의 독립
- 쿠르디스탄 자치화

1920.1. 무스타파 케말, 터키 국민당 결성
- 청년 터키당원이었던 케말은 아나톨리아 반란 진압을 위해 파견되었으나 그곳 반란군과 합세하여 반술탄세력으로 등장
- 앙카라에서 독립을 선언

○ 1921.3. 소련·케말 우호조약 체결
- 소련, 제정(帝政) 때 오토만에 대해 가지고 있던 모든 권리를 포기
- 케말에 무기 및 자금 원조
- 흑해연안국대표회의를 구성하여 해협지역을 재규정하기로 합의, 상대국에 적대적인 세력 조직 불허, 양국 외교관계 재개
- 당시 소련은 영국·프랑스·일본 등에 의해 무장 간섭을 받던 시기였으므로 터키지역 내에서의 반소운동을 막기 위해 체결한 것임

○ 1921.6. 이탈리아, 아달리아 포기선언

○ 1921.10. 프랑스, 시리시아 포기선언

○ 1921.10. 프랑스·터키협상
- 프랑스는 사실상 케말 정부를 승인
- 프랑스가 알렉산드리아를 유지하는 대신 케말에 무기 원조

○ 1921.9. 케말, 대그리스전에서 우위 확보

○ 1922.8. 케말, 서머나(Smyrna) 진입
- 그리스는 이로써 대터키전에서 패배
- 이후 1922년 9월 콘스탄틴왕 폐위, 1923년 12월 베니제로스가 선거에서 압승

○ 1924.5. 그리스 공화국 선포

○ 1922.10.11. 무다니아휴전조약
- 터키·영국·그리스 간에 체결
- 세브르조약상의 터키 관련조항을 완전히 폐기, 콘스탄티노플의 통치권을 케말이 획득

○ 1922.11. 술탄제도 폐지
이로써 터키는 완전독립하게 되고 근대화의 길을 걷게 됨

○ 1922.12.1. 터키 대국민회의
술탄제도 폐지를 확인하고 회교의 칼리프 지위는 오토만 왕국에서 선출하도록 규정하였으나 이후에 칼리프제도마저 폐지함. 이는 터키가 외교권 지배의사가 없음을 표명한 것임

○ 1922.10. 프랑스, 아나톨리아 포기

○ 1923.7.24. 로잔조약
- 터키의 새로운 탄생을 승인
- 해협은 비무장화시켜 국제위원회의 감독하에 둔다(영국, 일본, 프랑스, 이탈리아, 불가리아, 그리스, 루마니아, 유고, 소련, 터키; 단장은 터키인)는 조항 폐기
- 터키는 아나톨리아 본토 및 동부 트레이스 획득
- **특징**: 터키와 희랍 간 민족주의문제를 주민 교환으로 해결하여 양국 간 적대감정 경감

아랍지역

○ 1924.10. 연맹이사회, 브뤼셀라인 결정
- 터키와 이라크 간의 국경 확립
- 모술은 이라크에 귀속

○ 1920.10. 메소포타미아 반영 폭동

○ 1920.11. 영국, 폭동 진압 후 임시정부 수립

○ 1921.8. 영국, 헤자스의 아들 파이잘을 이라크 왕으로 인정

○ 1923. 영국, 트랜스요르단 설치
팔레스타인지역을 팔레스타인과 트랜스요르단으로 분리하여 요르단 왕으로는 파이잘의 형제인 압둘라로 결정
[참고] 당시 루르 점령과 비슷한 시기로 영국·프랑스의 상호교환정책

○ 1924.3. 후세인, 칼리프라고 자처
후세인과 이븐 사우드 간의 아라비아반도 패권 쟁탈전에서 후세인의 두 아들이 각각 이라크와 요르단의 왕이 되는 등 초반에는 후세인이 유리한 듯 하였으나 터키가 폐지한 칼리프를 자처한 것이 화근이 되어 이븐 사우드가 유리해짐

○ 1924.10. 이븐 사우드, 메카 점령

○ 1926. 이븐 사우드, 아라비아반도를 통합
이로써 아랍은 이븐 사우드와 핫심 왕조(이라크, 요르단)로 분할됨

○ 1922.2. 영국, 이집트 독립승인

○ 1922.3.15. 파우드 1세, 이집트 왕으로 등장

안정추구시대

프랑스 동맹체제

1920.9. 프랑스 · 벨기에동맹 체결

벨기에는 1914년 독일에 의해 중립침해를 당한 후 프랑스의 보장이 필요하다고 생각한 것이고 프랑스로서도 벨기에가 전략적으로 유리한 자산이라고 판단한 것임

1921.2.19. 프랑스 · 폴란드(波)동맹 체결

- **프랑스의 입장:** 전통적인 프랑스의 유럽정책은 동구(터키, 폴란드, 러시아)를 통해서 중구를 견제하는 것이었는데 러시아의 혁명세력이 프랑스 내의 좌경파에 호소하는 태도를 보이자 이번에는 러시아를 견제하려는 정책으로 변화하게 된 것임
- **폴란드의 입장:** 신생국가로서 국경 동서 양쪽에 독일과 러시아 양 강대국을 가지고 있었기 때문에 프랑스와 이해가 일치된 것임
- **내용**
  - 양국 중 1국 혹은 2국이 침략을 받으면 영토보전 및 합법적인 이해를 위해 원조
  - 평화유지는 현상유지를 유지함으로써 가능
- **특이점:** 국제연맹규약의 준수의무를 규정(전후에 바뀐 분위기를 잘 보여주는 예)

1921.3. 폴란드 · 루마니아동맹

1921. 소협상 형성

- 체코 · 루마니아 · 유고 3국 간의 3개의 쌍무조약 체결로 형성, 1920년의 체코 · 유고 방어동맹이 동 협상의 기초가 됨
- 상기 3국의 공동관심사는 합스부르크 왕가, 즉 헝가리의 재흥 방지
- 프랑스는 헝가리에 대해 반감은 없으나 근본적으로 수정주의에는 반대하였기 때문에 소협상과 손을 잡게 됨

1924.1. 프랑스 · 체코동맹

1926.1. 프랑스 · 루마니아동맹

1927.11. 프랑스 · 유고동맹

군축협상

1921. 연맹이사회, 임시연합위원회 설치

군축에 관한 정치적 · 군사적 문제를 취급하기 위해 설치

1921.9. 제3차 연맹총회, 결의안 채택

주요 내용
- 군비축소는 거의 모든 대다수의 국가에 적용되어야 함
- 군비축소는 각 국가의 특별한 위치 및 안전을 고려해야 함
- 연맹규약의 정신에 위배되지 않는 한 일반적인 수호동맹 체결 가능

1924. 프랑스에서 에리오 등장

에리오는 포앙카레의 후임

1923.12. 드래프트조약 체결

연맹규약과는 별도의 일반군축조약이 필요하다는 의식이 생겨나 상호협력조약 성격의 동 조약 채택

1924.7. 영국, 드래프트조약 거부

당시 영국 정부는 맥도날드가 주도하는 노동당 정부

1924.10. 연맹총회, 제네바의정서 채택

- 분쟁의 평화적인 해결을 위한 의정서
- 체코의 베네스와 그리스의 노력으로 채택된 것으로 중재, 안전보장, 군축에 관해 규정
- 분쟁이 발생하면 상설국제사법재판소(PCIJ)에 호소하여 법적으로 해결하고 이것이 불가능할 경우에는 중재를 부탁, 상기 과정을 수락하지 않는 단독행동은 침략으로 규정하여 제재함

1924.11. 영국 선거

보수당이 집권하여 스탠리 볼드윈이 수상, 체임벌린이 외상으로 등장

1925.3. 체임벌린, 제네바의정서 거부

보수 정부의 전통인 일반사항에 대한 특별한 협정을 거부하는 영국의 과거 전통 고수

1921.11. ~ 1922.2. 워싱턴 해군군축회의

- 이 회의를 계기로 비로소 영국이 two power standard를 포기
- 15년 기한의 조약
- 잠수함 및 경무장함은 논의에서 제외하고 주력함의 비율을 미국 5, 영국 5, 일본 3, 프랑스 1.67, 이탈리아 1.67로 결정
- 프랑스는 동 회의 결과에 불만을 갖게 됨
- 동 회의 기간 중 별도의 2개의 조약 체결
  - 4국 조약: 태평양 현상유지, 영일동맹 파기
  - 9국 조약: 중국의 주권, 독립, 영토, 행정독립을 보장, 중국에서의 대외개방정책 재확인

집단안전체제 구축

로카르노협상

○ **1922.12. 독일, 평화 제의**
- 주미 독일 대사가 미국 국무장관 휴에 접근하여 독일·프랑스 양국은 한 세대 동안 전쟁에 호소하지 않을 것임을 미국에 약속하는 내용의 협정을 체결할 것임을 제의
- 그러나 당시 포앙카레는 어리석은 수작이라 일축하여 실패

○ **1925.2.9. 독일, 협상 제안**

○ **1925.3. 체임벌린, 독일 제의에 환영의사 표시**

○ **1925.4. 브리앙, 프랑스 외상으로 등장**
에리오의 수임으로 1932년 사망 시까지 외상직 유지

○ **1925.10.16. 로카르노조약 체결**
- 라인란트협정
  - 상호방위조약, 국경확정, 상호보장, 비무장, 상호전쟁 포기, 분쟁의 평화적 해결
  - 동 조약 제2조 및 연맹규약 제42조·제43조의 규정을 위반하는 사태가 발생하면 불의 자체행동이 가능함을 규정
  - 동 위반에 대해 분쟁당사국을 제외한 이사회가 만장일치로 해결하면 모든 국가는 그 권고에 따라야 함
- 독일 – 프랑스, 독일 – 벨기에 중재조약
- **독일 – 체코, 독일 – 폴란드 중재조약**: 동 조약들에는 독일의 프랑스 및 벨기에와의 중재조약과는 달리 독일과의 국경에 대한 보장이 없음
- **집단각서**: 연맹규약 제16조에 의한 집단조치로서 자신의 군사적 상황과 지리적 위치를 고려하여 그 한도 내에서 의무를 수행할 수 있다는 것임
- 프랑스 – 체코, 프랑스 – 폴란드 조약
  - 독일 공격 시 즉각 상호 원조
  - 이사회가 만장일치하지 않을 때도 가능하다고 규정

독 – 소관계

○ **1921. 영국·러시아통상규정**
이 협정으로 영국은 사실상 러시아를 승인한 것임

○ **1921. 레닌의 신경제정책**
레닌은 자국 복구에만 전념하는 정책을 채택

○ **1923. 최초의 영국 노동당 정부 탄생**

○ **1924. 프랑스, 좌파 득세**

○ **1924. 레닌 사망**
뒤이어 스탈린이 트로츠키를 타도하고 등장

○ **1925.10.25. 독소경제협정**
- 쉬트레제만과 찌체린 간에 체결
- 로카르노협정의 체결에도 불구하고 독일이 소련을 버리는 것이 아니라는 것을 보이기 위한 제스처

○ **1926.2.24. 독일, 연맹 가입 신청**

○ **1926.3. 독일의 국제연맹 가입 거부**
브라질이 상임이사국 자리를 놓고 독일의 가입을 반대하여 독일의 가입이 좌절됨

○ **1926.4.24. 독소우호중립조약**
- 상대방이 공격을 받으면 타 일국은 우호중립 유지
- 상호재정·경제적 가해행위 삼가 약소

○ **1926.9. 독일, 국제연맹 가입**
이 사실은 적지 않게 소련을 자극시킴

지중해지역

○ **1919.9. 이탈리아의 다눈치오, 피우메 점령**

○ **1921. 파시스트 35석 획득**

○ **1921.7. 이탈리아의 졸리티 실각**
이 당시 이탈리아 정국은 매우 혼란했고 사회는 불안했음

○ **1922.10. 무솔리니 등장**

○ **1923. 이탈리아, 의원 선거**
이 결과 무솔리니파가 다수의 지지를 얻게 됨

○ **1921.11. 대사회의, 1913년 당시의 알바니아 국경 회복을 결정**

○ **1923.8. 텔리니 장군 피살**
- 이에 이탈리아는 그리스에 무력을 행사하여 코르푸를 점령
- 영국과 연맹의 중재로 해결

○ **1925. 아메드 베이 조가, 알바니아 대통령으로 등장**

○ **1926.11. 이탈리아 – 알바니아 상호원조약**

집단안보체제

1926.12. 군비축소위원회 폐지
독일의 군비축소상황을 감시하던 기관을 폐쇄하여 프랑스가 조약상 합법적으로 독일의 무장화를 감시할 수 있던 수단을 상실

1927. 브리앙, 미국에 부전조약선언 제의

1928.8.27. 파리협정 체결
일명 켈로그·브리앙협정, 부전협약

1926. 프랑스·미국 배상협정
독일은 향후 62년 이내 부채를 완불하도록 규정

1929.8. 헤이그회의, 라인란트 철수결정
라인란트 철수는 1929년 9월에 시작하여 1930년 6월에 완료

1929. 영(Young)안
- 1년에 20억 마르크씩 배상하도록 결정(6억 마르크는 무조건, 14억 마르크는 형편에 따라 2년까지 유예 가능)
- 무조건 배상액 6억 마르크 중 프랑스가 5억 마르크를 차지
- 1929 ~ 1966년 동안은 연 20억 마르크씩, 1966 ~ 1988년 동안은 연 15억 마르크씩 59년에 걸쳐 Bank of International Settlements를 통해 지불하도록 결정

1929.10.3. 쉬트레제만 사망

1925. 연맹이사회의 준비위원회 설치
군축회담을 위해 동 위원회 설치

1926. 제1차 예비위원회 개최
연맹 비가입국에도 문호를 개방하여 미국·소련도 참가

1927.12. 리트비노프(소), 모든 군비의 전면 폐지 주장

1928. 국제분쟁의 평화적 해결을 위한 일반의정서 채택
- 체코의 베네스가 주도하여 채택
- 파리부전조약의 실시를 규정하였으나 강대국의 외면으로 큰 성과를 보지 못함

1927.6. 미국, 해군군비회의 제의
제네바에서 개회하려 시도하였으나 프랑스(佛)·이탈리아(伊)가 반대하고 참가를 거부하여 실패

1930.4. 런던 해군군축회의
- 영국 맥도날드의 제의로 5개국 참가
- 내용: 1936년까지 주력함 건조 금지
- 순양함·잠수함·구축함 등은 일본이 미국·영국의 60%를 유지
- 워싱턴회의 결정사항을 5년 연장, 프랑스(佛)·이탈리아(伊)는 부분적으로만 동의
- 주력함 비율은 미국 15척, 영국 15척, 일본 9척으로 결정

1930.12. 준비위원회, 군비 축소 초안 작성

1932.2. 군비를 위한 실제회의를 개최하기로 결정

1930.6. 프랑스, 라인란트 완전 철수

1930.9. 독일 선거, 나치 의석 107석 획득

대공황

독일 국내상황

1930.7. 브뤼닝, 의회 해산
- 균형재정과 사회입법을 놓고 정부와 의회가 대립하게 되자 의회를 해산한 것이었으나 그 후의 선거결과는 더욱 브뤼닝에게 더욱 브뤼닝에게 불리하게 나타남
- 이를 시점으로 하여 바이마르 공화국의 민주주의는 막을 내리게 되고 대통령의 비상대권에 의해서만 질서유지가 가능한 상황이 도래

1930.9. 독일 선거
- 나치의 의석이 종전 12석에서 107석으로 증가
- 브뤼닝은 다수를 차지하지 못하게 되자 정권을 유지하기 위해 민사당과 연합

1929.9. 제10차 연맹총회
동 회의에서 프랑스의 브리앙은 구주통합안을 제기, 독일의 쉬트레제만은 이에 동조

1930.5. 브리앙, 상기 안의 초안을 각국에 송부
- 로카르노 타입의 확장으로서 유럽의 안전을 확보
- 경제적인 것보다 정치적 통합 우선, 그러나 대부분의 국가가 이에 부정적인 반응을 표시

1930.9. 제11차 연맹총회
구주통합안을 검토하기 위한 위원회를 설치한다는 정도로 동안을 정중히 거절

독일 - 오스트리아관계

1922. 연맹, 오스트리아에 재정감독관 파견
- 오스트리아 수상 자이펠의 요구로 국제연맹 오스트리아 재정을 회복시키기 위한 위원단을 파견
- 당시 다시 한 번 오스트리아의 독일과의 분리유지의무가 확인됨

1926. 연맹감독관 철수

1930. 헤이그회의
영안의 실행을 위한 최종회담, 동 회의에서 오스트리아의 배상금 지불의무를 면제해 줌

1931.3. 독오관세협정
당시 유럽 대부분 국가에 강력하게 느끼고 있던 경제 위기를 구실로 체결, 그러나 이는 독일·오스트리아 경제에 실질적인 도움은 거의 주지 못하였고 타국의 강력한 반발만을 야기시킴
- 이는 또한 당시 독일·오스트리아 양국의 국내정치적 불안의 강력한 반발만을 야기시킴
- 이는 또한 당시 독일·오스트리아 양국의 국내정치적 불안을 밖으로 유도하기 위한 의도 및 독일민족주의의 제스처로도 볼 수 있음

1931.5.21. 오스트리아의 재정 파산

1931.7. 독일, 지불 중지

1931.8 오스트리아, 연맹에 원조 요청

1931.9. 영국, 금본위제도 포기

1931.10. 영국 노동당 실각
맥도날드하의 거국일치내각 등장

1931.9.3. 독오경제연합 포기선언

1931.9.5. 상설국제사법재판소의 권고적 의견
프랑스의 주장이 받아들여진 결과, 즉 독오관계 연합은 베르사유, 생제르맹조약 및 과거 오스트리아가 1922년 국제연맹으로부터 원조 받을 때 재확인된 오스트리아의 독립유지의무와 위배된다고 8:7로 결정

1931.7.1. 후버 모라토리움
- 경제상태가 악화되자 미국의 후버 대통령이 연합국 간 부채 및 패전국의 배상을 모두 1년간 유예하고자 제의
- 이 조치를 취하는 과정에서 미국은 프랑스와 사전협의를 하지 않아 프랑스의 불만을 사게 됨

1931.10. 프랑스 수상 라발, 미국 방문
- 이때에도 미국은 연합국 간 부채와 배상문제는 전혀 별개라는 주장을 되풀이함
- 그러나 실질적으로는 후버의 조치에 의해 양자의 유관성을 인정한 것이라고 보아야 할 것임

1932.7. 로잔회의
- 독일의 배상액을 30억 마르크로 감소책정
- 그러나 실질적으로 독일은 이후에는 한 푼도 지불하지 않았음

1932.1. 브리앙 사임

만주사변

1930.9. 일본, 모모가이 비밀결사대 형성
당시 일본 국내는 군국주의세력이 완전장악, 폭발적인 인구 증가(1년에 100만 명씩 증가) 및 부족한 자원으로 일본에게는 대외무역이 절대적으로 중요한 상황이었는데 주요 수출대상국들인 미국은 경제대공황, 중국은 국민당의 배척으로 수출이 격감하여 생산량이 36.7%나 떨어지게 되자, 일본 제국주의는 만주를 침공함으로써 해결하려고 의도하게 됨

1931.8. 봉천 사건
일본군 장교가 피살당함

1931.9.18. 일본, 봉천 장악
사전에 치밀한 계획하에 일본 군부가 주동하여 일으킴

1932.2. 만주국 성립
실질적인 일본의 괴뢰 정부로서 일은 즉각적으로 이를 승인하는 제스처를 보임

1932.9. 일본·만주국협정
일본이 만주의 국내안전 및 외부방어를 확보할 권리를 획득, 만주가 실질적인 일본의 영역이 되는 결과

1933.5. 중일휴전협정
- 당시 장제스는 먼저 국내를 안정시키고 일본과 대결하려는 것이었으나 중국 내 여론의 강한 비난을 받음
- 따라서 당시 중국 공산당은 정치적 선전선동이 매우 용이한 상태

1932.1. 스팀슨 독트린

미국이 폭력에 의한 정부는 정당화될 수 없다고 주장하며 비승인주의를 주장

1931.9.10. 연맹, 일본의 철수를 요구

1931.12. 리튼위원회 파견

연맹은 일본이 결정에 따르지 않자 만주사변의 조사 및 보고를 위해 동 위원회를 파견

1932.9. 연맹결의

• 리튼 보고에 의해 일본을 침략자로 규정
• 결국 중국을 살리기 위한 실질적인 조치는 아무 것도 취하지 못한 채 내용 없는 결의로만 끝나게 됨

1933.3. 일본, 연맹 탈퇴

• 만주사변은 연맹에 의한 집단안보는 효과 없는 한낱 헛된 꿈이었음을 증명한 것임
• 그러나 당시까지만 하더라도 국제연맹은 기본적으로는 유럽의 기구였으므로 유럽문제는 해결할 수 있으리라는 희망이 존재하였으나 이것도 2년이 못가서 깨지게 됨

1932.2. 일반군축회의 시작

당시는 만주사변의 절정기

1932.9.16. 독일, 회의 철수를 통고

• 독일은 목표인 동등권 회복의 가능성이 없다고 판단하여 철수를 결정, 이에 미국·영국·프랑스·이탈리아는 독일을 포함시켜 모든 국가의 안전을 확보하는 체제 내에서 독일의 주장을 승인한다고 선언함으로써 독일이 다시 복귀
• 이와 같은 일련의 사태에서 보듯이 당시 국제정세는 국제연맹의 무력함 노출, 군축회의의 교착상태, 경제 위기 등으로 매우 불안한 상태

유럽과 나치 독일

나치의 등장

1932. 힌덴부르크 재선

당시 85세의 고령이었던 힌덴부르크 대통령은 브뤼닝을 해임시키고 폰파펜을 수상으로 임명

1932.7. 독일 의원 선거

• 독일국가사회주의 노동당이 거의 다수에 가까운 의석 230석을 차지(1,400만 표 획득)
• 이에 히틀러는 힌덴부르크에게 전권을 요구하였으나 힌덴부르크는 굴복하지 않았음
• 그러자 히틀러가 주동이 되어 폰파펜 수상에 대한 불신임 결의를 513 : 12로 통과시키고 뒤이어 다시 의회가 해산되어 선거가 재실시됨

1933.1.30. 히틀러 수상으로 등장

• 재실시된 선거에서는 나치가 전보다 200만 표를 상실하여 정국이 안정되는가 하였으나 새로 수상이 된 폰슈라이헤르의 무절제한 정치로 결국은 힌덴부르크가 히틀러를 수상으로 임명해야 하는 상황에 이르게 된 것임
• 새로운 수상 히틀러의 목표는 제3제국의 건설
• 그러나 당시 그는 베르사유조약에 대한 반대나 독일의 권리 및 위대함에 대한 주장보다는 국내정치안정에 더 주력함

1933.3. 독일 의원 선거

• 히틀러 다수 확보
• 바이마르하의 마지막 자유선거로 4,000만 유권자 중 나치가 1,700만 표를 획득하여 300만 표를 얻은 민족주의당과 연합
• 이후 수권법을 통과시킴으로써 완전히 전권을 장악하여 히틀러 자신이 초헌법적이고 절대적, 독재적인 총통의 지위에 오름

1934. 힌덴부르크 사망

4국협정

1933. 미국 금본위제 포기

당시 프랑스는 대공황의 영향을 가장 늦고 적게 받고 있어서 미국·영국이 금본위제를 모두 포기하였음에도 불구하고 계속 유지하고 있는 상황

1933.5. 프랑스 선거

• 선거를 계기로 프랑스 정치가 불안해지기 시작
• 좌파연합, 즉 좌파연합 정부의 승리

1933.2.2. 일반군축회의 재개

1933.3.16. 영국 맥도날드 제안
- 내용
  - 유럽 각국의 병력을 20만 명으로 한정하고 5년 후에는 완전군축을 이룩하자는 것
  - 히틀러는 당시 비무장상태였으므로 반대할 이유가 없는 상황이었고 프랑스는 히틀러를 의심하여 반대
- 프랑스의 수정안 제출
  - 군축감시가 큰 문제가 되므로 5년간 실험기간을 두어서 실제로는 8~9년 후에 완전 군축 달성
  - 그러나 히틀러는 프랑스의 수정안에는 감시제도를 반대한다는 이유로 거부
  - 이탈리아도 거부

1933.2. 소협상 상임위원회
외상으로 구성되는 위원회로 더욱 유대가 강화됨

1933.6.7. 4국협정 채택
- **무솔리니의 제안**: 국제연맹을 비현실적인 기구라고 생각하고 또한 이탈리아와 비슷한 이념의 체제인 독일이 적당하게 세력을 회복하는 것은 이탈리아의 전통적인 세력균형 정책에 도움이 되리라 생각하여 4대국협정을 처음 제안, 즉 무솔리니는 과거 유럽협조체제와 비슷한 것으로서 영국·프랑스·이탈리아·독일 구주 4개국이 평등권에 입각하여 책임을 지고 유럽의 평화를 보장하자는 것과 과거 제 조약의 개정 및 식민지의 재조정을 주장
- 각국의 반응
  - **영국**: 무솔리니의 제안이 국제연맹을 살려야 한다는 명문에는 배치되는 것이지만 호의적인 태도
  - **독일**: 이는 독일이 갈구하고 있는 평등권 회복을 의미하는 것이므로 반대할 이유가 전혀 없음
  - **프랑스**: 국제연맹의 명분을 내걸고 반대하리라 생각하였으나 뜻밖에도 호의적 반응. 소협상 4대국협정은 약소국을 회생시키고 합의에 도달할 가능성이 많은 것으로 파악하고, 이는 국제연맹에 유지되고 있던 집단안정 보장체제의 개조를 의미하는 것이라 생각하여 크게 반대함
- **프랑스의 수정안 제기 및 협정 서명**: 상기와 같은 상황이 되자 프랑스는 외교적 수완을 발휘하여 협상을 통한 반대제안으로 협정의 주요 골자를 프랑스 의도대로 확정 이탈리아가 주장하는 조약의 수정은 허용하되 이는 반드시 국제연맹 및 관계국과의 합의를 통한 절차를 거쳐야 함을 명시
- **평가 및 의의**: 국제연맹을 벗어나자는 무솔리니의 원래 의도 좌절 영국·이탈리아는 프랑스가 유럽에서 헤게모니를 장악하고 있으므로 독일을 적당히 부흥시켜 독일이 참가하는 협조체제가 형성되면 독일 및 프랑스를 동시에 견제할 수 있으리라 생각한 것

1933.5.17. 히틀러의 연설
- 맥도날드의 제안에 협조적인 발언
- 이때부터 화해와 위협을 적당히 섞어 구사하는 히틀러 특유의 심리적 외교공세 시작

1933.8. 일반군축회의 재개
- 4대국협정 때문에 회의가 잠시 중단되었던 것
- 재개되자 독일은 상당한 정도의 군비 요구

1933.10.14. 히틀러, 연설 제의
- 하기와 같은 그가 제의하는 조건을 수락한다면 협상할 용의가 있다고 발표
- 즉, 회의가 방어적이라고 인정한 모든 무기를 소지할 수 있는 30만 명 군대 양성권, 돌격대나 친위대 등 준군사단체의 비병력 주장 인정
- 자르 반환
- 이러한 선전을 이용하여 히틀러가 열강을 농락하기 시작한 것임

1933.11.12. 독일, 국민투표
히틀러, 국민의 절대적 지지 확인

프랑스와 독일

1934.4.17. 프랑스선언
- 독재무장의 합법성 인정 거부
- 차후부터 프랑스는 오로지 자력에 의한 안전보장에만 노력하겠다고 선언함으로써 독일과의 대화의 문을 완전히 닫음

1934.1.26. 나치 독일과 폴란드와의 협정
- 양국은 향후 10년간은 그들의 분쟁을 무력으로 해결하지 않을 것을 약속, 10년간 유효
- 이는 양국 간의 기본적인 문제 해결이 아니고 불안정한 정국에 대처하기 위한 임시변통책동협정을 체결하는데 있어 히틀러의 근본목적은 불을 곤경에 빠뜨리는 것임

1934.2.6. 파리 폭동
- 프랑스(佛) 내 전후 민주주의의 퇴각을 요구하는 전체주의 성향의 폭등
- 당시 독일, 이탈리아 외에도 1926년 이래 필수드스키하의 폴란드도 준독재체제였고 1929년에는 유고의 알렉산더도 헌법을 정치시켜 중·동유럽에서 진정한 민주국가는 체코 정도인 상황, 즉 유럽 전역에 의회주의 체제에 대한 회의가 크게 일어나고 전체주의적 정치체제가 다수 등장하기 시작

오스트리아 - 이탈리아 및 중부 유럽

1934.2. 비엔나 폭동
- 오스트리아는 출발부터 문제가 적지 않았었고 전후 5~10년간 비교적 안정적인 정치·경제가 이룩되자 오스트리아의 생존능력에 대한 문제가 다시 제기되기 시작
- 독일의 나치즘의 성공으로 오스트리아에도 그 영향이 불가피하게 미침
- 폭동 결과 사회주의가 패배·탄압당하고 수상 돌푸스가 이탈리아방식으로 정부를 재구성

1934.2.17. 영국·프랑스·이탈리아 선언
관계조약에 따른 오스트리아의 독립유지 및 영토보존 필요성을 재확인

1934.3. 로마의정서
- 이탈리아·오스트리아·헝가리 3국의 연합을 재강조
- 이탈리아가 오스트리아와 헝가리에 원조를 약속하는 등 주도적 위치
- 이탈리아는 양국과의 긴밀한 관계를 통해서 중유럽에의 진출을 추구하는 것

1934.7.25. 비엔나, 나치 쿠데타 발생
- 독일은 아직 군사력은 약한 상태였기 때문에 주로 오스트리아에 선동과 선전을 수행
- 이탈리아의 쿠테타로 돌푸스 수상이 살해되었으나 실패
- 이에 대해 무솔리니는 국경에 군대를 동원하여 강력한 반응을 보였으나 프랑스는 오스트리아의 독립보존에 대해서는 이와 견해가 일치하였음에도 불구하고 말만의 비난에 그침
- 독일은 힘이 약한 상태였기 때문에 오스트리아 국내문제라 하며 무관한 체 함

프랑스 - 소련 및 중부 유럽

1934.4. ~ 6. 바르두 동구 방문외교
- 1934년 4월 17일 선언으로 국제연맹 등 타국에 의한 안전보장을 포기한 후 프랑스는 소련 빛 동구라파와 접촉을 개시
- 특히 바르두가 외상으로 등장하여 기존동맹체제의 확대 및 새로운 동맹의 추구를 적극 시도

1934.4. 독일, 로카르노조약 거부
- 프랑스의 바르두가 제안: 소련, 독일, 발틱 4국, 폴란드, 체코 및 프랑스를 포함하여 구성하고 침략을 받았을 때 즉각적인 군사원조를 제공
- 그러나 독일은 이념상의 대적인 소련를 돕게 될 가능성이 있는 조약이라는 구실을 내세워 반대하였고 폴란드는 소련의 자국 영토 통과가능성에 몹시 신경을 쓰는 상태라서 거부
- 소련과 체코만이 바르두 제안에 우호적
- 이 계획의 실패로 프랑스와 폴란드 관계만 악화되어 프랑스로서는 가장 중요한 동맹국 중 하나인 폴란드를 부지 중에 잃게 됨

1931. ~ 1932. 소련, 서부국경 제국과 불가침조약 체결
- 리투아니아, 루마니아를 제외한 모든 서부 국경 접변제국 및 프랑스와 불가침협정 체결
- 의의
  - 독일이 국내에서 공산주의자를 무자비하게 탄압하고 동쪽에서 영토를 구하려는 경향을 보이기 시작하자 과거 독내의 나치 득세를 관망해 오던 태도를 변경, 즉 소련은 소위 불법평화조약(베르사유 조약)에 대한 공격에서 수정주의 반대로 전환하여 국제연맹의 집단안보에 호의적 태도를 표명하기 시작
  - 이는 세계혁명을 포기하고 일국사회주의를 채택한 것임

1934.9. 소련. 국제연맹 가입
- 당분간 보수주의 세력과 합세하는 것이 유리하다고 판단했기 때문에 이전까지 승리자연합의 위장이라고 비난하던 국제연맹에 가입한 것임
- 이는 독일을 존재이유로 가졌던 제1차 세계대전 이전의 러·불 동맹관계로 복귀하는 단계라고 볼 수 있음

1934.10.9. 유고의 알렉산더, 프랑스 방문
- 그러나 알렉산더왕은 마르세유에서 바르두와 함께 크로티아인에게 암살당함
- 유고 내 소수민족인 크로티아인들과 세르비아인들과의 알력이 커져서 유고의 존속 자체를 위협하는 사태에까지 이르게 되자 1929년 알렉산더는 헌법을 정지하는 조치를 취하고 독재적인 지위를 굳힘
- 이에 크로티아인들의 반란이 더욱 고조됐던 것임

라발 – 무솔리니

1935.1.7. 프랑스 · 이탈리아협정 체결
- 과거 1915년 런던회의에서 이탈리아(伊) 몫으로 규정됐던 식민지 요구를 수락함
- 즉, 리비아의 폐샨지역, 프랑스령 소말리아 일부, 도메리아섬, 지부티 – 아디스아바바 철도 주위 20%를 이탈리아(伊)에 양도
- 양국은 오스트리아의 독립유지의무 재확인
- 이탈리아는 튀니지에서의 권리를 프랑스에 완전양도
- 프랑스는 에티오피아에 대한 이탈리아의 영향력 묵인
- 그러나 여기에는 견해차가 존재하여 후에 문제를 야기시킴
- 즉, 프랑스는 동 협정에서 이탈리아의 에티오피아에 있어서의 경제적인 면만 수락한 것이라 주장한 반면 이탈리아는 모든 면에서 완전히 넘겨받은 것이라 파악

자르 복귀와 독일의 재무장

1934. 독불협정
- 자르지역의 프랑스 소유 탄광과 철도를 프랑스가 재매입
- 프랑스는 자르에 대한 독일의 선전 허용을 약속
- 당시 독일은 국내에서 사회주의자 및 기독교도를 무참히 탄압하고 인구의 구성상 자르는 독일과의 합병을 반대하리라는 예상이 강력하였음

1935.1.13. 자르지역 국민투표
국제연맹 감독하에 공정하게 거행되었고 결과는 90%가 독일과의 합병을 요구

1935.3.1. 자르, 독일에 복귀
당시 히틀러는 연설로 독일은 이제 만족한 상태이고 더 이상의 요구는 없을 것이며 단지 바라는 것은 프랑스와의 우호관계유지라고 함

1935.3. 영국백서
독일의 재무장에 대한 대응조치로 영국의 군비예산을 증액

1935.3 프랑스, 군복무기간 연장
전쟁으로 인한 병력 부족을 메꾸기 위해 1년에서 2년으로 연장

1935.3.16. 히틀러, 징병제도 재실시
- 징병제도선언 1주 전에 독일은 이미 공군을 보유하고 있다고 공식발표하였는데도 이에 대한 강경한 조치가 없자 고무되어 강행한 것
- 이는 독일은 군대를 모집할 수 없다는 베르사유조약 제73조의 명백한 위반
- 따라서 커다란 충격을 불러일으킴

1935.3. 스트레자연합전선
- 영국 · 프랑스 · 이탈리아 3국이 스트레자에서 예비회의 개최, 동 회의에서 3국은 독일을 비난
- 로카르노조약의 재확인, 오스트리아의 독립 유지를 재확인하는 취지의 결의 채택
- 당시 프랑스는 독일을 응징하려는 의지가 결여되어 있었고, 설사 있다고 하더라도 영국이 반대하였을 것임
- 스트레자연합전선의 잠재적 의의는 경우에 따라서는 독일을 막기 위해 영국 · 프랑스 · 이탈리아가 연합전선을 펼칠 수도 있다는 것임
- **특이점**: 유럽에서의 평화유지와 주민의 안전에 침해가 있을 때 적당한 조치를 취한다고 규정하여 비유럽지역은 대상에서 제외하여 문제가 생기고 있었던 에티오피아문제를 전혀 거론하지 않음

1935.4. 국제연합 특별이사회 소집
- 스트레자연합전선과 비슷한 취지의 성명 채택 정도 이외의 일은 하지 못함
- 당시 히틀러는 독일이 재무장하더라도 영국 · 프랑스는 지나치게 평화적이기 때문에 실질적인 응징은 하지 못할 것이라고 정확하게 판단하였던 것임

프랑스 – 소련동맹 및 소련 – 체코동맹

1932. 불소불가침협정 체결
각각 상대방을 적으로 하는 동맹에 가입하지 않기로 약속

1933.5. 불소불가침협정 비준
만장일치로 가결

1935.4. 불소 제네바 최종협상
1933년 이후 우호관계가 계속 증진되어 오다가 1935년 3월 16일의 사태 이후 급진전되어 4월에 라발과 리트비노프가 최종협상

1935.5.2. 불소협정

- **내용:** 1당사국이 타 '유럽'국에 의해 위협 및 공격을 받으면 국제연맹규약 제10조를 신속히 작동하기 위해 협의하고 국제연맹이 그 유럽 국가에 대한 제제를 명하면 일방은 타방을 원조함. 그러나 이유 없는 공격을 받을 경우에는 국제연맹이사회가 만장일치로 의결을 하지 못하더라도 즉각적으로 원조함
- **특이점:** 독일이 공격하더라도 로카르노의 보장국인 영국·이탈리아가 이를 공격으로 인정할 때만 작동된다고 규정하여 동 조약을 로카르노체제에 종속시킴
- **문제점**
  - 프랑스는 이 조약 체결에 있어서 독일이 트집을 잡지 못하도록 위와 같은 조항을 삽입하는 등 매우 신중했음. 또 양국의 동맹은 폴란드가 참가해야 그 의미가 있는 것인데 폴란드는 소련이 자기를 도우러 온다고 해도 거부할 정도로 반소적인 입장
  - 이 문제는 프랑스·소련이 직접 국경을 접하고 있지 않기 때문에 일어나는 문제
  - 이외에도 양국은 커다란 이념상의 차이가 존재함
  - 1914년 당시처럼 독일에 대한 위협 때문에 다시 동맹했으나 이해관계의 일치가 불가능한 상황

1935.5.16. 소련·체코조약

불소조약이 효력을 발생하는 경우에만 유효, 즉 프랑스가 실제로 피침략국에 원조를 할 때에만 발동되도록 특별규정

1933.2.9. 영국(옥스포스유니온)

- 영국 내에 팽배해 있는 평화주의의 대외표현
- **당시 영국의 견해:** 독일이 베르사유의무를 단독으로 거부하고 나선 것은 프랑스가 지나치게 비타협적이었기 때문
- 독일의 희망은 단지 평등권 회복뿐만 이라는 히틀러의 프로파간다를 그대로 믿음

1935.5.21. 히틀러 연설

- 불소조약은 로카르노정신에 위배된다고 비난
- 오스트리아에 대한 합병은 물론 그 국내문제에 대해서도 관심이 없다고 선언, 독일은 타당사국이 로카르노를 준수할 준비가 되어 있는 경우에만 로카르노를 준수하겠다고 선언

1935.6.18. 영독해군협정

- 독일 해군은 영국의 35%선 이내에서 유지
- **의의**
  - 영국은 독일에게 공식적으로 재무장을 승인하고 합법적인 범위 내에서 제한하는 것이 보다 현실적인 정책이라 판단했던 것이나 결과적으로는 당시 형편없는 상태였던 독일 해군의 재무장을 아무 대가도 없이 공식적으로 승인만 해준 셈

  - 이는 영국이 단독으로 베르사유조약 수정을 허락한 결과가 되어 특히 프랑스의 반발을 심하게 받아 영국·프랑스의 공동행동 가능성은 없어지게 됨

베르사유체제의 붕괴

이탈리아의 에티오피아 점령

1934.12. 왈왈 사태

1930년 이후 이탈리아가 점령하고 있던 에티오피아와 이탈리아 경계지역에서 군사충돌 사건

1935.3.17. 에티오피아, 국제연맹에 제소

- **내용:** 분쟁 초기에 에티오피아는 1928년 이탈리아·에티오피아조약에 의거하여 이탈리아에 조정을 요구하였으나 이탈리아가 거부하자 당시 국제연맹 회원국의 자격으로서 국제연맹규약 제15조에 의거하여 국제연맹에 제소
- **특이점:** 에티오피아의 제소일은 스트레자연합전선 3주 전이었음에도 불구하고 스트레자회의에서 전혀 언급하지 않은 사실

1935.5.25. 국제연맹이사회 결의

2개월간 사태를 분쟁당사국에 맡기기로 결정

1935.6. 영국(평화투표)

1934년부터 조사된 1,150만 명 인구에 대한 여론조사로 당시 영국 내 퍼지고 있던 반전 및 평화주의 경향을 표시

1935.6. 이탈리아, 영국의 제안 거부

이든 외상이 문제해결을 위해 이탈리아에 조정안을 제시하였으나 이탈리아가 거부

1935.7.31. 연맹 특별이사회 소집

왈왈 사태 조사를 위한 특별위원회 파견을 결정

1935.9. 영국·프랑스·이탈리아 3국회의

에티오피아를 3국 공동관리하에 두되 실제 지배권은 이탈리아가 가지도록 하자는 제안이 또 다시 이탈리아에 의해 거부됨

1935.10.3. 이탈리아, 에티오피아 침공

영국이 지중해에 함대를 파견하는 등 위협을 가하였으나 무솔리니는 이에 굴하지 않고 행동을 개시

1935.10.7. 국제연맹이사회 결의
이탈리아를 침략자로 규정

1936.5. 이탈리아, 에티오피아 합병

1936.7. 국제연맹, 이탈리아(伊) 제재 철회 라인란트

1936.2. ~ 3. 프랑스 양원, 불소협정 비준
353 : 164로 동 협정을 비준 라발의 후계자인 살라위와 플로댕 외상은 동 조약이 로카르노에 부합됨을 주장하고 이를 입증하기 위해 국제사법재판소(ICJ)의 심리를 받을 용의도 있다고 표명

1936.3.7. 독일, 라인란트 재무장선언
- 노이라트 외상의 발표형식
- 이와 동시에 히틀러는 프랑스와 벨기에에 대해서는 25년간 불가침조약 체결을 제의하고 영국과 이탈리아에 대해서는 로카르노의 보장국이 되어 달라고 요청하는 등 평화주의적인 제스처를 보이면서 동유럽 국가에도 불가침협정 체결을 제의

1936.3.14. 국제연맹이사회 소집
독일의 라인란트 재무장선언에 로카르노 가맹국들이 국제연맹이사회에 제소하여 국제연맹이사회가 개최되었고 국제연맹이사회는 독일의 행동을 비난하는 결의 채택

1936.3.29. 독일, 국민투표
99%가 재무장을 찬성

1936.4.1. 히틀러 연설
3월 7일의 연설과 같은 내용으로 국제연맹 재가입 및 타국과의 불가침조약 체결 용의 재표명

1936.3.9. 런던타임즈
- 라인란트재무장에 있어서 독일이 취한 방법을 비난하면서도 과거 일방적으로 불균형적인 유럽 평화기구가 이 사건으로 인해 건전한 기초 위에서 새롭게 건설될 수도 있으리라고 논평
- 이 사설은 당시 영국의 독일에 대해서 가지고 있던 일반적인 여론을 나타내고 있음

1936.4.26. 프랑스 선거
- 레옹블룸(사회주의자)하의 인민전선(Popular Front)의 승리, 독일의 라인란트 진군
- 당시 프랑스는 선거관리 내각상태였기 때문에 독일의 행동에 대해 결정적인 조치를 취할 수 없는 상태였음

1936 ~ 1937년간 열강관계

세력 재정립

1936.6. 프랑스, 인민전선 등장
레옹블룸 정부의 사회개혁과 국론통일이었으나 시대상황으로 보아 군비도 확장해야 하는 부담도 지니고 있었기 때문에 매우 어려운 상황에 봉착 그리고 당시 상황으로 보아 인민전선 정부에게는 독일문제보다 국내문제가 더 다급함

1936.9. 프랑스, 30% 평가절하 단행
영국, 폴란드 등과 보조를 맞추기 위해 실시하였으나 불경제를 회복시키지는 못함

1936.3. 독일, 영국에 협상 제의

1936.5.6. 영국, 독일에 질문서
- 영국의 질문방식이 서투르기도 했지만 독일은 강국은 자신이 적정한 공약을 할 위치에 있는지에 관해서 타국에 심문당하는 굴욕은 참을 수 없다면서 거부
- 실제로 독일은 3월 쿠데타에 대한 반대가 말로만 그치자 군이 협상할 필요를 느끼지 못했던 것임

1936.6.11. 독오협정
- 독일은 오스트리아의 독립·안전·주권을 존중, 오스트리아의 장차 정책은 그 자신이 인정하듯이 게르만 국가라는 사실에 부응하는 원칙에 따라 행할 것임을 약속
- 독·오 간 신문사경영 허용, 즉 나치의 오스트리아 내에서의 선전활동을 허용
- 이로써 오스트리아의 국제적 지위가 모호하게 됨
- 이탈리아도 동 협정을 인정
- 이 당시 독일이 관계에서 가장 주요했던 것이 오스트리아 문제였으므로 피차 이러한 정도로서 체면을 유지하고 문제해결은 뒤로 미룬 것임

| 스페인 내란 | 로마 – 베를린 추축 |

스페인 내란

1931. 스페인 공화국 성립
공화국 성립 후 좌우파 간의 대립이 격화되어 국내가 혼란에 빠짐

1936.2. 스페인 선거
인민전선(Popular Front) 정부가 다수로 등장, 그러나 인민전선 정부에 대한 반발이 심해져서 내란상태에까지 이르게 됨

1936.7.17. 모로코에서 군부 반란
- 좌파의 칼보소텔로의 죽음이 발단, 스페인은 군부세력 대 인민전선 정부로 완전히 양분되게 됨
- 이러한 스페인 내란은 그 성격으로 자연히 유럽 열강의 이데올로기와 이해관계가 개입되게 됨

1936.8.1. 프랑스, 불간섭 제의
- 스페인 내란에 대한 유럽 각국의 입장: 이탈리아 군부의 쿠데타 준비 당시부터 관련하여 스페인 군부가 파시스트였기 때문에 당연히 프랑코의 군부세력을 지지
  - 소련: 인민전선 정부 지지
  - 프랑스: 당시 레옹블룸하의 인민전선 정부로서 스페인의 인민전선 정부와 이념적으로 같은 입장이었으나 당시 프랑스 내 혼란 및 대영관계 공고화 의도로 스페인문제 불간섭을 주장함. 결국 프랑스의 주장은 각국과의 각서 교환형식으로 정식으로 수락되어 런던에 불간섭위원회가 설치되게 됨
- 스페인 내란이 열강관계에서 갖는 의의: 불간섭원칙이 각국에 의해 수락되었음에도 이탈리아(伊)는 지원병이라는 이름하에 정규군까지 파병하였고 독일은 물자 및 기술자를 프랑코에 지원하고 있었고 소련도 인민전선에 여러 가지 방법으로 지원하였음. 이 사건으로 이탈리아가 결정적으로 영국·프랑스와 갈라서게 되었고 또 독일로서는 이탈리아가 점점 깊이 개입하게 됨으로써 중유럽에서 이탈리아의 영향력이 감소되는 효과를 볼 수 있었기 때문에 매우 만족스럽게 생각함. 이러한 배경에서 독일·이탈리아는 스페인 내란에 관한 협력자가 되게 되어 이를 정식 조약화하는 단계에까지 이르게 됨

로마 – 베를린 추축

1936.6. 치아노 등장
- 선전장관을 역임한 무솔리니의 사위로 당시 33세
- 이를 계기로 독일과의 유대가 강화되기 시작

1936.10.24. 로마·베를린 추축
프랑코 정부승인을 공동으로 결정, 각각 중유럽 및 지중해에서의 위치를 인정, 그러나 이는 진정한 문제의 해결이라기보다는 당분간 양국 간 이해 대립가능성을 조정 내지 숨긴 것임

1936.11.1. 무솔리니 연설
- Axis(추축)이라는 표현 사용
- 쇠퇴하는 서구 민주주의와 동구 공산주의에 비해 융성하는 파시즘 찬양, 반공정책 재확인

1936.11.11. 독일·일본, 반공협정
추축국의 반공적 측면이 강조된 결과

1936.9.9. 벨기에 독자정책선언
- 프랑스동맹체제 가맹국들, 특히 소국이 이러한 열강 관계 변화에 민감하게 신경을 쓰게 됨
- 추후 유럽은 추축국을 중심으로 움직일 것이라는 견해가 팽배하기 시작
- 벨기에는 이에 자주국방을 선언함과 동시에 국제연맹 회원국자격 이상의 어떠한 의무도 거부
- 의의: 프랑스동맹체제는 믿을 수 없는 것이라는 사실이 공식적으로 알려짐

1937.4.24. 영불선언
벨기에의 조치 승인

1937.1. 히틀러 연설
제국의회(Reichstag)에서 폴란드 및 벨기에 독립의 불가침성 인정

1936.11. 비엔나 비밀의정서
이탈리아·오스트리아·헝가리 간의 조약으로 조약당사국 중 1국이 전쟁 시에 타당사국들은 중립을 유지

1937.1.24. 유고·불가리아우호조약

1937.3.25. 이탈리아·유고불가침협정

부록

현대 국제정치사 연표(1938~2002년)

현대 국제정치사 연표(1938~2002년)

1938.
3.   독일의 오스트리아 합병
9.   뮌헨협정

1939.
9.1.   제2차 세계대전 발발
        독일군 폴란드 공격
11.30.   소련 · 핀란드전쟁(~1940.3.)

1940.
5.10.   독일군, 베네룩스 3국 침공
        북부 프랑스 공격
6.18.   드골 장군, 런던에서 자유불란서 위원회 조직
6.22.   독일 · 프랑스 휴전협정 조인
7.2.   프랑스 정부, 비점령지구의 비쉬로 이전(비쉬 정권)
9.27.   독일 · 이탈리아 · 일본, 3국동맹 조인

1941.
3.11.   미국, 무기대여법 성립
4.13.   소련 · 일본, 중립조약 조인
6.22.   독일 · 이탈리아, 대소 선전포고로 독 · 소전 개시
8.14.   미국 · 영국, 대서양헌장 발표
12.7.   태평양전쟁 발발(대한민국 기준 8일)

1942.
1.2.   일본군, 마닐라 점령
6.5.   미드웨이 해전, 일본 해군 대패
8.7.   미국군, 과달카날 상륙
9.20.   독일군, 스탈린그라드 돌입
11.20.   미영 연합군, 카사블랑카 · 오랑 · 알제리아 기습상륙
12.2.   시카고대학에서 원자핵분열의 연쇄반응에 성공

1943.
1.14.   루스벨트 · 처칠, 제3차 전쟁지도회의(~1.31.)
        적국의 무조건 항복원칙을 결정
2.1.   독일군, 파울루스 장군과 9만 병력
        스탈린그라드에서 소련군에 항복
5.12.   독일 · 이탈리아군, 북아프리카 전선에서 항복
7.10.   연합군, 시실리 상륙
7.25.   무솔리니 실각
9.3.   이탈리아, 무조건 항복

10.19.   미국 · 영국 · 소련, 모스크바 외상회의
11.9.   연합국난민구제기관 설치
11.22.   카이로회담(~11.26.)
11.28.   테헤란회담(~12.1.)

1944.
1.   소련군, 동부전선에서 대공격 개시
4.2.   소련군, 루마니아에 진격
6.4.   연합군, 로마 점령
6.6.   연합군, 노르망디 상륙
7.21.   폴란드, 국민해방위원회 창설
8.1.   바르샤바에서 반독무장봉기
8.20.   덤버어튼 · 오우크스 회담
        UN헌장 작성
8.25.   연합군, 파리 해방
9.4.   소련군, 헝가리에 진입
9.11.   제2회 퀘벡회담: 대일전략문제
9.12.   모겐소 플랜 공표
10.9.   처칠 · 스탈린 회담: 발칸 분할에 관한 영국 · 소련
        모스크바협정
12.3.   그리스, 내란 발발
12.31.   리부린 위원회, 폴란드 임시정부 수립

1945.
2.4.   미국 · 영국 · 소련, 3거두 얄타회담
2.19.   미국군, 유황도 상륙
3.22.   아랍연맹 결성
4.5.   소련, 소 · 일중립조약 불연장 통고
4.12.   루스벨트 사망, 트루먼 계승
4.12.   트루먼 · 몰로토프회담
4.25.   샌프란시스코연합국 전체회담: UN헌장 조인
4.26.   이탈리아, 무솔리니 처형
4.30.   독일, 히틀러 자살
5.2.   베를린 함락
5.8.   독일 항복, 유럽전쟁 종결
6.28.   신폴란드 임시정부 수립
7.16.   미국, 제1회 원폭실험 성공
7.17.   미국 · 영국 · 소련, 3거두 포츠담회담
8.6.   미국, 일본에 원폭 투하
8.8.   소련군, 대일선전포고
8.15.   일본, 무조건 항복

9.2. 베트남 민주공화국 임시정부 독립선언
10.24. UN 정식으로 성립
12.26. 미국 · 영국 · 소련 3국, 모스크바 외상회의

1946.

1.10. UN 제1회 총회
2.9. 소련, 제4차 5개년 계획 발표
3.5. 처칠, 푸르돈 연설(철의 장막)
3.6. 베트남 – 프랑스, 예비협정 조인
3.26. 소련군, 만주로부터 철퇴개시
4.5. 소련 · 이란, 협정 조인
4.25. 미국 · 영국 · 프랑스 · 소련, 파리외상담
9.1. 리스, 국민투표로 왕정부활
9.12. 델레스 장관, 미국 · 소련 협조를 연설
9.19. 처칠, 구주통합 연설
9.25. 미국, 그리스 · 터키 원조
12.3. 미국 · 영국, 독일점령지구의 경제통합협정 조인
12.9. 인도차이나전쟁 개시

1947.

2.10. 구 추축국 5개국과 연합국과의 화조약 조인
2.24. 영국, 2월 말로 그리스 원조 중단을 미국에 통고
3.10. 미국 · 영국 · 프랑스 · 소련, 모스크바 외상회의
3.12. 트루먼 독트린 발표
5.8. 애치슨 국무차관, 클리브랜드 연설
5.15. 미국 의회, 그리스 · 터키 원조 가결
6.15. 미국 국무장관 마샬, 마샬 플랜 구상발표
6.27. 영국 · 프랑스 · 소련 파리외상회의 마샬 플랜 검토, 소련 불참가 표명
7.12. 서구 16개국 구주경제부흥회의
9.2. 미주 29개국 미주상호원조조약
9.16. UN 제2회 총회, 미국 · 소련 대립
9.22. 유럽 측 마샬 플랜 요구액 93억 달러 결정
10.5. 코민포름 설치 공표
11.25. 4개국 런던외상회담
11.29. UN총회, 팔레스타인 분할안 채택
12.24. 그리스 북부에 인민정권 수립
12.30. 루마니아, 왕정 폐지

1948.

1. 버마 공화국의 성립
1.6. 미국 의회, 마샬 플랜 심의 개시
2.25. 체코, 정변으로 그리스를 제외한 동구체에 공산당이 지배권 장악
2.16. 국제연합중간위원회, 임시한국 위원회의 남한선거 실시를 가결
3.15. 미국 국무장관 마샬, 이탈리아(伊) 선거에서 공산당이 승리하면 미국 원조중단을 경고

3.17. 영국 · 프랑스 · 베네룩스 5개국, 서구연합조약(브뤼셀조약) 조인
4.16. 서구 16개국 구주경제협력기구(OEEC)에 조인
4.20. 이탈리아 총선거에서 반공세력 승리
5.10. 남한, 단독선거 실시
5.14. 이스라엘 공화국 독립선언, 아랍연맹 대이스라엘 선전포고(팔레스타나전쟁)
6.7. 서구 6개국, 서독처리협정(런던협정) 조인
6.13. 서구 측 서독통화개혁 단행을 발표
소련, 베를린 봉쇄 개시
6.23. 동구 3개국, 바르샤바 외상회담
6.28. 코민포름, 유고공산당 제명
8.2. 대한민국, 수립선언
11.2. 트루먼, 미국 대통령에 재선

1949.

1.7. 애치슨, 미국 국무장관 취임
1.25. 소련 · 동구 5개국, 경제상호원조위원(코메콘) 설치 발표
1.27. 서구연합외상회담. 유럽회담 설치, 이탈리아의 유럽연합참가 결정
3.8. 프랑스 · 베트남, 엘리제협정
4.4. 북대서양조약기구(NATO) 창설
5.6. 독일연방공화국(서독)의 성립. 베를린 봉쇄 해제
6.8. 미국 · 영국 · 프랑스 · 소련 4개국 외상회담
8.5. 미국, 중국백서 발표
9.25. 소련, 원자폭탄 소유 공표
10.1. 중화인민공화국 성립
10.7. 독일민주공화국(동독) 성립
12.7. 국민당, 대북을 수도로 한다는 총통령 발표
12.16. 중화인민공화국 주석 마오쩌둥, 소련 방문
12.30. 인도, 중화인민공화국 승인

1950.

1.5. 미국 대통령 트루먼, 대만 불개입 선언
1.6. 영국, 중화인민공화국 승인
1.12. 애치슨 미 국무장관, 아시아 정책연설
1.14. 베트남민주공화국, 독립선언
1.26. 한미상호방위원조협정 조인
1.13. 미국 대통령 트루먼, 수폭 제조명령
2.7. 미국 · 영국, 바오다이 정권승인
2.14. 중소우호동맹상호원조조약
2.14. 이승만 · 맥아더회담
2.17. 아랍 5개국, 아랍집단안보조약
4.18. 미국 대통령 트루먼, 초당외교성명
5.9. 애치슨, 미국 · 프랑스회담에서 인도차이나 원조를 프랑스에 확약
5.25. 미국 · 영국 · 프랑스, 중동정책선언
6.17. 아랍 5개국, 아랍집단안보조약

6.25.　한국전쟁 발발
6.27.　미국 대통령 트루먼, 한국에 군대 파견, 대만 중립화.
　　　　재필리핀 미군 강화와 대 필리핀 원조 강화, 인도차
　　　　이나 프링스군원조강화 등 성명
7.7.　　UN안전보장이사회, 맥아더 장군을 국제연합군최고
　　　　사령관 임명
7.31.　맥아더 · 장제스회담
9.15.　UN군, 인천상륙작전
10.1.　UN군, 38도선 돌파
10.15.　트루먼 · 맥아더회담
10.25.　중공의용군, 한국전쟁 참가
11.2.　UN 총회, 평화를 위한 단결결의안 가결
11.24.　맥아더, 크리스마스 총공세 중공 · 북괴군 총반격 개시
11.30.　미국 대통령 트루먼, 한국에서 원자폭탄 사용 고려
　　　　중임을 언명
12.14.　국제연합, 아시아 · 아프리카 13개국의 정전요청결의
　　　　안 채택
12.16.　미국 대통령 트루먼, 국가비상사태선언

1951.
2.1.　　UN총회, 중화인민공화국을 '침략자'로 규정하는 비
　　　　난결의안 채택
4.11.　최고사령관 맥아더 해임
4.18.　서구 6개국 유럽석탄철광공동체(ECSC)조약 조인
5.31.　케난 · 말리크회견
6.23.　말리크 소련 UN대표, 라디오 방송으로 한국 휴전교
　　　　섭 제의
7.10.　한국, 휴전회담 개시
8.30.　미국, 필리핀 상호방위조약 조인
9.1.　　ANZUS조약 조인
9.8.　　대일강화조약, 미일안전보장조약 조인
9.15.　그리스 · 터키, NATO에 가맹
10.13.　미국 · 영국 · 프랑스 · 터키 4개국, 이집트에 중동방
　　　　위기구 참가를 제의
10.25.　영국, 총선거 결과 보수당 승리

1952.
2.18.　거제도에서 포로 폭동
5.27.　구주방위공동체(EDC)조약 조인
6.23.　미국 공군, 수풍댐 폭격
7.23.　이집트, 군부 쿠데타로 왕정 폐지
10.3.　영국, 제1회 원폭실험
10.5.　소련 공산당, 제19차 전당대회
10.8.　UN, 한국휴전회담의 무기한 휴회를 통고
10.22.　이란, 대영 국교단절 정식통고
11.1.　미국, 수폭장치 실험
11.4.　미국 대통령선거, 아이젠하워 당선
11.7.　포로문제 인도안, UN총회 제출
11.21.　미국, 국무장관에 델레스 임명

1953.
1.27.　미국 국무장관 델레스, Roll back 정책연설
2.2.　　미국 대통령 아이젠하워, 일반교서에서 대만 중립화
　　　　해제를 발표
2.22.　클라크국연군사령관, 포로 교환을 제안
3.5.　　스탈린 사망
4.10.　한국포로교환협정 성립
6.8.　　한국휴전회담 포로송환협정 조인
6.18.　이승만 대통령, 반공포로 석방
7.4.　　프랑스, 인도차이나 3국 완전독립을 인정할 것을 확인
7.27.　한국전쟁 휴전협정 조인
8.8.　　한미상호방위조약 조인 말렌코프 소련 수상, 수폭 보
　　　　유를 발표
10.16.　한국정치회담 예비회담(~2.18.)

1954.
1.12.　미국 국무장관 델레스, 대량보복정책 연설
1.25.　**미국 · 영국 · 프랑스 · 소련 베를린외상회의:** 4월 아시
　　　　아 문제 제네바회의 개최 결정
2.24.　미국 대통령 아이젠하워, 대 파키스탄 군사원조에 대
　　　　해 네루에 친서. 네루 반미화
3.1.　　미국, 제1회 수폭실험
3.29.　미국 국무장관 델레스, 인도차이나전쟁 개입의 통일
　　　　행동 제창
4.17.　나기브, 이집트 수상 사임. 낫세르 정권 성립
4.26.　제네바 극동평화회의 개최
4.28.　콜롬보에서 동남아 수상회의
5.7.　　디엔비엔푸 함락
6.16.　고 · 딘 · 디엠, 남베트남 수상 취임
6.28.　주은래 인도 방문, 네루 수상과 평화 5원칙 성명
7.21.　인도차이나 휴전협정 조인
7.24.　소련, 서구 측에 구주집단안전보장기구 제안
7.27.　영국군, 수에즈 철퇴 약속, 영국 · 이집트협정 조인
8.17.　미국 대통령 아이젠하워, 인도차이나 3국에의 직접
　　　　원조 제시
8.30.　프랑스 국민회의, EDC조약 비준 거부
9.8.　　동남아시아 조약기구(SEATO)
10.21.　서방 9개국, 파리협정 조인
11.1.　알제리해방전쟁 발발
12.2.　미중상호방위조약 조인
12.28.　동남아시아 5개국 수상회의 아시아 · 아프리카 외의
　　　　개최 결정

1955.
1.18.　중공 – 강산도 점령
1.24.　미국 대통령 아이젠하워, 대만 팽호도방위에 미군 사
　　　　용권한을 요구하는 특별교서를 의회에 제출
2.8.　　말렌코프 사임, 불가닌 수상 취임
2.14.　터키 · 이라크 상호방위조약

4.18. 반둥회의, 평화10원칙 발표
5.5. 영국·프랑스 파리협정 비준서 기탁, 파리협정 발효로 WEU 발족
5.11. 소련과 동구 7개국, 바르샤바조약
5.29. 소련·유고슬라비아 수뇌회담
7.18. 미국·영국·프랑스·소련·제네바 정상회담 개최
8.1. 제1회 미국·중국 대사급 회담 개최, 중국 억류 미비행사 11명 석방
9.9. 아데나워 방소, 국교 재개
9.20. 소련·동독, 동독주권회복협정 조인
9.27. 이집트, 체코로부터 무기구입결정
11.21. 바그다드조약 각료회담, 중동조약기구(METO) 결성 발표
12.14. UN총회, 16개국 일괄 가입안 가결
12.17. 미국 국무성, 이집트의 아스완댐 건설에 7,000만 불 제공 발표

1956.
2.14. 소련 공산당 제20차 전당대회, 당제일서기 흐루시초프, 스탈린 비판
4.17. 코민포름 해산
5.16. 이집트, 중공승인
6.13. 영국군, 수에즈로부터 철퇴 완료
6.28. 폴란드, 포즈난 사건 발발
7.18. 네루, 티토, 낫세르회담
7.19. 미국, 이집트 아스완댐 원조철회 통고
7.26. 낫세르, 수에즈 운하 국유화선언
8.16. 제1회 수에즈 운하 이용국회의
9.19. 제2회 수에즈 운하 이용국회의
10.23. 부다페스트에서 반소운동
10.29. 이스라엘군, 이집트 침입
10.31. 영국·프랑스군, 이집트 공격 개시
11.1. 소련군, 2차 군사개입
11.6. 영국·프랑스군, 휴전에 동의

1957.
1.5. 미국 대통령 아이젠하워, 중동특별교서
1.7. 프랑스, 알제리에서 탄압 강화
1.9. 영국, 이든 수상 사임(맥밀란 수상 취임)
3.1. 이스라엘, UN총회에서 즉시 철퇴를 성명
3.27. 구주경제공동체(EEC), 구주원자력 공동체의 창설조인
4.24. 요르단의 위기, 미국 해병대 베이루트 상륙
8.26. 소련, 대륙간탄도탄실험 성공 발표
10.2. 폴란드 외상 라파츠키, 중구 비핵지대 설치를 제안(라파츠키 플랜)
10.4. 소련, 스푸트니크 제1호 발사 성공
11.14. 미국, 영국, 튀니지아에 무기공여 발표
12.26. NATO 수뇌회의(파리), 중거리 미사일의 구주배치에 원칙적 일치

1958.
1.31. 미국, 인공위성 제1호 발사 성공
2.1. 이집트, 시리아 합병선언, 아랍연합공화국 성립
2.8. 미국 공군, 사키에트촌 폭격
2.14. 이라크, 요르단, 아랍연방 결성
3.27. 소련 수상 불가닌 사임, 후임에 흐루시초프 당제일서기가 겸임
4.1. 아크라에서 아프리카 독립제국회의(제1회 아프리카회의) 개최
5.10. 레바논, 트리폴리에서 반미 폭동
6.1. 드골 내각 성립
7.14. 이라크에서 캇튼 쿠데타, 공화국선언(이라크혁명). 미군 레바논 파병
10.5. 프랑스, 제5공화국 성립
11.27. 소련, 서베를린의 자유도시화를 제안(제2차 베를린 위기)

1959.
1.1. 쿠바혁명
3.3. 영국 수상 맥밀란·소련 수상 흐루시초프, 모스크바 공동선언
4.16. 미국 국무장관 델레스 사임(4.24. 사망)
7.22. 미국 부통령 닉슨 방소
8. 중앙조약기구(CENTO) 성립
9.12. 소련, 우주로켓 2호 발사. 인류 최초의 달표면 통과
9.15. 소련 수상 흐루시초프 방미, 미국 대통령과 공동 코뮤니케
11.20. UN총회, 완전군축에 관한 82개국 공동평의회안을 전회일치로 가결

1960.
5.5. 소련 수상 흐루시초프, 미U2정찰기 소련 영공에서 격추 발표
5.15. 소련, 인공위성 제1호 발사 성공
5.16. 파리동서정상회담 개최(흐루시초프, 미U2기의 소련 상공 정찰을 비난)
6.30. 콩고, 독립선언
8.7. 카스트로, 쿠바 내의 미국 재산 접수포고
8.9. 라오스에 쿠데타. 군사 혁명위 성립
8.19. 소련, 개 2마리를 태운 인공위성 제2호 발사(생물최초의 우주비행)
11.8. 미국 대통령에 민주당 후보인 케네디 당선
12.6. 모스크바에서 81개국 공산당·노동당 대표자회의 개최, 평화공존정책을 재확인

1961.
1.3. 미국, 쿠바와 단교
1.20. 케네디, 미국 제35대 대통령에 취임

3.7.	미국 · 중공회담, 바르샤바에서 재개
4.9.	소련, 대위성선 제4호 발사, 회수에 성공
4.17.	쿠바에 반정부군 침공
6.3.	비인에서 케네디 · 흐루시초프 회담
8.30.	소련, 핵실험 재개
9.18.	함마슐트 UN사무총장 추락사(콩고)
10.17.	제22회 소련 공산당대회(~10.31.), 수상 흐루시초프 알바니아 비난
12.10.	소련 · 알바니아 단교

1962.

2.3.	미국 대통령 케네디, 대쿠바 전면금수 명령
3.2.	미국 대통령 케네디, 대기권 내 핵실험 재개 발표
4.25.	미국, 태평양상의 핵실험 재개
5.1.	프랑스, 제1회 지하핵실험 성공
5.11.	미국 대통령 케네디, 라오스 정세에 관련하여 제7함 대의 동남아시아수역 출동 명령
5.27.	미국 대통령 케네디, 중공의 금문, 마조 공격에 경고, 일본에 정박 중인 제7함대 대만해협에 출동
7.3.	프랑스 대통령 드골, 알제리아 독립승인
7.4.	미국 대통령 케네디, 대서양 파트너십 연설
9.2.	소련, 대쿠바 군사원조계획 발표
9.9.	중공군, 미U2기 격추
9.22.	중국 · 인도 국경분쟁, 전 지역에 확대
10.4.	NATO이사회 파리에서 개최, 다각적 핵전력 창설 토의
10.18.	미국 대통령 케네디, 그리미코 소련 외상과 회담
10.20.	중국 · 인도의 동부 · 서부 국경에서 중공 전면적 공격 개시
10.22.	미국 대통령 케네디, 쿠바에 소련 미사일 기지 건설 중임을 발표, 쿠바 해상 봉쇄 명령
10.24.	미국 해군, 쿠바 해상 봉쇄 개시
10.28.	소련 수상 흐루시초프, 쿠바로부터 공격적 무기의 철거를 명령
11.1.	미국, 쿠바 미사일 기지 해체 완료 발표
11.21.	중공 외교부, 중국 · 인도 국경 전선에서 자발적 정전, 자주적 철퇴
12.13.	NATO 각료이사회 종료, 미국 국무장관 러스크 다각적 해상 핵 부대 창설 시사
12.19.	NATO, 다각적 핵전력구상 발표

1963.

4.8.	소련, NATO 다각 핵전력계획에 항의 각서를 미국, 영국, 서독에 발송
4.21.	미국 잠수함, 라오스 위기로 출동
4.29.	프랑스 국방성 1967년까지 핵미사일 보유 발표
5.22.	아프리카 독립국 수뇌회의 개최
5.25.	아프리카 통일기구 헌장조인
5.27.	소련, 지중해지역의 비핵화 제장

6.26.	미국 대통령 케네디, 서베를린 방문, '나는 베를린 시민이다' 제하 연설
6.28.	소련 수상 흐루시초프, 동베를린 방문
7.9.	말레이시아 연방 협정, 런던에서 조인
7.31.	중공, 부분적 핵실험금지조약 반대
11.23.	미국 대통령 케네디 암살로 사망

1964.

1.27.	프랑스, 중공 승인 대사교환합의 발표
1.30.	베트남에서 군사 쿠데타
1.31.	드골, 인도차이나 중립화 필요 주장, 중공 무시한 아시아문제 해결 불가능하다고 언명
4.28.	프랑스, NATO 본부로부터 프랑스 해군 철수 발표
6.3.	한국, 한일회담 반대 데모
7.12.	소련, NATO 핵전력구상을 서독의 핵무장과 관련 있다고 미국에 항의
10.12.	소련, 최초의 3인승 위성 발사
10.14.	SEATO 군사고문회의
10.15.	흐루시초프 실각, 알렉세이 코시긴 수상 임명, 레오니드 브레즈네프가 제1서기로 됨
10.16.	중공, 제1회 핵실험 성공
11.22.	베트남, 불교도 반정부데모 계속 드골, 유럽인을 위한 유럽 강조
12.3.	한일교섭 제7차 회담 개시

1965.

1.18.	제7차 한일회담 재개
1.24.	처칠 사망
1.26.	한국 의회, 베트남 파병 가결
1.28.	제19회 코메콘총회, 유고참가 승인
2.6.	코시긴 소련 수상, 북베트남 방문
2.7.	미국, 베트남에서 북폭 개시
2.9.	중공과 소련, 북베트남 지지와 미국 비난성명 북경과 모스크바에서 반미 데모
2.17.	일본 외상 추명 한국 방문
2.20.	한일기본관계조약 가조인
4.7.	존슨, 베트남 문제 토의 용의 표명
5.14.	중공 제2회 핵실험 성공
5.31.	NATO외상회의, 미국 국방장관 맥나마라 핵방위 분담확대 토의 특별위원회 설치 제안
6.22.	한일기본조약 동경서 정식 조인
7.12.	소련, 월맹에 추가원조협정 조인
7.13.	중공, 월맹 경제기술원조협정 조인
7.16.	북한, 월맹에 기술원조협정 조인
8.14.	한국 의회, 한일조약 승인
9.7.	인도 · 파키스탄 개전
9.22.	인도 · 파키스탄 정전
12.11.	일본 의회, 한일조약 승인
12.29.	미국, 14항목의 베트남 평화해결 제의

1966.

1.15. 소련, 몽골과 우호상호원조조약 승인
1.20. 베트남 전역에서 구정휴전
2.11. 프랑스, 1966년에 NATO 탈퇴한다는 각서 전달
7.1. 프랑스, NATO로부터 정식탈퇴
8.3. 중공중앙위원회 문화대혁명 결성 발표
8.18. 마오쩌둥 등 중공지도자, 천안문으로부터 홍위병 100만인 접견
홍위병 활동 개시
9.1. 드골, 베트남해결의 선결은 미군 철퇴라 밝힘
10.26. NATO본부 파리로부터 브뤼셀 이전을 결정
10.27. 중공 제4호 핵실험 성공
11.10. 남베트남 주둔 미군병력 35만 2,000명
11.13. 이스라엘, 요르단 국경에서 양군 충돌
11.26. 서독 사민당 대연립 정부 참가결정
12.6. NATO 각료이사회, 소련, 동구와 관계개선에 노력을 성명

1967.

1.9. 베트남전쟁 참전 미군병력 47만 3,000명
1.29. 중국·소련 국경 긴장
1.31. 서독·루마니아 국교 정상화
2.1. 중공에서 반소련 데모
2.9. 인도네시아 의회, 대통령 수카르노 해임
1966년 3월 군부쿠데타로 정권 장악한 수하르토의 대통령 대리 임명을 결의
2.14. 미국, 북폭 재개
6.5. 이스라엘, 이집트 제3차 중동전쟁
8.23. 미국 대통령 존슨과 소련 외상 코시긴, 그라스보로 회담
8.24. 미국과 소련 핵확산방지조약 제안
8. 동남아시아 국가연합(ASEAN) 창설

1968.

1. 베트남, 민족해방전선 대공세
북한 무장게릴라 31명 서울 침입, 푸에블로호 납치
2. 부다페스트에서 세계 공산당 협의회
3. 체코 대통령, 스보보다 취임
4. 동독, 신헌법 공포
체코 공산당 행동강령 발표, 제1서기 두브체크
흑인 운동지도자 킹 목사 암살
5. 파리 베트남평화회의 시작
소르본대학 학생 데모, 총선거 드골 대패
8.21. 바르샤바조약국 군대 체코슬로바키아 침공
루마니아 불참
8.25. 프라우다지, 브레즈네프 독트린 발표
그것은 제한주권론으로 소련을 중심으로 하는 동구 사회주의의 안전을 지키기 위해 그리고 구성 사회주의국가 전체의 이익을 위해서는 한 국가의 이익은 여기에 종속되며 또한 국가의 주권은 사회주의권 전체의 이익을 위해 제한하지 않으면 안 된다고 선언함

1969.

1.25. 베트남, 평화확대회담
3.2. 중공과 소련 국경, 우수리강의 다만스키 섬에서 양국 군 충돌
4. 체코, 제1서기 두부체크 사임
4.28. 프랑스 대통령 드골 하야
6.15. 퐁피두, 프랑스 대통령 취임
7.21. 미국, 아폴로 11호 달 표면 착륙
10. 서독, 사민당의 브란트 내각 성립
12.3. 소련·동구제국, 수뇌회담

1970.

1. 유럽 공산당회의
아랍4국 석유개발협정 조인
3. 에르푸르트 동·서독 수상회의
4. SALT 교섭 개시
미국, 캄보디아 쿠데타에 개입, 미군 출동
5. 캇셀에서 동, 서독수상 재회의
소련, 체코 우호 협력조약 조인
6. 미일안전보장 자동계속
8. 소련, 서독 불가침조약 조인
11. 드골 사망
12. 폴란드, 서독 국교 정상화 조약

1971.

1. 아스완하이댐 완공식
6. 미일오키나와반환협정 서명
7. 유고 집단 지도체제 발족
8. 미국 달러방위책 발표
남북 적십자 예비회담
인도, 소련 20년 평화우호협력조약
10. 중공 UN 가입, 국민당 정부 UN 탈퇴

1972.

2. 미국 대통령 닉슨, 중공 방문
미중수뇌회담
6. 워터게이트 사건 발생(민주당본부 도청 사건)
7. 7·4남북공동성명
8. 뮌헨올림픽
남북 적십자 본회담
9. 미국, 소련 SALT 조인
일본 수상 다나까, 중공 방문
일본·중국 국교 정상화 공동성명
10. 전국 비상계엄령
11. 대한민국, 유신헌법 성립
12. 동·서독 기본조약 조인
통일주체국민회의서 박정희 대통령 선출

1973.

1. 존슨 사망
3. 남북조절위원회, 제2차 회담(평양)
6. 6 · 23선언 발표
9. 제4차 비동맹국회의(알제리)
   동 · 서독, UN 가입
10. 제4차 중동전쟁 발발

1974.

1. IMF 20개국 재상회의(로마)
3. 영국, 윌슨 노동당 내각 수립
4. 서독, 기욤 사건으로 수상 브란트 사임, 수상 슈미트 취임
8. 미국 대통령 닉슨 사임
   박정희 대통령 저격 미수 사건
9. 포르투갈, 참모총장 고메스, 대통령 취임
11. 미국 대통령 포드, 한국과 일본 방문

1975.

1. 중공, 개정신헌법 발표
3. 사우디아라비아 왕 파이잘 피살
4. 미국의 베트남 개입 종료
   베트남 패망, 사이공 함락, 베트남전쟁 종결
6. 국제여성의 해 세계회의(멕시코)
7. 미국, 소련 우주선 도킹 성공
   전유럽안보수뇌회의(동서 35개국, 헬싱키)

1976.

1. 주은래 사망
5. 하이데거 사망
6. 신후안 선진 7개국 수뇌회의
   SEATO 해체
   유로코뮤니즘 대두
   유럽 29개국 공산당 동베를린회의
8. 북한, 판문점 도끼 만행
9. 마오쩌둥 사망
10. 박동선 사건, 한미관계 긴장
11. 미국 · 소련어업협정 조인

1977.

1. 체코자유파, 1977년 헌장선언
3. 아랍, 아프리카 60국 카이로에서 수뇌회담
6. 소련, 신헌법 공포

1978.

1. 캄보디아, 베트남과 국경분쟁, 국교 단절
3. 이집트 · 이스라엘 캠프 데이비드회담
8. 중국 · 일본 평화우호조약 조인
10. 교황 요한 바오르 2세 즉위

(우측 상단)

11. 바르샤바조약기구 수뇌회담(모스크바)
    아랍 12개국 수뇌회의
    베트남 · 소련우호조약, 중공과 대립

1979.

1. 미국 · 중공 국교 수립
   이란 호메이니 귀국, 실권 장악
   베트남군 프놈펜 공격
3. 중공군 베트남 공격
4. 파키스탄 전수상 부토 처형
5. 미국 - 소련 SALT 기본합의 도달
   영국, 대처 보수당 내각 성립
6. 제5회 선진국 수뇌회의(동경)
   교황, 폴란드 방문
   미국, 소련 SALT 조인
   니카라과 내전
10. 박정희 대통령 피격 사망
11. 테헤란 미국 대사관 인질 사건

1980.

1. 미국, 소련의 아프가니스탄 침공 항의
4.7. 미국, 이란과 단교
4.25. 미국, 테헤란주재 미국 대사관 인질 구출 작전 실패
8.18. 폴란드, 노조파업 전국으로 확대
9.9. 이란 · 이라크, 전쟁 시작
10.31. 중국, 사회주의경제와 자유경제 혼합한 새로운 경제 체제 도입 결정
11.5. 미국, 제40대 대통령에 레이건 당선

1981.

1.20. 이란에 억류 중이던 미국 인질 55명, 444일만에 석 방 귀환
5.6. 미국, 국제테러 지원혐의로 주미 리비아 수외교관 출 국 명령
5.10. 프랑스, 대통령에 미테랑 당선(사회당)
6.30. 중국, 마오쩌둥 사상 폐기, 덩샤오핑의 실용주의 지 도체제 선언
12.13. 폴란드, 전국에 비상계엄령 포고 자유노조 활동 정 지, 바웬사 등 구속
12.14. 이스라엘, 골란고원 합병

1982.

4.2. 아르헨티나, 영국령 포클랜드 점령
4.30. UN해양법회의 국제해양법협약 채택
6.6. 이스라엘, 레바논 침공
9.2. 미국 대통령 레이건, 중동평화안 제시(팔레스타인 자 치정부 수립)
10.1. 서독, 헬무트 콜 수상 선출

1983.

1.29. 미국·일본, 일본 사세보항을 동해·태평양 대소전
략전진기지화 합의

4.18. 레바논 주재 미대사관 폭발사고

9.5. 미국 대통령 레이건, 소련의 KAL 격추사건과 관련
전략물자 금수 등 대소제재조치 발표

10.25. 미국, 그레나다 군부정권의 좌경화를 막기 위해 침
공·점령

12.24. 미국, UNESCO 탈퇴 결정

1984.

1.6. 중국 총리 자오쯔양, 미국 방문

3.23. 일본 총리 나카소네, 중국 방문

11.6. 미국 대통령 레이건 재선 성공

11.26. 미국·이라크, 17년만에 외교관계 재개

12.18. 영국·중국, 홍콩반환협정 조인

1985.

5.1. 미국, 대 니카라과 경제제재

5.23. 중국, 포르투갈과 마카오 반환 합의

6.14. 레바논 시아파 회교도, 아테네에서 로마로 가던 미
TWA기 납치

6.17. 미국, 무인우주왕복선 디스커버리호 발사

1986.

1.7. 미국 대통령 레이건, 대리비아 경제제재 발표

4.26. 소련, 체르노빌 원전사고(3,000명 이상 사망)

8.11. 미국·소련 핵군축회담

12.9. 중국 안후이성 허페이시 대학생 3,000여 명, 민주화
요구 시위

1987.

1.15. 소련·아프가니스탄, 소련군 철수 합의

3.15. 헝가리 부다페스트 민주화 시위

4.17. 미국, 대일무역보복 발동

5.1. 소련, 사기업법 발효

6.1. 이란 호메이니 집권

12.8. 미소정상회담, INF 폐기협정 조인

1988.

2.27. 이라크, 이란 최대 정유소 폭격

3.14. 중국·베트남 남사군도 근해에서 무력 충돌

3.15. 헝가리 시민, 민주화와 언론자유를 요구하며 대규모
시위

4.20. 중국, 시장경제체제로 전환하는 경제계획 발표

5.15. 소련, 아프가니스탄 철수 시작

6.8. 베이징 대학생, 민주화 요구 시위를 위한 천안문 광
장 집결계획이 경찰 저지로 좌절

11.9. 미국 대선, 공화당의 부시 41대 대통령 당선

11.15. PLO 의장 아라파트, 팔레스타인 독립국가 창설 선언

11.19. 유고슬라비아의 최대민족인 세르비아인 130만 명,
수도 베오그라드에서 민족차별에 항의

11.23. 소련, 아제르바이잔·아르메니아 두 공화국에서 130
만 명의 군중 시위로 인종분규 확산

1989.

3.9. 폴란드 정부와 자유노조선거에 의한 양원제국회와
대통령제 채택 합의

4.20. 중국 민주화 시위 전국 확산, 천안문 광장에 10만여
명의 군중 운집하고 베이징에 계엄령 선포

5.15. 고르바초프, 중국 방문, 양국관계 정상화 합의

5.23. 체코 주둔 소련군 철수 시작

6.3. 중국 베이징 계엄군, 천안문 시위 진압, 시민 수천
명 사망

6.24. 중국, 당 총서기에 장쩌민 선출

8.24. 에스토니아·라트비아·리투아니아 공화국 주민 200
만 명, 이들 지역을 소련 영토에 편입시킨 1939년의
독소밀약의 무효와 자치 확대를 요구하며 3개 공화국
의 수도를 잇는 총 600km의 거대한 인간사슬 형성

10.26. 브레즈네프 독트린 폐기

11.6. APEC 개막

11.9. 동독, 베를린 장벽을 포함한 동독의 모든 국경을 개
방한다고 공식 발표

11.28. 서독 총리 헬무트 콜, 10개항의 통독안 발표

12.2. 몰타에서 미소정상회담 개막

12.15. 파나마, 미국과의 전쟁상태 선포

1990.

1.18. 폴란드 노조 지도자 바웬사, 폴란드 주둔 소련군의
전면 철수를 소련에 요구

2.22. 소련·체코, 체코 주둔 소련군의 전면 철수 합의

3.11. 리투아니아 공화국 의회, 탈소 독립 선언하고 리투아
니아 공화국으로 변경

3.15. 소련 서기장 고르바초프, 인민대회 비밀투표선거에
서 초대 대통령 피선

3.18. 동독, 독일 재통일을 결정할 총선 실시

4.3. 중국, 군사위 주석에 장쩌민 선출. 1997년 반환되는
홍콩통치법 가결

5.5. 통일 독일을 위한 동·서독과 미국·영국·소련·프
랑스 간의 '2 + 4'회담 개막

5.18. 동·서독, 화폐 및 경제 통합협정에 조인

5.21. 남·북 예멘, 예멘 공화국으로 통일

5.29. 옐친, 러시아 공화국 대통령에 당선

6.1. 동독, 서베를린 국경 전면 개방 발표

7.1. 동·서독, '경제·화폐통합' 실현

8.2. 이라크군, 쿠웨이트 점령하고 괴뢰정부 수립
미국, 이라크와 모든 통상 거래 중단
UN안전보장이사회, 이라크군의 즉각적·무조건 철수 요구 결의
8.3. 동·서독, 통일독일의 수도를 베를린으로 합의
8.6. UN안전보장이사회, 전면적인 이라크 경제제재 조치 승인
8.8. 이라크, 쿠웨이트 합병선언
8.10. 미국·영국·프랑스·서독, 미국 주도의 페르시아만 다국적군에 가담하기로 합의
8.13. 다국적군, 이라크에 대한 해상 봉쇄
8.31. 동·서독 통일조약 체결
10.3. 동·서독 통합
10.28. 유럽공동체, 2000년까지 통화통합 및 단일화폐 사용 등의 실시에 원칙적으로 합의

1991.
1.17. 걸프전쟁 발발
2.24. 미국 대통령 부시, 지상군 투입 선언
2.28. 미국 대통령 부시, 전투 전면중지 선언, 휴전조건 제시
3.3. 이라크, 휴전조건 수락
3.31. 바르샤바조약기구의 연합군사령부 공식 해체
6.12. 소련, 최초 대선 직선 실시, 옐친 당선
6.25. 유고 크로아티아·슬로베니아 공화국, 연방으로부터 독립 선포
7.31. 미국·소련 정상회담, START 서명
8.19. 소련군부 쿠데타, 고르바초프 실각
9.2. 미국 대통령 부시, 발트 3개 공화국 독립 승인
12.16. 소련, 카자흐 공화국 독립 선포
12.17. 소련 대통령 고르바초프와 러시아 공화국 대통령 옐친, 소련연방체제를 해체하고 1992년 1월 1일 독립 공동체를 출범시키기로 합의
12.21. 소련 11개 공화국, 소련연방의 소멸과 독립국가연합 창설에 합의·서명

1992.
1.15. 유럽 공동체, 유고의 크로아티아·슬로베니아 공화국을 독립국가로 승인
2.29. 유고 세르비아인, 세르비아 공화국 수립 선언
3.31. UN안전보장이사회, 리비아의 미 팬암기 폭파 사건과 관련 용의자 2명의 인도를 거부하는 리비아에 대해 항공로 폐쇄, 전면 무기금수, 외교관계 축소 등 제재결의안 채택
4.27. 유고연방 의회, 유고슬라비아 연방공화국의 신헌법 채택
유고연방 붕괴 확정
5.22. UN총회, 크로아티아·슬로베니아·보스니아 – 헤르체고비나 등 3개국의 UN 신규가입 승인
7.23. 체코·슬로바키아 총리, 체코슬로바키아연방 해체 합의

8.11. NAFTA 창설 합의
9.14. UN안전보장이사회, 보스니아 – 헤르체고비나에 UN 평화유지군 추가 파병 승인
9.30. 미국, 수빅만의 미국 해군기지 필리핀 반환
11.4. 빌 클린턴 제42대 미국 대통령 당선
12.3. UN안전보장이사회, 소말리아 군사개입 결의
12.29. 미국·러시아, START Ⅱ 타결

1993.
1.3. 부시·옐친, START Ⅱ 조인
6.3. 밀로셰비치, 신 유고연방 전권 장악
9.2. 미국·러시아, 무역장벽 철폐와 러시아의 기술 수출 통제협정 체결
9.13. 이스라엘·PLO, 평화협정 조인
11.1. 마스트리히트조약 발효

1994.
1.1. NAFTA 공식 출범
3.21. 기후변화협약 발효
4.15. UR무역협상위원회, UR 타결
5.17. UN안전보장이사회, 르완다에 PKO 파병
5.21. 남북 예멘, 4년 만에 분단
11.13. 동티모르, 독립 요구 유혈시위
12.10. 러시아 공군기, 체첸 공화국 수도 공습

1995.
1.4. WTO 창설
3.9. KEDO 공식 출범
4.28. 미국 국무부, 북한·이란·리비아 등 7개국을 테러지원국으로 지정
6.7. 대만 총통 리덩후이, 대만 역사상 최초 미국 방문
7.11. 미국·베트남, 베트남 종식 이후 20년 만에 공식 수교
8.17. 중국, 지하핵실험 실시

1996.
1.20. 팔레스타인 자치정부 수립 위한 총선
1.21. 아라파트 PLO 의장, 초대 대통령 당선
1.28. 프랑스, 남태평양 팡가투타 환초에서 핵실험 실시
5.2. UN대인지뢰사용제한협약안에 합의
7.3. 옐친, 대통령 결선투표서 압승
9.10. UN총회, CTBT 조약안 가결
12.17. 코피 아난, 사무총장 피선

1997.
1.24. 러시아·벨로루시, 양국 통합 합의
2.19. 덩샤오핑 사망
6.20. 중국·포르투갈, 1999년 마카오 반환 합의
9.8. 파키스탄, 샤리프 총리 핵무기 제조능력 보유 천명

10.31. IMF, 인도네시아에 230억 달러 지원
11.10. 중국·러시아, 국경획정 협정 서명
12.9. 제3차 기후변화협약회의 온실가스 감축 등의 최종안
마련

1998.

1.22. 인도네시아 금융공황 사태
3.16. 중국, 제9기 전인대 장쩌민 주석 재선출
5.2. 유럽연합 정상회담, 1999년 유로화 출범 선언
8.17. 러시아, 90일간 모라토리움 선언, 루블화 35% 절하
단행
10.17. 피노체트, 런던에서 영국 경찰에 체포
12.16. UN무기사찰단 철수, 미국 이라크 공습
12.19. 미국 대통령 클린턴 탄핵안 하원 통과

1999.

1.1. 유럽 11개국, 단일 화폐 사용
1.27. 미국, 클린턴 탄핵안 부결
2.28. 대인지뢰금지 오타와협약 발효
3.12. 헝가리·폴란드·체코, NATO 가입
4.21. 동티모르 평화협정 체결
12.31. 옐친 사임, 푸틴이 대통령 직무대행

2000.

1.29. 생물안전의정서 채택
3.18. 타이완, 천수이볜 후보 승리
6.19. 미국, 대북 경제제재 완화 발표
10.13. 노벨위원회, 김대중 대통령 노벨평화상 수상자 선정
12.13. 미국 대통령 조지. W. 부시 당선

2001.

2.8. 미국 국무부, 뉴욕소재 탈레반 사무소 폐쇄명령
3.9. UN특별총회, 탈레반 정권의 불상파괴행동 중지 촉
구 결의안 채택
3.17. 한국이 주도하는 동아시아연구그룹(EASG) 창립·
발족
6.27. UN안전보장이사회, 코피 아난 연임 승인
7.16. 중러우호조약 서명
9.11. 뉴욕과 워싱턴에서 테러 발생
9.14. 미국, 국가비상사태 공식선언
10.7. 미국군과 영국군, 아프가니스탄 내 테러조직과 탈레
반 정권의 군사력을 겨냥한 공습과 미사일 공격 개시
11.10. 중국, WTO 정식 가입
12.20. 뉴욕시 9·11테러 3,225명 사망 발표

2002.

1.1. 유로화 공식 유통
1.18. 이스라엘 팔레스타인 정부 건물 보복 공습
1.29. 미국 대통령 부시, 북한·이란·이라크 3국을 '악의
축'으로 비난
3.9. 미국 '핵태세 검토 보고서'(NPT) 발표
5.13. 미국·러시아, 핵무기감축협정 합의
5.21. 미국, 테러리즘 지원국가 7개국(북한·쿠바·이란·
이라크·리비아·시리아·수단) 재지정
7.9. 아프리카연합(AU) 공식 출범
9.10. 스위스, UN 정식 가입
9.26. 미국·영국, 이라크 민간공항인 바스라 공항 공습
10.10. 미국 하원, 부시에 포괄적 전쟁권한 부여하는 '대이
라크결의안' 통과
10.11. 미국 상원, '대 이라크 무력사용' 허용 결의안 통과
10.12. 인도네시아, 발리섬 폭탄테러
10.16. 사담 후세인, 이라크 대선에서 100% 지지
10.17. 필리핀, 연쇄폭탄 테러
11.12. 이라크, UN 결의안 거부
11.13. 이라크, UN 안전보장이사회 무기사찰 결의 수용
11.18. UN무기사찰단, 이라크 입국
11.22. 미국·러시아, 이라크 무장해제 공동선언
11.28. IAEA, 북한에 특별사찰 수용 및 핵개발계획 포기 요구
12.7. 이라크 대량살상무기 보유실태 보고서 UN에 제출
사담 후세인, 1990년 쿠웨이트 침공 사과

MEMO

MEMO

MEMO

해커스공무원

패권

국제정치학 기본서 | 외교사

개정 4판 1쇄 발행 2023년 9월 6일

지은이	이상구 편저
펴낸곳	해커스패스
펴낸이	해커스공무원 출판팀

주소	서울특별시 강남구 강남대로 428 해커스공무원
고객센터	1588-4055
교재 관련 문의	gosi@hackerspass.com
	해커스공무원 사이트(gosi.Hackers.com) 교재 Q&A 게시판
	카카오톡 플러스 친구 [해커스공무원 노량진캠퍼스]
학원 강의 및 동영상강의	gosi.Hackers.com

ISBN	979-11-6999-456-9 (13340)
Serial Number	04-01-01